Schienenverkehr in der DDR

Ausgewählte Beiträge aus den Eisenbahn-Jahrbüchern
1963 bis 1985

Herausgegeben von Jan Reiners

Inhalt

Vorwort 6

Verkehrspolitik 7
Zum Geleit, von Erwin Kramer, Minister für Verkehrswesen der DDR 8
Stellung und Entwicklungstendenzen der Deutschen Reichsbahn im
  einheitlichen sozialistischen Verkehrswesen der DDR 9

Betriebs- und Verkehrsdienst 27
Hier laufen die Fäden zusammen 28
Mit dem Tde 5022 unterwegs 35
Stückgut-Knotenverkehr – Sinnbild sozialistischer Zusammenarbeit 47
Containerverkehr in Vergangenheit und Zukunft 53
Über den Berufsverkehr bei der Deutschen Reichsbahn 64
Vor einem Fahrplanwechsel 69
Namen tragende Züge 72
Mit Klanghammer und Handlampe 76
Die Eisenbahn und das Militärwesen 80
Militärtransporte mit der Eisenbahn 88
Sowjetische Gleisbildstellwerke bei der Deutschen Reichsbahn 93
Städteexpreßzüge der Deutschen Reichsbahn – betriebliche und konstruktive
  Grundsätze 102
Die S-Bahnen in Leipzig, Halle, Rostock, Magdeburg und Dresden 107

Strecken 117
Berliner Außenring – Größtes Bauobjekt der Deutschen Reichsbahn 118
Vom Bau des letzten Abschnitts im Berliner Außenring 128
Strecke frei für das zweite Gleis 136
Die elektrischen Inselbetriebe der Deutschen Reichsbahn 142
100 Jahre Brandleitetunnel 150

Schmalspurbahnen 159
Die Überlandbahnen in der DDR 160
Die Schmalspurbahnen im Harz 169
Die Spreewaldbahn 178
Schmalspurbahnen in den Nordbezirken der DDR 185
100 Jahre Eisenbahnbetrieb im Tal der Roten Weißeritz 192
100 Jahre Schmalspurbahn zwischen Radebeul und Radeburg 204

Fahrzeuge allgemein 212
Eisenbahntechnik als Forschungsobjekt im Prüffeld 213
VEB LEW »Hans Beimler« Hennigsdorf 225
Ein Werk stellt sich vor: VEB Waggonbau Görlitz 232
Ein Werk stellt sich vor: VEB Waggonbau Bautzen 243
Das Institut für Schienenfahrzeuge in Berlin-Bohnsdorf 255
Neuer Triebfahrzeug-Nummernschlüssel bei der Deutschen Reichsbahn ... 265
Das Forschungs- und Entwicklungswerk der Deutschen Reichsbahn (FEW DR) ... 267

Dampflokomotiven 277
Schnellzuglokomotive der Baureihe 01.5 278
Schnellzuglokomotive 18 201 279
Personenzuglokomotive der Baureihe 23.10 280
60 Jahre Dampflokomotive der Baureihe 38.10 40 281
Museums-Dampflokomotive der Baureihe 62 282
Die »Bergkönigin« 283

Die letzte Domäne der Baureihe 01 289
Die Entwicklung der Kohlenstaublokomotive System Wendler – ein Beitrag
  zur Verkehrsgeschichte der DDR 292

Diesellokomotiven 300
Diesellokomotiven aus der DDR 301
Diesellokomotiven der Baureihe V 200 auf den Strecken der
  Deutschen Reichsbahn 308
Dieselelektrische Lokomotive der Baureihe V 200 315
Dieselhydraulische Lokomotive der Baureihe V 60 316
Diesellokomotive der Baureihe V 100 317
Diesellokomotive der Baureihe V 180 318
Dieselhydraulische Lokomotive V 180.1 319
Dieselhydraulische Lokomotive V 240 001 320
Die Diesellokomotive V 300 (neue Bezeichnung 130) – technisch beschrieben . 321
Schmalspurdiesellokomotive V 10 C 325
Dieselhydraulische Lokomotive der Baureihe V 23 (neu 102) 326
Rangier-Diesellokomotive der Baureihe 102.1 327
Mit der Baureihe 119 über den Rennsteig 328

Elektrische Lokomotiven 334
Elektrische Lokomotive der Baureihe E 11 335
Elektrische Lokomotive der Baureihe E 42 336
Elektrische Lokomotive der Baureihe E 211 337
Elektrische Lokomotive der Baureihe E 251 338
Elektrische Lokomotive der Baureihe 250 339
BR 212/243 – ein Beispiel für eine moderne Elektrolokomotive 340

Triebwagen 349
Schnelltriebwagen VT 18.16 350
Zweiachsiger Leichttriebwagen 352
Vierachsiger Leichttriebwagen 353
Ausgemusterter Wismarer Schienenbus der Bauart »Hannover« 354
Leichttriebwagen der Baureihen VT 2.09.[2] und VS 2.08.[2] (neu 172) ... 355
Elektrischer Triebzug der Baureihe 280 356
Oberleitungs-Revisionstriebwagen ORT 137 711 bis 716 (neu 188) 357
Gleichstrom-Triebwagenzug, Baureihe 270, für die Berliner S-Bahn 358

Reisezug- und Güterwagen 359
Reisezugwagen der Deutschen Reichsbahn – Rekonstruktion,
  Modernisierung und Erneuerung 360
Vierteiliger Doppelstockzug mit Fernsteuerungsanlage für Wendezugbetrieb .. 368
Zur Vereinheitlichung des Güterwagenparks der Deutschen Reichsbahn ... 369
Standard-Hilfszug der Deutschen Reichsbahn 381

Daten und Ereignisse der Deutschen Reichsbahn 384
7. Oktober 1964 – 15 Jahre Deutsche Demokratische Republik 385
7. Oktober 1969 – 20 Jahre Deutsche Demokratische Republik 392
7. Oktober 1974 – 25 Jahre Deutsche Demokratische Republik 400
7. Oktober 1979 – 30 Jahre DDR in Daten und Ereignissen
  bei der Deutschen Reichsbahn 407
7. Oktober 1984 – 35 Jahre DDR in Daten und Ereignissen
  bei der Deutschen Reichsbahn 416

Vorwort

»*Das Buch soll allen Eisenbahnern [...] politische, ökonomische und technische Eisenbahnprobleme, von berufenen Autoren leicht verständlich geschrieben und anschaulich illustriert, nahebringen und erläutern.*«

Diesen Wunsch äußerte Erwin Kramer (1902–1979) – von 1954 bis 1970 Verkehrsminister der DDR und von 1950 bis 1970 Generaldirektor der Deutschen Reichsbahn – in seinem Geleitwort zum »Eisenbahn-Jahrbuch«, das im Jahr 1963 erstmals von transpress VEB Verlag für Verkehrswesen in Berlin herausgegeben wurde. Bis 1985 sollte das Eisenbahn-Jahrbuch erscheinen, dann stellte es der Verlag aus verschiedenen Gründen ein.

Doch anders als von den Initiatoren vielleicht gedacht, diente das Eisenbahn-Jahrbuch weniger politischen Zwecken, sondern begleitete als zuverlässige Chronik über die Jahrzehnte die Entwicklung des Eisenbahnwesens in der DDR. Im Mittelpunkt stand dabei natürlich immer die Deutsche Reichsbahn. Aber der Inhalt berücksichtigte z.B. auch den hochentwickelten Wagen- und Lokomotivbau in der DDR. Eine große Zahl dieser Beiträge veröffentlichte der Verlag transpress bereits in den Jahren 2000 bis 2002 unter dem Titel »Schienenverkehr in der DDR«. Insgesamt erschienen vier Bände – sachkundig herausgegeben von Dr. Horst Regling –, in der wichtige Beiträge aus den Eisenbahn-Jahrbüchern nochmals der Leserschaft zugänglich wurden.

Mit großer Freude bin ich deshalb dem Wunsch des Verlages nachgekommen, aus den von Dr. Regling herausgegebenen Bänden die vorliegende Spezialausgabe zusammenzustellen. Sie enthält zahlreiche Artikel, die zwischen den Jahren 1963 bis 1985 im Eisenbahn-Jahrbuch erschienen sind.

Wie schon zuvor in den vier Einzelbänden der kleinen Reihe »Schienenverkehr in der DDR« werden die Texte unverändert wiedergegeben und nicht kommentiert. Sie vermitteln neben den technischen Informationen gleichzeitig den politischen Geist jener Jahre.

Auf diese Weise entsteht ein Kaleidoskop über die Entwicklung des Eisenbahnwesen der DDR in den Jahren 1963 bis 1985. Das weitläufige Themenspektrum reicht dabei u.a. vom Traktionswechsel bei der DR über den aufwändigen Bau des Berliner Außenrings bis zur Gegenwart und Zukunft der verbliebenen Schmalspurbahnen. Außerdem erfahren wir Interessantes über die Anfänge des Containerverkehrs – heute eines der wichtigsten Transportmittel mit zweistelligen Zuwachsraten in jedem Jahr –, über die Stellwerke sowjetischer Bauart, von denen noch immer einige bei der Deutschen Bahn AG in Betrieb sind, und lernen die wichtigsten Waggonbaufabriken kennen. Den Abschluss bildet eine Chronik des Eisenbahnverkehrs in der DDR für die Jahre 1949 bis 1984. Verbunden mit der Hoffnung, mit dieser Auswahl das Interesse der Leser gefunden und geweckt zu haben, wünsche ich eine angenehme Lektüre.

Bremen, im Juni 2007 *Jan Reiners*

Verkehrspolitik

ZUM GELEIT

Mit der Herausgabe einer Jahrbuchserie über das Eisenbahnwesen, unserem größten und bedeutendsten Verkehrsträger, vervollständigt der Verlag in dankenswerter Weise seine bekannten und beliebten populärwissenschaftlichen Jahrbuchreihen über die Verkehrsträger.

Das Buch soll allen Eisenbahnern – gleich, in welchem Hauptdienstzweig der einzelne tätig ist – politische, ökonomische und technische Eisenbahnprobleme, von berufenen Autoren leicht verständlich geschrieben und anschaulich illustriert, nahebringen und erläutern.

Ferner bietet es dem Leser aus allen Bereichen der Volkswirtschaft Gelegenheit, sich über das eigene Fachgebiet hinaus Kenntnisse auf einem der führenden Zweige unserer Volkswirtschaft, dem Transportwesen, anzueignen und so das Allgemeinwissen zu vertiefen.

Das Programm der Sozialistischen Einheitspartei Deutschlands, das auf dem historischen VI. Parteitag im Januar 1963 beschlossen wurde, sieht eine Steigerung der Industrieproduktion bis 1970 auf 160% gegenüber 1963 vor. Dieser erhebliche Produktionsanstieg erfordert auch eine Leistungssteigerung der Eisenbahn besonders im Gütertransport unter optimaler Ausnutzung aller vorhandenen Kapazitäten.

Um diesen Anforderungen und seiner Verantwortung als führender Zweig der Volkswirtschaft gerecht werden zu können, ist eine umfassende sozialistische Rationalisierung notwendig. Eine wichtige Maßnahme dazu im Eisenbahnwesen ist die schrittweise Umstellung der Traktionsarten auf die elektrische und Dieselzugförderung.
Der Knotenpunktverkehr wird die Anzahl der Ladestellen verringern und die Voraussetzungen für eine komplexe Mechanisierung des Güterumschlages schaffen. Die erhöhte Streckenbelastung setzt wiederum eine verstärkte Erneuerung und Erhaltung des Gleisnetzes – vor allem der Magistralen – und eine Modernisierung der Signal- und Sicherungstechnik voraus. Die wachsende internationale sozialistische Arbeitsteilung und die auf den Prinzipien der friedlichen Koexistenz beruhende Politik des sozialistischen Weltwirtschaftssystems wirken sich auch auf den Warenaustausch zwischen den sozialistischen Staaten und den kapitalistischen Ländern aus, wodurch sich für die Eisenbahner der Deutschen Demokratischen Republik weitere große Aufgaben ergeben.

Mit ihren hervorragenden Arbeitsergebnissen in der Vergangenheit haben die Werktätigen des Transportwesens, besonders die Eisenbahner, vielfältig bewiesen, daß sie fest und unerschütterlich zu den Beschlüssen der Partei der Arbeiterklasse und der Regierung stehen.

Gestützt auf die große Kraft der Partei werden auch sie ihren Beitrag zum umfassenden Aufbau des Sozialismus in unserer Republik leisten.

Möge auf diesem Wege das „Eisenbahn-Jahrbuch" ein treuer Begleiter sein!

Dipl.-Ing. E. Kramer
Nationalpreisträger
Minister für Verkehrswesen der Deutschen Demokratischen Republik

Dipl. oec. HEINZ KLEINERT, Verdienter Eisenbahner, Direktor des Instituts für Verkehrsforschung, Berlin

Stellung und Entwicklungstendenzen der Deutschen Reichsbahn im einheitlichen sozialistischen Verkehrswesen der Deutschen Demokratischen Republik

Die Frage nach der Stellung und vor allem nach der Perspektive der Eisenbahn im Verkehrssystem eines Landes beschäftigt seit längerer Zeit gleichermaßen Verkehrspraktiker und Verkehrswissenschaftler. Das ist sowohl in den kapitalistischen als auch in den sozialistischen Ländern der Fall. Die Meinungen gehen dabei oft weit auseinander. Einige der Auffassungen besagen, daß die Eisenbahnen kaum noch eine entscheidende Rolle spielen werden, während andere davon sprechen, daß Eisenbahnen zwar auch in der Zukunft noch fahren werden, aber ihre Bedeutung gegenüber den übrigen Verkehrszweigen, auch den sich erst neu herausbildenden, wie zum Beispiel dem Rohrleitungstransport, sehr stark abnehmen wird. Schließlich gibt es die Meinung, daß die Eisenbahn, vor allem unter sozialistischen Produktionsverhältnissen, auch in der Zukunft eine wichtige Stellung im Verkehrssystem einnehmen wird.

Die Diskussionen begannen, als neben den Eisenbahnen, die einige Jahrzehnte lang gewissermaßen eine Monopolstellung im modernen Landverkehr hatten, der Kraftwagen aufkam. Damit entwickelte sich ein neues, ebenfalls leistungsstarkes und vor allem beförderungsschnelles Landtransportmittel, das – wenn auch in den einzelnen Ländern unterschiedlich schnell – sowohl im Güter- wie im Personenverkehr einen immer größeren Teil der Transportleistungen übernahm, und das unter bestimmten Bedingungen dem Eisenbahnverkehr wirtschaftlich überlegen ist.

Vor allem nach dem 2. Weltkrieg kam sowohl in den kapitalistischen als auch den sozialistischen Staaten der Luftverkehr, besonders für Personenbeförderungen über weite Entfernungen, immer stärker auf. Er übernahm Beförderungen, die früher allein dem Seeschiff oder der Eisenbahn vorbehalten waren.

Betrachtet man die Anteile der Verkehrszweige an der beförderten Gesamtgütermenge, so kann man feststellen, daß es sich im Binnenverkehr eines Landes, so in der Deutschen Demokratischen Republik, vorwiegend um Beförderungen auf der Schiene und auf der Straße handelt. Damit bezieht sich die eingangs gestellte Frage für die Eisenbahnen insbesondere auf die Gestaltung und die weitere Entwicklung des Verhältnisses von Schiene und Straße.

Die Art, wie diese Problematik in den verschiedenen Ländern gesehen und behandelt wird, ist entscheidend von den jeweils herrschenden gesellschaftlichen Verhältnissen abhängig.

In den kapitalistischen Staaten werden alle Transporte unter den Bedingungen eines sich ständig verschärfenden Konkurrenzkampfes zwischen den Verkehrszweigen, vor allem zwischen der Eisenbahn und dem Kraftverkehr, durchgeführt. Nicht die gesellschaftlich günstigste, sondern eine den Verkehrszweigen höchsten Profit sichernde Transportabwicklung ist vorherrschend. Sie kann nur durch verschärfte Ausbeutungsmethoden sowohl bei der Eisenbahn als auch bei den anderen Verkehrszweigen erreicht werden und geht zu Lasten der besonders im Verkehrswesen unbedingt erforderlichen Sicherheit. Zwar wird offiziell immer wieder betont, daß sich die Arbeitsteilung im Verkehrswesen und die Entwicklung der Verkehrszweige entsprechend den Interessen der Öffentlichkeit und der Eignung der einzel-

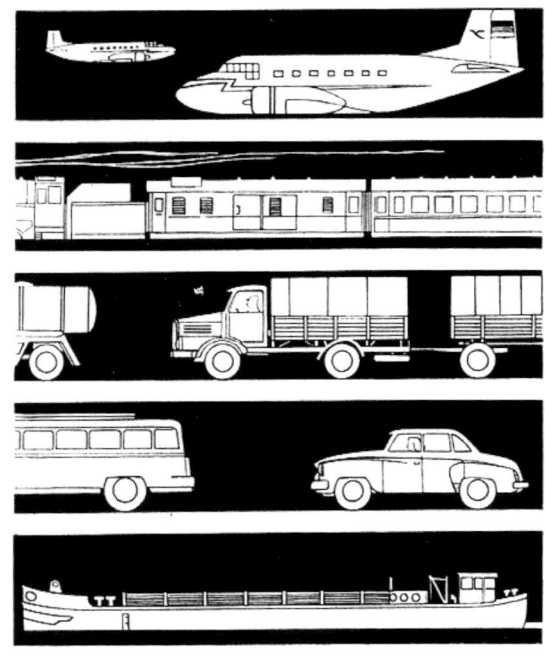

2 200 KM LUFTWEGE

16 200 KM EISENBAHNSTRECKEN

12 300 KM STAATSSTRASSEN

33 000 KM BEZIRKSSTRASSEN

1 800 KM WASSERWEGE

1 Das Verkehrsnetz der Deutschen Demokratischen Republik

2 Anteile der Verkehrszweige am Güterverkehr (ohne Seeverkehr, aber einschließlich Werkverkehr)

3 Anteile der Verkehrszweige am Personenverkehr (ohne kommunale Verkehrsbetriebe, Taxibetriebe und zivile Luftfahrt, aber einschließlich Berliner S-Bahn)

nen Transportmittel vollziehen. Tatsächlich aber kann auf Grund der staatsmonopolistischen und privatkapitalistischen Eigentumsverhältnisse an den Transportmitteln und -anlagen keinesfalls von einer Koordinierung oder gar Planung der Verkehrsentwicklung auf der Schiene, der Straße, dem Wasser und in der Luft gesprochen werden. Völlig anders liegen dagegen die Bedingungen unter sozialistischen Produktionsverhältnissen, denen jede Konkurrenz zwischen den Verkehrszweigen fremd ist, und die im volkswirtschaftlichen Gesamtinteresse jedem Verkehrszweig die Aufgaben zuweisen, für die er sich zur rationellsten Abwicklung aller Transportbedürfnisse technisch-ökonomisch am besten eignet.

Das Verkehrswesen der Deutschen Demokratischen Republik

Jede moderne, auf Arbeitsteilung aufgebaute Gesellschaft bedarf zur Befriedigung der sich daraus ergebenden Transportbeziehungen eines Verkehrswesens, das technisch und organisatorisch um so entwickelter und leistungsfähiger sein muß, je weiter sowohl in räumlicher als auch in produktionsmäßiger Hinsicht die Arbeitsteilung vorangeschritten ist.

Die Deutsche Demokratische Republik gehört zu den wirtschaftlich am weitesten entwickelten Ländern der Welt. In ihr ist die regionale Gliederung des gesellschaftlichen Reproduktionsprozesses auf Grund der politischen und ökonomischen Entwicklung sowie der gegebenen geographischen Bedingungen besonders groß. Auf einem Staatsgebiet von fast 108 000 Quadratkilometern mit einer Bevölkerung von 17,2 Millionen, was einer Bevölkerungsdichte von 159 Einwohnern je km² entspricht, wird ein jährliches Bruttoprodukt von über 135 Milliarden DM erzeugt. Dem räumlichen Austausch dieses Produktes sowie der Befriedigung der ständig wachsenden Reisebedürfnisse der Bevölkerung dient ein Netz von Eisenbahnlinien, Straßen, Wasserwegen und Luftverkehrsverbindungen, das mit zu den dichtesten in Europa, ja, der Welt überhaupt, zählt.

Das Eisenbahnnetz umfaßt rund 16 200 km, davon über 7300 km Hauptbahnen. Das Netz der Staatsstraßen (einschließlich der Autobahnen) ist 12 300 km lang. Dazu kommen über 33 000 km Bezirksstraßen. Die schiffbaren Flüsse und Kanäle besitzen zusammen eine Länge von etwas mehr als 1800 km. Die Luftwege für den zivilen Verkehr über dem Territorium der Deutschen Demokratischen Republik sind rund 2200 km lang.

Aus diesen Angaben kann man schlußfolgern, daß das Verkehrsnetz der Deutschen Demokratischen Republik auch in der Perspektive den Anforderungen entsprechen wird, und demzufolge kaum größere Veränderungen erforderlich sein werden. Das schließt nicht aus, daß durch die zu erwartende rasche Zunahme das Straßenverkehrs, insbesondere desjenigen mit nichtöffentlichen Fahrzeugen, das Autobahnnetz erweitert und vervollständigt wird. Vor allem im Norden der Republik, in dem gegenwärtig das gesamte Verkehrsnetz noch relativ weitmaschig ist, können im Zusammenhang mit der stärkeren industriellen Erschließung neue Straßen, eventuell auch neue Eisenbahnstrecken, erforderlich werden. Das Schwergewicht der Rekonstruktion des Verkehrsnetzes der Deutschen Demokratischen Republik liegt jedoch in der Erhöhung der Leistungsfähigkeit für den zu erwartenden künftigen Verkehrsumfang und der Anpassung an die technische Entwicklung der Transportmittel in den kommenden Jahrzehnten.

Das Verkehrsnetz der Deutschen Demokratischen Republik ist nicht nur von nationaler Bedeutung. Auf Grund ihrer zentralen Lage in Mitteleuropa führen wichtige internationale Verkehrswege auf der Schiene, der Straße und auch in der Luft über das Territorium der Deutschen Demokratischen Republik. Diese Transitstrecken und -straßen bedürfen einer besonderen Pflege und Unterhaltung.

Die sich immer enger gestaltenden wirtschaftlichen Beziehungen der im Rat für Gegenseitige Wirtschaftshilfe zusammengeschlossenen sozialistischen Staaten bestimmen die Verkehrsverbindungen zwischen diesen Ländern, die zwar heute noch vorwiegend auf der Schiene und über See, aber auch schon in zunehmendem Maße für leichtverderbliche und hochempfindliche Güter über die Straße durchgeführt werden.

Daraus ist die große Bedeutung und die Rolle zu erkennen, die das Verkehrswesen der Deutschen Demokratischen Republik an einem entscheidenden Grenzabschnitt der beiden Weltsysteme für die Festigung der politischen und ökonomischen Grundlagen unserer Arbeiter- und-Bauern-Macht und zur wirtschaftlichen Stärkung des gesamten sozialistischen Lagers spielt.

Diese Aufgaben im nationalen und im internationalen Maßstab erfordern ein zentral geleitetes, gut koordiniertes, leistungsfähiges und rationell arbeitendes modernes Verkehrswesen, das jederzeit den ihm gestellten politischen, wirtschaftlichen und kulturellen Anforderungen voll gerecht wird und seinerseits fördernd auf die Entwicklung der Gesamtwirtschaft einwirkt.

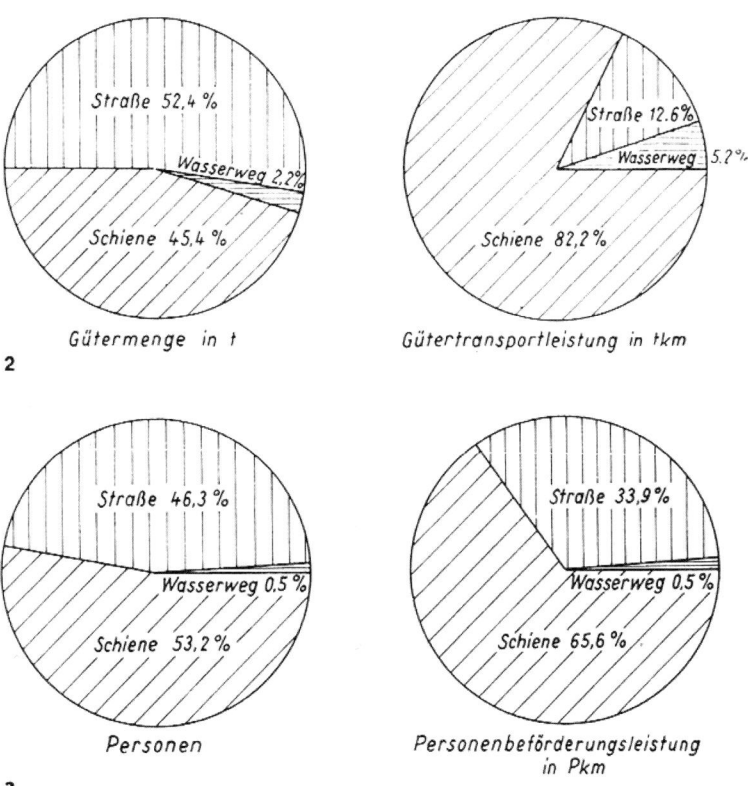

2

3

1961 wurden in der Deutschen Demokratischen Republik 547 Millionen Tonnen Güter (ohne Seeschiffahrt) befördert. Die Gütertransportleistung betrug 42,2 Milliarden Tonnenkilometer.

Im gleichen Jahr wurden fast 1,6 Milliarden Personen bei einer Beförderungsleistung von über 29,6 Milliarden Personenkilometern befördert.

Diese vom Verkehrswesen durchgeführte Transportarbeit stellt rund 4,8 % des in der Deutschen Demokratischen Republik erzeugten gesellschaftlichen Gesamtprodukts dar.

Aber nicht nur der wertmäßige Umfang der jährlich durchzuführenden Transportleistungen charakterisiert das Verkehrswesen der Deutschen Demokratischen Republik. Kennzeichnend ist weiterhin der beachtliche Verbrauch von Transportmitteln, Ausrüstungen, Mechanismen, Energie und Baumaterialien verschiedener Art und der Bedarf an hochqualifizierten Arbeitern, Ingenieuren, Wirtschaftlern und anderen Kategorien von Beschäftigten.

Das Verkehrswesen erzeugt keine neuen stofflichen Produkte. Es führt in Fortsetzung des Produktionsprozesses die in Industrie und Landwirtschaft erzeugten Güter ihren Verbrauchern zu, verändert sie also nur in ihrem örtlichen Dasein. Daher muß angestrebt werden, den Transportbedarf der Volkswirtschaft möglichst niedrig zu halten sowie die gesellschaftlich notwendigen Transporte mit höchster Produktivität und niedrigstem Aufwand an vergegenständlichter und lebendiger Arbeit durchzuführen, ohne daß dabei die Qualität der Transportdurchführung (Sicherheit, Schnelligkeit, Pünktlichkeit) eingeschränkt, sondern im Gegenteil ständig weiter verbessert wird.

Das ist nur möglich, wenn zwischen den Verkehrszweigen eine optimale Aufgabenteilung und Kooperation erreicht wird. Dazu besteht in der Deutschen Demokratischen Republik auf Grund des sozialistischen Eigentums an den Transportmitteln und -anlagen im Gegensatz zu Westdeutschland, wo die monopol-kapitalistischen Besitzverhältnisse im Verkehrswesen bestimmend sind, die reale Möglichkeit, ja sogar die Notwendigkeit einer planmäßigen Koordinierung und komplexen Planung der Verkehrszweige. Das sind die wichtigsten Grundlagen für ein einheitliches sozialistisches Verkehrswesen, die in ihm die Vorteile der sozialistischen Ökonomik voll wirksam werden lassen. Dieses Ziel zu erreichen ist eine der Hauptaufgaben der Verkehrspolitik der Deutschen Demokratischen Republik.

Unter diesen Bedingungen erhält in der Deutschen Demokratischen Republik die Eisenbahn in ihrer mehr als 125jährigen Geschichte erstmalig die Möglichkeit, diejenige Stellung im Transportsystem einzunehmen, die ihr auf Grund ihrer technisch-ökonomischen Eigenschaften zukommt.

Dabei darf nicht außer acht gelassen werden, daß die Eisenbahnen in den meisten sozialistischen Staaten – auch in der Deutschen Demokratischen Republik – gegenwärtig noch immer mit Aufgaben belastet sind, die aus der Zeit der kapitalistischen Konkurrenz stammen und nicht schlagartig abgegeben werden konnten. Daß das jedoch geschieht, ist im Interesse eines in seiner Gesamtheit volkswirtschaftlich zweckmäßig und mit hohem ökonomischem Wirkungsgrad arbeitenden sozialistischen Verkehrssystems unbedingt erforderlich.

4 Die Zusammenarbeit der einzelnen Verkehrszweige ist besonders augenfällig im neuen Rostocker Überseehafen

Die Eisenbahn im Verkehrssystem der Deutschen Demokratischen Republik

Die Eisenbahn nimmt im Verkehrswesen der Deutschen Demokratischen Republik einen hervorragenden Platz ein. Sie ist der Hauptträger aller Transportleistungen sowohl im Güter- als auch im Personenverkehr. Mit ihrem außerordentlich dichten Streckennetz von 14,9 km/100 km², das zu den dichtesten Eisenbahnnetzen zählt, stellt sie nicht nur das wichtigste materielle Bindeglied zwischen Industrie, Landwirtschaft und Handel sowie von Stadt und Land dar, sondern unterstützt auch gleichzeitig aktiv den sozialistischen Aufbau im gesamten politischen, wirtschaftlichen und kulturellen Leben der Deutschen Demokratischen Republik.

Charakteristisch für das Eisenbahnnetz der Deutschen Demokratischen Republik ist die strahlenförmige Anordnung der Magistralen und der übrigen wichtigen Strecken, ausgehend von der Hauptstadt Berlin, die mit ihren weitverzweigten Eisenbahnanlagen und dem seit 1961 vollständig zweigleisig ausgebauten Berliner Außenring gleichzeitig den größten Eisenbahnknoten der Deutschen Demokratischen Republik darstellt. Diese Netzstruktur wiederholt sich bei weiteren wichtigen Knoten wie Leipzig, Halle (Saale), Magdeburg, Karl-Marx-Stadt, Erfurt und verleiht dem gesamten Netz die Form von Bienenwaben.

Dieses Netz umfaßt nicht nur leistungsstarke Strecken für den Binnenverkehr, sondern stellt in seinen Hauptverbindungen auch ein ausgesprochenes Transitnetz dar. Der Durchgangsverkehr wickelt sich besonders zwischen Ost- und Westeuropa ab. Seit der Spaltung Deutschlands in zwei selbständige deutsche Staaten nimmt auch die Nord-Süd-Relation ständig mehr an Bedeutung zu.

Das Gerippe des Eisenbahnnetzes bilden die Magistralen

Berlin – $\dfrac{\text{Halle}}{\text{Leipzig}}$ – Erfurt

Berlin – Dresden – Bad Schandau

Berlin – Magdeburg – Marienborn

Berlin – Frankfurt (Oder)

Berlin – Neustrelitz – $\dfrac{\text{Stralsund}}{\text{Lalendorf – Rostock}}$;

das sind hochleistungsfähige Strecken von nationaler und internationaler Bedeutung. Zu ihnen gehören auch die meisten Transitstrecken durch die Deutsche Demokratische Republik; die wichtigsten sind:

a) (Stockholm) – Saßnitz Hafen – Berlin – Bad Schandau – (Budapest)
b) (Stockholm) – Saßnitz Hafen – Herrnburg – (Lübeck)
c) (Stockholm) – Saßnitz Hafen – Berlin – Erfurt – Gerstungen – (Bebra)
d) (Hamburg) – Berlin – Bad Schandau – (Budapest)
e) Frankfurt (Oder) – Berlin – $\dfrac{\text{Marienborn}}{\text{Oebisfelde}}$ – (Hannover)

Über diese Strecken gehen auch die meisten TEEM-Verbindungen durch die Deutsche Demokratische Republik.

Der Haupteisenbahnknoten des Transitnetzes ist der Bahnhof Seddin, südwestlich von Berlin.

1961 wurden auf den Schienensträngen der Deutschen Demokratischen Republik fast 249 Millionen Tonnen Güter mit einer Leistung von 34,7 Milliarden tkm befördert. 830 Millionen Personen benutzten für ihre Fahrten zur und von der Arbeitsstätte, für Geschäfts- und Urlaubsreisen sowie andere Zwecke die Eisenbahn, wobei über 19,5 Milliarden Pkm geleistet wurden. Über 3 Millionen Güterzüge und rund 3,6 Millionen Reisezüge waren hierfür im Einsatz. An einem Tag wurden Entfernungen zurückgelegt, die einer fünfzehnfachen Reise um die Erde am Äquator entsprechen. Die hervorragenden Leistungen der Eisenbahner werden noch deutlicher, wenn man die Auslastung des Streckennetzes betrachtet. Sie liegt nicht nur um mehr als 75% über den Vorkriegswerten, sie ist auch mit über 7 Millionen Bruttotkm/km die höchste in Europa und übertrifft die der westdeutschen Bundesbahn um 10%. Von großer Bedeutung für die Erhöhung der Leistungsfähigkeit, vor allem der verkehrlich wichtigsten und am stärksten belegten Strecken, ist ihre Umstellung auf elektrischen Betrieb. Bis Ende 1961 wurden im südlichen Raum der Deutschen Demokratischen Republik rund 400 km elektrifiziert.

Diese Leistungen waren nur möglich durch die sozialistischen Methoden der Leitung und Organisation des Eisenbahnbetriebes, die seit 1945 ständig verbessert wurden, sowie durch die breite Entfaltung

Die Eisenbahntransportleistungen von 1950 bis 1961[1])

Jahr	Güterverkehr Menge in Mill. t	Güterverkehr Leistung in Mill. tkm	Personenverkehr Menge in Mill. Personen	Personenverkehr Leistung in Mill. Pkm
1950	128	15 064	954	18 576
1951	153	17 291	1 006	19 527
1952	158	19 077	1 056	20 801
1953	182	22 112	997	20 529
1954	191	23 182	1 008	22 632
1955	207	25 222	1 016	22 905
1956	210	27 334	1 022	22 560
1957	220	28 635	1 011	22 785
1958	227	30 101	980	21 399
1959	229	31 648	958	21 388
1960	237	32 860	943	21 288
1961	249	34 733	830	19 540

[1] aus: Statistisches Jahrbuch der Deutschen Demokratischen Republik 1960/61

der Initiative der Eisenbahner zur Leitung ihres Betriebes und zur Erfüllung der von Jahr zu Jahr ständig angestiegenen Transportaufgaben.

Die Deutsche Reichsbahn – Träger des öffentlichen Eisenbahnverkehrs in der Deutschen Demokratischen Republik

Die Durchführung des gesamten öffentlichen Eisenbahnverkehrs in der Deutschen Demokratischen Republik liegt in den Händen der Deutschen Reichsbahn. Sie ist, wie es in der „Anordnung über das Statut der Deutschen Reichsbahn" vom 19. November 1960 heißt, ein einheitliches, zentral geleitetes, nach dem Prinzip der wirtschaftlichen Rechnungsführung arbeitendes staatliches Verkehrsunternehmen und als Ganzes juristische Person. Das von ihr verwaltete Vermögen ist staatliches Eigentum. Hervorgegangen aus einst privat-, später staatskapitalistischen Eisenbahnen, wurde die Deutsche Reichsbahn zur Eisenbahn des von Imperialismus und Faschismus befreiten Volkes. Mit rund 300 000 Beschäftigten ist die Deutsche Reichsbahn der weitaus größte Betrieb der Republik. Als einziges Eisenbahnunternehmen der Deutschen Demokratischen Republik verkörpert es gleichzeitig das Eisenbahnwesen als Zweig unserer sozialistischen Volkswirtschaft. Die Größe, die räumliche Ausdehnung über das gesamte Staatsgebiet und die Eigenart der Transportproduktion stellen besondere Anforderungen an die Leitung und Organisation eines solchen Betriebes.

Die Deutsche Reichsbahn umfaßt die Bereiche

Eisenbahntransport,
Fahrzeugausbesserung
und Eisenbahnbau.

Entsprechend dem technologischen Prozeß der Transportabwicklung ist der Bereich Eisenbahntransport in die Hauptdienstzweige Betriebs- und Verkehrsdienst, Maschinenwirtschaft, Wagenwirtschaft, Bahnanlagen sowie Sicherungs- und Fernmeldewesen untergliedert. Die unmittelbare Leitung und Organisierung der Transportabwicklung sowie die Erhaltung und Unterhaltung der Transportmittel und -anlagen erfolgt durch die oder in den örtlichen Dienststellen der Deutschen Reichsbahn. Das sind im wesentlichen die Bahnhöfe, Bahnbetriebswerke, Bahnbetriebswagenwerke, Bahnmeistereien, Hochbau-

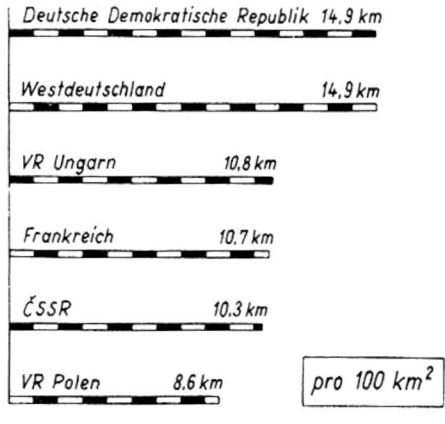

5 Die Netzdichte einiger europäischer Eisenbahnen

6 Die Netzdichte der Deutschen Reichsbahn in den Bezirken der Deutschen Demokratischen Republik

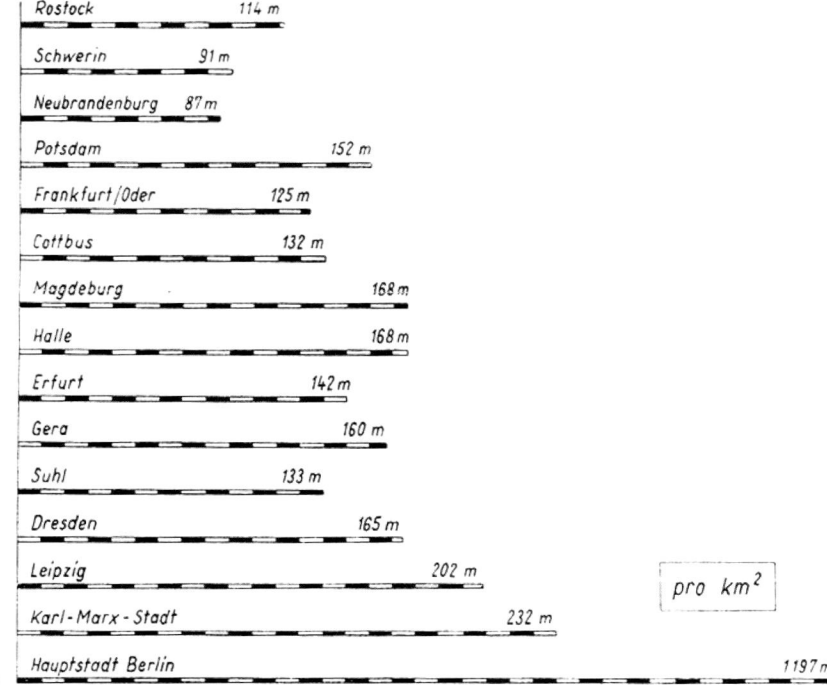

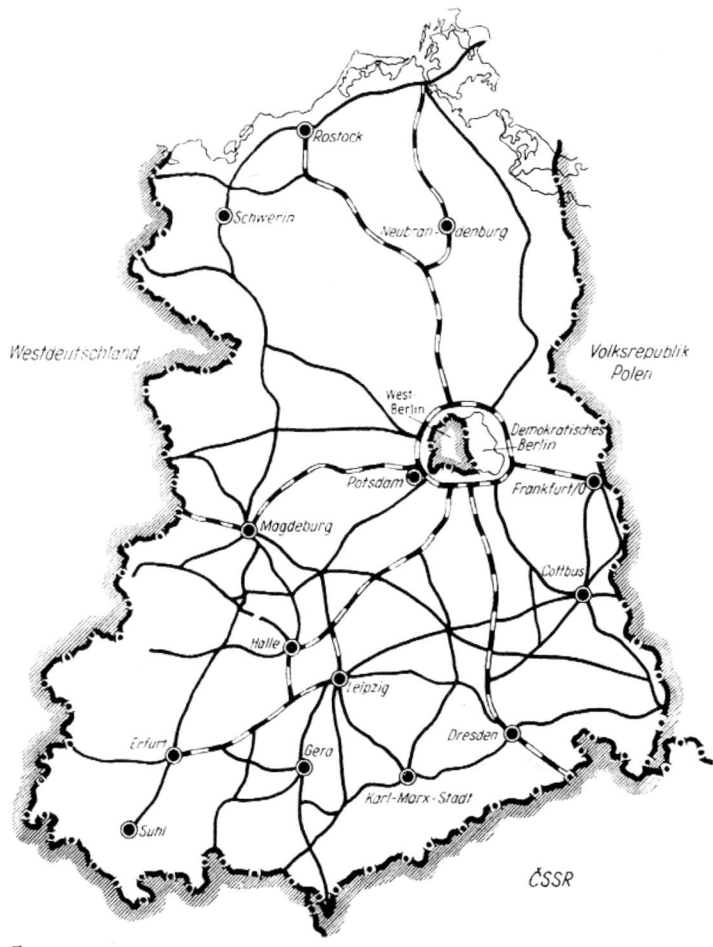

7

meistereien, Brückenmeistereien, Fahrleitungsmeistereien, Starkstrommeistereien sowie die Sicherungs- und Fernmeldemeistereien.

Die einheitliche Aufgabenstellung für die Deutsche Reichsbahn in ihrer Gesamtheit erfordert eine gut organisierte und einwandfrei funktionierende Leitung aller örtlichen Dienststellen. Ohne sie wäre keine pünktliche und störungsfreie Erfüllung der Transportaufgaben möglich. Dazu dienen die zentralen Leitungsorgane im Ministerium für Verkehrswesen (Hauptverwaltungen der Deutschen Reichsbahn für die Hauptdienstzweige und die zentralen Abteilungen). Da diese aber nicht unmittelbar auf die rund 3000 örtlichen Dienststellen des Bereichs Eisenbahntransport einwirken können, bedienen sie sich regionaler Zwischenleitungsorgane. Das sind die nach Hauptdienstzweigen gegliederten Reichsbahndirektionen und weiterhin die zum Betriebs- und Verkehrsdienst gehörenden Reichsbahnämter.

Zur Leitung, Lenkung und Koordinierung des operativen Betriebsdienstes, des operativen Lokeinsatzes und der Güterwagenregulierung wurde der Dispatcherdienst geschaffen. Sein Aufbau und seine Arbeitsweise entsprechen den neuen sozialistischen Leitungsmethoden, mit deren Hilfe die Eisenbahner in der Lage waren und sind, althergebrachte Auffassungen über die Leistungsfähigkeit der Deutschen Reichsbahn zu beseitigen und immer neue Leistungssteigerungen zu erreichen. Die Organe des Dispatcherdienstes sind ebenfalls nach regionalen Gesichtspunkten gegliedert. Die Hauptdispatcherleitung ist für den Gesamtbetrieb, die Oberdispatcherleitungen sind für die Reichsbahndirektionsbezirke und die Dispatcherleitungen für die Reichsbahnamtsbezirke verantwortlich. Auf größeren Bahnhöfen bestehen Bahnhofsdispatcherleitungen.

Zu den sozialistischen Leitungsmethoden der Deutschen Reichsbahn gehört weiterhin das Vier-Brigade-System, das im operativen Betriebs-, Lokfahr- und Wagendienst sowie im örtlichen Dienst der Triebfahrzeugbestellung eingeführt wurde. Danach geschieht die Ablösung der Schichtbrigaden auf allen Bahnhöfen der Deutschen Demokratischen Republik gleichzeitig, was wesentlich zur Senkung der früher bei der Dienstübergabe entstandenen Ausfallzeiten beigetragen hat. Durch das Vorhandensein fester Stammbrigaden wird die einheitliche Kommandogewalt im gesamten Betriebsdienst der Deutschen Reichsbahn voll wirksam.

Die sozialistische Leitungstätigkeit muß nicht zuletzt dazu dienen, immer engere Beziehungen zwischen der Deutschen Reichsbahn und den anderen Verkehrszweigen, der Industrie, der Landwirtschaft und dem Handel sowie den örtlichen und zentralen Organen der Staatsmacht herzustellen.

Schließlich kommt es darauf an, die Transportverordnung (TVO) als Leitungsinstrument zur Koordinierung der Transportaufgaben und Verbesserung der Zusammenarbeit aller an der Güterbeförderung Beteiligten zur vollen Wirkung zu bringen und mit Hilfe einer engen

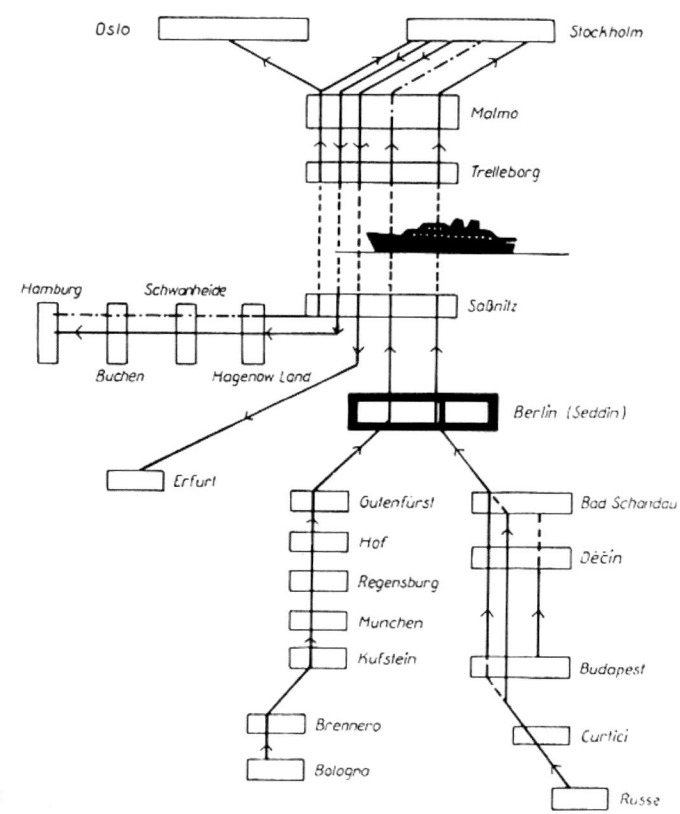

8

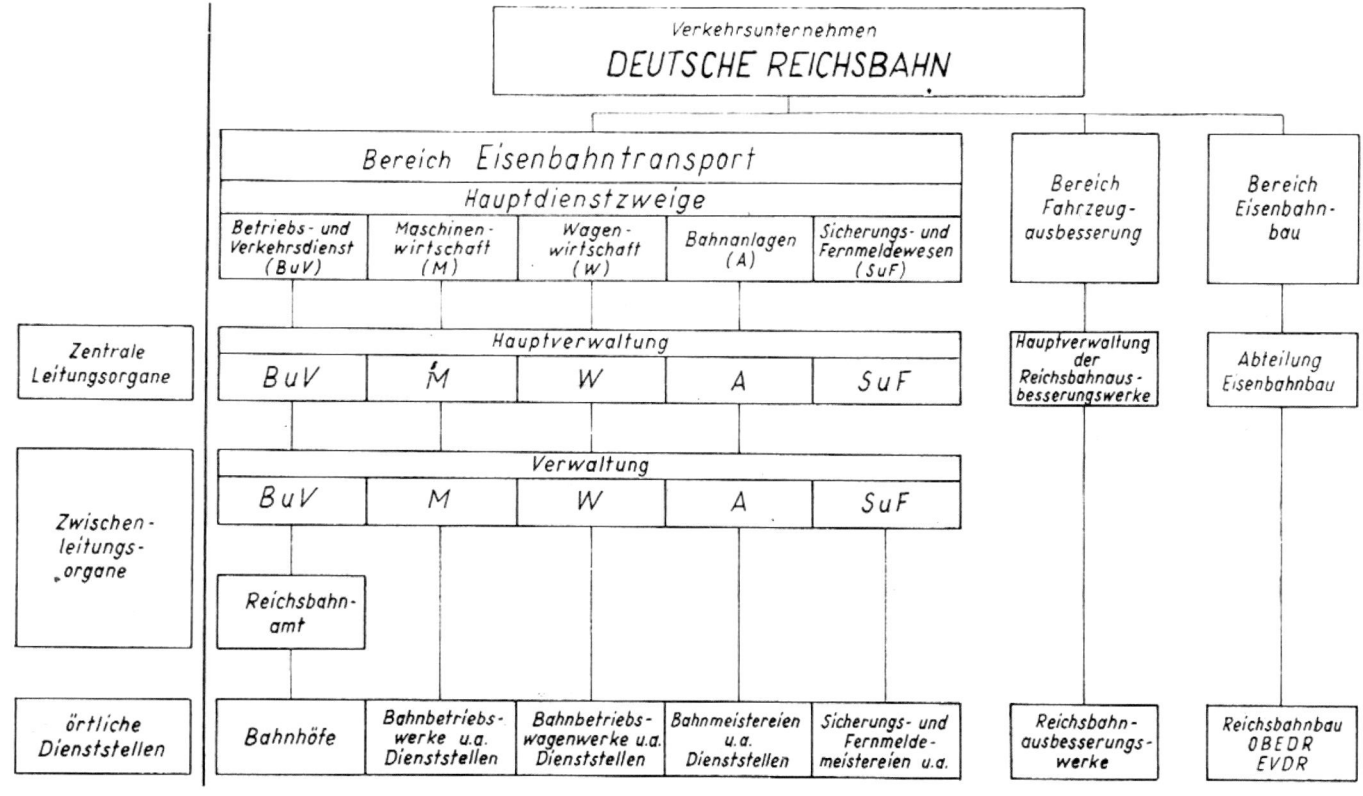

7 Das Netz der Magistralen und wichtigsten Hauptstrecken mit den Bezirksstädten

8 Die TEEM-Verbindungen durch die Deutsche Demokratische Republik

9 Die Struktur der Deutschen Reichsbahn

sozialistischen Gemeinschaftsarbeit alle dem Transport dienenden Reserven zu erschließen.

Der Deutschen Reichsbahn, aber auch den anderen Verkehrszweigen, werden in den nächsten Jahren nur in sehr geringem Umfang zusätzliche Transportkapazitäten zur Verfügung stehen. Das erfordert die Beseitigung aller volkswirtschaftlich nicht notwendigen und gegenläufigen Transporte. Weiterhin ist die gemeinsame Organisierung des durchgehenden kombinierten Verkehrs, vor allem zwischen der Eisenbahn und dem Kraftverkehr, und die radikale Verkürzung der unproduktiven Standzeiten während der Entladung notwendig.

Deshalb orientiert sich die Leitungstätigkeit in allen Ebenen und Dienstzweigen der Deutschen Reichsbahn insbesondere auf die volle Nutzung der vielfältigen schöpferischen Initiative, der Erfahrungen und Vorschläge der Eisenbahner, die täglich beweisen, daß die von der Partei der Arbeiterklasse und der Regierung der Deutschen Demokratischen Republik an ihre Einsatzbereitschaft, Ordnung und Disziplin gestellten Erwartungen zur Erreichung immer besserer betrieblicher Arbeitsergebnisse voll erfüllt werden.

Zur Deutschen Reichsbahn gehören weiterhin

im Bereich Fahrzeugausbesserung

die Reichsbahnausbesserungswerke zur Erhaltung der Transportmittel sowie der Geräte und Mechanismen des Güterumschlags und der Streckenunterhaltung,

im Bereich Eisenbahnbau

die Zentrale und die Betriebe des Reichsbahnbaus

die Oberste Bauleitung für die Elektrifizierung der Deutschen Reichsbahn und

das Entwurfs- und Vermessungsbüro der Deutschen Reichsbahn sowie zentrale Dienststellen für die Bereiche der Forschung und Entwicklung, der Qualifizierung der Eisenbahner, der Abwicklung bestimmter Verwaltungstätigkeiten und für weitere zentrale Aufgaben.

Das staatliche Verkehrsunternehmen Deutsche Reichsbahn arbeitet wie alle volkseigenen Betriebe nach dem Prinzip der wirtschaftlichen Rechnungsführung. Für den Bereich Eisenbahntransport trifft das nur in seiner Gesamtheit zu, da die Erlöse aus diesem Bereich nur zentral den hierfür erforderlichen Aufwendungen gegenübergestellt und damit auch nur zentral die Rentabilität und der Nutzeffekt der Eisenbahntransportleistungen ermittelt werden können.

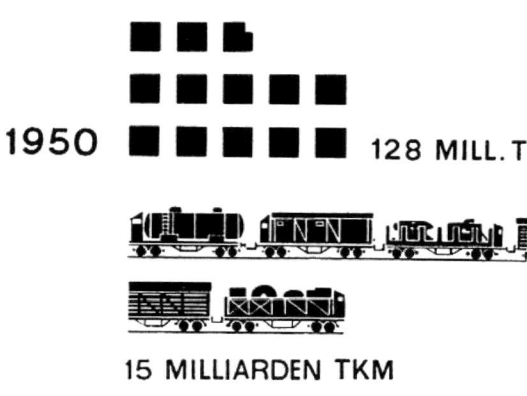

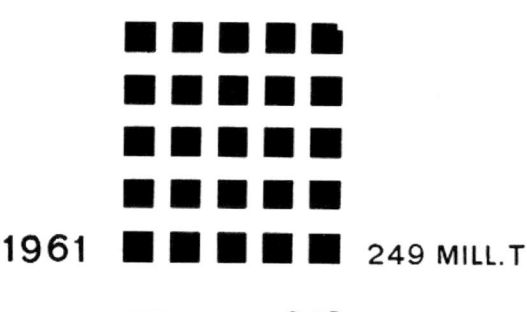

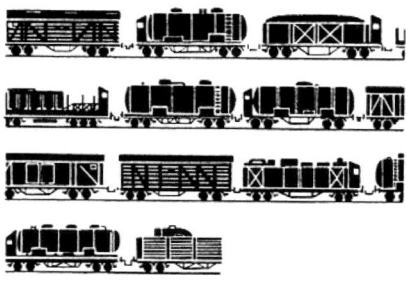

10 Die Transportleistungen im Güterverkehr der Deutschen Reichsbahn von 1950 bis 1961
oben: Gütermenge
unten: Gütertransportleistung

11 Diese Abbildung vermittelt einen Überblick über die Hauptgüterströme in der Deutschen Demokratischen Republik

Die Perspektive des Eisenbahnwesens der Deutschen Demokratischen Republik

Die Eisenbahn spielt gegenwärtig eine entscheidende Rolle im System der sozialistischen Volkswirtschaft der Deutschen Demokratischen Republik und ist daraus nicht wegzudenken.

Wird das auch weiterhin so sein? Diese Frage muß für die Perspektive unbedingt bejaht werden. Im sozialistischen Verkehrssystem der Zukunft wird auch die Eisenbahn eine hervorragende Bedeutung haben. Sie wird für die jetzt überblickbare Zeit in der Deutschen Demokratischen Republik weiterhin der Hauptträger der Transportleistungen bleiben.

Auf Grund der Veränderungen im Produktionsprofil der Deutschen Demokratischen Republik, der immer stärkeren Spezialisierung und Kooperation der Produktion im Rahmen der Mitgliedsländer des Rates für Gegenseitige Wirtschaftshilfe sowie der wirtschaftlichen Verwertung der Rohstoffe und der Primärenergie wird allerdings ein Strukturwandel der zu befördernden Güter eintreten. Der Anteil der transportraumaufwendigen Natur- und Rohstoffe wird zugunsten von weniger Transportkapazität erfordernden Halbfabrikaten und Fertigungserzeugnissen zurückgehen. Andere Transportmöglichkeiten werden stärker als bisher wirtschaftlich genutzt werden (Energiefernübertragung, Rohrleitungen und andere).

Die sich immer enger und planmäßiger gestaltende Aufgabenteilung und Zusammenarbeit zwischen den Verkehrszweigen, vor allem zwischen Eisenbahn und Kraftverkehr, werden ebenfalls nicht ohne Einfluß auf die künftigen Aufgaben der Eisenbahn und ihre Entwicklung bleiben. Das gleiche gilt für die Veränderungen, die sich in der Technologie der Transportabwicklung, besonders an den Nahtstellen der Transportprozesse, und durch den Einsatz neuer Transportmittel, wie Behälter, ergeben. Allerdings wird unter sozialistischen Produktionsverhältnissen der öffentliche Verkehr auf der Straße niemals der Eisenbahn den Rang ablaufen. Daß der Kraftverkehr unter kapitalistischen Bedingungen zum schärfsten Konkurrenten der Eisenbahn wurde, liegt im Kapitalismus selbst begründet. Solange außer der Eisenbahn nur das außerordentlich leistungsschwache Pferdefuhrwerk als Landtransportmittel existierte, mußten von ihr neben schon damals sehr produktiven Leistungen auch viele wesentlich unwirtschaftlichere Transporte durchgeführt werden, da es einen öffentlichen Straßenverkehr, wie wir ihn heute kennen, noch nicht gab. Der Landverkehr war deshalb in seiner Gesamtheit relativ unökonomisch.

Mit dem Aufkommen des Lastkraftwagens und seinem Einsatz im öffentlichen Verkehr ist die Möglichkeit gegeben, die Leistungsabgrenzung zwischen Schiene und Straße an dem Punkt des Transportprozesses vorzunehmen, an dem der Wirkungsgrad der Eisenbahn unter den eines anderen Transportmittels (zum Beispiel des Kraftverkehrs) absinkt. Damit steigen selbstverständlich die Leistungsfähigkeit und die Produktivität der Landtransporte insgesamt sprunghaft an. Doch lassen die erbarmungslose Konkurrenz und Anarchie zwischen den einzelnen Zweigen eines kapitalistischen Verkehrswesens eine solche Entwicklung nur bedingt zu. Sie kann erst in einem einheitlich geleiteten sozialistischen Verkehrswesen voll verwirklicht werden.

Der Kraftwagenverkehr macht nicht nur die horizontale Arbeitsteilung zwischen Schiene und Straße praktisch möglich, sondern bildet auch die Voraussetzung für eine den Gesamtverkehr wesentlich produktiver als bisher gestaltende vertikale Arbeitsteilung, womit eine ökonomisch richtige Kooperation zwischen ihnen gewährleistet wird.

Allerdings treten damit zwischen Schiene und Straße zusätzliche Umschlagsprozesse, die die ökonomische Zweckmäßigkeit der vertikalen

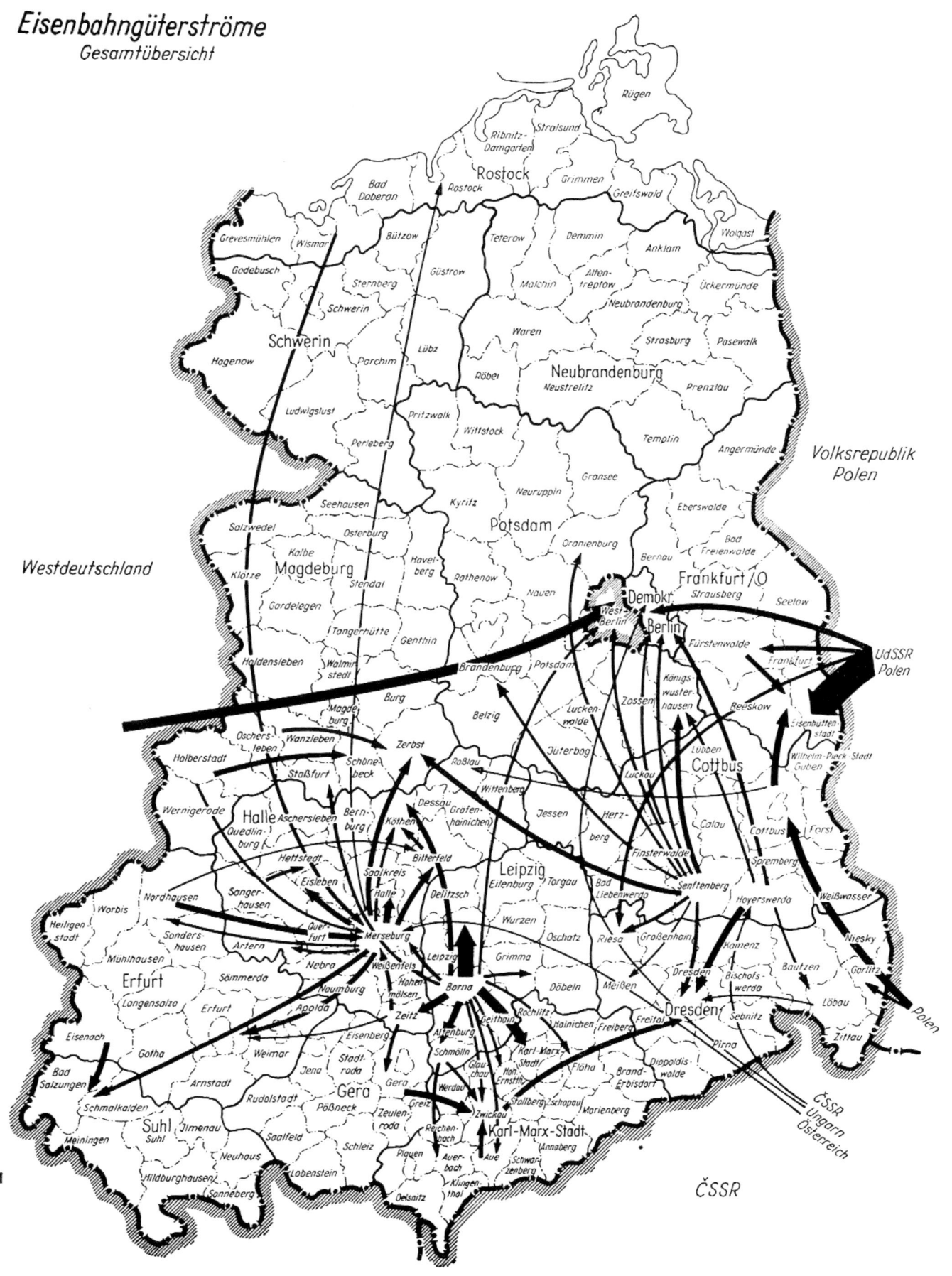

12 Die teilweise völlig neue Hafenabfuhrstrecke Rostock—Berlin

Arbeitsteilung dann bis zu einem gewissen Grade in Frage stellen können, wenn der kombinierte Verkehr höheren Aufwand bedingt als die direkte Beförderung auf der Schiene oder der Straße.

Deshalb ist es erforderlich, die Umschlagsprozesse weitestgehend zu mechanisieren, um die Güter schneller als bisher umschlagen sowie den Umlauf der Güterwagen und der Lastkraftwagen beschleunigen zu können. Der immer stärker aufkommende Klein-, Mittel- und Großbehälterverkehr wird ebenfalls in zunehmendem Maße die Transporttechnologie des kombinierten Verkehrs rationalisieren. Damit kann der spezifischen Eignung eines jeden Verkehrszweiges immer besser und umfassender entsprochen werden.

Das wird aber die Bedeutung der Eisenbahn im Verkehrssystem nicht mindern. Dennoch wird sie auch in der Deutschen Demokratischen Republik in den nächsten Jahren eine Wandlung erfahren. Als wichtigstes Merkmal dieser Wandlung wird die Eisenbahn in immer stärkerem Maße nur die ihr auf Grund ihrer technisch-ökonomischen Eigenschaften zukommenden Aufgaben wahrnehmen und aller anderen Aufgaben, die der Steigerung des Nutzeffekts eines modernen Eisenbahnwesens im Wege stehen, entledigt.

Die Eisenbahn ist auf Grund der technischen Eigenschaften ihrer Transportmittel und -anlagen sowie ihres straff organisierten und zentral geleiteten Betriebsablaufs heute und auch in der Zukunft der geeignete Verkehrszweig für Massengüter und Beförderungen über weite Entfernungen. Für Massenguttransporte in konzentrierter Abfuhr (ganze Züge und Wagenladungsgruppen) und für Beförderungen über Entfernungen von mehr als 75 km – möglichst in Durchgangsgüterzügen – weist die Eisenbahn einschließlich der Beförderungsselbstkosten bereits heute die ökonomisch günstigsten Kennziffern aus, obwohl noch der veraltete und unwirtschaftliche Dampfbetrieb vorherrschend ist.

Anders sieht es aus, wenn keine direkten Eisenbahntransporte vorliegen, wenn das Gut einmal oder wiederholt umgeladen werden muß, wenn die Sendungsmassen klein sind, wenn keine wirtschaftliche Zugbildung möglich ist und wenn keine konzentrierte Abfuhr erfolgen kann. Dann sind die ökonomischen Kennziffern der Eisenbahn wesentlich ungünstiger und überschreiten oft die vergleichbaren Kennziffern anderer Verkehrszweige, vor allem die des Kraftverkehrs.

Güterverkehr

Aus den erwähnten Gründen besteht das Ziel der Entwicklung des Güterverkehrs vor allem in der konzentrierten Beförderung der Güter mittels schwerer und schwerster Züge mit hohen Reisegeschwindigkeiten zwischen Eisenbahnknotenbahnhöfen.

Eine solche umfassende Rationalisierung des gesamten Transportprozesses setzt die Be- und Entladung der Güterwagen auf wenigen Bahnhöfen – Wagenladungsknotenbahnhöfen – voraus. Diese Konzentration bedingt ihrerseits, daß die bereits begonnene Entwicklung von Be- und Entladebetrieben verstärkt fortgesetzt wird. Ist sie abgeschlossen, kann auch die Zahl der heute vorhandenen Gütertarifbahnhöfe wesentlich gesenkt werden. In diesem Zusammenhang wird sich auch die Zahl der Zusatzanlagen und Anschlußbahnen stark verringern. Ihr Betrieb wird nur aufrechtzuerhalten sein, wenn das die künftige Gutmenge unter den veränderten technologischen Bedingungen wirtschaftlich noch rechtfertigt.

Auch der Stückgutverkehr wird im Zuge der Rationalisierung des

13

14

Eisenbahnverkehrs seine Form verändern. Mit der Entwicklung des Haus-Haus-Stückgutverkehrs erhält diese Beförderungsart für die Eisenbahn immer mehr den Charakter des Wagenladungsverkehrs und paßt sich damit den künftigen technologischen Bedingungen des Güterverkehrs an. Der Umschlag des Stückgutes sowie die Be- und Entladung der Stückgutwagen geschieht auf Stückgutknotenbahnhöfen. Rund 130 bis 140 solcher Knoten sind im Netz der Deutschen Reichsbahn vorgesehen.

Die Rationalisierung des Güterverkehrs wird auch weitgehendst vom künftigen Mittel- und Großbehälterverkehr bestimmt, der sich analog zum Wagenladungs- und Stückgutverkehr auf wenige Behälterknotenbahnhöfe konzentrieren wird.

Die Knotenbahnhöfe müssen, mit modernen und leistungsfähigen Betriebsanlagen sowie Lade- und Umschlagseinrichtungen versehen, eine vollmechanisierte und damit hochrationelle Behandlung sowie den schnellen und wirtschaftlichen Umschlag der Güter sowohl zwischen Produzent oder Konsument und Transportmittel als auch zwischen den Transportmitteln der verschiedenen Verkehrszweige ermöglichen.

Das System verschiedener Arten von Knotenbahnhöfen wird durch ein leistungsfähiges Netz von Magistralen und anderen wichtigen Strecken verbunden sowie durch wenige über das Netz zweckmäßig verteilte und mit moderner Rangiertechnik ausgerüstete Rangierbahnhöfe ergänzt.

15

13 Der neu entwickelte Großbehälter der Deutschen Reichsbahn hat eine Tragfähigkeit von fast 5 t

14 Gabelstapler, Paletten und Behälter geben den Güterabfertigungen das Gepräge

15 Horizontale und vertikale Arbeitsteilung zwischen der Eisenbahn und dem Kraftverkehr

Damit können die direkten Eisenbahntransporte noch wirtschaftlicher als gegenwärtig gestaltet werden. Außerdem ist die Herstellung der zweckmäßigsten Kooperationsbeziehungen zu den übrigen Verkehrszweigen, insbesondere dem Kraftverkehr, besser möglich. Das alles wird dazu beitragen, daß die Produktivität im Verkehrswesen insgesamt wesentlich ansteigt und damit der Nutzeffekt des Verkehrs innerhalb der Volkswirtschaft ständig wächst.

Auch im internationalen Verkehr wird sich zukünftig der Hauptteil der Gütertransporte auf der Schiene abwickeln, wenngleich in der Perspektive die internationalen Binnenschiffahrtstransporte ebenfalls an Bedeutung gewinnen werden. Internationale Straßentransporte beschränken sich dagegen vor allem auf sehr schnell und direkt vom Versender zum Empfänger zu befördernde leichtverderbliche sowie besonders hochwertige und beförderungsempfindliche Güter.

Personenverkehr

Dort, wo es gilt, schnell, pünktlich, sicher und mit einem entsprechenden Reisekomfort die Beförderung großer Menschenmengen zu gewährleisten, ist die Eisenbahn heute und auch in Zukunft das geeignetste Beförderungsmittel. Das trifft vor allem zu für den Berufsmassenverkehr in den großen Industriezentren, zum Beispiel im Raum Halle/Leipzig, den Urlauberverkehr in die Erholungszentren unserer Republik sowie den Städteschnellverkehr, der gegenwärtig zwischen der Hauptstadt Berlin und den wichtigsten Bezirksstädten Dresden, Karl-Marx-Stadt, Leipzig, Halle, Erfurt, Magdeburg und Rostock durchgeführt wird.

Im internationalen Reiseverkehr wird die Eisenbahn über nicht zu große Entfernungen weiterhin das Hauptverkehrsmittel bleiben, da sie bezüglich der Leistungsfähigkeit und der Wirtschaftlichkeit, aber auch der Pünktlichkeit und der Sicherheit den anderen Verkehrsmitteln noch längere Zeit überlegen sein wird. Besonderer Beliebtheit erfreuen sich dabei immer mehr die Schnelltriebwagentagesverbindungen zwischen der Hauptstadt Berlin und Warschau, Prag, Budapest sowie Wien.

Zug	Strecke		Entfernung km	Fahrzeit h	Reisegeschwindigkeit km/h
Berolina	Berlin – Warschau		563	8,3	68
Hungaria	Berlin – Prag – Budapest	Prag Budapest	383 999	5,9 14,6	65 68
Vindobona	Berlin – Wien		735	11,5	64

Durch weitere Vereinfachung und Beschleunigung der Paß- und Zollkontrollen an den Staatsgrenzen und der damit verbundenen Verkürzung der heute noch relativ langen Grenzaufenthalte sowie durch Erhöhung der Streckengeschwindigkeiten werden die Vorzüge dieser Schnellverbindungen, aber auch der übrigen internationalen Züge, noch auffälliger als bisher.

Der Personenfernverkehr innerhalb der Republik und über ihre Grenzen hinweg sowie der Transitreiseverkehr wird sich vor allem auf den Magistralen abwickeln.

Streckennetz

Entsprechend der Perspektive des Güter- und Personenverkehrs wird das Streckennetz der Deutschen Reichsbahn keine wesentliche Erweiterung und Verdichtung erfahren. Im Laufe der Zeit können im Gegenteil unwirtschaftliche und den künftigen transporttechnologischen Bedingungen nicht mehr entsprechende Nebenbahnen, auch Schmalspurbahnen, und Unterwegsbahnhöfe stillgelegt oder geschlossen werden. Andererseits kann es im Zusammenhang mit politischen und wirtschaftlichen Veränderungen im Norden der Deutschen Demokratischen Republik, wie bereits erwähnt, auch zu einigen Erweiterungen des Streckennetzes und der Eisenbahnanlagen kommen.

Der Bau der Magistrale Rostock – Berliner Ring und des modernen Rostocker Übersee-Hafenbahnhofs sind Beispiele hierfür.

Die Rekonstruktion des Netzes wird sich vor allem auf den Ausbau der Magistralen und einiger weiterer wichtiger Verbindungslinien als den Hauptadern des künftigen Eisenbahnnetzes erstrecken. Das wird in folgender Weise geschehen:

– *Erhöhung der Geschwindigkeiten,* wobei zunächst für diese Strecken eine Höchstgeschwindigkeit von 120 km/h vorgesehen ist. Die Arbeiten werden aber so durchgeführt, daß zu einem späteren Zeitpunkt eine Erhöhung auf 160 km/h ohne wesentliche zusätzliche Bauarbeiten möglich wird, wie das beim Bau der Magistrale Rostock – Berliner Ring bereits berücksichtigt wurde.

– *Verstärkung des Oberbaus* für Achslasten von mehr als 20 Megapond, um den Einsatz der vorgesehenen schweren Diesellokomotiven und der elektrischen Lokomotiven sowie der modernen Großraumgüterwagen zu ermöglichen.

– *Erweiterung des Lichtraumprofils* auf die Lichtraumumgrenzung 1-SM für die Fahrzeugbegrenzung 1-WM. Mit dem von der UdSSR entwickelten Drehgestellwechselverfahren und den von der Deutschen Demokratischen Republik geschaffenen Spurwechselradsätzen für den umladungsfreien Übergang der Wagen von einer Spurweite auf die andere wird die Vereinheitlichung der Gabarite der sozialistischen Eisenbahnen dringend erforderlich. Auch der Einsatz großräumiger Güterwagen zwingt aus wirtschaftlichen Gründen zur Veränderung der Fahrzeugbegrenzungsmaße, die nicht ohne Erweiterung des Lichtraumprofils möglich ist. Deshalb wurde auf der Pekinger Tagung der Verkehrsminister der OSShD im Juni 1957 der Beschluß zur schrittweisen Einführung des Gabarits 1 SM / 1 WM gefaßt. Dieser Beschluß gilt generell für alle neu zu bauenden Strecken. Bestehende Strecken erhalten in der Regel bei Gleiserneuerung das neue Lichtraumprofil.

– *Elektrifizierung* der in der Perspektive am stärksten belasteten Strecken. Ausgehend von dem im Süden der Republik vorhandenen elektrifizierten Streckennetz, werden nach und nach alle Magistralen und wichtigen Hauptbahnen für den elektrischen Zugbetrieb hergerichtet, während auf den weniger stark befahrenen Strecken und Nebenbahnen moderne Diesellokomotiven fahren werden. Dabei sollen die beiden modernen Traktionen nicht nebeneinander bestehen, sondern zu einer volkswirtschaftlich zweckmäßigen Kombination vereinigt werden. Um den Vorteil einer elektrifizierten Strecke auch voll nutzen zu können, müssen möglichst viele Leistungen auf sie konzentriert werden. Obwohl in den nächsten Jahren das $16^{2}/_{3}$-Hertz-System

beibehalten wird, sollte bei Neubauten die Möglichkeit des Übergangs auf Industriefrequenzen von 50 Hertz berücksichtigt werden.

– *Modernisierung der Sicherungs- und Fernmeldeanlagen.* Die heute noch weitgehend anzutreffenden mechanischen und elektromechanischen Stellwerke werden nach und nach durch Gleisbildstellwerke ersetzt. Anstelle von 2 bis 3 Stellwerken der herkömmlichen Bauarten wird in der Regel nur ein Gleisbildstellwerk erforderlich sein. Die Anwendung des automatischen Streckenblocks in Verbindung mit der Führerstandssignalisation erhöht die Sicherheit des Zugbetriebes, ermöglicht die Einrichtung unbesetzter Blockstellen sowie die Verkürzung der Signalabstände und gestattet damit eine dichtere Zugfolge. Schließlich wird in der weiteren Perspektive der Zugbetrieb auch in größerem Maße auf die Fernsteuerung ganzer Strecken und Knoten umgestellt werden.

Triebfahrzeuge

In den Jahren bis 1965 werden bei der Deutschen Reichsbahn die Voraussetzungen für die spätere vollständige Ablösung des unwirtschaftlichen und veralteten Dampfbetriebes durch die wesentlich leistungsfähigere und rationellere elektrische Zugförderung und die Dieseltraktion geschaffen. Dadurch verändert sich mit der Zeit das Gesicht des Lokomotivparkes grundlegend. Wenn auch die Dampflokomotive noch viele Jahre auf unseren Strecken und Bahnhöfen zu sehen sein wird, so ist doch sicher, daß für sie die Stunde des Abtretens geschlagen hat. Deshalb wurde auch in der Deutschen Demokratischen Republik bereits vor einigen Jahren der Neubau von Dampflokomotiven eingestellt.

Mit der fortschreitenden Elektrifizierung des Streckennetzes kommen

16 Angenehm ist der Aufenthalt im neuen Speisewagen der MITROPA

17 Die modernen Selbstbedienungsgaststätten auf den großen Bahnhöfen unserer Republik erfreuen sich bei allen Reisenden großer Beliebtheit

18 Zur Bewältigung des Berufsmassenverkehrs werden im verstärkten Maße Doppelzüge eingesetzt. Nicht alltäglich dürfte ein Doppelzug mit Dampf- und Ellok sein

18

neue mittelschwere und schwere elektrische Lokomotiven zum Einsatz. Zur Entwicklung und Erprobung von 50-Hertz-Lokomotiven für eine eventuelle spätere Umstellung des Netzes wurde 1962 die 23 km lange Versuchsstrecke Hennigsdorf bei Berlin—Wustermark in Betrieb genommen.

Den Rangierdienst wie auch die Zugförderung auf den nichtelektrifizierten Strecken werden Diesellokomotiven verschiedener Leistungsstärken und Baureihen versehen.

Güterwagenpark

Die vorgesehene umfassende Rationalisierung der Güterbeförderung erfordert auch umfangreiche Veränderungen am Güterwagenpark. Er muß sowohl durch die Rekonstruktion alter Wagen als auch durch den Bau neuer Wagen den künftigen Anforderungen angepaßt werden. Die Entwicklung des Güterwagenparks wird vor allem von der künftigen Struktur der zu befördernden Gutarten und ihren Sendungsmassen im Zusammenhang mit den wirtschaftlichen Veränderungen, die sich aus der immer engeren Wirtschaftsgemeinschaft der sozialistischen Staaten ergeben, bestimmt. Sämtliche Güterwagen der sozialistischen Staaten müssen in der Perspektive im gesamten sozialistischen Lager freizügig verfügbar sein und damit auch die Schwelle zwischen der Spurweite 1524 mm der UdSSR und der Spurweite 1435 mm der übrigen europäischen sozialistischen Staaten überwinden. Das erfordert eine weitgehende Standardisierung der Wagen und dabei die Lösung folgender international außerordentlich wichtiger technischer Probleme:

– die bereits behandelte Vereinheitlichung des Lichtraumprofils durch Anpassung an das in der UdSSR verbindliche Gabarit 1 SM / 1 WM.
– die Entwicklung und Einführung einer einheitlichen automatischen Kupplung, die gleichzeitig die Rangierer von der körperlich schweren und nicht ungefährlichen Arbeit des Kuppelns befreit.
– den Einsatz von Spurwechselradsätzen, wodurch die bisher zeitraubenden, oft mit Minderung der Qualität oder sogar Verlust des umzuladenden Gutes verbundenen Umladearbeiten beseitigt werden und der Übergang des Zuges von einer Spurweite auf die andere in wenigen Minuten vor sich gehen kann. Die in der Deutschen Demokratischen Republik durchgeführte Entwicklung solcher bereits 1961 im Betrieb erprobten Radsätze unter einem Erdölzug von Kuibyschew nach Leuna stellt eine Pioniertat auf diesem Gebiet dar.

Die rationelle Güterbeförderung und dabei vor allem ein vertretbares Verhältnis von Leerlauf zu Lastlauf der Güterwagen, was in der Deutschen Demokratischen Republik im Verhältnis zu anderen

19 Im Rahmen des Magistralenprogramms wurde 1962 auch die Strecke Berlin—Frankfurt/Oder völlig erneuert. Dabei fand die moderne jochweise Gleisverlegung Anwendung

Eisenbahnen gegenwärtig sehr ungünstig ist, hängt vor allem vom umfassenden Einsatz der Mehrzweckgüterwagen ab. Deshalb kommt ihrer Entwicklung und Benutzung in der Perspektive große Bedeutung zu.

In Zukunft wird deshalb bei der Deutschen Reichsbahn der mehrachsige und in Leichtbauweise ausgeführte Mehrzweckgroßraumgüterwagen mit niedriger Eigenmasse und hoher Tragfähigkeit, die über 60 t liegen wird, vorherrschend sein. Diese Wagen werden bewegliche Dächer, Stirnwandtüren und Einrichtungen zur Bodenentleerung haben und damit für alle in Frage kommenden Gutarten die mechanisierte Be- und Entladung ermöglichen.

Die Beförderung vieler Güter in Mittel- und Großbehältern wird sprunghaft ansteigen, da diese Beförderungsart gegenüber dem Wagenladungsverkehr mit vielen wirtschaftlichen Vorteilen, angefangen mit dem Wegfall der transportbedingten Verpackung des Gutes, weiterhin mit einem wesentlich rationelleren Umschlag und schließlich kaum noch mit Gutbeschädigungen während der Beförderung verbunden ist. Die Behälter werden am zweckmäßigsten mit Plattenwagen befördert. Deshalb ist auch das richtige Verhältnis zwischen Plattenwagen und Mehrzweckwagen für deren wirtschaftlichen Einsatz von großer Bedeutung.

Auch der Plattenwagen wird mit dem Anwachsen des Mittel- und Großbehälterverkehrs in seiner Form und Größe Veränderungen unterworfen sein und sich ebenfalls zum Großplattenwagen, das heißt zu Plattengliederketten und damit zu Plattenwagentrains entwickeln.

Neben diesen Wagen werden selbstverständlich auch weiterhin in begrenzter Anzahl Spezialwagen, vor allem Kübelkippwagen, Kesselwagen und Tiefladewagen entsprechend den künftigen Anforderungen der Volkswirtschaft und der Güterstruktur zum Einsatz kommen.

Reisezugwagenpark

Profil und Struktur des Reisezugwagenparks werden sich ebenfalls wesentlich verändern. Die rekonstruierten alten Reisezugwagen prägen bereits das Gesicht des Reisezugwagenparks der Deutschen Reichsbahn.

Teilweises Neuland wurde mit der Entwicklung der Doppelstockzüge und Doppelstockgliederzüge betreten. Diese in Leichtbauweise ausgeführten Züge kommen heute nicht nur in der Deutschen Demokratischen Republik, sondern auch in den anderen sozialistischen Staaten für den Berufsmassenverkehr zum Einsatz.

Rekonstruierte sowie neue Speise- und Schlafwagen mit hohem Komfort für den Reisenden und guten Arbeitsbedingungen für das Personal sind bereits zum Einsatz gekommen.

Unterhaltung der Fahrzeuge und Anlagen

Die Veränderungen am Eisenbahnnetz, an den Anlagen, den Triebfahrzeugen und am Wagenpark können nur dann voll wirksam werden und die angestrebte hochproduktive Transportabwicklung nur dann gewährleisten, wenn die Unterhaltung und die Erhaltung der Anlagen und Fahrzeuge entsprechend rationalisiert werden. Dazu gehören die komplexe Mechanisierung der Oberbauunterhaltung und -erneuerung, die Konzentration der Arbeitskräfte, der Mechanismen und des Materials in nach industriellen Methoden arbeitenden Gleisbaueinheiten sowie der optimale Einsatz aller Baugeräte.

Die Unterhaltung und Erhaltung der Transportmittel muß auf die neuen Fahrzeugtypen umgestellt werden und ebenfalls in spezialisierten Ausbesserungswerken nach festen Stellfristen erfolgen. Auch hierbei wird weitestgehend die heute noch vorherrschende handwerkliche Arbeitsweise durch eine moderne, industrielle Arbeitsmethoden zulassende Fahrzeugunterhaltung, wie Aggregataustausch, abzulösen sein. Nur so ist eine radikale Verkürzung der unproduktiven Standzeiten der Fahrzeuge vor und in den Werken zu erreichen.

In der gesamten Unterhaltung der Anlagen und Fahrzeuge werden die körperlich schweren und gesundheitsschädigenden Arbeiten, für die in der Zukunft kaum noch Arbeitskräfte zur Verfügung stehen werden, durch Mechanisierung und Automatisierung dieser Arbeitsvorgänge systematisch beseitigt.

Betriebliche und ökonomische Maßnahmen

Die dargelegte Perspektive des Eisenbahnwesens in der Deutschen Demokratischen Republik erfordert zu ihrer Verwirklichung neben den Maßnahmen zur Veränderung des Netzes mit seinen Anlagen und Fahrzeugen auch umfangreiche betriebsorganisatorische, technologische und ökonomische Maßnahmen.

So wird beispielsweise der Großbehälterverkehr nicht ohne Einfluß auf die künftige Zugbildung und Zugförderung bleiben. An die Stelle des sehr aufwendigen Umstellens der Wagen auf den Rangierbahnhöfen wird das wesentlich einfachere und schnellere Umsetzen der Behälter von Plattenwagen zu Plattenwagen mittels großer, die Gleise überspannender Krananlagen treten.

Auch der Einsatz elektronischer Rechenmaschinen auf Rangierbahnhöfen, zur Wagenvormeldung, zur optimalen Verteilung der Leerwagen und zur Aufstellung optimaler Fahrpläne sowie für weitere betriebliche Maßnahmen und Vorgänge wird sich entscheidend auf die Technologie des Eisenbahnbetriebes auswirken.

Neue Formen der Zusammenarbeit der Eisenbahn mit den übrigen Verkehrszweigen sowie die Entwicklung des durchgehenden kombinierten Verkehrs machen Veränderungen in der kommerziellen Abfertigung, der Tarifbildung und der Abrechnung des Güterverkehrs erforderlich. Die gegenwärtig noch mehrfache Abfertigung, Tarifberechnung und Abrechnung im kombinierten Verkehr durch die beteiligten Verkehrsbetriebe wird durch eine einmalige Abfertigung, eine einmalige Tarifberechnung auf der Grundlage eines einheitlichen sozialistischen Transporttarifs und eine mit Hilfe elektronischer Rechenmaschinen erfolgende einmalige finanzielle und statistische Abrechnung des Güterverkehrs in einer einheitlichen Verkehrsorganisation ersetzt werden.

Auch die für eine qualifizierte Planung, Leitung und Kontrolle der Deutschen Reichsbahn erforderlichen Verwaltungsarbeiten, vor allem die buchhalterischer und statistischer Art, werden in der Perspektive weitestgehend mechanisiert und automatisiert sein. Obwohl gegenwärtig noch an der Modernisierung der vorhandenen Lochkartenanlagen gearbeitet wird, gehört auch hier die Zukunft elektronisch gesteuerten Rechenautomaten, denen in einem Rechenzentrum des Eisenbahn- oder sogar des Verkehrswesens aus allen Betrieben und Dienststellen die zu verarbeitenden Daten zugeleitet werden. Es wird dann möglich sein, vor allem solche Vorgänge mit einzubeziehen, deren Bearbeitung mit den traditionellen Mitteln unmöglich wäre. So kann man sich beispielsweise jetzt schon vorstellen, daß der Frachtbrief in Zukunft alle bereits heute für eine qualifizierte Planung,

20 *Die Innenausstattung der modernisierten vierachsigen Schnellzugwagen geschah nach neuzeitlichen Gesichtspunkten. Die Abbildung zeigt ein Abteil der 2. Klasse*

Bilanzierung und Koordinierung der Transportarbeit als unbedingt erforderlich erkannten Angaben enthält, die aber eben nur mittels elektronischer Rechenautomaten erfaßt, verdichtet und ausgewertet werden können.

Auf diesem Gebiet sind erst allererste Anfänge zu verzeichnen. 1961 wurden erstmalig die Güterströme für Kohle und einige andere Gutarten der Deutschen Reichsbahn mit Hilfe des vom VEB Carl Zeiss Jena entwickelten elektronischen Rechenautomaten ZRA 1 optimiert. So wurden die günstigsten Verbindungen zwischen den verschiedenen Kohleversand- und empfangsbahnhöfen ermittelt, was zu einer Einsparung von 7 bis 10% der bisherigen Leistungen im Kohleverkehr führen kann. Seit Anfang 1962 besitzt das Verkehrswesen einen eigenen Rechenautomaten vom Typ ZRA 1. Damit wurde der erste Schritt für eine spätere umfassende Anwendung elektronischer Rechenmaschinen im Verkehrswesen getan.

Eisenbahner und Perspektive

Die umfangreichen Veränderungen der materiell-technischen Basis der Deutschen Reichsbahn, die sich aus der dargelegten sozialistischen Rekonstruktion und Rationalisierung des Eisenbahnwesens ergeben werden, dienen unter den in der Deutschen Demokratischen Republik herrschenden sozialistischen Produktionsverhältnissen dem umfassenden Aufbau des Sozialismus und damit der immer besseren Befriedigung aller materiellen und kulturellen Bedürfnisse der werktätigen Bevölkerung, also auch der Verbesserung der Arbeits- und Lebensbedingungen der Eisenbahner.

Die Perspektive des Eisenbahnwesens in der Deutschen Demokratischen Republik ist damit auch gleichzeitig das Vorbild für die westdeutschen Eisenbahner, da die Imperialisten, die heute in der westdeutschen Bundesbahn bestimmen, objektiv weder in der Lage noch des Profits wegen gewillt sind, ihre Rationalisierungsmaßnahmen in Übereinstimmung mit den Lebensinteressen der Eisenbahner und ihren Forderungen nach sozialer Sicherheit zu bringen.

Deshalb müssen alle Eisenbahner der Deutschen Demokratischen Republik zutiefst an der Verwirklichung dieser Perspektive interessiert sein, aber auch begreifen, daß nur sie es sein können, die mit ihrer Arbeit, Einsatzbereitschaft, Liebe zu ihrem Beruf, ihrem Betrieb und zu ihrem Staat die Zukunft der Eisenbahn schaffen und gestalten.

Es ist eine Zukunft, die untrennbar mit der Zukunft der gesamten Deutschen Demokratischen Republik und ihrer Bürger verbunden ist. Vor den Eisenbahnern steht deshalb als wichtigste Aufgabe:

„Alles für den umfassenden Aufbau des Sozialismus in der Deutschen Demokratischen Republik, damit sie ihre geschichtliche Aufgabe im Kampf um die Sicherung des Friedens, für den endgültigen Sieg des Sozialismus und für die Zukunft Deutschlands erfüllen kan."

Damit werden auch die Grundlagen für den künftigen wissenschaftlich-technischen Fortschritt im Eisenbahnwesen geschaffen.

Im Maße des Wissens um diese Perspektive formt sich aber auch der sozialistische Mensch, der künftige Eisenbahner, dem diese Technik dienen soll.

21 Die beiden in der Deutschen Demokratischen Republik gebauten 50-Hertz-Lokomotiven vor der Probefahrt auf der Versuchsstrecke Hennigsdorf bei Berlin—Wustermark

22 Der programmgesteuerte digitale Rechenautomat vom Typ ZRA 1 tastet in der Minute etwa 80 Lochkarten ab. Seine Rechengeschwindigkeit beträgt im Mittel etwa 150 bis 200 Operationen je Sekunde

Betriebs- und Verkehrsdienst

GÜNTER WESTPHAL, Verdienter Eisenbahner, Dipl.-Ing. FRITZ BORCHERT, Berlin

Hier laufen die Fäden zusammen

Was ist ein Dispatcher? Wie arbeitet der Dispatcherapparat bei der Deutschen Reichsbahn? Was heißt überhaupt dispatchen?

Der Dispatcherdienst der Deutschen Reichsbahn ist der zentrale Kommandoapparat, dessen Befehlsgewalt vom Ministerium für Verkehrswesen bis zu den Bahnhöfen und in die Bahnbetriebswerke, bis zu den Zug- und Lokführern herunterreicht.

„To dispatch" kommt aus dem Englischen und heißt auf deutsch etwa „schnell entscheiden, schnell ausführen". Und das sind in der Tat die ursächlichen Aufgaben dieser Einrichtung, nämlich den planmäßigen Betriebs- und Verkehrsablauf sowie den Einsatz der Triebfahrzeuge und Wagen zu überwachen und zu steuern, bei Zuglaufstörungen sowie anderen Unregelmäßigkeiten präzise und unbedingt sichere Entscheidungen zu treffen, Störungen einzukreisen, Nachbarbezirke vor Auswirkungen zu bewahren und die Planmäßigkeit in kürzester Zeit wiederherzustellen.

Die zunehmende Produktion der Volkswirtschaft, die immer enger werdenden Außenhandelsbeziehungen und das sich ständig erweiternde Netz internationaler Verkehrs- und Transitverbindungen zwingen die Deutsche Reichsbahn, ihre Reserven voll zu nutzen und darüber hinaus die Kapazität zu vergrößern. Hier erschließt sich ein weiteres Betätigungsfeld für die Dispatcher.

Dieses System ausgeprägter zentraler Befehlsgebung hat es nicht immer gegeben. Nach gründlichem Studium des sowjetischen Vorbildes wurde durch Befehl des Ministers für Verkehrswesen am 10. Juli 1954 der Dispatcherdienst eingeführt. Daran erinnert folgendes historisches Telegramm des damaligen stellvertretenden Ministers, Erwin Kramer, an den Minister für Eisenbahnwesen der UdSSR, Beštšev:

„Ich habe heute, um 12 Uhr MEZ, am Vortage des Tages des deutschen Eisenbahners, den Befehl zur Inbetriebnahme der ersten Dispatcherleitung in Erfurt gegeben, nachdem die Erprobung erfolgreich verlaufen war.

Ich spreche Ihnen und allen Eisenbahnern der Großen Sozialistischen Sowjetunion für die großzügige Hilfe und Anleitung der Delegation zum Studium des Dispatcherdienstes meinen aufrichtigen Dank aus. Ich versichere Ihnen, daß die deutschen Eisenbahner dafür sorgen werden, daß der Dispatcherdienst ein entscheidender Schritt zur Verbesserung der gesamten Arbeit des Eisenbahnwesens der DDR sein wird."

Nach nunmehr neunjähriger Arbeit kann man mit vollem Recht behaupten, daß jene Verpflichtung in Ehren erfüllt wurde. Dem Dispatcherdienst ist es im wesentlichen mit zu verdanken, daß es gelang, die Beladung im Jahre 1961 gegenüber 1955 um 18,62 Prozent und die Weiterleitung um 28 Prozent zu steigern.

Wie arbeitet der Dispatcherapparat der Deutschen Reichsbahn?

Diese Frage soll im folgenden an einem der Praxis entsprechenden Modellfall behandelt werden.

Die Hauptdispatcherleitung der Deutschen Reichsbahn (Hdl)

Weitab vom Straßenlärm in einer Seitenstraße im Süden Berlins liegt eine Villa. Die äußere Beschaulichkeit des Hauses weicht allerdings sofort, wenn man als Besucher eintritt und sich orientierend auf dem Korridor umblickt. Hinter Türen klingeln Telefone, klappern Schreibmaschinen, Eisenbahner mit Mappen unter dem Arm durchkreuzen den Flur, und die Sekretärinnen eilen geschäftig über die Treppen. Hinter allem steckt eine zielstrebige Eile, jedoch ohne nervöse Hast. Das wäre auch sehr verfehlt, weil man hier Menschen braucht mit Nerven gleich Stricken. Hier laufen die Fäden zusammen, denn hier ist die Hauptdispatcherleitung der Deutschen Reichsbahn.

Es ist 6.10 Uhr, der Chefdispatcher sitzt an seinem Schreibtisch und studiert den Bericht über die Betriebslage. Darin analysierte der Brigadehauptdispatcher des Nachtdienstes die Be- und Entladung, die Neubereitstellung, die Weiterleitung, die Pünktlichkeit und die Zuglaufstörungen, die Auslastung der Güterzüge und die Arbeit der Schwerpunktbetriebe des Güterverkehrs, wie die der Seehäfen, der Kohleindustrie, der Leuna-Werke „Walter Ulbricht" und die Ziffern über Baustofftransporte, Export, Lebensmittel, Schlachtvieh, Beistellung usw.

Hinzu kommt noch die Einschätzung der operativen Arbeit der einzelnen Reichsbahndirektionen, aus der die Zahl und die Gründe für Rückstauzüge, die Regulativerfüllung u. a. hervorgehen; dem schließen sich umfangreiche Informationen über die ökonomische Verwendung des gesamten Wagen- und Lokomotivparks an.

Nach einer Vorbesprechung mit seinen engsten Mitarbeitern – die im einzelnen noch vorgestellt werden – beginnt das tägliche Konferenzgespräch.

Dazu haben sich im Zimmer des Chefdispatchers der Betriebsleiter der DR, die Vertreter der Hauptverwaltungen der Maschinen- und Wagenwirtschaft und der Abteilungsleiter Güterverkehr der Hauptverwaltung Betrieb und Verkehr eingefunden.

Auf dem Tisch des Chefdispatchers steht ein rechteckiges, schwarzes, flaches Gehäuse aus Plastik. Auf dessen Oberfläche befinden sich im Vordergrund mehrere Knöpfe, von der Mitte nach hinten wölbt sich ein kombiniertes Lautsprecher-Mikrofon. Punkt 7.30 Uhr

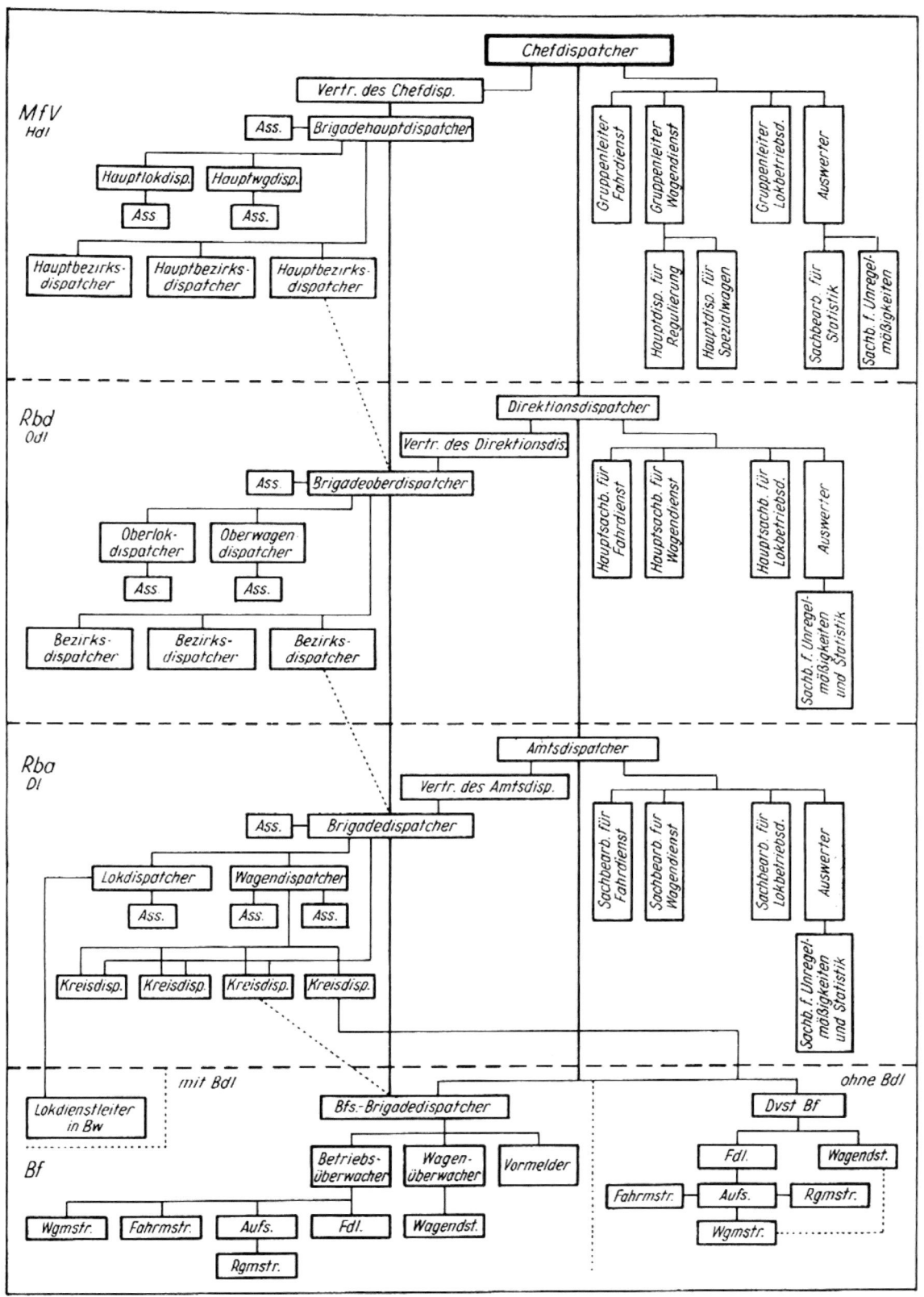

1 Struktur des Dispatcherdienstes der Deutschen Reichsbahn

drückt der Chefdispatcher auf einen der Knöpfe und ist dadurch sofort mit allen acht Reichsbahndirektionen verbunden. Dort, am anderen Ende der Leitung, sitzen in jeder Direktion der Direktionsdispatcher, der Betriebsleiter der Direktion, der Abteilungsleiter Güterverkehr sowie Vertreter der Verwaltung der Maschinenwirtschaft, Wagenwirtschaft, Anlagen, des Sicherungs- und Fernmeldewesens und (bei Bedarf) der Bezirksdirektionen Kraftverkehr und Schiffahrt.

Nach dem „Eröffnungszeremoniell" (Begrüßen und Feststellen der Anwesenheit) gibt der Chefdispatcher einen Überblick über die am Vortag bei der gesamten Deutschen Reichsbahn geleistete Arbeit. Gleichzeitig kritisiert er aufgetretene Mängel und legt Maßnahmen zu deren Beseitigung fest. So hat z. B. die Rbd Dresden 500 Wagen zu wenig ins „Regulativ" gefahren, d. h., der Abgabeplan für leere O-Güterwagen wurde nicht erfüllt. Dadurch entstanden in der Empfangsdirektion Cottbus große Schwierigkeiten, denn der von der Kohleindustrie angeforderte Transportraum konnte nun nicht in voller Höhe und nicht zeitgerecht gestellt werden. Hohe Ausfälle durch Verschulden der Deutschen Reichsbahn waren die Folge. Der Chefdispatcher ordnete an, die Wagenzuführungen so zu treffen, daß die Aufgabenstellung in der Regulativerfüllung entsprechend den Staffelplänen in voller Höhe und zeitgerecht realisiert wird. Für die Arbeit der Eisenbahner in der Rbd Dresden wird hieraus sofort die Aufgabe abgeleitet, das Zielfahren der Ortsfrachten zu verstärken und die Neubereitstellung zu erhöhen, damit durch hohe Entladeergebnisse der erforderliche Leerwagenraum für die Regulativabgabe und für die eigene Beladung gewonnen wird. Direktion um Direktion wird analysiert. Präzise, knapp, ohne überflüssige Entschuldigungen, sondern stets darauf bedacht, aus dem Vergangenen zu lernen und durch rationale Gestaltung der Transportprozesse die Leistungen zu steigern, läuft das Gespräch weiter. Zum Schluß des Konferenzgespräches erfolgt die Aufgabenstellung.

Der Chefdispatcher beginnt:

„Durch ungünstige Witterungsbedingungen und Charterverbindungen werden in Rostock-Überseehafen die Tanker ‚Leuna II', ‚Papendraht' und ‚Carolino Fassion' etwa zur gleichen Zeit anlegen und festmachen. Außerdem sind die Tanker ‚Leuna I' und ‚Lützkendorf' mit Kurs auf Wismar bereits von der Ostsee vorgemeldet. Vor der Deutschen Reichsbahn steht die Aufgabe, binnen kürzester Frist 75 000 t Rohöl und Dieselkraftstoff umzuschlagen und abzufahren. Für jeden Tag Überliegezeit eines Tankers müssen 525 Pfund Sterling gezahlt werden. Hinzu kommt, daß bei Stauungen im Nachschub Produktionsunterbrechungen in den Leunawerken, in Rositz, im Kombinat Gölzau, in Schwarzheide – Ruhland usw. drohen. Dieser plötzliche starke Zulauf muß mit Plan- bzw. Bedarfszügen innerhalb der Regelliegefristen abgefahren werden. Ich befehle daher, daß die Leerwagenzüge 10 931, 10 933, 10 935, der Bedarfszug 10 937 und die Vollzüge 7972 mit 45 ZZ, 7974 mit 30 ZZ, 7976 mit 45 ZZ und 7990 mit 30 ZZw unbedingt rechtzeitig gebildet, bespannt und planmäßig über die Strecke gefahren und den Zielbahnhöfen zugeführt werden. Der Kesselwagenumlauf ist zu beschleunigen. Sie, Genossen Direktionsdispatcher, beauftrage ich hiermit, die Arbeit der Dispatcher streng zu kontrollieren und entsprechende Weisungen zu erteilen, damit der Umlauf der Kesselwagen nicht verzögert wird. Diese Züge haben Vorrang vor anderen Zügen."

Beobachten wir einmal den Kommandoapparat und schalten uns – gewissermaßen ohne Genehmigung – in die Dispatcherleitungen ein. Alle Dispatcherdienstposten – ohne die nur im Tagesdienst Beschäftigten – sind ständig nach dem Vierbrigadeplan besetzt. Jeder Dienstschicht steht unmittelbar der Brigadehauptdispatcher, Brigadeoberdispatcher, Brigadedispatcher oder Bfs-Brigadedispatcher vor. Die Dispatcher sind während der ganzen Schicht voll verantwortlich für die operative Arbeit. Dem Chefdispatcher, den Direktions- und Amtsdispatchern obliegen die koordinierende Tätigkeit, die grundsätzliche und perspektivische Arbeit und auch die Kontrolle über das sinnvolle Zusammenwirken aller übrigen Mitarbeiter.

Den leitenden Dispatchern steht eine gewisse Zahl weiterer Kräfte zur Verfügung: die Lok- und Wagendispatcher, die Bearbeiter für Fahrdienst, Wagendienst, Lokbetriebsdienst und die Auswerter.

Durch die Aufgabenstellung des Chefdispatchers der DR bekommt also der Dispatcherdienst den Auftrag, den Kesselwagenumlauf zu beschleunigen, damit der Tankerumschlag in den Seehäfen Rostock-Überseehafen und Wismar reibungslos verläuft und keine Devisenkosten für Überliegezeiten entstehen. Das bedeutet für die Dispatcher, neben ihrer Hauptaufgabe die Planmäßigkeit des Betriebsablaufes zu wahren, alle organisatorischen Vorbereitungen zu treffen, um auch diese Züge planmäßig, sicher und schnell über die Strecken zu leiten.

Zunächst stellt der Hauptdispatcher für Spezialwagen fest, wieviel Kesselwagenzüge zum reibungslosen Umschlag benötigt werden. Dies ergibt, daß neben der Abfuhr aus den Häfen auch für den Rohölimport über die trockene Grenze – Sowjetunion via Brest – 180 Doppelachsen benötigt werden, die in die Beistellung zu fahren sind. Da der Spezialwagenpark begrenzt ist, müssen die 14 notwendigen Kesselwagenzüge mit je 60 bzw. 90 Doppelachsen beschleunigt umlaufen, d. h., sie müssen beispielsweise in 15 Tagen nicht nur fünfmal, sondern sechsmal be- und entladen werden.

2 Arbeitsplatz des Brigadedispatchers. Links an der Wand die Bildfahrpläne, vor ihm auf dem Schwenkarm der Wechselsprechapparat

Umschlag von Massengut im Überseehafen Rostock

3 Blick in eine Bahnhofsdispatcherleitung

4 Der Kreisdispatcher ist durch die Wechselsprechanlage mit allen Bahnhofsbrigadedispatchern und Fahrdienstleitern seines Kreises verbunden

Der Hauptdispatcher meldet dem Chefdispatcher das Untersuchungsergebnis, und dieser teilt die sich ergebenden Weisungen dem Brigadehauptdispatcher und den Direktionsdispatchern mit, und von da aus gelangen sie bis in die unterste Ebene, die Bahnhöfe und Bahnbetriebswerke. Da der Hauptwagendispatcher in der Hdl von den Direktionen mehrmals täglich u. a. darüber informiert wird, wo und wieviel Kesselwagen sich im Wagenpark befinden, wieviel Wagen in und vor den Wagenwäschen stehen, war es für ihn ein leichtes, auch von den Bahnhöfen Großkorbetha, Braunsbedra und Gaschwitz je einen Zug mit „R 800" – vierachsigen Kesselwagen mit einem Fassungsvermögen von 40 t je Kessel – in Richtung Küste in Bewegung zu setzen. Der Auftrag dazu wird dem Hauptwagendispatcher vom Brigadehauptdispatcher erteilt.

Dessen Ruf dringt dann über den „Pantoffel" (wie die Wechselsprechanlage scherzhafterweise im innerdienstlichen Sprachgebrauch ihrer äußeren Form wegen genannt wird) zunächst zur Oberdispatcherleitung Halle, von dort zu den Dispatcherleitungen der Reichsbahnämter Halle und Leipzig und dann zum Bahnhofsbrigadedispatcher, Betriebsüberwacher, Wagenüberwacher und Wagendienst auf den Bahnhöfen Großkorbetha, Braunsbedra bzw. Gaschwitz.

Da die Beteiligten über die zu erfolgenden Maßnahmen informiert sind, wird in kurzer Zeit der Zug gebildet, untersucht, bespannt und abfahrbereit sein. Die Gruppe Güterverkehr des Reichsbahnamtes Halle setzt sich inzwischen mit dem Entlader, dem Leunawerk u. a. in Verbindung, um eine beschleunigte Entladung der geplanten Erdölzüge vorzubereiten. Das gleiche geschieht in Rostock-Überseehafen bzw. Wismar für den Schiffsumschlag. Auch der Hauptbezirksdispatcher IV, verantwortlich für den Seehafenumschlag, wird eingeschaltet.

Da der Zug von Großkorbetha nach Rostock-Überseehafen fahren soll, sorgt inzwischen der Hauptlokdispatcher dafür, daß in den Direktionen Halle, Magdeburg und Schwerin die Bereitstellung der Lokomotiven gesichert ist.

Weil diese Züge besonders wichtig sind, werden sie von der Hauptdispatcherleitung der Deutschen Reichsbahn, und zwar von den Hauptbezirksdispatchern, während der Fahrt ständig überwacht. Das ist auch die Aufgabe der Bezirks- und Kreisdispatcher. Der Hauptbezirksdispatcher trifft mit den drei Direktionen gleichfalls entsprechende Vorbereitungen.

Ja, und dann beginnt die Reise. Zur genau vorgesehenen Zeit zeigt in Großkorbetha ein Signal Hf 1, und 45 leere vierachsige Wagen werden von einer Ellok auf der ersten Etappe nach Magdeburg gebracht, um das flüssige Gold ins Innere des Landes zu holen.

Das ist jedoch nur ein Teil der Dispatcherarbeit. Neben dieser unmittelbar operativ lenkenden und überwachenden Tätigkeit obliegt es den Dispatchern, vorausschauend die Fahrzeug- und Streckenkapazitäten so mit zu gestalten, daß sie den steigenden Anforderungen der Wirtschaft gerecht werden. Diese Arbeit wird im Nachfolgenden ebenfalls an einem Beispiel erläutert.

Vor etwa drei Jahren wurde es bei dem ständigen Zuwachs von Erdölimporten – besonders mit der Eröffnung des Ölhafens Rostock – erforderlich, höhere Transportleistungen in der Nord-Süd-Richtung zu bewältigen. Nun kann zwar eine Eisenbahn mehr transportieren, wenn mehr Wagen eingesetzt werden und mehr Züge fahren. Dem sind jedoch bestimmte Grenzen gesetzt, weil jeder zusätzliche Wagen und jeder zusätzliche Zug auch mehr Platz auf den Schienen beansprucht, die Gleisanlagen aber nicht unbegrenzt ausdehnbar sind.

Zudem wird, bevor derartig große Investitionen erfolgen, erst ernsthaft geprüft, ob die bereits vorhandenen Anlagen schon weitgehendst genutzt werden. Dieser Untersuchung widmete sich auch ein Kollektiv von Fachexperten der Hauptverwaltungen des Betriebs- und Verkehrsdienstes und der Maschinenwirtschaft sowie der Hauptdispatcherleitung mit dem Ziel, bei gleicher Zugzahl die Transportleistung zu erhöhen. Die erste Aufgabe bestand darin, zu ermitteln, welche Zuglasten auf den im wesentlichen auf den Hauptmagistralen des DR-Netzes vorherrschenden Neigungen mit einer Lokomotive der Baureihe 52 befördert werden können. Die Gegenüberstellung dieser rechnerisch ermittelten Werte ergab, daß die Last der Züge mit vierachsigen Wagen und Rollenlagern ungefähr um das 1,7fache gegenüber zweiachsigen Wagen mit Gleitlagern erhöht werden kann.

Zu dieser theoretischen Schlußfolgerung kommt hinzu, daß ein vierachsiger Kesselwagen eine durchschnittliche Länge über Puffer von 12,25 m hat. Für einen Zug von 45 Wagen ergäbe sich somit eine Gesamtzuglänge einschließlich einer 23 m langen Lok von 574 m. Damit steht fest, daß ein 180 Achsen starker Zug, der aus vierachsigen Kesselwagen besteht, innerhalb der für 120 Achsen anzusetzenden Regellänge von 600 m bleibt.

Da ein leerer vierachsiger Kesselwagen durchschnittlich eine Last von 23,6 Mp hat, beträgt die Last eines Zuges mit 45 Wagen 1062 Mp.

Theoretisch bestanden also keine Bedenken, die Kesselwagenzüge aus den Bezirken Halle/Leipzig nach den Seehäfen von bisher 30 auf 45 Wagen zu erhöhen. Dadurch würde es möglich werden, statt bisher drei nur noch zwei Züge zu fahren und die Strecken wesentlich zu entlasten. Als Ergebnis der theoretischen Berechnungen wurden Versuchsfahrten durchgeführt, die dann durch einen über mehrere Wochen sich erstreckenden operativen Probebetrieb abgelöst wurden.

Dem Kollektiv genügte diese Erkenntnis jedoch noch nicht, denn die Leerwagenbewegung ist nur der eine Teil des Transportablaufes, der andere Teil ist die Lastfahrt. So wurde es auf Grund des hohen Rohölumschlages für das Synthesewerk Schwarzheide immer notwendiger, eine gute Schwerlastverbindung von den Seehäfen nach Ruhland zu schaffen. Das Ziel war es, Züge mit 30 ZZ-Wagen, die bisher mit zwei Lokomotiven gefahren wurden, möglichst auf der Gesamtstrecke mit einer Lok zu befördern.

Die neue Schwerlaststraße nach Ruhland sollte unter Ausnutzung der Neubaustrecke von Rostock über Güstrow-Lalendorf-Waren-Neustrelitz-Berlin-Lübbenau verlaufen. Die für die Zugbildung maßgebende Streckenhöchstlast von 1310 Mp für eine Lok der Baureihen 50 oder 52 lag im Streckenabschnitt Rostock-Güstrow-Neustrelitz begründet.

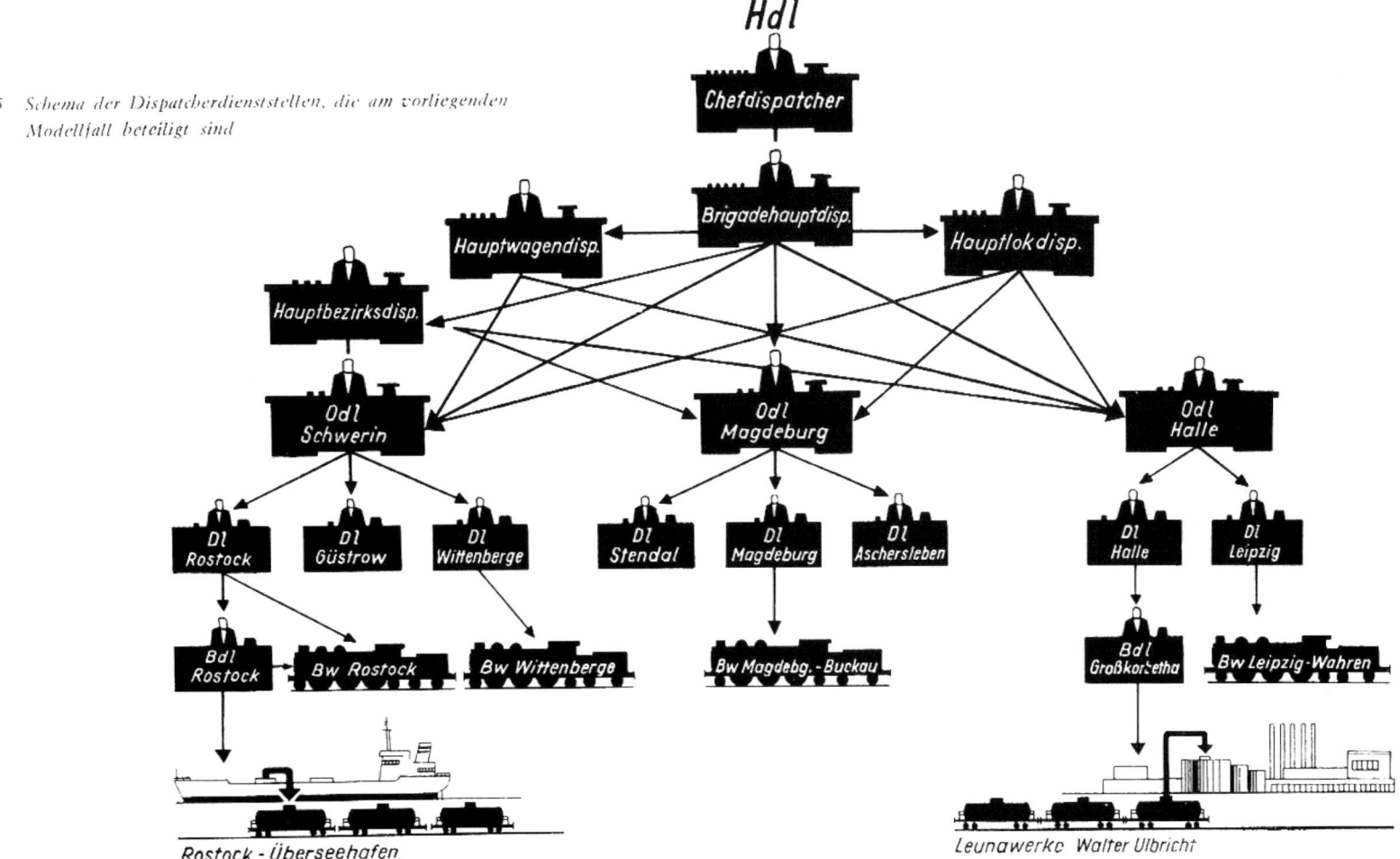

5 Schema der Dispatcherdienststellen, die am vorliegenden Modellfall beteiligt sind

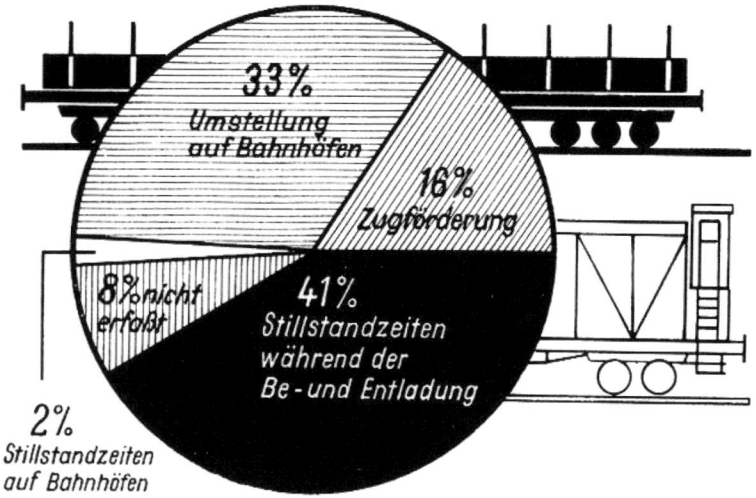

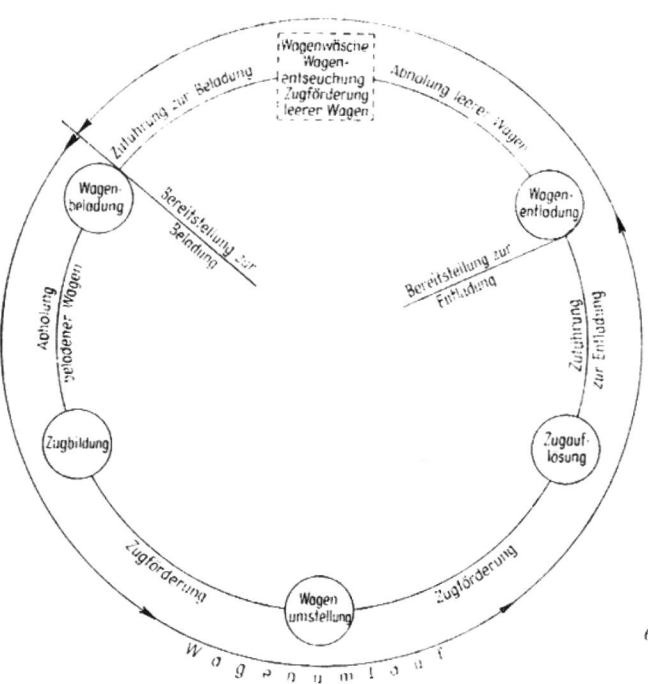

6 Wagenumlauf und Wagenumlaufphasen

Die erste Probefahrt erfolgte am 22. 6. 1961 mit 25 ZZ und einer Gesamtlast von 1800 Mp. Dabei mußte festgestellt werden, daß im Streckenabschnitt Schwaan–Mistorf die Schleudergrenze erreicht wurde und die Voraussetzung für die Beförderung des Zuges mit einer Lok für diesen Abschnitt zunächst nicht gegeben war. Auf der übrigen Strecke konnte die Last von 1800 Mp reibungslos befördert werden. Bei der zweiten Versuchsfahrt mit 30 ZZ und 2174 Mp wurden zur Überwindung des kritischen Abschnittes von Rostock-Überseehafen bis Güstrow zwei Lokomotiven eingesetzt. Ab Güstrow bis Senftenberg wurde der Zug ohne Schwierigkeiten im vorgesehenen Plan mit nur einer Lokomotive befördert. Bis Mitte Oktober wurden Züge mit 30 ZZ und Lasten zwischen 2100 bis 2200 Mp im Probebetrieb als Sonderzüge gefahren. Ab 19. 10. 1961 verkehrt der Regelzug 7990 von Rostock nach Ruhland über Neustrelitz–Berlin–Lübbenau mit 2000 Mp Buchfahrplanlast, wobei von Güstrow bis Ruhland die Planbespannung mit nur einer Lokomotive vorgesehen ist.

Inzwischen haben sich die Lokpersonale die Technik zum Fahren der schwersten Züge zwischen Rostock und Güstrow angeeignet, so daß nur noch im Bedarfsfalle auf eine Schiebelok zwischen Schwaan und Mistorf zurückgegriffen wird.

Diese Maßnahme ergibt einen großen volkswirtschaftlichen Nutzen. Allein von Großkorbetha nach Wismar werden monatlich 30 Zugfahrten eingespart und von Gaschwitz nach Rostock-Überseehafen 15 Züge. Das ergibt eine Gesamteinsparung von rund 380 000,– DM.

Auf der Strecke Rostock–Ruhland verkehren monatlich 25 Züge weniger. Die hierdurch erzielte Einsparung beträgt rund 250 000,– DM.

Fassen wir das Ergebnis noch einmal zusammen:

Gleiche Leistung mit weniger Zügen bei weitaus geringeren Unkosten! Und das ist nur *ein* Beitrag von vielen, die die Dispatcher bei der Deutschen Reichsbahn zur Stärkung unserer Republik leisten.

BEGRIFFSERKLÄRUNGEN

Beladung	Die Beladung ist mit dem Zeitpunkt beendet, an dem ein Wagen vorschriftsmäßig beladen ist und mit den erforderlichen Begleitpapieren zur Abholung bereitsteht.
Entladung	Als entladen gelten Wagen, deren Entladung beendet ist und die zum Abholen bzw. zum Wiederbeladen bereitstehen.
Bereitstellung	Alle Tätigkeiten vom Eingang des Wagens auf dem Zielbahnhof bis zur vollzogenen Bereitstellung an der Ladestelle bzw. das Umstellen von Leerwagen zur Wiederbeladung.
Weiterleitung	Beförderung aller nicht für den eigenen Bezirk bestimmten beladenen und leeren Wagen und ihre Übergabe an den Nachbarbezirk.
Beistellung	Wagenhilfe für eine ausländische Bahnverwaltung, wenn die ausländische Bahn mit ihrem Wagenpark die Transporte nicht allein in der notwendigen Zeit ausführen kann.
Operative Arbeit	Alle sich aus der Betriebslage ergebenden Maßnahmen und Tätigkeiten, die zur Erfüllung der Planaufgaben nötig sind.
Rückstauzüge	Nichtbespannte Züge, die wegen Nichtaufnahmefähigkeit eines Bahnhofs, eines Bezirks oder zu dichter Streckenbelegung nicht zum Ziel gefahren werden können.
Regulativ	Überbezirklicher bzw. innerbezirklicher Leerwagenausgleich, um den wirtschaftlichen Einsatz aller Güterwagen durch ständiges Anpassen der Wagenbestände an den Wagenbedarf zu gewährleisten.
Ausfälle	Nicht rechtzeitig zur Beladung bereitgestellte Wagen.
Staffelpläne	Fahrpläne für Regulativwagenzüge.
Zielfahren	Beförderung der örtlichen Frachten, mit Ausnahme der Ortsfrachten, zum Zielbahnhof.
Ortsfrachten	Alle zur Entladung im eigenen Bahnhofsbereich bestimmten oder vorhandenen beladenen Wagen.
Sonderzug	Zug, der auf besondere Anordnung gefahren wird, entweder nach einem im voraus festgelegten Plan (Bedarfszug) oder nach einem von Fall zu Fall besonders aufgestellten Plan.
Wagenumlauf	Zeit, die von einer Beladung bis zur Wiederbeladung vergeht.

Es ist Mittagspause. Ich sitze unter einer Birke, in deren Blättern der Wind spielt. Knappe hundert Meter von mir sehe ich ein efeubewachsenes Stellwerk mit den zwei Emailleschildern: »Nst« und »Neustrelitz Hbf«, zwei rotweiße Schrankenbäume und dahinter die rußfarbenen Wände und Dächer eines Lokomotivschuppens. Auf den Abstellgleisen vor dem Schuppen warten qualmend einige Lokomotiven, und ab und zu höre ich vom Kohlebansen her das Poltern des Krans.

In wenigen Jahren wird dieses Bild verändert sein. Hier, wo sich die Magistrale von Berlin in die beiden Zweige nach Rostock und nach Stralsund gabelt, wird 1969 ein neues Bahnbetriebswerk für Diesel- und Elektrolokomotiven stehen. Rund neun Millionen Mark sollen die Baukosten betragen, und die ABC-Schützen von heute werden sich nur noch schwach an die dunklen, schnaufenden Lokomotiven und die verrußten Schuppen erinnern.

Heute abend werden bereits die ersten beiden Großdiesellokomotiven mit Blumen empfangen, die zur Stunde vom VEB Lokomotivbau »Karl Marx« in Babelsberg abfahren. Und gerade an diesem Tag begleite ich den Transit-Durchgangsseilgüterzug TDe 5022 auf seiner Reise von Saßnitz nach Gutenfürst ein Stück Wegs durch unsere Republik, und zwar auf einer Dampflokomotive von Neustrelitz bis Seddin, auf einer Diesellokomotive von Seddin bis Halle und auf einer Elektrolokomotive von Halle bis Weißenfels.

Dipl.-Ing. FRITZ BORCHERT, Berlin

Mit dem TDe 5022 unterwegs

Eine Reportage im Zeichen des Traktionswandels

1 Ob alle Muttern und Schrauben des Fahrgestells festsitzen?

Es ist 13.30 Uhr. Im Vorraum der Lokleitung des Bw Neustrelitz sitzen einige »Schwarze«, wie man Lokführer und Lokheizer von Dampflokomotiven scherzhaft nennt. Sie machen »Schularbeiten«. Darunter verstehen die Eingeweihten das Ausfüllen der Dienstauftragzettel, der Fahrt- und Leistungsberichte, das Studieren und Quittieren der Befehlsbücher und all die anderen Obliegenheiten, die bei Dienstbeginn und Dienstschluß mit Bleistift und Papier verbunden sind.

Die Wände dieses Raumes sind mit den verschiedensten Aushängen in allen Formaten tapeziert. Da liest man zum Beispiel, daß die Anrechte für das Friedrich-Wolf-Theater zu erneuern sind, daß für zwei Tage die Wasserkräne in Neubrandenburg nicht in Betrieb sein werden und daß sich Lokheizer Bunger seines Urlaubs wegen beim Gruppenleiter melden möchte und so weiter.

»Na, dann kann es ja losgehn!« Der Mann, der sich mit diesen Worten von der Bank vor den Dienstplänen erhebt, ist keine 30 Jahre alt. Er trägt derbe Arbeitsschuhe; sein Schlosseranzug spiegelt die zahlreichen, innigen Bekanntschaften mit Öl und Schmierfett wider. Ein Knäuel Putzwolle bauscht die linke Jackentasche auf. Mit einer Hand-

2 Die Aufsicht übergibt dem Lokführer einen Packen Wagenpapiere

3 Abfahrbereit

lung, die fast alle seiner Zunft vollziehen, weist sich dieser Mann als Lokführer aus: Er nimmt die Ledermütze ab, verstaut in ihrem Teller den paßgerecht gefalteten Dienstauftragszettel und stülpt sie sich wieder aufs Haupt.
Adolf Tegge — so heißt der Lokführer — geht durch den Schuppen, vorbei an den Untersuchungskanälen, nach draußen. Hier steht die 41 314 auf einem Abstellgleis. Sie hatte eine kleine Reparatur zu überstehen — ein Luftrohr war undicht. Während wir auf den Führerstand klettern, hören wir oben jemanden mit dem Schürhaken hantieren. Es ist der Lokheizer, Heinz Lüdtke, 27 Jahre.
»Ich fahre wild«, begrüßt er uns. Sein gutmütig lächelndes Gesicht steht im völligen Widerspruch zu der drohend klingenden Ankündigung. Doch wie viele Eisenbahnerausdrücke ist auch diese Formulierung völlig harmlos: Lokheizer Lüdtke ist »Springer«, ein »Disponibler«, ein U- und K-Vertreter, ein Kollege also, der einen anderen infolge Urlaub, Krankheit oder anderer Gründe vertreten muß.
Die 41 314 wurde vor zwei Stunden abgestellt. Das Personal, das mit ihr zurückkam, hat sie untersucht, abgeölt, mit Kohle beladen, ausgeschlackt, hat Wasser genommen, so daß die Lokomotive zum sofortigen Einsatz bereitsteht. Wenn auch diese Abrüstarbeiten sehr sorgfältig vorgenommen werden und die nachfolgende Dienstschicht sich voll auf die Vorgänger verlassen kann, kontrolliert — wie allgemein üblich — Lokführer Tegge nochmal alles, sobald er Tasche und sonstige Utensilien in den Schrankkästen des Tenders verstaut hat. Vorher blickt er auf den Wasserstandsanzeiger und prüft die Feuerkiste auf undichte Rohre und die Beschaffenheit des Feuerbetts. »Wasserstand hab' ich schon kontrolliert«, bemerkt Heinz Lüdtke.
Das ist außerordentlich wichtig. Grundsätzlich ist vor jedem Fahrtantritt festzustellen, ob der Wasserstandsanzeiger des Kessels einwandfrei arbeitet. Dabei gibt es exakt vorgeschriebene Handgriffe. Jeder Heizer hat bereits wenige Tage nach Aufnahme seiner Tätigkeit in einer praktischen Prüfung nachzuweisen, daß er sie beherrscht. Dieser Sicherheitsmaßnahme ist es zu verdanken, daß relativ wenig Kesselzerknalle vorkommen.
Inzwischen hat Lokführer Tegge den Führerstand verlassen. Durch Abklopfen mit dem Hammer überzeugt er sich vom Festsitzen aller

4 »Dann öffnet er den Regler ..«

5 *Aus dem Tender wird eine Schaufel Kohle entnommen*

6 *Wieder eine Schippe Kohle aufs Feuer!*

5

6

Muttern und Schrauben des Fahrgestells, der Dampfmaschine und des Tenders. Sein Blick tastet sich von Bolzen zu Bolzen, registriert, daß die Splinte und Sicherungen vorhanden sind, bemerkt, daß der Ölfilm an der Schwinge und der Kreuzkopfgleitbahn einwandfrei ist, und stolpert schließlich über die Ölsperre an der vorderen Schieberlaufbuchse. Hier ist Öl ausgetreten. Nachdem er auf der anderen Lokseite noch eine gelockerte Mutter am Bahnräumer angezogen hat, geht er ins Magazin, kommt mit einer neuen Ölsperre zurück und wechselt sie gegen die schadhafte aus. Dann ruft er zum Führerstand: »Heinz, kurbele mal den Zentralöler durch!«
Nun ist die Sperre in Ordnung.
Die Putzwolle nimmt nur mühsam die Öl- und Schmierfettreste an den Händen, den Schraubenschlüsseln und dem Hammerstiel auf.
Der Heizer hat unterdessen Öl an der Luft- und der Speisewasserpumpe nachgefüllt. Und während der Meister nach der Kontrolle der Funkenschutzeinrichtung die Rauchkammertür wieder verschließt und noch nachsieht, ob Wasser im Tender ist (sich nur auf die Anzeigevorrichtung zu verlassen, hat sich schon manchmal gerächt), beschickt der Geselle das Feuer. Es gehört schon sehr viel Geschicklichkeit dazu, mit der Schaufel, deren Stiel so lang ist wie das Blech, die 10 kg schweren Kohlenladungen durch das kleine Feuerloch auf die 2,35 m lange und 1,80 m breite Rostfläche gleichmäßig zu verteilen; noch dazu, wenn während der Fahrt Lokomotive und Tender mit meist unvorhergesehenen Bewegungen Stehen und Schippen erschweren.
Die Feuertür klappt zu. Ein Blick zum Wasserstandsglas: zur Hälfte gefüllt. Ein zweiter Blick zum Kesseldruckmanometer: 14 at Überdruck. Befriedigt greift Heinz Lüdtke zum Besen, fegt den Führerstand aus und spritzt mit einer Dusche heißen Wassers den Fußboden ab.

Meister Tegge hat indessen noch in den Sandkasten geschaut, die Luftpumpe in Gang gesetzt und eine Dichtigkeitsprobe vorgenommen.
»Haben wir genug Öl?« fragt er den Gesellen.
»Reicht.«
Adolf Tegge läßt jetzt die Dampfpfeife ertönen. Die Drehscheibe setzt sich in Bewegung. Der Wärter winkt, der Heizer ruft: »Kommen!« Der Lokführer nickt, greift mit der einen Hand zum Regler, öffnet mit der anderen die Zylinderventile. Die 163 t schwere Lok setzt sich behutsam in Bewegung.
15 Minuten später stehen wir vor dem Zug. Er ist erst vor 10 Minuten angekommen; deshalb ist nach dem Kuppeln nur eine vereinfachte Bremsprobe nötig.
Ein paar Augenblicke später erscheint die Aufsicht. Sie übergibt dem Lokführer einen Packen Wagenpapiere, den Bremszettel und trägt die Zugleistung auf dem Leistungsbericht ein. Nach dem Bremszettel hat der TDe 5022 eine Masse von 991 t und ist zu 68 Prozent abgebremst. »Ein schöner Zug«, kommentiert der Heizer, greift zur Schaufel, streut sieben, acht Ladungen Steinkohle übers Feuer und beweist der Umgebung, wie schwarz die Kohle auf unserem Tender ist: Blauschwarzer Qualm quillt dick aus dem Schornstein und wälzt sich über die Gleisanlagen. Zufrieden nimmt er einen Schluck aus der Brauseflasche.
Doch Lokführer Tegge ist unzufrieden. »Neulich mußte einer fürs Qualmen drei Mark bezahlen«, meint er und öffnet die Feuertür und den Hilfsbläser. Schon brennt das Feuer mit heller Flamme; die Rauchballen verschwinden.
14.45 Uhr. Das Ausfahrsignal zeigt Hf 2. Adolf Tegge dreht die Steuerung nach vorn, legt sie fest bei 80 Prozent Füllung. Dann öffnet er

7 Auf dem Führerstand einer V 180 hat man nach allen Seiten freies Blickfeld

den Regler. Der Dampf strömt in die Zylinder; der Druck steigt: 2···3···4,5 kp/cm². Die Lok zieht an; wenige Zentimeter. Der Zug hat sich gestrafft. Weiter steigt der Druck: 8···9 kp/cm². Jetzt setzt die Bewegung erneut ein, Zentimeter um Zentimeter. Ein Griff zum Sandstreuer. Druckluft befördert feinkörnigen Sand aus dem Vorratsbehälter vom Langkessel vor die Treibräder, um ein Schleudern zu verhindern.

Wir fahren!

In immer rascherer Folge gehen die Luftschläge durch die Feuerung, wenn der entspannte Dampf aus den Zylindern durch die Ausströmrohre und den Blasrohrkopf in den Schornstein entweicht und dabei dichte Rauchmassen mitreißt. Langsam dreht der Lokführer die Steuerung zurück, verringert die Füllung: 70 Prozent, 60, 50, 40. Bei 30 Prozent hält er schließlich ein. Der Druck in den Zylindern beträgt 11,5 kp/cm².

Die Nadel des Tachometers steht auf 40 km/h. Das ist zu langsam; der Fahrplan verlangt 60. Weiter wird der Regler geöffnet. 12,5 kp/cm². Die Lok reagiert. Noch härter werden die Schläge. Der Heizer reißt die Feuertür auf. Aus der weißglühend brodelnden Hölle springt die Hitze. Drei, vier Schippen Kohle fliegen hinein. Man kann nicht sehen, ob sie an der richtigen Stelle ankommen, sondern muß sich auf das Gefühl, die Erfahrung verlassen. Nach jedem Hineinwerfen schließt der Lokführer die Feuertür und öffnet sie wieder im Takt des Schaufelns. Er »klappt«. Er unterstützt auf diese Weise den Heizer und verhütet, daß der Kessel unnütz abkühlt.

Hinter uns breiten sich dunkle Rauchschwaden über die Wiesen.

Das Kesselmanometer zeigt 15 kp/cm². Wir fahren jetzt mit 60 km/h. Die buntgemischte Wagenschlange unseres Zuges schwingt sich durch den weiten Bogen einer Kurve.

»Einfahrt frei!« ruft der Heizer. »Frei!« antwortet der Lokführer. Wieder wird die Feuertür geöffnet. Wieder wandern vier Schaufeln Kohle auf die Roste. Der Lokführer zieht den Regler etwas ein. Nur noch 9 kp/cm². Wir fahren eine kaum spürbare Neigung hinab. Dann wieder: »Frei!«. Die Antwort: vier Schippen Kohle, wieder vier Schippen.

Eine Steigung liegt vor uns. Die Pausen zwischen den Schippen verringern sich. Der Druck in den Zylindern steigt auf 15 kp/cm². Die Füllung wird auf 35 Prozent erhöht, aber die Geschwindigkeit fällt auf 30 km/h. Schippen, steuern, regeln, beobachten der Strecke! Ein hastiger Schluck aus der Brauseflasche! Schippen, schippen, schippen ...

Wir haben sowjetische Steinkohle auf dem Tender. Sie hat eine hohe Heizkraft, muß aber dünn über das Feuerbett gestreut werden. Oberschlesische Kohle verlangt eine andere »Technologie«, bei der westfälischen ist es wiederum anders. Der Heizer muß das wissen, sich darauf einstellen. Er muß auch spüren, wie die Feuerung arbeitet. Obwohl die Maschinen einer Serie nach den gleichen Zeichnungen gebaut sind und sich in allen Maßen gleichen, haben sie ihre Eigenheiten. Die eine »frißt alles weg«, die andere »reißt leicht nach vorn«.

Obwohl Heinz Lüdtke heute zum ersten Mal auf dieser Lok nach Seddin fährt — er war sieben Jahre bei den bewaffneten Organen und ist seit einem Jahr Heizer —, stellt er sich schnell auf die 41 314 ein. Der Kesseldruck pendelt zwischen 15 und 16 kp/cm². Das Wasserstandsglas ist stets halb voll.

Düsterförde. Die Aufsicht grüßt. » ... nächstes Jahr ... internationales Zeltlager ...«, verstehe ich. Der Fahrwind reißt die Worte vom Mund des Lokführers und zerfetzt sie. Dann ein Jochmontageplatz der Reichsbahn: Fürstenberg.

Weiter! Schippen! Schippen! Steuerung! Regler! Schippen! Dazwischen erschallen jedesmal Rufe, wenn ein Signal erkannt ist. Für die weitere Unterhaltung sorgen der Lärm und der Wind, der zwischen Führerhaus und Tender hereinpfeift. Vor Gransee muß der Lokführer bremsen und die Geschwindigkeit auf 30 km/h verringern. Eine La-Stelle, eine Langsamfahrstelle, kommt. Sie ist nur 20 m lang. Eine Brücke wird erneuert. Dann geht es mit Volldampf weiter.

Punkt 16.00 Uhr fahren wir durch Löwenberg. Die erste Verschnaufpause ist da, denn hier beginnt eine längere Gefällestrecke. Der Regler wird geschlossen, die Steuerung von 30 auf 60 Prozent vorgelegt, dann auf 10 Prozent eingezogen. Die 41 314 ist — wie fast alle Dampflokomotiven der Einheitsbaureihen der Deutschen Reichsbahn — mit Trofimoff-Schiebern ausgerüstet, einer sowjetischen Konstruktion. Diese wurde 1959 im Reichsbahnausbesserungswerk »Wilhelm Pieck« Karl-Marx-Stadt eingebaut, als die Lokomotive einen neuen Kessel erhielt.

Der Heizer hat auch während der Gefällefahrt alle Hände voll zu tun. Mit dem Schürhaken korrigiert er die Feuerlage, reißt die Schlacke auf. Die Kratze ist hellglühend, als er sie wieder an ihren Platz im Tender schiebt. Dann schaufelt er neue Kohle aufs Feuer. Schon wird der Regler wieder geöffnet. Der Rhythmus beginnt von neuem: Schippen! »Frei!« Schippen! Schippen! ...

Plötzlich ruft der Lokführer irgend etwas. Er zeigt nach vorn, hängt sich an den Griff der Dampfpfeife. Was ist los? Uns begegnet auf dem Gegengleis zwischen Lehnitz und Borgsdorf eine Diesellok, die uns mit dumpfem Sirenenton begrüßt: die V 180 003, die erste der beiden angekündigten Diesellokomotiven auf dem Weg nach Neustrelitz.

Dieses außerplanmäßige Pfeifen widerspricht zwar allen Vorschriften, aber wie sollte Adolf Tegge seiner Freude anders Ausdruck verleihen? Er hat ja bereits das Patent zum Diesellokführer für die V 60 in der Tasche und den Ausbildungslehrgang für die V 180 zur Hälfte beendet. Bald wird er auf solch ein Triebfahrzeug umsteigen.

Weiter! Abzweigungen folgen. Berlin ist nahe. Schippen! Signale! Schippen!

Dann halten wir nach 100 km zum ersten Mal: Hohen Neuendorf West. Von 16.33 bis 16.51 Uhr, so steht es im Fahrplan. Pause? Irrtum. Der Lokführer klettert von der Maschine und überprüft das Fahrwerk. Sein Handrücken wandert von Lager zu Lager. Das linke Treibstangenlager ist etwas warm. Er öffnet die Ölverschraubung, zieht die Schmiernadel heraus und säubert sie. Es ist nichts Ernstes. Er gießt etwas Öl nach und schraubt wieder zu.

Der Lokheizer hat inzwischen das Feuer auch wieder in Ordnung gebracht. Erst jetzt bleibt Zeit für eine Zigarettenlänge.

Punkt 16.51 Uhr zeigt das Signal »Ausfahrt frei«. Von Hennigsdorf bis Falkenhagen fahren wir unter einer elektrischen Fahrleitung. Es ist die Versuchsstrecke, die der volkseigene Betrieb LEW »Hans Beimler« in Hennigsdorf zur Erprobung der 50-Hertz-Lokomotiven benutzt. 25 000 Volt sind im Fahrdraht.

In Golm zeigt uns der Fahrdienstleiter die K-Scheibe: ein weißes Dreieck mit rotem Rand und dem schwarzen Buchstaben K. Wir sollen schneller fahren, sollen die »kürzeste Fahrzeit« anstreben. Sie steht im Buchfahrplan und dient dazu, daß ein nachfolgender Zug nicht halten muß. Mit kurzem Pfiff quittiert der Lokführer das Signal und öffnet den Regler weiter. Und wieder wird die Feuertür aufgerissen, wieder fliegt Kohle in die tobende Glut, wieder zieht eine dunkle Rauch-

fahne über das Land. Wir fahren durch den Hauptbahnhof Potsdam, über den Damm quer durch den Templiner See, durch Michendorf. 18.03 Uhr hat unser Zug pünktlich Seddin erreicht. Die Lokomotive wird abgehängt und fährt zur Lokübergabestelle. Es ist 18.13 Uhr. 2 Minuten später stehen wir am Ausschlackkanal.
Und nun beginnt das Restaurieren. Zuerst wird Wasser genommen. Rund 20 m³ haben wir verdampft. Heinz Lüdtke dreht den Wasserkran auf; ein dicker Strahl ergießt sich in den Tender. Dann werden 3 t Kohle zugeladen. Danach wird der Aschekasten geöffnet. Der Ausschlacker steigt auf den Führerstand, dreht den Kipprost herunter. Dann poltert die glühende Schlacke wie ein Lavastrom in den Schlackensumpf, zischt auf und versinkt. Beißende Dampf-, Asche- und Rauchwolken wallen auf. Es stinkt nach allem Möglichen.
Der Lokführer verschwindet im Aufenthaltsraum der Ausschlacker und quittiert die Arbeiten.
Dann ist auch diese Prozedur überstanden. Wir fahren zur Scheibe, lassen uns drehen und ein Gleis mit einem Untersuchungskanal zuweisen. Hier wird die Lok wie zu Beginn der Fahrt überprüft.
Während die beiden »Schwarzen« aus Neustrelitz ihre Maschine restaurieren, wird der TDe 5022, ein Zugverband mit Wagen der DR, der DB, der ČSD, der CFR, der DSB, der SJ, der FS, der ÖBB, auf der »internationalen Drehscheibe Seddin« umgebildet. Hier treffen sich alle durch die DDR fahrenden internationalen Güterzüge. Die Wagen werden binnen kürzester Frist rangiert und verlassen bald den Bahnhof in neuer Richtung. Unser Zug hat hier nur 90 Minuten Aufenthalt.

Auf einem Abstellgleis in der Nähe des Bahnbetriebswerks wartet eine weinrote Lokomotive mit elfenbeinfarbenem Dach. Sie trägt die Kennzeichnung V 180 022. Ich gehe um die Maschine, betrachte die gummigefederten Radsätze, die zweiachsigen Drehgestelle, die Beschriftung auf der lackglänzenden glatten Außenfläche, das Firmenschild: »VEB Lokomotivbau Karl Marx Babelsberg. Baujahr 1964. Leistung 1320 kW.«
Ich rufe. In der Seitenwand öffnet sich eine Tür. Ich stelle mich vor und legitimiere mich. Lokführer Eßmann winkt einladend: »Bitte, treten Sie ein.« Eine kleine Treppe in dem Triebfahrzeug führt auf den Führerstand. Der zweite Mann erhebt sich von einem bequemen Drehstuhl: Lokführer Apel. Beide stammen aus dem Bahnbetriebswerk Halle P, beide sind etwa 40 Jahre alt. »Moment bitte«, sagt Lokführer Apel und verschwindet durch den Maschinenraum. Nach wenigen Augenblicken kommt er mit einem dritten bequemen Stuhl vom hinteren Führerstand zurück und sagt: »Legen Sie ab, machen Sie es sich bequem.«
Dieser Übergang von der 41 314, einer durchaus modernen Dampflokomotive, auf die V 180 022 ist wie ein Sprung von einem technischen Zeitalter in ein anderes. Decke und Wände des Führerstandes sind olivgrün gestrichen, das Schaltpult ist in dunklerem Grün gehalten. Den Fußboden bedeckt eine Gummimatte. Die Fenster sind rundum verglast und geben nach allen Seiten freies Blickfeld.
Wir sitzen bequem zurückgelehnt und plaudern. Beide Lokführer haben saubere Kleidung, saubere Hände. Kein Schmutzkrümelchen ist auf dem Fußboden zu finden, kein Staub auf dem Pult. Nichts deutet darauf hin, daß wir in 20 Minuten einen schweren, schnellen Zug befördern sollen.
Die Sonne neigt sich zum Horizont.
19.45 Uhr. Lokführer Eßmann drückt auf einen Knopf: »Diesel 1 anlassen.« Durch vielfach verzweigte Leitungen fließen Ströme. Relais kontrollieren Öldruck und Temperatur und geben schließlich dem Kraftstrom den Weg von der Batterie zum Anlasser frei. Ein kurzer Anlauf, und schon brummt gedämpft aus dem Maschinenraum hinter uns der 900 PS starke Motor. Danach geschieht das gleiche noch einmal mit Motor 2. Eine knappe Minute nach dem ersten Knopfdruck stehen 1800 PS zur Zugförderung bereit.
Das ist alles so einfach, so sauber, so elegant. Niemand hat sich von seinem Platz erhoben. Und als uns jetzt ein Signal zum Vorfahren auffordert, wird lediglich der Fahrschalter von Stufe 0 auf Stufe 1 gedreht. Die Motoren laufen schneller, die Lokomotive fährt.
Wir müssen rückwärts an den Zug heranfahren. Deshalb wechseln wir den Führerstand. Der Richtungswender wird betätigt. Kontrolllampen leuchten auf, verlöschen wieder. Fahrstufe 1: Wir fahren. Fahrstufe 0: Die Diesel trudeln im Leerlauf. Wir rollen, bremsen, stehen am Zug. Jetzt wird gekuppelt. Dann ist Bremsprobe, kurz

8 *Maschinenraum einer V 180*

9 *Bequem sitzt der Lokführer im Führerstand einer E 11*

10 *Eine elektrische Kochplatte im Führerstand einer E 11 sorgt für heißen Kaffee*

darauf kommen die Papiere, der Bremszettel. So, nun sind noch 10 Minuten Zeit. Die Motoren werden abgestellt.

Durch die geöffneten Fenster dringt von weit her das Geräusch des Rangierbetriebs. Die Lokführer erklären mir, warum sie zu zweit fahren: Kollege Apel hat erst vor kurzer Zeit seine Prüfung abgelegt und muß nun Erfahrungen sammeln. Nach einigen Fahrten wird dann ein Beimann, eine Hilfskraft, an die Stelle des Kollegen Apel treten, und er wird selbst eine V 180 fahren. Sie berichten ferner, daß die Lokomotive nur alle drei Tage für wenige Stunden in den Schuppen kommt. Dort wird sie betankt, durchgesehen, abgeschmiert. Ansonsten löst sich das Personal am Bahnsteig, am Zug ab. Es prüft die Ölstände, kontrolliert die zugänglichen Teile durch Augenschein. Das ist alles, was zum Auf- und Abrüsten zu tun ist. Ja, und dann muß man noch den Aschenbecher leeren und Staubwischen.

»Fensterputzen?« »Na ja, das auch.«

Es ist 20.00 Uhr. In ein paar Minuten fahren wir. Wieder werden durch Druck auf die Anlaßknöpfe die Motoren angelassen. Als sich die Tür zum Maschinenraum öffnet, dringt mächtiger Lärm heraus. Lokführer Apel schließt sie. Schon ist das Geräusch um ein Vielfaches gedämpft, wird geschluckt von der Antidröhnmasse, mit der alle Blechteile der Lokomotive dick besprüht sind, und von den doppelten Wänden zwischen Führer- und Maschinenraum.

20.11 Uhr. Das Ausfahrsignal zeigt grünes Licht. Fahrstufe 1: Die Motoren heulen nicht auf, sondern laufen gleichmäßig schnell. Fahrstufe 2: Die Motoren laufen noch schneller. Kaum merklich sind wir angefahren. Fahrstufe 3: Die Motoren haben einen festen, gesunden Klang. Man merkt, daß sie jetzt auf Leistung arbeiten. Die Fahrt beschleunigt sich. Nach zwei Kilometern schon beträgt die Geschwindigkeit 60 km/h, so wie es der Fahrplan vorschreibt. Der Fahrwind fächelt leise zum Fenster herein. Vor uns, weithin sichtbar, liegt der südliche Teil des Berliner Außenringes.

Die Diesellokomotiven der Baureihe V 180 sind — wie ihre kleineren Schwestern V 15, V 60 und V 100 — Neuschöpfungen aus Babelsberg. Dort, wo noch vor wenigen Jahren Dampflokomotiven gebaut wurden, laufen jetzt die V 180 vom Band. Die Lokomotiven haben sich in den letzten drei Jahren gut herausgemacht. Fehler, wie sie jeder Neuschöpfung anhaften, führten anfangs zu Störungen. Überhebliche Besserwisser rümpften damals die Nase und verwiesen auf die V 200 der Deutschen Bundesbahn. Sie übersahen, daß auch dort Erfahrungen gesammelt werden mußten. Jetzt gestehen sie ihren Irrtum ein, weil sie von Fachleuten und Praktikern übereinstimmend hören: »Die V 180? Große Klasse!«

Sie ist nicht nur formschön, die V 180, sondern auch modern in der Kraftübertragung. Strömungsgetriebe sorgen für einen stufenlosen Kraftfluß vom Motor zu den Treibachsen. Diese Strömungsgetriebe sind Drei-Wandler-Getriebe. Jeder dieser Drehmomentwandler besteht aus drei Teilen, dem auf der Antriebswelle montierten Pumpenrad, dem stillstehenden Leitapparat und dem mit dem Antrieb fest verbundenen Turbinenrad. Die Wandler werden in Abhängigkeit von der Drehzahl des Motors durch einen Fliehkraftregler und den sich ändernden Füllpumpendruck automatisch geschaltet.

Es ist 20.50 Uhr. Wir fahren durch Ludwigsfelde. Unser Gespräch wird nur hin und wieder unterbrochen durch den Signalzuruf. Die Lok zieht gleichmäßig auf Fahrstufe 3 den 844 t schweren Zug mit 60 km/h durch die sinkende Nacht.

Lokführer Eßmann schaltet die Scheinwerfer ein. Ihr Licht bricht sich an den vorbeiziehenden Vorsignalbaken. Der UV-Strahler läßt die Geschwindigkeits- und die Druckluftanzeiger auf dem Führerpult fluoreszierend aufleuchten.

»Es ist frisch heut abend«, meint Kollege Apel. Er zieht das Seitenfenster zu und schließt die Lüftungsklappen im Dach. Dann setzt er sich wieder.

11 Eine E 11 setzt sanft an den Zug

Luckenwalde, Jüterbog. Wir stutzen einige Male vor Signalen, kommen fast zum Halten. »Abstand 6816«, wird angezeigt. Als wir diesen Zug schließlich auf einem Bahnhof überholen, läßt uns eine kurze Drehung am Fahrschalter schnell wieder Geschwindigkeit gewinnen. Wir sind etwa 10 km vor Wittenberg, als eine Gefällestrecke beginnt. Der Zug rollt mit 60 km/h. Lokführer Eßmann schaltet auf Fahrstufe 0 zurück und stellt schließlich die Motoren ab. Still wird es. Die wenigen Fahrgeräusche auf dem lückenlos verschweißten Neubaugleis werden von der Gummifederung der Lokomotive verschluckt. Der Fahrwind rauscht am Fenster vorbei. Wir schweigen. Nach einer Krümmung wird der Bahnhof Lutherstadt Wittenberg sichtbar. Ein Lichterwald wie im Märchenbuch tut sich vor uns auf: rote, grüne und tausend weiße Lichter. Lautlos gleiten wir hinein. Menschen warten auf den Bahnsteigen, an erleuchteten Zügen. Vorbei. Die Elbebrücke zwingt uns zum Bremsen; dann beginnen erneut die Motoren ihr Lied. Es ist kurz vor Mitternacht, als ich in Halle von der Lokomotive steige. Sie wird in den Schuppen fahren, denn heute nacht ist die Durchsicht fällig. Morgen früh geht es dann wieder auf die Reise: Berlin-Ostbahnhof—Halle—Sangerhausen—Halle—Nordhausen—Halle—Cottbus—Halle—Leipzig—Seddin—Halle. Sicher, zuverlässig und bequem.

Die Lichter der V 180 022 sind kaum verschwunden, als bereits zwei andere lautlos auf mich zukommen: Eine Elektrolokomotive setzt sanft gegen den Zug. An der Stirnwand lese ich: E 11 037.
Wieder stelle ich mich vor, wieder zeige ich meinen Ausweis. Mollige Wärme empfängt mich auf dem Führerstand. Das tut gut bei der nächtlichen Kühle. Hier ist es noch komfortabler als auf der V 180: auf dem Fußboden Linoleum, zarte Pastellfarben an den Wänden, in Regalen ein Handwaschbecken mit Heißwasserspeicher und eine elektrische Kochplatte.
Während der Bremsprobe blicke ich mich weiter um. Das Führerpult ist gespickt mit Meßgeräten und Kontrollampen. Ich sehe Steuerknöpfe für Scheibenheizung, Pultlampe, Hauptluftpumpe, Fahrmotorenlüfter, Dachscheinwerfer, Achslastausgleich, Zugheizung, Stromabnehmer, Lokhauptschalter, Sandstreuer. Mit dem Handrad des Fahrschalters kann man 14 Fahrstufen einstellen. Der Bügelwahlschalter dient für die Stellungen »Hauptschalter aus und beide Bügel ab« »ein Bügel an«, »beide Bügel an« und »Hauptschalter aus bei beiden Bügeln an«. Der Fahrtwendeschalter zeigt Vorwärts- und Rückwärtsfahrt und Prüfstellung an.
Auch hier stehen bequeme Stühle, auch von hier bieten große Scheiben weite, ungehinderte Sicht auf die Strecke.
Die vereinfachte Bremsprobe ist bald erledigt, und bereits 20 Minuten nach unserer Ankunft in Halle zeigt das Signal »Fahrt frei« für den TDe 5022 in Richtung Weißenfels. Lokführer Müller, aus dem Bahnbetriebswerk Halle P, dreht das Steuerrad des Fahrschalters auf Stufe 1, dann Stufe 2. Zeiger spielen über Skalen. Elektrischer Strom fließt von der Fahrleitung durch den Stromabnehmer, den Transformator, das Schaltwerk und die Wendeschalter zu den Fahrmotoren, baut hier elektrische Felder auf und zwingt die Anker zum Drehen.
Wir fahren bereits. Kein Ruck, kein Geräusch hat die Bewegung eingeleitet. Der Fahrschalter wird um eine Stufe weitergerastet. Die Zeiger der Amperemeter, der Stromstärkemesser, springen auf hohe Werte, sinken dann bei steigender Geschwindigkeit wieder ab. Gleichzeitig laufen die Lüfter an, die in dieser Stellung automatisch eingeschaltet werden und Kühlwind in die Fahrmotoren blasen. Weiter wandert der Fahrschalter bis auf Stufe 6. Die Zeiger der Amperemeter pendeln. Fortschaltrelais sorgen dafür, daß das Schaltwerk in dem Maße die vorgewählte Fahrstufe nachschaltet, wie es der Fahrmotorenstrom zuläßt, ohne daß die Radsätze zu schleudern beginnen.
Durch dieses Fahren an der Reibungsgrenze wird die maximale Beschleunigung ausgenutzt, die theoretisch möglich ist. Das geschieht unabhängig von der Fahrkunst des einzelnen Lokführers. So haben wir dann auch nach wenigen Augenblicken die vorgeschriebene Geschwindigkeit erreicht. Lokführer Müller dreht den Fahrschalter auf Stufe 0 zurück.
Der Zug rollt mit eigenem Schwung, die Lokomotive verbraucht — außer für die Beleuchtung — kein Watt Energie. Und während der dreiviertelstündigen Fahrt bis Weißenfels wiederholt sich dieser Prozeß immer wieder: ein kurzes Stück mit Strom fahren, ein langes Stück ohne Energieverbrauch ausrollen. Es gibt kaum eine Fahrweise, die noch wirtschaftlicher ist.
Unsere Lok, die E 11 037, ist im Jahre 1963 im LEW »Hans Beimler« Hennigsdorf gebaut. Sie ist eine Bo'Bo'-Lokomotive, das heißt, sie hat zwei Drehgestelle mit je 2 Treibachsen, die einzeln angetrieben werden. Jeder der 4 Fahrmotoren verfügt über eine Leistung von 685 kW. Die Fahrdrahtspannung beträgt 15000 V und die Frequenz $16^{2}/_{3}$ Hz. Dieser spezielle Bahnstrom ist durch den Stand der technischen Forschung in den Anfangsjahren der Elektrifizierung gewählt worden und hat sich inzwischen so gut bewährt, daß er auf bereits elektrifizierten Strecken beibehalten und nicht durch das 50-Hz-System ersetzt wird. Die Deutsche Reichsbahn hat außer der E 11 im Jahre 1962 noch eine zweite Neubauserie in Betrieb genommen, die E 42. Während die E 11 vornehmlich im Reisezugdienst eingesetzt werden soll, ist die E 42 für den Güterzugdienst vorgesehen. Bis auf das Übersetzungsverhältnis des Antriebs gleichen sich beide Lokomotiven wie ein Ei dem anderen. Dadurch kann man nicht nur einen rationellen Vorrat an Tausch- und Ersatzteilen halten, sondern auch die Lokomotiven weitgehend universell einsetzen.
Die erste Stunde des neuen Tages geht zu Ende, als wir in Weißenfels halten und abspannen. Eine Dampflok wird den Zug wieder übernehmen. Auf die E 11 037 aber wartet schon wieder ein Gegenzug. In 20 Minuten geht die Reise zurück nach Halle. Restaurierungszeiten gibt es nicht.

Vorläufig ist die Fahrleitung in Weißenfels zu Ende. Aber bereits jetzt sind die Elektrifizierungsarbeiten in Richtung Naumburg, Weimar, Erfurt und darüber hinaus im Gange. Der Oberbau wird verstärkt, Brücken werden gehoben, Gleise gesenkt, Freileitungen der Telefon-, Licht- und Kraftanlagen verkabelt. Fundamente gegossen, Maste aufgestellt und zum Schluß die Fahrleitungen gezogen. Wenn man bedenkt, daß 1 km kupferner Fahrdraht eine Masse von fast 1 t hat und für Gegenden mit chemisch aggressiver Luft die Tragseile aus Bronze hergestellt werden, vermag man abzuschätzen, welches Vermögen über und unter den Gleisen installiert ist.

20 Jahre DDR
20 Jahre
Tradition und Fortschritt
im Schienenfahrzeugbau

Ein neues Verbandszeichen wird zum Symbol für jahrelange Traditionen und technischen Fortschritt im Bau von Schienenfahrzeugen und Ausrüstungen in höchster Qualität.
Zum Warenzeichenverband Vereinigter Schienenfahrzeugbau DDR e. V. gehören: die 14 bekannten Betriebe des Industriezweiges Schienenfahrzeuge, der Außenhandelsbetrieb Transportmaschinen, das Institut für Schienenfahrzeuge und ab 1. Januar 1969 der VEB LEW »Hans Beimler« Hennigsdorf.

 Vereinigter Schienenfahrzeugbau-DDR

Verteilung der Stückgutknoten in der DDR

Ing. HORST VETTER, Berlin

Stückgut-Knotenverkehr – Sinnbild sozialistischer Zusammenarbeit

Vor nunmehr fast 130 Jahren genehmigte die Ludwigseisenbahn dem Nürnberger Bierbrauer Lederer einen regelmäßigen Biertransport: »Dem Bierbrauer Herrn Lederer wird gestattet, mit dem ersten nach Fürth gehenden Wagen zwei Fäßchen Bier an den Wirt ‚Zur Eisenbahn' gegen Vergütung von 6 Kreuzern pro Fäßchen für Transportlohn zu senden, unter der Bedingung, daß solche jedesmal von dem Wirt bei Ankunft des Wagens sogleich abgenommen werden. Der Herr Direktorialkommissär Dr. Löhner wird daher beauftragt, Sorge zu tragen, daß dieser kleine Anfang des Gütertransports in gehöriger Ordnung vor sich gehe, um solchen vielleicht späterhin ins Große ausdehen zu können. Da der Personentransport nach Fürth in der Frühe ohnehin nicht zahlreich ist, so wird solches um so leichter auszuführen sein.«

Wie hat sich der Gütertransport der Eisenbahn seitdem entwickelt!

Volkswirtschaftliche Bedeutung und Organisation des Stückgutverkehrs

Im Gegensatz zum Wagenladungsverkehr, bei dem insbesondere Massengüter wie Kohle, Düngemittel und Baustoffe befördert werden, umfaßt der Stückgutverkehr den Transport von Konsumgütern, Massenbedarfsartikeln, Maschinenersatzteilen, Packmitteln und dergleichen mehr. Der Stückgutverkehr beeinflußt deshalb maßgeblich die Warenzirkulation und den planmäßigen Produktionsablauf der Industrie. Als Stückgut bezeichnet man alle Güter, die nach Umfang und Masse nur einen mehr oder weniger großen Teil des Laderaumes oder der Tragfähigkeit eines Güterwagens beanspruchen und verpackt oder unverpackt – mit Klebezetteln oder Anhängern versehen – als »Stückgutsendung« mit Frachtbrief zur Beförderung übergeben und während des Transports durch Eisenbahn und Kraftverkehr umgeschlagen werden.

Heute befördert die Deutsche Reichsbahn allein im Stückgutverkehr etwa 8 Millionen Tonnen im Jahr. Obwohl der Anteil des Stückgutverkehrs am Gesamttransport (gemessen an der umzuschlagenden Menge) nur etwa 4 Prozent beträgt, braucht sie dafür etwa 12 Prozent der täglich bereitzustellenden Güterwagen, davon 75 Prozent gedeckte Wagen. Charakteristisch für den Stückgutverkehr sind u. a.

a) die Vielzahl der zu behandelnden Sendungen und

b) die nach Art, Umfang, Masse und Verpackung unterschiedlichen Einzelstücke.

Diese Faktoren und der Umschlag unterwegs verursachen einen hohen Aufwand an Arbeitskräften, Umschlageinrichtungen, Verkehrsanlagen und Transportmitteln.

Diese Tatsache bildete von jeher den Anlaß,

> die Anzahl der Umladungen zu verringern,
> die Ladevorgänge zu mechanisieren und
> die Güterwagen besser auszunutzen.

Auf der Grundlage der bereits im Jahr 1900 herausgegebenen »Grundsätze für die Verladung und Beförderung der Frachtstückgüter« entstand nach und nach eine »Ladeorganisation«, die im Prinzip noch heute gilt.

Das Stückgutaufkommen ist zwar in den verschiedenen Verkehrsverbindungen sehr unterschiedlich, es haben sich aber im Laufe der Zeit bestimmte Güterströme herausgebildet, die ein straffes Organisieren der Stückgutbeförderung ermöglichen. Zu diesem Zweck teilte man das Territorium der DDR in »Verkehrsgebiete« auf und richtete eine Anzahl Verkehrsanlagen für den Stückgutumschlag ein.

Der Grundgedanke dieser Ladeorganisation ist, das Stückgutaufkommen eines »Sammelgebietes« bei einer »Sammelstelle« zu konzentrieren und von hier bis möglichst nahe an den Bestimmungsbahnhof zu befördern, wo es eine »Verteilungsstelle« innerhalb eines »Verteilungsgebietes« weiterleitet.

Die Größe der Sammel- und Verteilungsgebiete richtet sich nach dem jeweiligen Gutaufkommen und wird ohne Rücksicht auf Verwaltungsgrenzen festgelegt. Da die mit der Sammlung und Verteilung beauftragten Stellen beide Funktionen auszuüben haben, nennt man sie auch »Umladestellen«. Sie sind entweder selbständige Dienststellen der Deutschen Reichsbahn oder gehören zu einer Güterabfertigung; meist verfügen sie über besondere bauliche und technische Anlagen. Im Bereich der Deutschen Reichsbahn bestehen gegenwärtig 27 Umlade- und Hilfsumladestellen.

Grundsätzlich wird angestrebt, das Gut von einer Sammelstelle möglichst ohne Unterwegsbehandlung direkt der Verteilungsstelle zuzuführen. Reicht das örtliche Aufkommen zum Abrichten eines Stückgutwagens nicht aus, dann befördert eine »Vermittlungsstelle« das Gut an die Verteilungsstelle weiter (Abb. 1).

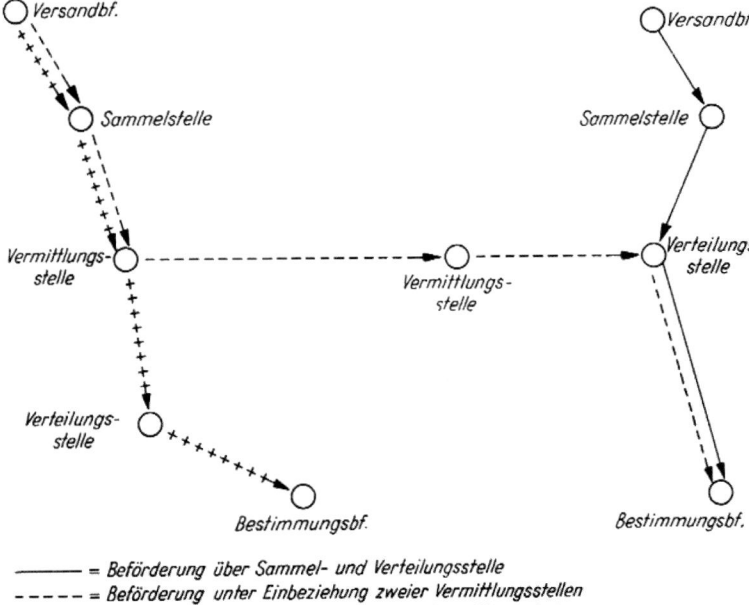

——— = Beförderung über Sammel- und Verteilungsstelle
- - - - = Beförderung unter Einbeziehung zweier Vermittlungsstellen
+ + + + = Beförderung unter Einbeziehung einer Vermittlungsstelle

1 Prinzipskizze über das Zusammenwirken der Umladestellen im Stückgutverkehr

Die Reorganisation des Stückgutverkehrs — Bestandteil der sozialistischen Rationalisierung

Die inzwischen eingeleiteten umfangreichen Maßnahmen zur Reorganisation des Stückgutverkehrs gründen sich nicht nur auf zeitweise (etwa im Herbstspitzenverkehr) auftretende Schwierigkeiten, sondern auf das gewaltige Anwachsen des Stückgutaufkommens. So hat sich zum Beispiel der Stückgutverkehr gegenüber 1950 in den letzten Jahren auf das 4½fache gesteigert (Abb. 2).

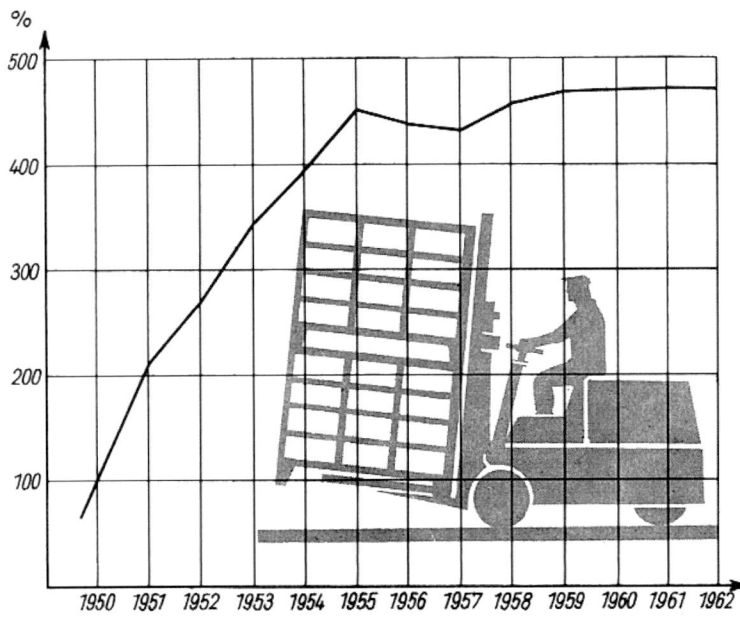

2 Stückgutbeförderung in der Deutschen Demokratischen Republik

Ein weiteres Zunehmen des Gutaufkommens ist zu erwarten. Deshalb ist es auch zwingend notwendig, den Stückgutumschlag zu mechanisieren. Dadurch werden die körperlich schweren Ladearbeiten beseitigt, die Arbeitsproduktivität wird gesteigert und der Arbeitskräftemangel im Stückgut-Ladedienst gemildert.

Der Hauptzweck der Reorganisation des Stückgutverkehrs ist, im Rahmen der sozialistischen Rationalisierung im Eisenbahnwesen die Aufgaben zwischen Eisenbahn und Kraftverkehr am ökonomisch zweckmäßigsten zu verteilen, wobei vor allem der unwirtschaftliche Parallelverkehr zwischen diesen Verkehrszweigen wegfallen soll. Dieser war häufig dadurch gegeben, daß Kurswagen und leichte Güterzüge (Leig) der Eisenbahn und in den gleichen Relationen Fahrzeuge des Kraftverkehrs zum Sammeln und Verteilen von Stückgut verkehrten.

Voraussetzung für die Reorganisation des Stückgutverkehrs in der DDR ist, daß hier sozialistische Produktionsverhältnisse geschaffen wurden, die einen Konkurrenzkampf zwischen Straße und Schiene ausschließen. Eisenbahn und Kraftverkehr sind Teile eines einheitlichen sozialistischen Transportwesens, eines führenden Zweiges unserer Volkswirtschaft.

Eingeleitet wurden die Reorganisationsmaßnahmen in den vergangenen Jahren durch Einrichtung eines umfangreichen Schienenersatzverkehrs. Die Deutsche Reichsbahn mietete bei den Kraftverkehrsbetrieben Lastkraftwagen und setzte sie vorwiegend im Linien- oder Sternverkehr sowie als Beförderungsmittel zwischen mehreren Güterbahnhöfen eines Ortes ein. Da die Lastkraftwagen beweglicher und schneller sind als Güterwagen, konnte die Eisenbahn in vielen Relationen unwirtschaftliche Stückguttransporte über kurze Entfernungen vermeiden, die Beförderungszeiten verkürzen, Güterwagen für andere Zwecke freimachen und aufwendige Kurswagen und Leig-Verbindungen aufheben. Diese Maßnahmen waren aber nur eine Teillösung.

Bei der Suche nach neuen Wegen im Stückgutverkehr wurden selbstverständlich auch internationale Erfahrungen ausgewertet und nutzbar gemacht.

So studierte man eingehend die Erfahrungen der ČSSR bei der Neuordnung des Stückgutverkehrs und zog daraus Schlußfolgerungen für die Reorganisation des Stückgutverkehrs in der Deutschen Demokratischen Republik. Der dann vom Ministerium für Verkehrswesen der DDR beschlossene »Plan der technisch-organisatorischen Maßnahmen« sieht folgende Entwicklungsstufen vor:

1. Einführung der konzentrierten Rollfuhr innerhalb von Ortsbereichen. Rollfuhr nennt man die Beförderung der Stückgüter von der Güterabfertigung zu den Empfängern oder von den Absendern zu der Güterabfertigung;

2. Bildung von Knotenbahnhöfen für den Stückgutverkehr und Aufnahme der konzentrierten Rollfuhr im Güterliniennahverkehr von und zu diesen Knotenbahnhöfen bei gleichzeitiger Einstellung des Schienenersatzverkehrs;

3. Beseitigung des Parallelverkehrs im Stückgutverkehr der Deutschen Reichsbahn und im Sammelladungsverkehr der Spediteure;

4. schrittweise Mechanisierung des Güterumschlages durch Gabelstapler und Paletten sowie wesentliche Erweiterung des Behälterverkehrs.

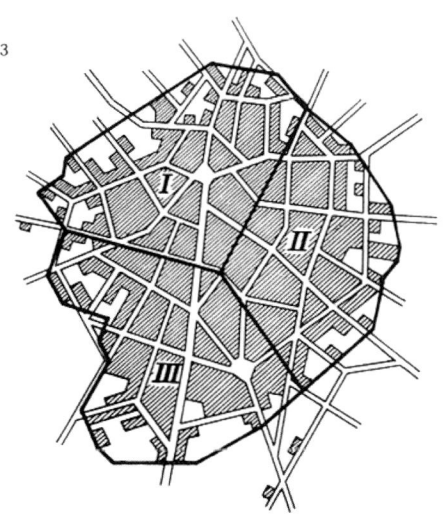

3 Aufteilung einer Stadt in Rollbezirke (schematische Darstellung)

4 Gabelstapler erleichtern die Umschlagsarbeit

Bedeutungsvoll an diesem Plan ist die komplexe Zielsetzung für die Verkehrszweige Eisenbahn und Kraftverkehr in organisatorischer und technischer Hinsicht.

Stand der organisatorischen Maßnahmen

Im Jahre 1956 wurde begonnen, die erste Entwicklungsstufe — konzentrierte Rollfuhr innerhalb von Ortsbereichen — zu verwirklichen. Schrittweise übertrug man die Stückguttransporte zwischen Güterabfertigung und Absender oder Empfänger in bestimmten Orten der Republik ausschließlich auf die Betriebe des Kraftverkehrs. Damit entfiel gleichzeitig die Möglichkeit, daß die Absender und Empfänger ihr Stückgut bei der Güterabfertigung selbst aufliefern oder selbst abholen konnten. Zunächst wurde nur das Empfangsstückgut den Empfängern konzentriert zugerollt. Nach und nach übernahm der Kraftverkehr jedoch auch, das Versandstückgut von den Absendern zur Güterabfertigung konzentriert anzurollen. Diese Maßnahme fand später in der »Anordnung über den Stückgutverkehr von Haus zu Haus« ihren Niederschlag. Damit das Abholen und Zuführen von Stückgut mit dem geringsten Aufwand geschieht, teilte man insbesondere größere Orte in Rollbezirke (Abb. 3) ein, die jeweils von bestimmten Kraftfahrzeugen (auch Auftragsspediteuren) bedient werden. Dadurch werden Gegen- und Querläufe der Lastkraftwagen innerhalb der einzelnen Bedienungsbereiche vermieden.

Am 1. Januar 1959 waren 171 Orte — in denen sich heute in der Regel die Knotenbahnhöfe für Stückgut befinden — in den Haus-Haus-Stückgutverkehr einbezogen. Damit war zugleich die erste Entwicklungsstufe abgeschlossen.

Bereits diese erste Maßnahme war von erheblichem volkswirtschaftlichen Nutzen, weil die Güterböden schneller geräumt und die Stückgutsendungen vereinfacht behandelt werden konnten. Die starke Konzentration der Stückgutanfuhr und -abfuhr auf den Kraftverkehr führte schließlich zu einem wirtschaftlichen Einsatz der Kraftfahrzeuge, wodurch wiederum die Rollgelder im DDR-Durchschnitt um etwa 11 Prozent gesenkt wurden, in Berlin sogar um rund 40 Prozent. Insgesamt brauchte man bedeutend weniger Transportraum als vorher und sparte erhebliche Mengen Kraftstoff ein. Schon im Einschichtbetrieb konnten die Rollfahrzeuge des Kraftverkehrs höher als vorher ausgelastet werden.

Der Grundgedanke der zweiten Entwicklungsstufe ist, das Stückgut bestimmter Verkehrsgebiete in Knotenbereichen zusammenzufassen, bei verhältnismäßig wenigen Güterabfertigungen zu konzentrieren und die sich daraus ergebenden lade- und abfertigungsdienstlichen Vorteile für Eisenbahn und Kraftverkehr einerseits sowie Industrie und Handel andererseits voll auszuschöpfen. Das bedeutet, daß innerhalb eines Knotenbereichs nur noch eine Güterabfertigung für den Stückgutverkehr zuständig ist — nämlich die Knotengüterabfertigung —, während alle anderen in dem Bereich gelegenen Abfertigungen keine Stückgüter mehr behandeln. Alle Transporte von Stückgutsendungen

zwischen der Knotengüterabfertigung und den Absendern oder Empfängern,
zwischen den Orten des eigenen Knotenbereichs sowie
zwischen den Orten benachbarter Knotenbereiche

übernimmt grundsätzlich der Kraftverkehr und entlastet damit die Eisenbahn von unwirtschaftlichem Nahverkehr. Die Stückgutbeförderung zwischen den einzelnen Stückgutknoten — ausgenommen benachbarter Knoten — verbleibt bei der Eisenbahn. Die Abb. 5 verdeutlicht diese Aufgabenteilung anhand des Knotenbereichs Bergen, dem die gesamte Insel Rügen zugeordnet ist.

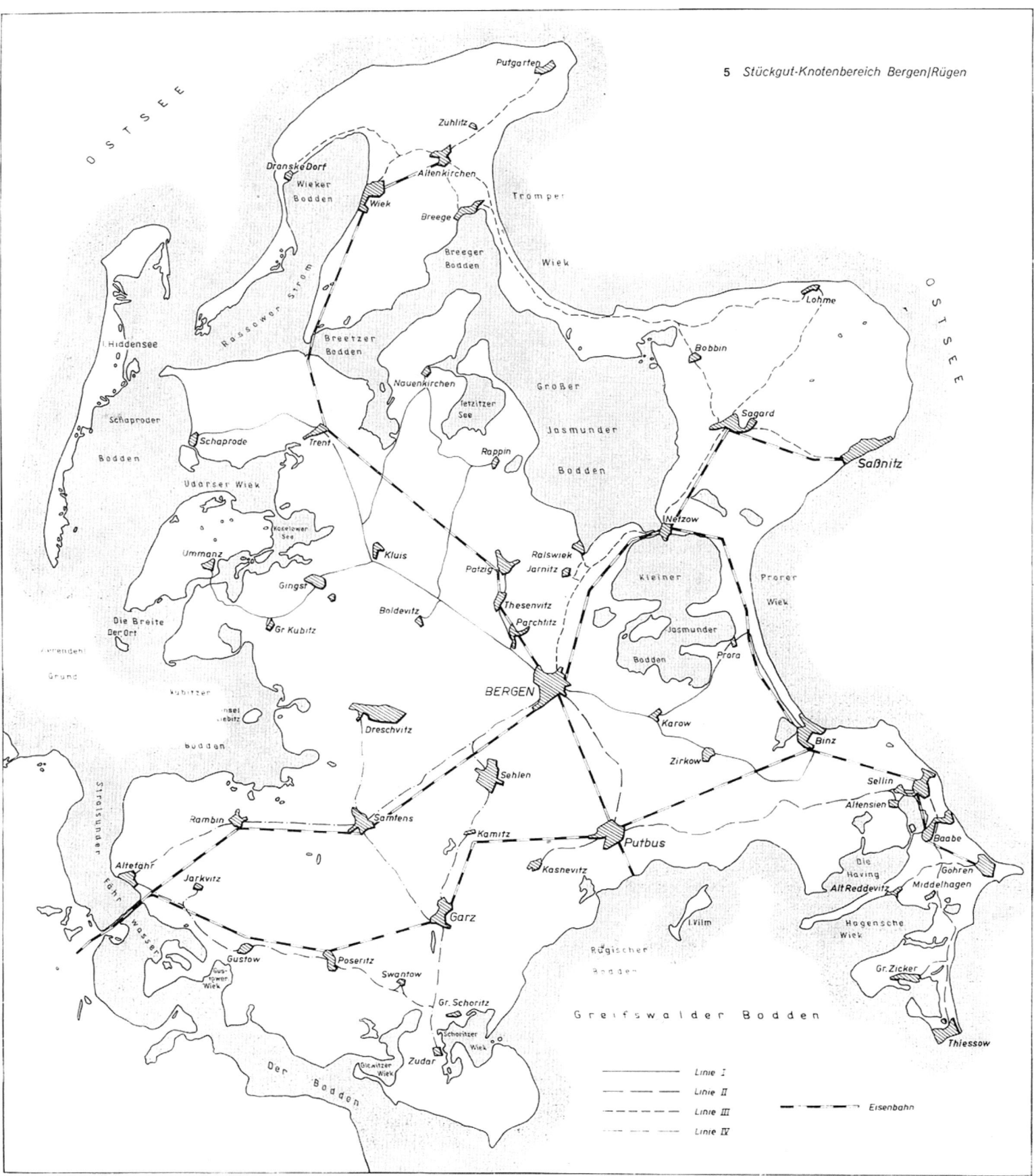

5 Stückgut-Knotenbereich Bergen/Rügen

Vor Aufnahme der ersten praktischen Versuche untersuchte man jedes Verkehrsgebiet dahingehend, wie es am zweckmäßigsten in Knotenbereiche nach verkehrsökonomischen Gesichtspunkten aufzuteilen ist. Zu berücksichtigen waren hierbei die vorhandenen Kapazitäten bei Eisenbahn und Kraftverkehr, zum Beispiel die Umschlagflächen der Güterhallen, der Kraftfahrzeugpark usw., sowie das Gutaufkommen der vorgesehenen Knotengüterabfertigung und der Güterverkehrsstellen, die dieser später zugeordnet werden sollten. Die Auswertung der Untersuchungen ergab, daß auf dem Territorium der DDR zunächst 186 Knotenbereiche für den Stückgut-Knotenverkehr zu bilden sind. Später soll etwa ein Drittel dieser Knotenbereiche, die gegenwärtig lediglich die Funktion von »Hilfsknotenbereichen« ausüben, in die verbleibenden Knoten eingegliedert werden. Voraussetzung hierfür ist, daß man bestimmte Knotengüterabfertigungen baulich erweitert und technisch vervollkommnet, womit inzwischen planmäßig begonnen wurde.

Die ersten Versuche, die konzentrierte Rollfuhr auf einen gesamten Knotenbereich auszudehnen, fanden 1959 in 14 Versuchsknotenbereichen statt.

Dabei erwies es sich als zweckmäßig, einen Knotenbereich jeweils strecken- oder linienweise zu erschließen. So konzentriert sich das Gutaufkommen bei der Knotengüterabfertigung nur allmählich und ermöglicht, es zweckmäßig in die Abfuhrpläne einzugliedern.

Mit der Aufnahme des Stückgut-Knotenverkehrs bildete sich sehr bald ein völlig neues Verhältnis zwischen der Eisenbahn und dem Kraftverkehr heraus. Wesentlich dabei war die Tatsache, daß der Kraftverkehr nun nicht mehr wie bisher Erfüllungsgehilfe, sondern gleichberechtigter Partner der Eisenbahn bei der Abwicklung des Stückgutverkehrs wurde. Dies erforderte neue Regeln für die Zusammenarbeit beider Verkehrszweige, die in einer gemeinsamen Arbeitsanweisung für die Beschäftigten von Eisenbahn und Kraftverkehr verankert wurden und später Gegenstand einer gemeinsamen Dienstvorschrift sein werden.

Ende 1962 war bereits mehr als die Hälfte der vorgesehenen Knotenbereiche in den Stückgut-Knotenverkehr einbezogen. Damit war das bisher bei über 1500 Güterabfertigungen aufkommende Stückgut bei nur 90 Knotengüterabfertigungen konzentriert. Gegenwärtig ist die angestrebte Konzentration zu etwa 75 Prozent verwirklicht. Die Verteilung der Knoten zeigt die Karte auf Seite 114.

Schon die teilweise Einführung des Stückgut-Knotenverkehrs ergab trotz der unvermeidlichen Anfangsschwierigkeiten recht deutliche ökonomische Ergebnisse. Der größte Nutzen liegt in der Konzentration des bisher auf viele Abfertigungen zersplitterten Stückgutaufkommens. Diese Tatsache ermöglicht u. a.

das Auslasten der Transportmittel von Eisenbahn und Kraftverkehr,
das Bilden von Fernwagen,
das Senken der Umladeleistungen und
das Einsparen von Güterwagen im Stückgutverkehr.

Die gegenwärtig bestehenden Knotenbereiche wurden zunächst territorial unabhängig voneinander gebildet. Zweifellos wird sich der zur Zeit erreichte ökonomische Nutzen noch erhöhen, wenn das gesamte Territorium der DDR in den Stückgut-Knotenverkehr einbezogen ist und der Kraftverkehr alle Stückguttransporte zwischen Orten benachbarter Knotenbereiche übernommen hat. Eisenbahn und Kraftverkehr unternehmen deshalb alle Anstrengungen, die zweite Entwicklungsstufe baldmöglichst abzuschließen.

Die Beseitigung des Parallelverkehrs im Stückgutverkehr der Eisenbahn und im Sammelladungsverkehr der Spediteure – die dritte Entwicklungsstufe – wurde als Übergangslösung so geregelt, daß der Sammelladungsverkehr nur noch in den Relationen aufrechterhalten wird, in denen wöchentlich mindestens zwei volle Wagen abgesandt werden. Alle übrigen Verbindungen wurden aufgelöst und in den Stückgut-Knotenverkehr überführt.

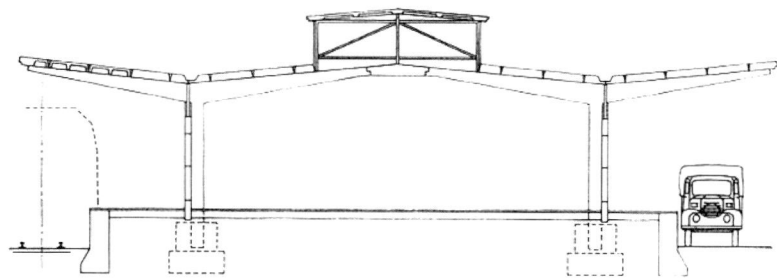

6 Querschnitt durch die moderne Güterhalle einer Knotengüterabfertigung

Dadurch werden unnötige Sammelzeiten für Stückgüter vermieden, und der Sammelladungsverkehr wird insgesamt beschleunigt. Mit der vollen Aufnahme des Stückgut-Knotenverkehrs sollen nach und nach alle bestehenden Sammelgutrelationen in den allgemeinen Stückgutstrom eingegliedert werden.

Die nächsten Aufgaben organisatorischer Art

Der Stückgut-Knotenverkehr erfordert für alle Beteiligten (Eisenbahn, Kraftverkehr, Industrie und Handel) neue Rechtsnormen, weil die entsprechenden Bestimmungen der Eisenbahnverkehrsordnung (EVO) den neuen Bedingungen nicht mehr entsprechen. Durch diese neuen Rechtsnormen sind insbesondere zu regeln:

die Beförderungspflicht für Eisenbahn und Kraftverkehr,
die Frachtbriefvorlage als Transportanmeldung,
die tage- und richtungsweise Annahme von Stückgut,
die Angabe der Masse (früher Gewicht) durch den Absender und
die einheitlichen Lieferfristen für den Gesamttransport.

Eisenbahn und Kraftverkehr werden künftig den Stückgutverkehr gemeinsam als Verkehrsgemeinschaft entsprechend den Prinzipien des einheitlichen sozialistischen Verkehrswesens abwickeln. Deshalb müssen die Stellung dieser Verkehrsgemeinschaft, ihre Aufgaben, Pflichten und Rechte gesetzlich festgelegt werden. Diese verwaltungsrechtliche Vereinbarung wird schließlich die Grundlage für die Rechtsbeziehungen zwischen den Kraftverkehrsbetrieben und den Reichsbahnämtern bilden, wodurch später die zur Zeit noch gültigen Rollfuhrverträge abgelöst werden.

Auch die Tarife sind neu zu ordnen, wofür inzwischen wertvolle Vorarbeit geleistet wurde. Der künftige Stückguttarif wird die neue Qualität der Zusammenarbeit von Eisenbahn und Kraftverkehr dokumentieren. Er soll deshalb u. a. auf folgenden Grundsätzen beruhen:

auf einheitlichem Frachtsatz vom Haus des Absenders bis zum Haus des Empfängers,
auf der Luftlinienentfernung und der Masse des Gutes als Grundlage der Frachtberechnung und
auf dem Freimachungszwang, das heißt auf der Vorausbezahlung der Fracht.

Aufbauend auf diesem Tarif und auf den neuen Rechtsnormen für den Stückgut-Knotenverkehr wird es möglich sein, ein neues vereinfachtes Abfertigungsverfahren einzuführen, das zum Ziel hat, die bisher getrennten Arbeitsgänge beider Partner zu einem einheitlichen Arbeitsablauf zu verschmelzen und Doppelarbeiten bei beiden Verkehrszweigen weitestgehend abzuschaffen. Die Konzentration der Abfertigungsarbeiten bei den Knotengüterabfertigungen wird ferner ermöglichen, im größeren Umfang Buchungsmaschinen einzusetzen, wodurch übersichtlichere Unterlagen gewonnen werden können und die Arbeitsproduktivität bedeutend gesteigert wird.

Mechanisierung des Stückgutumschlags

Wie eingangs erwähnt, muß gleichzeitig mit den organisatorischen Maßnahmen zur Reorganisierung des Stückgutverkehrs auch die technische Weiterentwicklung planmäßig vorangetrieben werden. Die vierte Entwicklungsstufe sieht deshalb die schrittweise Mechanisierung des Stückgutumschlages durch Gabelstapler und Paletten sowie die Erweiterung des Behälterverkehrs vor. Damit sollen hauptsächlich die schweren körperlichen Arbeiten im Stückgutumschlag beseitigt und die Arbeitsproduktivität entscheidend gesteigert werden, um das bei den Knotengüterabfertigungen verstärkt anfallende Stückgut reibungslos und möglichst ohne zusätzliche Arbeitskräfte umschlagen zu können.
Gerade der Paletten- und Behälterverkehr bieten die Voraussetzungen, daß der Stückgutumschlag innerhalb der gesamten Transportkette vom Erzeuger über die Verkehrszweige bis zum Verbraucher komplex mechanisiert werden kann. Diese Forderung ist deshalb so wichtig, weil die Gesamtaufwendungen für den Transport teilweise zwischen 20 und 80 Prozent des Wertes der Ware schwanken. Durch Mechanisierung und Rationalisierung aller Transportarbeiten werden die Kosten erheblich gesenkt, wobei selbstverständlich ist, daß die verladende Wirtschaft und die Verkehrszweige die Transportrationalisierung gemeinsam betreiben. So müssen zum Beispiel alle am Güterverkehr Mitwirkenden einheitliche Transportgefäße, einheitliche Mechanismen wie Gabelstapler usw. verwenden.
Entscheidende Voraussetzung für die Mechanisierung des Stückgutumschlages ist das Bilden von Ladeeinheiten in Kleinbehältern oder auf Paletten. Dadurch werden viele Einzelstücke zu einer größeren Lade- und Transporteinheit zusammengefaßt.
Die Deutsche Reichsbahn stellt zu diesem Zweck folgende Transporthilfsmittel bereit:
Kleinbehälter (vgl. Eisenbahn-Jahrbuch 1963, Seite 121) sowie Flach- und Boxpaletten mit den Abmessungen 800×1200 mm.
Zur Gewährleistung eines rationellen Paletteneinsatzes hat die Deutsche Reichsbahn das Palettenaustauschverfahren eingeführt, an dem alle Transportbeteiligten, die eigene Standardpaletten besitzen, teilnehmen können. Dadurch verfügen diese Transportbeteiligten stets über einen gleichgroßen Palettenpark, der Rücktransport leerer Paletten vom Empfänger zum Absender wird vermieden und wertvoller Transportraum eingespart.
Von dem Palettenaustauschverfahren wird gegenwärtig noch zu wenig Gebrauch gemacht, weil die Industrie zum Teil noch unterschiedlich mit Paletten ausgerüstet ist. Es gehen jedoch immer mehr Industriezweige und Betriebe dazu über, ihren Transportablauf auf den Palettenverkehr umzustellen. Nach internationalen Erfahrungen lassen sich etwa 70 bis 80 Prozent des gesamten Stückgutaufkommens palettieren oder zu Ladeeinheiten zusammenfassen. Es gilt deshalb, den Transportbeteiligten die Vorteile des Palettenverkehrs zu erläutern. Wichtig ist vor allem zu erkennen, daß die Palette bereits beim Absender gebildet und erst beim Empfänger wieder aufgelöst wird. Nur so wird der Palettenverkehr innerhalb der gesamten Transportkette nutzbringend.
Eisenbahn und Kraftverkehr müssen in diesem Zusammenhang mehr als bisher ihre technischen Einrichtungen — insbesondere an den Nahtstellen der Transportkette — den neuen Bedingungen anpassen. Hierzu gehören LKW-Ladekrane für den Paletten- und Behälterumschlag, verstellbare Ladebrücken an den straßenseitigen Ladebühnen der Güterhallen zur Überwindung der Höhenunterschiede zwischen dem Hallenfußboden und den Ladeflächen der LKW usw. Aber auch die Transportbeteiligten können durch entsprechende Rampen, Hubbühnen und dergleichen den Paletten- und Behälterumschlag erleichtern und beschleunigen helfen.

Bauliche Gestaltung der Stückgutumschlagplätze

Die Reorganisation des Stückgutumschlages wirkt sich auch auf die Güterverkehrsanlagen aus, weil die Zusammenarbeit von Eisenbahn und Kraftverkehr und die damit verbundene neue Technologie des Stückgutumschlages neue Bedingungen stellt.
Das ist bei der Rekonstruktion sowie beim Neubau von Güterverkehrsanlagen entsprechend zu berücksichtigen. Diese Forderungen betreffen u. a. den Flächenbedarf der Güterhallen, die Tragfähigkeit des Fußbodens für Gabelstapler und andere Förderzeuge, die notwendigen Verkehrswege für diese Geräte, die Breite der Ladebühnen, die Stützenfreiheit der Hallen, die Breite und Höhe der Tore usw.
Auch die Zuordnung der einzelnen Räume im Abfertigungsgebäude muß der Technologie des Stückgut-Knotenverkehrs entsprechen. Dabei ist grundsätzlich davon auszugehen, daß die Beschäftigten sowohl der Eisenbahn als auch des Kraftverkehrs in der Knotengüterabfertigung arbeiten und die Anlagen gemeinsam nutzen.
Die »Arbeitsgemeinschaft für die bauliche Gestaltung von Güterverkehrsanlagen« hat inzwischen Grundsätze für die Ausgestaltung von Knotengüterabfertigungen erarbeitet (Abb. 6).
Es ist beabsichtigt, die Güterverkehrsanlagen für den Stückgut-Knotenverkehr auf der Grundlage dieser Ausarbeitungen schrittweise zu rekonstruieren oder auszubauen.

Dipl.-Ing. WERNER ADNER
und Dipl.-Ing. HORST SCHENDEL

Containerverkehr in Vergangenheit und Zukunft

Rückblick auf den bisherigen Containerverkehr bei der Deutschen Reichsbahn

Der Behälter als dauerhaftes und wiederholt verwendbares Gefäß, das zur Aufnahme von Gütern unterschiedlicher Beschaffenheit dient, ist keine Erfindung des 20. Jahrhunderts. Er ist von den Urformen an (wie Krüge, Körbe und Kisten) bis zu den heutigen modernen Transport-Großbehältern mit der Entwicklung der Produktivkräfte verbunden.

Die Transportbehälter haben die Funktion, das eingeladene Gut als geschlossene Ladung bis zur Entnahme am Bestimmungsort zusammenzuhalten, gleichgültig, welche Transportwege und Verkehrsmittel benutzt werden. Deshalb haben die Verkehrsmittel und der Stand der Umschlagstechnik die Form und die Größe der Behälter maßgeblich beeinflußt, wobei selbstverständlich die Faktoren Berücksichtigung fanden, die den Schutz des Gutes und den wirtschaftlichen Nutzeffekt in der Transportkette vom Erzeuger zum Verbraucher betreffen.

In der internationalen Verkehrspraxis setzt sich für die Transportbehälter mit einem Rauminhalt von 1 m³ immer mehr die Bezeichnung »Container« durch.

Die ersten Ansätze eines Containerverkehrs bei der Deutschen Reichsbahn fallen etwa in das Jahr 1925. Im Vordergrund stand hierbei infolge der damals herrschenden kapitalistischen Produktionsverhältnisse weniger

1 Großbehälter bei der Deutschen Reichsbahn vor etwa 40 Jahren

3 Postcontainer heute im Überseehafen Rostock (Seite 74)

2 Vor etwa 40 Jahren: Großbehältertransport bei der DRG

die Absicht, ein Rationalisierungsmittel für den kombinierten Verkehr anzubieten, als vielmehr ein Mittel im Konkurrenzkampf gegen den aufkommenden Güterkraftverkehr einzusetzen. Erst in den folgenden Jahren setzte sich die Erkenntnis durch, daß der Container zu einer vernünftigen Arbeitsteilung zwischen Schiene und Straße beitragen kann.

Wegen der damals nur beschränkten Möglichkeiten für den Einsatz großer Container wurden vorzugsweise rollbare Kleincontainer geschaffen, die in ihrem Grundaufbau bereits den heutigen Typen A, B und C entsprachen. 1933 hatte die Deutsche Reichsbahn einen Park von über 6500 Kleincontainern, der bis 1939 auf etwa 30000 Stück anstieg.

An größeren Containern mit einer Ladefähigkeit bis zu etwa 4 t waren 1934 nur 111 und 1939 erst 300 Stück vorhanden.

Der zweite Weltkrieg und die nachfolgenden schweren Jahre des Wiederaufbaus unserer Volkswirtschaft unterbrachen die Entwicklung des Containerverkehrs.

1945 verfügte die Deutsche Reichsbahn lediglich über rund 8000 Kleincontainer und einige wenige große Container, die jedoch nur in örtlichen Verkehrsverbindungen eingesetzt wurden. Von 1956 bis 1968 wuchs der Bestand auf etwa 40000 Kleincontainer an.

Nicht unerwähnt bleiben soll, daß im gleichen Zeitraum die ansehnliche Anzahl von insgesamt 401000 Paletten und S-Behältern angeschafft wurden und daß damit die dominierende Rolle des Kleincontainers als eines Mittels zur Bildung von Ladeeinheiten bis 1 t immer mehr dahinschwand.

Die Entwicklung von Großcontainern als Hauptelement eines modernen Containerverkehrs begann in der Deutschen Demokratischen Republik in den Jahren 1958/59. Gleichzeitig wurden im Exportverkehr nach der UdSSR beigestellte sowjetische Container mit einer Bruttomasse von 2,5 t eingesetzt. Die bis 1961 von der Deutschen Reichsbahn beschafften Container haben ein eigenes Rollwerk (pa-System), worüber im Eisenbahn-Jahrbuch 1963 (Seite 123ff.) ausführlich berichtet wurde.

Untersuchungen über das effektivste System der Container bis zu einer Bruttomasse von 5 t ergaben jedoch, daß Container ohne Rollwerk dem pa-System wirtschaftlich überlegen sind und daß eine im Modulsystem aufeinander abgestimmte Größenreihe von Containern der Laststufe 2,5 t und 5 t am zweckmäßigsten ist. Folglich wurden in der Deutschen Demokratischen Republik ab 1962 Containertypen der Gattungen E und D entwickelt, von denen die Deutsche Reichsbahn insgesamt 6010 Stück im Dienst hat (vgl. Tabellen 1 und 2).

Die Container der Gattungen D und E bieten einen Laderaum an, der nur einen Teil eines Güterwagens ausmacht. Daher eignen sie sich für den Transport von Sendungen, die wegen ihrer Partiegröße keinen ganzen Güterwagen in Anspruch nehmen oder wegen ihrer Abmessungen keinen größeren Laderaum erfordern. Damit sind bereits die Grenzen dieser Container grob abgesteckt. Größere und zur Containerbeförderung geeignete Sendungen können zwar in mehreren Containern verladen und versandt werden.

Tabelle 1 Containerbestände der Deutschen Reichsbahn (Stück)

Jahr	Kleincontainer A, B, C	Großcontainer D	Großcontainer E (pa)	Großcontainer E	Transcontainer G
1958	16850	—	3	—	—
1959	19260	—	135	—	—
1961	21830	—	330	—	—
1963	25545	—	330	84	—
1964	28715	15	300	402	—
1965	32040	315	300	727	—
1966	34640	1132	300	1547	—
1967	37140	1939	300	2562	—
1968	39600	2400	300	3310	400

Tabelle 2 Containergestellungen und Versandmengen (Container der Deutschen Reichsbahn und anderer Bahnverwaltungen)

Jahr	Kleincontainer Gestellungen (Stück)	Kleincontainer Versandmenge (t)	Großcontainer Gestellungen (Stück)	Großcontainer Versandmenge (t)
1958	434180	186700	3000	3600
1960	547025	228000	5150	9200
1962	598975	260500	11000	18800
1964	684025	342000	24080	45800
1966	781010	340000	40620	80300
1967	746145	324000	62980	133300
1968[1]	758600	335000	76000	168000

[1] Jahresergebnis nach dem 1. Halbjahrergebnis geschätzt

Die Anzahl der dann erforderlichen Umschlagsoperationen läßt sich jedoch verringern, wenn Container doppelter oder gar vierfacher Länge verwendet werden. Solche Container nennt man Transcontainer.

Bei einem massenhaften Einsatz von Transcontainern ergeben sich weitreichende Konsequenzen im Verkehrswesen und in der übrigen Wirtschaft, angefangen von der notwendigen Konzentration des Containerverkehrs auf relativ wenige Bahnhöfe, die mit hochleistungsfähigen Umschlagsanlagen sowie Straßenzustellfahrzeugen auszurüsten sind, über die Umprofilierung des Fahrzeugparks der Eisenbahn, der Verkehrs- und Betriebsanlagen bis zur Anpassung der Güterbeförderungstechnologie und der Lagerwirtschaft an das neue Transportsystem und anderes mehr.

Nachdem in der Deutschen Demokratischen Republik erste Voraussetzungen für die umfassende Einführung eines modernen Transportsystems mit Transcontainern geschaffen worden waren und sich die Tendenzen der internationalen Standardisierung abgezeichnet hatten, wurden 1967/68 die ersten Maßnahmen eines umfangreichen Programms eingeleitet, das im Prognosezeitraum als eines der strukturbestimmenden Vorhaben unserer Volkswirtschaft verwirklicht wird.

Im Raw »7. Oktober« Zwickau wurden die Prototypen geschlossener Transcontainer der Gattung 10 (F) und 20 (G) mit einer Bruttomasse von 10 t und 20 t entwickelt und Vorbereitungen für die teilautomatisierte Serienproduktion eingeleitet.

Bis Ende 1968 hatte die Deutsche Reichsbahn bereits 400 Transcontainer in ihren Betriebspark eingestellt.

Das Container-Transportsystem (CTS) der Deutschen Demokratischen Republik

Der frühere Containerverkehr bei der Deutschen Reichsbahn beruhte im wesentlichen auf der Anpassung des Containers an die vorhandenen Fahrzeuge und Anlagen. Das Neue der im Jahr 1968 eingeleiteten Entwicklung besteht darin, daß sich nicht nur der Container, sondern auch die Fahrzeuge und Anlagen aller Verkehrsträger sowie die dafür in Betracht kommenden Mechanismen, Technologien und Organisationsformen den Er-

4

5

fordernissen eines umfassenden Containerverkehrs anpassen müssen. Das alles findet seinen Niederschlag in einem System, das die Voraussetzungen für die komplexe Mechanisierung und Automatisierung ganzer Abschnitte der Transportkette schafft.

Die Einführung spezieller Zugverbindungen zwischen relativ wenigen, aber hochleistungsfähigen Knotenpunkten, die als Anfangs- und Endbahnhöfe der Containerzüge und als Nahtstellen zwischen dem Flächenverkehr und dem Schnellverkehr auf der Schiene fungieren, ergibt schließlich ein neuartiges Gütertransportsystem der Eisenbahn, das Containerzugsystem.

Der Containerzugverkehr begann in unserer Republik am 29./30. Juni 1968, und zwar auf der ersten Containerzugstrecke Dresden—Berlin—Rostock. Damit ist nicht nur eine neue, höhere Stufe des Containerverkehrs eingeleitet worden. Es wurde zugleich der Grundstein für umwälzende Veränderungen bei der weiteren Rationalisierung des sozialistischen Verkehrswesens in Fortführung der wissenschaftlich-technischen Revolution gelegt.

Während die bisherige Konzentration des Güterverkehrs auf Stückgut- und Wagenladungsknoten schon einen großen Fortschritt für eine ökonomisch zweckmäßige Arbeitsteilung der Verkehrsträger bedeutet, zwingt das Containerzugsystem zu einer noch größeren Konzentration und zur Herausbildung eines neuen Typs von Knotenpunkten, den Containerzentren (Terminals).

Es wird angestrebt, daß leistungsfähige fahrbare Portalkräne in den Güterverkehrsanlagen der Containerzentren die ein- oder ausfahrenden Containerzüge in kurzen Zeiten entladen oder beladen, ohne daß dazu besondere Rangierbewegungen erforderlich werden. Wenn also keine Züge mehr aufzulösen oder zu bilden sind, können geschlossene Zugeinheiten zwischen zwei oder mehr Containerzentren verkehren. Daraus erwachsen neue Möglichkeiten für die Fahrzeugentwicklung und den Fahrzeugbau. So wie im Reiseverkehr können an Stelle von Einzelwagen Gliederzugeinheiten oder kurzgekuppelte Flachwageneinheiten in festen Relationen eingesetzt werden.

Das Containerzugsystem bedingt die Weiterbeförderung oder den Antransport der Container durch Sattelfahrzeuge, die den Vor- und Nachlauf zu den Containerzügen übernehmen, wodurch der Haus-Haus-Verkehr gewährleistet wird. Auf diese Weise werden den Verkehrskunden feste Fahrpläne im Güterkursbuch angeboten. Diese Fahrpläne für den Haus-Haus-Verkehr sollen den Grundsatz verwirklichen: tags laden, nachts fahren, morgens entladen.

Die Transportselbstkosten des Verkehrswesens werden sich erst dann merklich verringern, wenn der Gütertransport mit Containerzügen einen größeren Umfang angenommen hat. Dagegen hat die verladende Wirtschaft schon mit Einführung der ersten Containerverbindung der DDR einen Nutzen zu verzeichnen (Einsparung von Ladearbeiten, Senkung von Verlusten und Warenbeschädigungen beim Umladen, direkte Zu-

4 Containertransport heute: Einfahrt zum Containerbahnhof Berlin, Frankfurter Allee

5 Umsetzen der Container mit Hilfe eines Eisenbahnkrans

6 Zustellfahrzeug W 50 mit Ladebügel VRN 5 für Container der Gattungen D und E

7 Containerumschlag mit Autokran

6

7

führung der Güter bis zum Empfänger, planmäßige Bereitstellung der Container zur Entladung im normalen Arbeitszyklus des Empfängers, rechtzeitige Vorankündigung der Frachten und damit rationelle Disposition der Arbeitskräfte, Verringerung der Frachtkosten usw.). Darüber hinaus geben bereits erste Einzelbeispiele Aufschluß über weitere Rationalisierungsmöglichkeiten. So kann zum Beispiel in drei Betrieben des VEB Vereinigte NE-Metall- und Hüttenkombinat Hettstedt bei einem Aufwand von 2,6 Millionen Mark für Ausrüstungen und 0,25 Millionen Mark Bauanteil ein jährlicher volkswirtschaftlicher Nutzen von 1,46 Millionen Mark erzielt werden. In zwei Werken tritt der Nutzen hauptsächlich durch Einsparung von Verpackung (15 bis 50 M/t) ein.

Integrierender Bestandteil des Containerzugsystems ist der Container. Er muß sowohl in ein modernes Gütertransportsystem des eigenen Landes wie auch in die progressiven Transportsysteme anderer Länder eingeordnet werden; er muß außerdem in Konstruk-

8 Abfahrt eines Containerzuges in Dresden

tion und Hauptabmessungen eine Vollmechanisierung und schließlich Automatisierung wichtiger Prozesse innerhalb der Transportkette erlauben.

Dem Container-Transportsystem der Deutschen Demokratischen Republik wird eine Typenreihe zugrunde gelegt, die einen weltweiten Einsatz der Container ermöglicht und die Standardisierungsbestrebungen der Internationalen Standardisierungsorganisation (ISO) berücksichtigt. Es handelt sich um die Transcontainer-Typenreihe, die der Internationale Eisenbahnverband (UIC) am 1. Juli 1967 durch UIC-Merkblatt 592 in Kraft gesetzt hat und die auf einem Längenmodulsystem mit einheitlichem Querschnitt (2438 $^{0}_{-5}$ mm × 2438 $^{0}_{-5}$ mm) beruht.

Der größte Containertyp dieser Reihe (Gattung 40) beansprucht eine Fläche, die zwei Container der Gattung 20, vier Container der Gattung 10 usw. einnehmen können. Das Modulsystem gestattet, die Ladeflächen der Fahrzeuge und Schiffe wirtschaftlich auszunutzen, allerdings unter der Voraussetzung, daß die Transportmittel in ihren Hauptabmessungen mit der Container-Typenreihe abgestimmt sind (Tabelle 3).

Funktion der Containerbahnhöfe

Das Container-Transportsystem in der DDR sieht die Einrichtung von Containerzentren und Containerumschlagplätzen vor.

Containerzentren werden an bedeutenden Konzentrationspunkten der Wirtschaft und des Verkehrswesens gebildet. Das sind im wesentlichen die Großstädte und Bezirkshauptstädte.

Die Konzentration des Containerverkehrs auf etwa 80 Bahnhöfe sichert ein genügend großes Aufkommen, um leistungsstarke Umschlagsmechanismen und Straßenzustell-

Tabelle 3 Containerarten der Deutschen Reichsbahn und Hauptabmessungen

Ausführungsform	Gattung	Brutto-masse (t)	Eigen-masse (t)	Lade-raum (m³)	Außenabmessungen Länge (mm)	Außenabmessungen Breite (mm)	Außenabmessungen Höhe (mm)	Innenabmessungen Länge (mm)	Innenabmessungen Breite (mm)	Innenabmessungen Höhe (mm)	Zeitpunkt der Einführung	Bemerkungen
Geschlossen[1])[2])	20 Gkt	20	2,05	30	6055	2435	2435	5890	2315	2180	1968	1 zweiflüglige Stirnwandtür; Türflügel um 270° öffenbar
	10 Fkt	10	1,3	14	2990	2435	2435	2835	2315	2180	1969	1 zweiflüglige Stirnwandtür
	20 Gakt	20	2,05	30	6055	2435	2435	5890	2315	2180	1969 (Muster)	1 zweiflüglige Stirnwandtür; öffnungsfähiges Dach
	20 Gktt	20	2,05	30	6055	2435	2435	5890	2315	2180	1968 (Muster)	je eine Tür an Seitenwänden
	30	25			9125	2435	2435					
	40	30		63	12190	2435	2435					
Offen[3])	20				6055	2435	1220 / 2435				1969 (Muster)	Stirnwandklappen Seitentür und Stirnwandklappen
Flat	20				6055	2435					1969 (Muster)	Offen, Rahmen aus Profilstahl, durch Verstrebungen verstärkt

1) Bei Gattung 20 sind weitere Spezialausführungen mit gleichen Hauptabmessungen für Flüssigkeiten, Kühl- und Schüttgut vorgesehen

2) Besondere Ausführung für den Transport von Flachglas bei Gattung 10 vorgesehen

3) Weitere Ausführung mit Bodenklappe für Schüttgüter vorgesehen

fahrzeuge wirtschaftlich einsetzen und die Containerzüge voll auslasten zu können. Das Verkehren von Containerzügen und der Containerumschlag an den Nahtstellen Schiene/Straße stellen an den Güterverkehr und an die Bahnhöfe neue Anforderungen.
Bei der Projektierung, dem Bau und der Rekonstruktion der Containerbahnhöfe muß von den spezifischen Aufgaben der Containerzentren und -umschlagplätze ausgegangen werden. Die Containerzentren haben vorwiegend Containerladungen zu behandeln. In Zukunft werden auf den bedeutenderen täglich über 1000, auf den größten sogar mehr als 2000 Container umzuschlagen sein. Die Container werden mit Straßenfahrzeugen, Containerzügen und einzeln laufenden Güterwagen zu- und abgefahren. Die Gleise der Containerzentren sind so an die Streckengleise und übrigen Bahnhofsgleise anzubinden, daß die Containerzüge betrieblich behandelt sowie einzelne Güterwagen oder Wagengruppen von den Rangiergleisen aus mit dem geringsten betrieblichen Aufwand zugeführt werden können. Es hat sich als zweckmäßig erwiesen, drei oder vier Gleise zu einer Gruppe zusammzufassen, die von einem Portalkran oder von mehreren überspannt sind. Auf größeren Containerzentren werden mehrere solcher Gleisgruppen angelegt, zwischen denen sich Abstellflächen und Fahrwege für Straßenfahrzeuge und Flurfördermittel befinden.
Containerumschlagplätze haben ein geringeres Containeraufkommen. Sie werden je nach Verkehrsaufkommen mit stationären oder mobilen Umschlagseinrichtungen ausgerüstet. Je nach ihrer Lage zum Containerzugnetz sind ihre Funktionen unterschiedlich.
Befindet sich ein Containerumschlagplatz an einer Containerzuglinie, so werden Con-

9 Ankunft des Straßenfahrzeugs

9 bis 12: Technologie des Containerumschlags:

10 Anheben des Containers

tainerzüge dort kurzen Aufenthalt haben, um ankommende Container entladen oder abzusendende verladen zu können. Das bedingt, daß die Züge in die Gleise der Umschlagsanlage ein- und ausfahren sowie schnell arbeitende Umschlagsgeräte vorhanden sein müssen. Die angekommenen Container werden wie in den Containerzentren mit Kraftfahrzeugen oder einzelnen Güterwagen weiterbefördert, sofern nicht eine Zuführung in Anschlußgleisen zweckmäßig ist. Für die Bereitstellung der einzeln laufenden Wagen sind besondere Gleise vorzusehen.

Soweit die Containerumschlagplätze außerhalb des Streckennetzes der Containerzüge liegen, kann die Anlage relativ einfach gestaltet werden, weil Ein- und Ausfahrt nicht durch Signale gesichert werden müssen.

Beide Arten von Containerumschlagplätzen werden in den meisten Fällen auf Bahnhöfen anzulegen sein, auf denen der Wagenladungsumschlag schon konzentriert worden ist. Bei der Rekonstruktion bestehender Bahnhöfe und bei der Ausarbeitung der Technologien muß beachtet werden, daß sowohl Wagenladungen als auch Container ohne gegenseitige Behinderung umgeschlagen, mit Kraftfahrzeugen zu- und abgefahren und zeitweilig gelagert werden können.

Der Stückgutverkehr wird in das Container-Transportsystem einbezogen, so daß die Stückgutverkehrsanlagen künftig am Sitz der Containerzentren und -umschlagplätze einzurichten und die bestehenden in die neue Technologie einzuordnen sind.

Die schnelle Beförderung der Container im internationalen Verkehr erfordert eine weitestgehende Vereinfachung der Zollabfertigung auf den Grenzbahnhöfen und in den Seehäfen. Es ist daher anzustreben, daß die zu exportierenden Containersendungen bereits im Binnenland verzollt werden.

Um die vor allem auf einem Containerzentrum zu bewältigenden vielfältigen Prozesse, wie

— betriebliche Behandlung der Containerzüge und -wagen,
— Beladen und Entladen der Containerzüge, der Einzelwagen und Kraftfahrzeuge,
— Zwischenlagern der nicht sofort weiterzubefördernden Container,
— Lagern von noch nicht abverfügten Leercontainern,

- Abfertigen der Containersendungen,
- Disponieren der Kraftfahrzeuge, Container und Umschlagsmechanismen,
- Unterhalten der beweglichen und unbeweglichen Ausrüstung,

mit hoher Effektivität und unter Gewährleistung einer schnellen, sicheren und pünktlichen Containerbeförderung abzuwickeln, bedarf es einer straffen Organisation.

Die Kommandostellen des Containerzentrums müssen im Rahmen eines Dispatchersystems untereinander und mit den Kranführern durch Fernsprech- oder Sprechfunkverbindungen verbunden sein.

Ein gut aufeinander eingespieltes Kollektiv mit vielseitig ausgebildeten Mitgliedern wird alle Aufgaben meistern und in der Lage sein, bei notwendig werdenden Abweichungen vom Musterarbeitsplan schnell zu reagieren und die erforderlichen Arbeiten mit der notwendigen Raschheit auszuführen.

Stand der internationalen Vereinheitlichung der Container

Die internationale Vereinheitlichung der Container ist für die Einführung eines Container-Transportsystems und für die daraus abzuleitende Containertechnik von großer Bedeutung. Besonders die letzten Jahre brachten erhebliche Fortschritte. Allerdings sind die Vereinheitlichungsbestrebungen noch nicht zum Abschluß gekommen; der augenblickliche Stand ist bei den einzelnen Containertypen unterschiedlich.

Großcontainer

Für Container der Größenordnung von 2,5 t bis 7 t gibt es bereits vereinheitlichte Typen oder zumindest Standardisierungsvorschläge. Im nationalen und internationalen Verkehr haben sich diese Container — besonders die mit einer Bruttomasse von 5 t — bewährt. Das hat unter anderem seinen Grund darin, daß solche Container einen Laderaum anbieten, der den gegenwärtig von vielen Transportkunden abgefertigten Partiegrößen weitestgehend entspricht. Damit eignen sich derartige Container unter den augenblicklichen Bedingungen vor allem für den Haus-Haus-Verkehr im Binnenverkehr und im Verkehr zwischen den europäischen Ländern. Das ist auch einer der Gründe, weshalb im Technischen Komitee 104 der Internationalen Standardisierungs-

11 Übersetzen von Straßenfahrzeug auf Eisenbahnwagen

12 Absetzen des Containers

organisation (ISO/TC 104) eine neue Arbeitsgruppe gebildet wurde, die die Bedingungen für die Vereinheitlichung von Containern mit einer Bruttomasse bis zu 5 t untersucht. Für sie werden die Vorzüge der in der OSShD vereinheitlichten Typen, denen auch die Container der Deutschen Reichsbahn entsprechen, von Interesse sein, nämlich

— gute Ausnutzung des Regellichtraums der Eisenbahn,
— maximale Ausnutzung der Ladebreite der größtenteils vorhandenen Schienen- und Straßenfahrzeuge,
— maximale Ausnutzung des Container-Laderaums durch die europäischen Poolpaletten.

Transcontainer

Als Transcontainer bezeichnet die UIC — wie erwähnt — die Container der Gattungen 10 bis 40, also Container mit einer Bruttomasse von mehr als 7 t bis zu 30 t. Es handelt sich hierbei um vereinheitlichte Container der ISO-Reihe 1.

Bereits viele Länder benutzen die Standardisierungsvorschläge der ISO als Grundlage ihrer Containertechnik, auch wenn sich in diesen die besonderen Bedingungen des Seeverkehrs widerspiegeln.

Entwicklungstendenzen im Containerverkehr

Der Weltbestand an Containern mit einer Länge von 20 bis 40 Fuß (6058 bis 12 192 mm) wurde 1967 auf rund 85 000 Einheiten geschätzt. Davon entfallen

39 000 (46 %) auf Container von 20 Fuß Länge,
11 000 (13 %) auf Container von 40 Fuß Länge und
35 000 (41 %) auf nichtstandardisierte Container.

Container der Gattung 20 (20 Fuß) werden vor allem in Europa und Asien an Bedeutung gewinnen. Den Containern der Gattung 40 (40 Fuß) wird eine große Zukunft besonders im Nordatlantikverkehr vorausgesagt.
Der gegenwärtig gebräuchlichste Typ ist mit etwa 77 Prozent der geschlossene Container für stückiges Gut. Der Container mit öffnungsfähigem Dach hat einen Anteil von 10 Prozent, der Thermoscontainer von 7 Prozent, der Kühlcontainer von 4 Prozent, der Flüssigkeitscontainer von 1 Prozent sowie das Container-Flat ebenfalls von 1 Prozent.

Tabelle 4 Containerverkehr auf der Nordatlantikroute (geschätzt)

Jahr	containerfähige Gutmenge (Mill. t)	davon in Containern befördert (Mill. t)	(%)
1967	7,399	0,37	5
1970	8,565	1,713	20
1975	10,931	8,198	75

Die Stahl-Leichtmetall-Bauweise ist am häufigsten vertreten. Ihr folgen Konstruktionen aus Aluminium-Sperrholz und Ganzstahl.
Das Weltaufkommen an Stückgut betrug 1967 etwa 430 Millionen t. Hiervon wurden in Containern nach einer Schätzung rund 50 Millionen t befördert. Für die kommenden Jahre wird mit einem erheblichen Aufschwung gerechnet. Tabelle 4 gibt zum Beispiel die Voraussage für den Nordatlantikverkehr wieder.
Vorsichtigere Schätzungen beziffern den Anteil der 1975 in Containern transportierten Gutmenge im Nordatlantikverkehr allerdings nur auf 30 bis 40 Prozent.
Im Stückgutverkehr der Seeschiffahrt zeichnete sich schon seit Jahren der Übergang zum Containerverkehr ab. Das blieb nicht ohne Auswirkungen auf die Landverkehrsmittel. Sowohl die Kraftverkehrsunternehmen als auch die Eisenbahnen Westeuropas sehen im Containerverkehr neue Möglichkeiten, sich einen hohen Anteil am Gütertransport zu sichern. Daher rückt die Forderung nach einem umfassenden Containerverkehr innerhalb Europas immer mehr in den Vordergrund. Daher will man die Chance, die der Container zur Rationalisierung des Güterverkehrs bietet, nutzen; sie bietet sich in der Bildung von Containerzügen ohne rangierdienstliche Behandlung, der Einrichtung großer Containerzentren (Terminals) und der Bedienung der Verkehrsfläche durch Kraftfahrzeuge.
Damit erhebt sich ganz allgemein die Frage nach der Einführung neuartiger Transportsysteme im Güterverkehr und nach der Zweckmäßigkeit der bisherigen Vereinheitlichung der Transcontainer. Man trachtet danach, die Container den Bedingungen des Landtransports besser anzupassen, das heißt,

— den konstruktiven Aufwand zu verringern, zum Beispiel durch geringere Anforderungen an die Stapelbarkeit,
— den Regellichtraum der Eisenbahn sowie die Ladeflächen der Güterwagen besser auszunutzen,
— den Container-Laderaum durch die Poolpaletten mit einer Ladefläche von 800 × 1200 mm vorteilhafter auszunutzen.

13 Sattelfahrzeug für den Containertransport

14 Gütertransport in Containern

Die neuen Vorschläge erstrecken sich auf die Container der Gattungen 20 bis 40. Dabei wird besonders erwogen, den Container-Querschnitt (Schmalseite und Höhe) von 2438 auf etwa 2500 mm zu vergrößern. Gegenwärtig beschränkt nämlich die Straßenfahrzeugbegrenzungslinie in den meisten Ländern die Schmalseite des Containers und der Straßenfahrzeuge für den Regelverkehr auf 2500 mm. Für die fernere Zukunft wird sogar erwogen, die Schmalseite der Container bis auf 2700 mm zu erweitern, um den Wirkungsgrad der Containertechnik noch mehr zu erhöhen. Es ist offensichtlich, welche Problematik sich aus diesen Überlegungen ergibt. Sie zu lösen bedarf langjähriger Vorbereitung.

Entscheidend ist, daß bei der Untersuchung der Gegenwartsfragen solche weitreichenden Gesichtspunkte nicht außer acht gelassen werden. Wichtig ist ferner, daß die derzeitige Containertechnik, insbesondere die Fördermittel- und Umschlagstechnik, berücksichtigen muß, daß sich der Querschnitt der Container auf 2500 × 2500 mm vergrößern kann. So wurden beispielsweise von der Deutschen Bundesbahn schon entsprechende Container entwickelt.

In der DDR geht es in den Jahren bis 1970 darum, den wissenschaftlich-technischen Vorlauf für die Einführung eines Container-Transportsystems zu schaffen und seine allumfassende Erprobung abzuschließen. Es ist vorgesehen, bis 1970 in folgenden Verkehrsknoten entsprechende Kräne für den Containerumschlag einzusetzen: Dresden, Berlin, Rostock, Karl-Marx-Stadt, Leipzig (ab 1968); Magdeburg, Erfurt, Halle, Zwickau, Neubrandenburg, Sonneberg, Cottbus.

Darüber hinaus wurden 1968 erste Containerliniendienste der Seeverkehrswirtschaft ab Rostock eingeführt und wird 1969 der Anschluß der Containerzuglinien der DDR an das internationale Eisenbahnnetz hergestellt. Dazu werden bis Ende 1969 Container der Gattung 20 mit Stirnwandtüren, mit Seitenwandtüren, ferner Kühlcontainer und Container-Flats für eine Bruttomasse von 20 t sowie Container der Gattung 10 bereitgestellt. Die Entwicklung und Erprobung weiterer Containertypen wird vorbereitet. Insgesamt sollen im Jahr 1970 die Voraussetzungen für den Transport von 2 Millionen t Gütern geschaffen werden. Das ist die Basis für die weitere rasche Entwicklung des Containerverkehrs in der DDR.

Dipl.-Ing.-Ök. GÜNTHER KNOBLOCH

Über den Berufsverkehr bei der Deutschen Reichsbahn

Täglich benutzen Hunderttausende Werktätige auf dem Wege von und zu den Arbeitsstätten sowie für Fahrten, die der Erholung sowie dem Besuch von Sport-, Kultur- und anderen Veranstaltungen dienen, die öffentlichen Verkehrsmittel.
In der Entschließung des VIII. Parteitages der SED zum Bericht des ZK wird festgestellt, daß der Berufsverkehr verbessert werden muß. Der sichere und pünktliche Berufsverkehr ist deshalb als ein wirksamer Beitrag anzusehen, daß die vom VIII. Parteitag beschlossene Hauptaufgabe erfüllt wird. Er hilft das materielle und kulturelle Lebensniveau der Bevölkerung unserer Republik weiter zu steigern.
Seit dem Sommer 1971 haben Staats- und Wirtschaftsorgane, die Leiter von Betrieben und Kombinaten und vor allem die Verantwortlichen im Verkehrswesen große Anstrengungen unternommen, damit die vom VIII. Parteitag der SED gefaßten Beschlüsse auch zur Verbesserung des Berufsverkehrs in die Tat umgesetzt und somit die berechtigten Wünsche der Werktätigen nach einer hohen Qualität dieses Verkehrs erfüllt werden.
Auf Vorschlag des Mitgliedes des ZK der SED sowie Stellvertreters des Ministers und Leiters der Politischen Verwaltung der Deutschen Reichsbahn, Robert Menzel, erarbeitete das Ministerium für Verkehrswesen ein zentrales Programm zur Verbesserung des Reise- und Berufsverkehrs.
Unter Führung der SED-Grundorganisationen rief in allen Verkehrsbetrieben die Forderung der Partei, die Verbesserung des Berufs- und Reiseverkehrs, eine breite Masseninitative hervor, die in vielfältigen, schöpferischen Verpflichtungen für den sozialistischen Wettbewerb zum Ausdruck kam. Es wurde eine Vielzahl örtlicher Programme, welche die konkreten Bedingungen des Territoriums usw. berücksichtigen, erarbeitet.
Auch die Eisenbahnerinnen und Eisenbahner, getragen von dem Willen, an der Lösung der vom VIII. Parteitag der SED beschlossenen Hauptaufgabe intensiv mitzuwirken, erkannten ihre spezifische Verantwortung und unterbreiteten zahlreiche Vorschläge, in denen sich insbesondere auch ihre Berufsehre widerspiegelt. Die Leiter von Betrieben und Dienststellen der Deutschen Reichsbahn nehmen direkten Einfluß, daß mit den vorhandenen Kapazitäten, jedoch unter Ausnutzung verbesserter Beförderungs- und Abfertigungstechnologien, und in enger Kooperation der beteiligten Verkehrsträger mit den Betrieben der volkseigenen Industrie und der sozialistischen Landwirtschaft den Forderungen nach einem bedarfs- und qualitätsgerechten Berufsverkehr entsprochen wird.

Komplexes Zusammenwirken in Berufsverkehrsaktiven

Die Kompliziertheit und Vielschichtigkeit der Beförderungsaufgaben des Berufsverkehrs erfordern verständlicherweise eine sinnvolle Koordinierung der Aufgaben aller beteiligten gesellschaftlichen, staatlichen, wirtschaftlichen und kulturellen Institutionen. So wurde die Arbeit der unter der Leitung der örtlichen Staatsorgane stehenden Berufsverkehrsaktive, in denen die im jeweiligen Territorium befindlichen Verkehrsträger, gesellschaftlichen Organisationen – insbesondere des FDGB – sowie Betriebe vertreten sind, weiter aktiviert.
Diese Gremien haben in einer Vielzahl von Fällen die mannigfaltigen Belange der am Berufsverkehr Teilnehmenden mit den Möglichkeiten der Verkehrsträger in Übereinstimmung gebracht. Unter anderem entscheiden sie sachkundig auch darüber, welchem Verkehrsträger im Rahmen der volkswirtschaftlichen Arbeitsteilung wegen dessen spezifischer Vorteile der Berufsverkehr am zweckmäßigsten übertragen werden kann.
Darüber hinaus helfen diese Aktive beim Abbau täglich auftretender Verkehrsspitzen im Berufsverkehr und beraten in diesem Zusammenhang zum Beispiel die Probleme bei der Staffelung der Arbeitszeit.
Die Tätigkeit der Berufsverkehrsaktive bildet nicht zuletzt die Grundlage für eine optimale Gestaltung des Berufsverkehrs, der tatsächlich zur Erhöhung des Freizeitfonds der Werktätigen beitragen muß.
Diese Arbeit setzte sich auch in den Reiseverkehrsausschüssen zielstrebig fort. Sie beraten und entscheiden über
– die Gestaltung der Fahrpläne der am

Berufsverkehr beteiligten Verkehrsträger im Territorium,
- den volkswirtschaftlich vorteilhaftesten Einsatz der Beförderungskapazitäten,
- die Anschlüsse an den Nahtstellen zwischen den Verkehrsträgern sowie über sonstige Maßnahmen, die im Interesse der Werktätigen liegen.

Beispielsweise wurde mancherorts bereits der Berufsschnellverkehr ohne Unterwegshalte eingerichtet, um den Werktätigen kürzestmögliche Reisezeiten anzubieten, wie es unter anderem im Raum Bitterfeld/Wolfen, einem wesentlichen Zentrum unserer chemischen Industrie, der Fall war.

Trotz positiver Erfahrungen muß aber auch erwähnt werden, daß zum Beispiel auf den Großbaustellen unserer Republik der Qualität des Berufsverkehrs noch größere Aufmerksamkeit gebührt. Gemeinsam mit den Betrieben dieser Großbaustellen muß rechtzeitig vor Beginn der Bautätigkeit abgestimmt werden, wie sich die Transportprobleme am besten lösen lassen. Solche guten Erfahrungen, wie sie das Berufsverkehrsaktiv im Bezirk Cottbus gesammelt hat, müssen schneller verallgemeinert werden. In diesem Bezirk bildeten sich auf den Großbaustellen unter der Leitung des jeweiligen Generalauftragnehmers Berufsverkehrsaktive, in denen Vertreter der Bauausrüstungs- und Montagebetriebe zusammenwirken und an Ort und Stelle mit den Kraftverkehrsbetrieben und den Reichsbahndienststellen über die erforderlichen Verkehrsleistungen beraten und beschließen. Diese Arbeit hat sich so gut bewährt, daß zum Beispiel ein allseitig befriedigender Berufsverkehr für die Werktätigen auf der Großbaustelle des Kraftwerks Boxberg zustande kam. Diese Arbeitsweise ist auch deshalb von besonderer Bedeutung, weil sich gerade auf den Großbaustellen intervallartig die Anforderungen an den Berufsverkehr verändern. Darum haben die staatlichen Organe, Verkehrsträger, Betriebe und Berufsverkehrsaktive die Probleme des Berufsverkehrs auf den Großbaustellen entsprechend den Erfordernissen regelmäßig zu beraten. Dabei sollten auch auf Großbaustellen im Interesse einer Entflechtung von Verkehrsspitzen Arbeitszeitstaffelungen eingeführt werden.

In den Industriezentren, hauptsächlich der Bezirke Frankfurt/Oder, Dresden, Karl-Marx-Stadt, Magdeburg und Halle, erbrachten die Arbeitszeitstaffelungen eine höhere Qualität im Berufsverkehr. Solche Maßnahmen verlangen jedoch gründliche Aussprachen mit den Werktätigen in den Betrieben. Je sorgfältiger eine Arbeitszeitstaffelung vorbereitet wird, desto befriedigender ist das Resultat für alle Beteiligten, wie das Beispiel Karl-Marx-Stadt es zeigt.

In anderen Bezirken unserer Republik wurden auch zeitweilige Arbeitsgruppen gebildet, die gemeinsam mit Vertretern von Betrieben aller Wirtschaftszweige und Funktionären gesellschaftlicher Organisationen die Fragen der Arbeitszeitstaffelung erörtern und auf diese Weise den Berufsverkehr verbessern helfen. Entscheidend für weitere Fortschritte auf diesem Gebiet ist einerseits das vertrauensvolle Zusammenwirken zwischen Verkehrsträgern, örtlichen Staatsorganen und Betrieben, andererseits die weitestgehende Berücksichtigung der Vorschläge, Hinweise und Kritiken der Bevölkerung.

Bessere Abfertigungsmethoden im Berufsverkehr

Auch bei der Einführung rationeller Abfertigungsmethoden im Berufsverkehr stehen die Erleichterungen und Zeiteinsparungen für unsere Werktätigen im Vordergrund.

Ein treffendes Beispiel dafür ist die neue Abfertigungsart „Fahren auf Betriebsausweis". Bei dieser Methode übernimmt der Betrieb für den Werktätigen alle Aufgaben, die diesem sonst bei der persönlichen Vorbereitung der Berufsfahrten oblagen; das heißt, der Werktätige braucht

- keinen besonderen Antrag zu beschaffen, auszufüllen und regelmäßig zu erneuern,
- sich nicht mehr am Fahrkartenschalter anzustellen, um eine Arbeiterwochen- oder eine Monatskarte zu erwerben usw.

Bisher nehmen schon über 300 Betriebe mit mehr als 100 000 Beschäftigten dieses Verfahren in Anspruch. Es hat sich sehr gut bewährt und muß auf weitere Betriebe schneller ausgedehnt werden, da das ein-

geschlagene Tempo noch ungenügend ist. Andere verkehrsorganisatorische Maßnahmen ließen die Wartezeiten an den Fahrkartenschaltern ebenfalls merklich reduzieren oder sogar entfallen. Zu diesen Maßnahmen gehören zum Beispiel, daß

- in vielen Institutionen, Betrieben, Hoch- und Fachschulen usw. Fahrausweise selbst verkauft werden,
- Fahrausweise im voraus gekauft werden können,
- die Öffnungszeiten der Fahrkartenschalter besser an die Verkehrsbedürfnisse angepaßt wurden,
- die Tarifbestimmungen für den Arbeiterberufs- und Schülerverkehr vereinfacht wurden und gleichzeitig die Anzahl der Antragsformulare vermindert worden ist.

Solche und weitere Maßnahmen müssen in der nächsten Zeit verstärkt entwickelt werden, da sie die Wege- und Wartezeiten für den Erwerb der Fahrausweise wesentlich verkürzen können.

Des weiteren ist in der Perspektive der Einsatz weiterer technischer Rationalisierungsmittel in Form von Fahrkartenautomaten vorgesehen.

Steigerung der Beförderungsqualität

Eine hohe Beförderungsqualität, ebenfalls ein echtes Bedürfnis unserer Werktätigen, wird entscheidend von der Pünktlichkeit, dem Platzangebot und dem Reinigungszustand der Verkehrsmittel beeinflußt.

Pünktlichkeit

Seit dem VIII. Parteitag der SED konnte die Pünktlichkeit im Berufsverkehr ständig verbessert werden. Dazu trugen besonders bei

- die intensive politisch-ideologische Erziehungsarbeit unter Führung der SED-Grundorganisationen,
- das disziplinierte Arbeiten aller am Berufsverkehr Beteiligten sowie die Ergebnisse des sozialistischen Wettbewerbs unter der Losung „Kampf um die Minute",
- die straffe Führungs- und Leitungstätigkeit bei der Deutschen Reichsbahn,
- die Anwendung verbesserter, modernerer Technologien.

Etwa 10 Prozent der insgesamt täglich zu fahrenden Reisezüge werden als Schwerpunktberufszüge von den Dispatchern der Reichsbahnämter bis hin zur Hauptdispatcherleitung kontrolliert. Von den Schwerpunktberufszügen verkehrten im Tagesdurchschnitt pünktlich

    im Jahr 1970   72,5 Prozent,
    im Jahr 1972   87,2 Prozent und
    im Jahr 1973   91,2 Prozent.

Die S-Bahnen in Berlin, Leipzig und Halle hielten den Fahrplan in jenem Zeitraum im wesentlichen ein.

In bedeutenden Industriezentren wurden 12 Prozent der Schwerpunktberufszüge zu Vorrangzügen erklärt, das heißt, sie haben Vorrang vor schnellfahrenden Reisezügen. Das Leitungssystem für die operative Betriebsleitung der Deutschen Reichsbahn wurde so gestaltet, daß der Berufsverkehr in den Konferenz- und Lagegesprächen auf allen Ebenen täglich ausgewertet und überwacht wird. Hier werden in beharrlicher Kleinarbeit alle die Mängel behandelt, die gegenwärtig noch eine volle Pünktlichkeit des Berufsverkehrs zu beeinflussen vermögen.

1 Das Rückgrat des Berufsverkehrs in unserer Hauptstadt: die Berliner S-Bahn

2 Doppelstockzüge erhöhen die Qualität im Berufsverkehr

3 Vorbildliche Arbeitsbedingungen erleichtern (wie vielerorts bei der Deutschen Reichsbahn) die verantwortungsvolle Arbeit der Aufsicht auf dem S-Bahnhof Berlin-Alexanderplatz

4

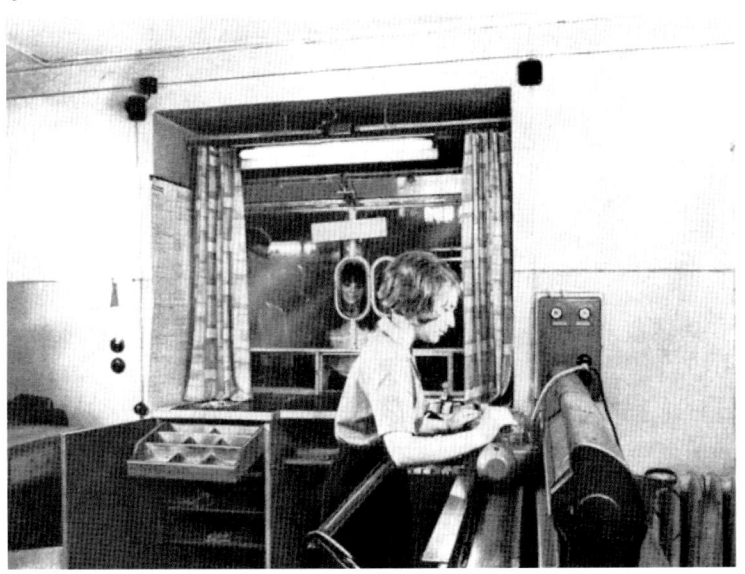

5

6

Wochenendberufsverkehr

Auch im Wochenendberufsverkehr auf Fernstrecken wurden Verbesserungen wirksam. Neue Verbindungen konnten eingerichtet werden auf den Strecken
Berlin – Leipzig,
Berlin – Pasewalk und
Erfurt – Leipzig.

Gleichzeitig muß jedoch hervorgehoben werden, daß die Deutsche Reichsbahn mit dem gegenwärtig zur Verfügung stehenden Reisezugwagenpark den Sitzplatzbedarf noch nicht voll befriedigen kann, so daß besonders am Wochenanfang und Wochenende in diesem Zusammenhang zeitweilige Qualitätsmängel in Erscheinung treten.

Deshalb besteht die Aufgabe besonders darin, die Technologien im Hinblick auf die Erfordernisse weiter zu verbessern, eine noch rationellere Ausnutzung der Grundmittel durchzusetzen, damit der Hauptweg zur Lösung der Hauptaufgabe, die Intensivierung durch sozialistische Rationalisierung, auch bei der Verbesserung des Reise- und Berufsverkehrs voll genutzt wird.

Reisezugwagenpark

Die Erneuerung und Modernisierung des Reisezugwagenparks werden in den nächsten Jahren kontinuierlich weitergeführt. Die Beschaffung bis 1980 besteht hauptsächlich aus Doppelstockgliederzügen, Doppelstockeinzelwagen und Wagen der Typen B und Y, die sowohl von volkseigenen Waggonbaubetrieben als auch von reichsbahneigenen Werkstätten hergestellt werden.

Sauberkeit in Reisezugwagen

Zur Qualität des Reise- und Berufsverkehrs gehört nicht zuletzt die äußere und innere Sauberkeit der Fahrzeuge. Die bisherigen Ergebnisse hierbei können noch nicht voll befriedigen. Darum sind zur wirksameren Erhöhung dieser Qualität
– sechs weitere Reinigungsknoten zu schaffen und mit modernen Ausrüstungen zu versorgen (zehn Reinigungsknoten konnten bereits in Betrieb genommen werden),
– neue Außenreinigungsanlagen in Betrieb zu nehmen,
– die vorhandenen Außenreinigungsanlagen besser zu nutzen,
– die Innenreinigung der Fahrzeuge zu intensivieren sowie
– schmutzabweisende und glanzbeständige Anstrichstoffe zu verwenden, so unter anderem Polyurethan-Lack.

Besserer Kundendienst und bessere Arbeitsbedingungen

Das eingangs erwähnte Programm des Ministeriums für Verkehrswesen weckte auch zahlreiche Aktivitäten zur Verbesserung und Erweiterung der Dienstleistungen für unsere Reisenden. Stellvertretend dafür stehen solche Beispiele, wie
– die schnelle und übersichtliche Information der Fahrgäste über Abfahrts- und Ankunftszeiten sowie eventuelle Unregelmäßigkeiten,
– die Aufbewahrung von Fahrrädern, Mopeds und Kleinstkrafträdern auf den Bahnhöfen der Deutschen Reichsbahn in Selbstbedienung.

Die Mitropa wird die gastronomische Betreuung der Reisenden auf den Bahnhöfen und in den Schnellzügen auch weiterhin wesentlich sortimentsgerechter gestalten.

Gleichlaufend mit den Bemühungen, die Qualität des Reise- und Berufsverkehrs zu steigern, sind Maßnahmen getroffen worden, die das Niveau der Arbeits- und Lebensbedingungen für die Beschäftigten der Deutschen Reichsbahn heben, die unmittelbar an der Abfertigung und Beförderung des Berufs- und Reiseverkehrs beteiligt sind.

Beispielsweise werden die im Schichtdienst tätigen Eisenbahnerinnen und Eisenbahner besser mit Speisen und Getränken versorgt, die nach den neuesten ernährungswissenschaftlichen Erkenntnissen zubereitet sind. Für die Fahrkartenverkäufer wurde ein besonderes Prämiensystem erarbeitet und eingeführt. Die Beschäftigten im Abfertigungsdienst erhielten handlichere und übersichtlichere Arbeitsunterlagen.

Das sind nur einige der hier interessierenden Maßnahmen, welche die am Reise- und Berufsverkehr unmittelbar beteiligten Beschäftigten der Deutschen Reichsbahn betreffen.

Darüber hinaus stellt die seit dem 1. Januar 1974 gültige neue Eisenbahner-Verordnung einen erneuten wesentlichen Initiativfaktor für die disziplinierte, sichere und qualitätsgerechte Erfüllung der an die Deutsche Reichsbahn gestellten Aufgaben dar.

Aufgaben der nächsten Zukunft

Die bisherigen Erkenntnisse, Erfahrungen sowie Ergebnisse unserer Arbeit, auch im Reise- und Berufsverkehr, bestätigen überzeugend, daß die zielstrebige Realisierung der vom VIII. Parteitag der SED gefaßten Beschlüsse den Interessen aller Schichten der Bevölkerung entspricht. Das geschieht nicht im Selbstlauf, sondern erfordert das persönliche Engagement eines jeden Leiters. Deshalb ist auf dem erreichten Fundament weiter aufzubauen und in der nächsten Zukunft
– die Zusammenarbeit der Verkehrsträger untereinander und mit den staatlichen und wirtschaftlichen Organen im jeweiligen Territorium zu vertiefen,
– der Verkehr in den Ballungsräumen zu entwickeln,
– das Tarifsystem im Nahverkehr umzugestalten,
– der Abfertigungsprozeß im gesamten Reiseverkehr noch mehr zu rationalisieren,
– die materiell-technische Basis für den Berufsverkehr schrittweise zu erweitern und der Reisekomfort anzuheben.

Gestützt auf die Initiative und die Schöpferkraft der Eisenbahnerinnen und Eisenbahner, ihrer Treue und Ergebenheit zu unserem sozialistischen Staat, können wir auch für den Reise- und Berufsverkehr sagen: „Was der VIII. Parteitag beschloß, wird sein!"

4 Hauptbahnhof Leipzig, ein Schwerpunkt des Berufsverkehrs in der Messestadt

5 Übersichtliche Arbeitsplatzgestaltung in einer Fahrkartenausgabe der Deutschen Reichsbahn

6 Die Auskunftsstelle im rekonstruierten Bahnhof Berlin-Schöneweide

Dipl. oec. ROBERT ECKELT

Vor einem Fahrplanwechsel

Wer viel mit der Eisenbahn reist, wer die Kursbücher der Deutschen Reichsbahn aufmerksam liest, der wird in den letzten Jahren bemerkenswerte Veränderungen festgestellt haben, die von den traditionellen Prinzipien der Fahrplangestaltung abweichen, den neuen Verkehrsbedürfnissen Rechnung tragen und manchen Vorteil für die Reisenden brachten.

Verkehrten früher schnellfahrende Reisezüge vornehmlich zwischen Verkehrsknoten, so werden sie heute in verschiedenen Fällen darüber hinaus bis an diejenigen Reiseziele im sogenannten Nachlauf herangeführt, zu denen ein starker durchgehender Reisestrom besteht. Dadurch gelangen vor allem die Urlaubsreisenden schneller und mit weniger Umsteigen zu ihren Erholungsorten. Beispielsweise fahren Schnellzüge von Berlin unmittelbar bis Annaberg-Buchholz und neuerdings auch von Dresden nach Sitzendorf im Thüringer Wald.

Auch die veränderte territoriale Struktur unserer Volkswirtschaft, die rasche Entwicklung neuer Industriegebiete kommen in den Kursbüchern zum Ausdruck. Die intensive Lagerstättenerkundung in der Altmark brachte es zum Beispiel mit sich, daß allwöchentlich viele Erdölarbeiter nach dort bzw. von dort nach Hause reisen. Darum wurde ein D-Zugpaar in diese früher sehr verkehrsarme Nordwestecke unserer Republik weitergeführt.

Wie erfahren nun die Fahrplanexperten der Deutschen Reichsbahn von den sehr unterschiedlichen Wünschen der Reisenden?

Der Reisende sieht als Ergebnis nur das Kursbuch, die Taschenfahrpläne und die Aushangpläne auf den Bahnhöfen. Viele weitere Unterlagen sind jedoch zu erarbeiten, ehe der neue Fahrplan in Kraft treten kann; umfangreiche Arbeiten, von denen der Laie kaum ahnt, wenn er sich dem vielgliedrigen Räderwerk der Eisenbahn anvertraut, „wenn er eine Reise tut".

Bedürfnisse der Verkehrskunden — Grundlage des Fahrplans

Die Fahr-Planung obliegt der „Abteilung Transportvorbereitung im Hauptstab für die operative Betriebsleitung der Deutschen Reichsbahn", deren Aufgaben sich zum Teil mit denen der ehemaligen Abteilung Reiseverkehr des Betriebs- und Verkehrsdienstes decken.

Ausgangsmaterial für die Arbeiten am Fahrplan sind – wie bei allen Planungsarbeiten – die Ergebnisse der Bedarfsforschung. Dazu werden u. a. im Personenverkehr alljährlich dreimal Verkehrszählungen veranstaltet, und zwar jeweils eine Woche lang zu schwachen Zeiten und zu Spitzenzeiten des Reiseverkehrs. Es handelt sich hierbei um Querschnittszählungen. Außerdem dienen als Grundlage zum Beispiel die Prognose der Verkehrsbedürfnisse, die systematische Erforschung der auf die Verkehrsbedürfnisse wirkenden Faktoren und vieles andere.

Zusätzlich finden von Fall zu Fall Reisestromermittlungen für einzelne Züge statt, um den Bedarf für neu einzulegende oder erheblich zu verändernde Zuglagen zu ergründen.

Außerdem geben rechtzeitig vor Beginn der Arbeiten am neuen Fahrplan die wichtigsten Verkehrspartner, wie Reisebüros des In- und Auslands, der FDGB-Feriendienst, die Organisation Jugendtourist, das Komitee für Touristik und Wandern, der Bergsteigerverband, der Deutsche Turn- und Sportbund, ihre Wünsche bekannt.

Hinzu kommt die Auswertung von Eingaben, die gerade im Fahrplanwesen von großer Bedeutung sind, weil sich trotz größter Sorgfalt bei dem verzweigten Streckennetz der Deutschen Reichsbahn nicht alle Auswirkungen oder Notwendigkeiten einer Veränderung erkennen lassen. Jeder Reisende sollte daher aus begründetem Anlaß seine Hinweise in die auf allen Bahnhöfen ausliegenden Bücher „Der Reisende hat das Wort" eintragen.

Parallel zu diesen Vorarbeiten finden in den Reichsbahndirektionen Beratungen mit den Räten der Bezirke und Kreise, mit Vertretern von Großbetrieben und gesellschaftlichen Organisationen statt, um deren Wünsche speziell zum Berufsverkehr zu erfahren. In Ballungszentren der Industrie hat der Berufsverkehr unbedingt Vorrang, und die Deutsche Reichsbahn ist bestrebt, sogar Züge des internationalen Verkehrs aus den Zeiten des Berufsverkehrs herauszuhalten.

Auf der Basis all dieser Unterlagen und anhand jahrelanger Erfahrungen erarbeitet die Abteilung Transportvorbereitung eine erste Grobkonzeption, in der für die wichtigsten

Relationen die Züge des internationalen Verkehrs sowie die schnellfahrenden Züge des Binnenverkehrs mit Zugnummer, Uhrzeit in „Etwa-Stunden", Abgangs- und Ankunftsbahnhof und dem erforderlichen Sitzplatzangebot sowie die Beistellung von Schlafwagen, Liegewagen, Speisewagen, Gepäckwagen oder sonstigen Sonderwagen angegeben sind. Diese Grobkonzeption bildet die Grundlage für die weitere Arbeit.

Fahrplankonferenzen liefern wichtigste Fahrplanunterlagen

Ausgerüstet mit der Grobkonzeption, treffen sich Mitarbeiter des Hauptstabes – das sind Angehörige der Abteilungen Transporttechnologie und Transportvorbereitung sowie Technologen des Reisezugwagen- und Triebfahrzeugeinsatzes –, der Mitropa und der Deutschen Post mit den entsprechenden Mitarbeitern der Reichsbahndirektionen alljährlich im April und im November zur sogenannten Konstruktionskonferenz. Diese Konferenz findet meist in einem Erholungsheim in Tabarz oder anderswo statt und dauert im allgemeinen drei Wochen.

Ein wichtiges „Ereignis" im Netzwerk zur Erarbeitung des Jahresfahrplans beginnt:
In der ersten Etappe, der „Vorkonstruktion", werden die Hauptverbindungen und schnellfahrenden Reisezüge sowie der Berufsverkehr in bestimmten Relationen zu einem groben Gerüst zusammengefügt, in dem auch die zu erwartenden bedeutenden Baumaßnahmen zu berücksichtigen sind.

In der zweiten Etappe, der „Hauptkonstruktion", entsteht das gesamte Reisezugnetz einschließlich des Nahverkehrs, das Netz der schnellfahrenden Güterzüge mit TEEM (Transeuropaexpreß-, auch Marschroutenzüge genannt), TDE (Transit-Durchgangsgüterzüge), Ce (Container-Expreßzüge), Post- und Expreßgüterzügen.

Nun erweist es sich als zweckmäßig, daß alle 40 bis 60 Konferenzteilnehmer in einem großen Raum vereint sind und somit ungehindert Hand in Hand arbeiten können. Noch während der Konferenz errechnen die Technologen für den Reisezugwageneinsatz aus der Anzahl und der Art der Wagen die Zugmassen und die Bremshundertstel, die wiederum für die Festlegung der erforderlichen Triebfahrzeuge und die weitere Arbeit der Fahrplankonstrukteure von Bedeutung sind, die danach ihre Konstruktionen präzisieren.

Aus dieser Präzisierung ergeben sich naturgemäß erneute Rückwirkungen auf Zugmasse, Auswahl der Triebfahrzeuge usw. in ständigem Wechselspiel. Es sind immerhin einige Dutzend Faktoren bei einer Fahrplankonstruktion zu beachten, von denen hier nur wenige aufgezählt werden sollen: zulässige Achszahl der Züge; Längen der Bahnsteige und der Gleise; ausgeschlossene Begegnungen von Zügen in Bahnhöfen; Wendemöglichkeiten für die Triebfahrzeuge; komplizierte Verbindungen zwischen den Bahnhöfen (wie in Berlin); Anlagen zur Behandlung von Triebfahrzeugen und Wagen. In jüngster Zeit kommen vor allem noch die vielen „Zwangspunkte" hinzu, die sich daraus ergeben, daß in Dresden, in Halle, in Leipzig, in Magdeburg und in Berlin die S-Bahn oder der Vorortverkehr die Fernbahngleise mitbenutzt.

Während die Bildfahrpläne mit ihren schwarzen (Reisezüge) und blauen (Güterzüge) Linien zunehmend Gestalt annehmen, schauen die Mitarbeiter der Maschinenwirtschaft und der Wagenwirtschaft den Fahrplankonstrukteuren bereits gespannt über die Schulter, um die Umlaufpläne für Triebfahrzeuge und Wagen konzipieren zu können. Die modernen Traktionsmittel, Diesellokomotiven und Elektrolokomotiven, sind zwar universell für Reisezüge und Güterzüge einsetzbar, die Frage eines geeigneten Zuges für die Rückfahrt ist also nicht so schwer zu beantworten. Es können aber dank den fast ununterbrochenen Einsatzzeiten dieser Triebfahrzeuge tagelange Triebfahrzeugumläufe vorgesehen werden, die über mehrere Reichsbahndirektionsgrenzen hinweg sehr sorgfältig aufeinander abgestimmt werden müssen.

Auch an den Wagenumläufen der internationalen Züge sind meist mehrere Wagenzüge beteiligt.

Selbstverständlich muß man dabei auch ökonomische Erwägungen anstellen; es lassen sich nämlich zum Beispiel Triebfahrzeugumläufe, die im Reisezugnetz zunächst noch ungünstig erscheinen, bei der Konstruktion des gesamten Güterzugnetzes durchaus verbessern. Das Ergebnis sind Zugbildungspläne für Reisezüge des internationalen Verkehrs, für schnellfahrende Reisezüge des Binnenverkehrs und übrige Reisezüge, woraus sich die Wagenreihung und die Gestaltung der Zugbegleiterpläne ableiten, sowie für schnellfahrende Güterzüge.

Ziel und Abschluß der Konstruktionskonferenzen sind die Fahrplanauszüge, die in hoher Auflage allen interessierten Stellen der Deutschen Reichsbahn, der Mitropa, der Deutschen Post und anderen großen Verkehrskunden zugeleitet werden.

Auf diese Fahrplankonferenz folgt die ebenfalls dreiwöchige Fahrplankonferenz für das übrige Güterzugnetz, die mit der Erarbeitung von Güterzugbildungsvorschriften endet. Hierbei ringen Vertreter der Triebfahrzeugwirtschaft und Fahrplankonstrukteure nochmals zäh um optimale Lokumlaufpläne; die Lokumlaufpläne werden für Reisezüge und Güterzüge gemeinsam erarbeitet und nur für die dampfbetriebenen Güterzuglokbaureihen getrennt aufgestellt.

Die auf den beiden Konferenzen festgelegten Fahrpläne werden nun vervielfältigt und in den sogenannten Strecken- und Ämterbesprechungen mit den Reichsbahnämtern und Bahnhöfen auf Realisierbarkeit geprüft. Dabei stellt sich beispielsweise heraus, ob der Bahnhof alle vorgesehenen Züge aufnehmen kann, ob die Zugbildungs- und Zugauflösungstechnologien den Anforderungen entsprechen, ob die Signal- und Sicherungseinrichtungen den geplanten Ablauf überhaupt gestatten.

Im Anschluß an diese Besprechungen findet die sogenannte Minutenabstimmung der Fahrplanunterlagen, insbesondere die Feinabstimmung an den Reichsbahndirektionsgrenzen, statt. Auch dabei ergeben sich noch zahlreiche Korrekturen.

Dann erst gehen auch die übrigen Fahrplanunterlagen, wie Buchfahrpläne, die endgültigen Bildfahrpläne usw., in Druck.

Bespannungsregeln im Anschluß an die Fahrplankonferenzen

Doch damit ist die Fahrplanarbeit noch nicht getan. Nun fängt sie für viele Mitarbeiter in den Reichsbahndirektionen und Bahnbetriebswerken eigentlich erst an.

Kurz vor und parallel zu den Ämterbesprechungen zeichnen die Loktechnologen der Reichsbahndirektionen die schon erwähnten Bildfahrpläne in eine für sie geeignete Form um. Diese Technologen sind jeweils für eine Strecke ihres Bezirks verantwortlich, für die sie die Bespannungspläne, früher Kupplungsblatt genannt, erarbeiten. Diese Pläne müssen die Vorstellungen der Nachbardirektion berücksichtigen, denn viele Züge – und damit im allgemeinen auch die Triebfahrzeuge – fahren ja über die Direktionsgrenzen hinaus. Deshalb ist noch eine weitere Konferenz erforderlich, die als überbezirkliche Bespannungsregelung bezeichnet wird. Hier erst wird endgültig fixiert, welche Reichsbahndirektion und welches Bahnbetriebswerk welchen Zug fährt, wo die Triebfahrzeuge wenden. An dieser Aufgabe haben nochmals acht Personen, je eine von jeder Reichsbahndirektion, längere Zeit zu tun.

Und da keine Lokomotive ohne Personal fährt, muß in der Bespannungsregelung auch schon der Personaleinsatz grob geplant werden.

An die überbezirkliche Bespannungsregelung schließen die innerbezirklichen Bespannungsregelungen an, in denen die Loktechnologen die Leistungen den Bahnbetriebswerken bekanntgeben. Auch dabei geht es häufig nicht ohne harte Auseinandersetzungen ab, weil der Betriebsegoismus überwunden werden muß; manches Bahnbetriebswerk ist nämlich bestrebt, nur für sein Personal zeitlich günstige Einsatzbedingungen zu schaffen, und denkt dabei nicht an die Gesamtaufgabe der Deutschen Reichsbahn.

Sind alle Fragen oder Unstimmigkeiten geklärt, werden die endgültigen Lokumläufe festgelegt. Danach können die Dienstpläne für das Personal der Triebfahrzeuge erarbeitet werden. Wenn auch bei der sogenannten erweiterten Festbesetzung (Komplexbesetzung) der Triebfahrzeugumlauf und der Personalumlauf nicht mehr unbedingt übereinstimmen müssen, so sind doch noch mancherlei begrenzende Faktoren zu beachten, so zum Beispiel die höchstzulässige Dienstdauer für das Lokpersonal; die nötigen ununterbrochenen Ruhepausen; die nächtliche S-Bahn-Betriebsruhe in Berlin, so daß kein Dienst zwischen 1 und 4 Uhr enden oder beginnen darf, und anderes mehr.

Den Abschluß dieser Arbeiten bildet die Bekanntgabe der Dienstausteiler, damit jede Triebfahrzeugbesatzung schon auf mehrere Monate im voraus ihren Dienstplan kennt. Die Mitglieder der Lokbrigaden erwarten die Dienstausteiler mit größerer Spannung als die Reisenden die Kursbücher. Hängt doch davon zum Beispiel die Freizeit an Feiertagen, wie Weihnachten oder Neujahr, ab.

Bewährung der Fahrplankonstruktionen in der Praxis

Damit ist die Arbeit am neuen Fahrplan im wesentlichen beendet – und beginnt doch gleich wieder am nächsten Fahrplan. Denn schon bald nach Fahrplanwechsel zeigen sich die „neuralgischen Punkte", die auch bei größter Sorgfalt nicht vorherzusehen waren. Sie müssen schleunigst „kuriert" werden. Die Erkenntnisse aus dem Anlauf des neuen Fahrplans werden unverzüglich für die nächsten Fahrplankonstruktionen verwertet, die zu diesem Zeitpunkt ja bereits in einem fortgeschrittenen Stadium der Erarbeitung sind.

Läuft der Plan, dann beginnen die Planänderungen, die sich aus Veränderungen in der Kohleabfuhr, aus plötzlichen Exporten und Importen, aus ungewöhnlich starkem Transitverkehr, aus nicht vorhersehbaren Bauarbeiten und dergleichen erwachsen.

Eine Reihe von Problemen werfen die Sonderzüge auf. Sofern solche Sonderleistungen rechtzeitig bekannt sind, werden sie schon als sogenannte SR-(Sonderreise-)Lagen von vornherein im Fahrplan berücksichtigt; das betrifft beispielsweise die Sonderzüge zu den Leipziger Messen. Auch für die Kinderferienaktionen werden bestimmte Stammlagen im Fahrplan vorgesehen. Zu solch großen internationalen und nationalen Ereignissen, wie Weltfestspiele, Pioniertreffen, Turn- und Sportfest, werden jedoch eigene Fahrplanbesprechungen für Sonderverkehr abgehalten, und naturgemäß ergeben sich daraus manche Veränderungen für die Regelbespannung der planmäßigen Züge.

Selbstverständlich sind die Mitarbeiter der Abteilungen Transportvorbereitung und Transporttechnologie auch sehr daran interessiert, daß der Fahrplan, den sie so mühsam geschaffen haben, auch präzis eingehalten wird. Deshalb sind sie, wann immer es ihre Zeit erlaubt, als Fahrgäste in Reisezügen unterwegs, um zu ergründen, wie sich ihre „Konstruktionen" in der Praxis bewähren, um Hinweise an die Hauptdispatcherleitung zu geben und um unmittelbar von den Reisenden deren Meinungen und Hinweise in bezug auf die Fahrplangestaltung zu erfahren. Das Ziel einer jeglichen Arbeit im Fahrplanwesen sind zufriedengestellte Verkehrskunden.

Namen tragende Züge

vorgestellt von JOCHEN CERASUM

Der Leser möge nicht überrascht sein, daß diese Abhandlung mit der Schiffstaufe beginnt. Aber wer mehr über Namen tragende Züge wissen will, muß erfahren, daß ein solcher Brauch bei den Eisenbahnen noch nicht einmal 100 Jahre alt ist.

Seit langen, langen Zeiten ist es allerdings bei den Seefahrt treibenden Völkern aller Kontinente üblich, den Schiffen einen Namen zu geben. So werden auch heute noch beim Stapellauf die Schiffe „getauft", wobei traditionsgemäß die Flasche Sekt die Rolle des Taufwassers übernimmt.

Mit Geburt der Eisenbahnen ging die Sitte der Namensgebung auch auf die schnaubenden Dampfrösser über. Bereits die erste Schienenlokomotive, 1804 von Trevithick gebaut, trug einen Namen: „Invicta".

Die älteste erhalten gebliebene Dampflok, 1813 von Hedley erbaut, heißt „Puffing Billy" und ist im Originalzustand im Londoner South Kensington Museum zu sehen.

Stephensons erste Lokomotive unternahm am 25. Juli 1814 unter dem Namen „Mylord" ihre erste Fahrt, und bei der berühmten Lokomotivwettfahrt am 6. Oktober 1829 bei Rainhill ging von den fünf Schwestern, der „Sanspareil", der „Novelty", der „Perseverance", der „Zyklopenfuß" und der „Rocket" Stephensons, letztere als Sieger hervor.

Am 7. Dezember 1835 schließlich war es der „Adler" vorbehalten, erstmalig in Deutschland einen Eisenbahnzug auf der Strecke Nürnberg—Fürth zu befördern.

Es dauerte aber gar nicht lange, daß man sich in dem Namensregister der sprunghaft zunehmenden Lokomotiven nicht mehr zurechtgefunden hätte, denn oftmals erhielten bei den verschiedenen Eisenbahnen in den Ländern mehrere Lokomotiven den gleichen Namen. So kam man von der Namensgebung bei Lokomotiven wieder ab.

Indes ist es bei den Eisenbahnen in den letzten Jahrzehnten des vergangenen Jahrhunderts Sitte geworden, bestimmten Zügen Namen zu verleihen, und zwar Eisenbahnzügen, die im transeuropäischen Schnellzugverkehr über Ländergrenzen hinweg fuhren. So schuf die 1876 vom Belgier Georg Nagelmacker gegründete ISG (heute ISTG) ein Netz komfortabler Expreßzüge, und am 5. Juni 1883 ging erstmals der „Orient-Expreß" auf die Reise. Er verkehrte von Paris über Wien und Bukarest nach Giurgiu. Nun kann man sich vorstellen, daß es bei einer solchen langen Reise mehrere Tage dauerte, bis die Zuggarnitur zurückkam. Laut Fahrplan fuhr der Zug aber täglich in Paris ab, so daß mindestens zwei oder sogar drei Züge den gleichen Namen trugen, vielleicht sogar mit Lokomotiven verschiedener Baureihen. Daher rührt der Brauch, nicht dem Zug, sondern vielmehr dem Kurs, dem Zuglauf den Namen zu geben.

Seit dem „Orient-Expreß" wurden Jahr für Jahr neue Zugläufe mit Namen versehen, und das englische Kursbuch „Cooks Continental Timetable" von 1968 nennt über 240 Züge mit klangvollen Namen.

Da verkehrt der „Aurora" auf dem 648 km langen Kurs zwischen Moskau und Leningrad, der „Balt-Orient-Expreß" auf der 1895 km langen Strecke Berlin—Bukarest, der „Drushba" auf der 2725 km langen Linie Moskau—Jerewan; der „Edelweiß" verbindet Amsterdam und Zürich, der „Capitole" Paris und Toulouse und dergleichen mehr.

Meist stehen die Namen der Züge in einem gewissen Zusammenhang mit der befahrenen Strecke. Beispielsweise wird das Land oder die Stadt angegeben, in der der Zug beginnt oder endet (zum Beispiel „Berolina" Berlin—Warschau, „Rom-Expreß" Paris—Rom), oft wird der Name der durchfahrenen Gegend gewählt (zum Beispiel „Balkan" Wien—Zagreb, „Rheingold" Hoek/Amsterdam—Genf), oder besondere Charakteristiken der Landschaft dienen als Vorbild (zum Beispiel „Le Mistral" Paris—Nizza, abgeleitet von dem kalten Frühlingssturm im Rhônetal). Mitunter haben auch im Volksmund gebräuchliche Bezeichnungen für bestimmte Expreßzüge zu offiziellen Namen geführt, wie das zum Beispiel bei dem „Calais-Méditerranie-Expreß" der Fall war, einem 1889 amtlich so benannten Luxuszug an die Côte d'Azur. Als nämlich dieser Zug 1922 ausschließlich aus blauen Schlafwagen gebildet wurde, hieß er im Volksmund „Train Bleu", wie er dann 1949 offiziell umbenannt wurde.

Auch bei der Deutschen Reichsbahn bzw. über ihr Streckennetz verkehren etliche Namen tragende Züge, die hier näher beschrieben werden sollen.

Mit am bekanntesten ist der „Vindobona" von Berlin-Ostbahnhof über Prag nach Wien-Franz-Joseph-Bahnhof. Die Schnelltriebwagenverbindung wurde am 13. Januar 1957 auf Anregung der Deutschen Reichsbahn eingeführt, der Name ist die lateinische Bezeichnung der österreichischen Metropole. In diesem Kurs fuhren sowohl Triebwagenzüge der Baureihe VT 12.14 (BA Ganz) — jetzt BR 181 — als auch der SVT 137 (BA Köln) — jetzt BR 182 —; seit 1963 ist es der SVT 18.16 (BA Görlitz) — jetzt BR 175 —. Ohne Aufenthaltszeiten auf den Grenzbahnhöfen gerechnet, beträgt die Fahrzeit auf der rund 735 km langen Strecke etwa neun Stunden, das entspricht einer durchschnittlichen Fahrgeschwindigkeit von 83 km/h.

Eine Ergänzung zu dieser Tagesverbindung ist der „Sanssouci", der seit 1965 zwischen den Hauptstädten Österreichs und der DDR als Nachtexpreß verkehrt, beide Zugpaare treffen sich jeweils in Prag.

Der „Neptun", 1960 eingerichtet, stellt eine schnelle Tagesverbindung zwischen Berlin und Kopenhagen über die Fährroute Warnemünde—Gedser her. Hier waren anfangs auch die Baureihen SVT 137 (BA Köln und BA Leipzig) eingesetzt, bis sie von den neuen Schnelltriebzügen SVT 18.16 (BA Görlitz) abgelöst worden sind.

Auf der 474 km langen Verbindung fährt außer dem Triebzug der Deutschen Reichsbahn eine weitere Garnitur, die die Dänischen Staatsbahnen stellen. Der „Ostsee-Expreß", 1957 als Nachtschnellzug zwischen Kopenhagen und Berlin eingerichtet, bietet wegen seiner zeitlichen Lage einen günstigen Anschluß von Wien und damit die kürzeste Fahrzeit von Italien, Österreich, Ungarn nach Skandinavien. Seit 1962 führt der

1 „Karlex" Berlin Ostbf—Leipzig Hbf—Karlovy Vary auf dem Grünauer Kreuz

Expreß auch einen Kurswagen im Lauf Moskau—Berlin—Kopenhagen mit.

In Berlin-Ostbahnhof beginnt ferner der 1968 eingerichtete „Berlinaren" nach Malmö über die Fährroute Saßnitz—Trelleborg.

Als „Hungaria" verkehrt ein Schnelltriebzug der ČSD zwischen Berlin-Ostbahnhof und Budapest über Prag und Bratislava; sein Name wurde vom Zielland abgeleitet.

Auf der gleichen Strecke gibt es seit dem Sommer 1965 den „Metropol", der bis Prag die stattliche Anzahl von elf Wagen führt, davon zwei Schlafwagen im Kurs Berlin—Budapest. Die Zuggarnitur besteht aus Wagen der Deutschen Reichsbahn, der Tschechoslowakischen Staatsbahn und der Ungarischen Staatsbahn. Die Fahrstrecke von Berlin-Ostbahnhof nach Budapest-Nyugati hat laut internationalem Kursbuch eine Länge von 1000 km.

Ebenfalls in die Balkanländer fährt der bereits erwähnte „Balt-Orient-Expreß" zwischen Berlin-Ostbahnhof und Bukarest-Nord; seine Fahrstrecke ist 1895 km lang.

Einen Schwesterzug richtete 1957 die Ungarische Staatsbahn (MAV) ein; er heißt ab 1958 „Pannonia-Expreß", abgeleitet vom lateinischen Namen der Landschaft, die heute zu Ungarn gehört. Der Zug befährt die Strecke Berlin-Ostbahnhof—Sofia über eine Entfernung von 1772 km.

Beide Züge sind mit westeuropäischen Balkanverbindungen zeitlich verknotet, unter anderem mit dem „Simplon-Orient-Expreß" und dem „Arlberg-Orient-Expreß".

Von Leipzig-Hauptbahnhof geht der „Saxonia" aus über Prag und Budapest nach Keszthely; sein Name stammt ebenfalls aus dem Lateinischen.

In Karl-Marx-Stadt beginnt der „Favorit", er endet nach einer Fahrt über 959 km in Budapest.

In Ost-West-Richtung gibt es seit Mai 1959 den ebenfalls bereits genannten „Berolina", der die DDR-Hauptstadt in etwa sieben Stunden mit der polnischen Hauptstadt verbindet.

Ein anderer bekannter Zug in dieser Richtung ist der „Moskwa-Expreß" Berlin—Warschau—Brest—Moskau mit einem Zweig nach Kiew. Von den 12 Wagen sind 8 Schlafwagen, die die 1886 km lange Entfernung zwischen Berlin und Moskau in rund 33 Stunden Fahrzeit zurücklegen.

Ganz international ist der Wagenpark im

2

„Ost-West-Expreß", dessen Lauf über 1302 km von der polnischen Hauptstadt nach Hoek van Holland führt. Er hat nämlich einen Kurswagen aus Moskau, fünf Wagen der Deutschen Reichsbahn und drei Wagen der Polnischen Staatsbahn (PKP).

In Nord-Süd-Richtung berührt der „Saßnitz-Expreß" auf seiner 1743 km langen Fahrt von Stockholm nach München die Strecken der Deutschen Reichsbahn. Er existiert bereits seit 1956 als Triebwagenzug, wurde aber 1958 in einen lokbespannten Zug mit zahlreichen Kurswagen umgewandelt. In Berlin-Ostbahnhof wird der aus München kommende Zug, bestehend aus 6 Kurswagen München—Berlin, 2 Kurswagen München—Malmö und 3 Kurswagen Stuttgart—Berlin, zur Fahrt nach Skandinavien zusammengestellt in folgender Reihenfolge: 2 Kurswagen Berlin—Saßnitz/Hafen, 1 Kurswagen Moskau—Berlin—Oslo, 1 Kurswagen Moskau—Berlin—Stockholm, 1 Kurswagen Berlin—Stockholm, 3 Kurswagen (davon 2 als Schlafwagen) Berlin—Malmö und 2 Kurswagen München—Malmö.

Als letzter Namen tragender Zug der Deutschen Reichsbahn im internationalen Verkehr sei noch der „Karlex" zu nennen, der seit Mai 1959 von Berlin-Ostbahnhof über Leipzig nach Karlovy Vary fährt. Bis 1969 war er ein lokbespannter Zug; seitdem ist auf dieser Route der Schnelltriebzug der Görlitzer Bauart (BR 175) eingesetzt, der die Fahrzeit erheblich verkürzte, denn er kann auf der Strecke Berlin—Leipzig zum Beispiel mit 120 km/h und mehr fahren.

Zusammenfassend läßt sich sagen, daß die Namen tragenden Schnellverbindungen der Deutschen Reichsbahn im internationalen Reiseverkehr Zeugnis ablegen von einem hohen Reisekomfort, von idealen und kurzen Reisestrecken und nicht zuletzt von der Leistungsfähigkeit der Schienenfahrzeugindustrie der Deutschen Demokratischen Republik.

2 „Neptun-Expreß" Berlin Ostbf–Warnemünde–Gedser–Kopenhagen als Schnelltriebwagen der BR 175 der DR auf der Fernsteuerstrecke Waren–Rostock mit 120 km/h

3 Trans-Europ-Express „Ligure" der Italienischen Staatsbahn (FS)

4 »Pannonia-Expreß« (Berlin Ostbf–Sofia über 1 772 km) beim Passieren der Elbebrücke in Dresden

Dipl. oec. Robert Eckelt

Mit Klanghammer und Handlampe

Aus der Arbeit der Wagenmeister

Von einer Ausgangsuntersuchung auf einem Rangierbahnhof

Nacht liegt über der Wuhlheide von Berlin. Schnee fegt über die Weichenstraßen des Rangierbahnhofs. Frost läßt die Wege zwischen den Gleisen schnell vereisen.
Im warmen Dienstraum des Rangierbahnhofs im Ostteil unserer Hauptstadt rüsten sich zwei Wagenmeister zur Nachtschicht. Sie füllen ihre Karbidlampen auf, die bald gegen elektrische Lampen ausgetauscht werden, und verstauen die notwendigen Utensilien in den weiten Taschen ihrer Mäntel: Dichtungsringe für die Verbindungsköpfe der Bremskupplungen; Kreide; ein Fläschchen Leim und ein gutes Dutzend verschiedener Klebezettel, deren Verwendungszweck wir noch kennenlernen werden.
17 Güterzüge stehen für diese Schicht auf dem Programm des Bahnhofs, das neben Zugnummer, Last, Triebfahrzeug, Mindestbremshundertstel und Richtung auch die Höchstgeschwindigkeit der Züge ausweist. Es warten hier Züge nach Pasewalk, Stendal, Güstrow und Rostock, zu den Grenzbahnhöfen Frankfurt/Oder und Kietz sowie nach Malaszewicze und Brest. Da kündet ein Anruf vom Fahrdienstleiter, daß der 51 171 mit 80 Achsen auf einem der sechs Gleise der Ausfahrgruppe zur wagen- und bremstechnischen Behandlung bereitsteht – pünktlich eine Stunde vor Abfahrt laut Stellplan. Zugleich wurde mit dem Stellwerksmeister abgestimmt und im Gleissicherungsbuch vermerkt, daß in dieser Zeit auf diesem Gleis jegliche Bewegung verboten ist.
Die Wagenmeister begeben sich sofort an den Zug, damit die planmäßige Abfahrt gesichert ist; denn 0,8 min/Achse sind als Richtwert nach den Untersuchungs- und Schmierplänen für die Ausgangsuntersuchung vorgesehen. Bei einer geringen Anzahl von Unregelmäßigkeiten schaffen es erfahrene Praktiker ab und an in etwas kürzerer Zeit. Und die beiden Wagenmeister, die wir bei der Ausgangsuntersuchung begleiten, sind fürwahr „alte Hasen".

1 Handsignal für die Bremsprobe
2 Abklopfen mit dem Klanghammer

Rb-Obersekretär Karl-Heinz Wolff und Rb-Obersekretär Heinz Arendt sind jeder seit über 26 Jahren bei der Deutschen Reichsbahn. Sie haben seinerzeit 3$\frac{1}{2}$ Jahre in einem Reichsbahnausbesserungswerk gelernt und danach in mehreren Ausbesserungswerken gearbeitet, ehe sie als Hilfswagenmeister in die Praxis eines Rangierbahnhofs kamen. Nach einem Lehrgang legten sie dann die Wagenmeisterprüfung ab. Heutzutage ist der Weg bis zur Wagenmeisterprüfung kürzer. Nach dem Abschluß der 10. Klasse einer Polytechnischen Oberschule und zwei Jahren Lehrzeit in einem zweigspezifischen Beruf und sechs Monaten Praxis schließt eine 7$\frac{1}{2}$ Monate dauernde Spezialausbildung an, darunter drei Monate in einem theoretischen Lehrgang an einer Betriebsschule.

Als erste Arbeit am Zug öffnet einer der beiden Wagenmeister am Schlußwagen des Zuges das Luftabsperrventil und prüft 5 s lang, ob der Druck in der Hauptluftleitung auch am letzten Wagen noch ordnungsgemäß hoch ist. Dann gehen beide Wagenmeister stets auf gleicher Höhe zu beiden Seiten des Zuges entlang. Mängelzettel, die nur für den Bahnhof bestimmt sind, brauchen nur auf einer Seite des Wagens angebracht zu werden; alle übrigen die Bestimmung des Wagens betreffenden Zettel sind in den Zettelhaltern auf beiden Seiten des Fahrzeugs anzubringen.

Sorgfältig achten die beiden Männer auf Räder, Achsen, Puffer, Bremsen, Kupplungen, Trittbretter, Türen, Frachtzettel – und Ladung. Zum Beispiel klopfen sie mit dem langstieligen Klanghammer an die Räder; gesprungene Radreifen würden sie am unreinen Klang und an Rostaustrittsstellen erkennen. Sie prüfen die Puffer und Bolzen auf festen Sitz. Hier ist ein Türriegel aufgesprungen, dort haben sich die Befestigungsklötze an den Rädern eines verladenen Traktors gelockert. Stehen die Bremskolben genügend weit aus dem Bremszylinder? Wurde ordentlich geschmiert, geölt und gekuppelt? Hat ein Wagen etwa den angeschriebenen Termin für die nächste Fristuntersuchung überschritten?

Mühsam nur sind die Schadstellen und Aufschriften unter der dicken Schneekruste zu erkennen. Aber auch Wagenmeister entwickeln so etwas wie einen sechsten Sinn, sie „ahnen" lose Schrauben, „riechen" gelockerte Puffer und bemerken sofort gebrochene oder lose Achshalter.

Jede Unregelmäßigkeit wird sorgfältig in ein Notizbuch eingetragen, sogleich an Ort und Stelle behoben oder durch Zettel am Wagen kenntlich gemacht. Schadhafte Wagen sind den Mitarbeitern des Betriebs- und Verkehrsdienstes zu melden, wenn sie ausrangiert und einer Instandsetzung zugeführt werden müssen.

Mit „Regulierungszettel" versehene Wagen werden auf das Reguliergleis gestellt, damit noch im Bahnhofsbereich kleinere Schäden behoben, verrutschte Ladungen zurechtgerückt oder festgeklemmte Türen in Ordnung gebracht werden können. „Rotzettel" kennzeichnen den schadhaften Wagen, der zur Schnellausbesserung in das nächste Bahnbetriebswagenwerk gefahren werden muß. „Rotpunktzettel" besagen, daß der Wagen zwar schadhaft, aber noch verwendbar ist. Ein Zettel mit einem großen roten „V" erfordert eine betriebliche Sonderbehandlung des Wagens als Schlußläufer, als Fahrzeug mit einer bestimmten Höchstgeschwindigkeit, als „nicht abstoßen" oder „nicht ablaufen lassen". Es gibt aber noch andere Klebezettel, deren Inhalt hier nicht näher beschrieben werden soll.

Jede Zettelart verlangt verantwortungsbewußte Entscheidungen, denn jeder Wagen, der unterwegs ausgesetzt werden muß, verursacht Arbeit, kostet Zeit und führt meist auch zu Verspätungen, die im grenzüberschreitenden Verkehr sogar Verluste an Devisen bringen.

Für knifflige Fälle stehen den Wagenmeistern auch noch eine Spurkranzlehre und ein Manometer zum Prüfen des Enddrucks in der Hauptluftleitung zur Verfügung.

Die Zuglokomotive ist zwar noch nicht gekuppelt, aber die Bremsprobe kann dennoch mit Hilfe einer stationären automatischen Bremsprüfanlage, die entlang den Ausfahrgleisen bedient werden kann, vorgenommen werden. Einer der beiden Wagenmeister bedient vorn die Anlage, der andere geht zum Schluß des Zuges und achtet beim Entlanggehen am Zug darauf, daß alle Bremsen ordnungsgemäß anlegen und lösen, und bestätigt mit Lichtsignalen (wie sie mancher Reisende auf großen Bahnhöfen schon beobachtet haben mag): Bremsen in Ordnung!

Über Sprechfunk wird dem Fahrdienstleiter das Ende und das Ergebnis der wagen- und bremstechnischen Untersuchung mitgeteilt. Dieser veranlaßt unverzüglich etwa notwendig gewordene Rangierarbeiten. Sechs Wagen müssen in dem zur Ausfahrt bereitgestellten 51 171 ausgesetzt werden. Ja, der Frost macht den Stahl spröde; dies ist einer der Gründe, warum im Winter häufiger Schäden entstehen als im Sommer und es infolgedessen eher zu Verspätungen kommt. „Aber sei es noch so eilig, niemand darf uns drängen; selbst nicht der Fahrdienstleiter, der uns lediglich die Reihenfolge der zu behandelnden Züge zuweisen kann. Sicherheit und Gründlichkeit gehen vor Pünktlichkeit", meint einer der mich begleitenden Wagenmeister. „Denn jeder Schaden, der unterwegs eine Zuglaufstörung verursacht und bei der Ausgangsuntersuchung hätte erkannt werden können, wird natürlich uns angelastet. Auch wäre es blamabel für unsere Deutsche Reichsbahn, wenn Schadwagen bei den gemeinsamen Übergabekontrollen auf den Grenzbahnhöfen von den Nachbar-Bahnverwaltungen beanstandet werden müßten. Schließlich stehen auch wir Wagenmeister im Wettbewerb, zum Beispiel um die Senkung der Zahl von Bahnbetriebsunfällen und Betriebsgefährdungen, um den störungsfreien Ablauf des Zugverkehrs."

Schnee hat die Notizbücher durchnäßt, Kälte die Finger klamm werden lassen. Eine kurze Pause zum Aufwärmen tut not. Es ist schon ein harter Dienst. Und Nachwuchs an Wagenmeistern fehlt. Das zwingt zu mancher Überstunde, zu manchem Dienst an einem sonst arbeitsfreien Tag. Doch was bewog die beiden über 50 Jahre alten Wagenmeister, diesen Beruf zu ergreifen und ihm über ein Vierteljahrhundert treu zu bleiben? Die Antwort kommt im Gleichklang: „Man arbeitet im wahrsten Sinne des Wortes an Brenn-

3 Wagenmeister bei der Aufnahme der Wagenbeschriftungen

4 bis 6 Einige Beispiele für Wagenbeschriftungen

punkten des Verkehrs. Lokbesatzungen kommen von draußen und erzählen. Man kennt sich. Wagenmeister zu sein ist eine selbständige, verantwortungsvolle und interessante Tätigkeit. Neue Wagentypen, auch ausländischer Bahnverwaltungen tauchen bei uns auf; man muß sich mit ihrer Technik, ihren Stärken und Schwächen schnell vertraut machen. Und bei Rangierunfällen, die da und dort vorkommen können, müssen wir schnell zur Stelle sein, müssen entscheiden, ob die Wagen nach dem Aufgleisen ohne Bedenken wieder in Bewegung gesetzt werden dürfen."

Tätigkeiten auf einem Abstellbahnhof

Moderne Technik ist es auch, die uns Wochen später auf dem Betriebsbahnhof Berlin-Rummelsburg umgibt. Hier werden vor allem diejenigen internationalen und nationalen Reisezüge abgestellt, wagentechnisch behandelt und gereinigt sowie neu zusammengestellt, die in der Hauptstadt der DDR planmäßig beginnen oder enden. Das sind beispielsweise der „Moskwa-Expreß" nach Warschau und Moskau, der „Spree-Alpen-Expreß" nach Villach bzw. Innsbruck, der „Pannonia-Expreß" nach Belgrad und Sofia, der Auto-Reisezug nach München. Dazu kommen die Sonderzüge für die Leipziger Messen, für das Reisebüro und dergleichen, um nur einige Beispiele zu nennen. Immerhin sind in Berlin-Rummelsburg täglich 40 bis 50 Züge zu behandeln. „Moskwa" und „Paris", „Stockholm" und „Beograd", „Leipzig" und „Bad Brambach" usw. stehen auf den Wagenumlaufschildern. An Reisezugwagen sind es vor allem die Beschriftungen nach dem RIC sowie die modernen Beheizungs-, Belüftungs- und Beleuchtungssysteme, die immer komplizierter werden und von den Wagenmeistern ein ständiges Dazulernen erfordern.

Außerdem werden neue Wagentypen aus der einheimischen Schienenfahrzeugindustrie meist zuerst in Rummelsburg stationiert und getestet, ehe sie auch anderen Heimatbahnhöfen zugewiesen werden. Da genügt es nicht, in den jährlichen Prüfungen nachzuweisen, daß man auf dem laufenden geblieben ist. Da werden Exkursionen in die volkseigenen Waggonbaubetriebe nach Bautzen und Görlitz unternommen, um die Wagenmeister rechtzeitig mit den Neuentwicklungen vertraut zu machen.

Wer da glaubt, daß die Arbeit auf dem

7 bis 10 „Internationaler Schilderwald" zur Kennzeichnung der Züge, damit die Reisenden sicher sind, in den richtigen Zug eingestiegen zu sein

Betriebsbahnhof Rummelsburg einfacher sei als auf dem Rangierbahnhof Wuhlheide, weil die Reisezüge in der Regel so, wie sie abgestellt worden sind, auch wieder ausfahren, der irrt. Denn fast alle Wagenzüge müssen umgestellt werden, da es bei Reisezügen ja sehr wesentlich auf die richtige Wagenreihung ankommt. Da muß ein Gepäckwagen wieder an die Spitze des ausfahrenden Zuges, ein Kurswagen umgesetzt, ein Schlafwagen für die Rückfahrt gegen einen Speisewagen ausgetauscht werden. Und bei all dem soll auf mögliche Typenreinheit geachtet werden. Den Umstellungen liegen ein Zugbildungsplan und ein sogenannter Rangierbehelf zugrunde. Sonderaufgaben, wie das Aussetzen von Schadwagen, werden nach Abstimmung mit den Wagendisponenten erledigt. Das alles und noch mehr, was hier gar nicht aufgezählt werden soll, erfordert zwangsläufig eine enge Kollektivarbeit mit den Fahrdienstleitern und Stellwerksmeistern, den Rangierleitern und Aufsichten, den Werkstattmeistern und Handwerkern des Bahnbetriebswagenwerks.

Verfolgen wir einmal kurz den Durchlauf eines Wagenzuges. Die Eingangsuntersuchung findet gleich nach der Ankunft des Reisezuges im Abstellbahnhof statt. Sie läuft außen ähnlich ab wie bei Güterzügen. Darüber hinaus werden bei Reisezügen noch Innenkontrollen vorgenommen. Es wird untersucht, ob Türen, Fenster, Sitzpolster oder Gepäcknetze schadhaft sind, ob die sanitären Einrichtungen und die elektrischen Anlagen einwandfrei funktionieren.

In jedem Wagen, der im grenzüberschreitenden Verkehr eingesetzt wird, befindet sich laut RIC ein Schadbuch, in das der Zugführer alle während der Fahrt festgestellten Mängel nach einem internationalen Code einträgt. Dieses Schadbuch sieht der Wagenmeister bei der Eingangsuntersuchung nicht nur durch, sondern spricht nach Möglichkeit mit dem Zugführer.

Für Schäden, die vor dem neuen Umlauf behoben werden müssen, werden Ausbesserungszettel für die Handwerker des Bahnbetriebswagenwerks geschrieben.

Kommt der Zug aus der Waschanlage, beginnt der Ausgangswagenmeister seine Arbeit. Zunächst stellt er fest, ob die auf dem Ausbesserungszettel angeordneten Arbeiten ausgeführt worden sind. Dann wendet er sich dem Bremssystem des Zuges zu. Er prüft, ob der vorgeschriebene Hauptluftleitungsdruck von 5 kp/cm^2 erreicht ist, ob der Druck in der Leitung „steht". Dann vermindert er den Druck in der Bremsleitung um 0,5 kp/cm^2. Beim Entlanggehen am Zug schaut und beklopft er die Bremssohlen, ob sie angelegt haben. Ist der Wagenmeister zurückgekehrt, werden die Bremsen gelöst, und der Rundgang beginnt von neuem. Dabei wird selbstverständlich auch auf Dichtheit der Heizkupplungen des vorgeheizten Zuges geachtet und darauf, daß der Absperrhahn am Ende des Zuges nur leicht geöffnet ist, damit sich der Dampf in der Heizleitung staut.

Ist die Bremsprüfung beendet, kommt der Zug in die Ausfahrgruppe, wo ein anderer Wagenmeister die Bremsprobe vornimmt, sobald die Lokomotive mit dem Zug gekuppelt ist. Heute hat hier Rb-Sekretär Manfred Garske Dienst. Er ist 23 Jahre alt. Der junge Wagenmeister ist mit seinem Beruf offensichtlich sehr zufrieden. „Mich reizt, daß ich in meinem Beruf viel mit Technik zu tun habe. Ich muß ja über alle Fahrzeuge – auch anderer Bahnverwaltungen – genau Bescheid wissen. Man verlangt von mir ein hohes Verantwortungsbewußtsein. Wenn ich draußen am Zug bin, muß ich allein Entscheidungen treffen, die oft von großer Tragweite sind, weil sie den Betriebsablauf empfindlich beeinflussen können. Meine Entscheidungen müssen endgültig sein, ich muß aber auch über jede Entscheidung Rechenschaft ablegen können. Gewiß, mancher Gleichaltrige stößt sich an dem Vier-Schicht-System, wie es beim operativen Dienst der Bahn nun einmal üblich ist. Ich empfinde es jedoch als angenehm, wochentags in Ruhe Ausflugsziele aufzusuchen, die an den Wochenenden meist überlaufen sind."

Wir begleiten den jungen Wagenmeister in den Dienstraum, wo Kochgeräte, Kühlschrank und Gefrierkost anzutreffen sind. Fürwahr, Wagenmeister zu sein ist ein harter Beruf – mit vielen schönen Seiten.

Generalmajor
Dr. rer. oec. SIEGFRIED GRÄFE

Die Eisenbahn und das Militärwesen

Armee und Eisenbahn sind seit über einem Jahrhundert Gegenstand vieler Betrachtungen. Aber besonders unter den gegenwärtigen Bedingungen des wissenschaftlich-technischen Fortschritts und der Entwicklung im Militärwesen ist es notwendig, sich mit dieser Problematik weiter zu beschäftigen.

Eisenbahner und Soldaten der Deutschen Demokratischen Republik haben in den letzten Jahren zu verschiedenen militärischen Höhepunkten gemeinsam große und komplizierte Aufgaben gelöst. So zeigte zum Beispiel das Manöver „Waffenbrüderschaft" im Herbst 1970 aufs neue die sich ständig erhöhende Einsatzbereitschaft der Eisenbahnerinnen und Eisenbahner für die Landesverteidigung.

Der VIII. Parteitag der Sozialistischen Einheitspartei Deutschlands unterstrich mit Nachdruck die wachsende Verantwortung der Nationalen Volksarmee und der anderen Kräfte unserer Landesverteidigung in den vor uns liegenden Jahren. Dabei hat die Deutsche Reichsbahn bedeutende Aufgaben zugewiesen bekommen. Der Eisenbahntransport bleibt auch in der überschaubaren Zukunft eine Haupttransportart für die Streitkräfte.

Aus dieser Sicht werden einige historische Betrachtungen angestellt. Die Geschichte lehrt, daß der Kapitalismus/Imperialismus die fleißige und opferbereite Tätigkeit der Eisenbahnerinnen und Eisenbahner stets für die Erreichung seiner aggressiven Raub- und Eroberungsziele mißbraucht hat und mißbrauchen wird. Der historische Rückblick soll aber auch veranschaulichen, daß die heroischen Leistungen der sowjetischen Eisenbahnerinnen und Eisenbahner entscheidend zu dem Sieg des Sowjetvolkes im Großen Vaterländischen Krieg 1941/45 beigetragen haben.

Weiterhin werden einige Aspekte zur Rolle und Bedeutung der Eisenbahn für die Landesverteidigung der Gegenwart und der nahen Zukunft behandelt.

Historische Tatsachen

Eisenbahn für Aggressionszwecke

Nur wenige Jahre nach den Jungfernfahrten der Eisenbahnen in den verschiede-

1 Durch anglo-amerikanische Luftangriffe zerstörte Bahnanlagen während des zweiten Weltkriegs

2 Folgen eines Luftangriffs im zweiten Weltkrieg

3 Nach einem anglo-amerikanischen Luftangriff im zweiten Weltkrieg

nen Ländern waren vergangen, als sich bereits Militärs mit dieser neuartigen Erfindung beschäftigten, was der relativ bekannte Ausspruch des preußischen Feldmarschalls *von Moltke* in der Mitte des vorigen Jahrhunderts beweist: „Bauen Sie keine Festungen, bauen Sie Eisenbahnen."

Im Jahr 1842 erschien in Dresden ein Buch mit dem Titel: „Die Eisenbahn und ihre Benutzung als militärische Operationslinien". Darin werden bereits Probleme behandelt, wie die Truppentransporte auf Eisenbahnen (Kavallerie-, Artillerie-, Waffentransporte, Pontontrains) und die Sicherstellung der Eisenbahnen gegen feindliche Unternehmungen (fortifikatorische Sicherheitsanstalten, taktische Anordnungen, Einsatz mobiler Kolonnen auf der Eisenbahn, Abwehr feindlicher Streifparteien).

Im gleichen Jahr entschließt sich auch das preußische Kriegsministerium zu ersten praktischen Versuchen von Truppentransporten auf der Eisenbahn. „Mit größter Umständlichkeit wurden kleine Truppentransporte zwischen Berlin und Zehlendorf und zwischen Berlin und Wittenberg angeordnet, die im allgemeinen befriedigend und ohne Unfälle verliefen",

1

2

3

heißt es im 1931 erschienenen „Ehrenbuch des Feldeisenbahners" von *Heubes*.

Die Nutzung der Eisenbahn für kriegerische Zwecke fand erstmals 1846 statt, als Teile der preußischen Armee – im Zusammenhang mit der Unterdrückung der polnischen Stadt Krakow durch Österreich – transportiert wurden.

Anfang der fünfziger Jahre des 19. Jahrhunderts entstand beim Chef des Generalstabes der preußischen Armee eine Zentralstelle für Eisenbahn und Telegraf. 1854 tauchte der Gedanke auf, schon im Frieden den Eisenbahndirektionen Berlin, Breslau, Bromberg, Minden, Köln, Erfurt und Mainz militärische Sachverständige beizuordnen. Zu dieser Zeit kamen auch die ersten bis ins einzelne gehenden Dienstvorschriften zur Regelung des Militäreisenbahntransports heraus.

In dem „Reglement der Französischen Armee vom November 1855 über den Transport der Truppen aller Waffengattungen auf Eisenbahnen" wird im Vorwort geschrieben: „Es dürfte wohl innerhalb keiner Armee an allgemeinen Verfügungen über Truppenbeförderungen auf Eisenbahnen fehlen, auch in Preußen haben kriegsministerielle Verordnungen die Art und Weise solcher Transporte im Allgemeinen geregelt, namentlich seit dem Jahre 1850; allein das Detail über das Ansammeln der Truppen auf den Bahnhöfen, über das Einsteigen, Plazieren und Aussteigen derselben sowie über das Beladen und Entladen der Wagen mit Pferden und Fuhrwerk, ist zum Teil der Entscheidung und dem Bedürfnis des Augenblicks überlassen worden." Mit dem Reglement der französischen Armee wurden erstmals Detail-Bestimmungen erlassen.

Die von junkerlich-großbourgeoisen und militaristischen Kreisen in Preußen heraufbeschworenen Kriege zur gewaltsamen Einigung Deutschlands „von oben", 1864 gegen Dänemark, 1866 gegen Österreich und 1870/71 gegen Frankreich, waren der Beginn, die Eisenbahn in die militärische Kriegsplanung und in die Kriegführung einzubeziehen.

Vor dem Krieg Preußens gegen Dänemark waren noch von Fall zu Fall Vereinbarungen zwischen den Regierungen und

4

den Eisenbahnverwaltungen für Truppentransporte auf der Eisenbahn notwendig. Die Erfahrungen dieses Krieges nutzte man zur Verbesserung der Truppentransporte im Krieg gegen Österreich aus. Die Mobilmachung und der Aufmarsch der preußischen Armee gegen Frankreich wurden bereits in Friedenszeiten sorgfältig vorbereitet. Die tägliche Leistung der eingleisigen Bahnen war auf 12, die der zweigleisigen auf 18 Züge festgesetzt.

Der strategische Aufmarsch der preußisch-deutschen Armee mit der Eisenbahn dauerte nur 13 Tage. „Bei der Stärke dieser Armee von 5–600 000 Mann fand demnach zur Effektuierung dieser Aufstellung auf den verschiedenen deutschen Bahnen eine tägliche Beförderung von durchschnittlich 42 000 Mann statt; diese Truppenzahl verteilt sich auf fünf Hauptbahnen, von denen jedoch nur drei in erster Linie in Anspruch genommen betrachtet werden können. Um diese ungeheuren militärischen wie Eisenbahnleistungen ihrer wahren Bedeutung nach beurteilen zu können, muß man ferner der enormen Transporte an Pferden, Geschützen, Munition und Fahrzeugen gedenken, welche gleichzeitig zur Beförderung gelangten, und daß vier preußische Armeekorps von ihren Standquartieren bis zur französischen Grenze auf 80 bis 120 Meilen herangeführt und während dieser mehrtägigen Eisenbahnfahrt Mann und Roß verpflegt werden mußten", schreibt *Kürschner* 1895 in „Der große Krieg 1870/71 in Zeitberichten".

In diesem Krieg gab es auch die ersten Zerstörungen an den Schienenwegen und Eisenbahnfahrzeugen. Als sich der Krieg nach dem Ausrufen der Französischen Republik am 4. September 1870 zu einem

4 Eisenbahnpioniere des Militärtransportwesens unserer Nationalen Volksarmee bei der Gleisjochverlegung

5 Eisenbahnpioniere unserer Nationalen Volksarmee bei einer Übung

6 Schwere Kampftechnik unserer Nationalen Volksarmee beim Transport auf dem Schienenweg

ungerechten Raubkrieg gegen das französische Volk umwandelte, unternahmen französische Patrioten zahlreiche Handlungen gegen die von den preußisch-deutschen Okkupanten genutzten Eisenbahnen. So zerstörten sie bei Fontenay eine Eisenbahnbrücke und brachten an verschiedenen Stellen Truppentransporte zur Entgleisung.

Bemerkenswert ist der Bau einer etwa 35 km langen Feldeisenbahnstrecke zur Umgehung der sich im Festungsbereich befindlichen Eisenbahnstrecke nach Metz. Diese eingleisige Feldeisenbahn wurde in 40 Tagen fertiggestellt, wobei man anstatt eines langen Erddammes bei Remilly einen hölzernen Viadukt baute. Die Strecke mündete mit einer hölzernen Eisenbahnbrücke über die Mosel bei Pont-à-Mousson in eine bestehende Eisenbahnlinie ein.

Am 25. September 1870 war in der „Köllnischen Zeitung" unter anderem folgendes zu lesen:

„An dieser neuen nahezu 5 Meilen langen Verbindungsbahn ..., durch welche ein fast direkter Verkehr nach Paris mit Umgehung Metz hergestellt ist, waren zwei Feldeisenbahnabteilungen tätig. Dabei hat man einen großen Viadukt von 500 Fuß Länge und 34 Fuß Höhe und einen kleineren Viadukt sowie eine aus Holz konstruierte Jochbrücke über die Mosel herzustellen gehabt."

Französische Patrioten erzwangen durch mehrere Sprengungen an Eisenbahnanlagen eine weitere Maßnahme zur Sicherstellung des Eisenbahntransports während dieses Krieges. Dazu berichtete der „Pfälzer Kurier" am 17. Oktober 1870: „Nogent ist bis jetzt die vorletzte und Nanteuil die letzte Station auf dem Eisenbahnwege nach Paris. Sowie man hier die Marnebrücke überschritten hat, beginnt der 3000 Fuß lange Tunnel, der am westlichen Ausgang in einer Länge von etwa 60 Fuß gesprengt ist. Außerdem ist zwischen hier und Meaux ein anderer Tunnel und eine Brücke gesprengt. Trotz der riesenmäßigsten Arbeit werden diese Störungen dennoch nicht vor fünf Wochen wiederhergestellt sein, so daß bis dorthin alle Zufuhr an Munition, Geschützen und Proviant in Nogent und hier ausgeladen und von da per Achse zur Armee vor Paris (15–22 Stunden) gebracht werden muß. Zu letzterem Zwecke sind nahezu 30 000 Fuhrwerke nötig, die von morgens früh bis spät in die Nacht im Gange sind. Der größte Teil der Fuhrleute besteht aus Franzosen, die der deutschen Armee dienen müssen. Die Pantomimensprache ist der beredteste Dolmetscher."

Die Kriegserfahrungen von 1870/71 auswertend, begann der preußische Generalstab mit der stufenweisen Aufstellung von speziellen Eisenbahntruppen.

Am 19. Mai 1871 wurde das erste Eisenbahnbataillon gebildet. Bis zum Beginn des ersten Weltkrieges war die Stärke der Eisenbahntruppen des kaiserlichen Deutschlands auf zwei Eisenbahnbrigaden mit je zwei Regimentern angewachsen.

Teile dieser Eisenbahntruppen nahmen an der Knechtung der nationalen Minderheiten und der Kolonialvölker durch den deutschen Imperialismus teil. So wurde zum Beispiel mit der verbrecherischen „Straf"-Expedition des monarchistischen Deutschlands gegen die antiimperialistische Ihotuan-Bewegung in den Jahren 1899/1900 unter anderem ein Eisenbahnbataillon nach China entsandt. Ebenso schickten die deutschen Imperialisten Eisenbahntruppen nach Afrika zur Sicherstellung des Eisenbahntransports im grausamen Kolonialkrieg gegen die heldenhaften Hereros und Hottentotten.

In den beiden Weltkriegen war die Eisenbahn das einzige Transportmittel, das in der Lage war, die voll ausgerüsteten Massenarmeen zu bewegen sowie mit Kampftechnik und materiellen Mitteln zu versorgen.

So haben beispielsweise die deutschen Eisenbahnen im ersten Weltkrieg für die Mobilmachung und den Aufmarsch an den West-, Ost- und Nordgrenzen des kaiserlichen Deutschlands insgesamt 11 100 Kriegstransporte mit etwa 3 120 000 Mann und 860 000 Pferden gefahren.

Im zweiten Weltkrieg transportierte die Deutsche Reichsbahn-Gesellschaft zur Vorbereitung des Überfalls des deutschen Imperialismus auf die Sowjetunion über drei Millionen Soldaten, 600 000 Fahrzeuge, 3580 Panzer und 7184 Geschütze von West- nach Osteuropa. Dazu kamen – insbesondere im Zeitraum vom 16. Mai bis zum 9. Juli 1941 – täglich fast 100 Versorgungszüge.

Mit der Einbeziehung der Eisenbahnen in die Kriegsplanung wurden sie gleichzeitig ein nicht zu unterschätzender Faktor, der die strategischen Pläne für den Krieg und für einzelne Operationen beeinflußte. So besaßen beispielsweise das kaiserliche Deutschland und die österreich-ungarische Monarchie vor dem ersten Weltkrieg ein entwickeltes Eisenbahnnetz und eine Rochade-Haupteisenbahnlinie (diese verbindet in einer Richtung verlaufende Eisenbahnlinien untereinander für den Übergang der Eisenbahntransporte von einer Strecke auf eine andere; sie kann auch zur Verteilung von Truppen und materiellen Mitteln in Aufmarsch- und Entfaltungsräumen genutzt werden) entlang ihrer Ostgrenzen. Dadurch konnte Deutschland den Abschluß der strategischen Entfaltung auf den 13. und Österreich-Ungarn auf den 16. Tag planen. Das zaristische Rußland hingegen, das kein entwickeltes Eisenbahnnetz und keine derartige Eisenbahnlinie entlang seiner Westgrenze hatte, benötigte nach Berechnungen des russischen Generalstabs für die Entfaltung 24 Tage.

Diese wenigen Beispiele kennzeichnen hinreichend den skrupellosen Mißbrauch der Eisenbahnerinnen und Eisenbahner für eine zutiefst ungerechte Sache.

Eisenbahn
für die sozialistische Landesverteidigung

Mit dem Sieg der Großen Sozialistischen Oktoberrevolution im Jahr 1917 wurde die Allmacht des Imperialismus gebrochen. Der entstehende erste sozialistische Staat

7 Freundschaftsmeetings der Manövertruppen mit der DDR-Bevölkerung beim Manöver „Waffenbrüderschaft"

8 Während des Manövers „Waffenbrüderschaft" im Herbst 1970

9 Aufbau einer zerlegbaren Laderampe zur Verladung bzw. Entladung von Kampftechnik an geeigneten Stellen auf Bahnhöfen oder freier Strecke

in der Geschichte der Menschheit sah sich einer Welt von Feinden gegenüber.

In dieser epochemachenden Situation galt es besonders, die wirklichen Schwerpunkte der Arbeit der KPdSU und des Sowjetstaates zu erkennen. Dabei zeigte sich immer wieder, daß *W. I. Lenin* dem Transportwesen, besonders dem Eisenbahnwesen, eine große Bedeutung für die Landesverteidigung beimaß.

In seiner Rede über Krieg und Frieden auf dem VII. Parteitag der KPdSU im März 1918 stellte er die Aufgabe, die im Ergebnis des Brester Friedens erhaltene Atempause maximal zu nutzen zur Stärkung der Verteidigungsbereitschaft, zur Schaffung der Armee und zur Erlernung des Kriegswesens, für den ökonomischen Aufschwung und die Vorbereitung des Eisenbahntransports.

Im August 1918 schlug *Lenin* dem Obersten Kriegsrat die Verstärkung der Truppen im Osten vor. Dazu sagte er: „Ich empfehle dem Obersten Kriegsrat, die Richtigkeit und Schnelligkeit der Aufgabenerfüllung durch die Eisenbahnen zu kontrollieren.

Über Verzögerungen ist mir als Vorsitzendem des Obersten Kriegsrates zu berich-

7

8

9

ten. Die Verantwortung für die schnelle Realisierung des Planes übertrage ich dem Obersten Kriegsrat."

Große Aufmerksamkeit widmete W. I. Lenin der Wiederherstellung des Transportwesens. Er forderte von den militärischen und zivilen Organen die schnellstmögliche Wiederherstellung und die Erhöhung der Leistungsfähigkeit der Eisenbahnstrecken nach deren Befreiung vom Gegner.

Im Jahr 1920 schrieb er in einem Telegramm an das sibirische Revolutionskomitee: „Die Wiederherstellung des Eisenbahn- und Wassertransports Sibiriens ist eine der hauptsächlichsten Aufgaben der Republik."

Ausgehend von dem damaligen Entwicklungsstand im Transportwesen kam Lenin zu dem Schluß, daß ein Krieg ohne Eisenbahn eine leere Phrase sei.

Diese Meinung Lenins bestätigte sich in überzeugender Weise im Großen Vaterländischen Krieg. Die Eisenbahnen der Sowjetunion hatten die Hauptlast des Transports von Truppen und materiellen Mitteln zu tragen. Insgesamt wurden dabei etwa 440 000 Militärzüge befördert. Fast 12 000 Züge waren für den Abtransport von Verwundeten erforderlich.

Über den unerbittlichen Kampf der sowjetischen Partisanenabteilungen gegen die faschistischen Okkupanten schreibt Marschall der Sowjetunion W. D. Sokolowski in seinem Buch „Militärstrategie": „Gegen die feindlichen Verbindungen führten sie massierte Schläge, die die Hauptstrecken der Eisenbahn lange Zeit außer Betrieb setzten, und hinderten so die Faschisten, Truppen und militärische Güter zu transportieren. Zur Unterstützung der großen Operationen der Sowjetarmee führten die Partisanenabteilungen selbständige Handlungen durch wie zum Beispiel die Operation ‚Schienenkrieg'".

Die strategische Bedeutung der Eisenbahn wird auch daran sichtbar, daß der Eisenbahntransport in den Entschlüssen der Heerführer der ruhmreichen Sowjetarmee im Großen Vaterländischen Krieg der UdSSR nicht selten eine entscheidende Rolle gespielt hat.

In seinem Buch „Im Generalstab" schreibt Genosse Armeegeneral S. M. Schtemenko:

„Die Eisenbahn ließ Rokossowski immer wieder im Stich, so daß er das Hauptquartier darum bitten mußte, den Beginn des Angriffs der Zentralfront vom 15. auf den 24. Februar (1943) zu verlegen. Dem wurde entsprochen."

Auch die Marschälle der Sowjetunion Wassilewski und Shukow mußten im Juni 1944 dem Obersten Befehlshaber melden, daß sie den Operationsbeginn aus Transportschwierigkeiten nicht einhalten konnten. Marschall Wassilewski meldete zum Beispiel, die Arbeit der Eisenbahnen lasse die rechtzeitige Konzentrierung bestimmter Truppen und die termingerechte Zuführung einiger Versorgungsgüter zweifelhaft erscheinen und „der endgültige Termin des Beginns hängt ganz und gar von der Arbeit der Eisenbahn ab", wie es in Schtemenkos Werk „Im Generalstab" heißt.

Genosse Armeegeneral Schtemenko schreibt an anderer Stelle: „Nachdem entschieden war, wo die Hauptanstrengungen im Sommerfeldzug 1944 zu konzentrieren waren, erhob sich sofort die Frage nach dem Zeitpunkt.

Erste Berechnungen ergaben, daß vor der Offensive in Belorußland eine operative Pause benötigt würde, um die Truppen umzugruppieren und materielle Mittel, vor allem Munition und Treibstoff, heranzuführen und zu bevorraten.

Das war unvermeidlich mit einer Überbeanspruchung der Eisenbahn verbunden. Somit wurde die schwierige Transportlage eine Ursache dafür, zeitweilig zur Verteidigung überzugehen."

Der zweifellos unvollständige Rückblick in die Geschichte des Militäreisenbahnwesens veranschaulicht bereits die enorme Bedeutung dieser Transportart für das Führen von bewaffneten Kämpfen in den vergangenen 100 Jahren.

Bedeutung der Eisenbahn für das heutige Militärtransportwesen

Heute hat sich neben dem Eisenbahntransport in immer stärkerem Maße der Transport mit Kraftfahrzeugen entwickelt. Auch andere Transportarten, wie der Lufttransport und besonders der Rohrleitungstransport, sind sowohl für die Volkswirtschaft als auch für die Landesverteidigung von wachsender Bedeutung. Deshalb ist es unter den neuen Bedingungen einer möglichen bewaffneten Auseinandersetzung notwendig, sich auf alle Transportarten zu stützen.

Zu dieser Schlußfolgerung kommt man unweigerlich, wenn man den Charakter eines modernen Krieges näher betrachtet. Die sozialistische Militärstrategie geht immer davon aus, daß ein Krieg vermeidbar ist; falls er jedoch nicht verhindert werden kann, wäre er seinem politischen Wesen nach der entscheidende bewaffnete Zusammenstoß der beiden entgegengesetzten gesellschaftlichen Weltsysteme.

Das Lager des Imperialismus führte dann einen aggressiven, ungerechten Annexionskrieg, das Lager des Sozialismus hingegen einen gerechten, revolutionären Befreiungskrieg. Seinem Ausmaß nach wäre er ein Weltkrieg zweier Koalitionen, stellte Marschall der Sowjetunion Sokolowski in seinem Buch „Militärstrategie" fest.

Europa würde im Brennpunkt dieses Krieges stehen. Es kämen alle verfügbaren Waffensysteme auf dem Lande, zu Wasser, in der Luft und im Kosmos zur Anwendung.

Es wäre ein Raketen-Kernwaffenkrieg, der „hinsichtlich seines Vernichtungscharakters mit keinem der vorangegangenen Kriege zu vergleichen" ist, schreibt Marschall Sokolowski in dem erwähnten Werk.

Die Nationale Volksarmee — das Kernstück der Landesverteidigung der Deutschen Demokratischen Republik — würde in einem möglichen Krieg unter den Bedingungen der unmittelbaren Konfrontation mit dem westdeutschen Imperialismus und Militarismus Schulter an Schulter mit der Gruppe der sowjetischen Streitkräfte in Deutschland, mit der Tschechoslowakischen Volksarmee und der Polnischen Armee in der ersten strategischen Staffel der Vereinten Streitkräfte der Teilnehmerstaaten des Warschauer Vertrages handeln und besonders auch im engen Zusammenwirken mit den anderen bewaffneten Kräften sowie den zivilen Organen, Dienststellen und Formationen der Deutschen Demokratischen Republik die verschiedenartige Sicherstellung der Vereinten Streitkräfte auf dem Territorium der DDR gewährleisten. Dabei spielt die Bewegung der Streitkräfte, deren Transport, eine bedeutende Rolle.

Bereits im zweiten Weltkrieg gab es beträchtliche Zerstörungen an den Eisenbahntransportwegen, -anlagen und -mitteln. Die anglo-amerikanischen Luftstreitkräfte haben auf die Transportwege und -anlagen des faschistischen Deutschlands mehr Bomben abgeworfen als auf deren Truppen.

Die gegenwärtige strategische Konzeption der NATO sieht vor, daß annähernd 25 Prozent der verfügbaren Kernwaffen auf die Transportwege und -anlagen eingesetzt werden sollen.

In einem derartigen Krieg wäre also die Lösung der Transportaufgaben äußerst kompliziert und aufwendig, zumal sich nicht nur die Störanfälligkeit des gesamten Transportwesens, sondern auch der Umfang der Transporte gegenüber dem zweiten Weltkrieg vervielfachen würde. Das heißt, es ist eine komplexe und maximale Nutzung aller Transportträger unerläßlich.

„Ohne die komplexe Ausnutzung aller Transportwege und -mittel kann man weder die Truppen in großem Umfang verlegen, noch den Nachschub des notwendigen Materials und der erforderlichen technischen Kampfmittel gewährleisten", bemerkt Genosse Armeegeneral *Heinz Hoffmann* in den „Reden und Aufsätzen zur sozialistischen Landesverteidigung". Das bedeutet, daß auch die Eisenbahn maximal genutzt werden muß. Sie bleibt – wie eingangs erwähnt – für die Streitkräfte eine Haupttransportart, mit der insbesondere die schwere Technik und die materiellen Mittel aus dem Hinterland befördert werden. Dabei kann es vorkommen, daß Eisenbahnanlagen plötzlich zerstört werden und daß die Transportart gewechselt werden muß. Das erfordert eine gute Organisation des Eisenbahntransports auch auf kurze Entfernungen, eine rationale Umladetechnologie und eine hohe Einsatzbereitschaft der Kräfte und Mittel, die für die schnelle Wiederherstellung der zerstörten Schienenwege und Fahrzeuge verantwortlich sind. Es gibt also keinerlei Anlaß, die Bedeutung der Eisenbahn in einem möglichen Krieg in irgendeiner Weise abschwächen zu wollen.

Die Deutsche Reichsbahn als der größte Transportbetrieb der Deutschen Demokratischen Republik trägt demnach eine enorme Verantwortung für den Transport von Truppen und materiellen Mitteln zur Ausrüstung und Versorgung der Streitkräfte im Frieden und im Verteidigungszustand.

Bei den Betrachtungen über die Bedingungen eines möglichen Krieges im Zusammenhang mit den Problemen der Eisenbahn wird aber auch deutlich, wie ernst und wie notwendig der Kampf der sozialistischen Staaten und aller antiimperialistischen Kräfte in den kapitalistischen Ländern und den jungen Nationalstaaten um den Frieden und vor allem um die europäische Sicherheit ist.

Der aggressiven Politik des Imperialismus setzt die sozialistische Staatengemeinschaft eine Politik der aktiven Verteidigung des Friedens und der Festigung der internationalen Sicherheit entgegen.

Die sozialistische Staatengemeinschaft bedroht niemanden und will auch niemanden angreifen. Jedoch angesichts der Verschärfung der internationalen Lage und des unaufhörlichen Wettrüstens durch die imperialistischen Mächte ist die sozialistische Staatengemeinschaft – mit der Sowjetunion an der Spitze – gezwungen, die erforderlichen Schutzmaßnahmen zu treffen und ihre Friedenspolitik zu bekräftigen; dieses bedingt, die Verteidigungsfähigkeit zu erhöhen sowie die Kampf- und Einsatzmöglichkeiten der Vereinten Streitkräfte des Warschauer Vertrages und der territorialen Kräfte der Landesverteidigung der einzelnen sozialistischen Staaten zu steigern.

In seiner Rede auf einem militärpolitischen Forum der Hochschule für Verkehrswesen „Friedrich List" in Dresden am 14. April 1965 sagte der Minister für Nationale Verteidigung, Genosse Armeegeneral *Heinz Hoffmann*: „Die militärische Überlegenheit des Warschauer Vertrages hat sich schon in der Vergangenheit als einer der sichersten Garanten dafür erwiesen, daß in Europa der Frieden erhalten blieb. Wir sind davon überzeugt, daß uns das auch in Zukunft gelingt und daß es keinen dritten Weltkrieg geben wird.

Trotzdem oder richtiger: gerade deshalb müssen wir uns als Militärs darauf vorbereiten. Darum kann man nicht nur von den Anforderungen des Friedens an unsere Landesverteidigung und ihre Vorbereitung ausgehen, sondern muß berücksichtigen, wie das in einem uns aufgezwungenen Krieg aussehen könnte, falls Raketen-Kernwaffen und andere Massenvernichtungsmittel eingesetzt würden. Diese Forderung an das System der Landesverteidigung gilt auch und besonders für das Verkehrswesen."

Die erfolgreichen großen Truppenübungen der Nationalen Volksarmee und operativ-strategischen Manöver der Vereinten Streitkräfte, aber auch die anderen Maßnahmen, wie die Benutzung der Eisenbahnstrecken für den Transport zur Ehrenparade, die Urlaubsreisen der Armeeangehörigen, die Fahrten der Wehrpflichtigen bei Einberufungen und Entlassungen in die Reserve, zeigen, daß sich die Eisenbahnerinnen und Eisenbahner der Deutschen Demokratischen Republik ihrer großen Verantwortung auch für die Landesverteidigung bewußt sind.

Die Zusammenarbeit zwischen der Deutschen Reichsbahn und der Nationalen Volksarmee, insbesondere mit dem Militärtransportwesen, gestaltet sich auf sozialistische Art und Weise. Sie bereiten nicht nur gemeinsam Militärtransporte auf der Eisenbahn vor und führen diese gemeinsam aus, sondern entwickeln auch vielfältige Beziehungen, damit Ökonomie und Landesverteidigung übereinstimmen, der erforderliche wissenschaftlich-technische Vorlauf und der Bildungsvorlauf geschaffen werden und dergleichen mehr.

Die weitere Vervollkommnung des sozialistischen Eisenbahnwesens als eines Bestandteils des einheitlichen sozialistischen Transportwesens der Deutschen Demokratischen Republik wird nicht zuletzt auch für die weitere Stärkung der Verteidigungskraft unseres Staates und der gesamten sozialistischen Staatengemeinschaft beitragen.

Major Ing. Werner Bräunig

Militärtransporte mit der Eisenbahn

Ein Bildbericht

1

2

Eisenbahnmilitärtransporte sind entweder geschlossene Züge oder Wagengruppen. Überwiegend handelt es sich dabei um die Verlegung von Truppen, das heißt von Soldaten sowie technischen Kampfmitteln und Geräten, wie Räder- und Kettenfahrzeugen unterschiedlicher Ausmaße und Massen. Darüber hinaus finden Eisenbahnmilitärtransporte für die materiell-technische und medizinische Versorgung statt.

In diesem Bildbericht soll nun ein Einblick in das Verladen bzw. Entladen von technischen Kampfmitteln und Geräten vermittelt werden.

3

4

1 Für die Verladung der Militärfahrzeuge auf Eisenbahnwagen werden in der Regel die ortsfesten Ladeanlagen der Eisenbahn genutzt, wobei sich Kopf- oder kombinierte Rampen besonders dafür eignen

2 Zur Verladung der Fahrzeuge über ortsfeste Seitenrampen müssen bei S-Wagen vorher die Seitenwände abgeklappt werden. Bei Klm-Wagen ist das nicht notwendig, weil die abgeklappten Seitenwände auf der Rampe aufliegen und von Räderfahrzeugen zur Überfahrt von der Rampe auf den Wagen genutzt werden

3 Die Militärfahrzeuge müssen für den Transport so vorbereitet werden, daß der Eisenbahnbetrieb nicht beeinträchtigt wird. Daher kann es erforderlich sein, Anbauteile von Sonderausführungen vor oder während der Verladung abzubauen und gesondert zu verladen. Zum Beispiel wird bei der Erdbearbeitungsmaschine der Schildträger einschließlich der Hebehydraulik über eine Seitenrampe auf einen gesonderten Wagen verladen

4 Die zerlegbare Laderampe eignet sich für die Verladung bzw. Entladung aller technischen Kampfmittel und Geräte – unabhängig von ortsfesten Ladeanlagen – in Bahnhöfen, in Anschlußbahnen und auf freier Strecke. Sie wird in der Regel als Kopframpe benutzt. Mehrere nebeneinander liegende zerlegbare Laderampen bilden eine Seitenrampe.
Die Teile der in wenigen Minuten aufzubauenden Laderampe werden in einem H- oder G-Wagen oder mit einem Kraftfahrzeug zum Einsatzort transportiert

5

6

5 Wird die zerlegbare Laderampe nicht an Überwegen aufgebaut, muß das Gleis (zur Vermeidung von Beschädigungen) am Rampenfuß zwischen und neben den Schienen mit Holzschwellen ausgelegt werden. Für die Verladung bzw. Entladung von Kettenfahrzeugen braucht man dafür mindestens drei Schwellen längs nebeneinander, damit diese Fahrzeuge ohne ruckartige Lenkbewegungen auf die Rampe fahren können. Erst wenn sie ganz auf der Rampe sind, darf ihre Fahrtrichtung korrigiert werden.
Die Eisenbahnwagen müssen angebremst sein und vor der letzten Achse einen Radvorleger haben

6 Die Deutsche Reichsbahn hält auch fahrbare Laderampen vor, die sich zur Verladung bzw. Entladung leichter und mittlerer Räderfahrzeuge eignen und als Kopf- oder Seitenrampe verwendet werden.
Bei Gleisabschlüssen bieten fahrbare Laderampen die Möglichkeit, über die Prellböcke zu verladen. Dazu wird die Oberrampe so weit gesenkt, daß sie auf der Pufferbohle des Prellbocks aufliegt. Dann werden die Laderampen mit Spannketten am Prellbock befestigt, damit sie nicht abrollen.
Fahrbare Laderampen werden auf K-Wagen mitgeführt. Zum Entladen auf freier Strecke dienen zwei Verladeeisen

7 Behelfsrampen aus Schienen und Schwellen werden dann errichtet, wenn Truppen über einen längeren Zeitraum auf Bahnhöfen, die über keine ortsfeste Rampen verfügen, verladen bzw. entladen werden müssen. Sie sind je nach der Bauweise für unterschiedliche Belastungen ausgelegt und werden als Kopf- oder Seitenrampe gebaut.
Eine Kopframpe ist in der Regel 5,0 m breit (2 Schwellen). Zur besseren Aufnahme von Rangierstößen wird ein Schienenprellbock in den Rampenkopf eingefügt

8 Auf vielen kleineren Bahnhöfen befinden sich ortsfeste kombinierte Rampen, deren Auffahrrichtung entgegengesetzt ist zur Auf-

7

8

fahrt auf die bereitgestellten Wagen. An solchen Rampen lassen sich fahrbare Laderampen seitlich ansetzen.

Um die Auffahrfläche zu vergrößern oder den Auffahrwinkel der Fahrzeuge günstiger zu machen, kann man dazu noch ein Schwellendreieck errichten, wodurch sich die Ladezeit verkürzt

9 Zum behelfsmäßigen Verladen auf Bahnhöfen, in Anschlußbahnen und auf freier Strecke können auch Spurbahnen aus verschiedenem Material an den Eisenbahnwagen befestigt werden. Für leichte Fahrzeuge genügen schon zwei Schienen mit oder ohne Unterstützung. Für mittelschwere Räderfahrzeuge muß man schon Baumstämme nehmen; diese werden nebeneinander gelegt, durch Querbalken auf die richtige Spur gebracht und mit Bauklammern gegen Verrutschen gesichert.

Das Befahren solcher zweispurigen Auffahrrampen erfordert von den Militärkraftfahrern Mut und Können und von den Einweisern eine sehr exakte Arbeit.

10 Für den Transport von Ketten- und Räderfahrzeugen werden an der Rampe Wagengruppen bereitgestellt, die vorn aus schweren Flachwagen (S, Sa, Rlmm) und dahinter aus leichten Flachwagen (K, Klm) bestehen. Dadurch müssn die Räderfahrzeuge die schweren Wagen überqueren, darunter auch Wagen, die keine Stirnwände haben. Bei solchen Wagen werden bahneigene Überladebrücken verwendet. Als Behelfsmittel eignen sich aber auch Eisen- oder Holzschwellen, von denen je eine quer über die Puffer gelegt wird.

Bei Flachwagen mit Stirnwänden werden diese als Überfahrtbrücke über die Pufferlücken genutzt

11 Die Räderfahrzeuge werden in der Regel mit Standardverladekeilen aus Metall, von denen man für jedes Fahrzeug 4 Stück benötigt, auf den Eisenbahnwagen befestigt. Anhängegeräte oder Kraftfahrzeuge, die

13

14

nicht mit Standardverladekeilen ausgerüstet sind, werden mit behelfsmäßigem Befestigungsmaterial gesichert; dabei wird an jedem Rad vorn, hinten und seitlich ein Holzkeil auf den Wagenboden genagelt. Außerdem wird das Fahrzeug mit Draht am Wagenboden befestigt. Allerdings kostet diese Methode viel Material und Zeit

12 Kettenfahrzeuge werden dagegen überwiegend mit Standardverladekeilen befestigt. Diese Keile haben an der Unterseite Dorne, die sich bei Belastung in den Holzboden des Wagens drücken.
Für jedes Fahrzeug werden vier Standardverladekeile gebraucht, die so auf dem Wagenboden ausgelegt werden, daß sich jeweils die erste und die letzte Laufrolle fest an den Keil drückt.
Bei Sicherung von Kettenfahrzeugen mit schmalen Ketten ist der Standardverladekeil zusätzlich mit einer Anschlagkante versehen, die innen an der Kette anliegt und damit ein Verrutschen nach der Seite verhindert.
Behelfsmäßig sind auch Holzbalken verwendbar, die mit Bauklammern auf dem Wagenboden befestigt werden

13 Besonders hohes Können wird vom Panzerfahrer und seinem Einweiser während des Überquerens der bereitgestellten Wagen verlangt. Die Spur der Kettenfahrzeuge ist gerade so breit, daß die Ketten auf dem äußersten Rand des Wagenbodens abrollen. Ruckartiges Lenken oder ungenaues Einweisen des Fahrers kann den Panzer vom Wagen abrutschen lassen und für längere Zeit das Verladen unterbrechen.
Deshalb ist die eindeutige Zeichengebung außerordentlich wichtig, das gilt insbesondere nachts.
Bei der Verladung bzw. Entladung in der Nacht darf der Einweiser grundsätzlich nur blaues Licht verwenden, niemals die Signalfarben der Deutschen Reichsbahn

14 Die technischen Kampfmittel und Geräte sind oftmals so breit und so hoch, daß eine Lademaßüberschreitung ganz unvermeidlich ist.
Das verlangt von den Besatzungen und Bedienungen jener Technik ein großes Maß an Aufmerksamkeit und Genauigkeit bei der Verladung.
Der Transportleiter überwacht und der Wagenmeister der Deutschen Reichsbahn kontrolliert die Verladeweise auf Ordnungsmäßigkeit.
Die das Lademaß überschreitende Militärtechnik muß für den Transport so befestigt sein, daß sie während der Fahrt auf keinen Fall verrückt oder sich verschiebt

Dipl.-Ing. Joachim Wolf

Sowjetische Gleisbildstellwerke bei der Deutschen Reichsbahn

Der Neubau von Stellwerken bei der Deutschen Reichsbahn konzentrierte sich bisher vor allem auf Bahnhöfe an Hauptstrecken. Aber gerade auf den Nebenstrecken erfordern heute noch die z. T. schon recht alten Stellwerksanlagen einen erheblichen Personalbedarf. Darum war hier ein Wandel zu schaffen. Dabei konnte kaum auf die Signalbauindustrie der DDR zurückgegriffen werden, da sie überwiegend Erzeugnisse für das Hauptstreckennetz liefern muß.
Im Rahmen der sozialistischen ökonomischen Integration bot sich nun im Jahr 1974 die Möglichkeit, aus der UdSSR Stellwerksanlagen für kleine Bahnhöfe zu importieren. Es handelte sich um das Stellwerk der Bauform EZM, dessen Weiterentwicklung kurz vorher abgeschlossen worden war. Wegen der teilweise unterschiedlichen Betriebsbedingungen bei den SŽD und der DR gab es Verhandlungen mit dem sowjetischen Hersteller, die Stellwerksanlage der Bauform EZM zu modifizieren. So entstand die Importbauform EZMG.

Die Erststellwerke bei der Deutschen Reichsbahn

Mit den ersten EZMG-Stellwerken wurden die Bahnhöfe Bleicherode Stadt und Bischofferode (Eichsfeld) ausgerüstet. Zuvor waren dort aber technische und organisatorische Voraussetzungen für eine schnelle und den Besonderheiten der Erstanlage entsprechende Montage zu schaffen.
Die Lieferung der Stellwerke begann schon im Jahr 1975. Eine hervorragende sozialistische Gemeinschaftsarbeit aller Beteiligten ermöglichte es, die Erststellwerke in kürzester Frist zu errichten. Sie nahmen nach der Abnahmeprüfung im Mai 1976 den Betrieb auf. Die feierliche Inbetriebnahme fand am 23. Juni 1976 statt.
Mit diesen Stellwerken konnten bisher umfangreiche Erfahrungen betrieblicher und technischer Art gesammelt werden, die verallgemeinert wurden und somit den Einbau weiterer Stellwerke der Bauform EZMG förderten.

Die Stellwerksbauform EZMG

Systemtechnische Gestaltung

Die Bauform EZMG basiert auf einer Systemschaltung nach dem Fahrstraßenprinzip. Sie legt 2 Bahnhofsköpfe, die im Prinzip gleichartig gestaltet sind, zugrunde und verknüpft sie über die Bahnhofsgleise. Dabei wird davon ausgegangen, daß auf einem Bahnhofskopf jeweils nur eine Fahrstraße eingestellt werden kann. Das ist möglich, da die Bauform nur für Bahnhöfe an eingleisigen Strecken verwendbar ist. Für jeden Bahnhofskopf gilt eine schaltungstechnische Maximalauslegung zur Steuerung von Außenanlagen bzw. zur Herstellung von Fahrstraßen. Es lassen sich dort bedienen:
– Zug- bzw. Rangierfahrstraßen auf 5 Bahnhofsgleisen (F)
– 4 Weichen (W)
– 1 Vorsignal (V)
– 1 Einfahrsignal (E)
– 1 Rangiersignal Ra 11/12 vor der Spitze der Eingangsweiche (R)
– 5 Ausfahrsignale (A), an denen Zug- bzw. Rangierfahrten beginnen können

Die Anpassung der Bauform EZMG an die Betriebsbedingungen der Deutschen Reichsbahn geschieht dadurch, daß an dazu vorgesehenen Stellen der Schaltung Programmbrücken eingelegt werden. Die betrieblichen Aufgaben in der Systemschaltung bei einem kleineren Bahnhof werden vor allem durch das Nichteinsetzen von Relais sowie durch das Einlegen von Schaltungsbrücken reduziert.
Zusätzliche Maßnahmen machen die Bauform erweiterungsfähig, so daß diese an die bei der Deutschen Reichsbahn vorhandenen Bahnhöfe gut angepaßt werden kann. Das betrifft u. a. folgendes:
1. Die Anordnung gekuppelter Weichen bzw. gekuppelter Weichen und Gleissperren erlaubt es, mit den 4 Weichensteuereinheiten je Bahnhofskopf bis zu 8 Weichen bzw. Gleissperren zu steuern.
2. Statt Ausfahrsignalen können alleinstehende Rangiersignale Ra 11/12 angewendet werden.
3. Die Handweichen können über Schlüsselabhängigkeiten in die Signalabhängigkeit für Ein- und Ausfahrten einbezogen werden.
4. Auch die Wegübergangssicherungsanlagen können in die Signalabhängigkeit einbezogen werden, sofern sie nicht zwischen den Ausfahrsignalen liegen.
5. Zusätzlich läßt sich eine Fahrstraße für eine Parallelrangierfahrt zu einem Anschluß- oder Abstellgleis auf dem Bahnhofskopf unter bestimmten Bedingungen einstellen, auch wenn gleichzeitig eine Fahrt vom oder zum Streckengleis stattfindet.

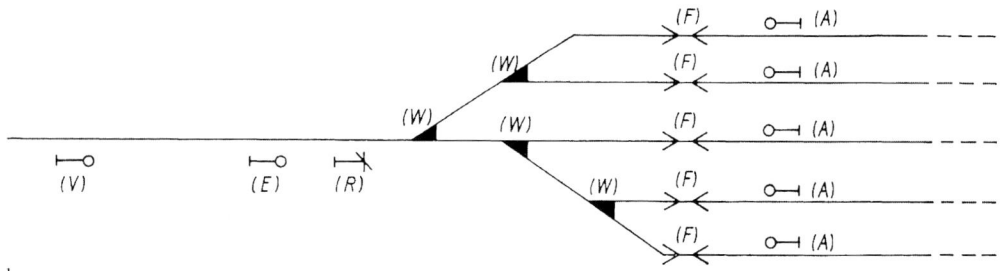

1 Systemgestaltung eines Bahnhofskopfes für das Stellwerk der Bauform EZMG (die in Klammern gesetzten Buchstaben sind im Text erläutert)

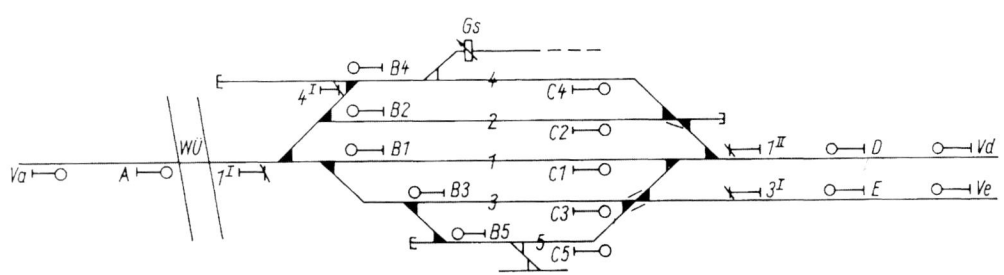

2 Prinzipdarstellung eines Bahnhofs maximaler Größe für die Stellwerksbauform EZMG

6. Die unter Punkt 5 beschriebene Parallelrangierfahrstraße kann zur Zugfahrstraße erweitert werden und damit eine zweite einmündende Strecke beherrschen.

Die Bauform EZMG verwendet Gleisstromkreise zur Gleisfreimeldung; es handelt sich um sowjetische Gleisstromkreise mit einer Frequenz von 42 Hz. Wo die Isolierung oberbautechnisch nicht möglich ist, kann auf eine technische Gleisfreimeldung verzichtet werden. Es werden dann isolierte Schienen nach dem DR-Prinzip eingerichtet und die Fahrstraßen mit Isolierschienengruppen aufgelöst. Die Fahrwegprüfung findet in diesen Fällen nach Augenschein statt. Es ist auch die Variante möglich, daß ein Bahnhofskopf mit Gleisstromkreisen ausgerüstet wird (einschließlich eines Teiles der Bahnhofsgleise), der andere Bahnhofskopf jedoch nicht. In diesen Fällen unterscheiden sich Fahrwegprüfung und Fahrstraßenauflösung auf beiden Bahnhofsköpfen.

Grundsätze der Betriebsführung

Für Zug- und für Rangierfahrten werden stets Fahrstraßen gebildet.
Zugfahrstraßen fordern und überwachen die richtige Lage der befahrenen Weichen und der Flankenschutzweichen; sie setzen die Gleisfreiheit voraus. Durchrutschwege können eingerichtet werden. In Abhängigkeit von der Auflösung des befahrenen Teiles der Fahrstraße werden sie zeitverzögert aufgelöst.
Rangierfahrstraßen besitzen, wenn sie sich mit einer Zugfahrstraße decken, mit dieser den gleichen Flankenschutz. Ansonsten kann auf Flankenschutz verzichtet werden. Durch die häufige Anwendung gekuppelter Weichen ergibt sich jedoch oft automatisch Flankenschutz. Eine Freimeldung geschieht bei Rangierfahrstraßen nur für den Weichenbereich.
Die Handweichen in den Bahnhofsgleisen erhalten Weichenschlösser. Über Abhängigkeitsschlüssel im Bedienungspult, eventuell unter Einfügung von Schlüsselsperren bzw. kleinen Schlüsselwerken bei mehreren Handweichen, können sie bei nichteingestellten Fahrstraßen bedient werden.
Die Weichen werden fahrstraßenweise umgestellt; eine Einzelumstellung von Weichen ist in der Regel nicht vorgesehen.
Mit Tastendruck wird zuerst die Fahrwegeinstellung und danach die Fahrstraßenfestlegung mit unmittelbar anschließender Signalfreigabe für Zug- bzw. Rangierfahrten vorgenommen. Der fahrende Zug- bzw. die Rangierabteilung besorgt die Fahrstraßenauflösung. Im Störungsfall ist mit Tastenbedienung eine Hilfsauflösung möglich, wobei Zeitverzögerungen unterschiedlicher Art für Zug- und Rangierfahrstraßen eintreten.
Alle Fahrten berühren das Streckengleis, sofern sie nicht Parallelrangierfahrten bzw. Fahrten zu oder von einer einmündenden Strecke sind.
Die Fahrstraßen sind voll auszufahren; ein Wenden in einer Fahrstraße oder das Anfahren ist nicht vorgesehen. Das Fahrstraßensystem benötigt keine frei stellbaren Rangiersignale. Es gibt die Möglichkeit, mit Tastenbedienung Signale in die Haltstellung zu bringen und auch bei gestörter Isolierung die Weichen umzustellen (Weichenentsperrung).

Bedienungseinrichtung

Auf den Bedienungstisch ist eine Meldetafel aufgesetzt. In Analogie zum Systemaufbau enthält der Tisch ein Tastenfeld für jeden Bahnhofskopf gemäß der geographischen Lage. Dazu kommt für zentrale Bedienungsfunktionen ein Bedienungsfeld, in dem sich auch ein Meßinstrument für den Weichenstellstrom befindet. Die Tastenfelder für die Bahnhofsköpfe enthalten je 30 Tasten (Druck- bzw. feststellbare Tasten, zum Teil versiegelbar) und 4 Tasten mit Zählwerk. Die

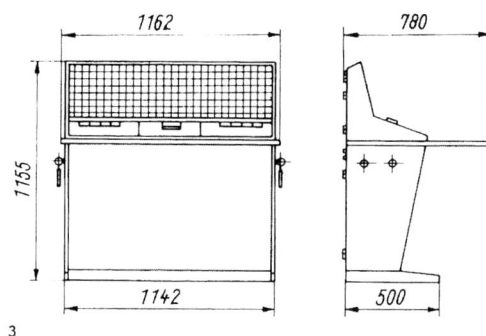

3

Farbe der Tasten entsprechend ihrer Funktion gleicht der in DR-Gleisbildstellwerken üblichen Farbgebung.
Je nach der Maximalbestückung sind 5 Fahrwegtasten vorhanden, ferner je 1 Taste zur Fahrstraßenfestlegung und Signalstellung für Zugfahrten bzw. Rangierfahrten aus dem Bahnhof bzw. in den Bahnhof.
Bei Parallelrangierfahrstraßen oder einmündenden Strecken dienen die sonst als Reserve vorhandenen Tasten zum Einstellen dieser Fahrten.
Die Tasten mit Zählwerk sind den registrierpflichtigen Handlungen, wie z. B. Fahrstraßenhilfsauflösung und Ersatzsignalbedienung, zugeordnet. Bei Bedienungshandlungen gilt das Prinzip der Eintastenbedienung.
Die Meldetafel besteht aus 10 × 36 Feldern der Abmessung 30 mm × 30 mm und gibt die geographische Lage des betreffenden Bahnhofs wieder. Elemente mit Ausleuchtung werden nur dann verwendet, wenn es unbedingt notwendig ist; überwiegend sind die Elemente graviert.
Es werden nur der eingestellte Fahrweg in 2 Feldern (Start und Ziel), jeder besetzte Isolierabschnitt, die Fahrtstellung der Haupt- und Rangiersignale sowie aufgeschlossene schlüsselabhängige Weichen angezeigt. Mit einer Bedienungshandlung lassen sich Ausleuchtungen für

4

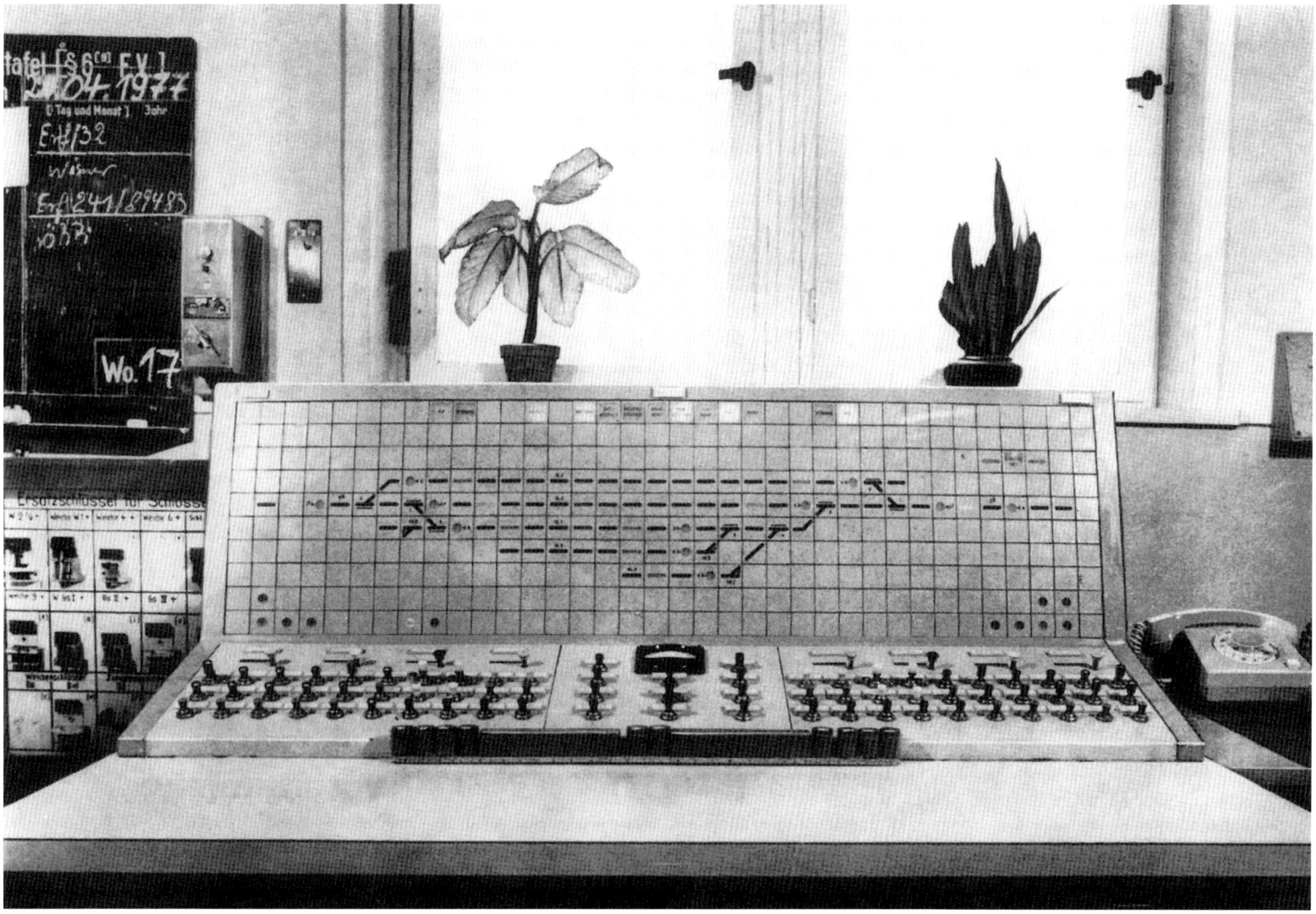

die Feststellung der Weichenlage sowie für das Vorhandensein des Rotlichtes an Hauptsignalen und des Gelblichtes an Vorsignalen abfragen. In der obersten Reihe der Meldetafel geben von innen beleuchtete, beschriftete Felder den Zustand der Stromversorgungsanlage, die Fahrstraßenfestlegungen sowie Störungsmeldungen an.

Im Tischunterbau sind rechts und links an den Seiten Möglichkeiten zum Einschließen von je 2 Schlüsseln vorhanden, mit denen Schlüsselabhängigkeiten im Bahnhof und auf der Strecke geschaffen werden können.

Auf dem Bedienungstisch liegt eine Schreibplatte.

Relaisanlage

Die Relaisanlage ist in geschlossenen, verschließbaren Schränken untergebracht. Die Schränke enthalten alle für die Schaltung notwendigen Bauelemente. Das sind in erster Linie die Relais einschließlich Fassungen, ferner Transformatoren, die sonstigen elektrischen Bauelemente sowie die Innenverdrahtung. Ferner befinden sich darin Sicherungen sowie Klemm- und Lötleisten zum Anschluß der Kabel, der Verdrahtung und der Schaltungsbrücken. Die Zimmerkabel werden von unten zugeführt.

Die Schränke sind von vorn und hinten zugänglich. Im oberen Relaisbereich sind die Türen schwenkbar und im unteren Bauelementebereich aushebbar und verschließbar. Darum müssen diese Schränke frei im Raum aufgestellt werden.

Die Relais stecken in Fassungen. Die sonstigen Bauelemente sind nach Arten geordnet auf Bauelementeplatten montiert, die sich in ausschwenkbaren Rahmen befinden. Dadurch lassen sich notwendige Arbeiten bequem ausführen.

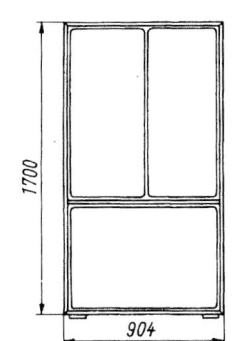
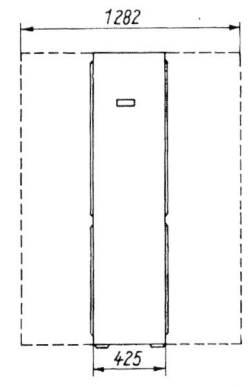

7

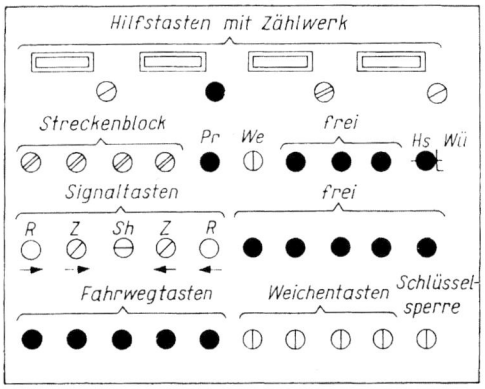

5

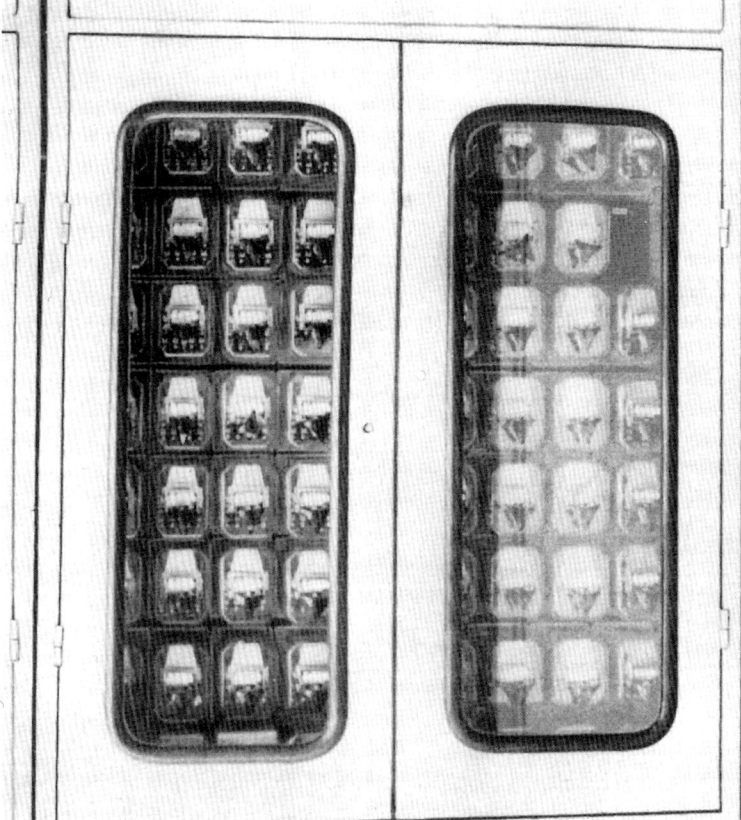
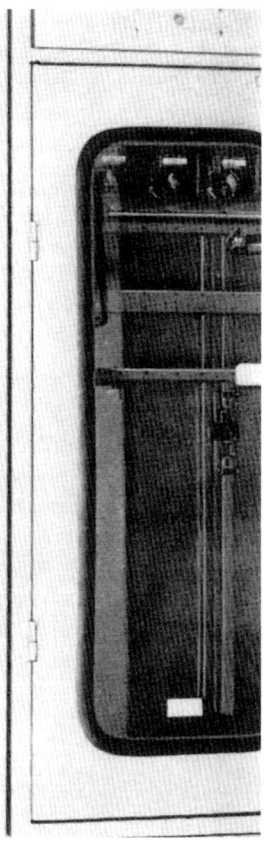

6

3 Schema und Hauptabmessungen eines Bedienungstisches für das Stellwerk der Bauform EZMG

4 Bedienungstisch mit aufgesetzter Meldetafel

5 Belegungsschema eines Tastenfeldes für einen rechten Bahnhofskopf

6 Relaisteil eines Relaisschranks

7 Hauptabmessungen eines Relaisschranks

Je nach der Schaltung und dem Systemaufbau gibt es mehrere Typen von Relaisschränken, so z. B. den Zentralsteuerschrank, den Weichensteuerschrank und den Schrank für zusätzliche Abhängigkeiten.

Ein Schranktyp kann auf einem Bahnhof mehrmals vorhanden sein. Jeder Schrank enthält gemäß seiner funktionalen Bestimmung eine Verdrahtung und alle sonstigen elektrischen Bauelemente außer den Relais. Von den Relais werden nur die im jeweiligen Einsatzfall benötigten eingebaut. Zimmerkabel verbinden die Relaisschränke mit der Bedienungseinrichtung, dem Stromversorgungsschrank und den Kabelendverschlüssen. Untereinander können die Relaisschränke, die in der Regel nebeneinander stehen, mit Zimmerkabel oder Einzeladerverdrahtung verbunden werden.

Stromversorgungsanlage

Die Stromversorgungsanlage wird im Regelfall aus dem Landesenergienetz gespeist. Benötigt wird ferner eine 24-V-Batterie für die Abhängigkeitsschaltung sowie für den Betrieb des Stellwerks bei Ausfall des Landesstromnetzes.

Das Kernstück der Stromversorgungsanlage ist der Stromversorgungsschrank. Er steht immer an der Wand und ist größer als ein Relaisschrank. Der Stromversorgungsschrank dient u. a. zur
– Überwachung der Spannung des Landesverbundnetzes,
– Verteilung der Wechselstromspannung 220 V,
– Verteilung der Gleichstromspannung der 24-V-Batterie,
– Bereitstellung der benötigten Spannungen bei Ausfall des Landesnetzes.

Eine Anzahl verschiedener Kleinspannungen wird auch direkt in den Relaisschränken aus der 220-V-Wechselstromverteilung des Stromversorgungsschranks gewonnen. Die Bauelemente im Stromversorgungsschrank sind gut zugänglich und übersichtlich angeordnet. Sie befinden sich sowohl auf Schwenkrahmen als auch auf herausrollbaren Aggregateeinschüben.

Die beiden Türen an der Vorderseite enthalten ein stilisiertes Schaltschema, außerdem Meßinstrumente und Schalter. Mit den Schaltern können verschiedene Spannungen zur Prüfung auf die Meßinstrumente geschaltet werden. Die Stromversorgungs- und Zimmerkabel werden von oben zugeführt.

Bei Ausfall des Landesnetzes übernehmen 2 statische Wechselrichter die Stromversorgung des Stellwerks. Sie werden aus der Batterie gespeist und geben 220 V Wechselstrom ab. Ein Wechselrichter arbeitet dann ständig und speist 220 V in Teile der Abhängigkeitsschaltung und für die Signalspannung ein. Der zweite Wechselrichter arbeitet nur, wenn ein Weichenumstellauftrag aus der Abhängigkeitsschaltung vorliegt. Er speist dann 220 V zu den Gleichrichtern für die Weichenstellspannung. Die Ausleuchtung wird bei Netzausfall von der Batterie übernommen. Die Wechselrichter machen rotierende Maschinen unnötig, was zu einer erheblichen Platzeinsparung führt.

Die 42-Hz-Gleisstromkreise werden von einem Schrank aus gespeist, der konstruktiv ein Relaisschrank ist. Die 42-Hz-Speisespannung wird ebenfalls statisch erzeugt. Der Schrank enthält auch die Gleisstromkreisrelais.

Schaltung und Bauelemente

Die Abhängigkeitsschaltung entspricht der Systemkonzeption; denn beiden Bahnhofsköpfen sind eigene Schaltungsteile und Relaisschränke zugeordnet. Die Bedienungseinrichtung arbeitet mit dem Zentralsteuerschrank zusammen. Dieser Schrank nimmt die Befehle entgegen und gibt die aus der Anlage eintreffenden Meldungen an die Meldetafel weiter. Außerdem arbeitet der Zentralsteuerschrank mit den Einrichtungen der Bahnhofsköpfe zusammen, gibt nach dort Einstellbefehle und erhält die Quittungsmeldungen.

Das Blockschaltbild gibt einen Überblick über das Zusammenschaltungsprinzip. Die Posten A und D entsprechen den Bahnhofsköpfen.

Die Schalteinrichtungen der Posten können von der Zentrale abgesetzt sein. Die Verbindungsschaltung zwischen Zentralsteuerschrank und Weichensteuerschrank ist so beschaffen, daß ein Minimum an Kabel gebraucht wird. Da ein Teil der Relais die Bedingungen der Klasse N erfüllt, konnte die Schaltung recht einfach gestaltet werden; die Klasse N gewährleistet u. a. den sicheren Abfall der Relais bei Stromausfall. Es besteht keine

8

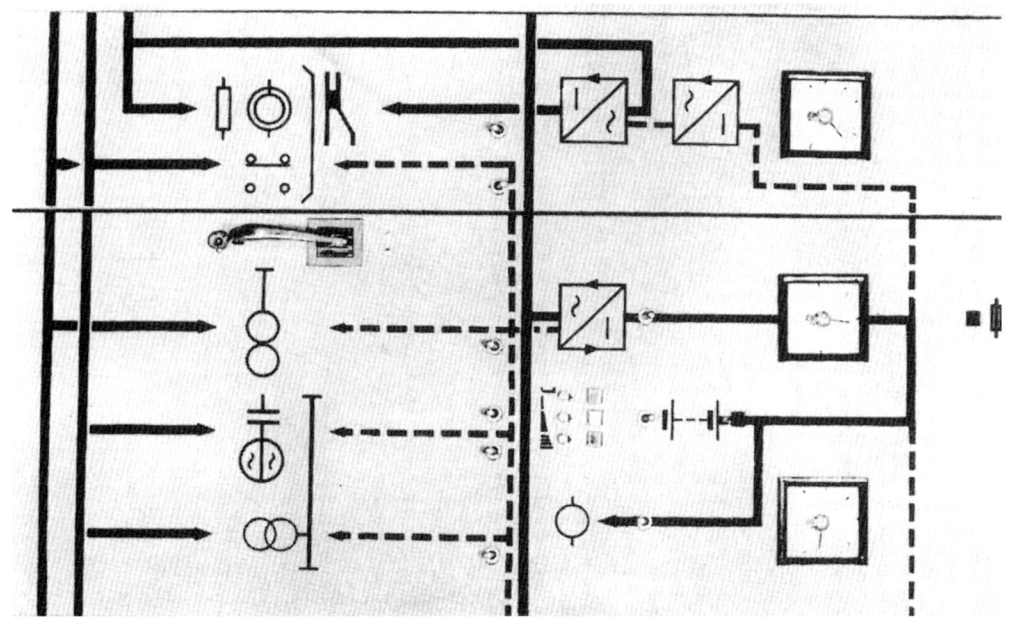

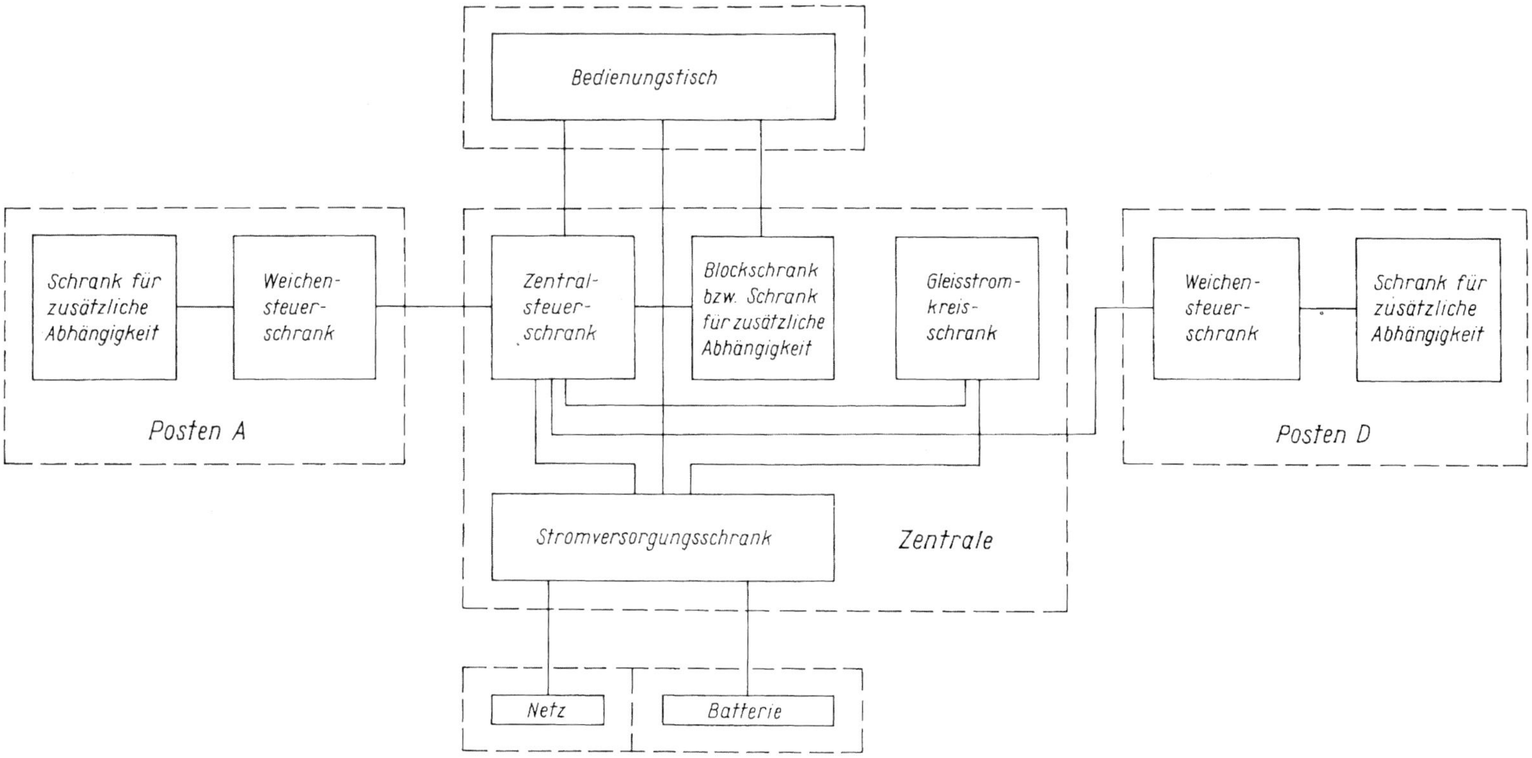

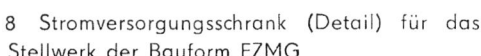

Notwendigkeit der Überwachung bestimmter Relaisfunktionen in der Schaltung, dadurch erhöht sich die Übersichtlichkeit.
Angewendet werden neutrale, polarisierte und kombinierte Relais, welche die Vorschriften der Sicherungstechnik erfüllen. Die kombinierten Relais enthalten einen neutralen und einen polarisierten Teil, die unabhängig voneinander arbeiten. Die Wirkungen beider Teile kommen in der Schaltung meistens gleichzeitig zur Geltung, vor allem bei der Mehrfachausnutzung von Adern. Außerdem sind verschiedene Spezialrelais vorhanden.

8 Stromversorgungsschrank (Detail) für das Stellwerk der Bauform EZMG

9 Prinzip der Zusammenschaltungen

10 Steckbares Normalrelais mit 8 Wechslerkontakten

11 Weichenantrieb SP 3, geöffnet

12 Weichenantrieb SP 3 mit Gleissperre; erkennbar auch die Lagerteile und die Ausgleichvorrichtung

13 Ausfahrsignale sowjetischer Bauform; das vordere Signal hat eine Abdeckung auf den gelb leuchtenden Lampen

Mit einem sichtbaren Knebel werden die Relais an der Fassung angeschraubt. Von einzelnen Relaistypen gibt es mehrere Varianten, die sich in der Wicklung sowie in der Kontaktbestückung unterscheiden. Verwendung finden auch elektronische Überwachungseinheiten, die in Relaisgehäusen untergebracht sind.
Weitere Bauelemente sind z. B. Transformatoren, Dioden, Gleichrichter, Kondensatoren, Widerstände und Denistoren. In den statischen Wechselrichtern befinden sich weitere Bauelemente der Elektronik und Leistungselektronik.

Weichen und Weichenantriebe

Für die Umstellung von Weichen und Gleissperren stehen zwei Weichenantriebe aus sowjetischer Produktion zur Verfügung, die Typen SP 3 und SPW 6. Beide haben Innenverschluß und werden von einem Gleichstrommotor angetrieben.
Der Antrieb SP 3 verfügt über eine Stellkraft von 5,9 kN, hat 1 Stell- und 2 Prüfschieber und ist nicht auffahrbar.
Der Antrieb SPW 6 verfügt über eine Stellkraft von 3,4 kN, hat 2 Stell- und 2 Prüfschieber und ist auffahrbar. Die Festhaltekräfte sind aber so hoch, daß beim Auffahren der Weichen mit einem Verbiegen der Zungen gerechnet werden muß. Der Stellweg bei beiden Antriebstypen beträgt 154 mm.
Für den Anschluß der DR-Weichen wurden von der Sowjetunion spezielle Lager- und Anschlußteile geliefert, da die dorti-

gen wegen der anderen Spurweite bei der Deutschen Reichsbahn nicht verwendet werden können. Sie sind grundsätzlich für den isolierten Einbau vorbereitet.

Für die Umstellung der Gleissperren wird der Antrieb SP 3 verwendet. Die nicht benötigten Prüfschieber werden ausgebaut. Da die Gleissperre konstruktiv für den bei der Deutschen Reichsbahn üblichen Stellweg von 220 mm ausgelegt ist, wird über eine Ausgleichvorrichtung der Stellweg des SP-3-Antriebes umgesetzt.

Zur Weichenstellung wurde bisher der Antrieb SPW 6 benutzt. Jeder Stellschieber des Antriebs steuert über eine Stellstange eine Weichenzunge. Der Spitzenverschluß der Weiche wird nun ausgebaut, seine Funktion übernimmt der Innenverschluß. Darum wird auf Holzschwellen vor der Weichenspitze eine zusätzliche Spurhaltung befestigt. Die Lagerteile entsprechen denen der Gleissperrensteuerung. Es entfällt jedoch die Ausgleichvorrichtung, so daß der Zungenaufschlag 154 mm beträgt.

Es werden jedoch auch Varianten untersucht, einen sowjetischen Antrieb an die DR-Weiche mit Spitzenverschluß anzuschließen. Dafür eignet sich der SP-3-Antrieb mit einem Stellschieber. Dann muß allerdings eine Ausgleichvorrichtung bei der Weiche zur Erlangung des notwendigen Stellweges vorgesehen werden.

Signale

Zusammen mit den Stellwerksanlagen der Bauform EZMG werden Signale sowjetischer Bauart aufgestellt. Sie sind konstruktiv jedoch anders gestaltet als die Signale aus der DDR-Produktion. Auf den in die Erde gesetzten Stahlfuß wird eine zweiteilige Haltevorrichtung (russ. „Stakan") für den Signalmast aufgeschraubt. In diese Haltevorrichtung wird das Kabel eingeführt und im Kabelendverschluß aufgelegt. Der aus Stahlrohr bestehende Signalmast wird vom Stakan gehalten. Die Masthöhen sind je nach Verwendungszweck unterschiedlich. Am oberen Ende des Mastes werden über je

14 Übersichtsdarstellung über ein Ausfahrsignal sowjetischer Bauform

15 Rangiersignal Ra 11/12 aus einheimischer Produktion mit einem Relaiskasten für Signaltransformatoren aus sowjetischer Produktion

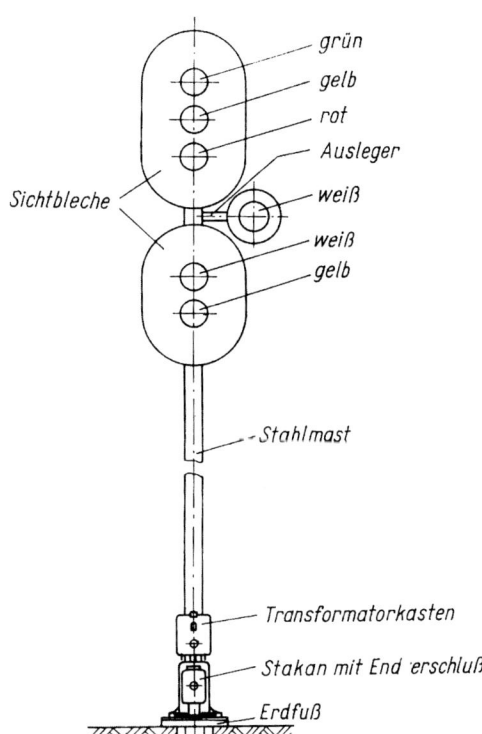

2 Halterungen 2 Laternengehäuse befestigt. Diese lassen sich vertikal und horizontal justieren. Das obere Laternengehäuse enthält 3, das untere 2 Lampen. Dies gilt als Regelanwendungsfall bei der Deutschen Reichsbahn.
Signale, die den Signalbegriff Ra 12 (Rangierfahrtsignal) zeigen müssen, erhalten zusätzlich zwischen den beiden Gehäusen nach rechts ausgelegt noch ein Einzelgehäuse mit einer weißen Lampe. Die Farbanordnung von oben nach unten ist: grün, gelb, rot, weiß, gelb. Vorsignale erhalten nur ein Gehäuse für 2 Leuchten, wobei die obere grün, die untere gelb zeigt. Werden Lampen nicht benötigt, so wird an ihrem Platz eine Abdeckung aufgeschraubt.
Die Gehäuse sind von großen Sichtblechen umrahmt, die Lampen erhalten lange Schuten. Lichtstreifen werden nicht verwendet. Die Signale können demzufolge alle Begriffe des HI-Signalsystems zeigen, die keinen Lichtstreifen benötigen. Wegen des Fehlens des grünen Lichtstreifens braucht auch kein grünes Blinklicht gezeigt zu werden.
Jede Signallampe benötigt einen Transformator 220 V/12 V. Die Signallampen (12 V; 15 W) machen dank der Lichtaustrittsöffnung von 210 mm die Signalbegriffe gut sichtbar.
Die Transformatoren sind in einem Kasten untergebracht, der auf dem Stakan aufgesetzt und am Signalmast befestigt wird. Die Zuleitungen zu den Signallampen laufen von den Transformatoren über den Stakan, durch den Mast und über ein bewegliches Rohr zu den Laternengehäusen. Auf der Rückseite der Signale befindet sich eine Steigeleiter.
Für alleinstehende Rangiersignale Ra 11/12 werden Signale aus der DDR-Produktion beigestellt. Sie erhalten jedoch den sowjetischen Relaiskasten zur Aufnahme der Signaltransformatoren.

Die nächsten Aufgaben

Zusammen mit den EZMG-Stellwerken kann eine sowjetische Relaisblockbauform auf den angrenzenden Strecken angewendet werden, die über Einrichtungen zur automatischen Zugschlußerkennung verfügt. Diese Blockbauform läßt sich auch an Stellwerke anderer Bauformen anpassen.
In den nächsten Jahren soll eine größere Anzahl von Stellwerken der Bauform EZMG für Bahnhöfe der Deutschen Reichsbahn importiert werden. Das zwingt zu erheblichen Anstrengungen auf dem Bau- und Montagesektor. Als vorteilhaft erweist sich, daß wegen der Schrankbauweise in der Regel keine Hochbauten errichtet werden müssen, sondern nur Umbauten in vorhandenen Gebäuden vorzunehmen sind.
Wichtig ist außerdem die Erarbeitung von optimalen Montagetechnologien sowie von Instandhaltungsvorgaben und -zyklen.
Die beteiligten Eisenbahner sind rechtzeitig über das System EZMG zu informieren.
Die Lösung dieser Aufgaben wird dazu beitragen, die aus der UdSSR importierten sowjetischen Stellwerke voll zu nutzen.

Dipl.-Ing.-Ök. Gottfried Köhler

Städteexpreßzüge der Deutschen Reichsbahn – betriebliche und konstruktive Grundsätze

Ein weiteres Ergebnis bei der Realisierung der Beschlüsse des IX. Parteitags der SED ist das im September 1976 im Ministerrat der DDR behandelte und inzwischen teilweise schon sichtbar gewordene Programm zur Verbesserung des Arbeiterberufsverkehrs bis 1980.
Seit dem Oktober 1976 betreibt die Deutsche Reichsbahn Städteexpreßzüge zwischen der Hauptstadt und den Bezirksstädten, die mehr als 150 km von Berlin entfernt sind. Diese Züge verkehren von Montag bis Freitag in den Frühstunden aus den Bezirksstädten nach Berlin und in den Nachmittagsstunden zurück. Es sind neue, den immer stärker werdenden Fernberufsverkehr ergänzende bzw. erweiternde Zugverbindungen.
Gerade in Berlin befinden sich zentrale Leitungen unseres Staates und die der gesellschaftlichen Organisationen und der Wirtschaft. Demzufolge sind werktäglich viele Dienstreisende zwischen den Bezirken und der Hauptstadt unterwegs. Zu den schon bewährten etwa 200 Zugpaaren ab und nach Berlin sind damit weitere sieben dazugekommen für Dienstreisende, Touristen und in den nächsten Jahren auch für die Tausende von Bauarbeitern, die zu den zentralen Baustellen im Rahmen der „FDJ-Initiative Berlin" in einem ihrem Arbeitsrhythmus entsprechenden Turnus fahren. Denn an der weiteren Ausgestaltung Berlins als sozialistische Metropole sind viele Werktätige aus anderen Bezirken der Republik beteiligt.

Betriebstechnische Angaben zu den Städteexpreßzügen

Name	Zug-Nr.	Strecke mit Zwischenhalt	Abfahrt [h. min]	Ankunft [h. min]	Fahrzeit [h. min]	Streckenlänge [km]	Reisegeschwindigkeit [km/h]	1. Einsatztag
Börde	Ex 141	Magdeburg–Berlin	6.52	8.51	1.59	168,5	≈ 85	29. 11. 76
	Ex 146	Berlin–Magdeburg	15.46	17.48	2.02			
Elbflorenz	Ex 170	Dresden–Berlin	7.10	9.19	2.09	189,4	≈ 89	8. 11. 76
	Ex 177	Berlin–Dresden	17.22	19.30	2.08			
Elstertal	Ex 100	Gera–Leipzig–Berlin	5.41	9.09	3.28	254,9	≈ 80	1. 11. 76
	Ex 107	Berlin–Leipzig–Gera	16.55	20.06	3.11			
Petermännchen	Ex 131	Schwerin–Berlin	5.44	8.16	2.32	230,8	≈ 93	6. 12. 76
	Ex 136	Berlin–Schwerin	16.21	18.50	2.29			
Rennsteig	Ex 150	Meiningen–Suhl–Erfurt–Halle–Berlin	3.55	9.04	5.09	377,7	≈ 73	25. 10. 76
	Ex 157	Berlin–Halle–Erfurt–Suhl–Meiningen	15.43	20.50	5.07			
Sachsenring	Ex 172	Zwickau–Karl-Marx-Stadt–Berlin	6.34	10.13	3.39	275	≈ 75	22. 11. 76
	Ex 175	Berlin–Karl-Marx-Stadt–Zwickau	16.23	20.09	3.46			
Stoltera	Ex 121	Rostock–Berlin	6.33	9.08	2.35	230	≈ 89	15. 11. 76
	Ex 126	Berlin–Rostock	16.28	19.02	2.34			

Ansprüche und Bedingungen für die Reisenden im „Ex"

Die Züge führen nur Platzkartenwagen, obwohl sie nicht platzkartenpflichtig sind. Das heißt, gegenüber üblichen Expreßzügen kann auch ohne Platzkarte, allerdings ohne Anspruch auf einen Sitzplatz, mitgefahren werden. Die Platzreservierung besorgt fast ausschließlich der jeweilige Zugausgangsbahnhof. Dort können die Platzkarten für die Hin- und Rückfahrt gelöst werden. In nur geringer Stückzahl gibt es Platzkarten in Berlin. Außer den Fahrpreisen werden die tarifmäßigen Expreßzuschläge erhoben. Alle Fahrpreisermäßigungen sind für die Züge zulässig. Damit ist es beispielsweise möglich, auf einer Ferienfahrkarte von Berlin nach Rostock für 34,— Mark auch in diesen Zügen hin- und zurückzufahren. Für die Freifahrtberechtigten werden keine besonderen Zuschläge erhoben.

Besonders vorteilhaft dürfte auch die von der Deutschen Reichsbahn für Betriebe herausgebrachte Blankofahrkarte mit acht Fahrten für den Berufsverkehr sein. Betriebe können des weiteren auf Netzkarten oder Fahrausweise für bestimmte Strecken zurückgreifen und sich eine

Expreßverbindungen mit 10 Bezirksstädten

In ihrer verkehrlichen Aufgabenstellung stehen die Städteexpreßzüge in engem Zusammenhang mit den bereits bewährten Städteschnellverkehrszügen. So treffen jene Züge, die Reisegeschwindigkeiten zwischen 73 km/h bis 93 km/h haben, zwischen 8.16 Uhr und 10.13 Uhr in Berlin ein.

Nach mindestens sechs Stunden für den Berlin-Aufenthalt zur Erledigung der dienstlichen oder touristischen Vorhaben besteht dann die Möglichkeit zur Rückfahrt.

Von den Abgangsbahnhöfen, und zwar Meiningen, Gera, Dresden, Rostock, Zwickau, Schwerin und Magdeburg, aus fahren die Züge durch bis nach Berlin mit Verkehrshalten in den an der Strecke liegenden Bezirksstädten Erfurt, Suhl, Halle, Leipzig und Karl-Marx-Stadt und des weiteren zu Aus- oder Umsteigemöglichkeiten auf den peripheren Bahnhöfen der Hauptstadt, so in Flughafen Berlin-Schönefeld und in Oranienburg. In den Bezirken sind viele Anschlußverbindungen auf die Abfahrzeiten der Städteexpreßzüge abgestimmt worden, so daß es an einem Tag ohne weiteres möglich ist, mit einer längeren Aufenthaltszeit in Berlin z. B. auch von Sömmerda, Bad Langensalza oder von Eisenach aus nach Berlin und zurück zu reisen. Mit 10 Bezirksstädten besteht nun eine Expreßverbindung nach Berlin.

3

4

langfristige Buchung für die Sitzplatzvergabe in den Expreßzügen sichern.

Wagentechnische Besonderheiten der Züge

Im Gegensatz zu dem gewohnten dunklen Grün der DR-Reisezugwagen sind die Expreßzugwagen durch einen zweifarbigen PUR-Lackanstrich gekennzeichnet. Gewählt wurde die Farbkombination elfenbein (im Fensterbereich) und orange (unterhalb des Fensterbereichs). Die Stirnwände sind in Orange und das Dach in Grau gehalten. Neben dem verkehrswerbenden Aussehen ist ein haltbarer und reinigungsgünstiger Außenanstrich erzielt worden.

Die Fahrzeuge, die im nachfolgenden Abschnitt noch näher beschrieben werden, haben besondere Warn- bzw. Kennleuchten an den Wagentüren. Solange die Einstiegtüren geöffnet sind, ist die Blaulichtleuchte als Türschließkontrolle eingeschaltet.

Besondere Aufmerksamkeit wurde der Erhöhung der Betriebssicherheit gewidmet. Eine der Maßnahmen ist der Schließvorgang an den Einstieg-Drehfalttüren, wobei die Türschließung für den gesamten Zug fernbetätigt werden kann. Geöffnet bleibt lediglich die Tür, von der aus der Schließvorgang mit einem Tastschalter

eingeleitet wird. Der Betriebseisenbahner kann damit die jeweilige Zugseite während der Abfahrt beobachten.

Der Schließvorgang läuft elektropneumatisch ab. Sollte eine Tür nicht vollständig geschlossen sein, wird sie nochmals geöffnet und danach geschlossen. Für den Fall, daß ein Hindernis diesen Vorgang unterbricht, wird er bis zu viermal wiederholt. Danach muß die Tür, die offengeblieben ist, manuell geschlossen werden. Als Neuerung kann auch die elektromagnetische Türblockiereinrichtung angesehen werden. So werden die Innentürdrücker der Drehfalttüren ab einer Geschwindigkeit von 5 km/h blockiert. Dieser Vorgang des Blockierens und Entblockierens wird bei jedem Wagen selbständig gesteuert. Durch Betätigen eines Tasters, der sich neben der Einstiegtür befindet, kann die Blockierung für eine Minute aufgehoben werden.

Konstruktion, Gestaltung und Ausstattung der Sitzwagen

Bei den Sitzwagen handelt es sich um Erzeugnisse des VEB Waggonbau Bautzen. Sie entstanden auf der Grundlage der bekannten Serie Typ YB/70. Sie wurden sowohl als 1.-Klasse-(Ame) als auch als 2.-Klasse(Bme)-Wagen mit Seitengang hergestellt.

1 Gesamtansicht des Fahrzeugs

2 Einstiegtüren

3 1.-Klasse-Abteil

4 Anschriftenübersicht

5 Türverschluß- und Türschließeinrichtung

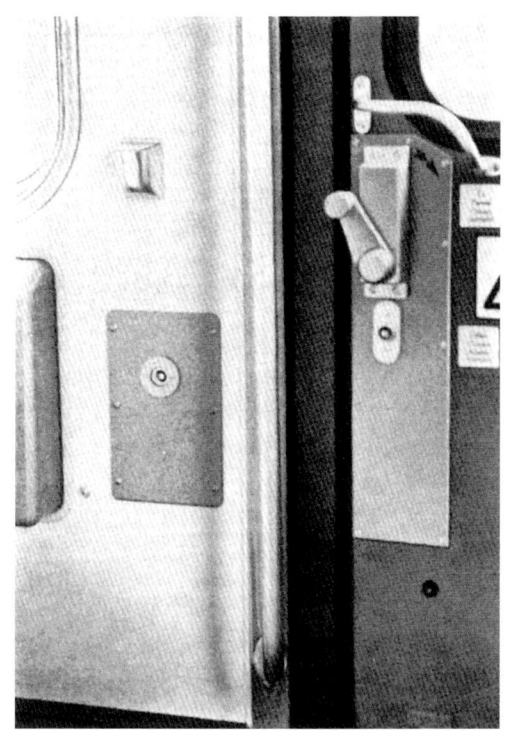

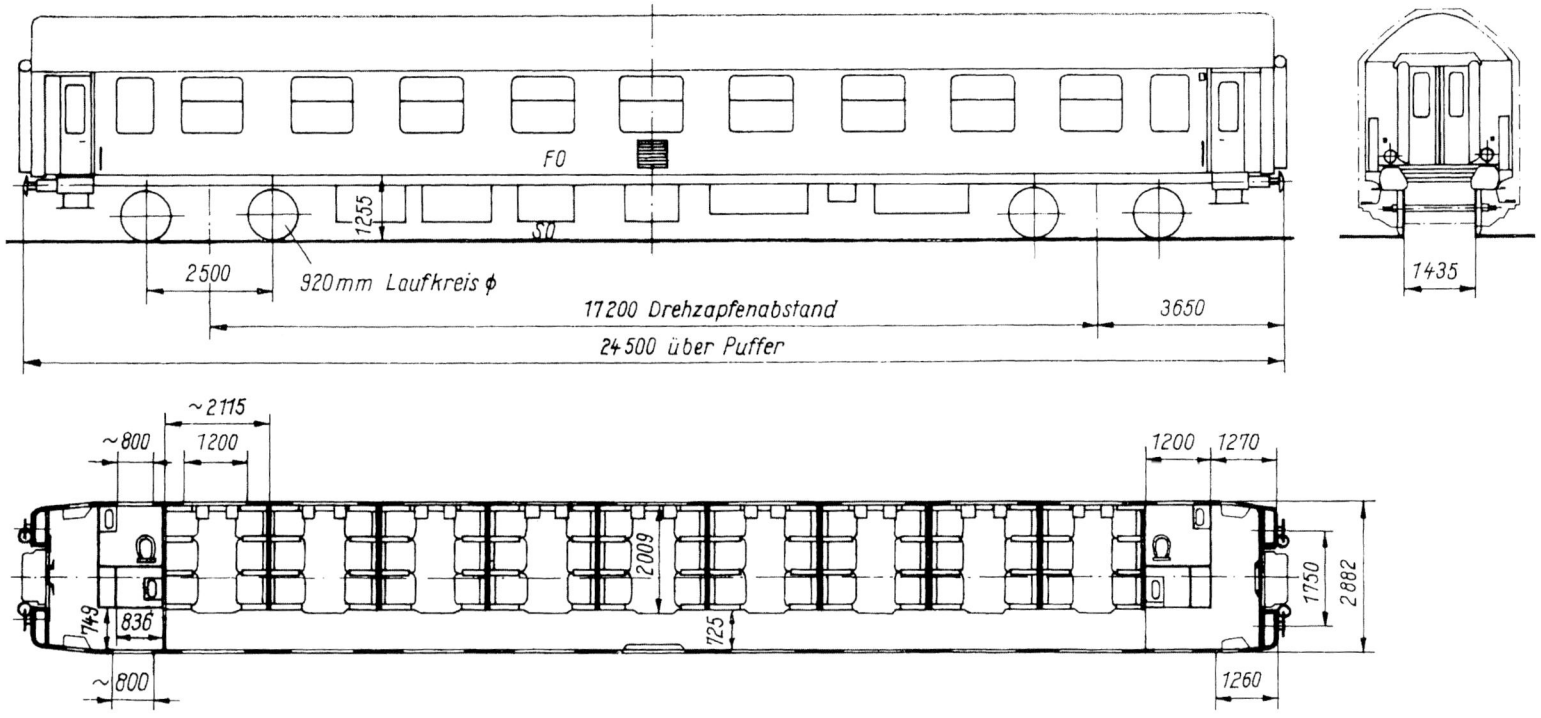

6

Für die günstigen fertigungs- und instandhaltungstechnischen als auch ökonomischen Bedingungen im Hinblick auf den Einsatz und die leichte Wartung, Reinigung und Pflege der Fahrzeuge erhielt das Werkkollektiv in Bautzen das Gütezeichen Q.

Unter Verwendung von St 38 und St 52 ist der Wagenkasten vollständig geschweißt in Leichtbauweise hergestellt. Für die Einstiegtüren, wie schon erwähnt in Drehfaltausführung, wurde glasfaserverstärktes Polyester eingesetzt. Dadurch konnte die Eigenmasse erheblich gesenkt und die Korrosionsgefährdung wesentlich verringert werden. Die lichte Öffnungsweite jeder Tür beträgt 740 mm. Unter Einbeziehung des Fußbodenniveaus wurden vier Trittstufen vorgesehen, so daß jede Trittstufe eine Höhe von 230 mm hat. Die Innenraumaufteilung und -ausstattung stimmt zwischen den 1.-Klasse- und 2.-Klasse-Wagen weitgehend überein; jeder hat neun Abteile, zwei Toiletten und zwei Waschräume. Alle Abteile wurden mit je sechs Sitzplätzen, als Einzelsitze gleicher Konstruktion, ausgeführt, die sich über Arretierungen in verschiedene Sitzstellungen bringen lassen. Unterschiedliche Sitzbezüge wurden gewählt: die der 1. Klasse sind aus Wollplüsch-Bezugsstoff, die der 2. Klasse aus Kunstleder. In den Abteilen 1. Klasse sind des weiteren Teppiche ausgelegt. Alle anderen Ausstattungen, wie Fensternische, Vorhänge, Abfallbehälter u. a. m., sind in der gewohnten Weise angeordnet.

Die neuen Wagen aus Bautzen erhielten das schon bewährte Zweikanal-Luftheizsystem, das wahlweise mit Dampf oder elektrisch betrieben werden kann. Bei Außentemperaturen von $-20\,°C$ wird in den Abteilen eine Temperatur von $+22\,°C \pm 2\,K$ gesichert. Die stündliche Luftansaugmenge beträgt etwa $2\,000\,m^3$. Neben der automatischen Temperaturvorregelung für den gesamten Wagen besteht die Möglichkeit zur Abteilregelung.

7

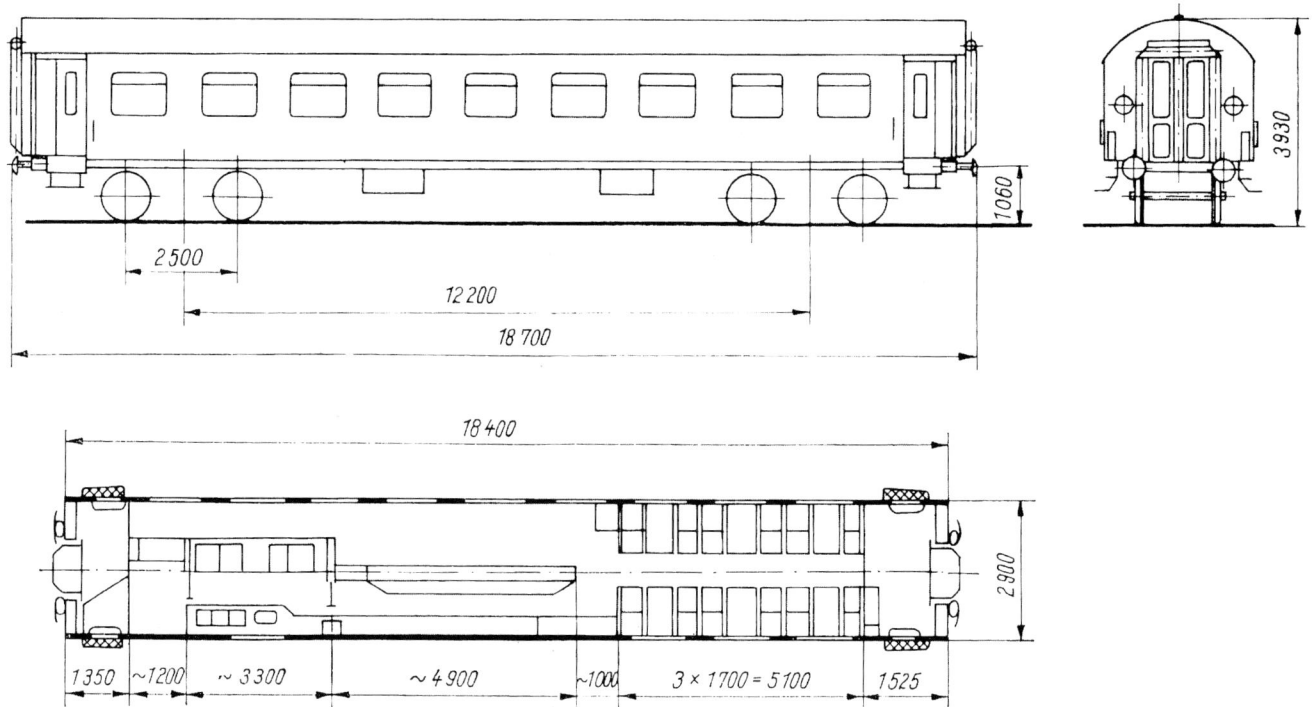

6 Maßskizze und Raumaufteilung des Sitzwagens

7 Speisewagen

8 Maßskizze und Raumaufteilung des Speisewagens

Technische Hauptdaten

		Ame/Bme	WRge
Länge über Puffer	mm	24 500	18 700
Länge des Wagenkastens	mm	24 200	18 400
Drehzapfenabstand	mm	17 220	12 200
Drehgestellachsstand	mm	2 500	2 500
Breite des Wagenkastens	mm	2 882	2 900
Höhe des Wagenkastens	mm	4 230	3 930
Eigenmasse des Wagens	t	38	33
Sitzplätze		54	24
Höchstgeschwindigkeit lauftechnisch	km/h	160	140
bremstechnisch	km/h	140	120

Dabei kann die Raumtemperatur über eine Handstelleinrichtung durch unterschiedliche Zufuhr von Warm- und Kaltluft verändert werden.
Für die Stromversorgung steht eine kontaktlose Anlage, zu der ein Drehstromgenerator, ein Gleichrichtersatz und ein Regler gehören, zur Verfügung. Die Leistung beträgt 4,5 kW. Ihre Einschaltgeschwindigkeit liegt bei 6 km/h. Des weiteren wird für den Fall eines Generatorausfalls bei Wagenstillstand und auch bei geringer Fahrgeschwindigkeit die Energieversorgung aus zwei NC-Batterien mit einer Kapazität von insgesamt 750 Ah aufrechterhalten.
Die bewährten Drehgestelle vom Typ Görlitz V werden verwendet.
Erwähnt sei noch die Bremseinrichtung der Bauart Dako-PR, zu der auch die Gleitschutzregler und Achslagerbremsdruckregler gehören.

Gestaltung und Ausstattung der Speisewagen

Da die Städteexpreßzüge überwiegend nur kurze Fahrzeiten haben, sind für die gastronomische Versorgung die kombinierten Speise-Büfettwagen WRge gewählt worden. Die mit dem gleichen Farbanstrich versehenen Fahrzeuge wurden im Raw Halberstadt hergestellt.
Dieser Fahrzeugtyp hat sich in jahrelangem Betriebseinsatz bewährt; er besitzt zudem den Vorteil, daß zahlreiche Hauptbaugruppen mit anderen Wagentypen aus dem gleichen Herstellerwerk übereinstimmen. Wie aus Abbildung 8 erkennbar, ist der Speiseraum auf der Seite der Handbremse eingerichtet. Er hat 24 Sitzplätze in der Anordnung 2 + 2. Die Sitze sind einzeln klappbar, und auch die Tische sind zum Zwecke der Wagenreinigung hochklappbar. Vom Mittelgang des Speiseraums aus geht es zum Büfettraum mit einer Theke, die als knapp 5 m lange Platte etwa in der Fahrzeuglängsachse verläuft. Das Büfett ist im Bedienbereich mit der Küche verbunden.
Für die Innengestaltung sind ebenfalls dekorative Farben und Elemente verwendet worden.
Bleibt noch zu erwähnen, daß auch diese Fahrzeuge mit Drehgestellen der Bauart Görlitz V ausgestattet sind, daß eine Konvektionsheizung installiert ist und daß zwei Drehstromgeneratoren mit einer Leistung von je 4,5 kW Strom liefern.

Dipl.-Ing. Friedrich Spranger

Die S-Bahnen in Leipzig, Halle, Rostock, Magdeburg und Dresden

Die S-Bahn – ein wichtiges Glied im städtischen öffentlichen Personennahverkehr

Eine Aufgabe des einheitlichen sozialistischen Verkehrswesens der DDR ist es, den Personenverkehr ständig weiterzuentwickeln. Dabei werden die wissenschaftlich-technischen Arbeiten vor allem auf die vom Arbeitskräfte-, Energie- und Materialeinsatz her zweckmäßigste Arbeitsteilung zwischen den Verkehrszweigen sowie auf die Verbesserung des Berufs- und Nahverkehrs in Städten und Ballungsgebieten gerichtet. Ein Ziel der Verkehrspolitik ist es, ein integriertes System zwischen öffentlichem Personennahverkehr und Individualverkehr zu schaffen.

Um den Individualverkehr auf sich zu ziehen, muß der öffentliche Verkehr einen hohen Grad an Attraktivität aufweisen. Der wird u. a. durch niedrige Fahrpreise, hohes Platzangebot, sichere und pünktliche Beförderung und kurze Reisezeiten erreicht. Diese Forderungen werden am besten durch sogenannte S-Bahnen erfüllt. Der Begriff „S-Bahn" entstand bei den Berliner Stadt-, Ring- und Vorortbahnen (vgl. Eisenbahn-Jahrbuch 1974, S. 140). Heute werden einige Nahverkehrssysteme der Deutschen Reichsbahn als S-Bahn bezeichnet. Eine verbindliche Definition dieses Begriffs gibt es nicht. Schon die Erklärung des Wortes ist unterschiedlich. So bedeutet S-Bahn in Rostock „Stadtbahn", in Berlin, Halle, Leipzig und Dresden „Schnellbahn". Auch welche technischen und verkehrlichen Anforderungen an ein Nahverkehrsnetz gestellt werden sollen, damit es den Namen „S-Bahn" führen darf, ist nicht festgelegt.

Zwei Bedingungen sollten jedoch unbedingt erfüllt sein, ehe der Name „S-Bahn" benutzt wird, nämlich
1. ein starrer Fahrplan mit einer angemessen dichten Zugfolge,
2. ein besonderer S-Bahntarif, der nicht erheblich über dem der anderen öffentlichen Nahverkehrsmittel liegt.

Die älteste und technisch am vollkommensten ausgerüstete S-Bahn ist die in Berlin. Nach ihrem Vorbild, doch in anderen technischen Ausführungen, sollen S-Bahnen in fünf Bezirksstädten der DDR eingerichtet werden. In vier Bezirksstädten wurden bereits erste Ausbaustufen eröffnet, in Leipzig, Halle, Rostock und Magdeburg.

In Dresden gibt es seit dem 30. September 1973 auf drei Vorortstrecken einen angenähert starren Fahrplan und seit dem 29. September 1974 im gesamten Vorortbereich einen besonderen S-Bahntarif.

Technische Ausführungen der neuen S-Bahnen

Triebwagen

Grundsätzlich unterscheiden sich die S-Bahnen der vier Bezirksstädte Leipzig, Halle, Magdeburg und Dresden von der Berliner S-Bahn dadurch, daß sie über kein besonderes Gleichstromnetz verfügen, sondern den Einphasenwechselstrom von 16²/₃ Hz und 15 kV der Fernbahn benutzen. Dem Triebfahrzeug wird der elektrische Strom nicht über eine Stromschiene, sondern über die Fahrleitung zugeführt. Vorläufig verkehren in den vier Bezirksstädten mit Elektrolokomotiven und in Rostock mit Diesellokomotiven bespannte Wendezüge.

Später werden sie überwiegend von besonderen Nahverkehrstriebzügen der neuen Baureihe 280 abgelöst; bei deren Konstruktion wurde speziell auf den Einsatz im S-Bahnbetrieb Rücksicht genommen.

Die kleinste Betriebseinheit der Baureihe 280 besteht aus vier Wagen mit einer Gesamtlänge von 97 m. Maximal drei dieser Einheiten können zu einem Triebwagenzug zusammengestellt werden. Je zwei Wagen einer Betriebseinheit bilden eine Funktionseinheit. Im a-Wagen befindet sich der Führerstand und ein kleines Traglastenabteil, der b-Wagen ist mit Transformator und Stromabnehmer ausgerüstet. Jede Achse wird durch einen Motor von 190 kW Dauerleistung angetrieben. Eine Betriebseinheit verfügt damit über die erstaunlich hohe Dauerleistung von 3040 kW während vergleichsweise eine Elektrolokomotive der BR 211/242 eine Dauerleistung von lediglich 2740 kW aufzuweisen hat. Jene hohe Leistung ermöglicht die für S-Bahnen wünschenswerte maximale Anfahrbeschleunigung von 1,3 m/s².

Ein Triebwagen verfügt über zwei große Doppeltüren an jeder Seite und Auffangräume im Türbereich. Die wichtigsten technischen Daten einer Betriebseinheit zeigt folgende Übersicht:

Achsfolge	4 × (Bo' Bo')
Masse der leeren Betriebseinheit	192 t
Sitzplätze	332 (83 je Wagen)
Stehplätze	474 (118/119 je Wagen)
Gesamtplatzzahl	806 (201/202 je Wagen)
Verhältnis Steh- zu Sitzplätze	1,43 : 1

1 Triebzug der Baureihe 280 für den elektrischen S-Bahnverkehr

zulässige Höchst-
geschwindigkeit 120 km/h
Dauerleistung 3040 kW (16 × 190 kW)
Zugkraft
bei Dauerleistung 138 kN
maximale
Anfahrzugkraft 362 kN

Zwei Betriebseinheiten der BR 280 sind seit 1973 in Erprobung. Eine von ihnen verkehrt seit April 1975 planmäßig auf der Linie B der Leipziger S-Bahn zwischen Leipzig und Wurzen.

Bahnanlagen

Bei der Berliner S-Bahn wurde der Grundsatz weitgehend verwirklicht, den elektrisch betriebenen S-Bahnverkehr auf der Strecke und in den Bahnhöfen vom Fernverkehr zu trennen. Dadurch wird der S-Bahnfahrplan außerordentlich stabil, denn Störungen wegen verspäteter Fernzüge entfallen, und auf Anschlüsse braucht im S-Bahnbereich wegen der dichten Zugfolge keine Rücksicht genommen zu werden.
Die besonderen S-Bahngleise zwingen jedoch zu einem hohen Investitionsaufwand, der für die S-Bahnen der fünf Bezirksstädte nicht sofort aufgebracht werden kann. Deshalb verkehren diese S-Bahnen fast ausschließlich im Gemeinschaftsbetrieb mit Fernzügen.
Für größere Bahnhöfe wird im Interesse eines schnellen Fahrgastwechsels die Einrichtung spezieller S-Bahnbahnsteige, auch bei Gemeinschaftsbetrieb auf den Strecken, gefordert. Diese Forderung konnte vielfach verwirklicht werden. So sind im Leipziger Hauptbahnhof die Bahnsteige 6 und 7 dem S-Bahnverkehr der Linie A vorbehalten, in Halle Hbf und Magdeburg Hbf wurden gesonderte S-Bahnbahnsteige mit günstigen Zu- und Abgängen zur Stadt angelegt.
Man unterscheidet grundsätzlich zwischen niederen, mittleren und hohen Bahnsteigen.
Im allgemeinen werden bei der Deutschen Reichsbahn niedere Bahnsteige mit 300 mm (alt 380 mm) Höhe über SO benutzt. Die Berliner S-Bahn erhielt hohe Bahnsteige, die mit 960 mm über SO der Höhe des Wagenbodens entsprechen. Für die S-Bahnen der Bezirksstädte kommen wegen des Gemeinschaftsbetriebs mit Fernzügen nur mittlere Bahnsteige von 550 mm Höhe (alt 760 mm) über SO in Betracht. Über sie läßt sich das Innere des Nahverkehrstriebwagens, dessen Wagenboden etwa 1045 mm über SO liegt, über eine Zwischenstufe erreichen.

S-Bahn Leipzig

Die Messestadt Leipzig mit ihren 600 000 Einwohnern erhielt als erste Bezirksstadt der DDR eine gut ausgebaute S-Bahnlinie. Die heute als Linie A bezeichnete Verbindung beginnt in Gaschwitz und führt über einen großen Bogen über Connewitz, Stötteritz, Hauptbahnhof, Leutzsch und Plagwitz zurück nach Gaschwitz. Streckenerweiterungen und Elektrifizierungsarbeiten waren nicht notwendig, weil die Linie über vorwiegend zweigleisige und schon vorher elektrifizierte Strecken verläuft. Bei ihrer Eröffnung standen den Reisenden 6 neue Haltepunkte zur Verfügung, 3 weitere wurden inzwischen neu angelegt.
Die Leipziger S-Bahnzüge werden aus einer Lokomotive der BR 242 und fünf Mitteleinstiegwagen gebildet. Äußerlich unterscheiden sich die S-Bahnwagen von gewöhnlichen Reisezugwagen durch einen blau-gelben Außenanstrich, der den Stadtfarben von Leipzig entspricht. Außerdem wurden die Wagen für Wendezugbetrieb eingerichtet und mit besonderen Vorrichtungen für die Sicherheit der Reisenden ausgerüstet. So ertönt vor jeder Abfahrt ein Klingelzeichen im Wageninnern, und die Türen werden vom Triebfahrzeugführer geschlossen.
Rechnet man je Zugeinheit 600 Plätze (darunter 350 Sitzplätze), dann lassen sich im Berufsverkehr bei einem Zugabstand von 20 min 1800 Reisende je Stunde und Richtung befördern. Während der Messen ist zu bestimmten Tageszeiten zwischen Hauptbahnhof und Messegelände eine dichtere Zugfolge üblich.
Im Frühjahr 1974 wurde die S-Bahnlinie B eröffnet, die Leipzig mit Borsdorf und Wurzen verbindet. Auf ihr gelten S-Bahnfahrkarten, einen starren Fahrplan gibt es jedoch im Gegensatz zur S-Bahnlinie A noch nicht.
Die Wendezüge der Linie B bestehen aus einer Lokomotive der BR 242 und drei gewöhnlichen Doppelstock-Einzelwagen.

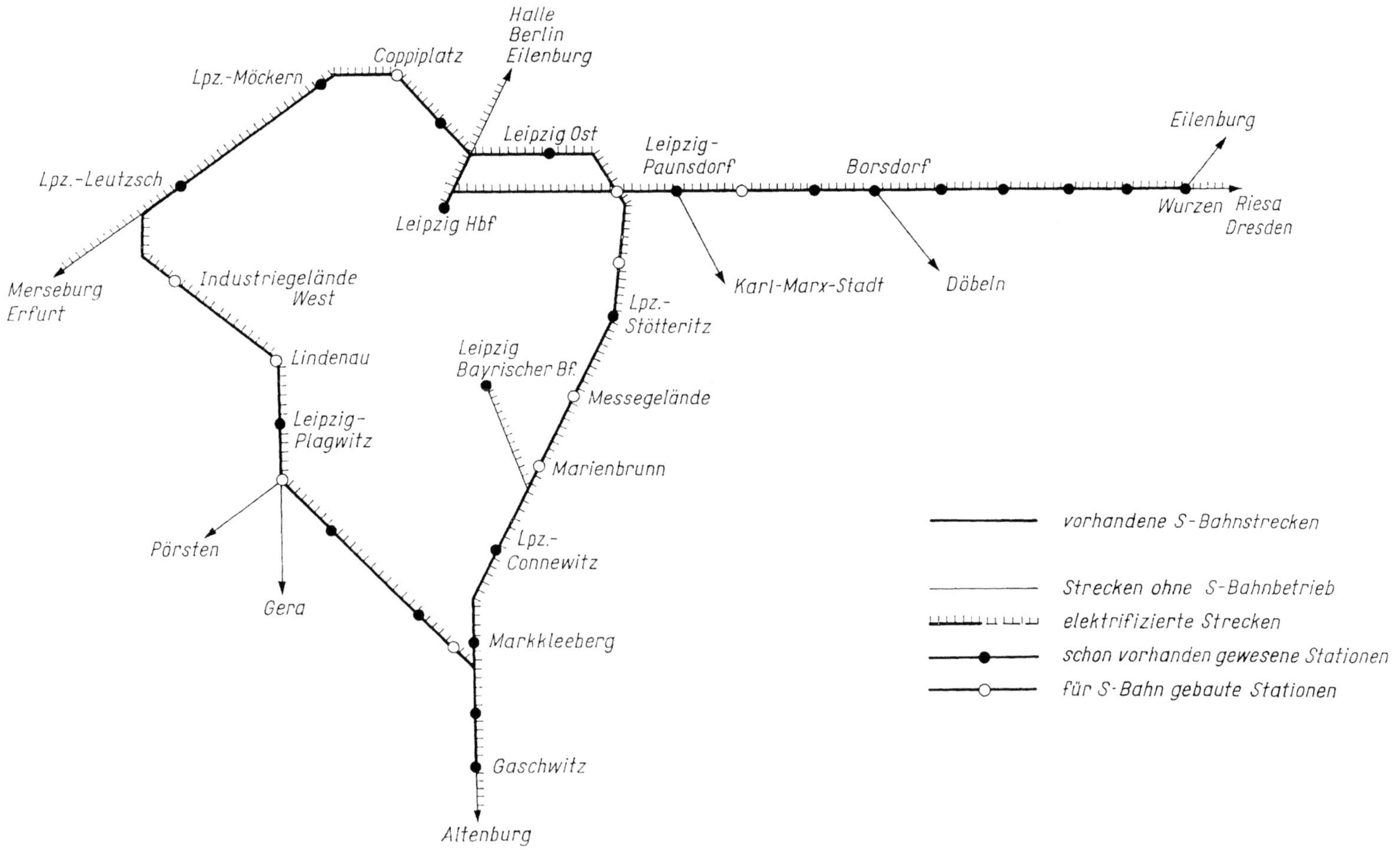

2 Streckennetz der S-Bahn Leipzig (unmaßstäblich)

3 Steuerwagen eines Wendezuges der Leipziger S-Bahnlinie A im neu errichteten Hp Lindenau

4 Triebzug der BR 280 im Hp Machern der Leipziger S-Bahnlinie B

5 S-Bahnzug auf der Elsterflutbrücke zwischen Leipzig-Leutzsch und Leipzig-Möckern

6 Streckennetz der S-Bahn Halle (unmaßstäblich)

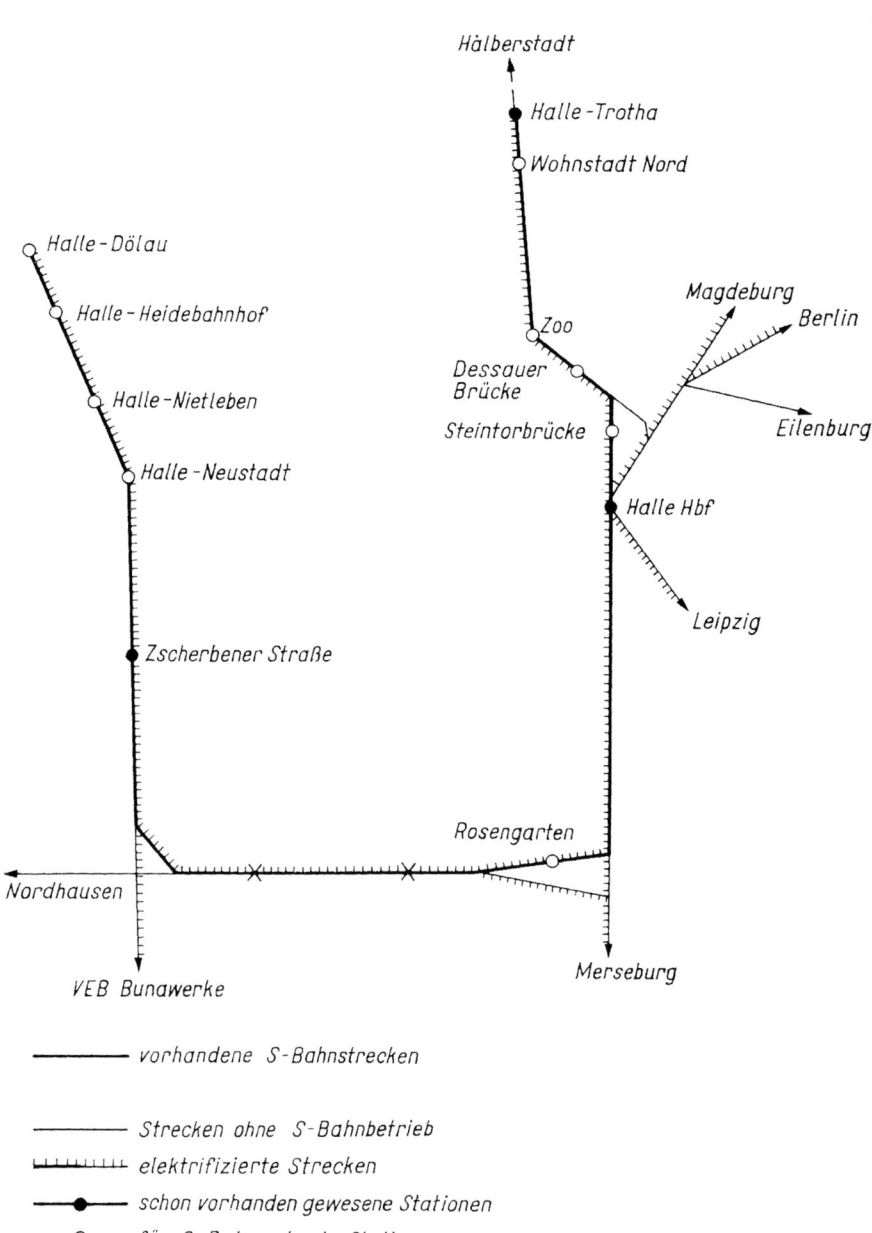

An baulichen Maßnahmen ergaben sich für diese Linie das Verlegen des dritten Streckengleises zwischen Borsdorf und Abzweig Althen (etwa 1,5 km) sowie die Einrichtung von zwei neuen Haltepunkten.
Mit dem Bau des Wohngebietes Leipzig-Grünau, das in den Jahren 1976 bis 1982 entstehen und 80 000 Einwohner aufnehmen soll, erwachsen der Deutschen Reichsbahn neue Aufgaben. Hauptverkehrsmittel soll für dieses Neubaugebiet die Eisenbahn sein. Um dieser Forderung gerecht zu werden, ist der Bau einer S-Bahnlinie von Leipzig-Plagwitz nach Leipzig-Grünau mit etlichen Haltepunkten vorgesehen.

S-Bahn Halle

Nur wenige Wochen nach Eröffnung der Leipziger S-Bahn erhielt Halle eine S-Bahnlinie, wofür im Gegensatz zu Leipzig umfangreiche Streckenneubauten und Elektrifizierungsarbeiten erforderlich waren.
Vorläufer der Hallenser S-Bahn war der 1967 zwischen Halle Hbf und Halle-Neustadt Zscherbener Straße eingerichtete Schnellverkehr. Eine aus Leichttriebwagen zusammengesetzte Zugeinheit befuhr täglich 14mal ohne Zwischenhalt in jeder Richtung die 11 km lange Strecke. Eine Fahrt dauerte 10 min und kostete 0,50 Mark.

7

8

9

Mit Eröffnung des S-Bahnbetriebs am 27. September 1969 traten folgende Verbesserungen ein:
- Verlängerung der Schnellbahnverbindung bis Halle-Nietleben;
- Aufnahme des elektrischen Betriebs zwischen Halle Hbf und Halle-Nietleben;
- erhebliche Verdichtung der Zugfolge;
- Erweiterung des S-Bahnbetriebs auf die Strecke Halle Hbf–Halle-Trotha (diese Strecke wurde zunächst mit diesellokbespannten Wagenzügen befahren);
- Einführung des S-Bahntarifs.

Im Herbst 1971 folgte die Verlängerung der S-Bahnlinie über Halle-Nietleben hinaus nach Halle-Dölau, wozu die Trasse der ehemaligen Nebenbahn Halle-Klaustor–Gerbstedt–Hettstedt verwendet wurde. Damit erhielt Halle eine Eisenbahnverbindung nach dem Naherholungsgebiet Dölauer Heide. Gleichzeitig wurde der starre Fahrplan auf dem Streckenteil Halle Hbf–Halle-Dölau eingeführt.

Ihre heutige Gestalt hat die S-Bahn Halle seit dem zweiten Fahrplanwechsel 1972. Bis zum Herbst 1972 war zwischen Halle Hbf und Halle-Trotha ein besonderes S-Bahngleis verlegt und mit Fahrleitung überspannt worden (das danebenliegende Fernbahngleis der Strecke Halle–Aschersleben–Halberstadt wurde nicht überspannt). Dadurch konnte man die Gesamtstrecke Halle-Dölau – Halle Hbf – Halle-Trotha durchgehend mit elektrischen Wendezügen befahren und den starren Fahrplan auf den Trothaer Streckenteil ausdehnen.

Zum Einsatz kommen Doppelstock-Gliederzüge DGB 12, bespannt mit einer Lokomotive der BR 242. Die Wagen der Hallenser S-Bahn tragen einen weinroten Außenanstrich, der in der Mitte durch einen breiten gelben Zierstreifen unterbrochen wird.

Besondere Erwähnung verdient der in Halle-Neustadt angelegte Tunnelbahnhof. Hier wird die Strecke über fast 1 km Länge unterirdisch geführt. Damit entfällt jede Belästigung der Bewohner der neugebauten Chemiearbeiterstadt durch die Eisenbahn. Außerdem befindet sich im Tunnel der Bahnsteig des Bahnhofs Halle-Neustadt, so daß die Reisenden weitgehend vor Einflüssen der Witterung geschützt sind.

Für die nächsten Jahre ist die Einrichtung zweier neuer Haltepunkte zwischen Rosengarten und Zscherbener Straße sowie das Verlegen eines S-Bahngleises im Bereich dieser Haltepunkte geplant. Damit soll die neue Wohnstadt Süd mit 40 000 bis 50 000 Einwohnern an das S-Bahnnetz angeschlossen werden.

Die ferne Perspektive sieht im Norden eine Schließung der S-Bahnstrecke zu einem

7 S-Bahnhof Halle-Neustadt; er liegt in einem Tunnel

8 Eingang zum S-Bahnhof Halle-Neustadt

9 S-Bahnzug in Halle Hbf

10 Ausfahrt aus dem S-Bahnhof Halle-Neustadt; im Hintergrund die junge Chemiearbeiterstadt

11 S-Bahnhof Halle (Saale) Heidebahnhof

Ring über eine neue Trasse zwischen Halle-Dölau und Halle-Trotha vor.

S-Bahn Rostock

Die Rostocker Stadtbahn ist die einzige S-Bahn der Deutschen Reichsbahn, die nicht elektrisch betrieben wird.

Die umfangreichen Industrieneubauten bzw. -erweiterungen, wie Warnowwerft Warnemünde, Dieselmotorenwerk Rostock und Fischverarbeitungswerk Rostock-Marienehe, sowie der Neubau des westlich der Strecke gelegenen Ortsteils Lütten Klein hatten eine Erhöhung des Verkehrsaufkommens zur Folge. Dieses ständig steigende

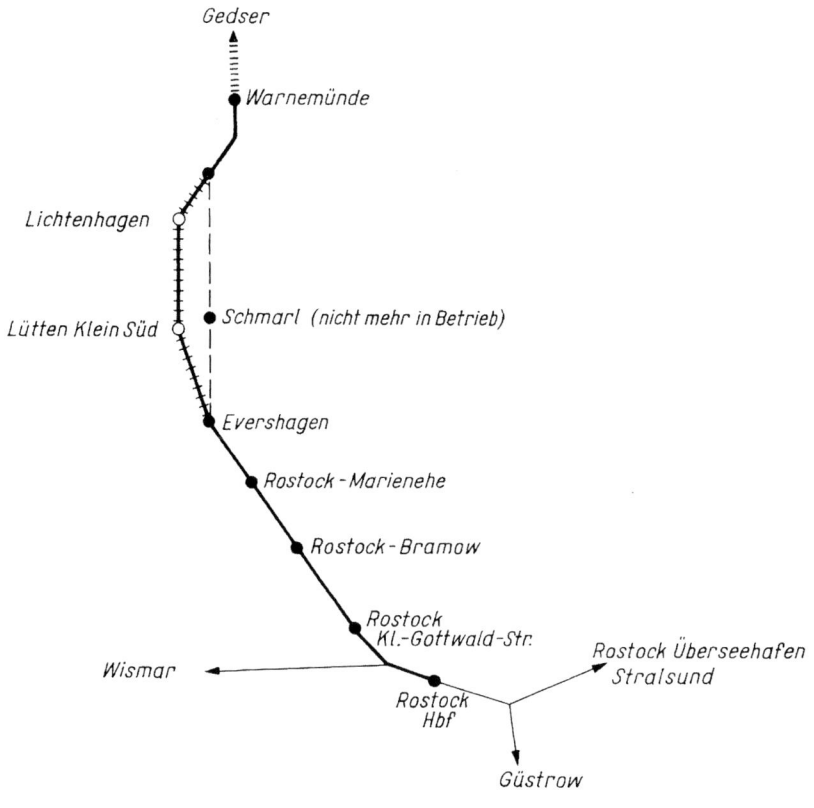

- ——— S-Bahnstrecke
- +++++++ bei Ausbau der S-Bahn neu angelegte Trasse
- — — — nach Inbetriebnahme der 2. Ausbaustufe abgebrochene Strecke
- ——— Strecken ohne S-Bahnbetrieb
- —●— schon vorhanden gewesene Stationen
- —○— für S-Bahn gebaute Stationen

12

13

12 Streckenkarte der S-Bahn Rostock (unmaßstäblich)

13 Wendezüge der Rostocker S-Bahn im Endbahnhof Warnemünde

14 S-Bahnzug auf einem viergleisigen Abschnitt zwischen Magdeburg und Schönebeck

15 Streckenkarte der S-Bahn Magdeburg (unmaßstäblich)

Verkehrsbedürfnis führte zu dem Entschluß, den Vorortverkehr in zwei Ausbaustufen in eine S-Bahn zu verwandeln.

Mit Vollendung der ersten Ausbaustufe erhielt der Vorortverkehr die Bezeichnung „S-Bahn Rostock". Wichtigste Baumaßnahmen waren das Verlegen des zweiten Streckengleises zwischen Rostock-Bramow und Evershagen und die Inbetriebnahme des ersten Teils einer neuen Trasse von Evershagen nach Lütten Klein Süd. Ein Teil der Züge verkehrte wie bisher zwischen Rostock und Warnemünde auf der alten Trasse, und zusätzlich wurden Zugfahrten zwischen Rostock und Lütten Klein Süd eingerichtet.

Die zweite Ausbaustufe wurde am 28. September 1974 dem Verkehr übergeben und erbrachte einen durchgehend zweigleisigen Betrieb zwischen Rostock und Warnemünde. Wegen der Verlängerung der neuen Trasse über Lütten Klein Süd hinaus nach Warnemünde konnten nunmehr alle Züge über die neue Trasse geleitet werden, so daß das nicht mehr benutzte Streckengleis Evershagen–Warnemünde Werft abgebaut wurde. Die Neutrassierung war u. a. notwendig, um die Strecke näher an Lütten Klein heranzuführen. Das Projekt ist so gestaltet worden, daß jederzeit ein drittes Gleis für Schnell- und Güterzüge verlegt werden kann.

Die S-Bahnzüge werden seit dem 28. September 1974 einheitlich aus einer Lokomotive der BR 118 und zwei Doppelstockeinheiten DB 13 gebildet. Bei einer Zugfolgezeit von 10 min in Verkehrsspitzenzeiten sind 9 Wagenzüge (18 DB 13) im Umlauf.

Die Perspektive sieht eine weitere Verdichtung der Zugfolge vor.

S-Bahn Magdeburg

Auch in Magdeburg gab es vor Eröffnung der ersten S-Bahnlinie einen verdichteten Vorortverkehr. Er verband wichtige Industriekomplexe und dichtbesiedelte Wohngebiete beiderseits der Hauptbahnen Wittenberge–Magdeburg und Magdeburg–Halle. Zwischen Zielitz und Schönebeck-Salzelmen verkehrten durchgehende Wendezüge, die aus einer Diesellokomotive der BR 110 und vier Mitteleinstiegwagen bestanden.

Im September 1974 wurde zwischen diesen Bahnhöfen die 38,6 km lange Linie A (Zielitz – Magdeburg Hbf – Schönebeck-Salzelmen) der Magdeburger S-Bahn in Betrieb genommen. Die wichtigsten Veränderungen gegenüber dem verdichteten Vorortverkehr waren:
- Einführung eines besonderen S-Bahntarifs;
- durchgehend elektrischer Betrieb mit Wendezügen aus einer Lokomotive BR 211/242 und vier Mitteleinstiegwagen;
- weitere Verdichtung der Zugfolge, so daß zwischen Magdeburg und Schönebeck etwa 60 und zwischen Magdeburg und Zielitz etwa 40 Zugpaare verkehren.

Zur Verwirklichung dieser Maßnahmen wurden umfangreiche Gleiserweiterungen vorgenommen. Dadurch stehen jetzt zwischen Abzw. Glindenberg (nahe bei Magdeburg-Rothensee) und Schönebeck (Elbe) vier Streckengleise zur Verfügung, von denen zwei überwiegend von Güterzügen und zwei im Gemeinschaftsbetrieb von Fernzügen und S-Bahnzügen benutzt werden.

Da der größere Teil der Linie A über Strecken verläuft, die noch nicht zum elektrifizierten Fernbahnnetz der Deutschen Reichsbahn gehören, waren 24 Streckenkilometer (90 km Gleislänge) mit Fahrleitung zu überspannen (Zielitz–Magdeburg Hbf und Schönebeck–Schönebeck-Salzelmen).

Besondere Bedeutung kommt dem Endbahnhof Zielitz wegen des neuen Kaliwerks zu, dessen Versand per Eisenbahn im Jahr 1975 etwa 900 000 t betrug. Um für den Berufsverkehr dieses Werks günstigere Zusteigemöglichkeiten zu den S-Bahnzügen zu schaffen, wurde der alte Bahnhof Zielitz stillgelegt und durch einen neuen

14

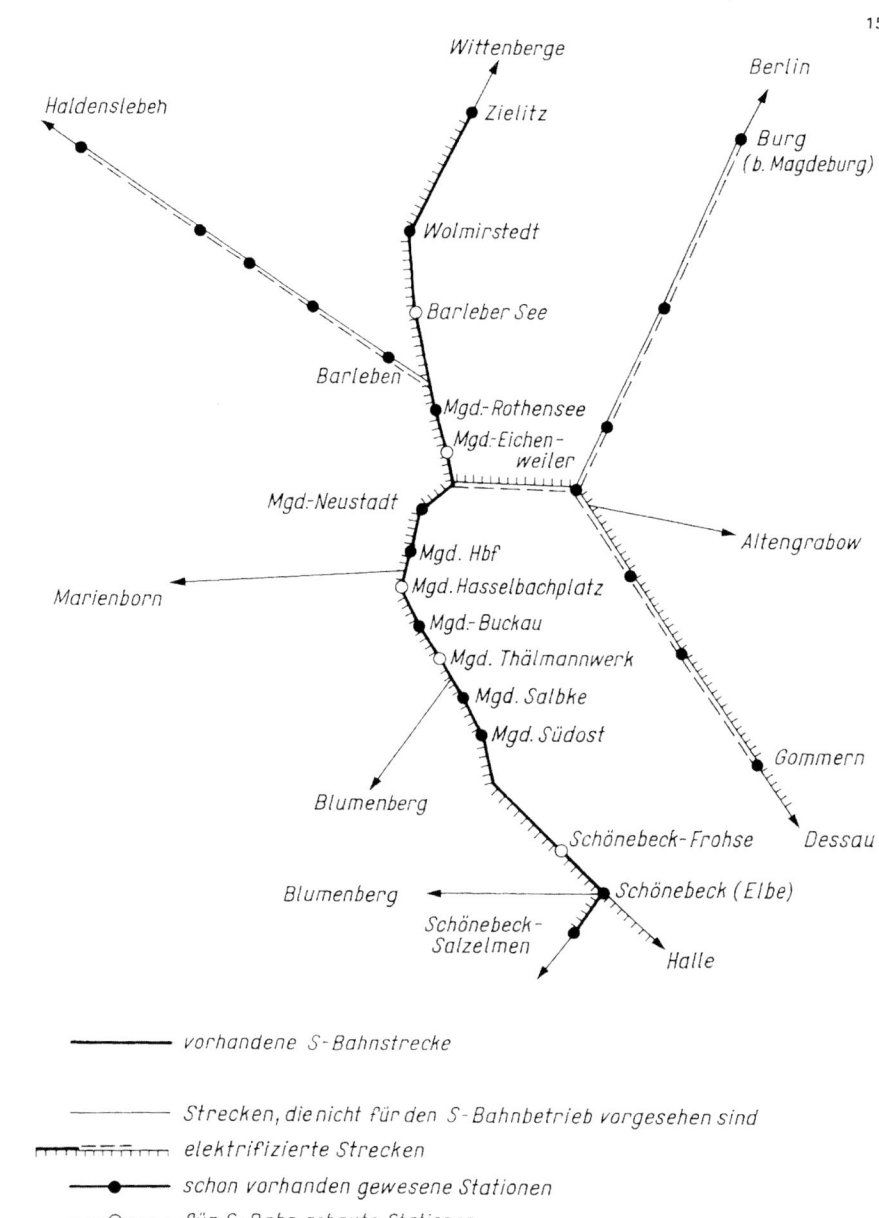

15

—— vorhandene S-Bahnstrecke

—— Strecken, die nicht für den S-Bahnbetrieb vorgesehen sind

▭▭▭ elektrifizierte Strecken

—●— schon vorhanden gewesene Stationen

—○— für S-Bahn gebaute Stationen

Bahnhof ersetzt, der 800 m nördlich des alten Bahnhofs unmittelbar neben dem Kaliwerk liegt. Außerdem wurden in den vergangenen Jahren vier neue Haltepunkte in Betrieb genommen.

Für die nächsten Jahre ist die schrittweise Vervollkommnung der Linie A vorgesehen. So sollen weitere Haltepunkte eingerichtet und betriebliche Engpässe beseitigt werden. Dazu gehören zusätzliche Wendegleise in den Endbahnhöfen Zielitz und Schönebeck-Salzelmen sowie ein zweites Bahnsteiggleis in Magdeburg Hbf, wo gegenwärtig für beide Richtungen nur ein S-Bahngleis mit 550 mm Bahnsteighöhe über SO zur Verfügung steht.

Im Endzustand werden auch die Bahnhöfe Haldensleben, Burg und Gommern in das S-Bahnnetz einbezogen. Schon heute verkehren dieselbetriebene Wendezüge zwischen Haldensleben und Magdeburg bzw. Schönebeck-Salzelmen, die zwischen Abzw. Glindenberg und Schönebeck (Elbe)

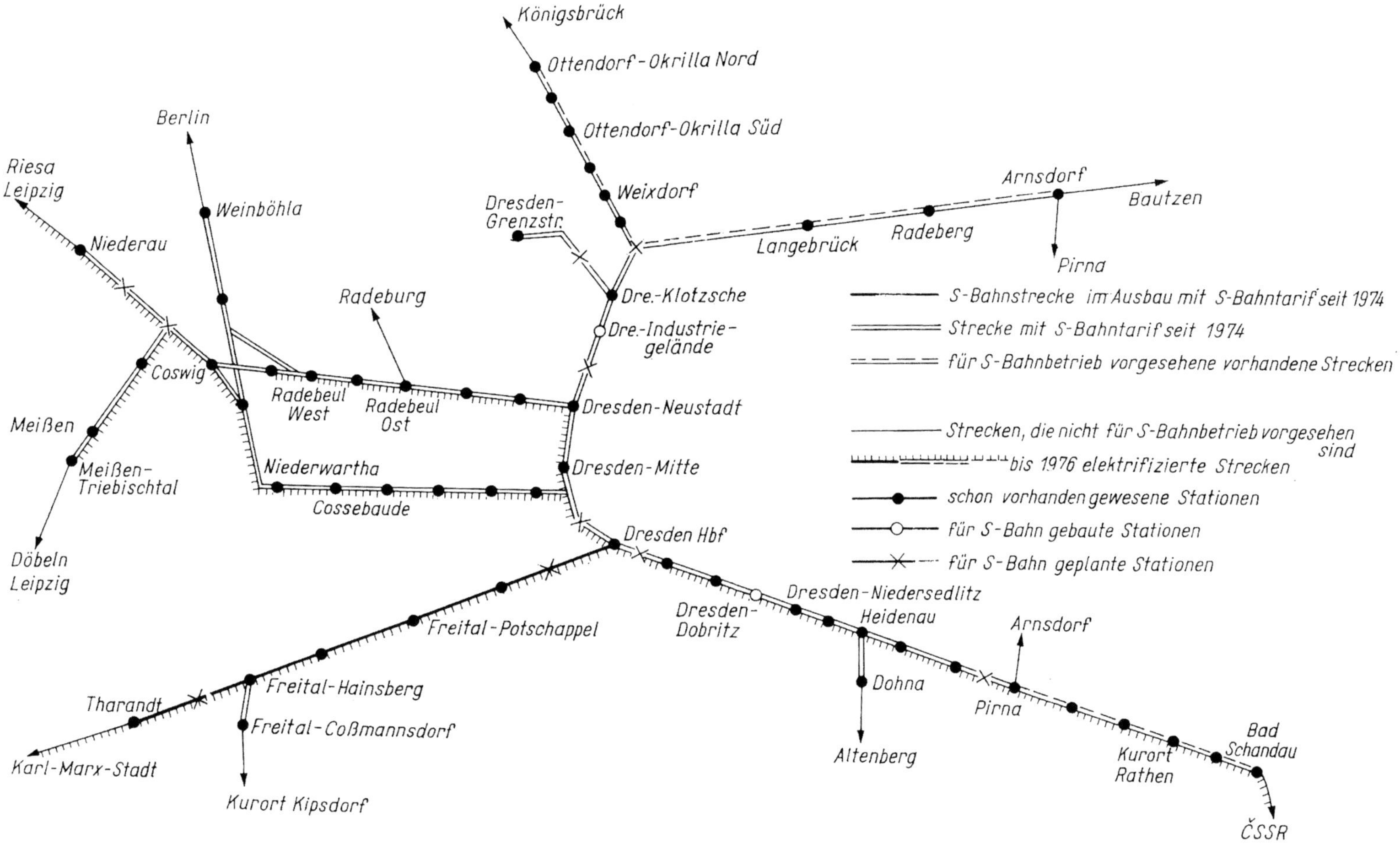

16 Der neue Endbahnhof Zielitz der Magdeburger S-Bahn (hier noch vor Anbringen der Fahrleitung); rechts der Bahnsteig für die durchgehenden Hauptgleise; links der Bahnsteig für das Stumpfgleis der S-Bahnzüge; im Hintergrund Gebäude des neuen Kaliwerks

17 Streckenkarte der geplanten S-Bahn Dresden (unmaßstäblich)

18 Wendezug des verdichteten Vorortverkehrs von Dresden im Hp Radebeul-Weintraube

Bestandteil des Fahrplans der S-Bahnlinie A sind.

S-Bahn Dresden

In Dresden bestehen von vornherein günstige Voraussetzungen für das Einbeziehen der Eisenbahn in den Nahverkehr, weil die vorhandenen Strecken die größten Industrie- und Wohngebiete berühren.

Der 1967 veröffentlichte Generalverkehrsplan der Stadt Dresden sieht ein S-Bahnnetz vor, von dem bisher zwei wichtige Teilschritte verwirklicht worden sind:

1. angenähert starrer Fahrplan auf den Strecken Dresden–Pirna, Dresden–Tharandt und Dresden–Radebeul–Meißen–Meißen-Triebischtal;
2. S-Bahntarif im gesamten Vorortbereich von Dresden

Trotzdem spricht man in Dresden noch nicht von einer S-Bahn. Diese Bezeichnung soll erst angewendet werden, wenn die entsprechenden baulichen Voraussetzungen geschaffen worden sind, eine angemessene Zugdichte vorliegt und geeignete Fahrzeuge zur Verfügung stehen. Diese Voraussetzungen werden entsprechend unseren Möglichkeiten in den kommenden Jahren schrittweise geschaffen. So wird auf der Strecke Dresden–Tharandt zwischen Freital-Potschappel und Tharandt das zweite Personenzuggleis (drittes Streckengleis) gebaut und 1976 mit der Erhöhung der Bahnsteige auf 550 mm über SO begonnen.

Schlußbetrachtungen

Die beschriebenen S-Bahnnetze und deren Perspektive dürfen nicht als etwas Endgültiges angesehen werden. S-Bahnen sind öffentliche Verkehrsmittel und müssen sich ständig den Verkehrsbedürfnissen anpassen. Diese aber unterliegen auf Grund städtebaulicher Maßnahmen und neu zu errichtender Industriebauten ständigen Veränderungen.

Übersicht über die S-Bahnnetze in Bezirksstädten der DDR (Stand Sommer 1975):

	Leipzig		Halle	Rostock	Magdeburg	Dresden*)
	Linie A	Linie B				
Eröffnung	12. 7. 69	26. 5. 74	27. 9. 69	12. 7. 70	29. 9. 74	(vgl. Fußnote)
Streckenlänge (km)	36,4	25,8	24,6	13,4	38,6	13,8
Reisezeit (min)	65	31	36	28	52	20
Reisegeschw. (km/h)	33,5	50,0	41,0	28,7	44,5	41,4
benutzte Lokomotiven	BR 242	BR 242	BR 242	BR 118	BR 242	BR 242
Wagen	B 4	DB 4	DGB 12	DB 13	B 4	DGB 12
Fahrplan	starr	nicht starr	starr	starr	nicht starr	starr
Zugfolge (min) im Berufsverkehr	20	—	20	10	—	30
außerhalb des Berufsverkehrs	60	—	40	15/20	—	60

*) in Dresden beziehen sich die Angaben auf den zw. Dresden und Tharandt eingerichteten Vorortverkehr mit S-Bahntarif, aus dem voraussichtlich in absehbarer Zeit die erste Dresdener S-Bahnlinie hervorgehen soll

Strecken

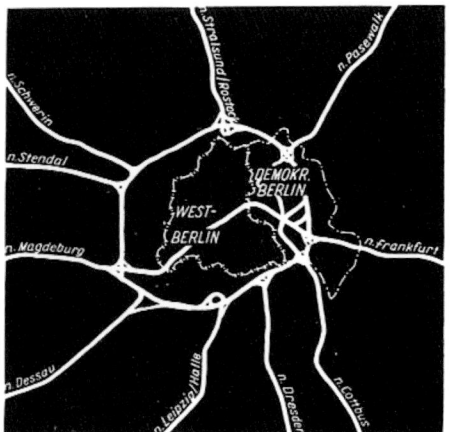

Ing. HELMUT LENHARD, Berlin

BAR
Größtes Bauobjekt der Deutschen Reichsbahn

Wohl selten stand eine Eisenbahnanlage, die nur betrieblichen Zwecken, das heißt der Beförderung der Züge dient, so im Blickpunkt des allgemeinen Interesses wie die am Grünauer Kreuz.

Dem aufmerksamen Reisenden, der aus den südöstlichen, südlichen, südwestlichen oder westlichen Bezirken der DDR zum Teil über den Berliner Außenring und den Bahnhof Zentralflughafen Berlin-Schönefeld in das Stadtgebiet einfährt, fällt zunächst einmal der Turm des Zentralstellwerks »Grünauer Kreuz« auf. Er sieht ferner eine ihm unentwirrbar erscheinende Anhäufung von S- und Fernbahnstrecken, von Kreuzungsbauwerken und Verbindungskurven (Abb. 2). Wenn er zudem erfährt, daß hier (nach dem Stand von April 1963) in 24 Stunden 26 Schnellzüge (davon 16 im internationalen Verkehr), 101 Personenzüge (davon 71 im Berufsschnellverkehr), 129 Güterzüge (davon 8 im internationalen Verkehr) sowie 436 S-Bahnzüge verkehren, insgesamt also einschließlich der Lokomotivleerfahrten 784 Züge, so drängt sich ihm die Frage auf: »Welchen Umfang und welche Bedeutung haben die Anlagen des Grünauer Kreuzes im heutigen Berliner Eisenbahnnetz?«

Zur Beantwortung dieser Frage sei zunächst ein kleiner Rückblick gestattet. Nach der Verkehrskarte (Abb. 1) verlaufen von Berlin aus strahlenförmig Eisenbahnlinien nach allen Himmelsrichtungen. Diese Tatsache ist historisch bedingt.

Zu der Zeit, als der Eisenbahnbau in Deutschland einsetzte, war Berlin nicht nur die Hauptstadt, sondern auch das wirtschaftliche Zentrum des größten deutschen Teilstaates. In dem junkerlichen Preußen entwickelte sich in starkem Maße die Industrie, und es bildete sich dadurch ein großer innerer Markt ohne Zollschranken heraus, weshalb sich die aufstrebende Bourgeoisie in den deutschen Mittel- und Kleinstaaten daran gewöhnte, »nach Preußen zu blicken als ihrer ökonomischen und dereinst auch politischen Vormacht« (Friedrich Engels). Daher ist es nicht verwunderlich, daß Berlin bereits um 1850 als Zentrum eines gesamtdeutschen Eisenbahnnetzes zu erkennen war.

Viele Strecken wurden in den vierziger Jahren des vorigen Jahrhun-

derts in Betrieb genommen, so Berlin–Frankfurt/Oder 1842, Berlin–Stettin 1843, Berlin–Wittenberge (Hamburg) 1846, Berlin–Magdeburg 1846 als Verlängerung der 1838 eröffneten Linie Berlin–Potsdam, Berlin–Jüterbog (Halle/Riesa) 1848. Es folgten Berlin–Küstrin 1867 und Berlin–Cottbus (Görlitz) 1866. In den siebziger Jahren kamen die Strecken Berlin–Stendal (Lehrter Bahn) 1871, Berlin–Dresden 1875, Berlin–Neustrelitz (Stralsund) 1878 und schließlich Berlin–Blankenheim über Wiesenburg und Güsten 1879 hinzu.

Der Vollständigkeit halber seien noch die Strecken Berlin–Neuruppin, Berlin–Wriezen und die sogenannte Heidekrautbahn Berlin–Basdorf–Großschönebeck erwähnt, die überwiegend lokale Bedeutung haben.

Die meisten der genannten Strecken endeten unabhängig voneinander in Kopfbahnhöfen, die weit vom Stadtmittelpunkt entfernt, oft sogar außerhalb des seinerzeit bebauten Stadtgebietes lagen. Die Ursache dafür war, daß diese Eisenbahnlinien ausschließlich von privatkapitalistischen Eisenbahngesellschaften gebaut wurden, die sich gegenseitig heftig bekämpften und nicht geneigt waren, die Streckenendpunkte zu verknüpfen. Anfang der siebziger Jahre waren somit acht getrennte Fernbahnhöfe vorhanden, und zwar die Bahnhöfe Charlottenburg, Potsdamer Bahnhof, Lehrter Bahnhof, Stettiner Bahnhof (heute Nordbahnhof), Personenbahnhof der Nordbahn (auf dem Gelände des heutigen Güterbahnhofs Eberswalder Straße), Schlesischer Bahnhof (heute Ostbahnhof), Görlitzer Bahnhof und Anhalter Bahnhof. Die mit dieser Situation verbundenen betrieblichen und verkehrlichen Nachteile zwangen schließlich dazu, die einzelnen Strecken und Bahnhöfe miteinander zu verbinden. Bereits 1872 wurde die Ringbahn (heutiger Innenring) im östlichen Teil, nämlich von Moabit bis Schöneberg, eröffnet und schließlich 1877 mit dem westlichen Teil vollendet. Auch der Bau der Berliner Stadtbahn in den Jahren 1875 bis 1882 diente diesem Zweck. Sie hatte insofern Bedeutung, als die Reisenden nunmehr direkt mit der Fern- oder Vorortbahn in die Innenstadt gelangen konnten.

Infolge der Ausdehnung Berlins lagen inzwischen auch die meisten Streckenendpunkte mit ihren Kopfbahnhöfen mitten im dichtbebauten Stadtgebiet. Der Reiseverkehr stieg sprunghaft an. Während 1877 täglich 80 Fernzüge in Berlin endeten oder in Berlin begannen, waren es 1914 bereits 250.

Mit der Ausdehnung der Stadt erlangte das innere Berliner Eisenbahnnetz (als Anfang des heutigen Berliner S-Bahnnetzes) mehr und mehr an Bedeutung sowohl für den innerstädtischen Verkehr als auch für den starken Durchgangsreiseverkehr.

Durch das Ansteigen der Einwohnerzahl und die Entwicklung der Industrie nahm gleichzeitig der Güterverkehr beträchtlich zu. Auch hier spielte Berlin im Durchgangsverkehr eine erhebliche Rolle. Wenn auch der heutige Innenring viele Bahnhöfe, die dem Güterverkehr dienten, verband und insofern große Vorteile brachte, so mußten doch alle Berlin im Durchlauf berührenden Frachten erst in das Stadtgebiet hineingefahren werden, ehe sie nach mehreren Umstellungen von einem Zug in einen anderen entsprechend dem jeweiligen Zielbahnhof das Stadtgebiet wieder verließen. Damit waren vor allem für den Eisenbahnbetrieb, aber auch für die Stadt erhebliche Nachteile verbunden.

Zeitgenössische Veröffentlichungen berichten von Schwierigkeiten, die Ende des vorigen Jahrhunderts auf dem Innenring und den Rangierbahnhöfen Berlins im Herbst und Winter immer wieder auftraten. Bereits 1898 erwog man daher den Gedanken, eine Güterumgehungsbahn in Berlin zu bauen und leitete auch schon die ersten Schritte dazu ein.

Dieser zweite Ring — wie die Güterumgehungsbahn auch genannt wurde — sollte nicht nur den Durchgangsverkehr aufnehmen, sondern auch für eine schnellere Beförderung des Ortsgutes entsprechend seinen Bestimmungsbahnhöfen in Berlin genutzt werden. Man kam auch zu dem richtigen Schluß, daß zwar die Betriebsleistung — das ist das Produkt Masse mal Entfernung und wird in Tonnenkilometern (tkm) ausgedrückt — durch die längeren Wege steigt, daß aber der Wagenumlauf insgesamt beschleunigt wird. Außerdem versprach man sich einen wirtschaftlichen Aufschluß der Randgebiete. Als

1 *Eisenbahnverkehrskarte Berliner Raum*

2 *»Grünauer Kreuz« (Teilpanorama)*

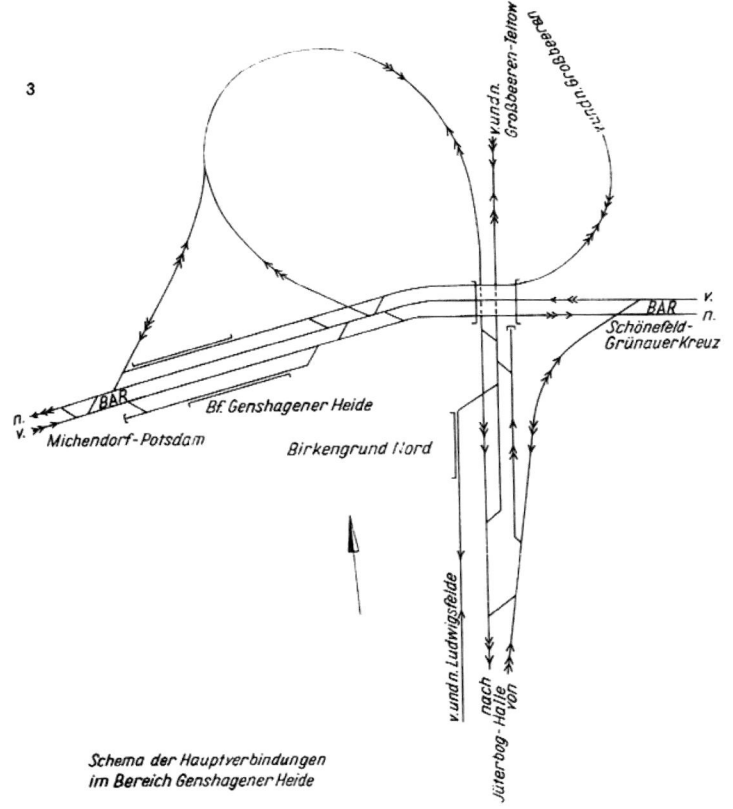

Schema der Hauptverbindungen im Bereich Genshagener Heide

Weltkrieg fertig. Diese Linie verlief auf dem heute in den Berliner Außenring einbezogenen Abschnitt bis Genshagener Heide, schwenkte dann nach Norden, zog sich parallel zur Strecke Berlin–Jüterbog bis Teltow hin, bog nördlich davon in Richtung Lichtenrade–Groß-Ziethen–Schönefeld ab und endete in Grünau. Die Verlängerung von Grünau bis Karow (Strecke Berlin–Angermünde) über Wuhlheide–Springpfuhl wurde erst während des zweiten Weltkrieges als eingleisige Strecke vollendet.

Die seinerzeit erhobene Forderung nach einem guten Anschluß an die Stammbahnen wurde überwiegend dadurch verwirklicht, daß man den Ring im Bereich von Bahnhöfen mehr oder weniger lange parallel zu der Stammbahn führte. Dies ist noch heute auf den Bahnhöfen Kremmen, Nauen, bei Wustermark, Wildpark und zwischen Seddin und Michendorf zu beobachten.

Mit den Ende des zweiten Weltkrieges vorhandenen Abschnitten des Güteraußenrings konnte Berlin im wesentlichen umfahren werden. Lediglich im Norden fehlte eine Verbindung zwischen den Strecken Berlin–Angermünde und Berlin–Neustrelitz; sie wurde 1949/50 als eingleisige Hauptbahn gebaut. Sie zweigt von der Strecke Berlin–Angermünde zwischen den Bahnhöfen Berlin-Karow und Berlin-Buch ab und erreicht (über Basdorf führend) nördlich Oranienburg die Strecke Berlin–Neustrelitz. Gleichzeitig damit entstand auf dem Abschnitt Wuhlheide–Karow des Güteraußenrings in Karow eine Verbindungskurve in südlicher Richtung zum Bahnhof Berlin-Blankenburg (–Pankow).

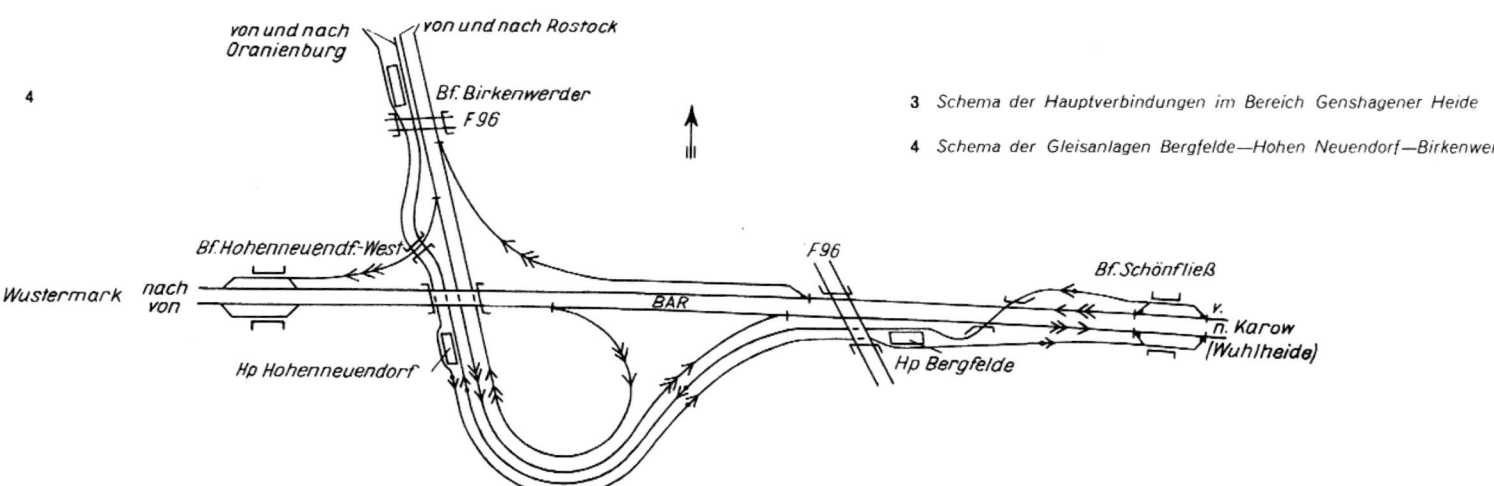

3 *Schema der Hauptverbindungen im Bereich Genshagener Heide*

4 *Schema der Gleisanlagen Bergfelde–Hohen Neuendorf–Birkenwerder*

bauliche Grundforderungen galten: zweigleisige Hauptbahn, schienenfreie Kreuzungen mit den Stammbahnen (Radialstrecken) und gute Verbindung mit ihnen. Der kleinste Bogenhalbmesser sollte 400 m, die größte Neigung 1:140 (7‰) betragen.

Nach mehreren Untersuchungen wurde seinerzeit folgende Streckenführung festgelegt: Oranienburg–Kremmen–Nauen–Wustermark–Wildpark–Beelitz–Michendorf–Mahlsdorf. Um die Jahrhundertwende begann man mit dem Bau einzelner Teilabschnitte. Der Abschnitt Nauen–Wildpark wurde 1902, Wildpark–Beelitz (Seddin) 1908 und Oranienburg–Kremmen–Nauen 1915 in Betrieb genommen. Der südliche Abschnitt von Michendorf aus war erst nach dem ersten

Wenn auch der nun geschlossene Güteraußenring ein Umfahren des Stadtgebietes von Berlin für den Durchgangs- und zum Teil auch für den Zielverkehr nach Berlin ermöglichte, so konnte das auf die Dauer nur eine Notlösung sein.

Abgesehen davon, daß einige Abschnitte des Güteraußenrings eingleisig und viele Brücken nur sogenannte Dauerbehelfe waren, entsprach schließlich auch die Linienführung, die seinerzeit von dem geringsten möglichen Bauaufwand bestimmt worden war, keinesfalls den Anforderungen. Auch konnten besonders die alten Außenringabschnitte im Norden den wachsenden Belastungen nicht standhalten.

5 Eisenbahnbrücken am »Grünauer Kreuz« überqueren auch die zwei Bahnen einer neuen Schnellverkehrsstraße

Erst unter der Arbeiter-und-Bauern-Macht war es möglich, einen den wirklichen Anforderungen entsprechenden Außenring um Berlin zu schaffen.

So wurde schließlich 1950 mit dem Neubau des ersten bedeutenden Abschnitts des heutigen Berliner Außenrings (BAR), dem Südring zwischen Ludwigsfelde und Grünau, begonnen, über den dann bereits im August 1951 die Jugend der Welt zu den III. Weltfestspielen der Jugend und Studenten nach Berlin fuhr. Diesem Abschnitt folgte unmittelbar darauf der Abschnitt Grünau—Eichgestell mit dem Anschluß an die Strecke Berlin—Frankfurt/Oder und den wesentlichsten Teilen des »Grünauer Kreuzes«, auf dessen Anlagen noch besonders eingegangen wird. Diese Abschnitte wurden sofort zweigleisig ausgebaut, wie grundsätzlich auch alle anderen des Berliner Außenrings einen Unterbau für zwei Gleise erhielten. Die kleinsten Bogenhalbmesser unterschreiten nur selten 2000 m.

Der nächste Bauabschnitt des Berliner Außenrings war 1952 die zweigleisige Neubaustrecke Karow—Birkenwerder. Sie erhielt in Karow eingleisige Verbindungskurven zu dem alten Güteraußenringabschnitt Wuhlheide—Karow und zur Strecke Berlin—Angermünde, und zwar in nördlicher und südlicher Richtung. In Birkenwerder endete sie zunächst in einer eingleisigen Verbindungskurve von Bergfelde her, die den Anschluß an die Strecke Berlin—Neustrelitz herstellte.

Im Jahr 1953 begann der Bau des Abschnitts Birkenwerder (Bergfelde)—Wustermark. Dieser Abschnitt, der 1954 als zunächst eingleisige Hauptbahn in Betrieb genommen wurde, stellte die Verbindung nach Hennigsdorf und vor allem zu den Linien Berlin—Wittenberge und Berlin—Stendal sowie zwischen Hennigsdorf und dem Rangierbahnhof Wustermark her. Er nahm den Umgehungsverkehr auf, den bisher die nördlich davon gelegenen Abschnitte des alten Güteraußenrings Oranienburg—Kremmen—Nauen und die Neben-

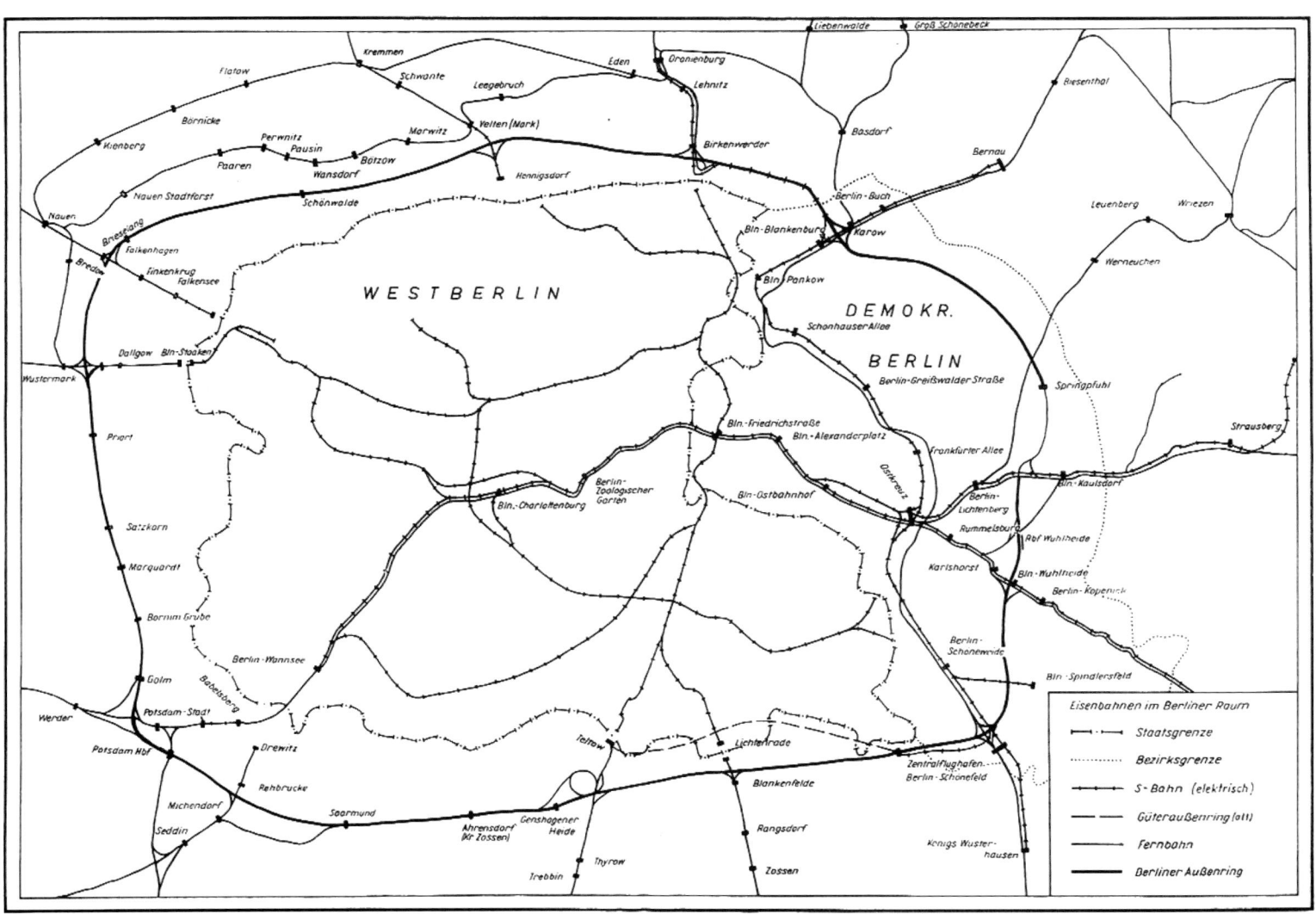

6 Berliner Außenring

bahn Oranienburg–Velten–Bötzow–Nauen zu bewältigen hatten. Außerdem schloß dieser Abschnitt des Berliner Außenrings bei Wustermark an die eingleisige Hauptbahn nach Golm (Wildpark) an, die als Teil des Güteraußenrings in ihrer Lage wohl den Erfordernissen des Berliner Außenrings entsprach, später aber zweigleisig ausgebaut und in ihrer Linienführung verbessert werden mußte.

Wegen der vielen Wasserläufe (wie Havel, Havelkanal, Nieder Neuendorfer Kanal usw.), die die Neubaustrecke Birkenwerder–Wustermark kreuzen, hatte dieser Bau den bis dahin größten Umfang.

Mit den genannten Teilen des Berliner Außenrings waren im Norden und Nordwesten Berlins endgültige Anlagen geschaffen worden, die den seinerzeitigen betrieblichen Anforderungen entsprachen und wegen ihrer großzügigen Linienführung einen flüssigen Betrieb gestatteten.

Für alle Züge jedoch, die vom südlichen Teil des Berliner Außenrings, von Frankfurt/Oder oder von der Stadtbahn (Ostbahnhof) zum nördlichen Teil des Berliner Außenrings fuhren (natürlich auch in der Gegenrichtung), wurde der Abschnitt Wuhlheide–Karow des alten Güteraußenrings mehr und mehr zu einem Engpaß. Aus diesem Grund begann man 1954 mit dem Bau des neuen Abschnitts Springpfuhl (Wuhlheide)–Karow. Diese Strecke wurde sofort zweigleisig mit der dem Berliner Außenring eigenen großzügigen Linienführung angelegt. Der alte eingleisige Abschnitt des Güteraußenrings mit seiner ungünstigen Linienführung wurde danach außer Betrieb gesetzt und einschließlich des Unterbaues abgetragen.

Im Süden und Südwesten Berlins wickelte sich der Umgehungsverkehr auf dem bereits erwähnten Abschnitt Michendorf–Großbeeren ab, der inzwischen wieder zweigleisig ausgebaut worden war und an den am Bahnhof Genshagener Heide der neue südliche Teil des Berliner Außenrings in Richtung Schönefeld anschloß. Damit war

7 Der Templiner See wird durch einen neuen Damm und eine neue Eisenbahnbrücke überquert

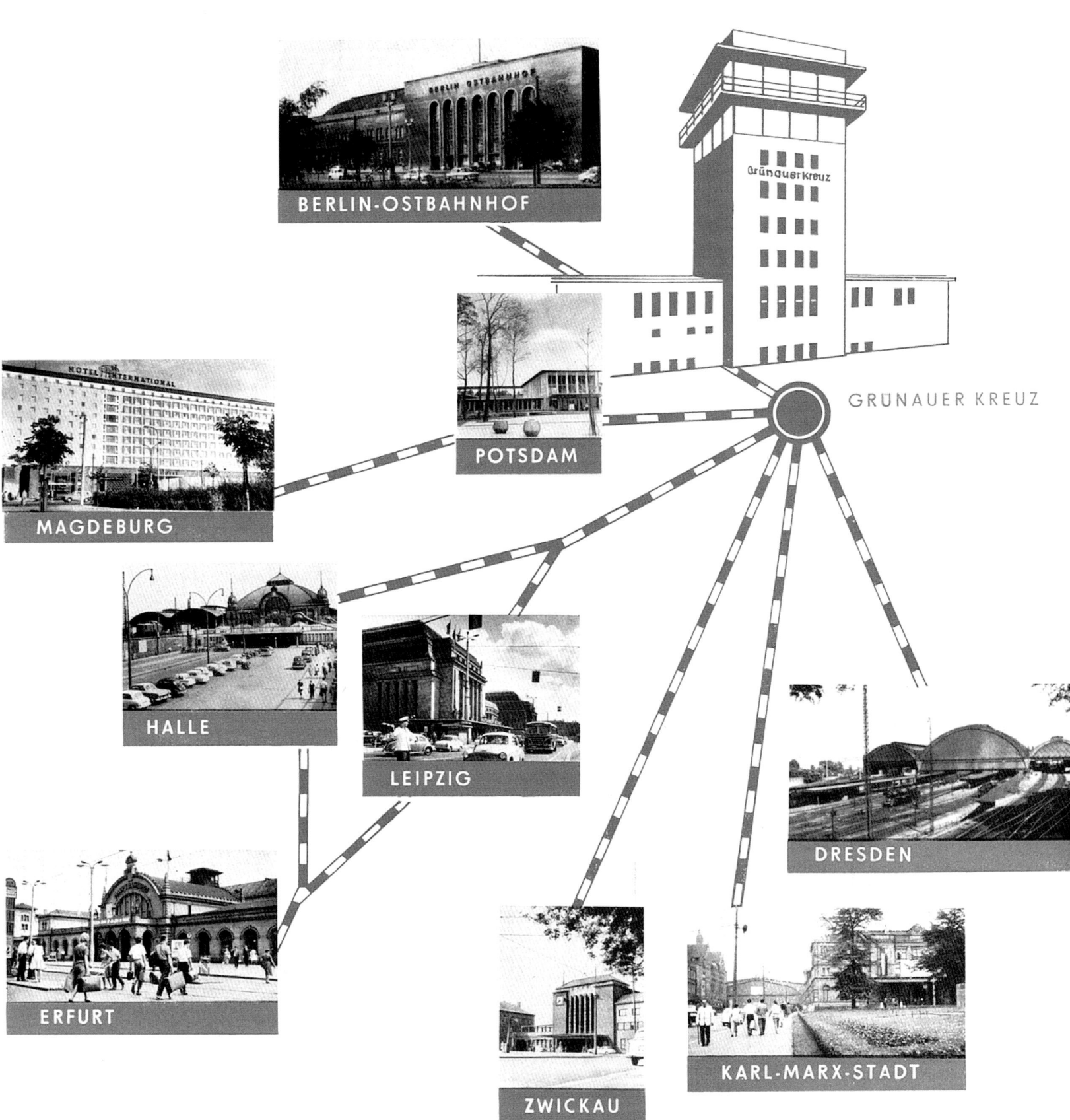

jedoch der Nachteil verbunden, daß alle Züge in Richtung Brandenburg–Magdeburg und in Richtung Wustermark–nördlicher Teil des Berliner Außenrings über Michendorf–Seddin und weiter auf der eingleisigen Hauptbahn (alter Ring) über Caputh–Geltow nach Wildpark fahren mußten.

Dies war nicht nur ein bedeutender Umweg, sondern schränkte auch den Umgehungsverkehr ein und belastete einige Radialstrecken. Hier konnte nur eine direkte Verbindung von einem Punkt der Strecke Michendorf–Genshagener Heide nach Golm eine wirkliche Besserung schaffen, zumal damit dann der Berliner Außenring in seiner endgültigen Form auch geschlossen wurde. Jedoch bot das Gelände, insbesondere der Templiner See, dieser Linienführung erhebliche Hindernisse. Nicht weniger als 14 Varianten der Linienführung wurden untersucht, um die baulich, betrieblich und verkehrlich günstigste Lösung zu finden. Diese war zwar eine der kürzesten, bautechnisch aber die schwierigste Linie, nämlich der wohl bekannteste Abschnitt des Berliner Außenrings von Saarmund nach Golm, mit dessen Bau 1955 begonnen wurde. Vor allem die Überquerung des Templiner Sees bei Potsdam an der nahezu breitesten Stelle mit einem rund 1300 m langen Damm (Abb. 7), der auf mächtigen Faulschlammschichten gegründet werden mußte, stellte geotechnische und bautechnische Probleme, die alle Beteiligten in sehr kurzer Zeit in hervorragender Gemeinschaftsarbeit lösten. So wurden zum Beispiel für den Dammbau 3 Millionen Kubikmeter Erdmassen bewegt und zwischen Saarmund und Golm 15 Brücken von den insgesamt 100 Bauwerken auf dem Berliner Außenring errichtet. Dieser Abschnitt des BAR wurde in Golm an die Strecke Golm–Wustermark, außerdem mit einer Verbindungskurve nach Werder an die Strecke Berlin–Magdeburg angeschlossen.

An der Kreuzungsstelle mit der Strecke Wildpark–Seddin (Jüterbog) entstand der Potsdamer Hauptbahnhof. Die Kreuzung mit der Linie Berlin–Wiesenburg bei Bergholz erlangte später als Umsteigestelle Bedeutung. Der Rangierbahnhof Seddin wurde mit einer neuen Verbindungskurve bei Wilhelmshorst in westlicher Richtung an den Berliner Außenring angeschlossen. In östlicher Richtung war er ja bereits von Michendorf aus mit ihm verbunden. Der Seedamm des neuen Abschnitts erhielt zwei Gleise, die übrige Strecke zwischen Saarmund und Golm zunächst nur ein Gleis. Im Herbst 1956 bereits wurde der Betrieb aufgenommen.

Mit der Sicherung der Staatsgrenze in und um Berlin am 13. August 1961 erlangte der Berliner Außenring eine außerordentliche politische Bedeutung. Er war mit eine Voraussetzung für das Gelingen der Sicherungsmaßnahmen unserer Regierung. Durch die Verlagerung des gesamten Berufsverkehrs aus den nördlichen, westlichen und südlichen Randgebieten von Berlin infolge der Unterbrechung des durchgehenden S-Bahnverkehrs stieg die Streckenbelegung der eingleisigen Abschnitte erheblich an, die auch die beste Fahrplankonstruktion nicht ausgleichen konnte und vor allem den Güterverkehr beeinträchtigte und zu Umleitungen zwang.

Auf den Strecken Bergfelde–Wustermark und Saarmund–Golm waren das Planum und die Widerlager der Brücken für das zweite Gleis vorhanden. Somit bestanden günstige Voraussetzungen, das zweite Gleis schnell zu verlegen. In weniger als zwei Monaten beendeten die Eisenbahner in vorbildlichem Einsatz die Oberbau- und Brückenarbeiten sowie die Montage der Sicherungsanlagen. Lediglich noch einige kurze Abschnitte im Bereich der Havelbrücke und der Havelkanalbrücke zwischen Bergfelde und Wustermark mußten solange eingleisig betrieben werden, bis die Überbauten für das zweite Gleis eingebaut waren. Gleichzeitig wechselte man einige Behelfsbrücken gegen endgültige aus und ersetzte später die zunächst provisorisch ergänzten Sicherungsanlagen auf den meisten Bahnhöfen durch Gleisbildstellwerke. Bei Brieselang entstand ferner eine neue Verbindungskurve, die einen direkten Zugübergang von der Strecke Berlin–Wittenberge aus Richtung Wittenberge auf den Berliner Außenring in Richtung Wustermark ermöglichte.

Schwieriger gestaltete sich der zweigleisige Ausbau des Abschnitts Golm–Wustermark, der ja bereits 1902 als Teil des damaligen Güteraußenrings angelegt worden war. Hier mußte – wie erwähnt – der Unterbau für das zweite Gleis neugeschaffen und die Linienführung einiger Teilabschnitte den Trassierungsgrundsätzen für den Berliner Außenring angepaßt werden. Die Bahnhöfe Priort und Satzkorn wurden vollständig umgebaut. Da der eingleisige Bahnkörper abschnittsweise auf nicht tragfähigem Baugrund ruhte, ergaben sich erhebliche geotechnische Probleme. Trotzdem konnte auch in diesem Abschnitt der zweigleisige Betrieb mit Ausnahme auf der Kanalbrücke bei Marquardt innerhalb von 60 Tagen termingemäß aufgenommen werden.

Der Überbau für das zweite Gleis auf der Kanalbrücke wurde ebenfalls später montiert.

In dem nunmehr vollständig zweigleisigen Berliner Außenring fehlt nur noch der Abschnitt Eichgestell–Springpfuhl, der in unmittelbarem Zusammenhang mit dem Ausbau des Rangierbahnhofs Wuhlheide steht und in dessen Ausbauplanungen mit einbezogen werden muß. Selbstverständlich wird der Berliner Außenring auch in diesem letzten Abschnitt zweigleisig sein.

Die Verbindungen zu den Radialstrecken wurden in den wichtigsten Punkten so angelegt, daß schienengleiche Kreuzungen auf dem Ring vermieden werden. Dort, wo heute noch schienengleiche Kreuzungen vorhanden sind, wird in Zukunft die Schienenfreiheit hergestellt. Die kleinsten Halbmesser der Verbindungskurven betragen im Regelfall 500 m (Abb. 3 und 4).

In den letzten Jahren gewann die Linienführung des Berliner Außenrings – besonders in seinem östlichen Teil – für die S-Bahn an Bedeutung, da neue Wohn- und Industriezentren in diesen Gebieten entstanden und sich neue Berufsverkehrsströme herausbildeten.

Außer der bereits in Betrieb befindlichen S-Bahnstrecke zum Bahnhof Zentralflughafen Berlin-Schönefeld (vgl. Eisenbahn-Jahrbuch 1963, Seite 145), soll deshalb die S-Bahn vom Grünauer Kreuz am Berliner Außenring entlang bis nach Wuhlheide weitergeführt werden, wo ein Anschluß an die S-Bahnstrecke Berlin–Erkner in Richtung Stadtbahn vorgesehen ist.

Nach Norden zu wird die S-Bahn unter Anschluß an die S-Bahnstrecke Berlin–Strausberg in Richtung Lichtenberg noch weiter dem Berliner Außenring bis etwa nach Springpfuhl folgen, von dort aus dann in westlicher Richtung abzweigen und zwischen dem Haltepunkt Pankow-Heinersdorf und dem Bahnhof Blankenburg an die S-Bahnstrecke Berlin–Bernau anschließen.

Damit werden Teile von Hohenschönhausen und Weißensee sowie

Marzahn und andere Ortsteile in diesem Gebiet in das S-Bahnnetz einbezogen.

Nördlich davon, zwischen Blankenburg und Schönfließ, benutzt die S-Bahn seit Herbst 1961 die Gleise des Berliner Außenrings, wodurch die S-Bahnstrecke zwischen Hohen Neuendorf und Oranienburg an das Berliner S-Bahnnetz angeschlossen ist. Der gemischte S-Bahn- und Fernbahnbetrieb führt jedoch durch den starren S-Bahnfahrplan zu steigenden Behinderungen, so daß eine Trennung durch viergleisigen Ausbau zwischen der Abzweigstelle Karow-West und Schönfließ oder der Bau einer besonderen S-Bahnstrecke über Buchholz, Blankenfelde nach Schönfließ zu erwägen sein wird.

Es ist außerdem denkbar, daß der Berliner Außenring im Süden zwischen Schönefeld und Glasower Damm (Mahlow) Bedeutung für die S-Bahn erlangen kann, wenn diese über Schönefeld hinaus verlängert wird und Anschluß an die S-Bahnstrecke nach Rangsdorf sowohl in südlicher als auch in nördlicher Richtung erhält.

Nachdem der Berliner Außenring und seine Entstehungsgeschichte in großen Zügen erläutert wurden, kann man die eingangs gestellte Frage nach dem Umfang und der Bedeutung des Grünauer Kreuzes leicht beantworten.

Hierüber läuft ein großer Teil des Reise- und Güterverkehrs, der in Berlin beginnt oder endet oder den Raum Berlin im Durchlauf passiert, und auch in steigendem Maße ein Teil des S-Bahnverkehrs (Streckenverlauf siehe Eisenbahn-Jahrbuch 1963, Seite 146).

Alle Reisezüge, die auf dem Ostbahnhof, Bahnhof Schöneweide oder Bahnhof Karlshorst eingesetzt werden und nach Süden (Dresden, Karl-Marx-Stadt), Südwesten (Raum Erfurt/Eisenach, Saalfeld) oder Westen (Magdeburg/Halberstadt) der Republik fahren, benutzen den Berliner Außenring über das Grünauer Kreuz in Richtung Schönefeld. Hinzu kommen die Züge des Berliner Schnellverkehrs Ostbahnhof–Karlshorst–Genshagener Heide–Potsdam–Werder oder Schöneweide–Wünsdorf sowie die Reisezüge, die (von Cottbus oder Frankfurt/Oder kommend) auf dem Berliner Außenring in die genannten Richtungen weiterfahren. Durchgehende Reisezüge aus dem Süden der DDR (Dresden) nach dem Norden (Rostock) verkehren — falls sie nicht ausschließlich den Berliner Außenring befahren — über das Grünauer Kreuz nach Schöneweide, von dort über den Innenring nach Lichtenberg und erreichen dann bei Springpfuhl wieder den Berliner Außenring. Das trifft bei allen diesen Zügen auch für die Gegenrichtung zu.

Über die Gleise des Grünauer Kreuzes rollen die Güterzüge, die aus dem Raum Cottbus/Senftenberg kommen und auf dem Rangierbahnhof Wuhlheide aufgelöst werden. Selbstverständlich passieren auch die anderen Güterzüge das Grünauer Kreuz, die aus dem Süden, Südwesten oder Westen der DDR kommen oder nach dort von den Rangierbahnhöfen Schöneweide, Pankow und Wuhlheide abfahren.

Daß am Grünauer Kreuz die S-Bahnverbindungen Friedrichstraße–Ostkreuz–Königs Wusterhausen, Bernau oder Friedrichstraße–Zentralflughafen Berlin-Schönefeld vorbeiführen, wurde bereits erwähnt.

Die Eisenbahnbrücke über den Templiner See

Mit der vorgesehenen Verlängerung in Richtung Wuhlheide werden Verbindungskurven, Zugübergänge von Grünau und von Adlershof in Richtung Wuhlheide einschließlich der Gegenrichtungen ermöglichen. Die Verbindungskurven werden schienenfrei in die Stammstrecken eingebunden. Dadurch ergeben sich für die Betriebsführung der S-Bahn viele Variationsmöglichkeiten. Vor allem bei Betriebsstörungen auf einem Streckenabschnitt kann leicht umgeleitet werden.

Züge aus Richtung Königs Wusterhausen können sowohl über Schöneweide–Treptow als auch über Wuhlheide–Karlshorst zur Stadtbahn verkehren. Von der Stadtbahn her kann die Strecke Schöneweide–Adlershof–Wuhlheide–Karlshorst als Schleife befahren werden. Für die Linie Schönefeld–Bernau ergäbe sich die kürzere Verbindung über Wuhlheide–Springpfuhl–Blankenburg als tangentiale Nord-Süd-Verbindung. Außerdem könnte ein sogenannter Ostring von Ostkreuz über Treptow–Schöneweide–Adlershof–Wuhlheide–Springpfuhl–Pankow nach Schönhauser Allee befahren werden. Bereits diese kurze unvollständige Aufzählung gibt einen Eindruck der betrieblichen Möglichkeiten, die natürlich verkehrlich begründet sein müssen.

Damit die beschriebenen Anlagen der S- und Fernbahn betrieblich voll ausgenutzt werden können, braucht man moderne Sicherungsanlagen. Diese sind im Bereich des Grünauer Kreuzes vorhanden. Da alle Abzweigstellen der Fernbahn (mit Ausnahme der im Bereich des Bahnhofs Grünau) im Zentralstellwerk zusammengefaßt sind, ist für die Regelung des gesamten Betriebs nur ein Fahrdienstleiter erforderlich. Darüber hinaus ist der Abschnitt des Berliner Außenrings von Genshagener Heide bis Eichgestell mit automatischem Streckenblock gesichert. Alle Bahnhöfe und Abzweigstellen dieses Abschnitts sind mit Gleisbildstellwerken ausgerüstet.

Der Abschnitt Glasower Damm (Mahlow)–Eichgestell kann außerdem unter Ausschaltung der Unterwegsbahnhöfe vom Zentralstellwerk »Grünauer Kreuz« aus ferngesteuert werden. Der Fahrdienstleiter des Grünauer Kreuzes wird damit zum Streckenfahrdienstleiter. Er benutzt dazu ein Leuchtbild der genannten Strecke.

Die Sicherungsanlagen für die S-Bahn sind im Bereich des Grünauer Kreuzes ebenfalls zusammengefaßt. Auch hier lenkt nur ein Fahrdienstleiter, der in einem besonderen Stockwerk des Zentralstellwerks »Grünauer Kreuz« untergebracht ist, den gesamten S-Bahnbetrieb.

Zusammenfassend kann man feststellen, daß die Gleisanlagen (einschließlich der Eisenbahnbrücken) und die Sicherungsanlagen des Grünauer Kreuzes zu den modernsten Bahnanlagen der DDR gehören. Seine Anlage und sein Ausbau werden der großen betrieblichen Bedeutung dieses Punktes im Berliner Eisenbahnnetz voll gerecht.

Die Eisenbahnanlagen des Berliner Raumes werden noch weiter vervollkommnet. Insbesondere wird die Rationalisierung des Güter- und Reiseverkehrs durch weitere Konzentration auf wenige Rangierbahnhöfe, Be- und Entladeknoten sowie Personenbahnhöfe zu Veränderungen und Ergänzungen des Netzes führen. Das Rückgrat aller dieser Maßnahmen ist und bleibt jedoch der Berliner Außenring, der in Verbindung mit all den anderen genannten Strecken der Betriebsführung der Eisenbahn im Berliner Raum Möglichkeiten bietet, wie sie keine andere europäische Großstadt aufzuweisen vermag.

Dipl.-Ing.-Ök. Kurt Wunsch

Vom Bau des letzten Abschnitts im Berliner Außenring

Der technisch schwierigste Teil beim Bau des Berliner Außenrings (BAR) war der Abschnitt Saarmund–Golm. Er ist zwar nur 15 km lang und war damals die kürzeste Baustrecke, aber seine Herstellung zwang dazu, 15 Brücken zu errichten, rd. 3,5 Mill. m³ Erdmassen zu bewegen und den an dieser Stelle 1250 m breiten Templiner See zu überqueren. Außerdem mußten bei Bergholz und im Golmer Luch zwei Moorstellen überwunden werden. Eine 1250 m lange Brücke über den Templiner See zu schlagen wäre damals angesichts der außerordentlich schwierigen Gründungen nicht möglich gewesen, da weder ausreichend Material noch genügend Baukapazität zur Verfügung standen.

Die Situation Anfang der fünfziger Jahre, als der Berliner Außenring auf Grund einer weit vorausschauenden Konzeption in relativer kurzer Zeit geschaffen wurde, ist im Eisenbahn-Jahrbuch 1978 (Seiten 137 bis 147) ausführlich geschildert worden.

Für den letzten Abschnitt des Eisenbahnrings um Berlin schien nun die beste Lösung zu sein, einen Damm mit einer kleinen Brücke als Schiffahrtsöffnung zu bauen. Für den Dammbau sprach auch, daß reichlich Erdmassen aus den bis zu 30 m tiefen Einschnitten am Ostufer des Sees anfielen und überschüssig waren. Überlegungen in bezug auf Material, Baukapazität, Bauzeit und schließlich Wirtschaftlichkeit gaben den Ausschlag für die Entscheidung des Ministers für Verkehrswesen, Dipl.-Ing. Erwin Kramer, die Eisenbahntrasse an der tiefsten Stelle des Templiner Sees weiterzuführen und somit den BAR zu schließen.

Hatten die Baueisenbahner an den südlichen und nördlichen Bauabschnitten des Berliner Außenrings schon hervorragende Leistungen vollbracht, worauf im Eisenbahn-Jahrbuch 1978 besonders eingegangen worden ist, so standen sie hier vor noch größeren Anforderungen, was Umfang, Terminstellung und Kompliziertheit des Bauablaufs betraf.

Die Aufbauleitung und die Baubetriebe hatten beim Bau des BAR zwar schon große Erfahrungen bei der Überwindung nichttragfähiger Böden sammeln können, aber hier konnten sie die nichttragfähigen Böden nicht wie z. B. bei Mühlenbeck einfach abbaggern und durch tragfähige ersetzen oder flache Torfablagerungen nicht wie bei Hohen Neuendorf durch Seitendrainage entwässern. Lediglich die bereits im Südteil bei Diedersdorf erprobten Sprengmethoden ließen sich sowohl im Golmer Luch als auch bei der Moorstelle bei Bergholz anwenden.

Der Seedamm freilich erforderte andere Maßnahmen. Es mußte kurzfristig eine Technologie gefunden werden, die einen stabilen Erddamm zu errichten gestattete, ohne daß Menschen und Material während der Bauzeit und unmittelbar danach bei Inbetriebnahme des Dammes gefährdet wurden.

Zur Lösung der vielfältigen Probleme wurden auf Anweisung des Ministers für Verkehrswesen ein Sonderbaustab aus qualifizierten Ingenieuren und zur Klärung der beim Dammbau auftretenden wissenschaftlichen Fragen ein technisch-wissenschaftlicher Beirat aus namhaften Wissenschaftlern der DDR gebildet, der dem Sonderbevollmächtigten für den Bau des BAR zur Seite stand.

Vorbereitende Untersuchungen

Zunächst ging es darum, den Grund des Templiner Sees, der ja eine Verbreiterung der Havel darstellt, zu erkunden. Zu diesem Zweck wurden in der Achse der künftigen Trasse und in seitlichem Abstand von 50

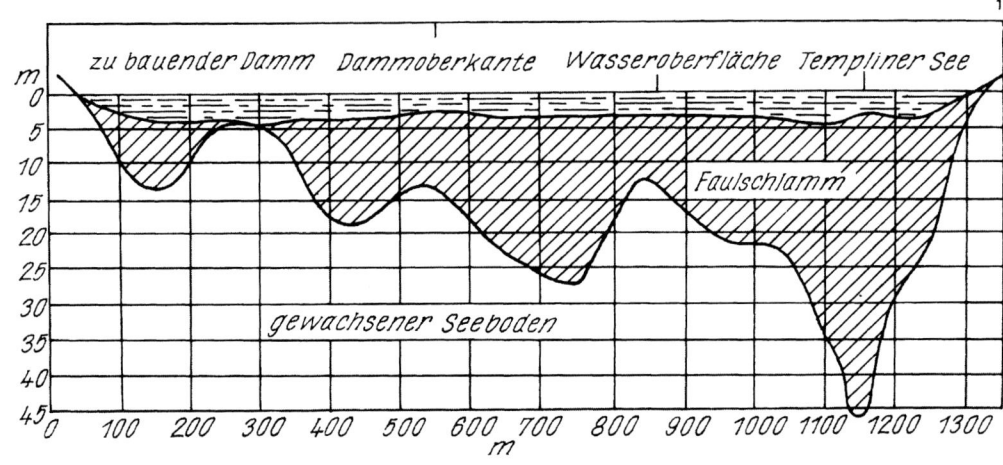

bis 60 m Bohrungen niedergebracht. Sie ergaben, daß der Seegrund tiefe Rinnen und Löcher längs der Trasse und quer zu ihr aufwies, die in Richtung auf das östliche Ufer immer tiefer wurden und die mit Faulschlamm, der in 4 bis 5 m Abstand vom mittleren Wasserstand heraufreicht, ausgefüllt waren. Die Tiefe bis zum tragfähigen Seegrund betrug maximal 50 m unter Mittelwasser. Der Seegrund bestand aus Mittel- und Feinsanden.

Zur Feststellung der Strömung und der chemischen Zusammensetzung des Seewassers nahm der Hydrologische Dienst der DDR in einem Netz von 7 Quer- und 3 Längsprofilen an 116 Stellen in unterschiedlicher Tiefe rd. 300 Temperatur-, Strömungsrichtungs- und Geschwindigkeitsmessungen sowie rd. 3000 chemische Laboranalysen vor.

Zur gleichen Zeit äußerte die Hygieneinspektion Potsdam die Befürchtung, daß der Damm am Ostufer des Sees ein Stagnieren des Wassers und somit die Bildung von Faulwasserstellen mit etwaigen gesundheitsschädlichen Folgerungen für Potsdam und Umgebung verursachen könne. Deshalb wurde der Bauleitung empfohlen, am Ostufer, wo die Hauptströmung des Sees lag, einen Durchlaß durch den Damm für den Wasseraustausch einzubauen. Weil die geologischen Bedingungen für die Gründung eines Brückenbauwerks am Ostufer recht ungünstig sind, hatte sich die Bauleitung bereits dafür entschieden, die Brücke in der Nähe des Westufers zu errichten, zumal hier ungleich bessere Bedingungen vorhanden waren. Zur Klärung dieser Frage und zur Prüfung des Einwandes der Hygieneinspektion entschloß sich die Bauleitung zu einem Modellversuch.

Die Forschungsanstalt für Schiffahrt, Wasser- und Grundbau stellte in einer Halle in Marquardt den Templiner See im Modell 1 : 60 her und unternahm darin Strömungsversuche. Dabei bewies sie eindeutig, daß nach dem Bau des Dammes und nach Verlegung der Hauptströmung vom Ostufer auf die Westseite des Sees stagnierende Wasserflächen nicht vorkommen werden. Somit war sowohl der Standort der Brücke aus ökonomischen Gründen bestimmt als auch die Befürchtung der Potsdamer Hygieneinspektion gegenstandslos geworden.

Darüber hinaus trugen biologische Untersuchungen des Seewassers auf Gehalt an Kolibakterien letztlich dazu bei, daß kurze Zeit darauf das schon längst geplante Vorhaben zur Errichtung von Wasserreinigungsanlagen zur Ausführung kam.

Der Dammbau

Die Besonderheiten, die den Bauauftrag so kompliziert gestalteten, waren die Forderung nach einer sehr kurzen Bauzeit von einem Jahr, die Notwendigkeit, die Brücke

2

1 Profil des Templiner Sees.

2 Bohrungen im Templiner See zur Erkundung des Seegrundes.

3

4

5

und den Damm zu gleicher Zeit zu bauen, der Mangel an Vorlauf wissenschaftlicher und technischer Vorbereitung, die Bedingung, die Sicherheit von Menschen und Material während der Bautätigkeit und unmittelbar danach zu garantieren, sowie – nicht zuletzt – die Wirtschaftlichkeit.

Die Suche nach der geeigneten Baumethode

Die festzulegende Methode mußte von der Erfüllung dieser wichtigsten Forderungen ausgehen. Es waren also unverzüglich die Fragen klar zu beantworten, die vom Ingenieurtiefbau, von der Ingenieurgeologie, der Binnenschiffahrt, der Land- und Forstwirtschaft, dem Fischereiwesen und der Landschaftsgestaltung vorgebracht wurden. Vor allem war die Art des Dammes zu bestimmen. Sollte es ein schwebender oder ein stabiler Damm sein? Man entschied sich aus Sicherheitsgründen für einen stabilen Damm, dessen Fuß mit Reibungsschluß fest auf dem Seegrund aufsitzt.

Damit rückte die Frage nach der zweckmäßigsten Baumethode in den Vordergrund. Für den Schüttprozeß eine Seilbahn über den See zu spannen, Förderbänder aufzustellen oder gar eine Pontonbrücke zu bauen, all das kam nicht in Betracht, da solche Spezialeinrichtungen zu aufwendig waren und für ihre Entwicklung auch keine Zeit blieb.

Die Bauleitung entschied, im Schüttsprengverfahren einen homogenen stabilen Sanddamm durch die mächtigen Faulschlammassen bis auf den Seegrund hindurchzuführen. Hierzu mußte der Faulschlamm aufgekeilt und seitlich verdrängt werden. Inwieweit das gelingen würde, war mit Sicherheit nicht vorauszusagen.

Vorsprengungen

Da die Faulschlammschichten oben wie eine flüssige Suspension beschaffen waren, mit zunehmender Tiefe aber in festere Form übergingen, wurde versucht, die tieferen Schichten durch Auflockerungssprengungen zu verflüssigen und somit den geschütteten Sandmassen das

3 Vorsprengungen des Faulschlamms.

4 Seismographische Messungen über die Auswirkungen von Erschütterungen durch die Sprengungen.

5 Aus den tiefen Einschnitten im Potsdamer Staatsforst kam der Sand für den Damm durch den Templiner See.

6 Eine der beiden Schüttrüstungen am Ostufer für die Schüttung des Sandes auf die Schuten.

7 Die Schiffsschüttrüstung wird am Ostufer in Stellung gebracht.

8 Aufspülen des Dammes im Templiner See.

keilartige Aufspalten des Faulschlamms zu ermöglichen. Diese Vorsprengungen bewirkten zwar keine Verflüssigung der unteren Faulschlammschichten, da deren intensive Wasseraufnahme nicht abgewartet werden konnte. Sie zerrissen aber die fest abgelagerten anorganischen Strukturen des Schlamms, so daß ein relativ tiefes Absinken der Schüttmassen durchaus anzunehmen war.

Ein anderes Problem ergab sich aus dem Zwang, Damm und Brücke gleichzeitig zu bauen. Darum nahm die Bautechnische Versuchsanstalt der Deutschen Reichsbahn unter Leitung von Prof. Dr. habil. H. Martin vom Jenaer Institut für Bodenmechanik und Erdbebenforschung der AdW der DDR in der Zeit der Auflockerungssprengungen seismographische Messungen vor, um zu prüfen, ob der Brückenbau auch während der über einen längeren Zeitraum andauernden Sprengungen am Damm überhaupt möglich war. Bei diesen Messungen wurde ein Nomogramm über den Zusammenhang zwischen voraussichtlicher Schadenswirkung der jeweiligen Sprengladung, der Entfernung vom Sprengort und den Schwingungsgeschwindigkeiten aufgestellt, das der Bauleitung zur Verfügung stand. Die Meßwerte über die Gesetzmäßigkeit der Amplitudenabnahme und der Nachweis über den Zusammenhang zwischen der Stärke der Sprengung und der Größe der Amplituden ließen die Erschütterungen in beliebiger Entfernung vom Sprengort hin-

reichend genau vorausbestimmen, so daß es während der gesamten Sprengarbeiten am Templiner See nicht zu Unfällen gekommen ist.
Die zusätzliche Beanspruchung der Pfeiler, Widerlager und Dämme durch Wasserschlag wurde ebenfalls ermittelt.
Ein weiteres Ziel der Erschütterungsmessungen war, die Auswirkungen der bei den Sprengungen entstehenden Frequenzen von 25 bis 50 Hz auf frischen Beton zu erforschen und einem eventuell möglichen Abfall der Betonfestigkeiten zu begegnen.

Die Erdarbeiten

Der Umfang der Erdarbeiten im letzten Abschnitt des Berliner Außenrings stellte ein großes Transportproblem dar. Da hier auf der Ostseite des Templiner Sees die Verwendung der 1435-mm-Spurweite nicht möglich war, mußte man zur 900-mm-Spur übergehen. Das bedeutete freilich den Bedarf von rd. 100 Schmalspurlokomotiven mit einer entsprechenden Anzahl von Wagen; darüber hinaus brauchte man ausreichend Personal, Reparaturkapazität und umfangreiches Gleismaterial. Die Reichsbahnbauunion besaß damals nur 46 Lokomotiven der 900-mm-Spur. Folglich wurden rd. 45 Lokomotiven als Altmaterial von der Kohleindustrie gekauft und in Sonderschichten von den Werktätigen der Reichsbahnausbesserungswerke und Bahnbetriebswerke in kürzester Frist repariert.
Für die laufende Instandhaltung mußten auf der Baustelle Werkstätten mit Absenkgruben geschaffen, Materiallager angelegt und eine große Unterkunft für rd. 3000 Baueisenbahner im Potsdamer Staatsforst errichtet werden.
Ferner war es nötig, viele Kilometer Schmalspurgleis zu verlegen sowie Stellen für die Bekohlung und die Wasserent-

9 Einspülen der Sprengkörper am Dammfuß von Spezialbohrkränen aus.

10 Einsprengen des Seedammes am Westufer des Templiner Sees. Das Ufer ist etwa 70 m vom westlichen Pfeilerfundament der Brücke entfernt.

11 Gründung der Brücke im Templiner See nach dem Caissonverfahren.

12 Montageplatz für die Brückenteile mit Vorrollbahn. Im Hintergrund der Erddamm, in den die hier montierten Überbauteile eingeschwommen werden.

11

12

nahme einzurichten. Und trotzdem reichte das alles hier nicht aus.

Aus Termingründen mußte der Damm, der eine Bewegung von rd. 3 Mill. m³ Erdmassen verlangte, von beiden Ufern her mit Fahrzeugen der 900-mm- und der 1435-mm-Spur und aus der Mitte heraus mit Schiffen (sogenannten Klappschuten) geschüttet werden.

Die Dammbautechnologie sah weiter vor, den Damm von etwa 2 m unter dem Wasserspiegel (wegen der Bewegungsfreiheit der Bodenklappen an den Schuten) bis über die Wasserlinie hydromechanisch mit Hilfe von Spülern sowie von da an bis zur Krone mit dampfbetriebenen Zügen und mit Dumpern höher zu führen.

Für das Umladen der Erdmassen von der 900-mm-Spur auf die Schuten wurden am Ostufer des Sees, rechts und links der Trassenachse, zwei große Schüttrampen gebaut und für den Vorkopf-Vortrieb aus Sicherheitsgründen eine schwimmende viergleisige Schiffschüttrüstung konstruiert.

Die Schiffsschüttrüstung gestattete es, unter Ausnutzung der kinetischen Energie (6 m Fallhöhe über Mittelwasser) den Faulschlamm aufzukeilen und die Schüttmassen bis in größere Tiefen hinabzuführen, wobei gleichzeitig rechts und links der Trassenachse große Schlammassen herausgepreßt wurden. Ähnliche Ergebnisse zeigten sich beim Verklappen mit den Schuten. Die seitlich hochgepreßten Faulschlammassen wurden durch Eimerkettenbagger der Binnenschiffahrt kontinuierlich aufgenommen und an hierfür geeignete

Stellen im See transportiert, damit die hochgequollenen Schlammfelder nicht die Tieferführung der Schüttmassen behinderten. Wiederholt trat nun das gewollte Absinken der Schüttmassen ein, auch dann noch, als das Verklappen eingestellt und die Spüler die Höherführung des Dammes übernommen hatten.

Viel Aufregung gab es, als der Damm bis etwa 40 cm über der Wasserfläche aufgespült war und das Erdreich absackte. Doch bald beruhigte man sich auf der Baustelle, nachdem man die Ursache erkannt hatte. Jede Senkung der geschütteten Sandmassen kündigte sich ja durch ein unübersehbares Aufbrodeln des Wassers rund um die Schüttstellen bzw. Spülfelder an; das lag an dem Entweichen der unter der Last herausgepreßten Sumpfgase. Gelassen bargen nun die Männer des Wasserbaues die Spülrohre und verließen die Spülfelder, bis die Absenkungen vorbei waren, und begannen dann erneut mit dem Aufspülen des Sandes. Dieser wechselseitige Vorgang wurde so lange fortgesetzt, bis sich ein relatives Gleichgewicht eingestellt hatte.

Nun war es soweit, die Schüttmassen einzusprengen. Zuvor hatte man durch Kontrollbohrungen die tatsächliche Lage und Form der Schüttmassen in dem sie umgebenden Faulschlamm ermittelt. Das Sprengen geschah nach einem sorgfältig erarbeiteten Sprengplan in der Weise, daß speziell dosierte Minenreihen in der Mitte, an den Füßen und im Vorfeld des Dammes eingespült und mit Verzögerungsstufen gezündet wurden. Das Prinzip bestand darin: Zunächst sollten die im Vorfeld und an den Dammfüßen explodierenden Sprengkörper Platz schaffen. Dorthin sollten dann die unter der Damm-Mitte später explodierenden Sprengkörper den Schlamm verdrängen, so daß die darüber lagernden Schüttmassen nachrutschen konnten. Auch diese Prozedur mußte je nach dem erzielten Ergebnis in einigen Abschnitten wiederholt werden, bis das vorgegebene Idealprofil des Dammes näherungsweise erreicht war. Das war eine schwierige Aufgabe, wenn man bedenkt, daß der Damm an den tiefen Stellen eine Fußbreite von mehr als 200 m haben mußte.

Schließlich wurden die noch im Damm verbliebenen Schlammnester durch senkrechte Drainierung konsolidiert.

Hervorgehoben zu werden verdient, daß die Arbeiten an Damm und Brücke im See sowie auch die übrigen Erd- und Brückenbauarbeiten im Abschnitt Saarmund–Golm während des strengen Winters 1955/56 sogar bei Lufttemperaturen bis zu −25 °C nicht zum Erliegen kamen, sondern den Winterunbilden zum Trotz in drei Schichten fortgesetzt wurden. Die Männer an den Geräten garantierten die Fertigstellung dieses großen und technisch komplizierten Bauvorhabens zum festgesetzten Termin, dem 1. Oktober 1956.

Nachweise der Standsicherheit und der dynamischen Stabilität

Die Frage des Reibungsschlusses der Dammfüße auf dem Seegrund war Gegenstand eingehender Beratungen im technisch-wissenschaftlichen Beirat. Während der Spreng- und Schüttarbeiten fanden regelmäßige Kontrolluntersuchungen statt, deren Ergebnisse aufgezeichnet wurden. Darüber hinaus nahm man dabei zahlreiche Wassergehaltsbestimmungen vor, die dazu dienten, die Veränderungen des Faulschlamms unter der Schüttlast zu erforschen. All das brauchte man für den Nachweis der Standsicherheit des Dammes. Den Nachweis führten die Forschungsanstalt für Schiffahrt, Wasser- und Grundbau sowie die Abteilung Baugrundforschung im damaligen Ministerium für Aufbau.

Die dynamische Untersuchung des Dammes sollte Aufschluß darüber geben, inwieweit mechanische Anregungen durch den Zugbetrieb die Standfestigkeit beeinträchtigen würden. Die 830 Einzelmessungen führten zu dem Ergebnis, daß der neue Damm als dynamisch stabil angesehen werden kann.

In diesem Zusammenhang wurde auch der Faulschlamm auf Fließgefährlichkeit infolge mechanischer Anregung untersucht. Zum nachträglich zusätzlichen Nachweis der Standsicherheit des Bahndammes im Templiner See wurde der Faulschlamm daher noch auf seine Thixotropie erkundet, d. h. auf die Eigenschaft kolloider (feinzerteilter) Stoffe, bei Bewegung flüssig zu bleiben, in Ruhe hingegen zu erstarren. Dazu nahm man 100 Bestimmungen des Wassergehalts in den unter dem Damm noch befindlichen Faulschlammnestern vor. Die Untersuchungen ergaben, daß eine Verflüssigung des dort verbliebenen Faulschlamms unter mechanischen Anregungen in keinem Fall befürchtet zu werden braucht.

13

14 Die Eisenbahnbrücke im Templiner See nach der Fertigstellung.

Der Brückenbau im Templiner See

Die als Schiffahrtsöffnung gedachte Eisenbahnbrücke im Damm über den Templiner See ist eine genietete Fachwerkkonstruktion mit drei Öffnungen von 35, 70 und 35 m Spannweite; die Randüberbauten schließen als Blechträger mit Gerbergelenken an die Kragarme der Mittelöffnung an. Die Mittelöffnung wird durch einen Stabbogen betont.

Die Unterbauten (Pfeiler und Widerlager) wurden mit Hilfe von Caissons (Druckluftsenkkästen) unter Wasser gegründet. Gleichzeitig mit den Gründungsarbeiten für Pfeiler und Widerlager fand auf einem etwa 500 bis 600 m entfernten Platz die Montage der Stahlüberbauten statt. Der Montageplatz hatte einen günstigen Anschluß an die Eisenbahn und die Straße, so daß die im Lauchhammerwerk vorgefertigten Sektionen mit Schwerlastwagen herangeschafft werden konnten.

Anfangs bereitete die Vorfertigung der Brückensektionen im Lauchhammerwerk einige Sorgen, da es dort an Kapazität zu mangeln schien. Doch die Werktätigen dieses Betriebes erkannten in Aussprachen mit den Brückenbauern die Notwendigkeit und die Bedeutung dieser Brücke und räumten deshalb alle Schwierigkeiten aus dem Weg.

Den Höhepunkt beim Brückenbau im Templiner See bildete das Einschwimmen der Überbauten vom Montageplatz bis zu den Unterbauten im See. Hierzu war eine mit Schienen versehene Vorrollbahn vom Ufer in den See hinein gebaut worden. Die Überbauten rollten nun auf Rollwagen vor und wurden auf die auf zwei Schiffen montierte Transportrüstung abgesetzt. Dann zogen bzw. führten 7 Schlepper der Binnenschiffahrt die Schiffe mit dem einzelnen Überbauteil zu den Pfeilern und Widerlagern. Die drei Überführungen dauerten jedesmal nur Stunden und vollzogen sich ohne jegliche Komplikation.

Das Absetzen so schwerer Überbauten mit hoher Präzision zeugt vom Können der Stahlbauer und der Binnenschiffer.

Zusammenfassung

Mit dem Abschnitt Saarmund–Golm war das Bauvorhaben „Berliner Außenring" im wesentlichen abgeschlossen. Der erste Abschnitt, Genshagener Heide–Grünauer Kreuz, wurde am 10. Juli 1951 feierlich eröffnet, der letzte Abschnitt am 7. Oktober 1956. Nun stand eine Eisenbahntrasse im Berliner Raum zur Verfügung, deren Notwendigkeit sich vor allem nach dem 13. August 1961, nach der Sicherung unserer Staatsgrenze gegenüber Westberlin, in aller Deutlichkeit zeigte. Zugleich bestätigte sich die Richtigkeit der Trassenführung.

Der anfangs noch eingleisige Abschnitt Bergfelde–Golm mit einer Länge von 60 km wurde im September/Oktober 1961 zweigleisig ausgebaut. In diesen zwei Monaten vollbrachten Tausende von Arbeitern, Ingenieuren und Wissenschaftlern – zeitweise waren rd. 5000 Menschen am Bau beteiligt – eine gewaltige Bauleistung. Die Vervollkommnung des Berliner Außenrings lief dann in den Folgejahren weiter und wird bis in die absehbare Zukunft fortgeführt.

Dipl.-Ing. SIEGWARD HEMPEL und
Dipl.-Ing. Dipl.-Journ. WOLFGANG KROKER

Strecke frei für das zweite Gleis

Die wissenschaftlich-technischen, ökonomischen und sozialen Aufgaben im jetzigen Planjahrfünft (1971/75) hat der VIII. Parteitag der SED klar fixiert und die optimalen Lösungswege gewiesen. So wird sich bis 1975 beispielsweise die industrielle Warenproduktion in unserer Republik auf 134 bis 136 Prozent gegenüber 1970 erhöhen. Für das Verkehrswesen bedeutet dies u. a. eine Steigerung der Gütertransportleistungen auf 118 bis 120 Prozent. Darüber hinaus sind vor allem die Bedürfnisse im Berufs- und Reiseverkehr sowohl quantitativ als auch qualitativ noch besser zu befriedigen.

Komplexe Aufgabenstellung

Die Deutsche Reichsbahn muß also u. a. die Leistungsfähigkeit ihres Streckennetzes weiter erhöhen, wenn sie den hohen Anforderungen künftig voll gerecht werden will.

Zur Zeit läuft das vor Jahren hierfür erarbeitete und zunächst bis 1975 reichende Programm auf vollen Touren. Schon sind die Vorstellungen für die Jahre nach 1975 im Reifen. Ihnen gingen umfangreiche Untersuchungen voraus. Dabei wurden die gegenwärtigen und die zu erwartenden Belastungen einzelner Streckenabschnitte analysiert, Varianten zur Erhöhung der Streckendurchlaßfähigkeit erarbeitet, nach Möglichkeiten zur Entlastung auf Umleitungsstrecken geforscht usw. Nicht jede Strecke braucht ein zweites Gleis. Manchmal reichen andere, weniger aufwendige Maßnahmen, um die Streckendurchlaßfähigkeit zu steigern.

Bei allen Analysen und Synthesen sind Instandhaltung, Erneuerung und Erweiterung von Gleisanlagen stets als Komplex betrachtet und geplant worden. So müssen mit dem Bau zweiter Gleise in einem Atemzug auch die Arbeiten der planmäßigen Reparatur des Oberbaues und hier besonders der Gleisumbau mit der Gleiserneuerung genannt werden. Dank diesen Komplexmaßnahmen wird sich auch die durchschnittliche technisch zulässige Geschwindigkeit auf den Hauptstrecken erhöhen; immer mehr Strecken werden mit 120 km/h befahrbar sein.

Bis 1975 wird der zweigleisige Betrieb auf folgenden Strecken durchgängig möglich sein:
Berlin – Dresden (bereits fertiggestellt)
Berlin – Magdeburg
Magdeburg – Schwerin – Rostock
Halle – Nordhausen
Halle – Eisenach (bereits fertiggestellt)
Berlin – Jatznick (der Strecke nach Stralsund)

Die Bauvorhaben, die nach 1975 geplant werden, sind aus der Abbildung 8 zu ersehen.

Vielfache Initiativen

Die spezifische Aufgabenstellung der Fünfjahrplandirektive für die Deutsche Reichsbahn löste bei den Eisenbahnerinnen und Eisenbahnern vielfältige Initiativen und Aktivitäten aus. In allen Verantwortungsbereichen entstanden Führungskonzeptionen.

In einer Konferenz am 19. April 1972 mit allen für das Programm „2. Gleis" verantwortlichen Bereichen der Deutschen Reichsbahn wurden die speziellen Aufgaben erläutert. „Der Bau 700 km zweite Gleise stellt alle Eisenbahner vor eine neue Bewährungsprobe", hob Robert Menzel, Mitglied des ZK der SED und Stellvertreter des Ministers für Verkehrswesen sowie Leiter der Politischen Verwaltung der Deutschen Reichsbahn, in seinem Diskussionsbeitrag hervor. Er unterstrich, daß der Bau der zweiten Gleise sowie die Arbeiten der planmäßigen Reparatur einschließlich der Zentralen Oberbauerneuerung nicht in erster Linie technische bzw. technologische Probleme darstellen, sondern einen tiefen politischen Inhalt haben. Darum schuf sich auch die Politische Verwaltung der Deutschen Reichsbahn eine Führungskonzeption hierzu. Man spürt das Wirken der Politorgane und Parteiorganisationen bei der täglichen Arbeit. Streckenparteiaktive und Gewerkschaftsaktive gehen mit gutem Beispiel voran. Doch davon später.

Das Programm „2. Gleis" läuft jedoch nicht problemlos ab. Besondere Anstrengungen werden bei der Absicherung der erforderlichen Tiefbaukapazitäten unternommen. Hier kämpfen die Reichsbahndirektionen,

1 Die Schienen werden im alumino-thermischen Schweißverfahren verschweißt

2 Viel Erfahrung und ein gutes Augenmaß gehören dazu, die neu verlegte Weiche mit Winden grobzurichten

3 Ein unentbehrlicher Helfer im Gleisbau: der leistungsstarke Gleisjochverlegekran UK 25/9 aus sowjetischer Produktion

die Projektanten und die Betriebe der Reichsbahnbaudirektion gemeinsam um Lösungen. Oftmals kommt es zu Initiativeinsätzen der Eisenbahner. Andererseits ordnet man die Vorhaben technologisch so ein, daß die Leistungen im Rahmen der Aktion „Studentensommer" erbracht werden können. Diese Aktion hat eine nicht geringe Bedeutung für die Deutsche Reichsbahn, weil Studenten vieler Hoch- und Fachschulen in den großen Semesterferien Tiefbauarbeiten ausführen und folglich die Herstellung kompletter funktionsfähiger Gleisanlagen sichern helfen.

Ebenfalls große Anstrengungen unternimmt der Entwurfs- und Vermessungsbetrieb der Deutschen Reichsbahn, um die Vorbereitungsdokumentation in hoher Qualität und termingemäß fertigzustellen. Hervorragende Leistungen vollbringen auch die Brückenbauer sowie die Signal- und Fernmeldetechniker der Deutschen Reichsbahn beim Bau der zweiten Gleise.

Man kann also behaupten, daß alle am Programm „2. Gleis" beteiligten Bereiche und deren Kooperationspartner ihr Bestes geben, damit es zu den festgelegten Terminen heißen kann: „Strecke frei für das zweite Gleis!"

Zur Technologie des Bauprogramms

Man kann die Technologie beim Bau des zweiten Gleises unterteilen in
– Vorlaufarbeiten,
– eigentliche Gleisbauarbeiten und
– Fertigstellungs- und Komplettierungsarbeiten.

Zu den Vorlaufarbeiten gehören die Rekonstruktion oder der Neubau von Brücken und Durchlässen, die Schotterbettreinigung mit gleislosen Schotterbettreinigungsmaschinen, die Sanierung des Erdbauplanums (Untergrundverbesserung), die Grabenberäumung und Grabenherstellung sowie die Instandsetzung bzw. der Einbau von Tiefenentwässerungen.

Leider ist man des öfteren gezwungen, einige Vorlaufarbeiten gleichzeitig mit den Gleisbauarbeiten auszuführen. Dabei muß man die technologischen Abhängigkeiten beachten, um die Termine der Inbetriebnahme nicht zu gefährden.

Im Gleisbau werden langjährig erprobte Technologien angewendet, welche den Einsatz der modernsten Gleisbautechnik einschließen. Planierraupen und Verdichtmaschinen stellen zunächst das Schotterplanum her. Die bewährten sowjetischen Vorbaukrane vom Typ Platow UK 25/9 übernehmen die Gleisjochverlegung. Wenn das schwere Schienenprofil R 65 eingebaut werden soll, treten an ihre Stelle die Gleisjochverlegeeinrichtungen vom Typ FEV II aus Blankenburg/Harz, bei denen Verlegeportale auf Hilfsschienen laufen. Sobald die Gleisjoche verlegt sind, bringen Flankenreiniger von den Seiten her Schotter ein, oder Spezialwagen schütten beim Abziehen Neuschotter aus. Danach besorgen schwere Gleisstopfmaschinen, Gleisrichtmaschinen und Schwellenfachverdichter das Herstellen der Gleislage. Schweißer verbinden nun im alumino-thermischen Schweißverfahren die Schienen. Das Gleis ist jetzt betriebsbereit.

Nach der Inbetriebnahme wird das Gleis

2

3

mit 50 km/h befahren. Die Geschwindigkeit erhöht sich bis zu der Belastung mit 500 000 Mp und der Lagebeständigkeit des Gleises auf 70 km/h. Mit der zweiten Stopfung, die größtenteils kombinierte Gleisstopf- und Gleisrichtmaschinen sowie Schwellenfachverdichter vornehmen, wird die Gleislage so hergerichtet, daß die zulässige Höchstgeschwindigkeit (in der Regel 120 km/h) gefahren werden kann. Dazu verfüllt der Flankenreiniger das Gleis profilmäßig.

Nachdem die Qualität der fertigen Gleisanlagen abgenommen worden ist und die erforderlichen Güteteste ausgestellt worden sind, kann das Gleis an den Nutzer übergeben werden.

In der Regel sind mit dem Bau des zweiten Gleises auch der Umbau der Bahnhofsköpfe und der Bau von Überholungsgleisen verbunden. Das bedeutet, daß neue Weichen eingesetzt werden müssen, was wiederum umfangreiche sicherungstechnische Arbeiten zur Folge hat und gelegentlich zum Bau neuer Stellwerke zwingt, weil die vorhandenen Stellwerke entweder nicht erweiterungsfähig sind oder wegen Überalterung ohnehin ersetzt werden sollten.

In den Bahnhofsbereichen bringen die sicherungstechnischen Arbeiten auch erhebliche Tiefbauarbeiten mit sich, die größtenteils in Handschachtung ausgeführt werden müssen, weil dort selbst Kabelfräsen und Kleinbagger nur selten einsetzbar sind.

Die Grobdarstellung der Technologie beim Bau der zweiten Gleise macht deutlich, daß dabei eine Vielzahl von Arbeiten anfällt, die bisweilen sehr eng voneinander abhängen.

Dazu kommt die nicht zu unterschätzende Beeinflussung der Betriebsführung, woraus sich ein kameradschaftliches Zusammenwirken zwischen den Bauausführenden und den Kollegen des Betriebsdienstes ergibt.

Darüber hinaus hat der Transportbereich der Bahn das Gleisbaumaterial, wie Gleisjoche und Schotter, aber auch Oberbaugroßmaschinen planmäßig zu den Baustellen zu fahren.

Zu Besuch im Bauzug 101

Der bis 1975 größte zusammenhängende zweigleisige Ausbau findet auf dem Abschnitt Berliner Außenring – Jatznick der Strecke Berlin – Stralsund statt. Hier arbeiten Frauen und Männer vom Bauzug 101 des Gleisbaubetriebes Berlin. Hier haben sie beispielsweise im Jahr 1974 über 45 km und 1975 noch einmal über 37 km zweite Gleise zu verlegen. Außerdem wird das vorhandene Gleis streckenweise einer Zentralen Oberbauerneuerung unterzogen.

An einem sonnigen Maitag besuchten wir den 101er, der mit etwa 210 Produktionsarbeitern der größte Bauzug der Deutschen Reichsbahn ist.

Als wir im Bahnhof Prenzlau ankommen, fallen uns sofort die vielen „Grünen" auf den Abstellgleisen auf. Über 190 Wagen, nämlich Wohn-, Küchen-, Speise-, Kultur-, Dusch- und Waschwagen, Arbeits- und Gerätewagen, bilden eine „Kleinstadt" auf Rädern. Könnten die Räder sprechen, würden sie erzählen vom wechselvollen All-

4

5

tag eines Bauzuges, von schönen und schweren Stunden der Bewährung, von heißen Disputen und von so mancher heiterer Episode. Sie würden berichten über die vielen Bauvorhaben, bei denen die Bewohner dieser „Kleinstadt" seit Gründung des Bauzuges im Jahr 1956 ihren Mann standen, sei es nun auf dem Berliner Außenring oder im S-Bahn-Bereich, sei es auf der Strecke Rostock – Stralsund oder jetzt hier zwischen Jatznick und Berlin.

Freundlich werden wir im Wagen des Bauzugleiters, sozusagen in der Nervenzentrale, empfangen. Daß hier zur rechten Zeit die richtigen Kommandos gegeben werden, dafür sorgt Vorsteher Reinhard Meizis mit seinen Mitstreitern. Während wir vorerst stumm warten müssen, laufen die Telefondrähte „heiß", werden Absprachen getroffen, Anweisungen gegeben, Arbeitsgänge aufeinander abgestimmt und so manches Problem operativ gelöst.

Neuererarbeit und Komplexwettbewerb

Unterdessen schweifen unsere Gedanken viele Monate zurück. Wie auch bei anderen Bauvorhaben waren die Eisenbahnerinnen und Eisenbahner aller Hauptdienstzweige des Reichsbahndirektionsbezirks Greifswald aufgerufen, ihre Ideen zu äußern; denn der Bau des zweiten Gleises ist nicht nur die Sache des Baubereichs allein.

Die Neuerer und Rationalisatoren sollten sich vor allem überlegen, wie der materielle und finanzielle Aufwand (insbesondere für den manuellen Tiefbau) reduziert werden könnte, wie Bauzeiten verkürzt, Arbeitskräfte eingespart und später möglichst wenige Eisenbahner zusätzlich für die Instandhaltung benötigt werden. Das gilt auch für die nächsten Jahre, weshalb sich die Neuerer auf folgende Schwerpunkte orientieren sollten:
– Verbesserung der Arbeits- und Lebensbedingungen in Verbindung mit den einzelnen Bauvorhaben;
– Vereinfachung der Gleisplangestaltung, Einsparung von Gleisen und Weicheneinheiten, Auflassen von Betriebsstellen ohne Minderung der Kapazität;
– Verbesserung der Betriebstechnologien;
– Auflösung niveaugleicher Wegübergänge;
– Vervollkommnung vorgesehener Bautechnologien;
– Reduzierung der Baumaßnahmen auf ein Minimum durch Nutzung vorhandener Bausubstanzen.

Der Aufruf der Reichsbahndirektion Greifswald erbrachte gute Ergebnisse. So unterbreiteten die Eisenbahner des Dienstortes Prenzlau eine Reihe von Vorschlägen zum optimalen Gestalten der Gleisanlagen, zur Auflösung von Wegübergängen usw., die mit einer großen Kosteneinsparung verbunden waren.

Reinhard Meizis hat den Hörer aufgelegt und geht nun auf unsere Fragen ein. „Welchen Einfluß übt der Wettbewerb auf das Baugeschehen aus", wollen wir zum Beispiel wissen. „Wie wirkt das Streckenparteiaktiv?" Natürlich führen die Baueisenbahner wie die Werktätigen in der Industrie einen innerbetrieblichen Wettbewerb. Die Gewerkschaftsorganisation wertet ihn monatsweise öffentlich aus und über den Bauzug hinaus im Gleisbaubetrieb quartalsweise. „Am wichtigsten ist aber unser Komplexwettbewerb", fährt Reinhard Meizis fort, „den wir bei der Zentralen Oberbauerneuerung zwischen Stralsund und Rostock im Jahr 1971 erstmals im großen Stil geführt hatten. In ihn waren zum Beispiel der Bauzug 101, die beteiligten Eisenbahner der Verwaltungen Sicherungs- und Fernmeldewesen, Betrieb und Verkehr sowie Maschinenwirtschaft der Rbd Greifswald, die Eisenbahner des Signal- und Fernmeldewerkes und des Rba Stralsund einbezogen. Das Ergebnis war, daß auf diese Weise viele Probleme schnell und wirksam gelöst, daß die Termine bei hoher Qualität gehalten und sogar überboten werden konnten. Dabei spielte das

4 An die neue Weiche wird mit einem EDK 80 ein Verbindungsgleisjoch angeschwenkt und angeschlossen

5 Moderne Gleisbaumaschinen und -geräte haben die körperlich schwere Arbeit verdrängt; dennoch brauchen die Gleisbauer ab und zu den Schraubenschlüssel nach dem Auslegen der Weiche

6 Erich Groth – einer der vielen fleißigen Baueisenbahner

7 Meister-Vertreter Josef Domogalla von der Meisterei I des Bauzugs 101 ist bereits dreifacher Aktivist

Parteiaktiv die führende Rolle. Und so ist es auch hier beim zweigleisigen Ausbau zwischen Berlin und Jatznick."

Später bietet sich die Gelegenheit, an einer Tagung des Streckenparteiaktivs in Angermünde teilzunehmen. Zuerst wird Bilanz gezogen, und aus Mängeln ergeben sich die notwendigen Schlußfolgerungen für die nächsten Aufgaben. Den am Bau beteiligten Dienststellen und Betrieben gelang es, alle wichtigen Termine einzuhalten. Wir erfahren, daß der Aufruf zu einem Ständigen Produktionsaufgebot – einer Verpflichtung der vorangegangenen Tagung – ein breites Echo gefunden hat. Die Genossen der Transportpolizei und des Sicherheitsaktivs loben allgemein die Sicherheit, Disziplin und Ordnung auf den Baustellen, müssen aber auch so manchen kritischen Hinweis geben. Die Genossen der territorialen Parteiorgane versprechen auch weiterhin jede Unterstützung, vor allem bei der Arbeiterversorgung. Kurzum, der Problemkreis reicht von den Arbeits- und Lebensbedingungen der Eisenbahnerinnen und Eisenbahner des Bauzuges über die Qualität der Arbeit bis zur Kontrolle der Ecktermine. Die Parteiaktivisten diskutieren kurz, lebhaft und ideenreich. Man sieht, das Streckenparteiaktiv hat sich zu einem wirkungsvollen Gremium entwickelt.

Hervorzuheben ist insbesondere, daß nicht nur alle Parteiaktivisten der Eisenbahn, sondern auch die der territorialen Organe aktiv mitarbeiten. Das Streckenparteiaktiv besitzt somit jene Kraft, die für die Meisterung eines solch wichtigen Bauvorhabens unerläßlich ist.

Bewährte Gleisbauer – zwei Beispiele von vielen

Auf einer Baustelle treffen wir die Kollegen der Meisterei I, die in einer Sperrpause eine Weiche auswechseln.

Zügig und sicher geht die Arbeit von der Hand. Gleiswinden werden angesetzt, Einzelschwellen gerichtet, der Eisenbahndrehkran EDK 80 schwenkt ein Verbindungsjoch ein. Umsichtig gibt Meister-Vertreter Josef Domogalla seine Anweisungen. Er kann sich auf einen bewährten Stamm von Baueisenbahnern verlassen.

Ein sympathischer, kräftiger, älterer Kollege wirft mit einer Gabel Schottersteine beiseite. „Nun ja, ab und zu müssen wir schon noch zur Schottergabel greifen", erwidert Erich Groth lächelnd auf unsere Frage, „aber ansonsten – gegen früher, ein großer Unterschied. Heute haben wir für fast alle Arbeiten die Maschinen."

Seit 1950 ist Erich Groth beim Gleisbau. Erst in der Bahnmeisterei Wittenberge und bei anderen Bauzügen tätig, kam er 1966 zum Bauzug 101. Er hat die Entwicklung von der ausschließlichen Handarbeit bis zur heute überwiegenden Maschinenarbeit miterlebt. Mit 57 Jahren erwarb er noch den Facharbeiterbrief. Seine Kollegen kennen ihn als ruhigen, zuverlässigen, stets einsatzbereiten und fleißigen Arbeiter. In einem Dorf bei Wolgast zu Hause, hat er wie viele andere auch – trotz der langen Ausbleibezeiten – dem Gleisbau die Treue gehalten. Und das ist bestimmt nicht immer einfach, die überwiegende Zeit des Jahres von der Familie getrennt zu sein.

Das neue Gleisjoch ist inzwischen ausgerichtet. Meister-Vertreter Josef Domogalla mißt mit dem Zollstock, macht noch einige Bemerkungen. Der fünfzigjährige Kollektivleiter ist zufrieden. „Alles in Ordnung?" fragen wir. „Es muß – die Sperrpause darf nicht überschritten werden", antwortet er. Der dreifache Aktivist und Vater von drei Kindern hat einmal Autoschlosser gelernt. Seit 1952 ist er im Gleisbau und hat sich dort bis zum Meister-Vertreter qualifiziert. „Wer? Josef? Der ist in Ordnung", antwortet uns ein Baueisenbahner, als wir ihn nach seinem „Chef" fragen.

Als wir am späten Nachmittag die Heimreise antreten, nehmen wir den Gesamteindruck mit, daß der so wichtige Bau von zweiten Gleisen in guten Händen liegt, in Arbeiterhänden.

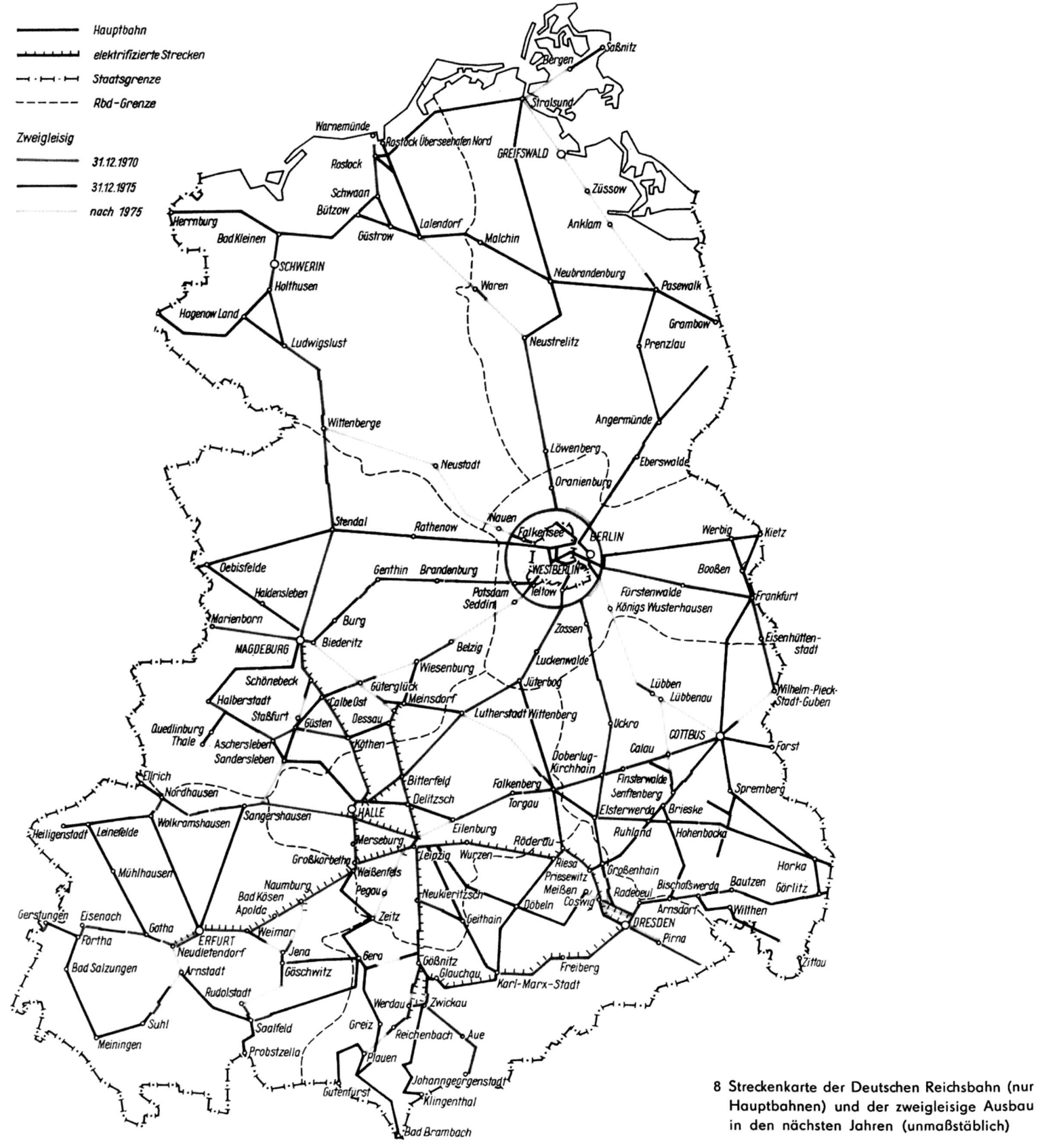

8 Streckenkarte der Deutschen Reichsbahn (nur Hauptbahnen) und der zweigleisige Ausbau in den nächsten Jahren (unmaßstäblich)

Dipl.-Ing. FRIEDRICH SPRANGER

Die elektrischen Inselbetriebe der Deutschen Reichsbahn

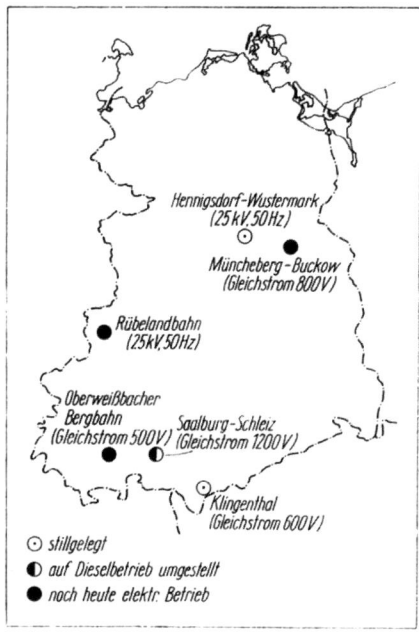

1 Übersichtskarte zu den elektrischen Inselbetrieben der Deutschen Reichsbahn (unmaßstäblich)

Von den fast 16000 km umfassenden Strecken der Deutschen Reichsbahn sind rund 1300 km elektrifiziert. Das sind etwa 8 Prozent, die vor allem auf zwei große zusammenhängende Netze entfallen:
— auf ein rund 900 km langes Fernbahnnetz, bestehend aus Haupt- und Nebenbahnen. Die Streckenabschnitte Magdeburg — Köthen — Halle (Saale) — Erfurt — Neudietendorf, Dessau — Bitterfeld — Halle (Saale) — Leipzig — Bitterfeld und Leipzig — Reichenbach — Karl-Marx-Stadt — Dresden — Riesa — Wurzen — Leipzig (»Sächsisches Dreieck«) sowie mehrere kürzere Anschlußstrecken werden ausschließlich mit Einphasenwechselstrom $16^2/_3$ Hz 15 kV betrieben. Sie sind untereinander verbunden, so daß sämtliche Elektrolokomotiven auf ihnen freizügig verkehren können;
— auf ein rund 350 km langes Netz der Berliner S-Bahn, das ausschließlich dem Reiseverkehr in einem räumlich eng begrenzten Territorium dient. Hier bestehen einige grundlegende Unterschiede gegenüber der elektrifizierten Fernbahn; zum Beispiel verkehren nur Elektrotriebwagen, und der Gleichstrom von 800 V wird nicht über Fahrleitungen, sondern über Stromschienen zugeführt.

Außer diesen beiden Netzen gibt es in unserer Republik einige elektrifizierte Strecken, die weder in der Stromart noch in der Art der Triebfahrzeuge zu dem Fernbahn- oder S-Bahnnetz der Deutschen Reichsbahn in Beziehung stehen. Da sie auch räumlich an keiner Stelle mit einer elektrifizierten Bahn in Berührung kommen, sollen sie im folgenden als »elektrische Inselbetriebe« bezeichnet werden. Ihnen ist dieser Beitrag gewidmet.

Klingenthal — Sachsenberg-Georgenthal

Inbetriebnahme der Bahn	1916
Eröffnung des elektrischen Zugbetriebs	1917
Stromart und Spannung	Gleichstrom 650 V
Streckenlänge	4,6 km
Spurweite	1000 mm
Anzahl der Personentriebwagen (bis 1964)	5
Anzahl der Personenbeiwagen (bis 1964)	4
Reisezugpaare täglich	28
Reisezeit	22 min
Stillegung des Güterverkehrs	1963
Stillegung des Reiseverkehrs	1964

Diese Strecke im östlichen Vogtland stellte insofern eine Besonderheit dar, als sie die einzige Schmalspurbahn der Deutschen Reichsbahn war, die elektrisch betrieben wurde.

Ursprünglich hatte man den Bau einer durchgehenden Verbindung von Klingenthal nach Muldenberg vorgesehen. Aber wegen der hohen Baukosten, die zwei Tunnel und andere Kunstbauten verursacht hätten, entschied man sich für eine Teillösung des Projektes und ließ die Strecke in Georgenthal am Fuße des Aschbergs enden. Das Kuriose an der Bahn war, daß sie sowohl Merkmale einer Straßenbahn als auch einer Eisenbahn trug. Das traf für Fahrzeuge und Strecke in gleichem Maße zu (vgl. Eisenbahn-Jahrbuch 1967, Seite 143).
1956/57 wurden die alten Trieb- und Beiwagen durch Straßenbahnwagen der Typen Et 54 und Et 57 vom VEB Waggonbau Gotha ersetzt. Es waren Wagen, wie sie noch heute

2 Personenwagen der Oberweißbacher Bergbahn

3 Elektrischer Triebwagen der Strecke Klingenthal — Sachsenberg-Georgenthal

4 Strecke Cursdorf — Lichtenhain mit einem Triebwagen, wie er bis 1963 verkehrte

5 Streckenskizze Saalburg — Schleiz (unmaßstäblich)

6 Triebwagen mit drei Anhängern auf der Wettera-Brücke

7 Bahnhof Gräfenwarth auf der Strecke Saalburg — Schleiz (links im Bild die im Bahnhof beginnende Stichbahn nach der Talsperrmauer)

8 Triebwageneinheit der Strecke Müncheberg — Buckow (im Hintergrund die Triebwagenhalle)

9 Triebwagen in Waldsieversdorf

10 Streckenabschnitt in der Märkischen Schweiz

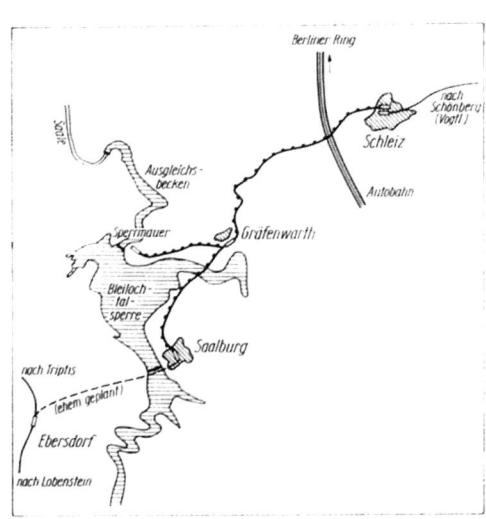

5

6

7

8

9

in vielen Städten unserer Republik zu finden sind. Allerdings zeigten sie einige bemerkenswerte Unterschiede zu gewöhnlichen Straßenbahnwagen: Statt der Warnglocke besaßen die Triebwagen eine Hupe und eine mit Druckluft betätigte Signalpfeife. Wie alle Triebwagen der Deutschen Reichsbahn waren sie rot und cremefarben gestrichen. An den Seitenwänden trugen sie das Eigentumsmerkmal »DR«. Links oben standen die Triebwagennummer, das Heimat-Bw, die Anzahl der Plätze und die Masse des Wagens. Der letzte Wagen führte das vereinfachte Zugschlußsignal nach dem Signalbuch der Deutschen Reichsbahn.

Triebwagenführer und Schaffner trugen selbstverständlich Eisenbahneruniform.
Die Gleise waren im südlichen Teil der Strecke in das Straßenpflaster eingebaut. Dazu wurden — wie bei Straßenbahnen üblich — Vignolschienen verwendet. Ab Kilometer 2,4 aber (Brunndöbra Karl-Marx-Platz) benutzte die Bahn einen besonderen Bahnkörper. Hier war die Strecke, abgesehen von der Fahrleitung, durch nichts von gewöhnlichen Eisenbahnstrecken zu unterscheiden. Selbst Pfeif- und Langsamfahrsignale fehlten nicht. Die Trapeztafeln vor den Bahnhöfen wiesen darauf hin, daß für den Betrieb die Betriebsvorschrift für den vereinfachten Nebenbahndienst galt.
Zuletzt verkehrten täglich 28 Triebwagenzugpaare, meist Dreiwagenzüge, auf der Strecke. Eisenbahntypisch wiederum war der Güterverkehr. Es standen 12 Rollwagen, 4 Gepäckwagen und 2 O-Wagen zur Verfügung. Die Güterzüge bestanden fast ausschließlich aus aufgebockten Normalspurwagen. Gezogen wurden sie von den Elektrolokomotiven E 191 01 und E 191 02.
Trotz des hohen Verkehrsaufkommens verbuchte die Bahn jährlich rund 23000 Mark Verlust. Außerdem gefährdete das ständige Anwachsen des Straßenverkehrs die Sicherheit des Bahnbetriebs mehr und mehr. Als schließlich Anfang der sechziger Jahre umfangreiche Mittel zur Erneuerung der Gleisanlage und zum Bau einer Gleichrichteranlage notwendig wurden, entschied sich die Deutsche Reichsbahn für die Stillegung der Bahn. Sämtliche Verkehrsleistungen werden seit 1964 vom volkseigenen Kraftverkehr bewältigt.

Oberweißbacher Bergbahn

Reibungsbahnabschnitt Cursdorf — Lichtenhain

Inbetriebnahme des Abschnitts	1922
Eröffnung des elektrischen Zugbetriebs	1922
Stromart und Spannung	Gleichstrom 500 V
Streckenlänge	2,6 km
Spurweite	1435 mm
Anzahl der Triebwagen	2
Anzahl der Beiwagen	1
Reisezugpaare täglich	16
Reisezeit	13 min
Stillegung des Güterverkehrs	1966

Standseilbahnabschnitt Lichtenhain — Obstfelderschmiede

Inbetriebnahme des Abschnitts	1922
Stromart und Spannung	Gleichstrom 220 V
Streckenlänge	1,4 km
Spurweite	1800 mm
Fahrten im Personenverkehr je Richtung	11
Reisezeit	18 min
Stillegung des Güterverkehrs	1966

Genaugenommen handelt es sich bei der Oberweißbacher Bergbahn um zwei elektrische Inselbetriebe, denn der Reibungsbahn- und der Seilbahnabschnitt werden von zwei verschiedenen und voneinander unabhängigen Stromsystemen versorgt. Da den Seilbahnabschnitt ein stationärer Elektromotor betreibt, kann nur die Reibungsbahn als elektrische Eisenbahnstrecke im üblichen Sinne angesehen werden (vgl. Eisenbahn-Jahrbuch 1969, Seite 24).
1919 wurde das Projekt der kombinierten Standseil- und Reibungsbahn ausgearbeitet. Dadurch sollte die kürzeste Verbindung zwischen der durch das Schwarzatal führenden Eisenbahnstrecke Rottenbach — Katzhütte und den auf der Höhe gelegenen Ortschaften hergestellt werden. Der Bau wurde in den Jahren 1921/22 verwirklicht.
Auf der Reibungsbahn verkehren heute zwei zweiachsige Triebwagen, die das Raw Schöneweide im Jahr 1963 gebaut hat. Sie verfügen über 20 Sitzplätze und 7,5 m² Freifläche, so daß jeder Wagen 80 Personen aufnehmen kann. Als Besonderheit fällt auf, daß die Stromabnehmer nicht in Dachmitte, sondern ganz an der Seite angebracht sind. Damit sollte eine möglichst leichte Ausführung der Fahrleitung erzielt werden.
Die Triebwagen haben folgende technische Daten:

Triebwagennummer alt	ET 188 531	ET 188 701
Triebwagennummer neu	279 201-8	279 203-4
Baujahr		1963
Hersteller		Raw Schöneweide, AEG
Masse		14,3 t
Länge über Puffer		11600 mm
Anzahl der Sitzplätze		20
Höchstgeschwindigkeit		50 km/h
Antriebsleistung		2 × 34 kW

Auf dem Seilbahnabschnitt pendeln ein Personenwagen und eine Güterbühne, die wahlweise mit einem Güterwagen oder einem in Reserve stehenden Triebwagenanhänger besetzt werden kann.
Die Betriebsführung hat sich im Laufe der Zeit mehrmals geändert. An der Reibungsstrecke lagen Güterverkehrsanlagen und Anschlußgleise. Nachdem ein Güterwagen

10

über die Güterbühne den Seilbahnabschnitt überwunden hatte, beförderte ihn ein Personentriebwagen bis zur Ladestelle des Reibungsbahnabschnitts weiter.

Im Personenverkehr bestand bis 1969 die Möglichkeit, einen Beiwagen mit einem Triebwagen zu einer Zugeinheit zu verbinden. Der Anhänger wurde in Richtung Lichtenhain gezogen und in Richtung Cursdorf geschoben. Auf Grund eines Unfalls ist jedoch das Schieben des Beiwagens nur noch bei einer besonderen Spitzenbesetzung gestattet. In den Sommermonaten werden nunmehr beide Triebwagen zu einem Verband zusammengekuppelt, bei dem jeweils der hintere Triebwagen als Anhänger verkehrt.

Wenn auch der Güterverkehr im Juni 1966 eingestellt wurde, so hat diese Bahn doch für den Reiseverkehr immer mehr an Bedeutung gewonnen. Sie bewältigt nicht nur den Berufsverkehr, sondern auch den Urlauber- und Ausflugsverkehr in jener landschaftlich reizvollen Gegend. Deshalb ist weder eine Stillegung noch eine Traktionsumstellung vorgesehen.

11 Abzweigstelle Ahdw; hier mündet die Verbindungsstrecke von Hennigsdorf in den nördlichen Berliner Außenring

Schleiz — Saalburg

Inbetriebnahme der Bahn	um 1927
Eröffnung des elektrischen Zugbetriebs	um 1932
Stromart und Spannung	Gleichstrom 1200 V
Streckenlänge Saalburg — Schleiz	15 km
Gräfenwarth — Talsperrmauer	2,4 km
Spurweite	1435 mm
Höchstgeschwindigkeit	30 km/h
Anzahl der Triebwagen (bis 1969)	4
Anzahl der Beiwagen (bis 1969)	4
Reisezugpaare täglich	7
Reisezeit	43 min
Umstellung von Elektro- auf Dieselbetrieb	1969

In den Jahren 1926 bis 1932 entstand im Saaletal die Bleilochtalsperre, die mit einem 28 km langen Stausee damals größte Talsperre in Deutschland. Für den Bau der Sperrmauer schuf man eine Baustoffzubringerbahn vom Bahnhof Schleiz bis unmittelbar an die Baustelle. Außerdem wurde ein Abzweig von Gräfenwarth nach Saalburg angelegt, wo eine größere Straßenbrücke über den Stausee zu errichten war. Später sollte die Bahn über diese Brücke bis Ebersdorf — Friesau verlängert werden, wo sie Anschluß an die Strecke Triptis — Lobenstein erhalten hätte; dieses Vorhaben kam jedoch nicht zustande.

Nach Beendigung des Talsperrenbaues wurde die Zubringerbahn elektrifiziert und als »Schleizer Kreisbahn AG« für den Personenverkehr eröffnet. Dazu lieferte die Firma Linke-Hofmann-Busch zwei Personen- und zwei Gütertriebwagen sowie vier Beiwagen, die bis 1969 auf der Strecke verkehrten.

Die wichtigsten technischen Daten der Fahrzeuge waren:

	Personentriebwagen	Gütertriebwagen	Beiwagen
Betriebsnummer	ET 188 511 ET 188 512	ET 188 521 ET 188 522	EB 188 511 bis EB 188 514
Masse (t)	18,6 (511); 18,0 (512)	25,0	8,0
Länge über Puffer (mm)	11 100	9550 (521); 9300 (522)	11 100
Höchstgeschwindigkeit (km/h)	45	45	—
Antriebsleistung (kW)	2 × 44	2 × 44	

Ein Reisezug bestand aus einem Triebwagen mit zwei Beiwagen, mitunter waren auch drei Beiwagen angehängt.

Später wurde nur noch die Strecke Saalburg — Schleiz planmäßig von Personenzügen befahren. Sie führt in das viel besuchte Ausflugs- und Erholungsgebiet am Saalestausee. In dem stark gegliederten Gelände sind Steigungen bis zu 29 ‰ enthalten. Das markanteste Bauwerk ist die 160 m lange Wettera-Brücke, die in 30 m Höhe einen Seitenarm des Stausees überquert. An der Endstation Saalburg befinden sich der Triebwagenschuppen, die Werkstätten und die Güterverkehrsanlagen.

Der Güterverkehr spielte nach Vollendung der Talsperre nur noch eine untergeordnete Rolle, weshalb er Mitte der sechziger Jahre ganz eingestellt wurde. Seitdem pendelte zwischen den Bahnhöfen Saalburg und Schleiz nur noch eine Zugeinheit täglich für den Personenverkehr. Da für Trieb- und Beiwagen Reservefahrzeuge bereitgehalten werden mußten, band der elektrische Zugbetrieb relativ hohe Grundmittel. Hinzu kamen noch die Anlagekosten für Fahrleitung und Werkstatt. Außerdem mußte durch einen Schaltwart die Schaltstation in Gräfenwarth ständig besetzt werden.

Diese Gründe zwangen dazu, im Mai 1969 den Betrieb auf die weitaus wirtschaftlicheren Leichttriebwagen mit Verbrennungsmotor umzustellen. Der Generalverkehrsplan sieht für Mitte der siebziger Jahre einen Verkehrsträgerwechsel vor.

Müncheberg — Buckow

Inbetriebnahme der Bahn	1930
Eröffnung des elektrischen Zugbetriebs	1930
Stromart und Spannung	Gleichstrom 800 V
Streckenlänge	4,9 km
Spurweite	1435 mm
Höchstgeschwindigkeit	30 km/h
Anzahl der Triebwagen	3
Anzahl der Beiwagen	2
Reisezugpaare täglich	21
Reisezeit	15 min

Diese elektrisch betriebene Nebenbahn zweigt in Müncheberg von der Strecke Berlin — Kietz ab und verläuft über Waldsieversdorf nach Buckow in der Märkischen Schweiz. Sie wurde 1930 als »Buckower Kleinbahn« eröffnet und dem damaligen Landesverkehrsamt Brandenburg unterstellt.

In vielem ähnelt diese Bahn der ehemaligen Schleizer Kreisbahn; auch auf dieser Strecke spielte der Güterverkehr nur eine zweitrangige Rolle und wurde darum vor wenigen Jahren eingestellt. Sonst dient die Bahn außer dem Berufsverkehr vor allem dem Ausflugsverkehr.

Auch bezüglich der Wirtschaftlichkeit gibt es die gleichen Probleme wie bei der Strecke Saalburg — Schleiz. Deshalb erwägt die Deutsche Reichsbahn, die Bahn bis Mitte der siebziger Jahre zu schließen. Ob der Rat des Bezirks Frankfurt die Strecke mit ihrem gesamten Grundmittelfonds übernimmt und in eigener Regie weiterbetreibt, ist noch nicht geklärt.

Die Fahrzeuge lieferte damals die Hannoversche Waggonfabrik AG. Sie haben folgende wichtigste technische Daten:

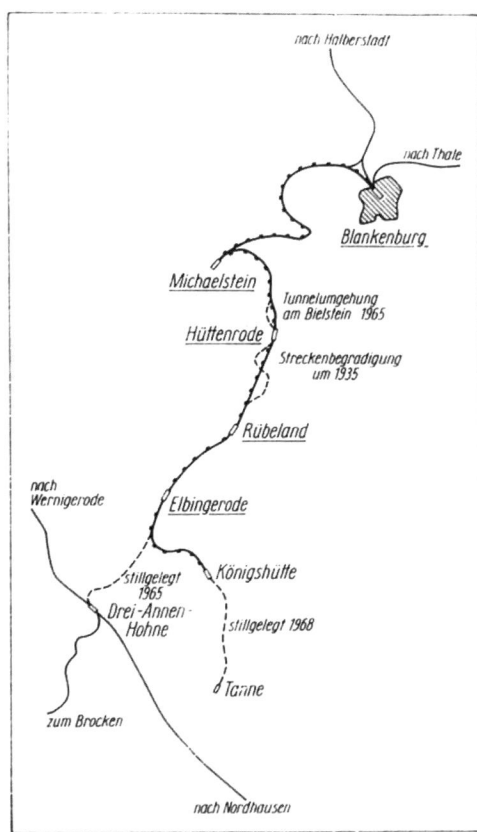

12 Streckenskizze der Rübelandbahn (unmaßstäblich)

	Triebwagen	Beiwagen
Betriebsnummer alt	ET 188 501	EB 188 501
	ET 188 502	EB 188 502
	ET 188 503	
Betriebsnummer neu	279 001-2	279 002-0
	279 003-8	279 004-6
	279 005-3	
Masse (t)	22,7	14,8
Länge über Puffer (mm)	14300	14300
Höchstgeschwindigkeit (km/h)	50	50
Sitzplätze	40 + Dienst-abteil bzw. 50	50
Antriebsleistung (kW)	2 × 65	—

Zu einer Zugeinheit gehören gewöhnlich zwei Triebwagen und ein Beiwagen, die in der Reihenfolge Triebwagen — Beiwagen — Triebwagen gekuppelt werden; dabei ist eine Vielfachsteuerung möglich.

Die relativ hohe Antriebsleistung der Triebwagen erlaubt auch größere Zuglasten. So ist vorgesehen, daß das Reisebüro der DDR durchgehende Züge von Berlin bis Buckow einrichtet. In Müncheberg werden diese von den Elektrotriebwagen übernommen. Bei Versuchsfahrten im Frühjahr 1969 wurde festgestellt, daß sechs vierachsige Rekowagen mit je einem Triebwagen an Zugspitze und Zugschluß ohne Schwierigkeit befördert werden können.

Die eingleisige Strecke hat elf unbeschrankte Wegübergänge, die dem Triebwagenführer durch Läute- bzw. Pfeiftafeln angezeigt werden. In Buckow befinden sich Triebwagenhalle, Werkstatt und Güterverkehrsanlagen. Waldsieversdorf erhielt vor wenigen Jahren ein neues geschmackvolles Stationsgebäude. Früher gab es hier ein Überholungsgleis, auf dem mitunter Güterwagen abgestellt wurden.

Versuchsstrecke Hennigsdorf — Wustermark

Eröffnung des elektrischen Zugbetriebs	1962
Stromart, Spannung, Frequenz	Einphasenwechselstrom 25 kV 50 Hz
Streckenlänge	23 km
Spurweite	1435 mm
Höchstgeschwindigkeit	100 km/h

Ein planmäßiger elektrischer Betrieb war auf dieser Versuchsstrecke von vornherein nicht vorgesehen. Sie diente vielmehr dem VEB LEW »Hans Beimler« Hennigsdorf zur Erprobung der dort entwickelten und gebauten Elektrolokomotiven für 50-Hz-Strom (vgl. Eisenbahn-Jahrbuch 1970, Seite 96ff.).

Die am 26. Juni 1962 eingeweihte Versuchsstrecke begann im Bahnhof Hennigsdorf und führte von hier über eine eingleisige Verbindung zur Abzweigstelle Ahdw, wo sie in den zweigleisigen nördlichen Berliner Außenring einmündete; sie berührte die Bahnhöfe Schönwalde und Falkenhagen und endete in Wustermark.

Rübelandbahn

Inbetriebnahme der Bahn	1885
Eröffnung des elektrischen Zugbetriebs	1965
Stromart, Spannung, Frequenz	Einphasenwechselstrom 25 kV 50 Hz
Streckenlänge	23,5 km
Maximale Steigung	61 ‰
Spurweite	1435 mm
Höchstgeschwindigkeit	50 km/h
Anzahl der Triebfahrzeuge	15
Reisezeit	etwa 60 min

13 Das neue Gleisbildstellwerk in Rübeland

14 Reisezug im Bahnhof Rübeland (das Triebfahrzeug trägt auf dem Bild noch die alte Kennzeichnung)

15 Ein Zug mit Kalkkübelwagen auf dem 30 m hohen Kreuztalviadukt (das Triebfahrzeug hat auf dem Bild noch das alte Kennzeichen)

Die Rübelandbahn hat vor allem die Abfuhr des ständig zunehmenden Gutaufkommens zu sichern, worüber im Eisenbahn-Jahrbuch 1968 (Seite 19 ff.) ausführlich berichtet worden ist. Durch schwierige geographische Bedingungen und Steigungen bis zu 61‰ konnte sie dieser Aufgabe nicht mehr gerecht werden.

Die Deutsche Reichsbahn hat aus diesem Grund die Rübelandbahn grundlegend rekonstruiert. Diese Maßnahme sollte die erforderliche Durchlaßfähigkeit auch für die Zukunft garantieren und eine Reserve von 20 Prozent gewährleisten. Aus mehreren Varianten wählte man diejenige aus, die eine Elektrifizierung der Strecke in Verbindung mit dem Umbau von Streckenabschnitten, Bahnhöfen und Sicherungsanlagen vorsah. Damit begann der größte Umbau in der Geschichte der Ende des vorigen Jahrhunderts entstandenen Rübelandbahn. Die wichtigsten Bauvorhaben waren:

— Verstärkung der Brücken und des Oberbaues sowohl auf dem zu elektrifizierenden Abschnitt Blankenburg — Königshütte als auch auf der Zufuhrstrecke Halberstadt — Blankenburg für eine Achslast von 21 Mp;
— Bau einer Umgehung des Bielsteintunnels, der 1885 aus einem alten Bergwerksstollen entstanden war und der nun außer Betrieb gesetzt wurde;
— Errichtung einer Verbindung zwischen den Strecken Blankenburg — Halberstadt und Halberstadt — Aschersleben zur Entlastung des Bahnhofs Halberstadt;
— Ersetzen der bisherigen etwa 220 m langen Betriebsgleise durch 450 m lange Kreuzungs- bzw. Wendegleise in den Bahnhöfen Elbingerode, Hüttenrode und Michaelstein, um die stärkeren Zugkräfte der Elektrolokomotiven wirksam werden zu lassen;
— Anlage von 450 m langen Kreuzungs- und Übergabegleisen in den Anschlußbahnen Bunakalkwerk und Hartsteinwerk Piesteritz, weil der Bahnhof Rübeland keine Erweiterung zuließ. Die Sicherungsanlagen wurden so ausgeführt, daß die Zugfahrten zwischen den Werkbahnen und dem Bahnhof Rübeland durch Signale gesichert werden können;
— Erweiterungen im Bahnhof Blankenburg, wo der Übergang zum elektrischen Betrieb stattfindet. Hier wurde eine neue Gruppe von sechs Hauptgleisen und einem Lokumfahrgleis geschaffen, wo außer dem Lokwechsel alle brems- und wagentechnischen Untersuchungen vorgenommen werden können;
— Installation von Sicherungsanlagen mit Streckenblock auf den Abschnitten Halberstadt — Blankenburg und Blankenburg — Elbingerode;
— Ausstattung aller Bahnhöfe mit Lichtsignalen;
— Inbetriebnahme zentraler Gleisbildstellwerke in Blankenburg, Michaelstein, Rübeland und Elbingerode;
— Aufstellung von Bremsprobesignalen auf dem durch die Bogenlage unübersichtlichen Bahnhof Michaelstein (Spitzkehre).

Die Rübelandbahn wurde nicht — wie das Fernbahnnetz der Deutschen Reichsbahn — für Einphasenwechselstrom 15 kV 16²/₃ Hz, sondern für Einphasenwechselstrom 25 kV 50 Hz eingerichtet. Das bringt betrieblich keine Nachteile mit sich, da die Bahn als reiner Inselbetrieb auch in Zukunft nicht mit dem elektrifizierten Fernbahnnetz in Berührung kommt.

Eine Fahrleitung erhielt der Abschnitt Blankenburg — Königshütte, in dem sämtliche Steilstrecken liegen. Bemerkenswert ist, daß entgegen den Gepflogenheiten auch alle Nebengleise und die Anschlußbahnen überspannt wurden. Das liegt darin begründet, daß auf der Strecke vorwiegend Ganzzüge verkehren, die somit von Elektrolokomotiven bis ins Werk gefahren werden können.

Die Höchstgeschwindigkeit zwischen Blankenburg und Elbingerode wurde von 30 auf 50 km/h hinaufgesetzt. Allerdings dürfen die Steilstrecken bei Talfahrt nach wie vor von Reisezügen nur mit 30 und von Güterzügen mit 20 km/h befahren werden.

Vom VEB LEW »Hans Beimler« Hennigsdorf wurden eigens für die Rübelandbahn die schweren Elektrolokomotiven der Baureihe 251 geschaffen, die den gesamten Güter- und Reiseverkehr der Rübelandbahn bewältigen. Die wichtigsten technischen Daten dieser Triebfahrzeuge werden nachfolgend denen der früheren Dampflokomotiven der Baureihe 95 gegenübergestellt:

	BR 95	BR 251
Indienststellung	1922	1965
Achsfolge	1′E1′	Co'Co'
Stromsystem	—	25 kV 50 Hz
Höchstgeschwindigkeit (km/h)	65	80
indizierte Zugkraft bzw. Anfahrzugkraft (Mp)	25,9	38,6
indizierte Leistung bzw. Stundenleistung (kW)	1200	3660
Dienstmasse (t)	127	126
Reibungslast (Mp)	95	125
Achslast (Mp)	18	21

Besonders beim Vergleichen der Anfahrzugkraft und der Leistung wird deutlich, welche Vorteile die Baureihe 251 hat.
Mit der Rekonstruktion der Strecke wurde die Forderung verbunden, bergwärts Züge mit einer Masse von 600 t und talwärts von 1200 t fahren zu können. Diese Zielstellung erscheint hoch, wenn man bedenkt, daß bis 1965 eine Lokomotive der Baureihe 95¹ nur 180 t zu ziehen vermochte. Sie läßt sich freilich auch nach der Elektrifizierung nur verwirklichen, wenn mit zwei Lokomotiven gefahren wird. Diese Art der Zugförderung war infolgedessen bei der Rübelandbahn auch nach der Rekonstruktion beabsichtigt, denn dadurch läßt sich die infolge der Spitzkehre Michaelstein noch immer vorhandene betriebliche Unzulänglichkeit im Güterverkehr nahezu ausgleichen. Die Güterzüge fahren also in der heute für die Harzbahn typischen Anordnung, daß je eine Lokomotive der Baureihe 251 an der Zugspitze und am Zugschluß verkehrt. Dadurch sind in der Spitzkehre keine Rangierarbeiten mehr nötig. Der Zugverband bleibt unverändert; es wird lediglich die Fahrtrichtung gewechselt.

Zusammenfassung

Die elektrischen Inselbetriebe der Deutschen Reichsbahn wurden einstmals zur Erschließung örtlich begrenzter Verkehrsgebiete gebaut. Ihr Verkehrsaufkommen ist — mit Ausnahme der Rübelandbahn — gering und kann heute größtenteils vom Kraftverkehr billiger und volkswirtschaftlich rationeller bewältigt werden. Lediglich die Oberweißbacher Bergbahn ist auf Grund der geographischen Gegebenheiten dem Kraftverkehr überlegen. Bei ihr spielt außer der Wirtschaftlichkeit auch die Eigenschaft als Touristenattraktion eine Rolle.

Eine Sonderstellung nimmt die Rübelandbahn ein. Sie wurde gerade deshalb elektrifiziert, weil der Güterverkehr derart umfangreich ist, daß er mit den herkömmlichen Traktionsmitteln nicht mehr geschafft werden konnte. Darüber hinaus ist auch der Reiseverkehr von Bedeutung. Seit Einführung des elektrischen Zugbetriebs verkehren etwa zehn Personenzugpaare täglich über die Steilstrecken des Harzes, und mancher Urlauber und Wochenendausflügler wird sich die Gelegenheit nicht entgehen lassen, mit einem von einer starken Elektrolokomotive gezogenen Zug über eine der interessantesten Gebirgsbahnen unserer Heimat zu fahren.

Heinrich Jung/Clemens Hahn

100 Jahre Brandleitetunnel

1984 jährt sich zum 100. Mal der Tag, an dem die Eisenbahnlinie Plaue (Thür.) – Ritschenhausen eröffnet worden ist. Diese Strecke, insbesondere ihr Abschnitt Gräfenroda–Suhl, zählt zu den bemerkenswertesten Anlagen der Deutschen Reichsbahn, zumal sie durch eine äußerst reizvolle Landschaft führt. Zwischen Gräfenroda und Suhl trägt die Strecke alle charakteristischen Merkmale einer Gebirgsbahn: Steigungen bis zu 20‰, künstlich angelegte Rampen, Einschnitte, Stütz- und Futtermauern, leichte Ausfahrung der Seitentäler, Brücken und Viadukte. Auch drei Tunnel sind hier anzutreffen: der Tunnel am Zwang (104,4 m Länge), der Zellaer Tunnel (233 m) und der Brandleitetunnel, mit 3 039 m der längste Eisenbahntunnel in der DDR.

Das Jubiläum des Brandleitetunnels ist ein Anlaß, an die großartigen Leistungen der Tunnelbauer, deren Namen meist unbekannt geblieben sind, zu erinnern.

Der Brandleitetunnel durchquert den Bergrücken Brandleite, der zur Gruppe des Großen Beerberges gehört. Er war notwendig geworden, damit die eingangs erwähnte Strecke den Rennsteig, den Kamm des Thüringer Waldes, überwinden konnte.

Die Vorbereitungen zum Tunnelbau

Im Juli 1880 begannen die Vorarbeiten für den Bau des Brandleitetunnels. Von einem 8 m hohen Holzturm aus, der sich auf dem Rennsteig befand, wurde die Tunnellinie bestimmt und vermessen. Dazu schlug man über die Brandleite hinweg eine „Tunnelschneise" von 4 m Breite; die Schneise markierte den vorgesehenen Verlauf des Tunnels.

Drei Monate später nahmen die ersten Tunnelbauer ihre Arbeit auf. Doch zuvor waren sowohl auf der Westseite als auch auf der Ostseite des Bergrückens Baustellen einzurichten. Der Stollen für den Tunnel sollte nämlich von beiden Seiten aus vorgetrieben werden. Zu jeder der beiden Baustellen gehörten Büros, Arbeiterunterkünfte, Kantinen, Lagerschuppen sowie Werkstätten für Schlosser, Schmiede und Stellmacher. Auf der Westseite entstanden außerdem Maschinenhäuser mit zwei Dampfkesselanlagen, auf der Ostseite wurden zwei Lokomobile aufgestellt; ferner mußte auf der Ostseite ein größerer Teich trockengelegt werden.

Eine Bauabteilung mit Sitz in Suhl leitete anfangs unter Baumeister Heinrich, ab 1882 unter Baumeister Richard die Arbeiten. Dieser Bauabteilung unterstanden die Sektion Oberhof unter Ingenieur Haupt für die Ostseite (der Bahnhof Oberhof befindet sich aber auf der Westseite) und die Sektion Zella St. Blasii unter Ingenieur Schunck für die Westseite. Beide Ingenieure hatten bereits beim Bau des 4 200 m langen Tunnels bei Cochem an der Mosel in den Jahren 1874 bis 1878 wertvolle Erfahrungen sammeln können.

Während einheimische Arbeitskräfte vor allem für Hilfsarbeiten geworben wurden, kamen die Fachleute, meist Bergmänner, direkt vom Bau des St.-Gotthard-Tunnels hierher. Wie bei fast allen größeren Eisenbahnbauvorhaben in jener Zeit wirkten ferner Arbeiter aus Italien und aus dem Vielvölkerstaat der österreichisch-ungarischen Monarchie mit.

Das Projekt sah große Einschnitte bis zu den beiden Tunnelportalen vor. Deren Fertigstellung abzuwarten hätte aber einen unaufholbaren Zeitverlust bedeutet. Aus diesem Grund gruben auf der Westseite die Bergleute mit der Hand drei hintereinanderliegende saigere (vertikale) Schächte bis auf die Höhe des künftigen Bahnplanums aus, um von dort aus den Tunnelrichtstollen vortreiben zu können. Die Schächte hatten einen Querschnitt von 1,5 bis 9 m^2. Anfangs beförderten die Bergleute das Gestein über einen einfachen Flaschenzug mit Seil und Kübel nach oben. Nachdem eine Tiefe von 4 bis 5 m erreicht worden war, übernahm eine Lokomobile das Heben der Erd- und Gesteinsmassen. Zugleich saugte eine Pumpe das in den Schacht eindringende Wasser ab. Das Befahren der Schächte, vor allem der unteren Teile, war nicht einfach.

Zur Schachtsohle gelangten die Bergleute über Leitern im Schacht, die bald rechts, bald links wechselnd miteinander Verbindung hatten. Innen war jeder Schacht mit Bohlen verschalt, die ihrerseits durch Kreuzstreben abgestützt wurden. Die Bergleute schlitzten zwischen Schacht 3 und 2 die Erd- und Gesteinsmassen auf, um von dem so entstandenen Voreinschnitt aus den Richtstollen bauen zu können. Durch Schacht 1 kam das ausgebrochene Gestein nach außen.

Auf der Ostseite sollte der Richtstollen zunächst von einem tonnlägigen (schrägen) Schacht mit einer Neigung von 1:2 aufgefahren werden. Doch bei einer Gesteinssprengung brach ein unterirdischer See ein, so daß dieser Schacht voll Wasser lief. Versuche, das Wasser abzupumpen, schlugen fehl, so daß man diesen schrägen Schacht aufgab. Aus diesem Grund mußte

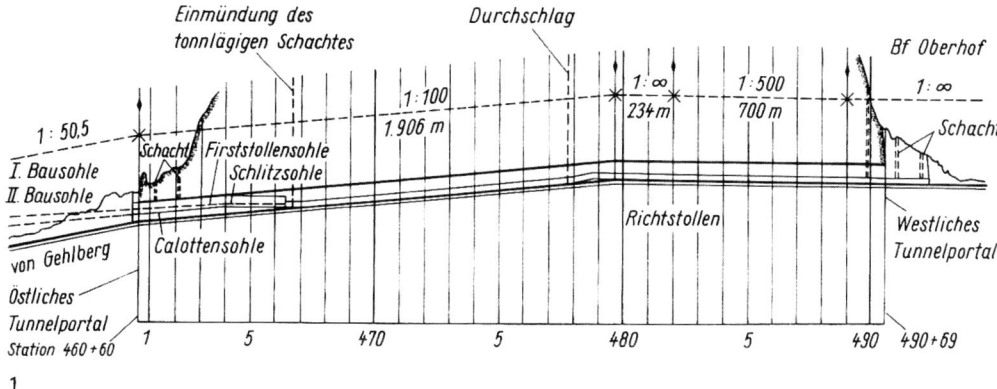

1 Übersichts-Längenprofil des Brandleitetunnels von 1883

2 Feier nach dem Richtstollendurchlag im Brandleitetunnel am 21. Februar 1883

auf der Ostseite der Richtstollen auch von einem Einschnitt aus vorgetrieben werden. Außerdem wurden ähnlich wie auf der Westseite saigere Schächte zur Gesteinsförderung angelegt.

Der Bauablauf im Zeitraum 1881/82

Für den Bau des Brandleitetunnels hatte man die sogenannte belgische Bauweise gewählt. Hierbei werden erstens ein Richtstollen (als First- oder Sohlstollen) geschaffen, zweitens nach einer Ausweitung das Scheitelgewölbe gemauert und drittens nach dessen Abstützung schrittweise das gesamte Gewölbe bei gleichzeitigem weiteren Ausbruch fertiggestellt.

Von vornherein stand fest, daß der Richtstollen nur maschinell ausgebrochen werden konnte, weil man mit Bohrmaschinen einen Fortschritt von 2 bis 3 m täglich erzielen konnte. Bei einer Handbohrung — was sich beim Niederbringen der saigeren Schächte bestätigt hatte — wäre man täglich nur um 0,7 m vorangekommen; folglich hätte der Tunnelbau mindestens 7 Jahre gedauert.

Zwei Systeme der maschinellen Bohrung waren damals gebräuchlich: druckluftgetriebene Perkussionsbohrmaschine und druckwassergetriebene Rotationsbohrmaschine. Der Tunnelbau unter der Brandleite wurde zu einem Wettbewerb beider Systeme. Die Zellaer Sektion arbeitete mit Schlagbohrmaschinen des Ingenieurs Fröhlich, die Oberhofer Sektion mit Drehbohrmaschinen des Ingenieurs Brandau. Die Energie für beide Systeme bezog man aus gestauten Bächen beiderseits des Rennsteigs. Ihr Wasser strömte mit starkem Gefälle in die Maschinenhäuser und trieb dort Turbinen an. Kompressoren lieferten Druckluft von etwa 0,5 MPa (5 at) bzw. Druckwasser von 10 MPa (100 at). Bei Wassermangel oder bei starkem Frost übernahmen die Dampfmaschinen die Funktion der Turbinen.

Am 28. Mai 1881 fand sowohl auf der West- als auch auf der Ostseite des Brandleitemassivs der erste Spatenstich statt; das hatte wahrscheinlich nur symbolische Bedeutung, leitete er doch nur den Vortrieb des Richtstollens ein.

Am 1. Juni 1881 wurde auf der Westseite zu bohren begonnen; 20 Tage später setzte man auf der Ostseite die Brandauschen Bohrmaschinen in Betrieb.

Über den Vortrieb der Richtstollen berichtete Otto Barthelmes, der damals als Hilfsschlosser auf der Westseite arbeitete (er war später Bürgermeister der Stadt Zella St. Blasii):

„Bohrmaschinen drangen bis zu einem Meter in das harte Gestein. Feuerwerker füllten dann die so hergestellten Bohrlöcher mit Sprengstoff (es kamen Nitro-Glyzerin und Dynamit zur Anwendung). Nun wurden die Maschinen zurückgebracht, die Preßluftleitung wurde hart

abgedeckt. Nur die Feuerwerker blieben noch an der Sprengstelle, um die Zündschnur in Brand zu setzen, dann entfernten auch sie sich eiligst (ein Teil wurde schon elektrisch gezündet – H.J./C.H.). Die Wirkung der Sprengschüsse war ungeheuer ..." (Alle Zitate wurden der heutigen Rechtschreibung angepaßt.)

Die Richtstollen hatten zunächst einen Querschnitt von 8,5 m². Sie wurden auf bergmännische Weise durch Holzwerke gesichert.

Als die Einschnitte zu den Stolleneingängen fertiggestellt waren, konnten die Bergleute die ausgebrochenen Gesteinsmassen auf die Hunte einer Feldbahn verladen. Pferdegespanne zogen die Hunte zu den Stolleneingängen, von wo dann Feldbahnlokomotiven die Züge direkt zu den Dammschüttungen der Strecke Plaue–Ritschenhausen brachten.

Die Geologie des Berges bot für den Stollenvortrieb äußerst komplizierte Bedingungen. Die verschiedensten Gesteinsarten wechselten oft aufeinander, hatten aber fast alle eines gemeinsam: Sie waren sehr hart. Als weitaus schlimmer erwies sich jedoch das Wasser im Berg. Fast ununterbrochen drangen im Weststollen 200 bis 250 l Wasser in der Sekunde ein; die Sohle stand immer unter Wasser; ein regelrechter Bach strömte aus dem Stolleneingang. Wegen starker Wassereinbrüche mußten die Bohrarbeiten immer wieder unterbrochen werden.

Der 7. August 1881 ging als der schwärzeste Tag in die Geschichte dieses Tunnelbaues ein. In der Nacht zuvor war im Stollen gesprengt worden. Ein Wassereinbruch hatte den Stollen knietief überschwemmt. Über die Ereignisse erfahren wir aus der „Chronik der Stadt Zella-Mehlis" folgendes:

„Am Sonntag, nämlich zwischen 7 und 8 Uhr, war der schichthabende Oberhauer Leitzmann mit 5 Arbeitern auf der Westseite des Tunnels im Sohlstollen ca. 11 Meter vor Ort und 298 Meter vom Stolleneingang damit beschäftigt, das Geleise vorzustrecken. Während einer der Arbeiter für die Stoßschwelle in die felsige Sohle mit dem Pickel ein Lager einarbeitete und zwei andere ganz in seiner Nähe mit gleicher Arbeit für die benachbarten Schwellen beschäftigt waren, erfolgte plötzlich eine Explosion, welche die Grubenlampen der hier und weiter vor Ort tätigen Arbeiter verlöschte. Die gleichzeitig vor Ort tätigen Feuerwerker erreichten den 60 Meter rückwärts gelegenen Schacht 1 über die Unglücksstätte hinweg, ohne den Umfang der angerichteten Verheerung zu kennen, und fuhren aus, um Meldung zu erstatten und Hilfe herbeizuholen. Die vorgenommene Untersuchung ergab, daß der

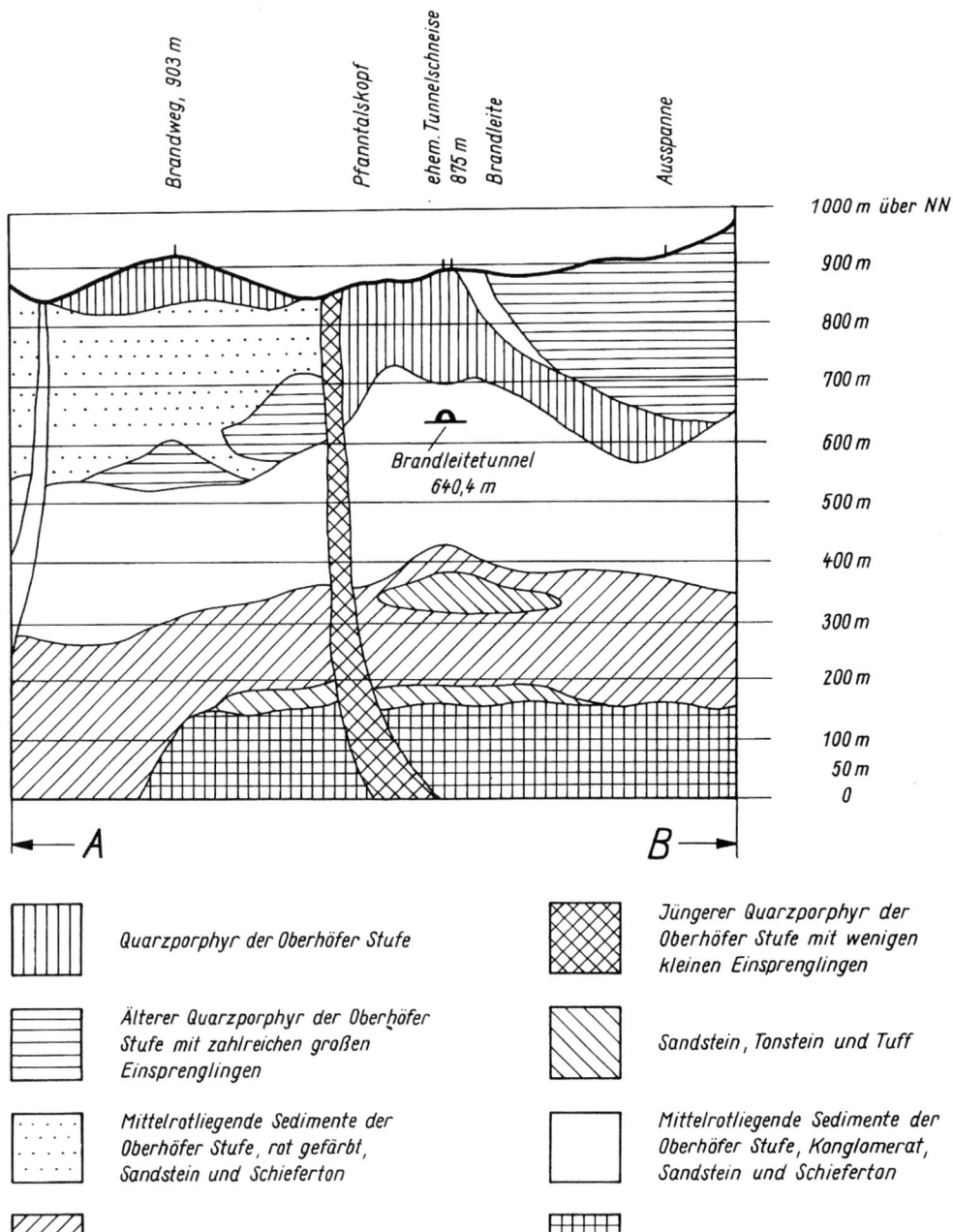

3 Geologischer Querschnitt (Entwurf: Hahn)

4 Geographische Lage des Brandleitetunnels (Entwurf: Hahn)

5 Abdichtung des Brandleitetunnels (Stand 1932)

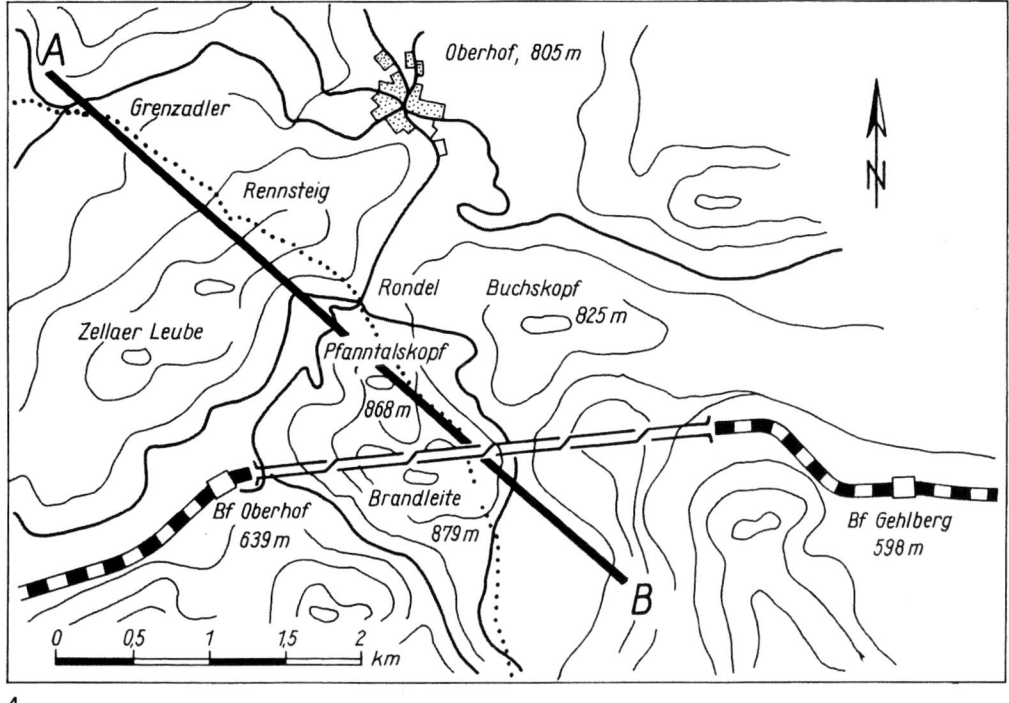

4

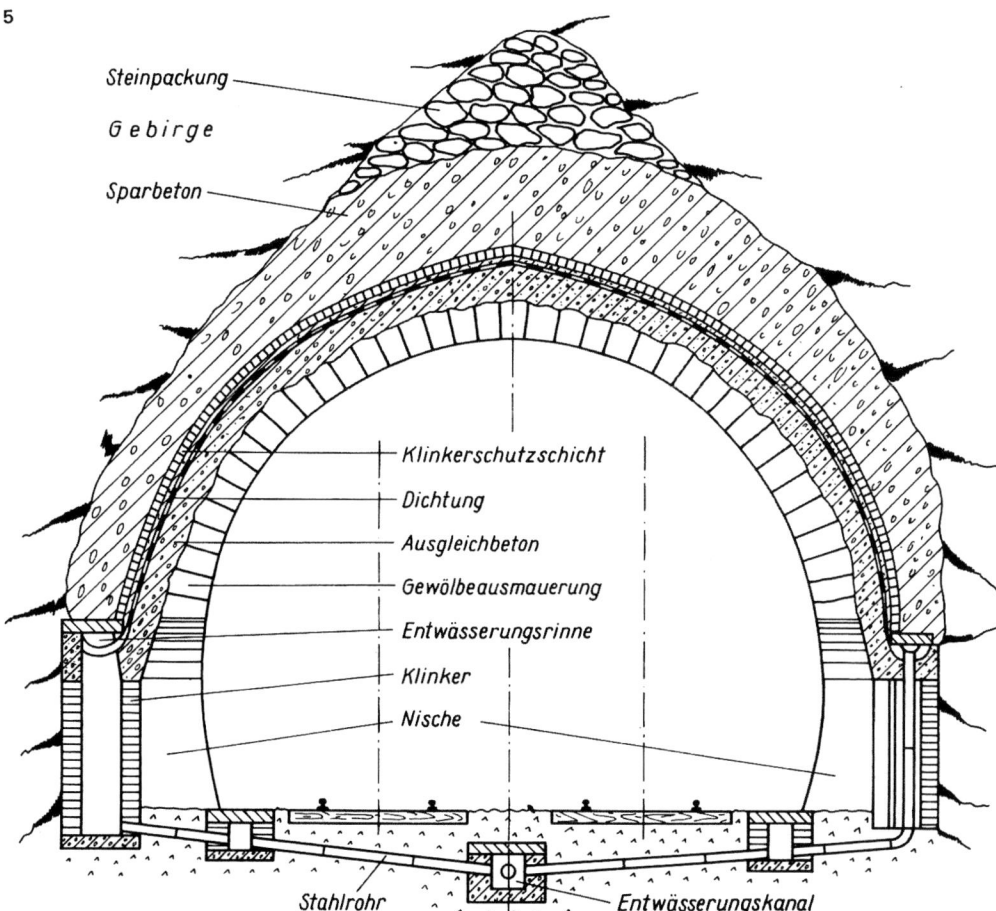

5

mit dem Einarbeiten des Lagers der Stoßschwelle beschäftigte Arbeiter mit seinem Pickel auf eine in einem Sohlenschuß zurückgebliebene und trotz sorgfältiger Untersuchung nicht entdeckte Dynamitpatrone, welche von Schlamm und Wasser bedeckt war, geschlagen und so die Explosion hervorgerufen hatte, deren Wirkung eine so verheerende war. Denn der Arbeiter, der mutmaßlich den Schlag geführt, lag furchtbar verstümmelt mit abgerissenen Gliedmaßen tot auf der Stelle, während die Leichen der neben ihm beschäftigen 2 Arbeiter mit zerschmetterten Köpfen in 2 Meter Entfernung vor und hinter dem ersten Toten aufgefunden wurden.

Der Oberhauer Leitzmann und zwei Arbeiter, die in größerer Entfernung von der Explosionsstelle sich befanden, waren nur leicht verletzt und wurden in das Eisenbahnlazarett nach Zella überführt."

Es war zu vermuten, daß weitere nicht gezündete Sprengladungen in der Tunnelsohle lagen. Deshalb brach man alle Arbeiten ab und entwässerte zunächst den überfluteten Stollen. Danach suchten die Arbeiter gründlich die Sohle mit Werkzeugen aus Kupfer und Messing (sie schlagen keine Funken) ab. Erwartungsgemäß fanden sich weitere nichtgezündete Ladungen an, da die damalige Sprengtechnik kein sicheres Zünden unter Wasser gewährleisten konnte.

Trotz aller Bemühungen, die Versager zu finden, kam es am 15. August 1881 erneut zu einem Explosionsunglück, dem ein italienischer Bergmann zum Opfer fiel. Drei Bergmänner mußten schwerverletzt nach Zella St. Blasii gebracht werden.

Wegen dieser beiden Unfälle konnte erst Anfang September weitergearbeitet werden.

Diese und weitere Störungen verhinderten immer wieder einen normalen Arbeitsverlauf. Im Weststollen kam man täglich durchschnittlich um 3,84 m voran; im Oststollen betrug der Vortrieb 4,55 m. Zu vermerken ist noch, daß vor Ort 24 Stunden täglich gearbeitet wurde.

Parallel zum Brandleitetunnel entstanden der Zellaer Tunnel und der Tunnel am Zwang. Doch diese beiden Bauwerke bereiteten keine nennenswerten Probleme, was unter anderem auch durch die Bau-

6

7

8

9

6 Bahnhof Oberhof mit Eingang zum Brandleitetunnel

7 Denkmal auf dem einstigen Zellaer Friedhof im gegenwärtigen Zustand

8 Westportal des Brandleitetunnels um 1900

9 Blick auf den Bf Oberhof (im Vordergrund Feuerlöschzug)

10 Vereinfachtes Höhenprofil der Strecke Plaue (Thür.)–Ritschenhausen (Stand 1930)

11 Kreuzung zweier Züge auf dem Bf Oberhof

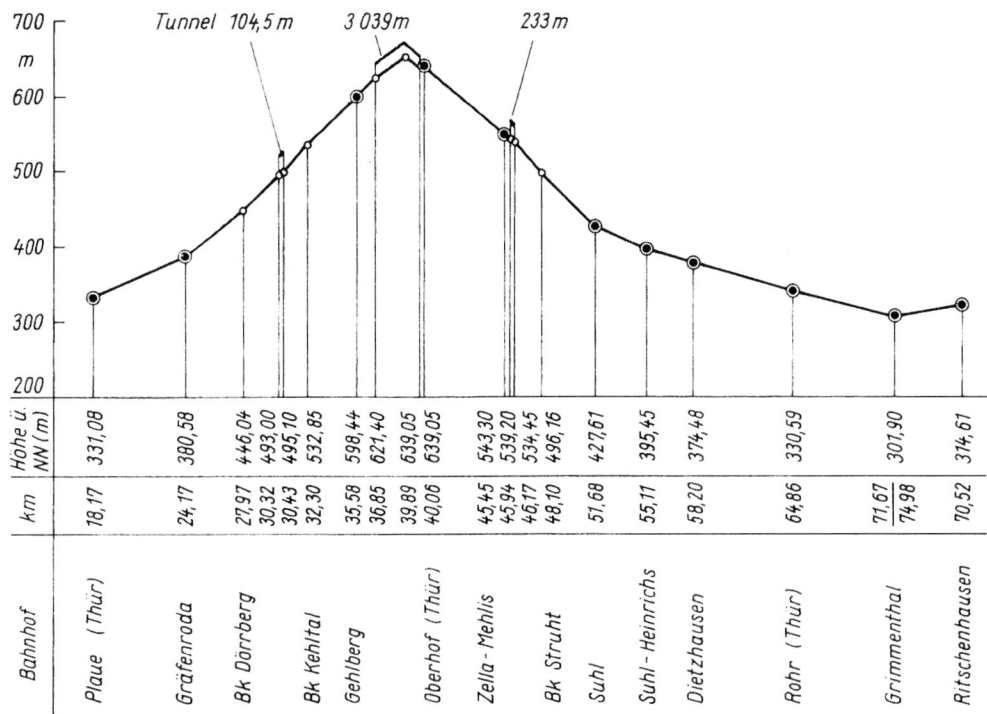

kosten bewiesen wird. Der Brandleitetunnel verschlang das 17fache von dem, was die beiden kürzeren Tunnel kosteten.

Der Richtstollendurchschlag im Brandleitetunnel

Mitte des Jahres 1882 begann die Herstellung des Tunnelgewölbes aus Porphyrsteinen in Kalkmörtel. Die Steine waren teilweise Ausbruch aus den Stollen, anderes Material kam aus nahegelegenen Stein- und Sandbrüchen.

Die Bergleute auf der Ostseite des Tunnels feierten am 17. August 1882 die Richtstollenlänge von 1000 m. Um den Jahreswechsel 1882/83 erreichten auch die Bergleute im Weststollen die 1000-m-Marke. Mitte Januar 1883 waren die Arbeiten im Brandleitetunnel bereits soweit gediehen, daß man vor Ort die Sprengungen der entgegenarbeitenden Seite deutlich hörte.

Am 7. Februar 1883 war es dann endlich soweit. Laut Meldung des Tunnel-Telegraphen „erfolgte der Durchschlag des Brandleite-Tunnels im Thüringer Walde ... Punkt 5 Uhr". Durch eine kleine Öffnung reichten sich die Arbeiter die Hände. Der schmale Durchbruch wurde bald erweitert. Glockengeläut und Böllerschüsse sollten — wie es in zeit-

genössischen Berichten hieß — „die frohe Kunde ins Land tragen". Die beiden Stollen trafen sehr genau aufeinander. Eine Vermessung ergab die äußerst geringe „Differenz von 21 cm in der Höhe, 30 cm in der Länge und $2^1/_2$ cm in der Richtung".

Für den 21. Februar hatte die Bauleitung Vertreter der Eisenbahndirektion Magdeburg, der Regierung des Herzogtums Sachsen-Coburg-Gotha sowie die am Tunnelbau beteiligten Unternehmer (1 380 Arbeiter waren zu dieser Zeit an der Brandleite tätig) zur offiziellen Feier des Durchstiches eingeladen.

Berichte von solchen Ereignissen haben stets ihre eigenen Reize. Daher soll nochmals Otto Barthelmes auszugsweise zitiert werden:

„Nur wenigen Menschen auf Erden ist es vergönnt, ein Fest mitzuerleben, wie das, welches den 21. Februar 1883 zu einem denkwürdigen Tag ... machen wird. Ein mächtiger Gebirgsstock ist durchbrochen, der Norden und Süden miteinander verbindet, nachdem er zuvor überstiegen oder umgangen werden mußte. Um 12 Uhr mittags hatte sich an der Ostseite des Tunnels, in Langebach, eine eingeladene Gesellschaft von ungefähr 100 Personen eingefunden. Alle Dienstgebäude waren

12 Bf Oberhof im Winter 1982/83

13 Vor der Einfahrt in den Brandleitetunnel (Ende 1982)

14 Ausfahrt eines Zuges aus dem Brandleitetunnel

13

14

prächtig mit Fahnen und Tannengrün geschmückt ...
Die kleinen Schienenwagen waren mit Sitzplätzen versehen und festlich geschmückt. Auf den ersten beiden Wagen nahm die Regimentskapelle der 32er ... Platz, die übrigen Wagen wurden durch die Gäste besetzt. Ein Pfiff der kleinen Lokomotive, und unter dem donnernden Hurra der zu Tausenden zählenden Zuschauermenge setzte sich der Zug unter den weithin schallenden Klängen der Musik im Tunneleinschnitt in Bewegung. Nach kurzer Zeit erreichte er das prächtig geschmückte Tunnelportal ...
Bevor sich das Bähnchen aufs neue in Bewegung setzte, wurde ein ‚Maschinenwechsel' vorgenommen. Man zog vor, im Tunnel mit ‚rauchfreien Maschinen' zu fahren, und spannte deshalb Pferde vor. Schon kurz nach der Einfahrt bot sich den Festteilnehmern ein herrlicher Anblick. Zu beiden Seiten des langsam dahinfahrenden Zuges standen Hunderte von Tunnelarbeitern und Bergleuten mit ihren brennenden Grubenlichtern ...
Bisher ging die Fahrt durch Vollausbruch, d. h. durch den in seiner ganzen Höhe fertiggestellten Tunnel, bald aber verengte sich der Weg, und wenig über Kopfhöhe ragte mächtige Zimmerung ... Doch nicht lange, da bot sich dem Auge ein geradezu feenhafter Anblick. Eine durch Lampions und viele, viele Lichter gebildete Ehrenpforte führte in einen ungefähr 100 Meter langen Raum, der fast fertig gewölbt und zum wahrsten Festsaal ausgeschmückt war. Gedeckte Tische mit allerlei Leckerbissen luden zum Frühstück ein, und es dauerte nicht lange, als von diesem Anerbieten in ausgiebiger Weise Gebrauch gemacht wurde. Die Stimmung war bald eine recht fröhliche, und nach dieser Stärkung sprach Herr Abteilungsbaumeister Richard ..., er gab dann einige Einzelheiten über den Bau wieder ... Der höchste Punkt der Tunnelsohle liege 640 Meter über dem Meere und gleichzeitig 240 Meter unter der Erde! Die Richtstollen seien auf der Ostseite mit Rotationsbohrmaschinen System Brandau gebohrt und auf der Westseite mit Perkussionsbohrmaschinen System Fröhlich. Beide Systeme hätten Vorzügliches geleistet in Anbetracht des äußerst harten Porphyrs und Phorphyr-Conglomeratgesteines. ... Die Richtstollen-Arbeiten seien leider durch zahlreiche Wassereinbrüche oft monatelang unterbrochen worden, und es sei nur dem unermüdlichen Fleiß der Bergleute, der Unternehmer und Tunnelbeamten zu verdanken, daß dieses große Werk innerhalb von 2 Jahren vollendet sei ... Nach dieser Ansprache sangen die dem Zug nachgezogenen Bergleute ihr altes Lied ‚Bergleute zu Hauf, rufen Glückauf!' ...
Während Herr Abteilungsbaumeister die letzten Vorbereitungen zum symbolischen Sprengschuß traf, trug Herr Oberpfarrer Buddeus aus Zella St. Blasii sein selbstverfaßtes Gedicht vor ...
Plötzlich ein dumpfer Schuß, die Seitenwand stürzte zusammen. Ein brausender Jubel brach los, und die Bergleute schwangen ihre Lichter hin und her und riefen ihr ‚Glück auf!'
Dann erscholl das Signal zum Einsteigen, und die Fahrt zur Westseite wurde fortgesetzt ... Nun wurde das prächtig geschmückte ‚Lottchen', die liebliche Dampfjungfrau ..., vor den Zug gespannt, um die Festteilnehmer in kurzer Fahrt nach dem Schneidersgrund zu bringen. Die ganze Strecke war mit Flaggen und Ehrenpforten geschmückt. Vom Schneidersgrund aus begann der Festzug nach der Stadt Zella St. Blasii."
13 Monate wurde noch am Brandleitetunnel gebaut. Der Schlußstein, mit der eingehauenen Jahreszahl 1884, konnte am 19. März 1884 in den Gewölbescheitel eingelegt werden. Der Bau der Streckenabschnitte Plaue—Suhl und Grimmenthal—Ritschenhausen (Grimmenthal—Suhl war bereits am 20. Dezember 1883 in Betrieb genommen worden) stand unmittelbar vor seinem Abschluß.

Schlußbemerkung

Der Tunnelbau war nicht nur eine beachtliche Leistung weniger Ingenieure, sondern in erster Linie auch eine Tat von Arbeitern und Handwerkern. Bis zu annähernd 1 500 Arbeiter waren hier damals tätig, und zwar unter Bedingungen schärfster Ausbeutung, unter völlig unzureichenden sozialen und hygienischen Verhältnissen.

Beim Bau des Brandleitetunnels verunglückten — laut offiziellen Angaben — 5 Menschen tödlich, aber die Anzahl der zwischen 1880 und 1884 verunglückten und an Krankheiten verstorbenen Arbeiter war weitaus höher. So wird in der Chronik der Stadt u. a. berichtet, daß die im Jahr 1882 registrierten 119 Todesfälle — trotz einer zeitweisen Mehrbevölkerung von 700 bis 800 Menschen — für die Stadt Zella St. Blasii ungewöhnlich hoch war.
Um dauernd an die beim Bahnbau Verunglückten zu erinnern, verfertigten zurückgebliebene Arbeiter ein massives Denkmal aus Granit, das im September 1884 seinen Platz auf dem Zellaer Friedhof fand.
Am 1. August 1884 wurde die Staatsbahnlinie Erfurt—Ritschenhausen in Betrieb genommen.
Mit der verkehrstechnischen Erschließung dieses Gebietes setzte ein merklicher wirtschaftlicher Aufschwung diesseits und jenseits des Rennsteigs ein.
Die heutige Kursbuchstrecke 620 Erfurt—Suhl—Meiningen ist die Hauptverkehrsader des südwestlichen Bezirks der DDR. Täglich rollen hier etwa 35 Reise- und 32 Güterzüge.

Fotos: Hahn (5);
Jung (2);
Sammlung Jung (1);
Sammlung „Freies Wort" (1)

Schmalspurbahnen

Die Überlandbahnen in der DDR

Dipl.-Ing. FRIEDRICH SPRANGER

1 Die Kirnitzschtalbahn dient fast ausschließlich dem Ausflugs- und Urlauberverkehr

Überlandbahn — Mittelding zwischen Fernbahn und Straßenbahn

Die Einsatzbereiche unserer Schienenverkehrsmittel sind ziemlich klar gegeneinander abgegrenzt. Während die Eisenbahn vornehmlich Aufgaben des Fernverkehrs erfüllt, ist im allgemeinen die Straßenbahn für den öffentlichen Nahverkehr innerhalb einer größeren Stadt verantwortlich.

Eine Mittelstellung nimmt die »straßenbahnähnliche Überlandbahn« ein, im folgenden kurz als »Überlandbahn« bezeichnet. Sie verbindet entweder ein großes Verkehrszentrum mit benachbarten Landgemeinden oder wirtschaftlich zusammenhängende Wohn- und Industriegebiete untereinander. Auch Ausflugsgegenden werden vielfach durch eine derartige Bahn an einen nahegelegenen Verkehrsknoten angeschlossen.

Innerhalb einer Stadt sind die Überlandbahnen kaum von gewöhnlichen Straßenbahnen zu unterscheiden. Die Gleise bestehen aus Rillenschienen, die man in Fahrbahnmitte in die Straßendecke einbaut. Die Höchstgeschwindigkeit darf 50 km/h nicht übersteigen, der Haltestellenabstand liegt zwischen 0,3 und 0,7 km und die Reisegeschwindigkeit ist selten höher als 15 km/h.

Außerhalb der Stadt verkehrt die Überlandbahn meistens auf einem besonderen Bahnkörper. Die Gleise werden ähnlich wie bei Eisenbahnen verlegt, der gesamte Oberbau wird jedoch leichter gehalten. Vielfach genügt ein Gleis, da mit größerer Entfernung von einer Stadt die Zugdichte geringer wird. Die Kreuzungsgleise befinden sich zweckmäßigerweise an den Haltestellen.

● ausschließlich oder über große Streckenteile besonderer Bahnkörper
○ kein oder nur über kurze Streckenteile besonderer Bahnkörper
⊘ Bahnkörper entspricht den Bestimmungen der DR
◐ ehem. Überlandbahn, die durch Eingemeindungen nur noch innerstädt. Verkehrsaufgaben erfüllt
⊗ stillgelegte Überlandbahn
DR Strecke, die durch die Deutsche Reichsbahn betrieben wird

Die Neigungen sollen auf der freien Strecke 33‰ nicht übersteigen, für kürzere Strecken sind jedoch 66‰ zugelassen. Bei Krümmungen soll der Radius mindestens 100 m betragen; dadurch ist eine Höchstgeschwindigkeit von 60 bis 75 km/h möglich. Die Reisegeschwindigkeit beträgt dann 25 bis 35 km/h.

Für Überlandbahnen wird meist die 1000-mm-Schmalspur oder 1435-mm-Normalspur gewählt. In Dresden und Leipzig liegt die Spurweite entsprechend den dortigen Straßenbahnnetzen bei 1450 bzw. 1458 mm. Die Linienführung wird häufig durch Landstraßen bestimmt; dann verläuft die Strecke in sogenannter Rand- oder Seitenlage neben der Straße. Ein von der Straße unabhängiger Bahnkörper wird erst dann angelegt, wenn sich dadurch die Streckenlängen wesentlich verkürzen, die Verkehrsbeziehungen verbessern und eventuell günstigere Neigungen erzielen lassen.

Die Fahrzeuge sind entweder Straßenbahnwagen oder straßenbahnähnliche Sonderformen. Im Personenverkehr werden in der Regel Triebwagen mit einem Beiwagen oder zwei eingesetzt. Sind Güterwagen zu befördern, werden sie gewöhnlich von Straßenbahntriebwagen und nur selten von besonderen Elektrolokomotiven gezogen.

Es gibt Überlandbahnen mit starrem Fahrplan, wie er im Nahverkehr üblich ist, und solche, auf denen die Triebwagenzüge in unregelmäßigen Abständen verkehren.

Der Antrieb ist in der Stadt der gleiche wie bei Straßenbahnen. Auf der freien Strecke wird vielfach zur Geschwindigkeitserhöhung die doppelte Spannung benutzt.

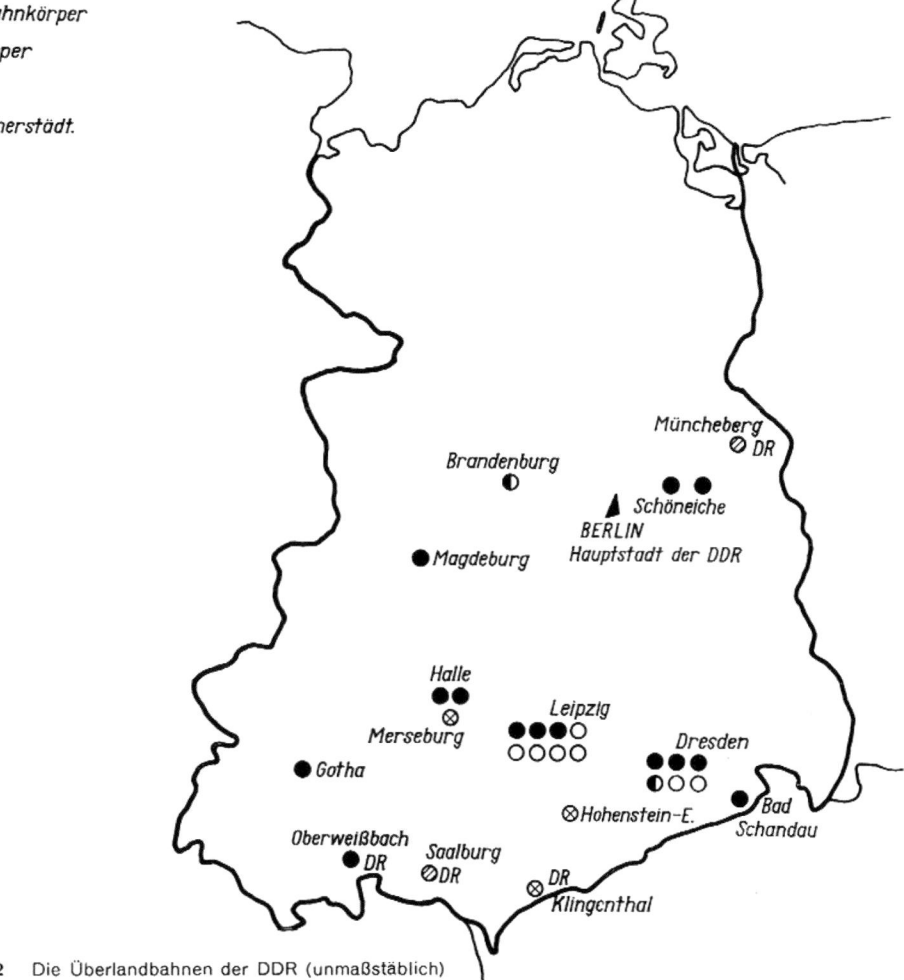

2   Die Überlandbahnen der DDR (unmaßstäblich)

3   Die bedeutendsten Überlandbahnen der Dresdner Verkehrsbetriebe (unmaßstäblich)

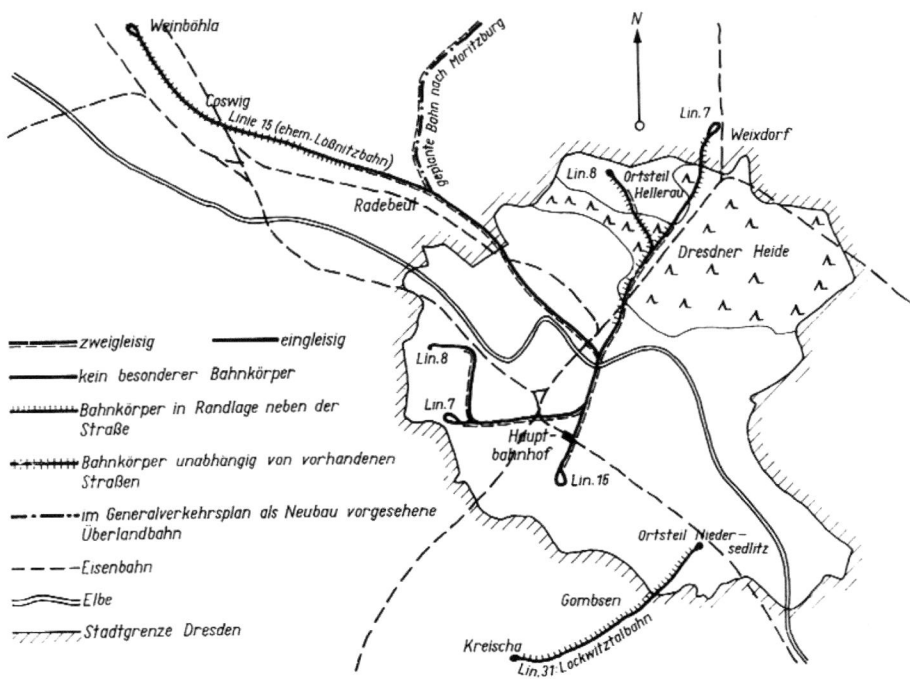

Infolge Vereinigung ehemals selbständiger Bahnbetriebe, Verschmelzung von Überlandbahnen mit angrenzenden städtischen Straßenbahnnetzen und infolge nachträglicher Bebauung entlang einer Strecke ist es oft schwer, heute eine klare Grenze zwischen Straßenbahn und Überlandbahn zu ziehen. Deshalb sollen im folgenden alle diejenigen Strecken zu den Überlandbahnen gerechnet werden, auf denen straßenbahnähnliche Triebwagen verkehren und die mindestens zwei selbständige Ortschaften miteinander verbinden.

Hierbei muß jedoch darauf hingewiesen werden, daß bei einer Unterscheidung nach baulichen Gesichtspunkten (Trassierung, eigener Bahnkörper, Neigungen, Bogenradien u. ä.) verschiedene Bahnen des innerstädtischen Verkehrs als Überlandbahnen angesehen werden müssen. Das trifft besonders für solche Bahnen zu, die ursprünglich mehrere Orte miteinander verbanden, durch Eingemeindungen und Zusammenlegen von Städten und Gemeinden jedoch keine Ortsgrenze mehr überfahren.

Die Überlandbahnen am Stadtrand von Leipzig und Dresden sowie die Halle-Merseburger Überlandbahnen sind, mit Ausnahme der Lockwitztalbahn, mit den Straßenbahnnetzen der Großstädte vereinigt worden. Sie beginnen nicht mehr an der Stadtgrenze, sondern führen als Durchmesserlinien durch die ganze Großstadt hindurch und werden in einer Richtung als Überlandbahn über die Stadtgrenze hinaus betrieben. Im Stadtgebiet verkehren zusätzliche Stadtlinien zur Verstärkung auf der Strecke der Überlandbahn.

In derartigen Fällen wird teilweise auch tariflich ein Unterschied zwischen den Streckenabschnitten des Stadtverkehrs und denen des Überlandverkehrs gemacht. So gibt es in Leipzig sogenannte Zahlgrenzen, bei deren Überfahren ein Zuschlag zum gewöhnlichen Fahrpreis zu zahlen ist.

Noch deutlicher ist die tarifliche Trennung bei den Überlandbahnen Halle—Merseburg. Im Stadtgebiet von Halle gilt der Einheitstarif der Straßenbahnen; das Fahrgeld ist im OS-Betrieb in die Zahlbox zu werfen. An der Stadtgrenze hingegen gilt ein gestaffelter Überlandtarif; Schaffner verschließen die Zahlboxen und kassieren von den Fahrgästen das Fahrgeld.

Tabelle 1 Städte bzw. Gemeinden in der DDR mit Sitz einer Straßen- bzw. Überlandbahnverwaltung

Lfd. Nr.	Ort	Betrieb	Straßenbahn	Überlandbahn
Nahverkehrsbetriebe				
1.	Bad Schandau	VEB (K) Verkehrsbetriebe Bad Schandau	—	ja
2.	Berlin	Berliner Verkehrsbetriebe	ja	—
3.	Brandenburg	VEB (K) Verkehrsbetriebe Brandenburg (Havel)	ja	—
4.	Cottbus	VEB Verkehrsbetriebe der Stadt Cottbus	ja	—
5.	Dessau	VEB (K) Dessauer Verkehrsbetriebe	ja	—
6.	Dresden	VEB (K) Verkehrsbetriebe der Stadt Dresden	ja	ja
7.	Eisenach	VEB (K) Städtischer Verkehr, Straßenbahn der Wartburgstadt Eisenach	ja	—
8.	Erfurt	VEB (K) Erfurter Verkehrsbetriebe	ja	—
9.	Frankfurt (Oder)	VEB (K) Verkehrsbetriebe der Stadt Frankfurt (O)	ja	—
10.	Gera	VEB (K) Verkehrsbetriebe der Stadt Gera	ja	—
11.	Görlitz	VEB (K) Verkehrsbetriebe der Stadt Görlitz	ja	—
12.	Gotha	VEB (K) Thüringer Waldbahn und Straßenbahn Gotha	ja	ja
13.	Halle	VE Verkehrsbetriebe Halle	ja	ja
14.	Halberstadt	VEB (K) Verkehrsbetriebe der Stadt Halberstadt	ja	—
15.	Jena	VEB (K) Städtischer Verkehr Jena	ja	—
16.	Karl-Marx-Stadt	VEB Nahverkehr Karl-Marx-Stadt	ja	—
17.	Leipzig	VEB (K) Verkehrsbetriebe der Stadt Leipzig	ja	ja
18.	Magdeburg	VEB (K) Magdeburger Verkehrsbetriebe	ja	ja
19.	Mühlhausen (Thür.)	VEB (K) Städtischer Verkehr Mühlhausen (Thür.)	ja	—
20.	Nordhausen	VEB (K) Verkehrsbetriebe der Stadt Nordhausen	ja	—
21.	Naumburg (Saale)	VEB (K) Straßenbahn Naumburg (Saale)	ja	—
22.	Plauen (Vogtl.)	VEB (K) Verkehrsbetriebe der Stadt Plauen	ja	—
23.	Potsdam	VEB (K) Verkehrsbetriebe Potsdam	ja	—
24.	Rostock	VEB (K) Nahverkehrsbetrieb Rostock	ja	—
25.	Schöneiche	VEB (K) Verkehrsbetriebe Schöneiche und Woltersdorf	—	ja
26.	Schwerin	VEB (K) Nahverkehrsbetrieb Schwerin	ja	—
27.	Strausberg	VEB (K) Strausberger Eisenbahn	ja	—
28.	Zwickau	VEB (K) Verkehrsbetriebe der Stadt Zwickau	ja	—
Deutsche Reichsbahn				
29.	Berlin	Reichsbahndirektion Berlin	—	ja
30.	Dresden	Reichsbahndirektion Dresden	—	ja
31.	Erfurt	Reichsbahndirektion Erfurt	—	ja

Bei den Dresdner Verkehrsbetrieben gibt es keinen besonderen Überlandtarif. Hier ist es beispielsweise möglich, für einen 0,20-M-Fahrschein des Einheitstarifes (bei Sammelkarten 0,17 M) die 23 km lange Strecke von Dresden über Radebeul und Coswig nach Weinböhla zu befahren.

In Tabelle 1 sind alle Nahverkehrsbetriebe und Reichsbahndirektionen aufgeführt, die mindestens eine Straßenbahn- oder Überlandbahnlinie betreiben. Aus der letzten Spalte ist ersichtlich, wo eine Bahn die Ortsgrenze überfährt und somit als Überlandbahn nach der bereits genannten Definition anzusehen ist.

Tabelle 2 enthält alle Bahnen, die noch heute zwei und mehr selbständige Orte miteinander verbinden. Die letzte Spalte gibt über den baulichen Charakter der Bahn Auskunft. Darüber hinaus sind am Schluß der Übersicht noch einige Bahnen genannt, die durch Eingemeindungen keine Stadtgrenze mehr überfahren, aber baulich gesehen als Überlandbahnen gelten. Diese Liste ist nicht vollständig.

Die wichtigsten Überlandbahnen

Bei der nun folgenden Beschreibung einzelner Überlandbahnen werden vorwiegend die Strecken behandelt, die in Tabelle 2 mit Ü gekennzeichnet sind.

Kirnitzschtalbahn

Streckenverlauf: Bad Schandau—Lichtenhainer Wasserfall
Streckenlänge (km): 8,5
eigener Bahnkörper (km): etwa 7,5 (Straßenrand)
Spurweite (mm): 1000
Inbetriebnahme: 1898
Stromart: Gleichstrom
Spannung (V): 550
Anzahl der Fahrzeuge
  Triebwagen: 5
  Beiwagen: 6

Fahrzeit über die Gesamtstrecke (min): 29
Reisegeschwindigkeit (km/h): 17,6
Anzahl der Stationen
(einschl. Endstationen): 9
mittl. Stationsabstand (km): 0,9
Zugpaare je Tag (Sommer): 27
Zugpaare je Tag (Winter): 11
Fahrplan: unregelmäßig

Die Kirnitzschtalbahn durchfährt eines der schönsten Täler der Sächsischen Schweiz. Sie dient fast ausschließlich dem Urlauber- und Ausflugsverkehr.

In Bad Schandau beginnend, führt sie am rechten Rand der schmalen Talstraße entlang zum Lichtenhainer Wasserfall und der bekannten Gaststätte gleichen Namens. Sie kommt, abgesehen von Bad Schandau, mit keiner anderen Ortschaft in Berührung. Nur Wald und steile Hänge mit teilweise senkrechten Sandsteinwänden säumen die Strecke.

Der Saisoncharakter der Bahn geht am deutlichsten aus der unterschiedlichen Zugstärke und Zugfolge während der verschiedenen Jahreszeiten hervor. Im Sommer verkehren innerhalb einer reichlichen Stunde drei Dreiwagenzüge in jeder Richtung, im Winter ist es im gleichen Zeitraum ein einzelner Triebwagen. Die jährliche Beförderungsmenge liegt zwischen 0,3 Mill. und 0,4 Mill. Personen. Die heute verkehrenden Triebwagen wurden 1928 beschafft, nachdem sämtliche Wagenhallen und Fahrzeuge 1927 durch ein Schadenfeuer zerstört worden waren.

Dresdner Überlandbahnen

Streckenverlauf:
Linie 5: Dresden—Radebeul—Coswig—Weinböhla
Linie 7: Dresden—Weixdorf
Linie 8: Dresden—Ortsteil Hellerau
Linie 31: Dresden—Gombsen—Kreischa
(Tabelle rechts unten)

Die geschichtliche Entwicklung der Dresdner Überlandbahnen verlief recht kompliziert und läßt Parallelen zu anderen großen Städten erkennen.

In Dresden entstanden noch vor der Jahrhundertwende verschiedene Pferde- und Straßenbahngesellschaften, die einander konkurrierten. Bis 1905 gelang es der Stadt, alle Straßenbahnlinien zu erwerben und zu einem einheitlichen Ganzen unter dem Namen »Städtische Straßenbahn Dresden« zusammenzufassen.

Tabelle 2 Überlandbahnen in der DDR

Lfd. Nr.	Sitz der Verwaltung	Name der Bahn	Strecke	Linienführung als[1]
\multicolumn{5}{l}{Bahnen, die noch heute mindestens zwei selbständige Orte verbinden}				
1.	Bad Schandau	Kirnitzschtalbahn	Bad Schandau—Lichtenhainer Wasserfall	Ü
2.	Dresden	Linie 31, Lockwitztalbahn	Dresden—Kreischa	Ü
3.	Dresden	Linie 5 (ehem. Lößnitzbahn)	Dresden—Weinböhla	Ü
4.	Dresden	Linie 7	Dresden—Weixdorf	Ü
5.	Dresden	Linie 12	Dresden—Freital	S
6.	Dresden	Linie 19	Dresden—Cossebaude	S
7.	Gotha	Thüringer Waldbahn	Gotha—Tabarz	Ü
8.	Halle	Linie 5	Halle—Merseburg—Leuna	Ü
9.	Halle	Linie 33[2]	Merseburg—Mücheln	Ü
10.	Halle	Linie 34	Merseburg—Bad Dürrenberg	Ü
11.	Hohenstein-Ernstthal	Straßenbahn Hohenstein-Ernstthal[3]	Hohenstein-Ernstthal—Oelsnitz (Erzg.)	Ü
12.	Leipzig	Linie 2	Leipzig—Engelsdorf	S
13.	Leipzig	Linie 11	Leipzig—Markkleeberg Ost	S
14.	Leipzig	Linie 13	Leipzig—Taucha	Ü
15.	Leipzig	Linie 15	Leipzig—Liebertwolkwitz	Ü
16.	Leipzig	Linie 16	Leipzig—Wiederitzsch	S
17.	Leipzig	Linie 17	Leipzig—Böhlitz-Ehrenberg	S
18.	Leipzig	Linie 28	Leipzig—Markkleeberg West	S
19.	Leipzig	Linie 29	Leipzig—Schkeuditz	Ü
20.	Magdeburg	Linie 14	Magdeburg—Schönebeck	Ü
21.	Schöneiche	Schöneicher Straßenbahn	Berlin-Friedrichshagen—Rüdersdorf	Ü
22.	Schöneiche	Woltersdorfer Straßenbahn	Berlin-Rahnsdorf—Woltersdorfer Schleuse	Ü
23.	DR, Rbd Berlin	—	Müncheberg (Mark)—Buckow (Märk. Schweiz)	E
24.	DR, Rbd Dresden	—	Schleiz—Saalburg	E
25.	DR, Rbd Erfurt	Oberweißbacher Bergbahn	Lichtenhain (a. d. Bergbahn)—Cursdorf	Ü
\multicolumn{5}{l}{Beispiele von Überlandbahnen, die nach Eingemeindung von Vororten nur noch innerstädtische Verkehrsaufgaben erfüllen}				
26.	Brandenburg	—	Brandenburg—Ortsteil Kirchmöser	Ü
27.	Dresden	Linie 8	Dresden—Ortsteil Hellerau	Ü
28.	DR, Rbd Dresden	Klingenthaler Straßenbahn[3]	Klingenthal—Ortsteil Sachsenberg-Georgenthal	Ü

[1] Es bedeuten:
S Bahn mit ausschließlich oder vorwiegend Straßenbahncharakter. Sie benutzt kaum oder nur über geringe Entfernungen (bis zu 1 km) einen eigenen Bahnkörper.
Ü Überlandbahn. Sie benutzt ausschließlich oder über große Entfernungen einen eigenen Bahnkörper. Innerhalb der Stadt kann sie wie eine Straßenbahn betrieben werden.
E Nebenbahn der Deutschen Reichsbahn, auf der straßenbahnähnliche Triebwagen verkehren. Der Bahnkörper ist unabhängig von vorhandenen Straßen und nach den Bestimmungen der Deutschen Reichsbahn für Nebenbahnen gebaut.

[2] Größtenteils stillgelegt; auf dem Restabschnitt innerhalb Merseburgs verkehrt heute die Linie 35.
[3] Stillgelegt.

Dresdner Überlandbahnen	Linie 5	Linie 7[4]	Linie 8	Linie 31
Streckenlänge (km):	23,2	16,4	15,6	9,1
eigener Bahnkörper (km):	7	7	6	7
Spurweite (mm):	1450	1450	1450	1000
Inbetriebnahme:	1899[1]	?	1911[1]	1906
Stromart:	Gleichstrom	Gleichstrom	Gleichstrom	Gleichstrom
Spannung (V):	600	600	600	600
Fahrzeit (min):	78	58	59	33
Reisegeschwindigkeit (km/h):	17,8	17,0	15,9	16,6
Anzahl der Stationen:	43	31	32	16
mittl. Stationsabstand (km):	0,54	0,55	0,50	0,61
Zugstärke (Wagen):	3	2[2]	3	3
starrer Fahrplan, Zugfolge (min)[3]:	15	15	15	15

[1] Eröffnung des ersten Teilabschnitts
[2] Großraumwagen
[3] Auf den Linien 5, 7 und 8 streckenweise Verstärkung durch andere Linien und Einsatzwagen
[4] Vor Einsatz der T 4 D-Wagen

Anders war es mit den Überlandbahnen am Stadtrand und in Großstadtnähe. Sie gehörten zum überwiegenden Teil dem sächsischen Staat, aber auch privaten Unternehmern und den anliegenden Gemeindeverwaltungen. 1928 wurden alle Überlandbahnen in der DRÜVEG, der »Dresdner Überland GmbH«, vereinigt. Sie waren von da an Besitz des Staates, wurden aber von der Städtischen Straßenbahn betrieben, was immer wieder zu Komplikationen in Verwaltung und Abrechnung führte. Erst 1941 ging die DRÜVEG an die Dresdner Straßenbahn über.

Heute sind die Linien der ehemaligen DRÜVEG kaum von den reinen Stadtlinien zu unterscheiden. Auf allen Linien gibt es den gleichen Tarif, sie verfügen über einheitliche Spur und Stromart und haben einen gemeinsamen Wagenpark.

Eine Sonderstellung nimmt die Lockwitztalbahn ein, die heutige Linie 31, da ihre Spurweite mit 1000 mm vom Gesamtnetz abweicht. Die Bahn wurde 1906 von mehreren Gemeindeverwaltungen in Betrieb genommen, mußte aber 1928 wegen finanzieller Schwierigkeiten an die DRÜVEG verkauft werden. Ihre Bedeutung für den Berufsverkehr nahm 1945 mit der Zerstörung der Dresdner Innenstadt erheblich zu, weil viele Dresdner nach den Außenbezirken umsiedeln mußten. Nach Kriegsende wurde die Zugfolge vom 30- auf den 15-Minuten-Verkehr verdichtet.

Die im Betriebsbahnhof Kreischa beheimateten 11 Trieb- und 12 Beiwagen sind größtenteils aus Normalspurwagen der Dresdner Straßenbahn entstanden. Sie werden bis 1970 durch modernere Wagen ersetzt, die von den Erfurter Verkehrsbetrieben übernommen und in Dresdner Werkstätten rekonstruiert werden.

Die bedeutendste Überlandbahn der Dresdner Verkehrsbetriebe ist die Linie 5 (bisher Linie 15). Sie ging aus einer Stadtlinie der 1450-mm-Spur und einer 1000-mm-Spur hervor. Die Stadtlinie 15 endete ursprünglich im nördlich gelegenen Ortsteil Mickten. Hier schloß sich die sogenannte Lößnitzbahn an, die durch die Vororte des Radebeuler Obst- und Weinbaugebietes führte.

In den zwanziger Jahren wurde die Linie 15 nach Umspuren der Lößnitzbahn schrittweise über die Stadtgrenze hinaus erweitert. Später verlängerte man sie zunächst entlang der Straße und dann ab Radebeul-Naundorf auf unabhängiger Trasse über Coswig hinaus nach Weinböhla.

Heute ist die »5« mit 23 km Strecke die längste Linie der Dresdner Verkehrsbetriebe. Verstärkungslinien verdichten im Berufsverkehr nach der Großstadt hin die Zugfolge auf 2,5 Minuten.

Die Linien 7 und 8 führen zu Vororten, die durch Ausläufer der Dresdner Heide von der Dresdner Innenstadt getrennt sind. Im Heidegebiet und in den Vororten verkehren sie über große Abschnitte auf einem zweigleisigen Bahnkörper am Straßenrand, aber auch eingleisige und von Straßen unabhängige Bahnkörper werden benutzt.

Seit den fünfziger Jahren gehört Hellerau infolge Eingemeindung zu Dresden, so daß die Linie 8 ihrer Entstehung und Linienführung nach eine Überlandbahn ist, aber nur noch dem innerstädtischen Verkehr dient.

Thüringer Waldbahn

Streckenverlauf:	Gotha—Sundhausen—Leina—Waltershausen—Friedrichroda—Tabarz
Streckenlänge (km):	21,7
eigener Bahnkörper (km):	14,5
Spurweite (mm):	1000
Inbetriebnahme:	1926
elektrischer Betrieb seit:	1929
Stromart:	Gleichstrom
Spannung (V):	600
Anzahl der Fahrzeuge (Triebwagen):	25
(Beiwagen):	14
(Gelenkwagenzüge):	16
Fahrzeit (min):	66
Reisegeschwindigkeit (km/h):	19,6
Anzahl der Stationen:	16
mittl. Stationsabstand (km):	1,55
Zugstärke:	3 Wagen oder 1 Gelenkwagen + 1 Beiwagen + 1 Gepäckwagen
Fahrplan:	unregelmäßig

Die Thüringer Waldbahn ist die bekannteste Überlandbahn der DDR. Sie verbindet Gotha mit dem Thüringer Wald und erfreut sich eines außerordentlich großen Zuspruchs. In Gotha benutzt sie die Gleise der städtischen Straßenbahn, außerhalb Gothas führt sie auf besonderem Bahnkörper eingleisig und von Straßen unabhängig über kleinere Ortschaften nach Waltershausen. Am Gleisdreieck, in dem jede der drei Verbindungskurven mit langem Kreuzungsgleis versehen ist, zweigt eine kürzere Stichbahn nach dem Bahnhof Waltershausen ab.

Die Hauptstrecke verläuft weiter über den Urlauberort Friedrichroda nach Tabarz.

Die Bedeutung der Bahn für den Erholungsverkehr geht auch daraus hervor, daß ihr Fahrplan in das Kursbuch der Deutschen Reichsbahn aufgenommen wurde. Im Sommerhalbjahr 1968 waren zwischen Gotha und Gleisdreieck 26 Fahrten in jeder Richtung vorgesehen. Tatsächlich verkehrten weitaus mehr Züge, da bei jeder Fahrt Gruppen von zwei bis fünf Zügen gebildet wurden.

Halle-Merseburger Überlandbahnen

Streckenverlauf[1]):
Linie 5: Halle—Schkopau—Merseburg—Leuna
Linie 33: Merseburg—Leuna—Reipisch—Frankleben (stillgelegt am 26. Mai 1968)
Linie 34: Merseburg—Leuna—Daspig—Kröllwitz—Spergau—Fährendorf—Bad Dürrenberg

	Linie 35	Linie 33[2])	Linie 34
Streckenlänge (km):	19,8	8,5	12,5
eigener Bahnkörper (km):	4,0		6,7
Spurweite (mm):	1000	1000	1000
Inbetriebnahme:	1902	1919	1919/21
Stromart:		Gleichstrom	
Spannung (V):	600	600	600
Fahrzeit (min):	73	33	43
Reisegeschwindigkeit (km/h):	16,2	15,4	17,4
Anzahl der Stationen:	33	14	16
mittl. Stationsabstand (km):	0,60	0,61	0,78
Zugstärke (Wagen):	3	3	3
Zugpaare je Tag:	bis 85	bis 38	bis 55
starrer Fahrplan, Zugfolge (min):	20[3])	40[3])	40[3])

[1]) Linie 5 ist 1968 aus den Linien 31 (Halle—Schkopau—Merseburg) und 32 (Halle—Schkopau—Merseburg—Leuna) hervorgegangen. Ein Teil der Wagenzüge verkehrt über Merseburg hinaus bis Leuna.
Linie 34 verkehrt zwischen Daspig und Fährendorf teilweise über den Neubauabschnitt, ohne die Orte Kröllwitz und Spergau zu berühren.
[2]) Stand vom 1. Januar 1968.
[3]) Zusätzlich verkehren Einsatzwagen

Die Halle-Merseburger Überlandbahnen verbinden die großen chemischen Werke Leuna und Buna mit Wohngebieten in Halle und Merseburg sowie mit kleineren an der Strecke gelegenen Ortschaften.

1902 entstand als erste Strecke die sogenannte »Fernbahn Halle—Merseburg«, die 1919 über Beuna, Reipisch und Frankleben nach Mücheln im Geiseltal verlängert wurde. Gleichzeitig baute man eine andere Linie von Merseburg nach Leuna und erweiterte sie 1920/21 über Kröllwitz und Spergau nach Bad Dürrenberg. Von diesem Zeitpunkt an nannte sich der Betrieb »Merseburger Überlandbahnen AG«, kurz »MÜBAG«. 1946 wurde er der VVB des Verkehrswesens Sachsen-Anhalt unterstellt, und 1951 fand der Zusammenschluß mit der städtischen Straßenbahn Halle zum »VEB (K) Straßenbahn- und Überlandbahnen Halle« statt, der seit 1957 »Volkseigene Verkehrsbetriebe Halle« heißt.

Der Abschnitt Frankleben—Mücheln (11,4 km) mußte wegen des Braunkohlentagebaus mehrmals verlegt werden. 1958 wurde er ganz abgebrochen. Im Mai 1968 ersetzte man den Schienenverkehr auf dem Abschnitt Merseburg Süd—Frankleben durch Kraftomnibusverkehr, so daß nur noch der etwa 4 km lange Abschnitt Merseburg—Merseburg Süd übrigblieb, auf dem heute die ehemalige Verstärkungslinie 35 verkehrt.

Die Überlandbahnen haben in den letzten Jahrzehnten immer mehr an Bedeutung für den Berufsverkehr gewonnen, was auf die Erweiterung der großen Chemiebetriebe und den Bau von Chemiearbeitersiedlungen in Merseburg Süd (1960), Bad Dürrenberg (noch nicht abgeschlossen) und anderen Gebieten entlang der Strecke zurückzuführen ist. Daher mußte man auch die Strecken erweitern und die Zugfolge verdichten. So sind heute zwischen Halle und Schkopau im Berufsverkehr 8000 Werktätige zu befördern, weshalb hier werktäglich zwischen 4.45 Uhr und 6.00 Uhr 17 Dreiwagenzüge zusätzlich verkehren.

Dieser starke Berufsverkehr zwang dazu, von 1960 bis 1965 den 3 km langen Abschnitt Ammendorf—Schkopau neu zu verlegen und zweigleisig auszubauen. Dazu waren fünf größere Brückenbauwerke über die Saale und deren Flutgräben nötig.

1968 wurde eine 2,8 km lange direkte Verbindung zwischen Daspig und Fährendorf in Betrieb genommen, die 1,6 km kürzer ist als die alte Strecke über Kröllwitz und Spergau. Der neue Abschnitt ist Teil einer zu errichtenden Schnellverbindung zwischen Leuna und Bad Dürrenberg und führt schon jetzt zu einer Verkürzung der Reisezeit von sieben Minuten. Heute fahren die Wagenzüge der Linie 34 teilweise über den alten und teilweise über den neuen Streckenabschnitt. Für später ist vorgesehen, die Linie 5 von Leuna aus über den neuen Abschnitt bis Bad Dürrenberg zu verlängern. Die Linie 34 soll dann ganz entfallen oder nur noch Aufgaben des Berufsverkehrs wahrnehmen.

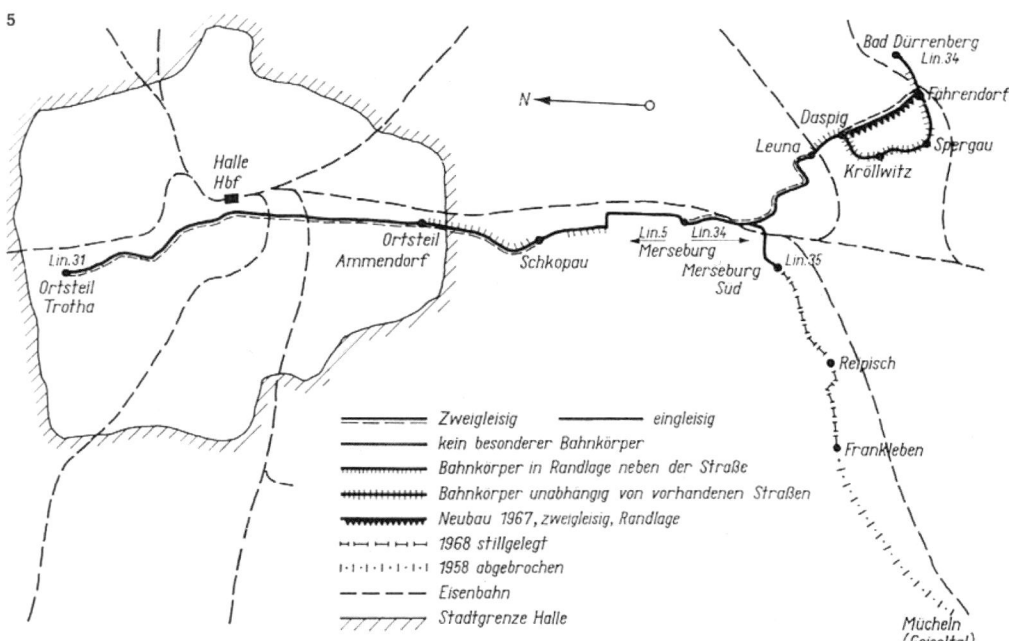

Hohenstein-Ernstthal—Oelsnitz (Erzg.)

Streckenverlauf: Hohenstein-Ernstthal—Oberlungwitz—
Hermsdorf—Gersdorf—Lugau—
Oelsnitz (Erzg.)

Streckenlänge (km):	11
eigener Bahnkörper (km):	5
Spurweite (mm):	1000
Inbetriebnahme:	1912
Stromart:	Gleichstrom
Spannung (V):	1000
Anzahl der Fahrzeuge (Triebwagen):	11
(Beiwagen):	8
Fahrzeit (min):	46
Reisegeschwindigkeit (km/h):	14,4
Anzahl der Stationen:	17
mittl. Stationsabstand (km):	0,65
Zugstärke (Wagen):	3
Zugpaare je Tag:	23
starrer Fahrplan, Zugfolge (min):	40

Die Überlandbahn Hohenstein-Ernstthal—Oelsnitz (Erzg.) diente im Oelsnitzer Steinkohlenrevier vorwiegend dem Berufsverkehr. Sie wurde am 31. März 1960 stillgelegt und durch Kraftomnibusverkehr ersetzt.

4 Blick zum Gleisdreieck Waltershausen der Thüringer Waldbahn. Jede Verbindungskurve ist mit einem langen Kreuzungsgleis versehen (Seite 162)

5 Die Halle-Merseburger Überlandbahnen (unmaßstäblich)

6 Gelenkwagen aus Gotha auf der Thüringer Waldbahn

7 Die aus der ČSSR importierten Triebwagen T 4 D werden in den nächsten Jahren mehr und mehr das Gesicht unserer Überlandbahnen bestimmen

8 Der Oberbau zwischen Magdeburg und Schönebeck ist nicht vom Oberbau unserer Reichsbahngleise zu unterscheiden

9 Aus Leipziger Straßenbahnwagen rekonstruierte Wagen der Schöneicher Bahn

10 Klingenthal—Sachsenberg-Georgenthal, eine ehemalige Überlandbahn der Deutschen Reichsbahn: Straßenbahnwagen aus Gotha benutzen Reichsbahnoberbau und führen ein Zugschlußsignal nach dem Signalbuch der Deutschen Reichsbahn

Leipziger Überlandbahnen

Streckenverlauf:
Linie 13: Leipzig—Taucha
Linie 15: Leipzig—Liebertwolkwitz
Linie 29: Leipzig—Lützschena—Schkeuditz

	Linie 13	Linie 15	Linie 29
Streckenlänge (km):	16,6	16,0	17,3
eigener Bahnkörper (km):	4	3	6,8
Spurweite (mm):	1458	1458	1458
Stromart:	Gleichstrom	Gleichstrom	Gleichstrom
Spannung (V):	550	550	550
Fahrzeit (min):	58	57	58
Geschwindigkeit (km/h):	17,2	16,9	17,9
Anzahl der Stationen:	31	32	29
mittl. Stationsabstand (km):	0,54	0,50	0,60
Zugstärke (Wagen):	3	3	Gelenkwagen + 1 Beiwagen
starrer Fahrplan, Zugfolge (min):	15	15	15

Die Entwicklung in Leipzig ist der von Dresden sehr ähnlich. Hier wurden schon im Jahre 1900 alle Überlandbahnen zur »Leipziger Außenbahn AG«, zur »LAG«, vereinigt, die Betriebsführung nahm auch hier die städtische »Große Leipziger Straßenbahn« wahr. Heute sind Stadt- und Überlandlinien im »VEB (K) Verkehrsbetriebe der Stadt Leipzig« zusammengeschlossen.

Die bedeutendste Leipziger Überlandbahn ist die heutige Linie 29, die über die ehemalige sächsische Landesgrenze hinaus bis zu der im einstigen Sachsen-Anhalt gelegenen Stadt Schkeuditz führt. Bis 1966 bestand hier das Kuriosum, daß am Reformationstag, der in Sachsen arbeitsfrei war, auf der Linie 29 im Werktagsverkehr gefahren wurde, während auf allen anderen Leipziger Linien Feiertagsverkehr herrschte.

Tariflich nimmt die Schkeuditzer Strecke noch heute eine Sonderstellung ein. Während auf den Leipziger Straßenbahnlinien beim Überfahren der Zahlgrenze lediglich ein Zuschlag zu zahlen ist, gilt auf der Linie 29 im Überlandverkehr ein besonderer Staffeltarif.

Magdeburg—Schönebeck

Streckenverlauf: Magdeburg—Schönebeck (Elbe)	
Streckenlänge (km):	6,0
eigener Bahnkörper (km):	3,2
Spurweite (mm):	1435
Inbetriebnahme:	1926
Stromart:	Gleichstrom
Spannung (V):	600
Fahrzeit (min):	20
Anzahl der Stationen:	11

mittl. Stationsabstand (km):	0,55
Zugstärke (Wagen):	2
Zugpaare je Tag:	40
starrer Fahrplan, Zugfolge (min):	30

Die Überlandbahn war ursprünglich 12 km lang und verlief in Magdeburg durch die eingemeindeten Vororte Fermersleben, Salbke und Westerhüsen. Außerhalb Magdeburgs ging es weiter über Frohse nach Schönebeck. Damals gehörten zur Bahn 13 Trieb- und 14 Beiwagen. Später führte man die Linie in Betriebsgemeinschaft mit der Magdeburger Straßenbahn als Linie 14 bis in die Innenstadt. Seit einigen Jahren wird jedoch der Abschnitt innerhalb Magdeburgs ausschließlich von der Stadtlinie 12 befahren, so daß die Linie 14 nur noch von der Stadtgrenze (Betriebsbahnhof Westerhüsen) nach Schönebeck verkehrt.

Überlandbahnen von Schöneiche und Woltersdorf

Streckenverlauf: I) Berlin-Friedrichshagen—Schöneiche—Rüdersdorf
II) Berlin-Rahnsdorf—Woltersdorfer Schleuse

	I	II
Streckenlänge (km):	13,3	5,6
eigener Bahnkörper (km):	10	2,3
Spurweite (mm):	1000	1435
Inbetriebnahme:	1910/12	1913
Stromart:	Gleichstrom	Gleichstrom
Spannung (V):	750	750
Anzahl der Fahrzeuge		
(Triebwagen):	10	7
(Beiwagen):	11	5
Fahrzeit (min):	39	20
Reisegeschwindigkeit (km/h):	20,4	16,8
Anzahl der Stationen:	19	9
mittl. Stationsabstand (km):	0,70	0,56
Zugstärke im Hauptverkehr (Wagen):	3	3
starrer Fahrplan, Zugfolge (min):	20	20

Die beiden Überlandbahnen sind zwei unabhängig voneinander bestehende Strecken, was schon aus der unterschiedlichen Spurweite hervorgeht. Sie wurden als »Schöneicher Straßenbahn« und »Woltersdorfer Straßenbahn« vor dem ersten Weltkrieg gebaut, um Schöneiche und Woltersdorf an die S-Bahnstrecke Berlin—Erkner anzuschließen und die wirtschaftliche Entwicklung der Gemeinden zu fördern.

Zwei Jahre nach Inbetriebnahme der Schöneicher Straßenbahn ließ der Gemeinderat Rüdersdorf eine Überlandbahn bauen, die seitdem unter Mitbenutzung der Schöneicher Strecke Rüdersdorf mit dem S-Bahnhof Berlin-Friedrichshagen verbindet.
1963 wurden die Schöneicher und die Woltersdorfer Überlandbahnen zum »VEB (K) Verkehrsbetriebe Schöneiche und Woltersdorf« mit Sitz in Schöneiche vereinigt.

Brandenburg—Brandenburg-Kirchmöser

Streckenverlauf: Brandenburg—Ortsteil Plaue—Ortsteil Kirchmöser

Streckenlänge (km):	14,1
eigener Bahnkörper (km):	11,3
Spurweite (mm):	1000
Inbetriebnahme:	1912
Stromart:	Gleichstrom
Spannung (V):	600
Fahrzeit (min):	45
Reisegeschwindigkeit (km/h):	20,2
Anzahl der Stationen:	28
mittl. Stationsabstand (km):	0,50
Zugstärke (Wagen):	3
Zugpaare je Tag:	28
starrer Fahrplan, Zugfolge (min):	40

Die Linie 1 (bis 31. Dezember 1967 Linie 6) der Brandenburger Verkehrsbetriebe hat nach Eingemeindung von Plaue und Kirchmöser nur noch innerstädtische Verkehrsaufgaben. Trotzdem soll sie in diesem Beitrag genannt werden, da sie baulich (ihrer ursprünglichen Aufgabe entsprechend) den Charakter einer Überlandbahn trägt. Mit 80% ist der Anteil der Strecke mit eigenem Bahnkörper an der Gesamtstrecke größer als bei jeder anderen bisher beschriebenen Überlandbahn. Auch mit der Reisegeschwindigkeit liegt sie neben der Schöneicher Straßenbahn an der Spitze aller Überlandbahnen der DDR.

Überlandbahnen der Deutschen Reichsbahn

Alle bisher beschriebenen Überlandbahnen sind heute einem städtischen Nahverkehrsbetrieb unterstellt. Darüber hinaus betreibt die Deutsche Reichsbahn elektrisch betriebene Nebenbahnen, auf der Straßenbahntriebwagen oder straßenbahnähnliche Fahrzeuge verkehren.
Die Strecken Saalburg—Schleiz und Müncheberg—Buckow gleichen ihrem baulichen Charakter nach mehr einer Eisenbahn, während die Strecke Cursdorf—Lichtenhain und die stillgelegte Strecke Klingenthal—Sachsenberg-Georgenthal kaum von den Überlandbahnen der städtischen Verkehrsbetriebe zu unterscheiden sind. Diese Strecken können jedoch erst zu einem späteren Zeitpunkt beschrieben werden.

Zukunft der Überlandbahnen

Die Zukunft der Überlandbahnen hängt von den örtlichen Gegebenheiten ab. Bahnen wie die Thüringer Waldbahn und die Halle-Merseburger Überlandbahnen sind wegen ihres hohen Verkehrsaufkommens nicht durch Kraftomnibusse zu ersetzen.
Für andere Strecken könnte ein Omnibusverkehr wirtschaftlicher sein. So weist der Generalverkehrsplan der Stadt Dresden in der Perspektive für das Lockwitztal eine Stadtomnibuslinie aus.
Doch es gibt auch Beispiele, wo eine Überlandbahn von einem attraktiveren Schienenverkehrsmittel abgelöst wird. Für die Linie 5 der Dresdner Straßenbahn ist mit Inbetriebnahme der Schnellbahn Dresden nach 1970 die Stillegung des Abschnitts Coswig—Weinböhla vorgesehen.
Bei anderen Bahnen gilt es, nicht nur wirtschaftliche Gesichtspunkte zu erwägen. Für die Kirnitzschtalbahn muß beispielsweise auch die Aufgabe als Anziehungspunkt für den Touristenverkehr beachtet werden.
Mit Neubauten von Überlandbahnen ist wegen der hohen Anlagekosten gegenüber dem Busverkehr kaum zu rechnen. Doch auch hier kann ein Beispiel genannt werden, in dem die Einrichtung einer neuen Überlandbahn vorgesehen ist. Zwischen Radebeul und Radeburg bei Dresden verkehrt eine Schmalspurbahn der Deutschen Reichsbahn, die vorwiegend dem Personenverkehr dient. Sie soll bis 1975 stillgelegt werden. Für den am stärksten benutzten Abschnitt vom Haltepunkt Weißes Roß in Radebeul durch den Lößnitzgrund bis zum Wald- und Seengebiet von Moritzburg plant die Stadt Dresden den Bau einer Überlandlinie. Auf ihr sollen Wagen der Dresdner Straßenbahn verkehren. Sie würde den Bahnkörper der Schmalspurbahn benutzen und durch einen Überlandtarif eine Sonderstellung unter den Dresdner Straßenbahnlinien einnehmen.
Auf verschiedenen Überlandbahnen ist der Einsatz der aus der ČSSR importierten Triebwagen T 4 D vorgesehen, der mit einer Geschwindigkeit von 55 km/h und einem Fassungsvermögen von 123 Personen das künftige Bild unserer Überlandbahnen bestimmen wird.

Dipl.-Ing. FRIEDRICH SPRANGER

Die Schmalspurbahnen im Harz

Der vorliegende Beitrag beschließt die Artikelserie im Eisenbahn-Jahrbuch über die Schmalspurbahnen, die auf dem Territorium unserer Republik einstmals gebaut und nun größtenteils, unter anderem auch aus verkehrspolitischen Gründen, stillgelegt worden sind. Diesmal werden Schmalspurbahnen beschrieben, die in der heutigen Streckenführung erhalten bleiben.

Zur Entstehung und Geschichte der Bahnen

Bis zum Ende des zweiten Weltkrieges gab es im Harz drei von privatkapitalistischen Gesellschaften betriebene Schmalspurnetze, die jeweils eine Spurweite von 1000 mm hatten (Abb. 1). Es handelte sich um

1. die Nordhausen-Wernigeroder Eisenbahn (NWE)
   mit den Strecken Nordhausen – Drei Annen Hohne – Wernigerode (60,5 km) und
   Drei Annen Hohne – Brocken (18,9 km);
   Gesamtstreckenlänge 79,4 km;
2. die Südharz-Eisenbahn (SHE)
   mit den Strecken Braunlage – Brunnenbachsmühle – Walkenried (24,3 km) und
   Brunnenbachsmühle – Sorge – Tanne (8,3 km);
   Gesamtstreckenlänge 32,6 km;
3. die Gernrode-Harzgeroder Eisenbahn (GHE)
   mit den Strecken Gernrode (Harz) – Alexisbad – Stiege – Hasselfelde (40,6 km),
   Alexisbad – Harzgerode (2,9 km) und
   Stiege – Eisfelder Talmühle (8,6 km);
   Gesamtstreckenlänge 52,1 km.

Die drei Netze ergaben zusammen die für ein so kleines und zudem gebirgiges Territorium beachtliche Länge von 164 km Schmalspurbahnen.

Am bedeutendsten war und ist auch heute noch die ehemalige nun 75 Jahre alte Nordhausen-Wernigeroder Eisenbahn. Sie wurde am 27. März 1899 in ihrer gesamten Länge einschließlich der Zweigstrecke nach dem in 1126 m Höhe gelegenen Bahnhof Brocken in Betrieb genommen. Heute wird sie allgemein als *Harzquer- und Brockenbahn* bezeichnet. Zu ihr gehört seit 1945 auch der Streckenabschnitt Eisfelder Talmühle – Stiege – Hasselfelde, der ursprünglich im Bereich der GHE lag.

Auf der Zweigstrecke nach dem Brocken enden heute die Reisezüge auf dem Bahnhof Schierke. Lediglich Bedarfsgüterzüge verkehren bis zum Bahnhof Brocken, der sich im Grenzgebiet unserer Republik befindet.

Die Südharz-Eisenbahn wurde ebenfalls im Jahr 1899 in Betrieb genommen. Der Streckenabschnitt Brunnenbachsmühle – Tanne mußte 1945 wegen der Grenzziehung zwischen den damals entstandenen Besatzungszonen stillgelegt werden; die Gleisanlagen wurden später abgebaut. Der in der BRD gelegene Abschnitt Braunlage – Walkenried wird bis heute von einer Privatgesellschaft betrieben; allerdings sind 1963 sowohl der Güter- als auch der Personenverkehr auf Kraftverkehr umgestellt worden.

Die Gernrode-Harzgeroder Eisenbahn ist die älteste Schmalspurbahn im Harz. Der erste Abschnitt, Gernrode – Mägdesprung, wurde am 7. August 1887 für den öffentlichen Verkehr freigegeben. Der zweite Abschnitt bis Harzgerode folgte am 1. Juli 1888. In mehreren Abschnitten verlängerte man die Strecke in den Jahren danach, ausgehend von Alexisbad über Silberhütte, Straßberg (Harz) und Güntersberge (Harz), bis Stiege und am 1. Mai 1892 bis Hasselfelde. Eine Verbindung zur Nordhausen-Wernigeroder Eisenbahn gab es vom 15. Juli 1905 an nach Eröffnung des Streckenabschnitts Stiege – Eisfelder Talmühle.

Die Gernrode-Harzgeroder Eisenbahn erlitt im zweiten Weltkrieg Beschädigungen. Nach Kriegsende wurde sie bis auf den Abschnitt Eisfelder Talmühle – Stiege – Hasselfelde, der zur NWE (heute Harzquer- und Brockenbahn) kam, demontiert. Die Industrie jenes Gebietes und besonders die Flußspatförderung bei Straßberg veranlaßten jedoch die Deutsche Reichsbahn zum Wiederaufbau der ehemaligen GHE. Er wurde 1946 ab Straßberg und 1947 ab Gernrode in Richtung Drahtzug begonnen, wo sich 1949 beide Aufbaukolonnen trafen. Auch der Streckenabschnitt Alexisbad – Harzgerode wurde in den Wiederaufbau einbezogen. Gleichzeitig

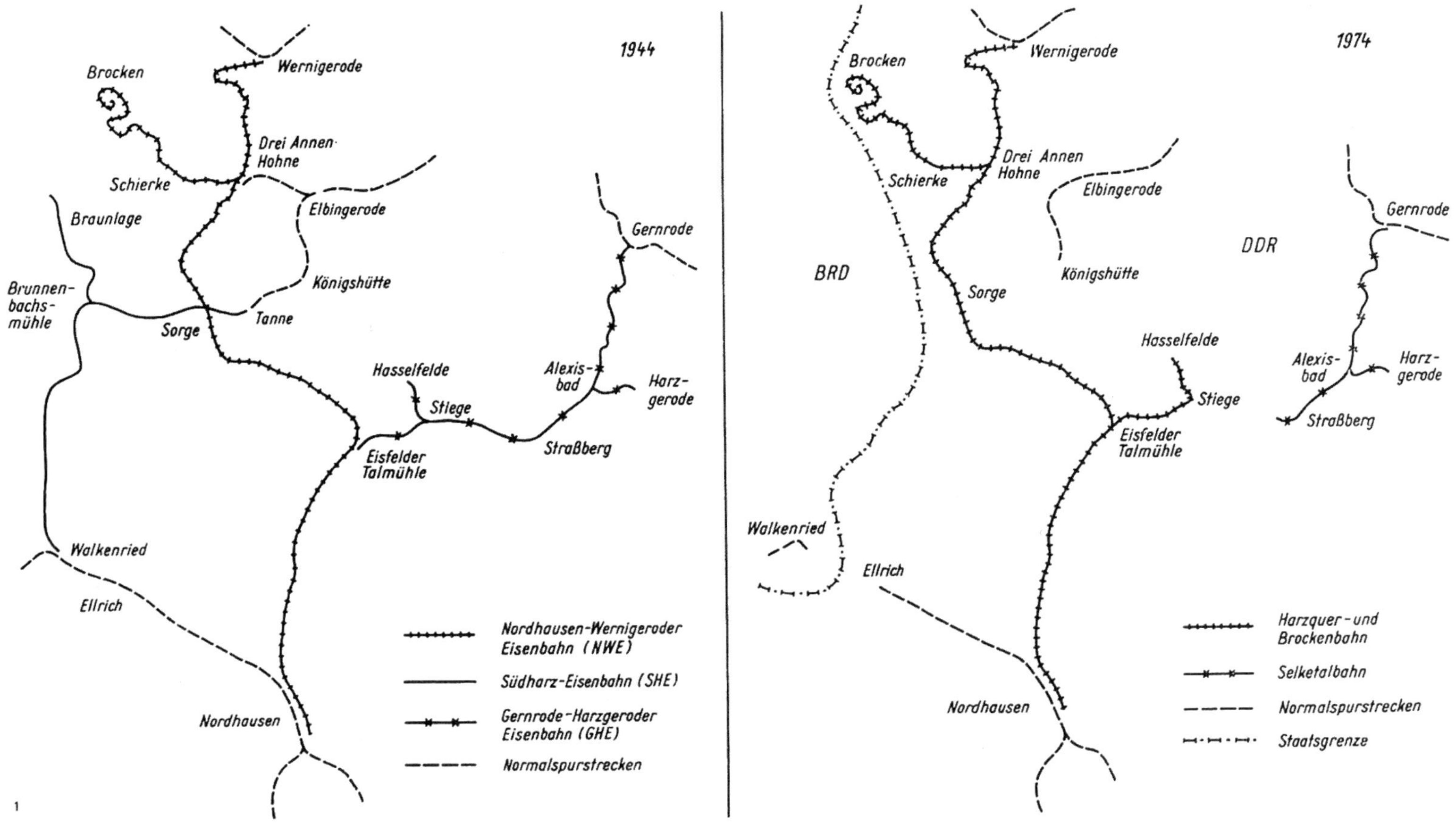

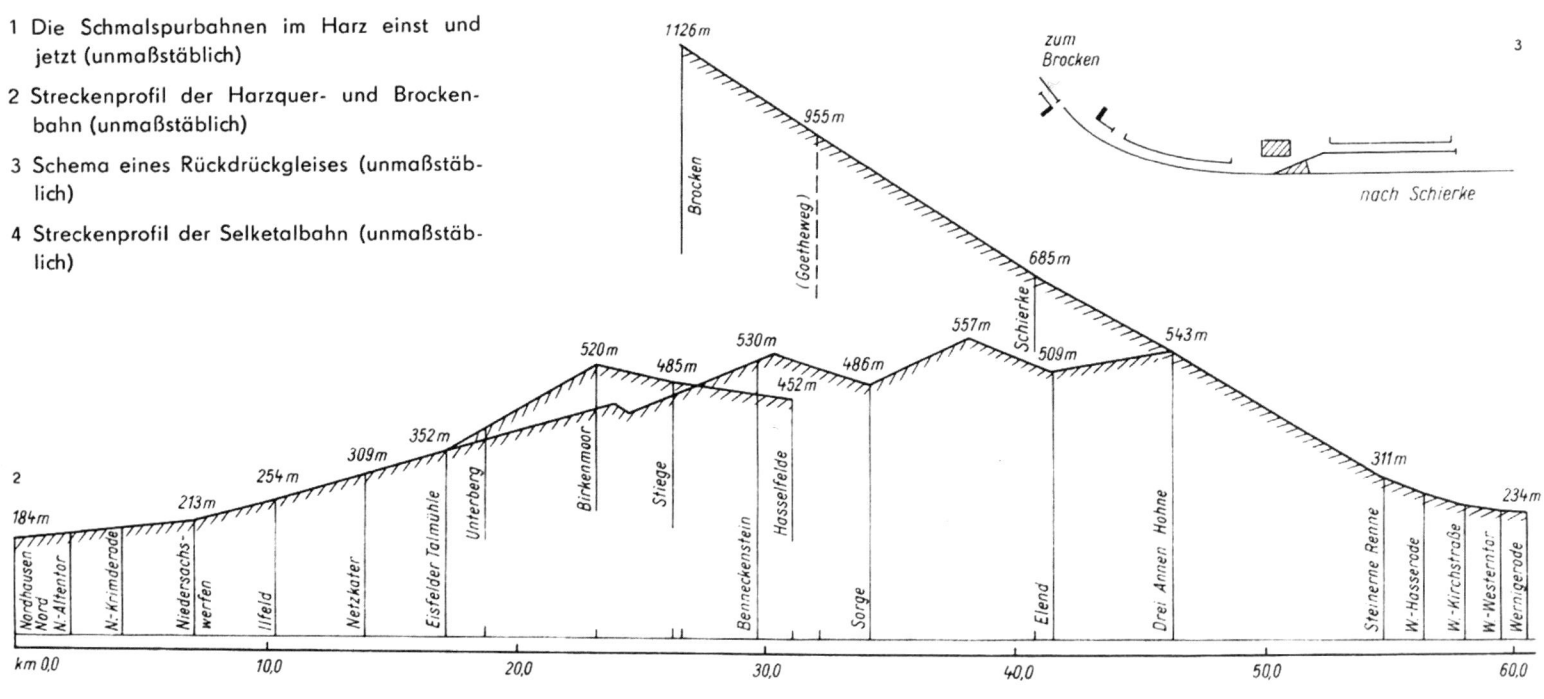

1 Die Schmalspurbahnen im Harz einst und jetzt (unmaßstäblich)
2 Streckenprofil der Harzquer- und Brockenbahn (unmaßstäblich)
3 Schema eines Rückdrückgleises (unmaßstäblich)
4 Streckenprofil der Selketalbahn (unmaßstäblich)

errichtete man in Straßberg einen Anschluß an die etwa 2 km entfernte Flußspatgrube. Das so entstandene Streckennetz wird heute als *Selketalbahn* bezeichnet.

Linienführung und Gleisanlagen

Die Harzquer- und Brockenbahn ist ein gutes Beispiel für die geschickte Anwendung fahrdynamischer Trassierungsgrundsätze in einem äußerst schwierigen Gelände. Zwischen Wernigerode und Brocken sind auf einer Entfernung von 33 km 900 m Höhenunterschied zu überwinden; ab Steinerne Renne beträgt die durchschnittliche Neigung 30 ‰, ab Schierke sogar ununterbrochen 33 ‰. Dennoch kam man ohne große Kunstbauten aus, weil die Strecke dem Gelände vortrefflich angepaßt worden ist. Dafür gibt es kaum einen Abschnitt, der in der Geraden liegt. Gleisbogen reiht sich an Gleisbogen, und der Gleisbogenhalbmesser beträgt oft nur 60 m. Lediglich zwischen Steinerne Renne und Drei Annen Hohne ließ sich der Bau eines Tunnels nicht vermeiden.

Wie das Streckenprofil (Abb. 2) zeigt, überwindet die Harzquerbahn das Gebirge in seiner ganzen Ausdehnung. In den nördlichen und südlichen Tälern folgen die Stationen wegen der dichten Besiedlung in kurzen Abständen. Anders ist es hingegen in der Nähe des Gebirgsplateaus, wo beispielsweise zwischen den Bahnhöfen Eisfelder Talmühle und Benneckenstein eine Entfernung von 12,5 km liegt.

Eine erwähnenswerte Besonderheit waren die sogenannten Rückdrückgleise, wie die Kreuzungsgleise am Goetheweg (Brockenstrecke) und in Drängetal (zwischen Steinerne Renne und Drei Annen Hohne) bezeichnet wurden (Abb. 3). Das durchgehende Streckengleis behielt die Neigung bei, wogegen das Rückdrückgleis in der Waagerechten lag. Bei der Trassierung mußte also kein waagerechter Streckenabschnitt berücksichtigt werden; trotzdem begann der bergwärts fahrende Zug, der bei Kreuzungen in das Rückdrückgleis zurückgedrückt worden war, seine Weiterfahrt auf einem waagerechten Abschnitt.

Die Höchstgeschwindigkeit beträgt zur Zeit zwischen Nordhausen und Drei Annen Hohne 30 km/h und auf allen anderen Streckenabschnitten 25 km/h. In den nächsten Jahren soll jedoch die Ausbaugeschwindigkeit wieder erreicht werden, die für die Harzquerbahn 40 km/h und für die Zweigstrecken nach dem Brocken und nach Hasselfelde 30 km/h beträgt. Darüber hinaus ist eine neue Perspektivgeschwindigkeit festgelegt worden, nachdem man sich für den Erhalt der Bahn entschieden hatte. Sie wird erst nach entsprechenden Umbauten und Neutrassierungen möglich. Danach soll die Geschwindigkeit auf der Harzquerbahn mit Ausnahme des Abschnitts Eisfelder Talmühle – Stiege und auf der Brockenbahn auf 50 km/h erhöht werden.

In den letzten Jahren sind auf der Harzquer- und Brockenbahn verschiedene Bahnhöfe zu Haltepunkten umgewandelt worden, wie in Sorge, Netzkater und Niedersachswerfen. Vielfach wurden die Kreuzungsgleise entfernt.

Das Gelände der Selketalbahn (Abb. 4) stellte deren Erbauer vor ähnliche Probleme wie das der Harzquer- und Brockenbahn. Im Gegensatz zur NWE, wo die maximale Neigung 33 ‰ nicht übersteigen sollte, wurden bei der GHE Neigungen bis zu 40 ‰ zugelassen. Die größten Schwierigkeiten gab es beiderseits der Wasserscheide zwischen Bode und Selke. Wie bei der Harzquerbahn konnte der Scheitel der heutigen Selketalbahn am Haltepunkt Sternhaus-Ramberg von beiden Seiten nur durch ununterbrochene Steigungen und geschickte Ausnutzung des Geländes erreicht werden. Der geringste Bogenhalbmesser beträgt auch hier nur 60 m.

Die Höchstgeschwindigkeit liegt zur Zeit bei 30 km/h. Der Plan sieht vor, hier ebenfalls zunächst die Ausbaugeschwindigkeit von 40 km/h wieder zuzulassen und später eine Perspektivgeschwindigkeit von 50 km/h zu gestatten.

Betrieb und Verkehr

Mit Betriebspersonal ist die Harzquer- und Brockenbahn trotz Auflassung einiger Betriebsstellen besser besetzt als manche Normalspurbahn. Zwölf Bahnhöfe haben einen Fahrdienstleiter, und in Wernigerode Westerntor, Elend, Benneckenstein, Ilfeld, Nordhausen Nord und Hasselfelde gibt es einen Dienstvorsteher.

Auch mit Sicherungsanlagen ist die Harzquerbahn besser ausgerüstet als andere Schmalspurbahnen. Alle Bahnhöfe (mit Ausnahme der Bahnhöfe Brocken und Hasselfelde) besitzen Einfahrsignale, und in den Anschlußbahnhöfen zur Normalspur, Nordhausen und Wernigerode, haben die Schmalspurgleise sogar Ausfahrsignale.

Im Reiseverkehr sind die Endabschnitte bei Nordhausen und Wernigerode für den Berufsverkehr von Bedeutung. Die Hauptaufgabe der Bahn besteht jedoch in der Bewältigung des Urlauber- und Ausflugsverkehrs.

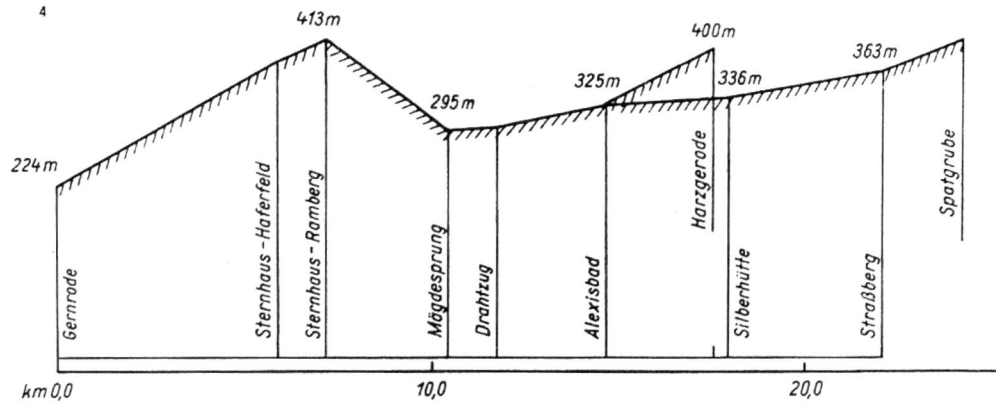

5 Viele Stationsgebäude weisen wie das in Ilfeld den für die Landschaft typischen Fachwerkstil auf

6 Reisezugwagen der Harzquerbahn in Hasselfelde

Auch im Güterverkehr haben die Endabschnitte den entscheidenden Anteil. Durchgehende Güterzüge gibt es nicht. Von Nordhausen aus verkehren über die „Südstrecke" täglich zwei Nahgüterzugpaare bis Hasselfelde, die überwiegend Düngemittel für die Bäuerlichen Handelsgenossenschaften und Kohle befördern. Die wichtigsten Anschlußgleise führen zur Papierfabrik Ilfeld und zum Sägewerk Hasselfelde. Die „Nordstrecke" zwischen Wernigerode und Benneckenstein wird täglich von einem Nahgüterzugpaar und einem Güterzugpaar mit Personenbeförderung befahren, und zwischen Wernigerode und Schierke gibt es täglich zwei Güterzugpaare mit Personenbeförderung. Hauptnutzer sind der Kohlehandel in Schierke und die Holzindustrie in Benneckenstein.
Eine besondere Bedeutung haben die Industrieanschlußbahnen in Wernigerode (einschließlich des Ortsteils Hasserode), über welche die volkseigenen Betriebe, Papierfabrik, Süßwarenfabrik, Fotopapierwerk, Sägewerk und Möbelfabrik, bedient werden. Auf ihnen verkehren täglich drei Übergabezüge, mit denen die Normalspurwagen auf Rollböcken befördert werden. Die Güterzüge mit Personenbeförderung und die Nahgüterzüge dürfen hingegen nur Rollwagen enthalten.
Die höchstzulässigen Zugmassen liegen der Neigung entsprechend zwischen 140 und 360 t je Lokomotive. Auf der Brockenstrecke, für die der Fahrplan täglich zwei Bedarfsgüterzugpaare vorsieht, dürfen einer Lokomotive für die Bergfahrt 140 und für die Talfahrt 250 t angehängt werden.
Die Achslast ist auf allen Strecken auf 10 Mp begrenzt. Eine Beschränkung der Achszahl, nämlich auf 24 Achsen, besteht nur auf der Zweigstrecke nach Hasselfelde.
Die Selketalbahn, die dem Bahnhof Gernrode unterstellt ist, unterscheidet sich auch in der Betriebsführung grundsätzlich von der Harzquer- und Brockenbahn. Am 1. Oktober 1959 wurde hier der vereinfachte Nebenbahndienst eingeführt.
Der Dienstposten eines Zugleiters befindet sich im Bahnhof Alexisbad, der betrieblich durchgehend nach dem Vierbrigadeplan besetzt ist. Zuglaufmeldungen erhält der Zugleiter von Harzgerode,

Straßberg, Mägdesprung, Sternhaus-Ramberg und erforderlichenfalls von Silberhütte. Zeitweise unterstützt ein Fahrkartenverkäufer in Alexisbad den Zugleiter. Fahrkarten werden aber auch in den Endbahnhöfen Gernrode, Straßberg und Harzgerode verkauft. Ansonsten sind beim Zugpersonal Zettelfahrkarten zu lösen.

Der Abtransport des Flußspataufkommens ist betrieblich das größte Problem der Selketalbahn. 1971 betrug die Tagesmenge 120 t, 1972 stieg sie auf 200 t. Die Achszahl ist zwar nicht beschränkt, aber die zulässigen Zugmassen sind wegen der unterschiedlichen Neigung der Streckenabschnitte sehr verschieden.

Bei täglich drei Güterzugpaaren mit Personenbeförderung und einem Nahgüterzugpaar muß das Zugpersonal vor einer großen Steigung häufig Wagen abhängen, die später mit einem weniger belasteten Zug weiterbefördert werden. Vielfach spannt man einem Zug auch zwei Lokomotiven vor.

Außer der Spatgrube in Straßberg sind die Holzwerke bei Silberhütte und die Ladegleise in Harzgerode, Straßberg und Alexisbad zu bedienen. Da auf der Selketalbahn keine Rollfahrzeuge verkehren, müssen die Güter in Gernrode umgeladen werden, wo besondere Ladegleise und ein Kran zwischen Normalspur- und Schmalspurgleisen angeordnet sind.

Der Reiseverkehr der Selketalbahn ist nur unbedeutend und auch hier wie auf der Harzquerbahn sehr saisonabhängig. Reine Personenzüge gibt es auf der Selketalbahn überhaupt nicht.

In den Urlaubsmonaten Juli und August führen die drei Güterzugpaare mit Personenbeförderung drei bis vier Personenwagen mit.

Im Winter reicht oft ein Reisezugwagen aus, wodurch der Güterverkehr flüssiger ablaufen kann.

Während auf der Harzquer- und Brockenbahn mehrere Handschranken und in immer stärkerem Maße auch automatische Haltlichtanlagen die Wegübergänge sichern, verfügt die Selketalbahn nur über einen gesicherten Wegübergang. Dabei handelt es sich um eine Schrankenanlage in Harzgerode, die der dortige Fahrkartenverkäufer zu bedienen hat.

7 Ein „historisches" Bild aus dem Jahr 1961 vom Bahnhof Drei Annen Hohne: links der Triebwagen VT 137 566 mit einem Reisezug; rechts eine Mallet-Lokomotive

8 Bahnhof Sternhaus-Ramberg: Hier befindet sich die Wasserscheide zwischen Bodetal und Selketal

Fahrzeuge

Alle schmalspurigen Triebfahrzeuge des Harzes sind im Bahnbetriebswerk Wernigerode Westerntor beheimatet, unabhängig davon, ob sie auf der Harzquer- und Brockenbahn oder auf der Selketalbahn Dienst tun. Lokeinsatzstellen bestehen in Wernigerode, Benneckenstein, Nordhausen, Hasselfelde und Gernrode.

Charakteristisch für die Harzquer- und Brockenbahn sind die Neubaulokomotiven 99 7231 bis 99 7247, die der ehemalige VEB Lokomotivbau „Karl Marx" Babelsberg zwischen 1954 und 1956 geliefert hat. Sie waren von vornherein für den Harz bestimmt und wurden mit vier Ausnahmen dem Bahnbetriebswerk Wernigerode Westerntor zugeteilt. Lediglich die Lokomotiven 99 7231, 99 7235, 99 7236 und 99 7237 gehörten dem Bahnbetriebswerk Meiningen an; sie bewältigten bis zum Frühjahr 1973 den Güterverkehr auf der 20 km langen Strecke Eisfeld — Schönbrunn, auf der schon vor Jahren der Reiseverkehr eingestellt worden war.

9 Auf der Brockenstrecke zwischen Drei Annen Hohne und Schierke

Das auffälligste Merkmal der Babelsberger Lokomotiven ist die für eine Schmalspurlok außerordentlich hohe Leistung. Mit 700 PS vermochten sie einen Zug mit 1000 Reisenden in knapp zwei Stunden von Wernigerode nach dem Brocken zu schleppen. Trotz des Höhenunterschiedes von 900 m erreichten sie dabei eine Reisegeschwindigkeit von 16 km/h.

Die Lokomotive 99 7222 ähnelt sehr den Neubaulokomotiven und kann als deren Vorläufer angesehen werden. Sie wurde 1931 gebaut und verblieb als einzige aus einer Serie von drei Lokomotiven im Harz.

Schließlich gibt es noch zwei Dampflokomotiven mit der Achsanordnung C (99 6101 und 99 6102) aus dem Jahr 1914, die den Rollbockverkehr zwischen Wernigerode und Wernigerode-Hasserode bedienen (vgl. Tabelle 2).

An eine generelle Einführung der Dieseltraktion auf der Harzquer- und Brockenbahn wird vorerst nicht gedacht. Trotzdem verkehren hier auch Triebfahrzeuge mit Verbrennungsmotoren. So beschaffte die NWE in den dreißiger Jahren zwei Dieseltriebwagen, die wegen ihrer hohen Leistung Reisezüge u. a. nach dem Brocken beförderten. Offenbar war dieser Einsatz im Reisezugdienst von vornherein vorgesehen, denn ein Triebwagen verfügte über einen relativ kleinen Fahrgastraum. Ein großer Teil des Platzes war der Antriebsanlage und einem Gepäckraum vorbehalten. Der eine Triebwagen (mit der alten Kennzeichnung VT 137 561) kam 1961 nach der Spreewaldbahn, wo er im Berufsverkehr Reisezüge mit neun vierachsigen Wagen und einer Masse von 150 t beförderte; inzwischen ist er verschrottet worden. Der andere Triebwagen (VT 137 566) gehört immer noch dem Bahnbetriebswerk Wernigerode Westerntor an; er wird allerdings nur noch für Dienst- und Sonderfahrten benutzt (vgl. Tabelle 1).

Die Diesellokomotive 199 301-3, die auf der Harzquerbahn Dienst tut, verdankt ihre Entstehung einem Exportauftrag für den VEB LEW „„Hans Beimler" Hennigsdorf nach Indonesien. Vor Aufnahme der Serienproduktion hatte die Versuchslokomotive V 30 001 umfangreiche Meßfahrten auf den Bergstrecken des Harzes zu unternehmen und verblieb danach in Wernigerode. Wegen ihrer relativ geringen Leistung eignet sich die Lokomotive nicht für den Reisezug- und Güterzugdienst, soll aber später die beiden C-Lokomotiven im Rollbockverkehr nach Wernigerode-Hasserode ablösen.

Von den Triebfahrzeugen der Selketalbahn war nach 1945 aus einer Reihe von sechs Dampflokomotiven nur die 99 5811 im Harz verblieben. Nach Wiederinbetriebnahme der Bahn versah sie noch bis 1965 ihren Dienst, dann wurde sie abgestellt und später verschrottet.

Alle anderen Fahrzeuge, mit denen 1950 der Betrieb wiederaufgenommen worden ist, stammen von der Harzquer- und Brockenbahn. Dazu gehörten anfangs auch die zur Zeit den Rollbockverkehr in Wernigerode bedienenden Lokomotiven 99 6101 und 99 6102. Heute verkehren zwischen Gernrode und Harzgerode/Straßberg sechs Gelenklokomotiven der Bauart Mallet, die ab 1954 auf der Harzquer- und Brockenbahn von den erwähnten Neubaulokomotiven abgelöst worden sind. Ihre Gelenktriebwerke machen sie für die engen Gleisbögen besonders geeignet. Die erste dieser Lokomotiven, die 99 5901, soll später dem Verkehrsmuseum in Dresden zugeführt werden.

Auch auf der GHE fuhr einst ein Dieseltriebwagen im Reiseverkehr. Der im Jahr 1933 von der Waggonfabrik Dessau gebaute zweiachsige VT 133 522 ist heute noch in Gernrode zu finden. Er wurde zu einem Gerätewagen umgewandelt und trägt jetzt die Nummer 187 001-3. Nachdem das alte Dieselaggregat durch einen

Tabelle 1: Dieseltriebfahrzeuge der Harzquer- und Brockenbahn

	Ehemaliger VT 137 561	Tb 185 025-4 (alt VT 137 566)	Lok 199 301-3 (alt VT 30 001)
Lieferant	MAN Nürnberg	MAN Nürnberg	VEB Lokbau „Karl Marx" Babelsberg
Baujahr	1935	1939	1966
Achsfolge	B'B'	B'B'	C
Länge ü. P. (m)	15,60	15,70	8,20
Masse (t)	35,5	37,0	30,0
Leistung (PS)	410	520	350
Kraftübertragung	elektrisch	elektrisch	hydraulisch
Höchstgeschwindigkeit (km/h)	60	60	30

Tabelle 2: Dampflokomotiven der Schmalspurbahnen im Harz

	99 5901 bis 99 5905	99 6101 und 99 6102	99 7222	99 7231 bis 99 7247
Einsatzbereich	Selketalbahn	Harzquer- und Brockenbahn		
Lieferant	Jung	Henschel	Schwartzkopf	VEB Lokbau „Karl Marx"
Baujahr	1897/1918	1914	1931	1954/56
Achsfolge	B'B'	C	1'E1'	1'E1'
Gattungsbezeichnung	K 44.9	K 33.11	K 57.10	K 57.10
Länge ü. P. (m)	8,87	7,73	11,63	11,73
Masse (t)	36,0	32,0	65,8	65,0
Leistung (PS)	etwa 300	400	700	700
Höchstgeschwindigkeit (km/h)	30	30	40	40
Treibraddurchmesser (mm)	1000	800	1000	1000
Laufraddurchmesser (mm)	—	—	550	550

Neubaumotor vom Typ EM 4-20 ersetzt worden ist, verfügt der Triebwagen über eine Leistung von 70 PS.

Im Reiseverkehr werden nur noch vierachsige Wagen eingesetzt, u. a. auch kombinierte Wagen für Personen- und Gepäckverkehr.

Der Güterverkehr wird auf der Harzquer- und Brockenbahn mit aufgebockten Normalspurwagen bewältigt, auf der Selketalbahn hingegen ausschließlich mit zwei- und vierachsigen Meterspurwagen.

Aktivitäten der Eisenbahner

Den Eisenbahnerinnen und Eisenbahnern der Schmalspurbahnen im Harz liegt die Verbesserung des Reiseverkehrs im Interesse der unzähligen Urlauber sehr am Herzen. Viele Stunden werden der Verschönerung der Bahnanlagen gewidmet. Mehrere Neuerervorschläge befaßten sich beispielsweise mit der Verbesserung der Farbgebung und der Ausgestaltung der Reisezugwagen sowie mit der Schaffung einer Reisezugwagen-Waschanlage.

Disziplin, Ordnung und Sicherheit sind für die Eisenbahnerinnen und Eisenbahner keine leeren Begriffe. Wenn zum Beispiel der Bahnhof Wernigerode Westerntor mit seiner Spurwechselanlage über zwei Jahre unfallfrei gearbeitet hat, dann ist dies eine Leistung, die mit großen Anstrengungen verbunden ist und von einer guten kollektiven Zusammenarbeit zeugt.

Alle Kollektive der Schmalspurbahnen im Harz stehen im Titelkampf; als erste wurden Brigaden der Bahnhöfe Gernrode und Nordhausen Nord sowie der technischen Dienststellen Bm und Bw Wernigerode Westerntor mit dem Ehrentitel ausgezeichnet.

Viele Ausländer besuchen die Schmalspurbahnen im Harz; besonders liebe Gäste sind die Eisenbahnerinnen und Eisenbahner aus den sozialistischen Ländern. Darum ist es nicht verwunderlich, wenn als erste Bahnhöfe der Schmalspurbahnen im Harz Gernrode und Benneckenstein als Dienststellen der Deutsch-Sowjetischen Freundschaft ausgezeichnet werden konnten.

Über die Perspektive der Bahnen

Wie bereits angedeutet, bleiben sowohl die Harzquer- und Brockenbahn als auch die Selketalbahn als einzige Meterspurbahnen der Deutschen Reichsbahn erhalten. Ausschlaggebend für diese Entscheidung waren mehrere Gründe. Neben der Bedeutung für den Urlauber- und Aus-

10 Einfahrt in den Bahnhof Alexisbad aus Süden; beide Streckengleise haben anstelle der Einfahrsignale Trapeztafeln

11 Reisezugwagen der Selketalbahn in Alexisbad

12 Kombinierter Sitz- und Gepäckwagen

13 Auf der Selketalbahn gibt es keine Rollfahrzeuge; alle Güter werden in zwei- und vierachsigen Schmalspurwagen befördert

14 Rangieren im Bahnhof Alexisbad, eine für die Reisenden nichtalltägliche Abwechslung

flugsverkehr wurde wohl auch die Möglichkeit als Versuchsstrecke für den Schienenfahrzeugbau der DDR in Betracht gezogen.

Der Güterverkehr nimmt auf der Selketalbahn infolge des Flußspataufkommens weiter zu, und zwischen Wernigerode und Nordhausen sorgt besonders die örtliche Industrie in und um Wernigerode für ein ansehnliches Verkehrsaufkommen.

Auch der Wiederaufbau des Abschnitts Straßberg – Stiege ist geplant, um die Frachten von Straßberg nach Nordhausen mit Rollwagen transportieren zu können.

Mit der Erhöhung der Streckengeschwindigkeit werden die Schmalspurbahnen im Harz leistungsfähiger und für den Reisenden attraktiver.

12

13

14

EIN STÜCK EISENBAHNGESCHICHTE:

Die Spreewaldbahn

Dipl.-Ing. FRIEDRICH SPRANGER

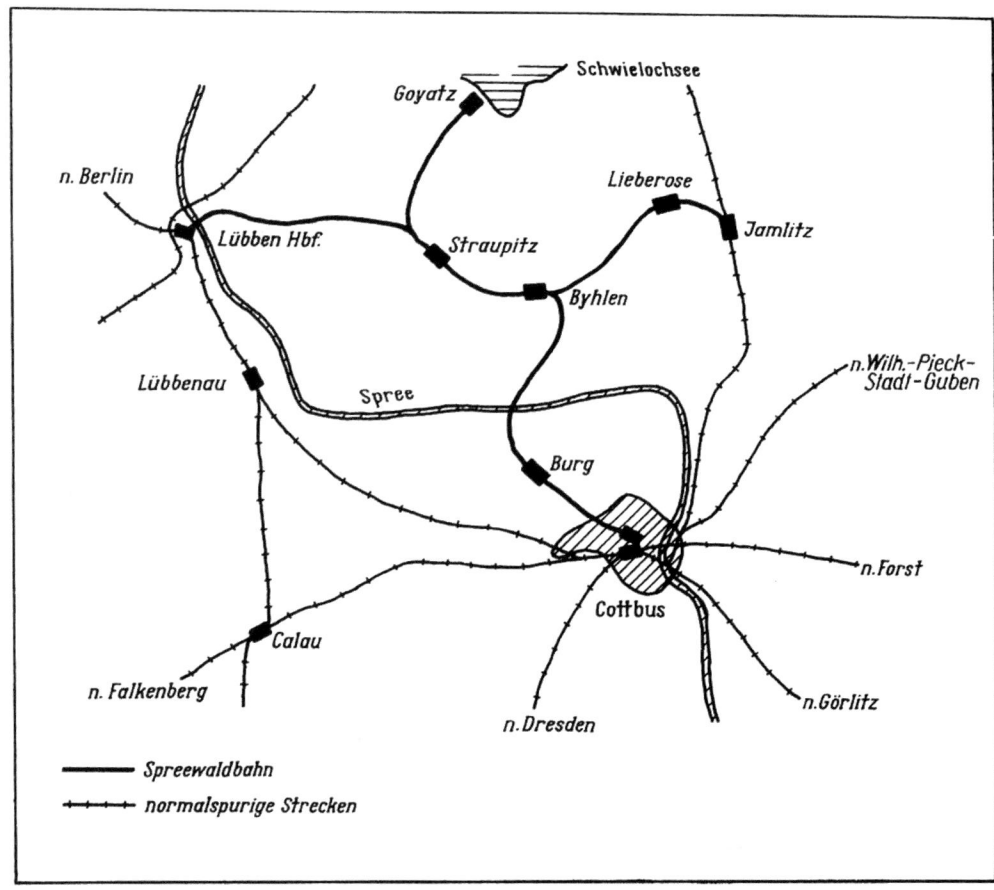

1 Streckennetz der Spreewaldbahn (unmaßstäblich)

Großkraftwerke und Braunkohlengruben von gewaltigen Ausmaßen bestimmen das Gesicht der Niederlausitz. Hochspannungsleitungen und elektrische Grubenbahnen durchziehen das Gebiet, und an vielen Stellen ragen die Schornsteine der braunkohlenverarbeitenden Industrie aus der Ebene heraus.

Doch es ist nicht die Industrie allein, die der Lausitz ihr Gepräge gibt. Auch dem Erholungsuchenden ist sie ein Begriff. Ein kleines Gebiet nordwestlich von Cottbus, nur 270 km² groß, ist ein vielbesuchter Anziehungspunkt für Touristen und Urlauber. Ausgedehnte Wälder, ruhig dahinströmende Wasserläufe und hübsche, vielfach noch mit Schilf gedeckte Bauernhäuser sind charakteristische Merkmale dieses Landstrichs beiderseits der Spree, des sogenannten Spreewaldes. Er ist vom Lärm und Ruß der modernen Industrie verschont geblieben, und selbst größere Eisenbahnstrecken mit ihren polternden Schnellzügen und den Hunderte von Metern langen Güterzügen fahren außen um den Spreewald herum.

Das soll aber beileibe nicht heißen, daß es im Spreewald überhaupt keine Eisenbahn gegeben hat. Im Gegenteil, bis vor wenigen Monaten führte eine Schmalspurbahn mitten hindurch, die mit ihrer einfachen Trassierung und den geschmackvollen Bahnhofsgebäuden keineswegs das Landschaftsbild störte. Sie trug den bezeichnenden Namen „Spreewaldbahn". Ihr soll an dieser Stelle ein Denkmal gesetzt werden

Zur Geschichte der Bahn

Die erste Spreewaldbahn nahm schon vor fast 125 Jahren ihren Betrieb auf. Von 1846 bis 1860 verkehrte zwischen Cottbus und Goyatz eine Pferdebahn. Sie verband Cottbus mit dem norddeutschen Wasserstraßennetz und diente in erster Linie dem Güterverkehr. Frachten konnten mit dieser Bahn nach Goyatz und von dort weiter mit dem Schiff nach Berlin und darüber hinaus zur See befördert werden. Doch der Betrieb mit Pferden war relativ teuer und konnte nach Inbetriebnahme der Dampfeisenbahn Görlitz—Cottbus—Berlin nicht mehr aufrechterhalten werden.

Fast 40 Jahre vergingen, ehe 1897 der erste Streckenteil der „Lübben-Cottbusser-Kreisbahn AG" eröffnet wurde. Es war der Abschnitt Lübben—Straupitz mit einer Betriebslänge von 20,3 km. Den Hauptanteil der Aktien besaßen der Landkreis Lübben und die Stadt Cottbus. Mit dem Bau und der Betriebsführung war die „Eisenbahnbaugesellschaft Becker und Co. GmbH" beauftragt worden.

In wenigen Jahren wurde das Netz auf seine endgültige Länge ausgebaut, in der es bis nach dem zweiten Weltkrieg bestehen blieb. Es umfaßte folgende Abschnitte:

Lübben—Straupitz	20,3 km
Straupitz—Cottbus	31,4 km
Straupitz—Goyatz	13,9 km
Byhlen—Jamlitz	19,1 km
	84,7 km

Bis zum 31. Dezember 1933 blieb die Betriebsführung in Händen der Firma Becker und Co., dann ging sie an das Landesverkehrsamt Brandenburg über. Die technische Überwachung nahm die Reichsbahndirektion Halle wahr. An den Besitzverhältnissen änderte sich nichts. Bis 1945 blieb die Bahn als Aktiengesellschaft bestehen.

Der zweite Weltkrieg wirkte sich zwangsläufig auch auf den Spreewald aus und brachte für die Spreewaldbahn einschneidende Veränderungen mit sich. Zunächst kam es zu einer Belebung des Verkehrs, da man im Spreewald sogenannte Ausweichlager einrichtete. In ihnen wurden Güter

2 Wie viele Straßen und Wege, so waren auch große Abschnitte der Spreewaldbahn mit Birken gesäumt

3 Das Empfangsgebäude des Bahnhofs Straupitz paßte mit seinem Fachwerk und seinem hohen Dach in das Landschaftsbild

4

4 Wesentlich einfacher war das Stationshäuschen von Byhlen gestaltet

5 Im Fahrplan der Goyatzer Strecke waren Züge enthalten, die in den Schulferien nicht verkehrten

6 Seit 1955 gab es in Straupitz und seit 1961 in Burg Einfahrsignale. Die Kreuztafel kündigte an, daß sich der Zug einem Hauptsignal nähert

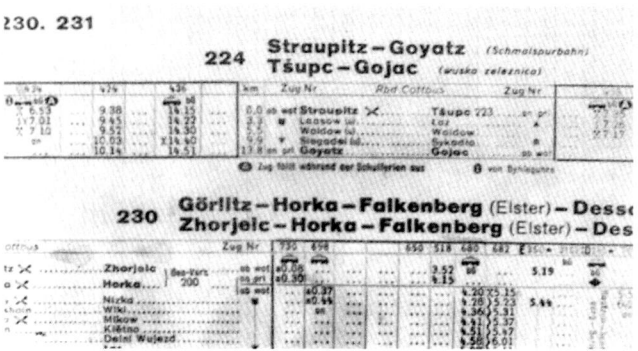

und Lebensmittel eingelagert, die wegen der Bombenangriffe in den Städten nicht mehr sicher waren.

Gegen Kriegsende benutzte man die Bahn zum Transport von Kriegsmaterial, als die deutschen Truppen nochmals versuchten, den Vormarsch der Roten Armee aufzuhalten. Während der Schlacht bei Jamlitz diente die Spreewaldbahn dem Verwundententransport. Doch die Zerstörung der großen Brücken bei Lübben beeinträchtigte den Bahnbetrieb empfindlich, und weitere Kriegseinwirkungen brachten ihn im April 1945 vollkommen zum Erliegen.

Bis Oktober 1945 ruhte der Verkehr. Dann wurde zunächst der wiederhergestellte Abschnitt Lübben—Straupitz in Betrieb genommen.

Die Spreewaldbahn ging nun in die Verwaltung der „Generaldirektion der Landesbahnen" über, in der alle Kleinbahnen der damaligen sowjetischen Besatzungszone zusammengefaßt waren. In kurzer Zeit konnten auch die übrigen Streckenabschnitte wieder betrieben werden.

Seit dem 1. April 1950 gehörte die Spreewaldbahn der Deutschen Reichsbahn an.

In den sechziger Jahren tauchte die Frage auf, ob sich der Aufwand für die umfangreichen Gleisinstandhaltungsarbeiten lohne oder ob die Verkehrsaufgaben nicht vorteilhafter mit Kraftfahrzeugen bewältigt werden können. Auf Grund dieser Überlegungen wurde zunächst der Abschnitt Lieberose—Jamlitz stillgelegt, am 18. Oktober 1964 folgte der Abschnitt Byhlen—Lieberose. Seit dem 23. September 1967 ruht auch zwischen Lübben und Straupitz der Reiseverkehr, und am 5. Juni 1968 wurde auf allen verbliebenen Abschnitten der Güterverkehr eingestellt. Zwischen Cottbus und Straupitz sowie Straupitz und Goyatz gab es vorläufig noch einen Reiseverkehr. Am 31. Dezember 1969 ist nun der gesamte Betrieb auf der Spreewaldbahn stillgelegt worden.

Die Anlagen

Die Bahn war durchweg eingleisig und hatte eine Spurweite von 1000 mm. Wegen der vielen Kanäle und Nebenarme der Spree waren in dem rund 85 km umfassenden Streckennetz 64 Brücken und Durchlässe zu bauen. Größere Spreebrücken mußten bei Lübben und Burg errichtet werden.

Im zentralgelegenen Bahnhof Straupitz liefen alle Strecken zusammen. Hier waren die technischen Dienststellen der Bahn konzentriert. Dazu gehörten ein Bahnbetriebswerk, ein Bahnbetriebswagenwerk, eine Wagenmeisterei und die Bahnmeisterei. Das Bahnbetriebswerk wurde später eine Außenstelle des Bw Cottbus. In ihr überholte man nicht nur Lokomotiven der Spreewaldbahn, sondern auch die anderer 1000-mm-Bahnen aus dem Harz und aus Mecklenburg.

Größere Empfangsgebäude hatten die Bahnhöfe Straupitz und Burg. In ihnen befanden sich u. a. Diensträume für Vorsteher, Fahrdienstleiter und Beschäftigte des Verkehrsdienstes, eine Gaststätte und Dienstwohnungen. Die Gebäude glichen sich mit ihrem Fachwerk und dem hohen Dach dem Baustil des Spreewaldes an. Auch kleinere Gebäude wie das Haltepunkthäuschen in Byhlen fügten sich gut in das Landschaftsbild ein.

1922 machten sich mit Einführung des Rollbockverkehrs an den Endbahnhöfen Lübben, Cottbus und Jamlitz Anlagen für das Aufbocken von Normalspurfahrzeugen nötig.

Nach Übernahme durch die Deutsche Reichsbahn entstand als erstes größeres Vorhaben ein Sozialgebäude für die Straupitzer Dienststellen. Dort standen den rund 200 Beschäftigten der Bahn unter anderem Umkleideräume, Duschen und Wannenbäder zur Verfügung. Eine Betriebsküche konnte täglich rund 200 Mittagessensportionen verabreichen.

1955 wurde auch das Straupitzer Empfangsgebäude um einen 22 m langen Anbau erweitert, in dem sich außer einem modernen Wartesaal neue Wasch- und Umkleideräume befanden.

Später folgten Maßnahmen zur Erhöhung der Betriebssicherheit. So erhielten 1955 der Bahnhof Straupitz und 1961 der Bahnhof Burg ein Schlüsselwerk und Einfahrsignale. An den gefährdetsten Wegübergängen wurden automatische Sicherungsanlagen angebracht, so in Lübben eine Halbschrankenanlage und in Cottbus eine Haltlichtanlage. Insgesamt kreuzten 133 Straßen und Wege die Gleise in schienengleicher Höhe.

Die Betriebsführung

Ursprünglich hatte jeder Bahnhof einen Vorsteher und einen Fahrdienstleiter. Das war unwirtschaftlich und sehr personalaufwendig. Deshalb unterstellte man nach Übernahme durch die Deutsche Reichsbahn alle Betriebs- und Verkehrsdienststellen der Spreewaldbahn dem Bahnhof Straupitz.

7 Im Spreewald wurden die Züge fast ausschließlich von Lokomotiven der Baureihe 99^{57} befördert

Der Straupitzer Vorsteher war somit für alle Bahnhöfe des Netzes zuständig. Lediglich der Spreewaldbahnhof Cottbus kam zum Cottbusser Hauptbahnhof.

Am 1. April 1954 führte man den vereinfachten Nebenbahndienst ein. Dazu wurde das Netz in vier Zugleitstrecken unterteilt:

Straupitz—Lübben (Zugleiter Straupitz),
Straupitz—Goyatz (Zugleiter Straupitz),
Straupitz—Burg (Zugleiter Burg) und
Burg—Cottbus-Spreewaldbahnhof (Zugleiter Cottbus).

Von diesem Zeitpunkt an waren nur noch die Zugleitbahnhöfe betrieblich besetzt. Beim vereinfachten Nebenbahndienst ist der Zugleiter Streckenfahrdienstleiter für die gesamte ihm unterstellte Zugleitstrecke. Auf betrieblich unbesetzten Bahnhöfen stellt das Zugpersonal die Weichen. Über Fernsprecher gibt es alle fahrdienstlichen Meldungen an den Zugleiter ab und nimmt Weisungen über den weiteren Betriebsablauf entgegen.

Die zulässige Höchstgeschwindigkeit betrug auf fast allen Streckenabschnitten 40 km/h. Reisezüge durften im allgemeinen 60 und Güterzüge 80 Achsen stark sein. Eine Ausnahme bildete der Abschnitt Straupitz—Goyatz. Hier waren nur Geschwindigkeiten bis zu 30 km/h und Zugstärken von 40 bzw. 60 Achsen zugelassen.

Besonders dicht wurden die Strecken Anfang der sechziger Jahre belegt. Zur Bewältigung des Reise- und Güterverkehrs waren ständig drei Lokomotiven und ein Triebwagen im Einsatz.

Die verkehrlichen Aufgaben

Im Güterverkehr diente die Spreewaldbahn von Anfang an in erster Linie dem Transport land- und forstwirtschaftlicher Erzeugnisse, die vom Spreewald zu den Übergangsbahnhöfen zur Normalspur zu befördern waren. Auch nach dem zweiten Weltkrieg gehörten zahlreiche Anschlußbahnen, sowohl auf Bahnhöfen und Haltepunkten als auch auf der freien Strecke, der Forstwirtschaft und

8 Bis 1969 war dieser Triebwagen auf den Strecken der Spreewaldbahn zu sehen (VT 133523)

9 Der dieselelektrische Triebwagen VT 137561 auf dem Bahnhof Drei-Annen-Hohne im Harz; er wurde wegen seiner hohen Leistung von 410 PS als Personenzuglokomotive verwendet. Zwischen 1961 und 1963 war er auf der Spreewaldbahn eingesetzt

den bäuerlichen Handelsgenossenschaften. Die bedeutendste Anschlußbahn führte zum Holzverarbeitungswerk in Neuzauche. Andererseits gingen von der Normalspur viele Wagenladungen mit Kohle, Baumaterialien, Düngemitteln und ähnlichen Massengütern auf das Netz der Spreewaldbahn über. Ursprünglich mußten die Wagen in Cottbus, Lübben und Jamlitz umgeladen werden. Nach Einführung des Rollbock- und später des Rollwagenverkehrs konnten Normalspurfahrzeuge bis an die Ladestellen der Spreewaldbahn gefahren werden.

Für den Reiseverkehr hatten die Strecken Cottbus—Straupitz und Straupitz—Lübben große Bedeutung, weil auf ihnen regelmäßig Berufstätige zwischen dem Spreewald und den Industriestädten Cottbus und Lübben zu befördern waren. Auf der Cottbusser Strecke verkehrten 1968/69 täglich acht Reisezugpaare. An Sonntagen wurden ebensoviele Personenzüge eingesetzt, was die Bedeutung des Spreewaldes als Erholungs- und Ausflugsgebietes unterstreicht.

Die Strecken Byhlen—Jamlitz und Straupitz—Goyatz hatten demgegenüber für den Reiseverkehr zunächst nur untergeordnete Bedeutung. Die Züge verkehrten vor 1945 und noch mehrere Jahre danach lediglich an zwei oder drei Tagen in der Woche. Daran änderte sich auf dem Abschnitt Byhlen—Jamlitz bis zu seiner Stillegung nichts. Anders war es auf der Goyatzer Strecke. Sie gewann in den fünfziger Jahren einmal durch die immer stärkere Erschließung des Schwielochsees für den Touristenverkehr und zum anderen durch die Reorganisation des Schulwesens an Wichtigkeit. Zwischen Waldow und Straupitz diente ein Triebwagen fast ausschließlich der Beförderung von Kindern und Jugendlichen, damit sie von den kleineren Spreewalddörfern zu der zentral gelegenen Schule in Straupitz gelangen konnten. Der Fahrplan richtete sich nach dem Stundenplan der Schule. 1964 fuhren die Triebwagen beispielsweise mittwochs und sonnabends zu anderen Zeiten als an den übrigen Werktagen. Während der Schulferien fielen die Triebwagen aus.

Wie für alle zweisprachigen Gebiete wurden auch für den Bereich der Spreewaldbahn die öffentlichen Fahrpläne in deutscher und sorbischer Sprache gedruckt.

10

11

10 Zweiachsiger Wagen, wie er von 1897 bis 1965 auf der Spreewaldbahn verkehrte

11 Modernerer Wagen aus den dreißiger Jahren, der um 1954 vom Harz nach dem Spreewald umgesetzt wurde

12 Ein Zug der Spreewaldbahn mit Güterwagen, Sitzwagen mit Gepäckabteil und Oberlichtfenstern sowie Personenwagen verschiedener Bauart (Aufnahme aus dem Jahr 1965).

12

Die Triebfahrzeuge

Die Spreewaldbahn verfügte über insgesamt 8 Dampflokomotiven und 2 Dieseltriebwagen.

Sieben Dampflokomotiven der Baureihe 99^{57} sind in den Jahren 1894 bis 1903 gebaut worden. Sie verkehrten seit Inbetriebnahme der Spreewaldbahn auf deren Streckennetz. Die Lokomotiven hatten drei gekuppelte Achsen, ihre Dienstmasse lag nur wenig über 20 t. Eine von ihnen soll für das Verkehrsmuseum in Dresden aufgearbeitet werden.

Später kam noch eine Lokomotive der Baureihe 99^{56} dazu, die etwas stärker war als die übrigen Spreewaldlokomotiven. Sie hatte außer den drei gekuppelten Achsen eine vordere Laufachse. Auch die Höchstgeschwindigkeit lag mit 40 km/h über der der Baureihe 99^{57}, der Kesseldruck hingegen betrug nicht 14, sondern nur 12 kp/cm².

Der zweiachsige Triebwagen VT 133523 entstand im Jahr 1934, nachdem 1931 der erste Schienenomnibus auf einer internationalen Ausstellung in Berlin gezeigt worden war. Er gab deutlich den Einfluß dieses Ereignisses wieder. Vor allem die leichte Bauweise und das mechanische Getriebe ließen Parallelen zum Kraftomnibus erkennen. Der Triebwagen verfügte über 36 Sitzplätze und wurde auf der weniger stark belasteten Strecke Straupitz—Goyatz

Tabelle 1: Technische Daten der Dampflokomotiven der Spreewaldbahn

Baureihe	99.5¹	99.5⁶
Baujahr	1894/1903	1897
Lieferfirmen	Hohenzollern AG Düsseldorf	A. Jung Jungenthal
Achsfolge	C	1 C
Höchstgeschwindigkeit (km/h)	35	40
Betriebsmasse — volle Vorräte — (t)	21	21
Leermasse (t)	18	18,5
Länge über Puffer (mm)	6600	7030
Gesamtradstand (mm)	2200	3900
Treibraddurchmesser (mm)	500	900
Zylinderdurchmesser (mm)	300	300
Kolbenhub	400	400
Kesseldruck (kp/cm²)	14	12

Tabelle 2: Technische Daten der Dieseltriebwagen der Spreewaldbahn

Triebwagen	VT 133523	VT 137561
Baujahr	1934	1935
Lieferfirmen	Talbot Aachen	MAN Nürnberg
Kraftübertragung	mechanisch	elektrisch
Anzahl der Achsen	2	4
Leistung (PS)	60	410
Dienstmasse (t)	etwa 10	35,5
Höchstgeschwindigkeit (km/h)	55	60
Länge über Puffer (mm)	10600	15600
Anzahl der Sitzplätze	36	19
Masse je Sitzplatz (kg/Platz)	278	1865
Spezifische Leistung (PS/t)	etwa 6	11,5

eingesetzt. In den verkehrsschwachen Abend- und Nachtstunden verkehrte er auch auf den anderen Abschnitten.

Eine ganz andere Entwicklungstendenz im Triebwagenbau zeigte der schwere vierachsige Triebwagen VT 137561. Er hatte die außergewöhnlich hohe Motorleistung von 410 PS; die Kraftübertragung geschah auf dieselelektrischem Wege.

Der Triebwagen war ursprünglich nicht für die Spreewaldbahn bestimmt gewesen. Nach seiner Erbauung im Jahr 1934 setzte man ihn auf der Harzbahn ein. Hier wurde er als Lokomotive verwendet. Er beförderte planmäßig Reisezüge nach der in 1120 m Höhe gelegenen Brockenstation. Diese Aufgabe war ihm von seinen Konstrukteuren vermutlich von vornherein zugedacht worden, denn der relativ kleine Fahrgastraum verfügte nur über 19 Sitzplätze. Außerdem war ein kleiner Gepäckraum vorhanden. Der restliche Platz wurde für die Unterbringung der Antriebsanlage benötigt.

1961 ging dieser Triebwagen zur Spreewaldbahn über. Auch hier setzte man ihn wegen seiner hohen Leistung als Lokomotive ein. Er beförderte im Spitzenverkehr Reisezüge mit neun vierachsigen Personenwagen und einer Masse von 150 t. Der Triebwagen befuhr etwa ein Jahr lang die Strecken der Spreewaldbahn. Dann kam er zur Überholung in das Reichsbahnausbesserungswerk Wittenberge. Hier wurden bei der Aufnahme Verbiegungen an den Langträgern und starke Rostschäden an der Außenhaut bis in Fensterhöhe festgestellt. Außerdem waren sämtliche Aggregate sehr erneuerungsbedürftig, Ersatzteile konnten freilich nicht mehr beschafft werden. Aus all den Gründen wurde der Triebwagen 1963 ausgemustert.

Die Wagen

Bis zum Jahr 1969 gab es Reisezugwagen bei der Spreewaldbahn, die noch aus dem vorigen Jahrhundert stammten. Während die zweiachsigen Veteranen größtenteils 1967 ausgemustert wurden, hielten die vierachsigen, die sogenannten Nieskyer Wagen, bis zur Stillegung durch. 1924 kamen modernere Wagen aus Werdau dazu.

Über ihren größten Bestand an Reisezugwagen verfügte die Spreewaldbahn wahrscheinlich in den Jahren 1955 bis 1967. Zwischen 1953 und 1955 wurden nämlich acht Wagen der Harzbahn nach einer Generalreparatur nach dem Spreewald überführt. Diese als „Wernigeroder Wagen" bezeichneten Fahrzeuge machten es möglich, daß im Spreewald vorzugsweise vierachsige Wagen neuerer Bauart eingesetzt werden konnten. Der Gesamtbestand an Reisezugwagen (einschließlich Gepäckwagen) belief sich nunmehr auf 36 Fahrzeuge.

Mit Einstellung des Reiseverkehrs zwischen Lübben und Straupitz im September 1967 wurden neun zweiachsige Personenwagen ausgemustert. Zurück blieben lediglich fünf der Zweiachsigen, die mit Sonderabteilen für Traglasten und Gepäck versehen waren.

Alle Wagen der Spreewaldbahn hatten Mittelgang und offene Bühnen an den Wagenenden. Ursprünglich waren sie mit Heberleinbremse, Gasbeleuchtung und einer von außen zu bedienenden Ofenheizung ausgerüstet. In den fünfziger Jahren wurde die Knorr-Einkammerbremse eingebaut. Außerdem erhielten die Wagen elektrische Beleuchtung. Das war besonders deshalb erforderlich, weil die Wagen Ende der vierziger Jahre mit recht unzulänglichen Petroleum- und Karbidlampen beleuchtet werden mußten, als die Gasbeleuchtung außer Betrieb gesetzt worden war. Später baute man auch die Öfen um, so daß sie vom Wageninnern aus beschickt werden konnten.

Für den Güterverkehr existierten 1965 73 Wagen, die größtenteils zweiachsig waren. Zur Beförderung normalspuriger Fahrzeuge wurden anfangs Rollböcke benutzt. 1952/53 erhielt die Spreewaldbahn 38 Rollwagen der Harzbahn, nachdem diese ebenfalls im Reichsbahnausbesserungswerk Karl-Marx-Stadt einer Generalreparatur unterzogen worden waren. 1962 kamen noch 21 Neubau-Rollwagen dazu.

Schlußbetrachtung

In den fast 75 Jahren ihres Bestehens hatte die Spreewaldbahn einen wichtigen Beitrag zur Erschließung des Spreewaldes für den Fremdenverkehr und für seine wirtschaftliche Entwicklung geleistet. Über Jahrzehnte hinweg war sie den Bewohnern links und rechts der Spree in jenem Gebiet ein unentbehrlicher Helfer gewesen.

Weil aber inzwischen das Straßennetz ausgebaut worden ist, kann der Kraftverkehr die Aufgaben der Bahn schneller und — was das Entscheidende ist — billiger bewältigen. Deshalb gebot es die Volkswirtschaft, die unrentable Spreewaldbahn nunmehr ganz stillzulegen. Eine Benachteiligung der Bevölkerung ist dadurch nicht eingetreten, sondern im Gegenteil, der Kraftverkehr bietet den Spreewaldbewohnern erhebliche Vorteile, zum Beispiel deshalb, weil die Kraftomnibusse häufiger verkehren, die Reisezeiten kürzer sind und die Fahrgäste bis in die Zentren der Ortschaften befördert werden.

Dipl.-Ing. FRIEDRICH SPRANGER

Schmalspurbahnen in den Nordbezirken der DDR

Im norddeutschen Tiefland begann der Bau von Schmalspurbahnen verhältnismäßig spät; eine Ursache dafür dürfte in der feudalistischen Rückständigkeit dieser Gegenden zu suchen sein.

Als erste Strecke wurde im Jahr 1886 der 6,6 km lange Abschnitt Bad Doberan – Heiligendamm in Betrieb genommen, nachdem in den deutschen Mittelgebirgen und in deren Vorland, wo der gesellschaftliche Fortschritt erheblich stärker zutage trat, schon Dutzende von Schmalspurbahnen errichtet worden waren.

Dann aber setzte im Norden eine stürmische Entwicklung ein, die maßgeblich durch das preußische Kleinbahngesetz vom 28. Juli 1892 gefördert wurde. Bis zur Jahrhundertwende entstanden allein zwischen Wismar und Anklam fünf verschiedene Schmalspurnetze, die im folgenden als die „Schmalspurbahnen in den Nordbezirken" bezeichnet werden (vgl. Tabelle 1).

Das Netz der Demminer Kleinbahnen war nach dem sächsischen das zweitgrößte zusammenhängende Schmalspurnetz im damaligen Deutschen Reich. Die damalige Entwicklung der Schmalspurnetze verlief jedoch in Norddeutschland völlig anders als in Sachsen.

Während die Sächsische Staatsbahn von Anfang an zwei wichtige Prinzipien durchsetzte, nämlich das Verbot zum Bau privater Kleinbahnen und die konsequente Einhaltung nur einer Spurweite (750 mm), war in Norddeutschland, das heißt in den einstigen Herzogtümern Mecklenburg-Schwerin und Mecklenburg-Strelitz sowie im einstigen Preußen, der Bau von Bahnen – gleich welcher Spurweiten – privatkapitalistischen Unternehmen überlassen. Wie ungünstig sich das später auswirkte, veranschaulicht Tabelle 2.

In die Verstaatlichung der deutschen Ländereisenbahnen im Jahr 1920 hat man die privaten Schmalspurbahnen nicht einbezogen. Diese gingen erst 1950, soweit sie noch in Betrieb waren, in die Verwaltung der Deutschen Reichsbahn über.

Die Stillegung der Schmalspurbahnen geschah nach dem zweiten Weltkrieg in den Nordbezirken weitaus rascher als in anderen Gebieten der Deutschen Demokratischen Republik, was aus der Tabelle 3 deutlich hervorgeht.

Bad Doberan – Ostseebad Kühlungsborn

Die bekannteste und meist benutzte Schmalspurbahn an unserer Ostseeküste ist die Strecke Bad Doberan – Ostseebad Kühlungsborn. Einheimische und Feriengäste nennen sie liebevoll „Molli". In Reisehandbüchern und Landschaftsbeschreibungen werden ihr

Tabelle 1: Schmalspurbahnen in den Nordbezirken

Bezeichnung	Spur (mm)	Länge (km) 1944	Länge (km) 1973	In Betrieb bis
1. Bad Doberan – Ostseebad Kühlungsborn	900	15,4	15,4	unbestimmt
2. Schmalspurbahnen um Barth	1 000	66,5	–	1971
3. Schmalspurbahnen auf Rügen	750	96,0	24,4	unbestimmt
4. Demminer Kleinbahnen Ost und West	750	248,2	–	etwa 1945
5. Netz um Anklam	600	153,9	–	1969

Tabelle 2: Schmalspurweiten in den Nordbezirken

Jahr	Streckenlänge (km)				
	Gesamt	600 mm	750 mm	900 mm	1 000 mm
1944	580,0	153,9	344,2	15,4	66,5
1957	253,4	63,1	108,4	15,4	66,5
1973	39,8	–	24,4	15,4	–

Tabelle 3: Streckenlänge der Schmalspurbahnen im Norden unserer Republik und im ehemaligen Land Sachsen (1944 = 100%)

Jahr	Sachsen (467,8 Strecken-km)	Nordbezirke (580,0 Strecken-km)
1944	100%	100%
1957	91,6%	43,6%
1972 bzw. 1973	51,5%	6,9%

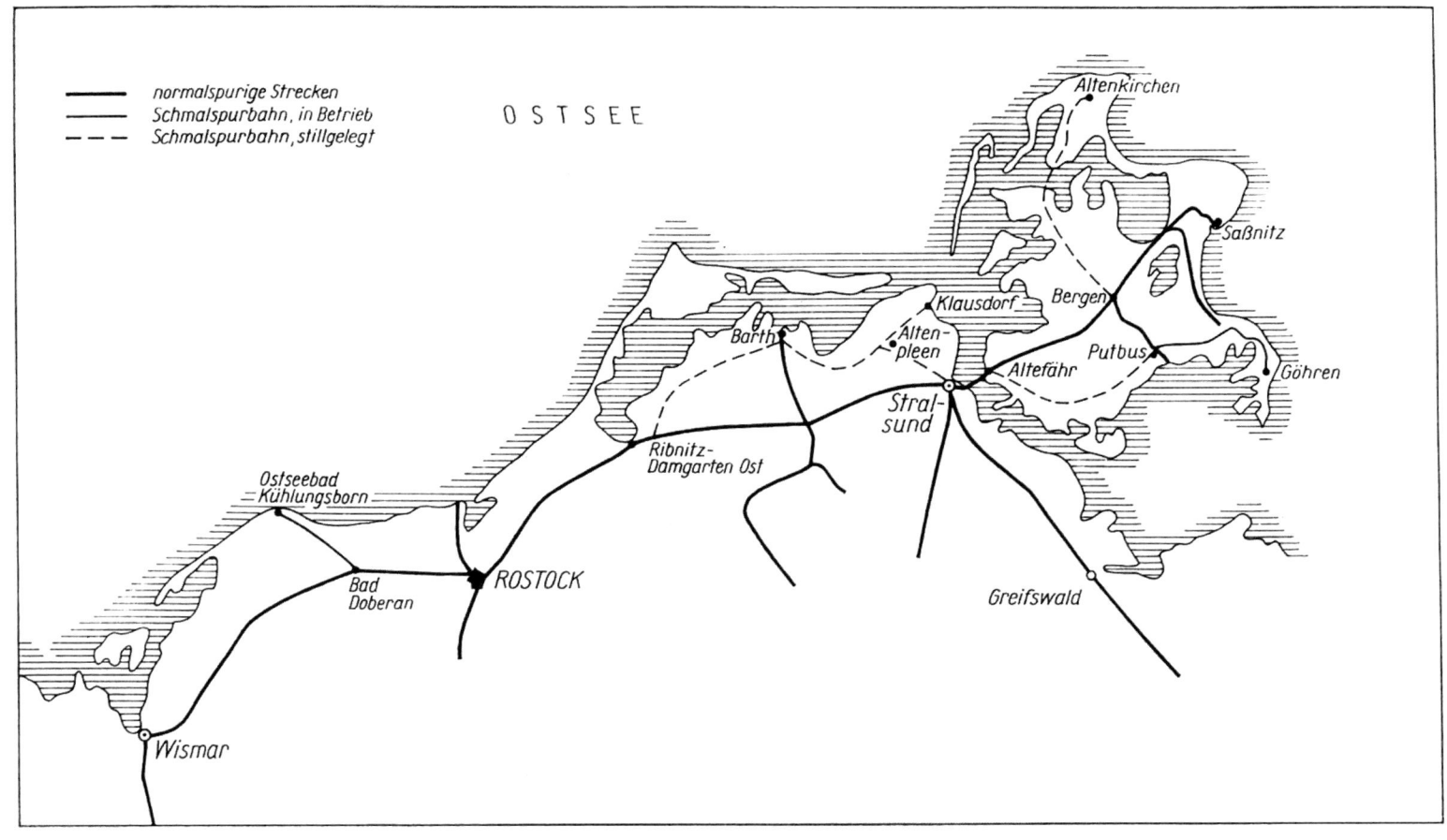

1 Die Schmalspurbahnen an unserer Ostseeküste (unmaßstäblich)

oft ganze Seiten gewidmet. Selbst für Ausländer bildet „Molli" eine besondere Attraktion, und oft kann man beobachten, daß sich Reisegruppen, zum Beispiel aus Schweden, Dänemark oder der BRD, stundenlang bemühen, die Lokomotiven und Wagen aus allen möglichen und auch unmöglichen Blickwinkeln auf den Film zu bannen.
Ihre Popularität verdankt die Bahn, deren Wagen – wie bei Triebwagen üblich – einen weinrot-cremefarbenen Anstrich haben, wohl in erster Linie dem Umstand, daß sie kilometerweit durch die engen Straßen der Kreisstadt Bad Doberan führt. Es beeindruckt immer wieder, einen oft 15 Wagen langen Zug neben Fußgängern, Radfahrern und Kraftfahrzeugen die Straßen Bad Doberans passieren zu sehen. In einem Heimatbuch heißt es, die Schuljugend mache es sich zum Spaß, mit dem Fahrrad den Zug und seine fauchende Lokomotive zu überholen. „Molli" ließe sich jedoch dadurch zunächst überhaupt nicht beeindrucken. Allerdings später, wenn die Strecke außerhalb der Stadt über einen besonderen Bahnkörper führt, mache „Molli" mächtig Dampf auf, und die vorwitzigen Buben müßten mit ansehen, wie sich der Abstand zwischen ihnen und dem Zug mehr und mehr verringert, bis „Molli" endlich an ihnen vorbeidampft.
Wie bereits erwähnt, wurde die 6,6 km lange Teilstrecke Bad Doberan – Heiligendamm 1886 als erste Schmalspurbahn des norddeutschen Tieflandes in Betrieb genommen. 1907 folgte die Verlängerung bis zu den Badeorten Arendsee und Brunshaupten, die im Jahr 1938 zum Ostseebad Kühlungsborn vereint wurden.

Die Bahn weist einige bemerkenswerte Besonderheiten auf. Recht ungünstig wirkt sich aus, daß sie als einzige Schmalspurbahn der Deutschen Reichsbahn über eine Spurweite von 900 mm verfügt. Dadurch wird der Austausch mit Fahrzeugen anderer Schmalspurbahnen unmöglich gemacht und die Unterhaltung erschwert.
Während der Güterverkehr im Juni 1969 eingestellt werden mußte, blieb der Reiseverkehr nach wie vor außerordentlich stark. Es sind ständig zwei Zugeinheiten im Umlauf, die grundsätzlich in Heiligendamm kreuzen. Insgesamt verkehren täglich 12 Reisezugpaare, im Sommerhalbjahr kommt noch ein 13. Paar dazu.
Der Normalzug besteht aus der Lokomotive, zwei Gepäckwagen und acht Personenwagen. In den Sommermonaten reicht diese Zugstärke zu bestimmten Tageszeiten nicht aus. Dann wird jeder Zug durch fünf weitere Personenwagen verstärkt. Trotzdem kommt

2

3

4

5

6

2 In den Straßen von Bad Doberan; auf dem Bild sind nur acht der insgesamt 15 Wagen des Zuges zu sehen (1971)

3 Ein Wagen mit Oberlichtaufbau in Bad Doberan; Farbgebung: weinrot und cremefarben (1971)

4 Lokomotive aus dem Jahr 1932 in Ostseebad Kühlungsborn (1971)

5 Das repräsentative Bahnhofsgebäude von Ostseebad Kühlungsborn West (1971)

6 Auf den Strecken um Barth verkehrten häufig Züge, denen mehr Güter- als Personenwagen beigestellt waren (1968)

Tabelle 4: Lokomotiven der Bahn Bad Doberan – Ostseebad Kühlungsborn

Lok-Nummer	99 2321–0 99 2322–8 99 2323–6	99 2331–9 99 2332–7
Baufirma	Orenstein Koppel A. G.	VEB Lokomotivbau Karl Marx Babelsberg
Baujahr	1932	1950/51
Spurweite (mm)	900	900
Achsfolge	1′D1′	D
Gattung	K 46.8	K 44.8
Länge über Puffer (mm)	10595	8860
Masse (t)	44	30,5
Höchstgeschwindigkeit (km/h)	50	35

Tabelle 5: Triebwagen der einstigen Schmalspurbahnen um Barth

Triebwagennummer	137-532	137-562 137-563
Baufirma	Dessauer Waggonfabrik AG	Brill Company (Frankreich)
Baujahr	1939	1939
Spurweite (mm)	1000	1000
Länge über Puffer (mm)	12960	14000
Achsstand der Drehgestelle (mm)	1400	1900
Drehzapfenabstand (mm)	7500	8750
Leermasse (t)	13,5	14,4
Sitzplätze (+Stehplätze)	48 (+12)	32 (+10)
Gepäckraum (m^2)	–	6
Höchstgeschwindigkeit (km/h)	60	60
Motorleistung (PS)	105	150

es vor, daß ein großer Teil der Reisenden keinen Sitzplatz erhält. Oft werden je Zug 600 Reisende befördert.

Die Strecke besitzt einschließlich der Endstationen sieben Bahnhöfe und Haltepunkte. Der Betrieb wird nicht nach der Vorschrift für vereinfachten Nebenbahndienst, sondern nach den Fahrdienstvorschriften abgewickelt. Die Bahnhöfe Bad Doberan, Heiligendamm und Ostseebad Kühlungsborn West sind mit einem Fahrdienstleiter besetzt und mit Einfahrsignalen ausgerüstet. Im Haltepunkt Heiligendamm, der am 1. Juni 1969 neu eröffnet worden ist, halten die Züge nur während der Badesaison.

Die zulässige Streckengeschwindigkeit beträgt 40 km/h und die Höchstmasse je Zug 250 t. Jedem Zug dürfen 60 Achsen beigestellt werden, was in den Verkehrsspitzen auch regelmäßig ausgenutzt wird.

Insgesamt stehen der Bahn fünf Lokomotiven zur Verfügung (vgl. Tabelle 4). Sie unterscheiden sich äußerlich von den Lokomotiven anderer Schmalspurbahnen dadurch, daß das Führerhaus wegen des beengten Lichtraumes nach oben abgeschrägt wird.

Die zwei Lokomotiven vom VEB Lokomotivbau Karl Marx Babelsberg waren anfangs auf einer Werkbahn der Wismut AG eingesetzt; sie wurden im Jahr 1961 von der Deutschen Reichsbahn übernommen und für die Strecke Bad Doberan – Ostseebad Kühlungsborn umgebaut.

Obwohl das Reiseverkehrsaufkommen auf dieser Strecke sehr hoch ist – allein in Kühlungsborn Ost und Kühlungsborn West wurden im Jahr 1970 rund 243000 Fahrkarten verkauft und etwa 23000 Gepäckstücke abgefertigt –, decken die Einnahmen der Bahn nur 60 Prozent der Ausgaben; vor Einstellung des Güterverkehrs waren es sogar nur 40 Prozent. Die meisten Reisenden benutzen verbilligte Fahrkarten (Ferienrückfahrkarten, Gruppenfahrkarten, Sonntagsrückfahrkarten), und die Dampflokomotiven erfordern relativ hohe Betriebskosten. Zwei handbediente Schranken und die Besetzung von drei Bahnhöfen mit Fahrdienstleitern tragen weiterhin zu dieser negativen Bilanz bei.

Eine Modernisierung der Bahn ist wegen der außergewöhnlichen Spurweite schwierig.

Die Schmalspurbahnen um Barth

Die ehemalige „Franzburger Kreisbahn AG" betrieb ein 66,5 km umfassendes Streckennetz mit einer Spurweite von 1000 mm. Nach vollständigem Ausbau gehörten ihm folgende Teilstrecken an:

Stralsund – Barth	29,2 km
Barth – Ribnitz-Damgarten Ost	27,9 km
Altenpleen – Klausdorf	9,4 km

Der erste Abschnitt wurde im Mai 1895 eröffnet. Ursprünglich diente die Bahn überwiegend dem Güterverkehr, wobei in erster Linie landwirtschaftliche Produkte zu transportieren waren. Besonders die Zuckerfabriken in Barth und Stralsund hatten den Bau dieser Bahn notwendig gemacht. Später gewann die Bahn mehr und mehr an Bedeutung durch den Ausflugs- und Bäderverkehr. Allerdings konnte sie sich niemals eines derartigen großen Zuspruchs erfreuen wie die Strecke Bad Doberan – Ostseebad Kühlungsborn.

In Stralsund führte die Bahn ähnlich dem „Molli" zunächst 2,5 km durch die Straßen der Stadt. Dieser Abschnitt wurde jedoch mit Rücksicht auf den anwachsenden Straßenverkehr bereits am 16. Juni 1961 stillgelegt. Die Züge begannen von da an ihre Fahrt in der am Stadtrand gelegenen Station Stralsund Stadtwald. Am 29. Mai 1965 folgte die Einstellung des Betriebs zwischen Ribnitz-Damgarten Ost und Hermannshof (14,7 km), und am 1. Dezember 1969 wurde auch auf den Abschnitten Stralsund Stadtwald – Barth (26,7 km) und Altenpleen – Klausdorf der Reiseverkehr eingestellt. Der Güterverkehr war schon zwei Jahre früher auf allen Streckenabschnitten vom Kraftverkehrsbetrieb übernommen worden.

Bemerkenswert ist, daß auf den Strecken der ehemaligen Franzburger Kreisbahn neben dampflokbespannten Zügen schon zeitig Dieseltriebwagen verkehrten. Der erste von ihnen wurde 1935 beschafft, ein zweiter folgte 1939. Im Krieg kamen drei Triebwagen aus Frankreich dazu (vgl. Tabelle 5). 1952 baute man den Triebwagen aus dem Jahr 1935 und einen der französischen Triebwagen zu Beiwagen um.

Als zuletzt nur noch der 13,2 km lange Abschnitt Barth – Hermannshof in Betrieb war, bewältigte ein Triebwagen das Reiseverkehrsaufkommen. Er verkehrte vielfach mit Beiwagen und durchfuhr täglich dreimal die Strecke in jeder Richtung. Am 3. Januar 1971 fand die letzte Fahrt zwischen Barth und Hermannshof statt.

Die Schmalspurbahnen auf Rügen

Die erste Teilstrecke der ehemaligen „Rügenschen Kleinbahnen" (RüKB) wurde am 21. Juli 1895 in Betrieb genommen. Seine endgültige Ausdehnung erhielt das Unternehmen am 13. Oktober 1899. Von da an gehörten ihm zwei räumlich voneinander getrennte Strecken, die nur durch Normalspurstrecken miteinander verbunden waren; es handelte sich um die Strecken:

Bergen (Rügen) – Wittower
Fähre – Altenkirchen (Rügen)   36,6 km
Altefähr – Putbus – Göhren (Rügen) 59,4 km

Wie bei dem 1000-mm-Netz um Barth machten zunächst die Bedürfnisse der Landwirtschaft den Bahnbau erforderlich. Aber auch der Berufsverkehr spielte eine wesentliche Rolle, und auf dem heute noch betriebenen Teilstück Putbus – Göhren trat später immer mehr der Urlauber- und Ausflugsverkehr in den Vordergrund.

Die Strecke Bergen – Altenkirchen ist am 27. September 1970 außer Betrieb gesetzt worden, nachdem man bereits am 1. Januar 1970 den Reiseverkehr dort eingestellt hatte. Ihre Besonderheit lag darin, daß bei Kilometer 23 ein etwa 500 m breiter Meeresarm zu überwinden war, wozu ein der Reichsbahndirektion Greifswald unterstellter Fährbetrieb diente. Die Fährschiffe „Wittow" und „Bergen", die noch heute als Personen- und Kraftwagenfähre verkehren, weisen eine Tragfähigkeit von 80 t auf und sind für die Beförderung von 200 Personen zugelassen. Bis zur Einstellung des Eisenbahnbetriebs konnte man bei jeder Überfahrt, die etwa 5 Minuten dauert, außer Personen und Kraftwagen auch drei Schmalspurwagen übersetzen. Jedes Fährschiff, das 24 m lang und 5,65 m breit ist, wird von einem 90-PS-Dieselmotor angetrieben.

Auf der Strecke Altefähr – Putbus – Göhren gibt es seit dem 12. September 1967 keinen Güterverkehr mehr. Die Teilstrecke Altefähr – Putbus, die nur einen geringen Reiseverkehr aufzuweisen hatte, wurde zum gleichen Zeitpunkt vollkommen stillgelegt. Anders ist es mit dem Teilstück Putbus – Göhren, das in seinem Reiseverkehrsaufkommen mit der Strecke Bad Doberan – Ostseebad Kühlungsborn zu vergleichen ist. Auch hier sind, allerdings nur im Sommerhalbjahr, zwei Züge im Umlauf. Insgesamt verkehren in der Sommersaison täglich 10 Reisezugpaare, denen bis zu 10 Personenwagen und 4 Gepäckwagen beigestellt werden. Jeder Zug befördert im Sommer durchschnittlich 300 Reisende, in den Spitzenzeiten sogar mehr als 600 Personen.

Erwähnenswert ist, daß den Reisezügen zu bestimmten Tageszeiten Gepäckkurswagen nach Göhren, Sellin und Baabe beigestellt werden. Je ein Wagen wird auf der Fahrt nach Göhren in Sellin und in Baabe abgesetzt, wo sie entladen und beladen werden, bis der Zug von Göhren zurückkommt.

Im Gegensatz zur Bad Doberaner Strecke wird der Betrieb nach der Vorschrift für vereinfachten Nebenbahndienst abgewickelt. Dadurch können Züge ohne großen betrieblichen Aufwand auf den Unterwegsbahnhöfen Sellin, Binz Ost, Seelvitz und Posewald kreuzen.

Bis zur ersten Streckenstillegung verfügten die Rügener Schmalspurbahnen zuletzt über 15 Lokomotiven; einige von ihnen hatten, was bei Schmalspurlokomotiven selten ist, Schlepptender. Heute unterstehen den Lok-

Tabelle 6: Lokomotiven der Schmalspurbahnen auf Rügen

Lok-Nummer	99 4631-0 99 4632-8 99 4633-6	99 4801-9 99 4802-7
Baufirma	Vulcan AG	Henschel AG
Baujahr	1913/25	1938
Spurweite (mm)	750	750
Achsfolge	D	1'D
Gattung	K 44.6	H 45.8
Länge über Puffer (mm)	8000	9440
Lokmasse (t)	24	29,7
Höchstgeschwindigkeit (km/h)	30	45

7 Lokomotive der 600-mm-Spur am Lokschuppen in Friedland (vor 1970)

8 Fährschiff „Bergen" der Wittower Fähre, besetzt mit drei Schmalspur-Güterwagen (vor 1969)

9 Personenzug im Bahnhof Göhren (1970)

10 Reisezug am Haltepunkt Jagdschloß auf Rügen (1971)

einsatzstellen Putbus und Göhren noch 5 Lokomotiven (vgl. Tabelle 6).
Der Abschnitt Putbus – Göhren läßt eine Geschwindigkeit von 30 km/h zu. Die Höchstmasse eines Zuges beträgt 150 t, die maximale Achszahl 50.

Die Demminer Kleinbahnen Ost und West

Das Netz der Demminer Kleinbahnen Ost und West wurde von der Deutschen Reichsbahn nicht übernommen und mußte dann abgebrochen werden.
Später errichtete man den 12,4 km langen Abschnitt Jarmen Nord – Schmarsow neu, erstaunlicherweise aber in 600-mm-Spur, während die Demminer Kleinbahnen der 750-mm-Spur angehört hatten. Nach dem Kursbuch von 1954 verkehrten täglich zwei Reisezugpaare auf dieser Strecke, die nirgendwo mit einer anderen Eisenbahnlinie in Berührung kam. Darum wurde im Jahr 1958 der volkswirtschaftlich unrentable Betrieb wieder eingestellt.
Zu dem Demminer Netz gehörte auch eine Strecke von Greifswald über Lubmin nach Wolgast. Nach ihrem Abbruch konnte man Lubmin jahrelang nur mit Kraftomnibussen erreichen. Durch den Bau des Kernkraftwerks Nord entstand vor wenigen Jahren die normalspurige Hauptbahn Greifswald – Lubmin, die auch nach Fertigstellung dieses

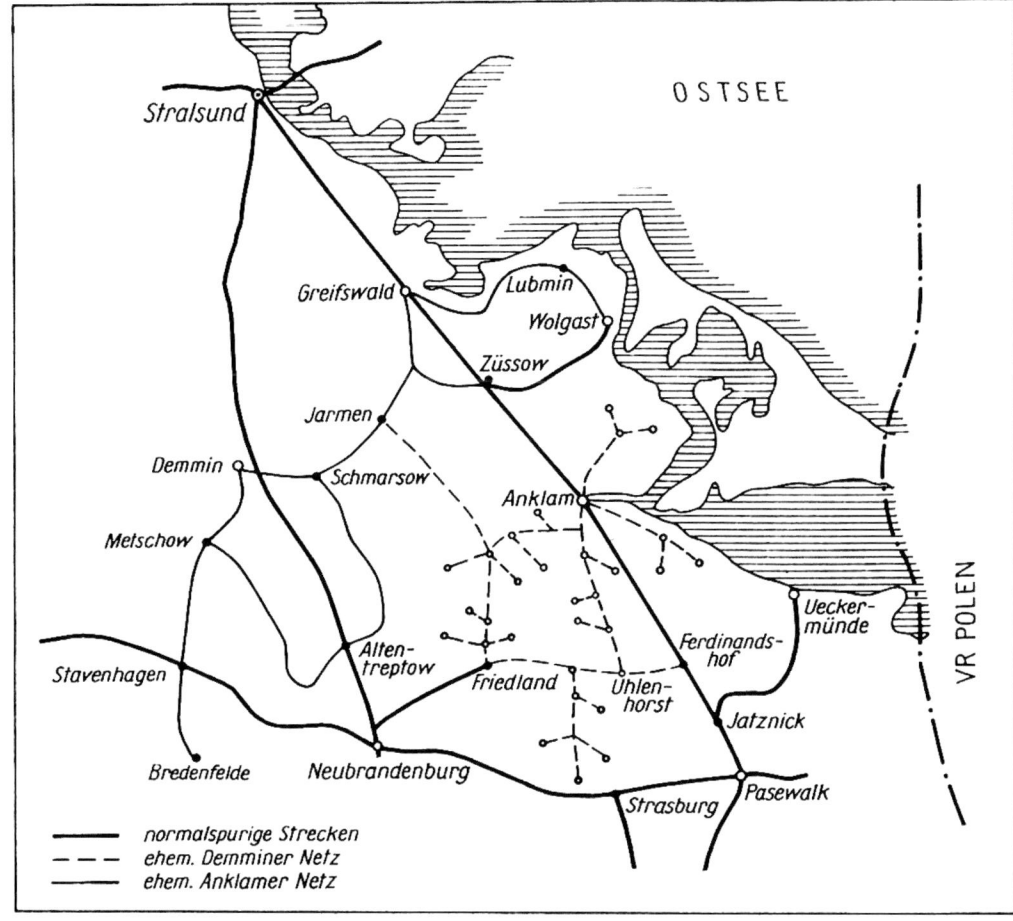

11 Die einstigen Schmalspurbahnen um Demmin und Anklam (unmaßstäblich)

standen, das einerseits die „Feldbahn-Spurweite" von nur 600 mm besaß, aber andererseits die beachtliche Ausdehnung von 217 Strecken-km erreichte. 1944 gab es jedoch lediglich auf 154 km einen Reiseverkehr.
Die Deutsche Reichsbahn übernahm nur die Strecken

    Anklam – Friedland   36,1 km

und

    Friedland – Ferdinandshof   27,0 km.

Sie nutzte sie noch viele Jahre sowohl für den Reise- als auch für den Güterverkehr. Die weiteren Stillegungen wurden in folgenden Etappen vorgenommen:
- 1960 Abschnitt Uhlenhorst – Ferdinandshof (14,2 km)
- 1966 Abschnitt Friedland – Uhlenhorst (12,8 km)
- 1969 Abschnitt Anklam – Friedland (36,1 km).

Bemerkenswert ist, daß die Anklamer Bahnen nicht nur an drei Stellen (Anklam, Friedland, Ferdinandshof) mit dem Normalspurnetz, sondern auch an einer Stelle (Jarmen) mit einem Schmalspurnetz in Berührung kamen. In Jarmen ergab sich also das Kuriosum, daß Reisende und Güter von der 600-mm-Spur auf die 750-mm-Spur überwechseln konnten.

Schlußbemerkung

Die Schmalspurbahnen der Nordbezirke unserer Republik hatten – wie viele Kleinbahnen – einstmals zur wirtschaftlichen Erschließung der von ihnen berührten Gebiete wesentlich beigetragen. Bei einigen Strecken kam die dominierende Rolle für den Bäderverkehr hinzu.
Mit der Entwicklung des Kraftverkehrs und dem Ausbau der Landstraßen ergaben sich jedoch volkswirtschaftlich rentablere Möglichkeiten zur Bewältigung des Verkehrsaufkommens. Nachdem bereits der gesamte Güterverkehr auf den Kraftverkehr übergegangen ist, könnte es nur noch wenige Jahre dauern, bis auf den letzten beiden Abschnitten, den Strecken Bad Doberan – Ostseebad Kühlungsborn und Putbus – Göhren, die Aufgaben der gemächlich an der Küste entlangfahrenden Schmalspurbahnen durch schnellere und wendigere Kraftomnibusse übernommen werden.

Tabelle 7: Vergleich zwischen verschiedenen Verkehrsmitteln in der Relation Greifswald–Lubmin

Zeitraum	Sommer 1944	Winter 1961	Sommer 1971
Verkehrsmittel	Schmalspurbahn	Kraftomnibus	Normalspurbahn
Streckenlänge (km)	30,7	22	23,2
Anzahl der Zwischenstationen	15	10	1
Anzahl der Fahrten je Tag und Richtung	2	10	9
Reisezeit (min)	106	41	24
Reisegeschwindigkeit (km/h)	17	32	58

Kraftwerks bestehen bleiben wird, um sowohl den Berufsverkehr als auch den Bäderverkehr zu bedienen.
Aufschlußreich ist ein Vergleich zwischen der einstigen Schmalspurbahn, der Kraftomnibuslinie und der für den öffentlichen Reiseverkehr freigegebenen Hauptbahn in der Verkehrsverbindung Greifswald – Lubmin (Tabelle 7), wodurch der Vorteil der Hauptbahn deutlich wird.
Dieses Beispiel zeigt, daß sich das Problem einer unrentablen Schmalspurbahn bei entsprechenden Voraussetzungen auch mit einer anderen Schienenverbindung lösen läßt.

Das Schmalspurnetz um Anklam

Um Anklam war um die Jahrhundertwende das Netz der „Mecklenburgisch-Pommerschen Schmalspurbahn AG" (MPSB) ent-

Dipl.-Ing. Hans-Christoph Thiel

100 Jahre Eisenbahnbetrieb im Tal der Roten Weißeritz

Für viele Eisenbahnfernstrecken in Europa ist das 100jährige Jubiläum längst schon vorbei. Anders verhält es sich hingegen bei den vielen kleinen Stichbahnen, die oft nur lokalen Charakter trugen und die wegen Zunahme des Individualverkehrs sowie des über kurze Entfernungen rationelleren Güterkraftverkehrs ihren Betrieb bereits einstellen mußten. Das betraf vor allem Schmalspurbahnen, weil sie technisch begründete Nachteile gegenüber den Regelspurbahnen hatten.
Wenn dennoch eine Schmalspurbahn ihr „100." feiern kann und zudem auch noch eine Zukunft vor sich hat, dann müssen schon gewichtige Gründe dafür vorliegen:
Die dienstälteste öffentliche Schmalspurbahn der DDR, die Schmalspurbahn Freital-Hainsberg — Kurort Kipsdorf, beging am 3. September 1983 ihr 100. Betriebsjubiläum. Im Süden der Bezirksstadt Dresden gelegen, erschließt sie das Tal der Roten Weißeritz mit dem sehenswerten Naturschutzgebiet „Rabenauer Grund" und dem Naherholungsgebiet an der Talsperre Malter.
Die erste Hundertjahrfeier einer Schmalspurbahn der Deutschen Reichsbahn soll Anlaß sein, einiges aus der Geschichte dieser Schmalspurbahn zu berichten.

Die Postkutsche wird abgelöst

Wie bei so vielen industriellen Zentren des Erzgebirges war auch im Gebiet um Dippoldiswalde/Altenberg der Bergbau bestimmendes Element bei der wirtschaftlichen Erschließung des Tales der Roten Weißeritz. Außerdem regte die reichlich vorhandene Wasserkraft der Erzgebirgsflüsse dazu an, daß auch im Tal der Roten Weißeritz viele Mahl- oder Sägemühlen betrieben wurden. Oberhalb der Berggemeinde Schmiedeberg entstand ein kleines Hüttenwerk für Zinnerz des Altenberger Reviers — der historische Vorläufer der heutigen Tempergießerei. Trotz dieser an Beispielen gezeigten regen wirtschaftlichen Tätigkeit kam es relativ spät zu stabilen Verkehrsverbindungen nach Dresden. Erst im Jahr 1818 wurde ein regelmäßiger Postkutschenbetrieb zwischen Dippoldiswalde und Dresden eingerichtet, der 6 Jahre später über Schmiedeberg hinaus bis Altenberg verlängert werden mußte.

1

1 Blick auf Coßmannsdorf mit der Spinnerei und einem nach Hainsberg fahrenden Zug (um 1890)

2 Streckenskizze der Schmalspurbahn Freital-Hainsberg—Kurort Kipsdorf (unmaßstäblich)

3 Abschnitt im Rabenauer Grund mit dem Tunnel am Einsiedlerfelsen (Aufnahme um 1900 aus Richtung Kipsdorf)

4 Streckenprofil der Schmalspurbahn Freital-Hainsberg—Kurort Kipsdorf (unmaßstäblich)

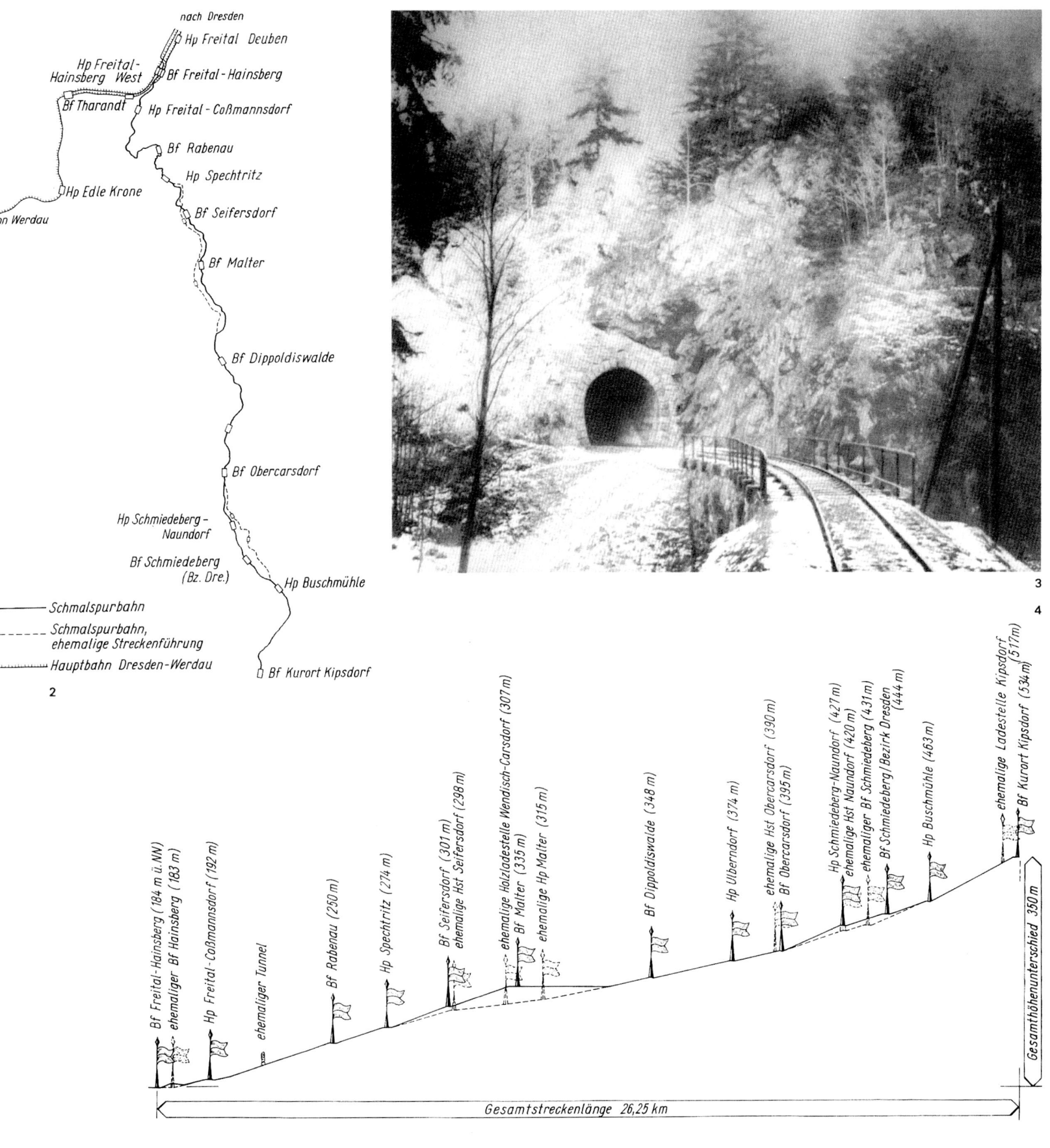

5

Als aber mit der Eröffnung der Albertbahn Dresden–Tharandt im Jahr 1855 die Gemeinden des Plauenschen Grundes und mit der Verlängerung der Bahn im Jahr 1862 auch die Bergstadt Freiberg einen Anschluß an das Fernbahnnetz erhalten hatten, machte sich in den Folgejahren das Fehlen einer Eisenbahn für die industrielle Entwicklung des Raumes Dippoldiswalde/Schmiedeberg nachteilig bemerkbar.

Zur Verbesserung der Verkehrserschließung dieses Raumes konstituierte sich am 7. August 1865 im Rittergut (Schmiedeberg-)Naundorf das „Comité für Erbauung einer Nebenbahn Dresden–Dippoldiswalde–Schmiedeberg". Es richtete am gleichen Tag eine Petition an das „Königliche Hohe Ministerium des Innern in Dresden" mit dem Wunsch, eine Eisenbahn nach Schmiedeberg zu bauen. Für Vorarbeiten hatte es bereits mit Gründung finanzielle Mittel in Höhe von 1 200 Talern aufgebracht. Da aber weder die Komiteemitglieder noch andere Interessenten weitere Gelder zur Verfügung stellen konnten, wurde die Forderung laut, die Bahn auf Staatskosten zu bauen. Trotzdem sah sich die sächsische Regierung keineswegs ermuntert, den Bahnbauwunsch zu erfüllen.

Auch schlug ein Vorhaben der Berlin-Dresdener Eisenbahngesellschaft aus dem Jahr 1872 fehl, mit einer Eisenbahn Dresden–Kreischa–Dippoldiswalde–Schmiedeberg–Landesgrenze eine eigenständige Schienenverbindung nach Böhmen zu schaffen.

Erst die Entscheidung der sächsischen Regierung, auch Schmalspurbahnen für den öffentlichen Betrieb einzurichten, brachte eine Wende. Der Landtag übergab im April 1876 der Königlichen Staatsregierung „zur Erwägung" das Gesuch um den Bau einer Eisenbahn Dresden–Schmiedeberg. Im Herbst 1878 begannen endlich Vermessungsarbeiten durch Ingenieure der Königlich Sächsischen Staatseisenbahnen.

Die Regierung ließ zwei Projekte für eine Eisenbahn nach Schmiedeberg ausarbeiten; das eine Projekt von Dresden aus durch das Lockwitztal nach Dippoldiswalde und Schmiedeberg, das andere von (Freital-)Hainsberg aus flußaufwärts die Rote Weißeritz entlang. Als schließlich die Vermessungskommission verbindliche Angaben über die Aufwendungen für beide Trassen vorlegte, entschied sich die sächsische Regierung für die Streckenführung längs der Roten Weißeritz und beantragte mit dem Königlichen Dekret Nr. 24 vom 2. Dezember 1879 den Bau der Bahn. Das Ständehaus befürwortete am 16. Januar 1880 das Königliche Dekret und hielt die Trassenführung durch das Tal der Roten Weißeritz ebenfalls für richtig. Daraufhin genehmigte die I. Kammer am 1. März 1880 den Bau der „schmalspurigen

6

5 Blechträgerbrücke über die Rote Weißeritz unterhalb des Bf Rabenau. Rechts vor der Felswand das ehemalige Einfahrsignal des Bf Rabenau in „Fahrt-frei"-Stellung

6 Haltestelle Spechtritz (Aufnahme um 1900 aus Richtung Kipsdorf)

7 Bau der Talsperre Malter (um 1910); gut erkennbar eine der beiden zwischenzeitlichen Umgehungstrassen der Schmalspurbahn

8 Leerpersonenzug im alten Bf Schmiedeberg (Ende November 1924); die Ortsgüteranlagen sind z. T. schon abgerissen

Secundärbahn Hainsberg—Schmiedeberg".
Noch am gleichen Tage wurde diese endgültige Entscheidung von der Bevölkerung freudig begrüßt; die Städte Rabenau und Dippoldiswalde zeigten sich in feierlicher Beflaggung, und über Dippoldiswalde erschallten 36 Böllerschüsse!
Der Bahnbau wurde entsprechend den Vermessungsarbeiten in 2 Sektionen zu je 4 Baulosen unterteilt.
Viele Menschen hatten sich versammelt, als am Nachmittag des 16. Juli 1881 der erste Spatenstich nahe der Rabenauer Mühle stattfand.
Im Oktober 1881 arbeiteten 966 Männer am Bahnbau. Sonst waren im Jahr 1881 im Monat durchschnittlich 656 Arbeiter beschäftigt, im darauffolgenden Jahr nur noch 283 Arbeiter im Monat.

Von der exakt 21 661,9 m langen Strecke bis Schmiedeberg waren bis Ende 1881 bereits 71 % der veranschlagten Erdmassen gewonnen, bewegt und eingebaut sowie 38 % des späteren Bahnplanums hergestellt worden.
Nach der bahnpolizeilichen Inspektionsfahrt wurde die Schmalspurbahn Hainsberg—Schmiedeberg am 30. Oktober 1882 feierlich eingeweiht. Der Festzug bestand aus den 8 zweiachsigen Personenwagen, über die diese Bahn anfangs verfügte. Der reguläre öffentliche Zugbetrieb begann am 1. November 1882.
Im Januar 1882 beantragten die Forstreviere Bärenfels und Schmiedeberg gemeinsam mit den Stadtgemeinden Altenberg und Geising die Verlängerung der Bahn bis Kipsdorf. Diesem Antrag stimmte die Regierung zu, zumal sie selbst erwog, die Bahn in den Folgejahren bis Altenberg zu verlängern.
Im Jahr 1883 wurden die Bauarbeiten im Abschnitt Schmiedeberg—Kipsdorf derart gefördert, daß bereits am 3. September 1883 die Gesamtstrecke Hainsberg—Kipsdorf eröffnet werden konnte. Die Fertigstellung aller Hochbauten der Schmalspurbahn zog sich trotzdem bis Ende 1884 hin.
An dieser Stelle sei eine Besonderheit

9

genannt: Von 1882 bis 1884 diente das ohnehin sehr kleine Stationsgebäude von Schmiedeberg sowohl dem Reiseverkehr als auch der Unterbringung einer Lokomotive der Gattung I K. Nach dem Umbau der Bahnanlagen in Schmiedeberg in den Jahren 1918 bis 1924 wurde dieses Gebäude nicht abgerissen, sondern um etwa 300 m in Richtung Freital-Hainsberg „verfahren" und anschließend um 90° gedreht. Heute ist in dem ehemaligen Stationsgebäude eine Tischlerei untergebracht, es ist das älteste und weitestgehend im Originalzustand erhalten gebliebene Gebäude dieser Schmalspurbahn.

Eine Fahrt längs der Roten Weißeritz

Die Schmalspurbahn beginnt im Bf Freital-Hainsberg der elektrifizierten Hauptbahn Dresden–Werdau. Der Bf Freital-Hainsberg (bis 1964: Hainsberg/Sa.) liegt im S-Bahn-bereich von Dresden. Er ist mit seinen umfangreichen Gleisanlagen, der Rollgrube und den Lokbehandlungsanlagen der größte und mit 184 m über NN der am tiefsten gelegene Bahnhof der Schmalspurbahn. Er wurde in seiner heutigen Größe und Lage in den Jahren 1902 bis 1908 errichtet und löste den ehemaligen Bf Hainsberg der Albertbahn Dresden–Tharandt ab. Das heutige Empfangsgebäude des Bf Freital-Hainsberg ging mit den wesentlichsten neuen Schmalspuranlagen am 18. April 1905 in Betrieb.
Bedeutendster Hochbau der Schmalspurbahn im Bf Freital-Hainsberg ist der dreigleisige Lokschuppen, der 8 Lokomotiven Platz bietet. Die Rollgrube — eine Anlage zum Aufbocken der Regelspur-Güterwagen auf die Schmalspur-Rollwagen — wurde bereits beim Neubau des Bahnhofs errichtet und diente anfangs verschiedenen Versuchsfahrten, vermutlich bis zur Spinnerei in Coßmannsdorf. Der reguläre Rollwagenverkehr begann am 12. November 1906 im Streckenabschnitt bis Rabenau.
Das schmalspurige Verbindungsgleis zwischen dem Bf Freital-Hainsberg und dem Bf Freital-Potschappel war bereits im Projekt von 1902 für die Umbauten des Abschnitts Potschappel–Tharandt enthalten, wurde aber erst im Sommer 1913 durch Einlegen einer dritten Schiene in das Industrieanschlußgleis verwirklicht. Noch heute fahren auf diesem Gleis wöchentlich einmal die Wagen zur Ausbesserungsstelle Freital-Potschappel, in der auch nach Einstellung des Verkehrs nach Wilsdruff Schmalspurfahrzeuge instandgehalten werden.
Kauft ein Reisender im Bf Freital-Hainsberg seinen Fahrtausweis, so gelangt er durch einen Tunnel zum Bahnsteig der Schmalspurbahn, wo der Personenzug nach Kurort Kipsdorf rechtzeitig bereitgestellt ist. Übergangsreisende von der Hauptbahn erreichen den Schmalspurzug durch den gleichen Tunnel bzw. über einen separaten Abgang am nördlichen Ende des Hochbahnsteigs.
Das Deckungssignal für die Kreuzung mit dem Anschlußgleis zur Papierfabrik Freital-Hainsberg und einem Straßenübergang zeigt bereits grünes Licht, der „Fahrdienstleiter Schmalspur" erteilt das Abfahrtssignal. Die Fahrt ins Osterzgebirge kann beginnen!
Schon kurz nach der Durchfahrt unter der

9 Schmiedeberg (Anfang der 20er Jahre). Ein aus Bf Schmiedeberg ausfahrender Zug benutzt die heutige Fernverkehrsstraße 170; der 3. Wagen hinter der Lok ist der vierachsige Bahnpostwagen

10 Umbau der Gleisanlagen des Bf Kurort Kipsdorf im Jahre 1934. Rechts ein Teil der Reisezugabstellgleise und die Bahnsteige 3 und 4 im Bau; im Mittelgrund das alte Bahnhofsgebäude

Brücke für die Hauptbahn Dresden—Werdau hat der Zug die erste Steigung zu erklimmen. Er wendet sich von der Hauptbahn ab, überquert die Wilde und die Rote Weißeritz und kommt bei km 1,62 zum Haltepunkt Freital-Coßmannsdorf (bis 1964: Hainsberg/Sa. Süd). Um 1900 erhielt dieser Haltepunkt ein zweites Gleis und wurde zum Bahnhof erhoben, auf dem planmäßig Züge kreuzten. Nach 1950 ist dieses Gleis entfernt worden. Vom Haltepunkt Freital-Coßmannsdorf aus bestand bis 1971 ein Anschlußgleis zur nahen Spinnerei.

Nach Ausfahrt des Zuges aus dem Haltepunkt beginnt der landschaftlich schönste Teil der Schmalspurbahn: der „Rabenauer Grund". Betrachtet man sich den Flußlauf der Roten Weißeritz im Rabenauer Grund, so kann man sehr gut erkennen, daß gerade hier der Bau einer Schmalspurbahn gegenüber einer der Regelspur gerechtfertigt war. Trotz Gleisbogenhalbmesser von nur 50 m mußten bis zum Bahnhof Rabenau 12 Brücken gebaut werden; die ersten 4 sind Massivbrücken, die folgenden Stahlträgerbrücken.

Zwischen den beiden Brücken am Einsiedlerfelsen befand sich ein 18 m langer Tunnel. Er mußte im Jahr 1906 bei der Einführung des Rollwagenverkehrs aufgeschlitzt werden.

Auf einer ständigen Steigung von 1:60 erreicht der Zug bei km 5,29 den Bf Rabenau. Bis zur Reduzierung seiner Ortsgüteranlagen in den Jahren 1971/72 war der Bf Rabenau der größte Durchgangsbahnhof des unteren Streckenabschnittes. Zu den umfangreichen Gleisanlagen zählten auch 4 Ladestraßengleise mit insgesamt 250 m Nutzlänge hinter dem Güterschuppen. Eine geplante Anschlußbahn zum Zentrallager des VEB Möbelkombinat Oelsa/Rabenau wurde infolge der im Jahr 1960 einsetzenden Einschränkung des Güterverkehrs auf der Schmalspurbahn nicht mehr verwirklicht.

Als nächste Verkehrsstelle nach Rabenau folgt bei km 6,87 der Hp Spechtritz mit dem Anschlußgleis zur Korkmühle. Hinter diesem Anschlußgleis steigt der Zug am linken Hang des Weißeritztals empor und wechselt vor dem Bf Seifersdorf (km 8,77) die Talseite.

Der am Anschlußgleis der Korkmühle beginnende Wanderweg war einstmals der Bahnkörper der Schmalspurbahn, denn der Bau der Talsperre Malter erforderte in den Jahren 1910 bis 1912 die Umtrassierung der Bahn auf einer Länge von 7 km.

Der Bau der Talsperre war vielleicht das

11

12

11 Die neuen Bahnhofsanlagen von Schmiedeberg. Im Vordergrund die freigehaltenen Flächen für eine Zweigbahn nach Rehefeld (heute: Moldava/ČSSR)

12 Eröffnungszug auf der neuen Trasse Obercarsdorf–Buschmühle im neuen Bf Schmiedeberg am 1. Dezember 1924

13 Typisches Bild der Schmalspurbahn um 1900 im Rabenauer Grund

13

einschneidendste Ereignis in der Geschichte der Schmalspurbahn Freital-Hainsberg–Kurort Kipsdorf, mußte sie doch alle Baustoffe für jenes Bauvorhaben transportieren. Die Verlegung der Schmalspurbahn auf die neue Trasse nahm mehr Zeit als geplant in Anspruch, so daß nur unter Aufbietung größter Kraftanstrengungen der Eröffnungstermin am 24. April 1912 gehalten werden konnte. Die Königlich Sächsischen Staatseisenbahnen ließen die Bahnhöfe Seifersdorf und Malter wesentlich erweitert neu errichten. Beide sind als Kreuzungsbahnhöfe angelegt worden. Der neue Bf Malter (km 10,8) ist heute Zielbahnhof vieler Naherholungssuchender aus Dresden und aus den Kreisen Freital und Dippoldiswalde.
Die Talsperre Malter stellt für den Streckenabschnitt Freital-Hainsberg–Malter heute einen sicheren Hochwasserschutz dar, denn vorher mußte die Schmalspurbahn oftmals gefährliche Hochwasser der Roten Weißeritz hinnehmen. So fügte z. B. am 29. Juli 1897 das nach einem mehrtägigen Landregen und einem Wolkenbruch entstandene Hochwasser der Roten Weißeritz der Schmalspurbahn großen Schaden zu, weshalb am 31. Juli 1897 der Betrieb völlig eingestellt werden mußte. Nach Beseitigung der Schäden konnte der Betrieb im Abschnitt Hainsberg–Rabenau am 25. August 1897 und auf der Gesamtstrecke am 10. September 1897 wiederaufgenommen werden. Insgesamt mußten 4,13 km Bahndamm und 7,04 km Gleis neugebaut bzw. umfassend instandgesetzt werden (vgl. auch Eisenbahn-Jahrbuch 1980, S. 124ff.).
Doch zurück zur Streckenbeschreibung! Die Talsperre Malter entlang verläuft die Schmalspurbahn bis zur Stadtgrenze von Dippoldiswalde horizontal. Nun wird sie an der ehemaligen Maschinenfabrik auf ihre ursprüngliche Trasse zurückgeführt. Vorbei an der Ratsmühle mit den Anschlußgleisen zum Lager der Großhandelsgesellschaft und zum VEB Getreidewirtschaft geht die Fahrt zum Bf Dippoldiswalde (km 15,0).
Der Bf Dippoldiswalde war einst der Sitz der gleichnamigen Bahnverwalterei, die den gesamten Schmalspurbetrieb in den ersten Jahrzehnten geleitet hatte. Heute ist der Bahnhof Dippoldiswalde der größte Zwischenbahnhof dieser Schmalspurbahn und verfügt vor allem über umfangreiche Ortsgüteranlagen. Alle in Richtung Kurort Kipsdorf fahrenden Züge haben im Bf Dippoldiswalde mehrere Minuten Aufenthalt, damit die Dampflokomotiven Wasser nehmen können.
Beim Verlassen des Stadtgebietes von Dippoldiswalde nähert sich unser Zug der Fernverkehrsstraße F 170 und begleitet sie bis auf geringe Ausnahmen parallel bis Obercarsdorf.
Bei km 17,46 gibt es einen Halt im Hp Ulberndorf, der bis 1978 mit einem Ladegleis für den Güterverkehr ausgestattet war.
Am Ortseingang von Obercarsdorf kreuzt der Zug die Fernverkehrsstraße und wechselt die Talseite, passiert auf engstem Raum den ehemaligen Dorfplatz und fährt bei km 19,02 in den Bf Obercarsdorf ein. Die erste Station dieser Ortschaft befand sich bis 1900 auf dem Dorfplatz, der heutige Bahnhof Obercarsdorf besaß bis zur Einführung des vereinfachten Nebenbahndienstes Einfahrformsignale und war ebenso wie die Bahnhöfe Rabenau, Seifersdorf, Malter und Schmiedeberg mit einem Fahrdienstleiter besetzt.
Nun wendet sich der Zug von der Fernverkehrsstraße wieder ab und erreicht nach weiteren 1,91 km Fahrt den Hp Schmiedeberg-Naundorf.
Vorbei am Anschlußgleis zum VEB Metallaufbereitung überquert dann unser Zug einen 200 m langen Viadukt, der das einmündende Pöbeltal überspannt.
Jetzt kommt der Bf Schmiedeberg/Bez. Dresden (km 22,25). Der heutige Bf Schmiedeberg wurde in den Jahren 1918 bis 1924 im Zusammenhang mit der Verlegung der Schmalspurbahn im Abschnitt Obercarsdorf–Buschmühle errichtet. Die Strecke führte ursprünglich von Obercarsdorf aus parallel zur Straße bis nach Schmiedeberg. Dort verlief das Gleis zum Teil auf der Straße, und die Eisenbahn wurde bereits um die Jahrhundertwende zum Verkehrshindernis des aufstrebenden Straßenverkehrs. Nach langen und zähen Verhandlungen genehmigte die Regierung im Jahr 1912 den Umbau der Bahnanlagen. Da aber noch wesentliche Unklarheiten über den Standort des neuen Bahnhofs

14

15

14 Personenzug Freital-Hainsberg–Kurort Kipsdorf im Abschnitt oberhalb von Obercarsdorf (am Zugschluß der Salonwagen)

15 Großzügiges Empfangsgebäude des Bf Kurort Kipsdorf in landschaftsbezogener Architektur

16 Güterzug Freital-Hainsberg–Schmiedeberg im Abschnitt zwischen Ulberndorf und Obercarsdorf

17 In den Bf Schmiedeberg einfahrender Güterzug aus Dippoldiswalde (1980)

16

17

Schmiedeberg bestanden, erhielt das Bauamt vorerst den Auftrag, die Vorarbeiten für die schon seit 1882 geforderte Pöbeltalbahn nach Rehefeld/Moldau (heute: Moldava/ČSSR) zu erledigen. Der erste Weltkrieg verhinderte die Ausführung der Bauvorhaben, so daß erst im Herbst 1918 mit dem Umbau begonnen werden konnte. Der neue 4,1 km lange Streckenabschnitt Obercarsdorf–Buschmühle wurde am 1. Dezember 1924 mit einem festlich geschmückten Personenzug eingeweiht. Die Arbeiten an der Pöbeltalbahn gingen unterdessen uneingeschränkt weiter. Erst die anhaltenden wirtschaftlichen Schwierigkeiten und die Übernahme der Baustelle durch die inzwischen gegründete Deutsche Reichsbahn-Gesellschaft zwangen zur Einstellung der Bauarbeiten an dieser Zweigstrecke; bis zu jenem Zeitpunkt waren etwa 3,5 km der Trasse fertiggestellt.

18 Bahnhof Rabenau. Aus Platzmangel mußte das Bahnhofsgebäude freitragend über der Roten Weißeritz angeordnet werden

Nach Ausfahrt aus dem Bf Schmiedeberg zeigen sich links erste Werkhallen des größten Anschließers der Schmalspurbahn, des VEB Gießerei und Maschinenbau „Ferdinand Kunert" im Kombinat GISAG. Die Anschlußbahn des Werkes ist immerhin etwa 2000 m lang. Bis zum Jahr 1963 war hier mit der ehemaligen Lok Nr. 12 das dienstälteste Exemplar der ersten Lokgattung sächsischer Schmalspurlokomotiven, der I K, im Betrieb.

Unmittelbar hinter der Anschlußweiche zur Gießerei wird bei km 23,89 der Hp Buschmühle erreicht. Von hier aus bestanden Anschlußgleise zum nahen Steinbruch und Lehrbetrieb der Forstwirtschaft.

Die Hochwälder beiderseits des Tales, die erneut parallel verlaufende Fernverkehrsstraße und die ununterbrochene Streckenneigung von 33 ‰ kündigen den Endbahnhof der Strecke an — Bf Kurort Kipsdorf (km 26,134; 534 m über NN). Der Bahnhof ist in den Jahren 1926 bis 1935 in mehreren Etappen völlig umgebaut und großzügig erweitert worden. Er löste den bis dahin „nur" dreigleisigen Bf Kipsdorf ab, weil an Sportsonntagen im Winter bis zu 14 Sonderzüge zuzüglich der Regelzüge innerhalb von 4 Stunden abgefertigt werden mußten. Für die Errichtung der umfangreichen Gleisanlagen waren 30 600 m³ Erd- und 56 000 m³ Felsmaterial zu bewegen. Der Lokschuppen im unteren Bahnhofsteil bietet 4 Lokomotiven der ehemaligen Gattung VI K Platz und wurde in den Jahren 1926 bis 1928 gebaut. Das neue Empfangsgebäude und die Bahnsteige 3 und 4 sind am 1. Dezember 1934 dem öffentlichen Verkehr übergeben worden. Charakteristisch für den Bf Kurort Kipsdorf ist auch das mechanische Stellwerk am Nordkopf des oberen Bahnhofteils, von dem aus alle Weichen durch Drahtzug bedient werden — gemeinsam mit dem Stellwerk Bertsdorf bei Zittau eine einmalige sicherungstechnische Ausrüstung eines Bahnhofs deutscher Schmalspurbahnen.

Interessantes aus der Fahrzeuggeschichte

Auf der Schmalspurbahn Freital-Hainsberg—Kurort Kipsdorf verkehrten alle bekannten Gattungen und Baureihen sächsischer Schmalspurlokomotiven der 750-mm-Spurweite. Schon ein Jahr nach der Betriebseröffnung der Bahn reichten die Zugkräfte der kleinen dreiachsigen Lokomotiven der Gattung I K nicht mehr aus.

Da die sächsische Industrie in jener Zeit keine leistungsstärkeren Lokomotiven liefern konnte, beschaffte man im Jahr 1885 aus England 2 Lokomotiven der Bauart Fairlie. Diese Lokomotiven trugen die Gattungsbezeichnung II K (alt) und versahen auf dieser Strecke bis 1902 bzw. 1909 ihren Dienst.

Bereits 4 Jahre nach der Einführung der „Fairlie" wurde eine weitere Lokgattung, die III K, in Dienst gestellt, eine Stützendenlokomotive der Bauart Klose. Wegen ihrer schlechten Laufeigenschaften auf der sehr bogenreichen Strecke ins Osterzgebirge wurden diese Lokomotiven schon nach kurzer Zeit wieder abgegeben.

Im Jahr 1892 nahm mit den Lokomotiven Nr. 106 und 109 erstmalig die Gattung IV K auf dieser Bahn ihren Dienst auf. Bis zum Jahr 1918 prägten diese Lokomotiven der späteren Baureihe 99^{51-60} das Bild der Schmalspurbahn Hainsberg—Kipsdorf. Von den 1914 auf dieser Bahn beheimateten 10 Lokomotiven dieser Baureihe waren 3 in Kipsdorf und 7 in Hainsberg stationiert.

Die Lokomotiven der nächsten Generation waren die der Gattung VI K (spätere 99^{64-65}) und der Baureihe 99^{67-71}. Von 1918 bis 1932 standen diese Lokomotiven im Dienst, sie erforderten einen abermaligen Umbau aller Lokschuppen dieser Bahn.

In den Jahren 1928 bis 1931 wurden der gesamte Oberbau der Schmalspurbahn und alle Brücken verstärkt. Daraufhin konnte im Februar 1932 zum einsetzenden Wintersportverkehr die Lokbaureihe 99^{73-76} in Betrieb genommen werden. Noch im Jahr 1932 lösten diese Einheitslokomotiven nahezu alle Lokomotiven der Baureihe 99^{64-71} ab; lediglich beim Bahnhof Kurort Kipsdorf blieb bis etwa 1970 eine Lokomotive der Baureihe 99^{64-71} stationiert.

Die Neubaulokomotiven der Baureihe 99^{77-79} kamen erst sehr spät nach Freital-Hainsberg; sie wurden ab 1967 von der eingestellten Trusebahn in Thüringen und vom reduzierten Thumer Netz nach hierher umgesetzt.

Heute verkehren 3 Lokomotiven der Baureihe 99^{73-76} und 6 der Baureihe 99^{77-79} auf der Schmalspurbahn Freital-Hainsberg—Kurort Kipsdorf, wovon die 99 1734-5 seit 1978 die Plakette „50 Jahre Einheits-Schmalspurbahnlokomotive Sachsens" trägt, die ihr von den Freunden der Eisenbahn des Verkehrsmuseums Dresden verliehen worden ist.

Die Versuchsfahrten im Mai 1962 mit den beiden Schmalspur-Diesellokomotiven V 36 4801 und 4802 auf der Strecke nach Kurort Kipsdorf brachten nicht den erwünschten Erfolg. In den Jahren 1950/51 verkehrte der dreiteilige Dieseltriebzug VT 137 600 ebenfalls zwischen Freital-Hainsberg und Kurort Kipsdorf. Aber auch er war der steigungs- und bogenreichen Strecke auf die Dauer nicht gewachsen.

Während der Eröffnungszug der Strecke im Jahr 1882 noch ausschließlich aus zweiachsigen Personenwagen gebildet wurde, fuhren bereits 1883 die ersten vierachsigen Personenwagen sächsischer Schmalspurbahnen ab Hainsberg.

Auch paarweise kurzgekuppelte Personenwagen verkehrten auf der Schmalspurbahn nach Kipsdorf. Im Jahr 1886 kam der erste Aussichtswagen sächsischer Schmalspurbahnen ebenfalls nach Hainsberg. Bereits um 1900 wurde der Personenwagenpark vollständig auf vierachsige Wagen umgestellt.

Mit dem Testzug der halbautomatischen Mittelpufferkupplung der Bauart Scharfenberg im Jahr 1930 wurden die ersten Reisezugwagen der Einheitsbauart, 2. Klasse, 3. Klasse und Gepäckwagen, beschafft. Mit diesen Reisezugwagen erprobte man auch die Niederdruckumlaufheizung Bauart Pintsch und führte die zentrale elektrische Zugbeleuchtung ein. Bereits Anfang der 20er Jahre wurde die bis dahin übliche Heberleinbremse von der Körtingsaugluftbremse abgelöst.

Ab Juni 1933 verkehrte auch wieder ein Aussichtswagen am Zugschluß planmäßiger Züge, der eingangs erwähnte wurde um 1915 verschrottet.

Bis zur Aufnahme des Rollwagenverkehrs im Jahr 1906 gab es für den gesamten Güterverkehr ausschließlich Schmalspurgüterwagen. Aber auch mit der Aufnahme des Rollwagenverkehrs wurden diese Fahrzeuge nicht abgeschafft, sondern für den Verkehr auf dem Wilsdruffer Netz weiterverwendet. Seit 1971 werden im Rollwagenverkehr nur noch vierachsige Rollwagen benutzt, die sechsachsigen Rollwagen mußten wegen des sich verschlechternden Oberbauzustandes außer Verkehr gezogen werden.

Als Besonderheit ist ein vierachsiger Eigenbau-Kesselwagen zum Transport von Kesselspeisewasser nach Dippoldiswalde zu nennen. Auch gehören 8 Bahndienstwagen zum Fahrzeugpark der Schmalspurbahn, ebenso ein im Bf Kurort Kipsdorf stationierter Schneepflug.

Ein neuer Außenseiter im Wagenpark dieser Bahn soll aber nicht unerwähnt bleiben — der Salonwagen. Die Idee zu einem solchen Wagen stammt von Eisenbahnern des Dienstortes Freital-Hainsberg, die zum Teil Mitglieder der Arbeitsgemeinschaft 3/67 des DMV sind. Der seit Januar 1981 verkehrende Salonwagen dieser Bahn entstand in enger Zusammenarbeit vieler DR-Dienststellen, vor allem aber der Eisenbahner des Raw Wittenberge — Werkabteilung Perleberg —, und der Freunde der Eisenbahn der AG 3/67. Als Sonderfahrzeug wird der Salonwagen ganztägig an Reisegesellschaften vermittelt und mit allen planmäßigen Reisezügen (außer GmP) nach Kundenwünschen befördert. Um die veränderte Inneneinrichtung im Stile eines Speisewagens auch nach außen zu dokumentieren, bekam er den Komfort unterstreichenden Städte-Expreß-Anstrich der Deutschen Reichsbahn.

Mit Volldampf ins zweite Jahrhundert

Auch in den folgenden Jahren werden Dampflokomotiven die Züge auf der Schmalspurbahn Freital-Hainsberg—Kurort Kipsdorf befördern, die zu jenen ehemaligen sächsischen Schmalspurbahnen gehört, die als Nebenbahnen der Deutschen Reichsbahn erhalten bleiben. Um diese Bahnen rekonstruieren und für viele weitere Jahre betreiben zu können, legte das Ministerium für Verkehrswesen im Dezember 1981 einen präzisierten Maßnahmeplan zur Instandhaltung und Rekonstruktion der Bahnanlagen und des Fahrzeugparks vor.

Besonderer Schwerpunkt für die Strecke Freital-Hainsberg—Kurort Kipsdorf ist die Sanierung des Oberbaus. Seit 1978 werden neue Stahlschwellen und S-33-Schienen in Etappen von jährlich 2 bis 3 km eingebaut. Der gesamte Gleisumbau wird von der Bahnmeisterei Freital und von zahlreichen freiwilligen Helfern aus Schulen, Hochschulen und aus dem DMV bewältigt und wird sich bis voraussichtlich 1990 erstrecken. Mit dem Umbau der Gleise sind auch die neuen Weichen EW 49-100-1:7 Fsch (St) eingeführt worden. Durch die Verwendung vieler Oberbauelemente der Regelspur-Oberbauanordnung K wird die Ersatzteilvorhaltung und Instandhaltung der Gleisanlagen wesentlich rationeller gestaltet.

In den vergangenen Jahren wurde auch die Sicherungstechnik erneuert. So sind auf den Bahnhöfen Freital-Hainsberg, Dippoldiswalde und Kurort Kipsdorf alle Einfahrformsignale durch Lichtsignale ersetzt worden. In diesem Zusammenhang mußten auch neue Schlüsselwerke errichtet bzw. die mechanischen Stellwerke verändert und ergänzt werden. Die noch fehlenden Haltlichtsignalanlagen an wichtigen Straßenübergängen sind baulich berücksichtigt. Der Einbau von Rückfallweichen auf Kreuzungsbahnhöfen ist prinzipiell möglich.

Bei der Hundertjahrfeier der Bahn präsentierten sich auch alle Hochbauten im neuen Gewand, was die Hochbaumeisterei Dresden gemeinsam mit zahlreichen Baubetrieben des Territoriums der Jubilarin verschafft hatte.

Fotos: Deutsche Fotothek Dresden (1);
Merbt (4);
Schlewitz (1);
Sammlung Brestrich (2);
Sammlung Haus der Heimat Freital (2);
Sammlung Kempe (3);
Sammlung Thiel (1);
Sammlung Wegner (2)

Dipl.-Ing. Claus Burghardt/Ing. Heiko Prautzsch

100 Jahre Schmalspurbahn zwischen Radebeul und Radeburg

Nach über zehnjährigen Bemühungen der Stadt Radeburg und umliegender Gemeinden legte die Kgl. Sächsische Staatsregierung 1881 den Ständen einen aus mehreren Varianten ausgewählten Plan für den Bau einer Schmalspurbahn von Radebeul über Dippelsdorf und Moritzburg nach Radeburg vor. Er wurde angenommen, da man sich von der hier gut entwickelten Land-, Forst- und Teichwirtschaft, der Industrie und dem Ausflugsverkehr ein beachtliches Aufkommen und einen relativ hohen Gewinn versprach. Die Bahn hat diese Erwartungen erfüllt.

Die Wahl der schmalen Spurweite war vor allem durch den engen und krümmungsreichen Lößnitzgrund bedingt.

Nach der Ausschreibung der Erd-, Fels- und Böschungsarbeiten am 6. bzw. 22. August 1883 ging der Bahnbau schnell voran, ausgeführt von Bauunternehmen aus Dippoldiswalde, Radebeul und Radeburg. So konnte bereits am 13. August 1884 die erste der beiden B-gekuppelten Baulokomotiven Radeburg erreichen. Es wurden 39 256 m Stahlschienen und 22 561 Holzschwellen verlegt, 17 Brücken und 75 Durchlässe errichtet.

An Fahrzeugen waren zunächst beschafft worden: 2 C-gekuppelte Tenderloks (sä. IK Nr. 12 und 13) und 61 zweiachsige Wagen, darunter 20 Personenwagen mit zusammen 428 Plätzen 2. und 3. Klasse, 34 offene und 6 gedeckte Güterwagen sowie 1 Zugführerwagen.

Mit diesem Park wurde die Bahn nach nur knapp 14monatiger Bauzeit am 15. September 1884 feierlich eröffnet und am folgenden Tag unter großer Anteilnahme der Bevölkerung dem öffentlichen Verkehr übergeben.

Diese dritte sächsische Schmalspurbahn weckte — wie auch andere — neue Reisebedürfnisse, so daß der Reiseverkehr in den meisten Jahren den Güterverkehr übertraf. Schon bald nach der Eröffnung

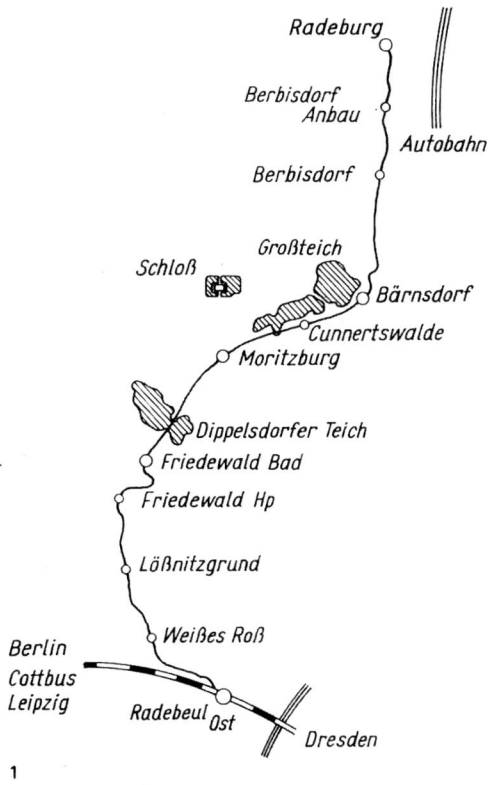

1

mußten zahlreiche Sonderzüge für die Ausflügler aus dem Raum Dresden eingelegt werden, und für die Anwohner der Strecke verkehrten öfters „Theaterextrazüge" mit Anschluß nach Dresden und abendlicher Rückfahrt nach Radeburg.

Der zweite Weltkrieg hatte auch für diese Schmalspurbahn verheerende Folgen. Mit einer betriebsfähigen Lok und — wegen des Mangels an Heizmaterial — einem planmäßigen Zugpaar begann der Start in die neue Zeit. Bis 1949 verkehrten die Züge fast nur im Notfahrplan. Von 1949 bis 1958 stieg die Anzahl der täglichen Reisezüge wieder von 14 auf 28.

In den 60er Jahren ging der Reiseverkehr durch den zunehmenden Individualverkehr und die Verbesserung der Busverbindungen beträchtlich zurück. Dennoch spielt der Ausflugsverkehr noch immer eine wichtige Rolle.

An der Spitze der transportierten Güter standen meist Brennstoffe und Düngemittel im Empfang, Schamottesteine, Glas sowie land- und forstwirtschaftliche Produkte im Versand. Das steigende Güteraufkommen war 1924 der Anlaß zur Einführung des Rollwagenverkehrs.

Nach der Rationalisierung der Betriebsführung ist der Bf Radeburg heute der einzige Güterverkehrsknoten der Strecke. Er wird täglich mit mindestens einem Nahgüterzugpaar bedient.

Die Geschichte der Fahrzeuge unterscheidet sich kaum von der auf anderen sächsischen Schmalspurbahnen, wie sie an anderer Stelle des Jahrbuchs für die Strecke Freital-Hainsberg—Kurort Kipsdorf beschrieben ist. Wegen der günstigeren Streckenbedingungen brauchte man allerdings in Radebeul leistungsstärkere Lokomotiven erst später. So beherrschte fast 10 Jahre lang die Gattung I K allein das Bild, bis 1893 die ersten Meyer-Loks (sächs. IV K) nach Radebeul kamen. Diese bewährten sich auch hier sehr gut und bildeten bis in die 30er Jahre das Rückgrat des Betriebs, gelegentlich unterstützt durch die Gattung

III K und die aus zwei I K entstandene Doppellok Nr. 62 a/b (II K neu). 1937 gelangte die Nachbauserie der sächs. VI K hierher und begann die IV K zu verdrängen, die 1951/53 nochmals „Gastrollen" gab und seit 1974 wieder für den Traditionsbetrieb zur Verfügung steht. Von den sieben 1965/66 rekonstruierten VI K fuhren hier noch fünf und von den 1918 gebauten Original-VI K eine Maschine (die 99 654) zeitweise auf der Strecke, bis 1969 infolge Stillegung anderer Strecken die 1'E1'-Neubauloks der BR 99$^{77-79}$ alle Zugleistungen übernehmen konnten.

Die ersten vierachsigen Personenwagen wurden um die Jahrhundertwende beschafft und bestimmten danach die Zuggarnituren, während vierachsige Güterwagen wegen des bald begonnenen Rollbock- und späteren Rollwagenbetriebes nur vereinzelt zu sehen waren.

In den 30er Jahren verkehrte hier auch ein offener Aussichtswagen, wie er heute noch dem Traditionszug beigestellt wird. Die heute benutzten Reisezugwagen sind zwischen 1907 und 1930 gebaut worden und haben größtenteils durch Rekonstruktion in den letzten Jahren ein völlig neues Aussehen erhalten.

Die Strecke mit der Spurweite von 750 mm hat eine Länge von 16,55 km und den kleinsten Gleisbogenhalbmesser von 75 m; die größte Steigung beträgt 1:60. Der Oberbau mußte mehrfach verstärkt werden. Heute werden Schienen S 49 auf Holz-, Beton- oder Stahlschwellen mit Schienenbefestigung K in Schotterbettung verwendet.

Der Spurwechselbahnhof Radebeul Ost erhielt seine heutige Gestalt im wesentlichen beim viergleisigen Ausbau der Strecke Dresden–Coswig im Jahre 1900. Der Schmalspurteil hat zwei Hauptgleise und alle zur Behandlung und Unterhaltung der Fahrzeuge sowie den Spurwechsel notwendigen Anlagen. Umladerampe und -halle dienen heute anderen Zwecken.

Eine Fahrt mit der Schmalspurbahn

Längs der Radebeuler Pestalozzistraße erreicht unser Zug pfeifend und läutend den Hp Weißes Roß (benannt nach einem traditionsreichen Gasthaus), wo die mit einer Halbschranke gesicherte Wilhelm-Pieck-Straße überquert wird und Anschluß zur Dresdner Straßenbahn besteht. Nun bietet sich der Blick auf die Weinberge, zwischen denen die Strecke in den tief in die Lößterrassen eingeschnittenen Lößnitzgrund führt. Vom gleichnamigen Haltepunkt ist es nicht weit zum Bilzbad mit seiner Wellenanlage. Früher war ein Kreuzungsgleis vorhanden, doch wurde der

2

3

1 Streckenskizze der Schmalspurbahn Radebeul Ost–Radeburg (unmaßstäblich)

2 Am Haltepunkt Weißes Roß kreuzt die Bahn die Gleise der Straßenbahn. Im Bild 99 599 und Triebwagen 1705 („großer Hecht")

3 Viele Jahre prägten IV-K-Loks das Bild des Lokomotivparks

4 Besonders in den Sommermonaten ist die Bahn stark frequentiert: 1976 Moritzburg

5 Der Dippelsdorfer Damm – höchster Punkt der Strecke (im Hintergrund das bekannte Moritzburger Schloß)

6 Haltepunkt Lößnitzgrund

7 Güterzug mit Personenbeförderung (GmP) bei Bärnsdoof. Solche Zugbildungen kommen nur ausnahmsweise noch vor

Bahnhof meist nur an Sonntagen betrieblich besetzt.

Der Zug erreicht dann über die steigungs- und bogenreichsten Abschnitte den Hp Friedewald und am Ausgang einer S-Kurve den Bf Friedewald (Krs. Dresden) Bad. Diese einst mit drei Gleisen und bis 1963 mit Einfahrsignalen ausgerüstete Betriebsstelle wurde später Haltepunkt, ist aber seit 1983 wieder ein unbesetzter Bahnhof und dient vor allem Zugkreuzungen im Traditionszugverkehr.

Nach Überqueren der Straße nach Großenhain durchfahren wir einen Felseinschnitt, mit dem 1883 der Bahnbau begonnen hatte, und erreichen mit 189,6 m über NN den höchsten Punkt der Strecke. Dieser liegt auf einem 210 m langen Bahndamm durch den 1520 angelegten, 69 ha großen Dippelsdorfer Teich. Rechts und links liegen Strandbäder, deren Badegäste vielfach mit der Schmalspurbahn anreisen.

Das Landschaftsbild hat sich nun völlig verändert. Durch Felder und Wiesen nähern wir uns Moritzburg, wo eine ehemalige Windmühle und die Kirche als markante Bauten von weitem zu sehen sind. Moritzburg ist der wichtigste, mit Einfahrsignalen ausgerüstete Kreuzungsbahnhof der Strecke. Viele Ausflügler verlassen hier den Zug, um Schloß, Wildgehege, Fasanenschlößchen, die Waldschänke oder andere Sehenswürdigkeiten zu besuchen.

Nach der Ausfahrt ist kurz das 1542 erbaute

8

9

10

barocke Jagdschloß zu sehen, dann wird der ehemalige königliche Wildpark durchfahren, bis der Großteich in Sicht kommt. An seinem Ufer lädt der Bedarfshaltepunkt Cunnertswalde zu erholsamen Wanderungen ein. Bis Bärnsdorf begleitet der Großteich, unter August dem Starken mit einem Gondelhafen und Leuchtturm (!) versehen, die Strecke.

Vorbei an den Anlagen des VEB Binnenfischerei führt die Strecke nun in das weite Wiesental der Promnitz hinein und gelangt schließlich nach Berbisdorf. Hier wie auch in Bärnsdorf bestanden bis Ende der 60er Jahre Ladegleise. Beide Haltestellen wurden aber zeitweise auch für Zugkreuzungen genutzt.

Vorbei am erst 1962 eröffneten Hp Berbisdorf Anbau endet die Strecke, den Windungen der Promnitz folgend, in der Zillestadt Radeburg, deren Industriebetriebe ab dem weit hinausgerückten Einfahrsignal das Landschaftsbild bestimmen. Der Endbahnhof verfügt über umfangreiche Gleisanlagen, einen dreiständigen Lokschuppen und ein auf vielen Modellbahnanlagen nachgestaltetes Empfangsgebäude. Bis 1929 war hier der Sitz der Bahnverwalterei, die sozusagen als Komplexdienststelle für Betrieb und Unterhaltung der Schmalspurbahn verantwortlich war. Heute sind hier u. a. die Zugleiter für

8 In Moritzburg einfahrender Personenzug, Sommer 1966

9 Unmittelbar neben den Gleisen steht dieses Haus im Lößnitzgrund

10 Ein Traditionszug mit den Lokomotiven 99 539 und 99 713 vor dem Haltepunkt Weißes Roß (im Hintergrund die Weinberge der Lößnitz)

11 Drei Vertreter sächsischer Lok-Generationen (v. l. n. r.): Baujahre 1899, 1954 und 1927

Tabelle 1: Lokomotiven der Traditionsbahn Radebeul Ost—Radeburg

Betriebsnummer ab 1970		99 1539-8	99 1713-9	99 1715-4
Sächsische Bahnnummer		132	—	—
Betriebsnummer 1925—1970		99 539	99 713	99 715
Frühere Bezeichnung		sä. IV K	Nachbau sä. VI K	Nachbau sä. VI K
Betriebsgattungszeichen		K 44.7	K 55.9	K 55.9
Baujahr		1899	1927	1927
Fabriknummer		2381	4670	4672
Hersteller		Sächs. Maschinenfabrik, vorm. Richard Hartmann, Chemnitz		
Bauart		B'B' n4v	E h2	E h2
Lokmasse	(t)	27,40	42,25	42,25
Länge über Puffer	(mm)	9 000	8 990	8 990
Achsstand	(mm)	6 200	3 720	3 720
Treibraddurchmesser	(mm)	760	780	780
Kesseldruck	(kPa)	1 500	1 400	1 400
Höchstgeschwindigkeit	(km/h)	30	30	30
Steuerungsart		Heusinger	Heusinger	Heusinger
Einsatzorte		Thum Mügeln Oschatz Wilischthal Eppendorf Radebeul	Zittau Heidenau Wilsdruff Freital-Hainsberg Radebeul	Thum Heidenau Wilsdruff Frauenstein Freital-Hainsberg
Bemerkungen		Reko 1963; älteste betriebs- fähige IV K; seit 1974 Traditions- lokomotive	letzte betriebs- fähige VI K; seit 1975 Traditions- lokomotive	Unfall 1971 bei Oberbobritzsch; seit 1974 Denkmalslok

den 1963 eingeführten vereinfachten Nebenbahndienst tätig.

Der Traditionsbetrieb

Der Grundstein für die heutige Traditionsbahn wurde in den Jahren 1967/68 gelegt. Auf Initiativen von Eisenbahnfreunden gelang es, einige der letzten zweiachsigen sächsischen Schmalspurwagen für die Nachwelt zu erhalten und in Radebeul zu sammeln. Vorangetrieben vom DMV, fand das Vorhaben wachsende Unterstützung durch die DR und das Verkehrsmuseum Dresden. So konnte der Museumszug anläßlich des 15. Internationalen Modelleisenbahnwettbewerbs im Jahr 1968 mit der Lok 99 535 erstmals öffentlich gezeigt werden. Die Lok war zuvor im Bw Wilsdruff museumsgerecht hergerichtet und ist nach der Veranstaltung im Dresdner Verkehrsmuseum aufgestellt worden.
Die folgenden Jahre waren durch große Anstrengungen zur weiteren Erhaltung der im Freien aufgestellten historischen Fahrzeuge gekennzeichnet.
Aus Anlaß des III. Verbandstages des DMV und des 90jährigen Streckenjubiläums begann 1974 der Traditionsbetrieb auf der Strecke zwischen Radebeul Ost und Radeburg. Vor dem Museumszug befand sich nun die 99 715 (VI K), und die ältesten und interessantesten vierachsigen Wagen von vielen Strecken wurden zur Bildung eines Traditionszuges nach Radebeul gebracht. In ehrenamtlicher Arbeit entstand dafür ein Abstellgleis.

Am 10. August wurde sodann mit der Lok 99 539 und sechs Wagen der Traditionsbetrieb feierlich eröffnet. Eisenbahnfreunde in historischen Uniformen wirkten als Zugbegleiter; eine tschechische Blaskapelle sorgte für die nötige Stimmung.

Der große Erfolg der beiden Fahrtage von 1974, die günstige Lage und die Länge der Strecke sowie auch die abwechslungsreiche Landschaft bewogen das Ministerium für Verkehrswesen dazu, in der Ordnung für Eisenbahnmuseumsfahrzeuge von 1975 einen ständigen Traditionsbetrieb auf der Strecke Radebeul Ost–Radeburg vorzusehen. Die damit verbundenen Aufgaben konnten weder durch die Deutsche Reichsbahn allein noch durch eine lose Vereinigung von Interessenten gelöst werden. So wurde im DMV Ende 1974 die spezielle Arbeitsgemeinschaft 3/58 für die Pflege der historischen Fahrzeuge und Anlagen sowie für den Traditionsbetrieb gegründet. Sie zählte bereits nach einem Jahr 18 und 1983 schon 50 Mitglieder.

Insgesamt haben sich bis 1983 rd. 40 000 Besucher bei einer Fahrt im Traditionszug dieses unterhaltsame und bildende „Vergnügen auf Schienen" gegönnt, wobei recht viele durch ihre Kleidung aus der Zeit um die Jahrhundertwende zum historischen Fluidum des musealen Zugbetriebs beitrugen.

Dank guter Zusammenarbeit zwischen der DR und dem DMV konnte das Niveau des Traditionsbetriebes verbessert werden. Das bezieht sich auf die

— qualitative und quantitative Vervollkommnung des Bestandes an Traditionsfahrzeugen,
— bessere Betreuung und Information der Fahrgäste und Besucher (z. B. durch Zugfunk, Ausstellungen, breites Souvenirangebot, Film- und Diavorträge) sowie
— langfristige Entwicklung vom Traditionsbetrieb zu einer echten Traditionsbahn durch entsprechende Gestaltung der Bahnanlagen.

Dazu gibt es seit 1982 eine Konzeption des Präsidenten der Rbd Dresden, in der die Aufgaben zunächst bis 1985 präzisiert sind.

Bereits 1975 wurde der letzte betriebsfähige Vertreter der Gattung VI K, die 99 713, die zweite Traditionslok. Als der Oberbau- und Brückenzustand ab 1977 den Vorspannbetrieb mit der 99 539 nicht mehr zuließ, zogen die Lokomotiven abwechselnd den zweimal am Tag verkehrenden Traditionszug. Dabei ist die inzwischen mit Anstrich und Beschilderung ihrer sächsischen Länderbahnzeit versehene IV K der unbestrittene „Star". Mit der weitgehend abgeschlossenen Aufarbeitung der vierachsigen Traditionswagen aus den Jahren 1898 bis 1930 können nun auch zwei Traditionszüge gleichzeitig verkehren. Sie verkörpern unterschiedliche Entwicklungsetappen.

Tabelle 2: Museumswagen in Radebeul Ost

Nummer	Gattung	Wagenart/Achsenzahl	Baujahr	Letzter Einsatzort
Sächs. Nummer 1703	KPost	Postwagen/zweiachsig	1892	Radebeul, Eppendorf
Sächs. Nummer 1439	KD	Packwagen/zweiachsig	1899	Mulda
Sächs. Nummer 121	KC	Personenwagen/zweiachsig	1888	Mügeln (b. Oschatz)
Sächs. Nummer 207	KC	Personenwagen/zweiachsig	1892	Radebeul
Sächs. Nummer 3301	Ow	offener Güterwagen/zweiachsig	1888	Mügeln (b. Oschatz)
Sächs. Nummer 3458	Ow	offener Güterwagen/zweiachsig	1898	Mügeln (b. Oschatz)
Sächs. Nummer 5038	Hw	Drehschemelwagen/zweiachsig	1917	Mügeln (b. Oschatz)
Sächs. Nummer 13	Gw	gedeckter Güterwagen/zweiachsig	1885	Klingenberg-Colmnitz
Dre 18001		Profilmeßwagen/zweiachsig	1897	Oberdittmannsdorf
DR 9406	KKw	Klappdeckelwagen/vierachsig	1930	Mügeln (b. Oschatz)
DR 97-12-48	GGw	gedeckter Güterwagen/vierachsig	1929	Frauenstein
DR 97-21-15	OO	offener Güterwagen/vierachsig	ca. 1930	Oschatz
DR 97-75-85	Gw	gedeckter Güterwagen/zweiachsig	1915	Nauen

Tabelle 3: Vierachsige betriebsfähige Traditionswagen

DR-Nummer	Baujahr	Klasse	Sitzplätze	Letzter Einsatzort	Bemerkungen/Farbe
970-006	1930	2.	37	Freital-Hainsberg	Personenwagen/Grün
970-236	1913	3.	36	unbekannt	Personenwagen/Grün
970-237	1913	3.	28	Zittau	Personenwagen/Ofenheizung/Rot-Elfenbein
970-252	1922	3.	36	Zittau	Personenwagen/Grün
970-269	1911	4.	52	Zittau	Personenwagen/Grün
970-302	1898	3.	26	Mügeln	Personenwagen sä. Nr. 318 bzw. 325/
970-309	1898	3.	26	Thum	Ofenheizung/Oberlicht/Holzverkleidung/Braun
970-312	1900	—	19	Freital-Hainsberg	Aussichtswagen/Grün
970-376	1913	3.	36	unbekannt	Personenwagen/Grün
970-405	1922	3.	36	Zittau	Personenwagen/Grün
974-354	1926	—	—	Radebeul	Packwagen/Grün
97-14-19	ca. 1930	—	—	Mulda	gedeckter Güterwagen/Braun

12 Fahrgäste des Traditionszuges in Modekleidung der Jahrhundertwende

Großen Anteil an der möglichst originalgetreuen Herrichtung der Fahrzeuge haben das Raw „DSF" Görlitz und das Raw Wittenberge, Werkabteilung Perleberg. Sowohl bei den betriebsfähigen Fahrzeugen als auch bei den Anlagen müssen auf Grund der heutigen Vorschriften und Funktionen vertretbare Kompromisse in der historischen Detailtreue eingegangen werden. Zahlreiche rekonstruierte Details entstammen auch Bemühungen des DMV und des Verkehrsmuseums Dresden. Dazu zählen z. B. die vielfältigen Schilder an Lok und Wagen, Gepäcknetze, Aschenbecher, sichtbare Teile der früheren Heberlein-Bremsausrüstung, Farbgebungen und historische Fotos in den Wagen.

Auch am Standort der Fahrzeuge in Radebeul Ost hat sich in den letzten Jahren manches verändert. Aus eigenen Kräften hat sich die AG 3/58 einen Aufenthalts- und einen Werkstattwagen als notwendige Basis für ihre Tätigkeit ausgebaut. Der ständig zugängliche Ausstellungsbereich mit 12 Fahrzeugen wurde durch ein Läutewerk, ein Formsignal und weitere Exponate bereichert.

Seit 1979 kann zu Höhepunkten der Fahrsaison eine betriebsfähige Draisine vorgeführt werden. Viele Sachzeugen und Modelle wurden auch für eine gemeinsam mit dem Dresdner Verkehrsmuseum gestaltete Ausstellung im Bf Radeburg aufgearbeitet.

Daneben erwarben AG-Mitglieder viele für den Traditionsbetrieb wichtige Qualifikationen bei der DR, z. B. zum Zugführer, Lokheizer oder Kleinwagenführer. Die Ausbildung für Dienstposten ohne betriebsdienstliche Verantwortung (z. B. „Kondukteur", Fahrkarten- bzw. Souvenirverkäufer oder Zugfunkbediener) findet in den eigenen Reihen statt.

Die intensive Beschäftigung mit der Verkehrsgeschichte führte zur Herausgabe einer Reihe von Broschüren und anderer Veröffentlichungen.

Nachdem der Traditionszug 1983 das 100jährige Jubiläum der Strecke Freital-Hainsberg–Kurort Kipsdorf mitgestalten half, bereiten die Traditionseisenbahner der Strecke Radebeul Ost–Radeburg ihren Ehrentag vor. Höhepunkte werden eine Festwoche mit umfangreicher Fahrzeugausstellung und mit Rahmenprogramm vom 18. bis zum 26. August 1984 in Radebeul Ost sowie der eigentliche Jahrestag der Streckeneröffnung am 15./16. September 1984 mit Schwerpunkt in Radeburg sein. Das 100jährige Bestehen der Schmalspurbahn Radebeul Ost–Radeburg ist ein Anlaß, den an der Strecke und in den beteiligten technischen Dienststellen tätigen Eisenbahnern zu danken, die täglich unter oft schwierigen Bedingungen mit großer Einsatzbereitschaft für den sicheren und pünktlichen Betrieb der Bahn sorgen.

Viel haben sich die Traditionseisenbahner für die kommenden Jahre vorgenommen. Zugleich geben sie ihre Erfahrungen gern weiter an ähnliche Einrichtungen, die in der DDR vorhanden sind oder entstehen. Richtschnur des Handelns sind dabei auch die Worte Erich Honeckers: „Aus einer tätigen Aneignung der Geschichte und ihrer Lehren entspringen bekanntlich wertvolle Impulse für das Handeln des einzelnen. Um so besser ist er imstande, den Anforderungen der Gegenwart und der Zukunft gerecht zu werden."

Literatur (Auswahl):

Kieper/Preuss/Rehbein, Schmalspurbahn-Archiv, 2. Auflage, Berlin, 1982
Wegner, Erste sächsische Schmalspurbahn vor 100 Jahren eröffnet, in: Fahrt frei, Berlin, 18/1981
Krause, 90 Jahre Schmalspurbahn Radebeul–Radeburg, Dresden, 1974
Wagner, Geschichte der Schmalspurbahn Radebeul–Radeburg, Dresden, 1983
Berger, Historische Bahnhofsbauten, Berlin, 1980

Fotos: Ende (3);
Gottschalch (1);
Krause (2);
Rosner (1);
Schmidt (1);
Schubert (1);
Sammlung Ende (1);
Sammlung Werner (1)

Fahrzeuge allgemein

Dipl.-Ing. MAX BAUMBERG

Eisenbahntechnik als Forschungsobjekt im Prüffeld

Aus der Arbeit der Versuchs- und Entwicklungsstelle für die Maschinenwirtschaft der Deutschen Reichsbahn

Zur Geschichte der eisenbahntechnischen Forschung

Die Entwicklungsgeschichte zum Beispiel des Eisenbahn-Maschinenwesens ist reich an Beispielen erfolgreicher Forschungsarbeit; sie bietet aber auch zahlreiche Beispiele an Irrwegen, die selbst erfahrenen Konstrukteuren nicht erspart blieben. Noch 1920 mußten die Herausgeber des damals neuesten Werkes über die Heißdampflokomotive mit einstufiger Dampfdehnung bekennen, daß hierüber »... umfassend planmäßige wissenschaftliche und im Betriebe

1 Betriebsteil Halle der VES-M

2 Betriebsteil Dessau der VES-M (Eingang zum Laborgebäude und zur elektrischen Prüfhalle)

ausgeführte Versuche noch wenig vorliegen« (Brückmann). Dabei stammten erste Vorstellungen über die Erzeugung von Heißdampf in Lokomotivkesseln bereits aus dem Jahr 1839, und die wirklich brauchbaren Konstruktionen W. Schmidts gab es in Europa schon seit 1898!

Auch ein Blick in ältere Jahrgänge führender Fachzeitschriften (zum Beispiel in das seit 1845 erschienene »Organ für die Fortschritte des Eisenbahnwesens in technischer Beziehung«) läßt erkennen, daß sie hauptsächlich Beschreibungen enthielten, jedoch selten über Versuche und deren Ergebnisse, kaum über hieraus zu ziehende Prognosen berichteten.

Erst in den zwanziger Jahren trat hierin ein Wandel ein. Einzelne, schon früher meist behelfsmäßig angestellte Versuche wurden ausgewertet, und bei zahlreichen Bahnverwaltungen bildeten sich beinahe gleichzeitig Einrichtungen, die ein planvolles Herangehen an die Lösung von Entwicklungsaufgaben — vor allem auf der Grundlage von Versuchen — erlaubten.

In der jungen Sowjetunion entstand unter wesentlicher Arbeit von Schelest, Hakkel und Lomonossow ein umfassendes Versuchswesen für Triebfahrzeuge, innerhalb dessen bereits damals die grundlegenden Entwicklungen für die heute so bedeutungsvolle Dieseltraktion begonnen wurden.

In England erbaute man die großen Prüfstellen in Swindon und Rugby. In Frankreich brachten hauptsächlich die Arbeiten von Chapelon die Dampftraktion auf die höchste Stufe der Leistungsfähigkeit und Wirtschaftlichkeit. In Deutschland wurden bei der damaligen DRG Versuchsämter gebildet.

Äußerlich zeigte sich die systematische Mitarbeit der Eisenbahnen an der Entwicklung ihrer Anlagen und Fahrzeuge — auch für den Laien sichtbar — Mitte der dreißiger Jahre in den sehr hohen Fahrgeschwindigkeiten der Schnelltriebwagen und in der Zugbeeinflussung für normale Zugverbindungen.

3 Ausrüstungshalle für Triebfahrzeuge der VES-M Halle

Die Eisenbahnen profitierten sehr stark von der wissenschaftlichen Behandlung wirtschaftlicher Konstruktionen und Erhaltungsverfahren; zum Beispiel erbrachten in Deutschland die sogenannten Einheitslokomotiven besonders hohe Laufleistungen und eine wesentliche Verminderung der Ausbesserungszeiten und -kosten; im Werkstättendienst fanden das früher nahezu unbekannte »Tauschteil-Verfahren« und der »Austauschbau« weitgehende Anwendung.

Der zweite Weltkrieg unterbrach jäh dieses hoffnungsvolle Beginnen. Das Trümmerfeld nach seinem Ende auch im Eisenbahnwesen aller beteiligten Länder ließ einen Anschluß an den Vorkriegsstand nicht sofort zu.

Bei der Deutschen Reichsbahn begannen um 1950 wieder erste Versuche, die wissenschaftliche Behandlung eisenbahntechnischer Aufgaben neu zu beleben. Entsprechend den Grundsätzen der sozialistischen Wirtschaftsführung im Eisenbahnwesen der DDR brauchte dabei nicht mühsam um die Anerkennung einer solchen Arbeitsweise gerungen zu werden, sondern nach einigen erfolgversprechenden Anfängen in der Bautechnik und Maschinentechnik wurde eine großzügige Planung eingeleitet, um Forschung und Entwicklung allen Gebieten der Deutschen Reichsbahn sinnvoll zugänglich zu machen.

Ursprünglich waren die neuen Forschungs- und Entwicklungseinrichtungen im Technischen Zentralamt (TZA) zusammengefaßt und wurden 1960 den Hauptverwaltungen des Ministeriums für Verkehrswesen direkt unterstellt.

Die Koordinierung der gesamten Forschung und Entwicklung im Eisenbahnwesen obliegt seitdem einer Zentralen Abteilung (ZFE).

Seit dieser Zeit bestehen bei der Deutschen Reichsbahn sechs Versuchs- und Entwicklungsstellen (VES), und zwar für Betriebs- und Verkehrsdienst; für Oberbau, Brücken- und Hochbau; für Maschinenwirtschaft; für Wagenwirtschaft; für Ausbesserungswesen; für Signal- und Fernmeldewesen. Die Versuchs- und Entwicklungsstelle für die Ma-

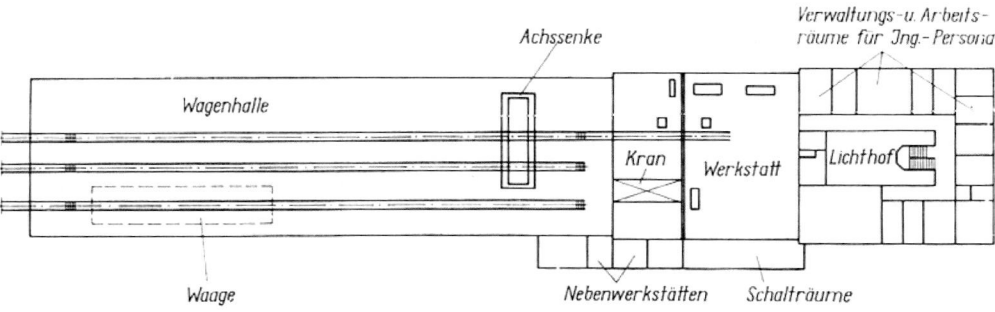
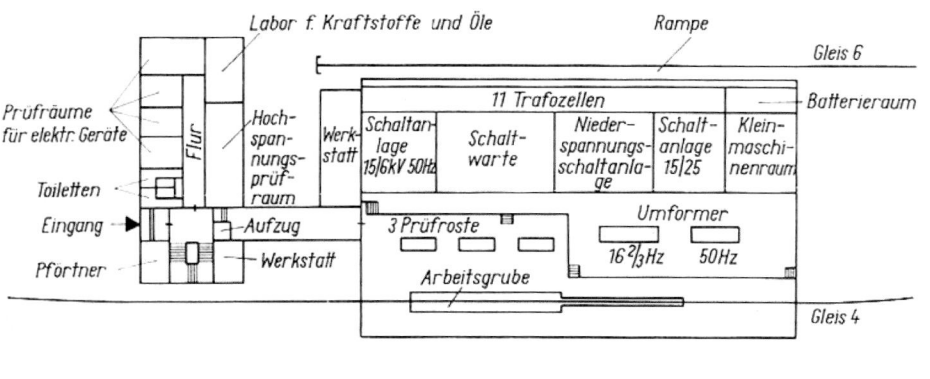
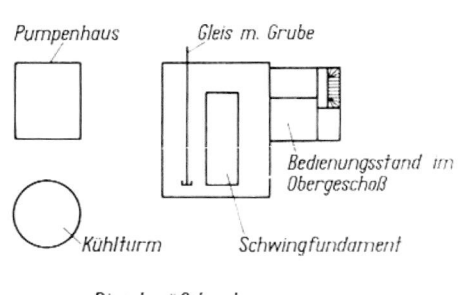

4 Betriebsteil Halle der VES-M

5 Betriebsteil Dessau der VES-M

schinenwirtschaft (VES-M) in Halle ist eine nach Umfang der Aufgaben und Konzentrierung von hochqualifizierten Fachleuten besonders bemerkenswerte Forschungsstelle.

Die ersten Aufgaben der VES-M

Die Anfänge, spezielle maschinentechnische Aufgaben in Versuchen zu behandeln und zu lösen, gehen bis in die Zeit um 1950 zurück. Damals galt es, die Grundlagen zur Verfeuerung minderwertiger fester Brennstoffe in Dampflokomotiven zu schaffen. Mit dem Wiederaufbau eines noch aus der Vorkriegszeit stammenden alten Lokomotiv-Meßwagens war die erste meßtechnische Voraussetzung für solche Versuche gegeben.

Wegen der seinerzeit im Raum Halle konzentrierten Versuche — insbesondere mit den Kohlenstaub-Lokomotiven — wurde Halle zunächst der Sitz einer kleinen Lokomotiv-Versuchsanstalt, die der Verwaltung der Versuchsstellen als einer Nebenstelle des damaligen Technischen Zentralamts unterstand.

Diese Versuchsanstalt unternahm die grundlegenden Versuche für die endgültige Gestaltung der nach dem Verfahren des Nationalpreisträgers Hans Wendler arbeitenden Kohlenstaub-Lokomotive und entwickelte Methoden, um Braunkohlenbriketts auf Steinkohlen-Lokomotivrosten rationell zu verfeuern, ohne dabei die installierte Leistung des vorhandenen Dampflokparks nennenswert einschränken zu müssen.

Der sich ständig ausweitende Umfang der Versuchsaufgaben und die bis dahin erzielten Erfolge für den Betriebsmaschinendienst waren der Anlaß, die Versuchsanstalt in ein großzügiges Neubauprogramm einzugliedern, innerhalb dessen die nunmehr Fahrzeugversuchsanstalt genannte Dienststelle in Halle moderne bauliche und maschinelle Anlagen als Arbeitsstätte zugewiesen erhielt (Abb. 1). Die Dienststelle hatte sich nun auch mit Fragen der Bremstechnik und des Fahrzeuglaufs zu befassen, wodurch die Grundmittel, Anlagen, Meßgeräte und Meßwagen sowie Triebfahrzeuge wesentlich rationeller ausgenutzt werden konnten.

Die Fahrzeugversuchsanstalt wurde schließlich 1960 mit der Mitte der fünfziger Jahre gebildeten Versuchsanstalt für die ortsfesten Anlagen der elektrischen Zugförderung und mit der in etwa der gleichen Zeit gegründeten Versuchsanstalt für Motorfahrzeuge, die in Räumen des Raw Dessau ihre Arbeit aufgenommen hatte, zur Versuchs- und Entwicklungsstelle für die Maschinenwirtschaft mit Sitz in Halle vereinigt.

Ein inzwischen angelaufenes weiteres Neubauprogramm brachte den Aufbau besonderer Prüffelder für die Diesel- und Elektrotraktion als Betriebsteil Dessau der VES-M.

Gliederung der VES-M

Die Fertigstellung der Dessauer Anlagen und der Aufbau neuer Meßwagen für den

Versuchsbereich Halle erlaubten es der VES-M, umfangreiche Versuche anzustellen und eine wissenschaftliche Forschung auf allen Gebieten des Eisenbahnmaschinenwesens zu betreiben.

Zu den ursprünglich vorgesehenen Hauptfachgruppen

— Streckenversuche,
— Prüfstandversuche,
— Konstruktion und Entwicklung sowie
— Anlagen für elektrische Zugförderung

kam bald hinzu die Hauptfachgruppe

— Technologie und Bmt-Anlagen.

Diese Hauptfachgruppe hatte sich anfangs um die Entwicklung ortsfester technischer Anlagen des Betriebsmaschinendienstes, wie Drehscheiben, Schiebebühnen, Besandungs- und Bekohlungsanlagen, zu kümmern, mußte aber später insbesondere die Probleme der Einsatztechnologie des Triebfahrzeugparks in ihr Programm aufnehmen.

Ausrüstung der VES-M

Die VES-M verfügt sowohl im Betriebsteil Halle (Abb. 4) als auch im Betriebsteil Dessau (Abb. 5) über geräumige bauliche Anlagen. Im Betriebsteil Halle wurde Bedacht darauf genommen, die Versuchszüge und die Versuchsfahrzeuge mit ihren Meßwagen in geordnetem Arbeitsfluß schnell meßtechnisch ausrüsten, eichen und abrüsten zu können, was für die Versuchslokomotiven erforderte, eine zweckentsprechend bemessene Werkstätte mit Krananlagen einzurichten (Abb. 3).

Der Betriebsteil Dessau ist hingegen vor allem für die Prüfung von Einzelbauteilen moderner Traktionsmittel (Diesel- und Elektrotriebfahrzeuge) ausgestattet, wobei auch dort ganze Triebfahrzeuge oder Triebzüge auf entsprechenden Gleisanschlüssen geprüft werden können (Abb. 6 und 7).

Für die Fahrversuche auf dem Streckennetz der Deutschen Reichsbahn stehen dem Betriebsteil Halle Meßwagen und dazugehörige Beifahrzeuge zur Verfügung. Die ursprünglich übliche Bauweise der Meßwagen für spezielle Zwecke (Meßwagen für Lokomotiven, für Bremsen, für Fahrzeuglauf) veränderte sich in den letzten Jahren mit den Fortschritten der elektrischen und elektronischen Meßtechnik immer mehr in

6 Elektrisches Prüffeld in Dessau der VES-M

7 Dieselmotoren-Prüfstand in Dessau

Richtung auf Vielzweck-Meßwagen. Damit wird einerseits die Möglichkeit geschaffen, die sehr teuren Meßfahrzeuge besser auszunutzen, andererseits aber auch erreicht, daß in wenigen Meß-Versuchsfahrten wesentlich zahlreichere Meßgrößen gleichzeitig erfaßt werden können.

bzw. Einführung des elektrischen Zugbetriebs im Raum Magdeburg–Halle–Leipzig–Erfurt–Dresden nahm die VES-M in zunehmendem Maße ihre Versuche auf elektrifizierten Strecken vor; dabei bedient sie sich der Elektrolokomotiven der Baureihe E 18 als Zugkraft. Inzwischen sind diese

Im Betriebsteil Dessau ist das elektrische Prüffeld für die Prüfung aller elektrischen Einrichtungen sowohl von Elektro- als auch von Dieseltriebfahrzeugen vorzüglich ausgerüstet. Für die Erprobung unterschiedlicher Antriebssysteme können die Triebfahrzeuge und ihre aktiven Bauteile sowohl

8 Meßwagen II nach der Rekonstruktion

9 V 200 009 mit Meßwagen vor Beginn einer Meßfahrt im Bahnhof Saalfeld/Saale

Der erste Meßwagen, der für diese Meßtechnik ausgerüstet wurde, ist der bisherige Lokomotiv-Meßwagen II (Abb. 8), dessen Einsatz ursprünglich nur für die Messungen elektrischer Triebfahrzeuge geplant war. Ihm folgen demnächst zwei Neubaufahrzeuge, bei denen die bisherigen guten Erfahrungen mit dem Meßwagen II wesentlich weiter genutzt werden sollen. Mit Rücksicht auf den sich anbahnenden Schnellverkehr werden diese Meßfahrzeuge für eine Fahrgeschwindigkeit von 220 km/h ausgelegt.
Im ersten Jahrzehnt ihres Bestehens hatte die VES-M ihr Augenmerk auf dem Gebiet der Zugkräfte naturgemäß der Dampflokomotive gewidmet. Seit der Wiederaufnahme

so vorbereitet worden, daß sie Fahrgeschwindigkeiten von 180 km/h erreichen können.
Mit dem zunehmenden Anteil der Dieseltraktion im Raum Halle bestand die Möglichkeit, auch Lokomotiven der Baureihe V 180² (C'C') mit zu verwenden, so daß zur Zeit Dampflokomotiven nur noch als Bremslokomotiven und für solche Schnellfahrten vorgehalten werden, für die Triebfahrzeuge einer anderen Traktionsart noch nicht bereitstehen.
Die noch benötigten Dampfzugkräfte, nämlich zwei Lokomotiven der Baureihe 18, zwei der Baureihe 19 und eine der Baureihe 03¹⁰, wurden rekonstruiert und auf Ölfeuerung umgestellt.

mit Einphasen-Wechselstrom von 50 Hz oder von 16²/₃ Hz als auch mit Gleichstrom untersucht werden.
Das Prüffeld liefert außerdem dem Raw Dessau den 50-Hz-Einphasen-Wechselstrom in die Fahrleitung einer Prüfstrecke, auf der die in Dessau unterhaltenen Lokomotiven der Baureihe E 251 der Rübelandbahn erprobt werden.
Auf dem Dieselmotoren-Prüfstand können schnellaufende Dieselmotoren bis zu einer Leistung von 1 200 PS einschließlich der nachgeschalteten Getriebe — soweit es sich um Ausrüstungen dieselhydraulischer Lokomotiven handelt — vollständig geprüft werden. In diesem Prüfstand sind umfang-

10 Schnellfahrlokomotive 18 201 wird zur Schnellversuchsfahrt vorbereitet

reiche Maßnahmen für die Geräuschbekämpfung getroffen worden, die es gestatten, die gesamten Probeläufe von einer schallsicheren Schaltwarte aus zu steuern und zu überwachen.

Gemeinschaftsarbeit mit anderen Bahnverwaltungen und mit der einheimischen Schienenfahrzeugindustrie

Mit den genannten Ausrüstungen und Anlagen sah sich die VES-M seit ihrer Gründung in die Lage versetzt, eine große Anzahl Versuchs- und Entwicklungsaufgaben zu erfüllen, die teilweise über den Rahmen der Deutschen Reichsbahn hinausgingen und in mehreren Fällen eine intensive Gemeinschaftsarbeit mit entsprechenden Institutionen innerhalb der OSShD ermöglichten. Schon 1959 wurde ein erstes internationales Thema in Angriff genommen, das die Anlenkung der Fahrzeuge im Gleis unter dem Einfluß des Oberbaues und der Fahrzeug-Parameter zum Inhalt hatte. An dieser für die Anwendung eines günstigen Fahrzeug-Begrenzungsprofils sehr wichtigen Aufgabe arbeiteten die Eisenbahnen der UdSSR, der Volksrepublik Polen, der ČSSR und der DDR gemeinsam. Dabei hatte die VES-M auch Vergleichsversuche auf dem Streckennetz der ČSD auszuführen.

In ähnlicher Weise fanden im großen Umfang internationale Drehgestell-Vergleichsversuche in mehreren Etappen auf dem Versuchsring der ČSD bei Velin statt, wobei zunächst noch die Dampftraktion angewendet werden mußte, mit der immerhin 175 km/h erreicht wurden (Abb. 10.)

Die internationale Zusammenarbeit wurde auf dem Sektor Geräuschbekämpfung bei Schienenfahrzeugen gemeinsam betrieben.

Darüber hinaus haben die VES-M, die VES für die Wagenwirtschaft Delitzsch und die volkseigene Industrie Richtlinien für die geräuscharme Gestaltung der Schienenfahrzeuge erarbeitet.

Die Errichtung eines ortsfesten Prüfstandes

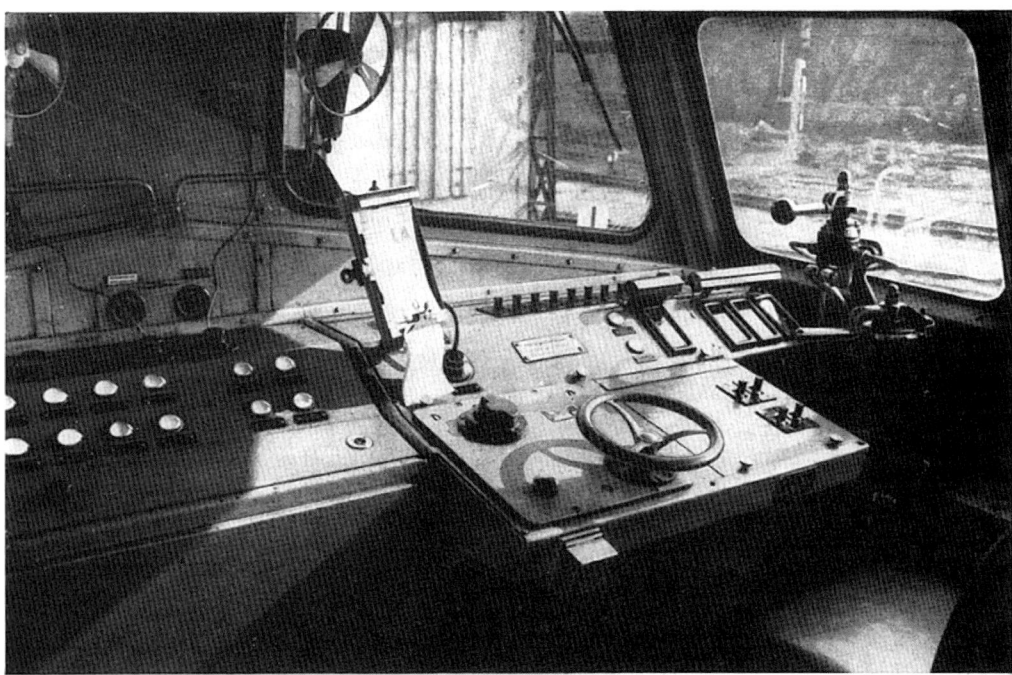

11 Führerstand bei der Serienausführung einer Nebenbahn-Diesellokomotive V 100

12 Leistungsversuche mit Lokomotiven des Braunkohlentagebaues Lochau bei Halle. (Der Meßwagen läuft wegen der zu hohen Zughakenkraft beider Lokomotiven an der Spitze)

13 Bo'Bo'-Nebenbahn-Diesellokomotive der Baureihe V 100 (Serienausführung)

14 Elektrischer Triebzug ET 25²

für die Ausrüstung und Eichung besonderer Meßradsätze in Verbindung mit einer neuen Meßmethode für Seitenkraftmessungen an den Spurkränzen der Fahrzeuge erlaubt, bei den Laufgütemessungen auch die Führungskräfte an den Radsätzen zu untersuchen.

Für die Messungen des Wärmeaustausches an den Motor- und Getriebekühlsystemen dieselhydraulischer Lokomotiven schuf die VES-M ein Standprüfverfahren, das die Leistungsfähigkeit der Kühlanlagen bei allen Außentemperaturen über den gesamten Leistungsbereich sehr genau zu ermitteln gestattet.

Außerdem wurden sämtliche Neubau-Lokomotiven — teilweise mehrfach, um die Exemplarstreuung zu ermitteln — auf ihre Leistung, ihre Laufgüte und ihre Bremseigenschaften eingehend untersucht, wobei besonders umfangreiche Messungen und Kontrollen an den Lokomotiven der Baureihen V 200, V 180, V 100 und E 251 vorgenommen wurden (Abb. 9).

Einen wesentlichen Anteil an der Arbeit der Hauptfachgruppe für Streckenversuche stellt die Erprobung der unterschiedlichsten Neubau-Reisezugwagen und -Güterwagen der volkseigenen Schienenfahrzeugindustrie — insbesondere für den Export — dar. Derartige Untersuchungen erstreckten sich gelegentlich auch auf Triebfahrzeuge und Reisezugwagen für 1000-mm-Spurweite, die — sofern es sich um Lokomotiven handelte — auf der hierfür besonders geeigneten Strecke von Schierke zum Brocken, bei den Reisezugwagen auf einer dafür hergerichteten Versuchsstrecke bei Angermünde stattfanden. Auf dieser Strecke wurden Schmalspurfahrzeuge mit Geschwindigkeiten bis zu 110 km/h gefahren.

Die Hauptfachgruppe für Streckenversuche unterhält sehr rege und umfangreiche Vertragsbeziehungen zu allen Betrieben der VVB Schienenfahrzeuge; ihre Untersuchungsergebnisse sind oft Bedingungen für die Exportlieferungen.

Auch Industriebahnen nehmen gelegentlich die Versuchskapazität der VES-M in Anspruch, so beispielsweise der Braunkohlentagebau Lochau bei Halle, um die Leistungssteigerung seiner Traktionsmittel zu prüfen (Abb. 12).

Die Auftragsforschung für die Schienenfahrzeughersteller nimmt einen breiten Raum ein. So fanden umfangreiche Messungen statt, um die Belastungshäufigkeit der Dieseltriebfahrzeuge im Betriebseinsatz kennenzulernen. Außer den laufenden Versuchsaufträgen, unter denen Arbeiten für die Senkung des Außengeräuschpegels einiger Diesellokomotiven und Erprobungen von Reisezugwagen für Geschwindigkeiten von 200 km/h einen besonderen Platz einnehmen, arbeitet die VES-M gemeinsam mit dem VEB Waggonbau Bautzen an Bau und Ausrüstung zweier neuer Universal-Meßwagen für sehr hohe Fahrgeschwindigkeiten.

Häufig parallel zu den umfangreichen Streckenuntersuchungen finden in den Prüffeldern des Betriebsteils Dessau die Untersuchungen einzelner wichtiger Aggregate der Triebfahrzeuge statt. So wurde insbesondere auf dem Dieselmotoren-Prüfstand das Zusammenwirken des Dieselmotors und Strömungsgetriebes bei der Baureihe V 180 grundlegend untersucht; ferner wurden dort Prüfstandläufe nach den Bedingungen des ORE-Zulassungsverfahrens mit dem verbesserten Dieselmotor 12 KVD 18/21 A II angestellt (vgl. Abb. 7).

Ein Großauftrag vom VEB LEW »Hans Beimler« Hennigsdorf befaßte sich mit der Erprobung der Antriebsanlage einer in die UdSSR zu liefernden »Autonomen Lokomotive«, die auf der Leipziger Frühjahrsmesse 1965 allgemeines Aufsehen erregte.

Wesentlichen Anteil an der Lösung der für die Dieseltraktion außerordentlich wichtigen Schmierölfrage hatte der Betriebsteil Dessau: Er schuf eine Grobprüfmethode für Motorenölüberwachung in den Bahnbetriebswerken, wodurch die Ölwechselfristen fühlbar verlängert werden und somit Motorenöl eingespart werden kann.

Außer einer großen Anzahl von Langzeituntersuchungen einzelner Schaltelemente von Diesel- und Elektrolokomotiven leisteten die Prüffelder auch umfangreiche sozialistische Hilfe für Reichsbahnausbesserungswerke und Betriebsstellen der Deutschen Reichsbahn, indem sie Einlauf- und Abnahmeprüfungen aufgearbeiteter Dieselmotoren übernahmen sowie in der letzten Zeit die in bestimmten Laufleistungsintervallen notwendigen Leistungseinstellungen an dieselelektrischen Lokomotiven der Baureihe V 200 vornahmen.

Es versteht sich von selbst, daß alle bei den Fahrerprobungen und Standprüfungen festgestellten Mängel und Unzulänglichkeiten Gegenstand sorgfältiger Auswertungen bei den Herstellern sind und daß gemeinsam mit diesen die Mängel an künftigen Erzeugnissen vermieden werden. Diese Aufgabe obliegt nicht ausschließlich den Hauptfachgruppen, die die Erprobungen vornehmen, sondern auch der Hauptfachgruppe Konstruktion und Entwicklung, die die Technischen Forderungen für den Bau von Triebfahrzeugen erarbeitet, mit allen Triebfahrzeugherstellern ständig engen Kontakt hält und bei der Gestaltung der Gesamtkonzeption und der einzelnen Baugruppen der Triebfahrzeuge entscheidend mitwirkt. Als besonders erfolgreich haben sich dabei ständige Konstruktionsberatungen bewährt, die teils bei der VES-M, teils bei den Herstellern abgehalten werden. Als ein Musterbeispiel für eine derartige gute Zusammenarbeit kann die B'B'-Nebenbahn-Diesellokomotive der Baureihe V 100 angesehen werden (Abb. 11 und 13).

Bei der Gemeinschaftsarbeit mit den Lokomotivwerken bediente sich die VES-M seit mehreren Jahren auch der elektronischen

12

13

14

Datenverarbeitung, als die Leistungsgrößen und Stückzahlen der Neubau-Triebfahrzeuge zu untersuchen waren.

Schließlich hat die VES-M sämtliche wesentliche Anträge auf Bauartänderungen am vorhandenen Triebfahrzeugpark, die sich aus den fortschreitenden Erfordernissen des Betriebs- und Erhaltungsdienstes ergeben, zu beurteilen und zu genehmigen.

Überwachung und Anleitung der Rekonstruktion

Die VES-M, Hauptfachgruppe Konstruktion und Entwicklung, wirkt nicht nur bei vielfältigen Standardisierungsvorhaben mit, sondern bearbeitet als Konstruktionsstelle die Rekonstruktionsprogramme einzelner Triebfahrzeugbauarten der Deutschen Reichsbahn. Dabei hat sie auch die Bauarbeiten in den entsprechenden Betrieben bzw. Reichsbahnausbesserungswerken anzuleiten und zu überwachen.

So sind in den letzten Jahren — beginnend mit der Rekonstruktion einiger Dampflokbaureihen — auch grundlegende Umbauten an älteren Schnelltriebzügen sowie an einigen elektrischen Triebzügen konstruktiv entwickelt und von hier aus eingeführt worden. Abbildung 14 zeigt als bemerkenswertes Rekonstruktionsbeispiel die inzwischen auch auf Ölhauptfeuerung umgestellte Schnellzuglokomotive der Baureihe 01^5 und Abbildung 15 den beinahe einem Neubau gleichenden elektrischen Triebzug der Baureihe ET 25^2.

Außerdem geht von der VES-M eine Vielzahl weniger umfangreicher Verbesserungen des Triebfahrzeugparks aus. Sie nimmt auch wesentlichen Anteil an der Vorbereitung und Mitwirkung, wenn vereinheitlichte Parameter der modernen Triebfahrzeuge international festgelegt werden.

Forschung für die Elektrifizierung

Die VES-M beschäftigt sich aber nicht nur mit der Entwicklung moderner Zugkräfte, sondern auch in der entsprechenden Hauptfachgruppe mit dem Gesamtkomplex aller mit der Elektrifizierung zusammenhängenden Fragen.

Die Wiederaufnahme des elektrischen Zugbetriebs bei der Deutschen Reichsbahn stellte zunächst die Aufgabe, ein vollständig

15

neues Zeichnungswerk für die Streckenausrüstung zu schaffen (Ezs-Zeichnungswerk), um der elektrotechnischen Industrie überhaupt erst die Grundlagen für die Serienfertigung solcher Ausrüstungsteile zu übergeben. Die Entwicklungsarbeit erstreckte sich von Isolatoren höherer mechanischer Festigkeit und größerer elektrischer Überschlagfestigkeit über die Konstruktion neuer fernbedienter Masttrennschalter und 15-kV-Leistungsschalter bis zur Vereinheitlichung und Grundlagenbestimmungen neuer Unterwerke.

Nach diesen Unterlagen entstanden die Unterwerke Leipzig-Wahren, Gößnitz, Dresden und Weimar, wobei auch die Fernsteuerung der Masttrennschalter mit geschaffen wurde. Das Ausführungsbeispiel dafür war das Unterwerk Köthen.

Über mehrere Jahre hinweg wurden umfangreiche Studien über den Elektrifizierungsfortschritt, die dazu notwendigen Maßnahmen zur Beschleunigung und Verbilligung sowie über die Gestaltung des Streckenausbaues und Fahrleitungsaufbaues betrieben. Mit dem Institut für Energetik in Leipzig wurden zahlreiche Varianten der Stromversorgung des elektrifizierungswürdigen Netzes erarbeitet und die günstigste Variante sowohl für eine zentrale als auch für eine dezentrale Stromversorgung ermittelt.

Für das dezentral zu versorgende Netzteil trat die VES-M als Generalauftragnehmer gegenüber der Deutschen Reichsbahn für die Entwicklung von fahrbaren 10-MVA-Synchron-Synchron-Umformern auf, die nach dem Pflichtenheft der VES-M im Zusammenwirken mit dem VEB Elektromaschinenbau Sachsenwerk Dresden-Niedersedlitz, dem VEB Elektroprojekt Berlin, dem VEB Waggonbau Niesky und dem Reichsbahnausbesserungswerk Jena entworfen und gebaut wurden (Abb. 16). Die Entwicklung, der Aufbau und der anschließende Versuchsbetrieb dieser Umformer waren ein Musterbeispiel für die ausgezeichnete Zusammenarbeit zwischen den Entwicklungsbetrieben und den verantwortlichen Stellen der Deutschen Reichsbahn. Als Ergebnis zeigten die Umformersätze, die unsere elektrotechnische Großmaschinenindustrie erstmals geliefert hatte, eine hervorragende Qualität und ge-

15 Rekonstruktionslokomotive 01⁵

16 Fahrbarer 10-MVA-Synchron-Synchron-Umformersatz

16

statteten es, den Versuchsbetrieb wesentlich zu verkürzen und sie damit vorzeitig zur Energielieferung in das Bahnnetz bereitzustellen.

Wichtige Arbeiten laufen zur Zeit für die künftige Umgestaltung der Berliner S-Bahn auf eine Stromschienenspannung von 1500 V und die damit verbundene Erneuerung und Modernisierung der gesamten Stromversorgung dieses Netzes.

In einem besonderen Prüffeld der Hauptfachgruppe für ortsfeste Anlagen der elektrischen Zugförderung und mit einem geländegängigen Meßfahrzeug werden zur Untermauerung der theoretischen Untersuchungen auch zeitweise Versuche an Einzelbauteilen der elektrischen Streckenausrüstung vorgenommen.

Vorbereitung auf die elektronische Datenverarbeitung

Der gesamte Ablauf des Maschinendienstes bei der Deutschen Reichsbahn wird seit einigen Jahren in zunehmendem Maße von der Hauptfachgruppe Technologie und Bmt-Anlagen betreut. Mit der fortschreitenden Einführung der elektronischen Datenverarbeitung in die Behandlung des Eisenbahnbetriebsablaufes führte sie mehrjährige grundlegende Optimierungs- und Programmierungsarbeiten aus. Sie schuf damit die Voraussetzung, daß der Einsatz und die Ausnutzung der Triebfahrzeuge in steigendem Maße dem Fingerspitzengefühl der »Lokkuppler« entzogen und den exakt arbeitenden Rechenautomaten übertragen werden.

Beim Aufbau des zentralen Leitungssystems für den gesamten Güterverkehr der Deutschen Reichsbahn (System ADAG), worüber an anderer Stelle dieses Buches berichtet wird, hat die VES-M gründliche Teilarbeit geleistet und dem Hauptdienstzweig Maschinenwirtschaft bereits in der ersten Etappe der Einführung des Systems ADAG einen sinnvollen Anteil gesichert.

Es wurde auch dafür gesorgt, daß die größeren wissenschaftlichen Arbeiten anderer Hauptfachgruppen der VES-M mit der Datenverarbeitung optimal behandelt und schneller gelöst werden konnten.

Informations- und Dokumentationsdienst

Ein zweckmäßig aufgebauter Informations- und Dokumentationsdienst, der mit den Informationsstellen der DDR eng verbunden ist, gewährleistet, daß den wissenschaftlichen Mitarbeitern der VES-M die modernste Literatur ihrer Arbeitsgebiete schnell und vorbereitet zur Verfügung gestellt wird. Dabei beschafft die dem Büro für Neuererwesen angegliederte Patentgruppe die notwendigen patentrechtlichen Unterlagen und stellt Patentrecherchen an.

Das Büro für Neuererwesen arbeitet mit Hilfe mehrerer zentraler Neuererbrigaden für den gesamten Bereich des Maschinendienstes als zentrale Gutachter- und als Förderungsstelle für die Neuerer. Ihm fließen aus den Dienststellen der Maschinenwirtschaft, den Reichsbahnausbesserungswerken, den Hauptfachgruppen der VES-M und den einschlägigen Industriebetrieben die notwendigen Informationen zu, um die Vorschläge der Neuerer gründlich und mit hohem Nutzeffekt zu bearbeiten und einführungswürdige Vorschläge so bald und so umfassend wie möglich im Triebfahrzeugpark der Deutschen Reichsbahn wirksam werden zu lassen.

Von hohem Wert erweist sich dafür ebenso wie für die Behandlung aller Anträge auf Bauartänderungen das Zentrale Archiv der VES-M, in dem die Zeichnungssätze aller Triebfahrzeuge der Deutschen Reichsbahn — zum großen Teil in Originalen — zusammengefaßt sind und durch einen mit der Industrie abgestimmten Änderungsdienst laufend auf dem neuesten Stand gehalten werden.

Einige Aufgaben der nächsten Zukunft

Die endgültige Traktionsumstellung bei der Deutschen Reichsbahn erfordert auf einigen Gebieten die grundlegende und verantwortliche Mitarbeit der VES-M. Dabei gilt insbesondere zu lösen: Entwicklung, Bau, Erprobung und Seriengestaltung

1. der Triebzüge für die kommenden Stadtschnellbahnen und die Leistungssteigerung der Berliner S-Bahn nebst Vollerneuerung ihres Fahrzeugparks;

2. der schnellfahrenden Großdiesellokomotiven der Baureihen V 300 und V 400;

3. der schweren Elektrolokomotiven der Baureihe E 51 (Co'Co') in den Varianten als Güterzug- und als Schnellfahrlokomotive und schließlich

4. die Festlegung und Gestaltung der einzelnen Etappen für einen automatischen Lok- bzw. späteren Zugbetrieb.

Die Probleme der Stromversorgung im elektrifizierten Netz unter Berücksichtigung der Stadtschnellbahnen müssen erneut aufgegriffen und geklärt werden. Geeignete Fahrleitungen und Stromabnehmer für sehr hohe Fahrgeschwindigkeiten sind einzuführen. Die Arbeiten auf dem Gebiet der Starkstromtechnik bei besonderer Beachtung der modernen Lichttechnik sind voranzutreiben, vor allem deshalb, um die Unterhaltung rationeller zu gestalten.

Die Milliarden-Investitionen im Hauptdienstzweig Maschinenwirtschaft der Deutschen Reichsbahn für den Traktionswandel zwingen zu einer bisher nicht gewohnten Ausnutzung des Triebfahrzeugparks. Mit Hilfe der elektronischen Datenverarbeitung müssen künftig die besten Fahrzeugkupplungen und Fahrzeugumläufe nicht nur für die jeweiligen Fahrplanabschnitte einmalig ermittelt, sondern ständig überprüft und gegebenenfalls berichtigt werden, damit höchste Einsatzzeiten und Laufleistungen für die Triebfahrzeuge gesichert werden.

Die elektronische Datenverarbeitung muß auch verstärkt für die Information und Dokumentation genutzt werden, um die schöpferische Arbeitskraft der Ingenieure von Routinearbeiten und Ballast zu befreien und sie somit auf die eigentliche Forschung und Entwicklung zu konzentrieren. Das erfordert auch, die Zusammenarbeit mit den Hoch- und Fachschulen ebenso wie mit den Neuerern weiterzuentwickeln. Die großen Möglichkeiten der elektronischen Datenverarbeitung werden auch verstärkt im eigentlichen Versuchsbetrieb Platz greifen müssen, um in steigendem Maße nach Aufstellung geeigneter Rechenprogramme insbesondere sogenannte Routine-Programme aus dem Versuchsfahrbetrieb zu entfernen und rechnerisch zu behandeln.

Aus dieser keineswegs vollständigen Aufzählung künftiger Entwicklungsarbeiten folgt, daß die Ausstattung der VES-M mit Meß- und Prüfeinrichtungen jeweils vervollkommnet werden muß, daß vor allem weitgehend automatisierte Meß- und Auswerteverfahren immer breiter Eingang finden müssen. In dem Zusammenhang haben sich die Leitungs- und Ingenieurkader der VES-M ständig weiterzuqualifizieren, wozu das derzeitige sehr günstige Durchschnittsalter dieser Mitarbeiter (36 Jahre) beste Voraussetzung ist.

Zusammenfassung

In diesem engen Rahmen konnten nur die wesentlichsten technischen Erfolge und Aufgaben der VES-M erläutert werden. Der Nutzen der Neuererbewegung, die Leistungen der Kollektive der sozialistischen Arbeit, die alle nicht unwesentlich zu den hier geschilderten rein technischen Erfolgen beitrugen, müssen in einer späteren Abhandlung gebührend gewürdigt werden.

Bei voller Wahrnehmung aller Anpassungsmöglichkeiten an die stürmische Weiterentwicklung der in ihrem Bereich einsetzbaren Technik wird die Versuchs- und Entwicklungsstelle für die Maschinenwirtschaft der Deutschen Reichsbahn auch in den kommenden Jahren in der Lage sein, die Entwicklung des Maschinendienstes unseres sozialistischen Eisenbahnwesens technisch-ökonomisch wesentlich mitzugestalten.

EIN WERK STELLT SICH VOR:

VEB LEW »Hans Beimler« Hennigsdorf

Obering. HORST MÜLLER

Der VEB Lokomotivbau-Elektrotechnische Werke (LEW) „Hans Beimler" Hennigsdorf ist einer der Großbetriebe unserer elektrotechnischen Industrie. Er ist der in der Deutschen Demokratischen Republik bedeutendste Hersteller der vier Erzeugnisgruppen
- Schienentriebfahrzeuge, und zwar Vollbahn-, Industrie-, Diesellokomotiven und Triebwagen,
- Elektroisolierstoffe,
- Elektroindustrieöfen und
- elektrische Widerstandsschweißmaschinen.

Das in den Jahren 1911 bis 1917 vom AEG-Konzern errichtete Werk produzierte bis 1945 im wesentlichen Lokomotiven, Signal- und Scheinwerferanlagen, Druckapparate, Mikanite, Lacke und Heizgeräte. Bis Ende der dreißiger Jahre hatten die AEG-Fabriken in Hennigsdorf mehr als 5000 Elektrolokomotiven aller Art geliefert. Allerdings war das Werk auch in die Rüstungsproduktion des faschistischen Deutschlands einbezogen. Allein im Juli 1944 hatte das Kriegsmaterial einen Anteil an der Gesamtproduktion von 28,8 Prozent.

Nach der Befreiung vom Faschismus durch die Rote Armee begann unter Führung der Partei der Arbeiterklasse der Wiederaufbau des zu 80 Prozent zerstörten Betriebs. Von den Maschinen, Aggregaten usw. waren nur noch rund 24 % brauchbar.

Es ist den Arbeitern, Angestellten und Ingenieuren zu verdanken, daß der Wiederaufbau zielstrebig voranging und somit die Produktion bald wieder aufgenommen werden konnte. Die ersten Arbeiten waren Reparaturen von landwirtschaftlichen Maschinen, Haushaltsgeräten und verschiedenen Wirtschaftsartikeln.

Aber schon 1946 begann man damit, Elektrokarren und Druckapparate zu produzieren und Elektrolokomotiven instandzusetzen.

Im Jahr 1948 ging aus der Sowjetunion der Auftrag ein, 126 Industrielokomotiven mit einer Dienstmasse von je 80 t zu bauen, was den Wiederaufbau des Werks beschleunigte.

Mit dem Zweijahr- und dem ersten Fünfjahrplan vollzog sich planmäßig die Weiterentwicklung unserer Produktionszweige.

Schon 1949, im Gründungsjahr unseres

1 Der VEB Lokomotivbau-Elektrotechnische Werke (LEW) „Hans Beimler" in Hennigsdorf bei Berlin

Arbeiter-und-Bauern-Staats, erreichte das Produktionsvolumen fast die Hälfte des Umfangs aus der Vorkriegszeit.

Als dann 1951 der Grundstein für die neue Lokomotiv-Montagehalle gelegt wurde, war eine Entwicklung des volkseigenen Betriebs mit dem verpflichtenden Namen Hans Beimler von bis dahin nie gekanntem Ausmaß eingeleitet.

Seit 1955 arbeitet der VEB LEW „Hans Beimler" Hennigsdorf ständig mit Gewinn. Seit dieser Zeit werden jährlich 30 bis 60 % seiner Erzeugnisse in etwa 30 Länder exportiert.

1969 hat sich dank der sozialistischen Wirtschaftsplanung und dank der konsequenten Festigung unserer Deutschen Demokratischen Republik das Produktionsvolumen auf das Vierzehnfache gegenüber 1949 erhöht und ist die Belegschaftsstärke auf das Doppelte angewachsen.

Erzeugnisgruppe Schienentriebfahrzeuge

Der Schienentriebfahrzeugbau ist das Kernstück des VEB LEW „Hans Beimler" Hennigsdorf. Er umfaßt derzeit etwa 80 Prozent der Gesamtproduktion.

Es waren vor allem die Sowjetunion sowie die Volksrepubliken Polen und Bulgarien, die bereits in den ersten Nachkriegsjahren mit größeren Lokomotivaufträgen für die Auslastung und den weiteren Ausbau des für unseren Betrieb so traditionsreichen Produktionszweigs sorgten.

Die Lokomotiven des VEB LEW „Hans Beimler" Hennigsdorf arbeiten unter arktischen und unter subtropischen Bedingungen; sie verkehren jenseits des nördlichen Polarkreises und in den klimatisch ebenfalls unwirtlichen Weiten Sibiriens sowie im brasilianischen Urwald. Sie sind aber auch unter anderem in Mitteleuropa anzutreffen, so in der Sozialistischen Föderativen Republik Jugoslawien, der Volksrepublik Polen und in bulgarischen Industriezentren.

Bedeutungsvoll ist, daß alle Erzeugnisse während der Entwicklung und vor der Auslieferung an den Kunden gründlich erprobt werden.

Bis zum Jahr 1959 wurden überwiegend Gleichstromlokomotiven für in- und ausländische Tagebaubetriebe entwickelt und gefertigt. Dazu kamen später verschiedene Typen von Vollbahnlokomotiven. Im Rahmen der Traktionsumstellung im Eisenbahnwesen nahm man 1959 die Konstruktion und Produktion von Wechselstromlokomotiven für den Export und den Eigenbedarf der Deutschen Reichsbahn auf.

Ebenfalls für das In- und Ausland begann 1964 die Fertigung von dieselhydraulischen Lokomotiven und zwei Jahre darauf die von Wechselstrom-Industrielokomotiven, die für die mit 50 Hz 10 kV elektrifizierten Strecken und zusätzlich für nichtelektrifizierte Strecken mit einem dieselelektrischen Antrieb ausgerüstet sind. Derartige Lokomotiven, zu denen als Gespanneinheit zwei von der Lokomotive gespeiste Motorkippwagen gehören, wurden in sowjetischen Großtagebauen mit enormen Steigungen eingesetzt. Für die Entwicklung dieser Lokomotiven und Motorkippwagen in der Rekordzeit von nur 14 Monaten erhielt das verantwortliche Kollektiv den Nationalpreis der Deutschen Demokratischen Republik. Außerdem wurden die Erzeugnisse auf der Leipziger Frühjahrsmesse 1965 mit einer Goldmedaille ausgezeichnet.

Ein Exportauftrag über dieselelektrische Lokomotiven für Brasilien wurde im Jahr 1968 realisiert.

Die erfolgreiche Bilanz der Erzeugnisgruppe Schienentriebfahrzeuge wies Mitte 1969 rund 5500 Lokomotiven aus. Dabei beeindruckt vor allem die Seriengröße einzelner Typen, nämlich

— 536 Elektro-Industrielokomotiven mit einer Dienstmasse von 150 t,
— 736 Elektro-Industrielokomotiven mit einer Dienstmasse von 100 t,
— 126 Elektro-Industrielokomotiven mit einer Dienstmasse von 80 t und
— 814 Elektro-Industrielokomotiven mit einer Dienstmasse von 70 bis 75 t.

Ein Ereignis für die Belegschaft des VEB LEW „Hans Beimler" Hennigsdorf war die Übergabe der 100. Lokomotive vom Typ V 100 (64 t Dienstmasse, 1000 PS Nennleistung; vgl. Eisenbahn-Jahrbuch 1968, S. 60) im November 1968 an den Minister für Verkehrswesen der DDR, Dr. Erwin Kramer.

Bis zu diesem Zeitpunkt waren außerdem an die Deutsche Reichsbahn geliefert worden:

2 Wilhelm Pieck bei der Grundsteinlegung für die Lokomotiv-Montagehalle im Jahr 1951

- Wechselstromlokomotiven mit der Achsfolge Co'Co' für 50 Hz 25 kV,
- Wechselstromlokomotiven mit der Achsfolge Bo'Bo' für 16²/₃ Hz 15 kV und
- dieselhydraulische Lokomotiven der Baureihe V 60 (60 t Dienstmasse, 650 PS Nennleistung).

Für die Qualität unserer Erzeugnisse spricht nachstehende Beurteilung der Wechselstromlokomotive der Baureihe E 11/E 42 für die mit 16²/₃ Hz 15 kV elektrifizierten Strecken. Die Hauptverwaltung der Maschinenwirtschaft der Deutschen Reichsbahn schrieb:

„Mit der Erweiterung des elektrischen Zugbetriebs stand die Deutsche Reichsbahn vor der Aufgabe, den Bestand an elektrischen Triebfahrzeugen zu erweitern und zu erneuern.

In den Jahren 1957 bis 1960 wurde deshalb vom VEB Lokomotivbau-Elektrotechnische Werke ‚Hans Beimler' Hennigsdorf als Hauptprojektant im Auftrag der Deutschen Reichs-

3 Wechselstrom-Industrielokomotive für 50 Hz 10 kV vom Typ El 10 mit zwei Motorkippwagen

4 Für Großtagebaue bestimmt: Elektro-Industrielokomotive vom Typ El 1 (150 t Dienstmasse)

5 Für den schweren Rangier- und leichten Streckendienst in der DDR und VR Bulgarien bestimmt: dieselhydraulische Lokomotive der Baureihe V 60 D (Leistung 650 PS)

bahn eine Bo'Bo'-Lokomotive für 15 kV, 16²/₃ Hz, mit einer Höchstgeschwindigkeit von V = 140 km/h und einer Dienstlast von 82,5 Mp entwickelt.

Bei der Projektierung und dem Bau dieser Lokomotiven konnte man auf die Erfahrungen zurückgreifen, die von den Lokomotivbau-Elektrotechnischen Werken ‚Hans Beimler' bei der Herstellung der für die Polnischen Staatsbahnen bestimmten Vollbahnlokomotiven der Achsanordnung Bo'Bo' und Co'Co' für 3 kV Gleichstrom gemacht wurden.

Die ersten beiden Lokomotiven für 15 kV, 16²/₃ Hz, wurden der Deutschen Reichsbahn 1960 übergeben und im Versuchsbetrieb einer umfangreichen Erprobung unterzogen. Für die weiteren Lokomotivlieferungen sind bei der Überarbeitung der Konstruktion die gewonnenen Erkenntnisse aus der Erprobung berücksichtigt worden.

Die für den schweren Schnellzugdienst, den Personenzugdienst und den leichten Güterzugdienst bestimmte Lokomotive mit einer Stundenleistung von 2900 kW wurde durch Änderung der Getriebeübersetzung für V_{max} = 100 km/h als Güterzuglokomotive ausgelegt, wodurch eine weitestgehende Vereinheitlichung beider Lokomotivbaureihen und damit eine vorteilhafte Ersatzteilwirtschaft erreicht wurde.

Gleichzeitig ist bei der Entwicklung verschiedener Ausrüstungsteile wie Stromabnehmer, Hauptschalter, Schütze, Richtungswender und Hilfsmotoren der ersatzweise Einbau in die bei der Deutschen Reichsbahn vorhandenen Lokomotiven konstruktiv berücksichtigt worden, so daß auch hier eine umfassende Vereinheitlichung und damit eine wirtschaftliche Unterhaltung erzielt werden konnte.

Auf Grund dieser guten Eigenschaften und der nach zweijährigem Betriebseinsatz mit einer größeren Anzahl von Lokomotiven gemachten Erfahrungen ist es möglich, die Laufleistung der Lokomotiven zwischen zwei Untersuchungen, deren Zeitpunkt durch den Radreifenverschleiß bestimmt wird, von 150000 km auf 225000 km zu erhöhen.

Der bisherige Einsatz der Serienlokomotiven hat gezeigt, daß die bei der Entwicklung gestellten Forderungen der Deutschen Reichsbahn von beiden Lokomotivbaureihen erfüllt werden.

Nachdem sich nunmehr eine größere An-

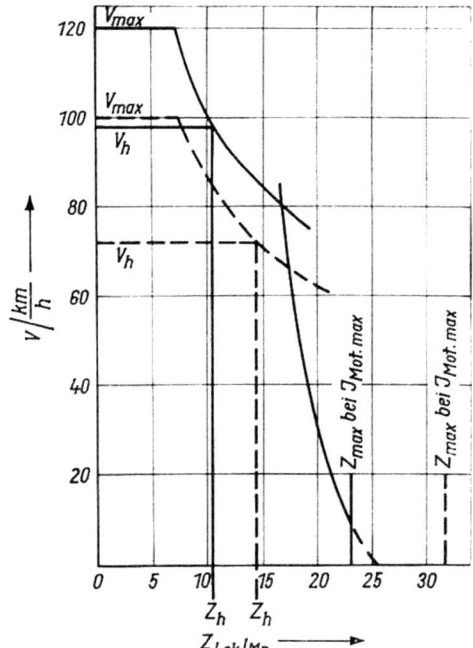

6 Geschwindigkeits-Zugkraft-Diagramm der Baureihe E 11/E 42
Ausgezogene Linie gilt für E 11, gestrichelte Linie für E 42

zahl von elektrischen und Diesel-Neubaufahrzeugen im Betriebseinsatz bei der Deutschen Reichsbahn befinden, sprechen wir Ihnen sowie den Angehörigen Ihres Werkes für die geleistete Arbeit Dank und Anerkennung aus!"

Das Produktionsprogramm dieser Erzeugnisgruppe enthält weitere Erzeugnisse, wie Straßenbahntriebwagen, Lokomotivausführungen speziell für den Untertagebaubetrieb, Erztransportwagen, Zahnradlokomotiven und Kokslöschlokomotiven. Des weiteren wird der größte Teil der elektrischen Ausrüstungen, insbesondere aber die Steuerungen sowohl für die eigenen Produkte als auch für andere Schienentriebfahrzeuge, wie S-Bahn- und U-Bahntriebwagen sowie Straßenbahntriebwagen des In- und des Auslands, im VEB LEW „Hans Beimler" Hennigsdorf gefertigt.

Für den Perspektiv- und den Prognosezeitraum ist von ausschlaggebender volkswirtschaftlicher Bedeutung, neue leistungsfähige Triebfahrzeuge bereitzustellen.

Die Traktionsumstellung von Dampf- auf Diesel- und Elektrolokomotiven wird bei den meisten Bahnverwaltungen in den nächsten Jahren abgeschlossen. Ein umfangreiches Programm zur Lösung der Verkehrsprobleme im Nah- und Stadtverkehr läuft gleichzeitig in diesem Zeitraum an. Dabei werden als Hauptverkehrsträger vorwiegend Nahverkehrs-, S-Bahn- und U-Bahntriebwagen zum Einsatz gelangen. Als alleinigem Hersteller von Schienentriebfahrzeugen in der DDR kommt dabei dem VEB LEW entsprechend den Vereinbarungen mit der Deutschen Reichsbahn und über Exportlieferungen eine große Aufgabe zu. Dabei handelt es sich um die Entwicklung und Lieferung von

— 3teiligen S-Bahn-Triebwagen,
  1 kV Gleichstrom für Ungarn;
— 4teiligen S-Bahn-Triebwagen für Bezirksstädte der DDR, 15 kV/16²/₃ Hz;
— 4teiligen S-Bahn-Triebwagen für die Hauptstadt der DDR, Berlin,
  0,75/1,5 kV Gleichstrom;
— 2teiligen U-Bahn-Triebwagen für die Hauptstadt der DDR, Berlin,
  0,75 kV Gleichstrom.

Weiterhin sind die Entwicklung bzw. Weiterentwicklung vorgesehen von

— Personenzug- und Güterzuglokomotiven für das elektrifizierte Streckennetz,
— dieselhydraulischen und dieselelektrischen Lokomotiven für den Rangier- und Streckendienst,
— Industrielokomotiven verschiedener Ausführungen (einschließlich von Grubenlokomotiven für den Übertage- und Untertagebau),
— elektrischen Ausrüstungen für Schienentriebfahrzeuge.

Dabei wird vor allem der Leichtbauweise mit hochfesten Stählen und Aluminium bei denjenigen Triebwagen eine dominierende Rolle beigemessen, die bis 1980 in größerer Anzahl an die Deutsche Reichsbahn zu liefern sind. Darüber hinaus wird durchgesetzt, bei allen Neuentwicklungen die Leistungs- und Steuerelektronik anzuwenden.

Bei der für die Deutsche Reichsbahn geschaffenen leistungsstarken sechsachsigen Elektrolokomotive der Baureihe E 51 mit einer Stundenleistung von 5400 kW werden außer elektronischen Bauelementen in der Steuerung auch Thyristorlastschalter für das Hochspannungsschaltwerk eingebaut.

Erzeugnisgruppe Elektroisolierstoffe

Die Isolierstoffe haben einen Anteil von etwa 12 % an der Gesamtproduktionsmenge.
Nach Wiederaufbau der Fabrikationseinrichtungen wurde das frühere Sortiment wieder aufgegriffen.
Ein eigenes Verfahren zur maschinellen Herstellung von Folienglimmer war 1956 produktionsreif; damit wurde unser Betrieb der in Europa zweite industrielle Anwender einer neuen Verfahrensweise bei der Produktion von Glimmererzeugnissen.
Zur Isolation elektrischer Heizleiter bis 800 °C dient das Heiznovomikanit®, das 1957 auf den Markt kam.
Im Jahr 1965 konnten die Entwicklungsarbeiten an einem Isoliermaterial für Generatoren — Novomikaband® 200 — erfolgreich abgeschlossen und in die Produktion überführt werden. Es erlaubt, die Scheinleistung eines für 58,8 MVA ausgelegten Generators um 6 Prozent zu erhöhen.

Die Forschungsarbeiten in den letzten Jahren führten dazu, Glimmererzeugnisse nach einem halbautomatischen Verfahren über eine Glimmerfolie als Zwischenprodukt zu fertigen.
Auch das Sortiment der Schichtpreßstoffe hat sich inzwischen erweitert. 1961 begann mit Cevausit® 77 die Produktion von Epoxidharzglasgeweben; das sind Schichtpreßstoffe für den Turbogeneratorbau. Unser Cevausit® 57 wird als Schaltkammerzylinder und Schalterrohr im Hochspannungsschalterbau verwendet.
Die neuen Schichtpreßstoffe, die 1966 in Serie gingen, können wegen ihrer hohen Wärmebeständigkeit bis zu 130 °C ertragen.
Die hohe mechanische Festigkeit des Cevausit® 07 wird von keinem anderen Schichtpreßstoff unserer Produktion erreicht.
Besondere Bedeutung haben die kupferkaschierten Schichtpreßstoffe als Ausgangsmaterial für die Herstellung gedruckter Schaltungen.
Die Zusammenarbeit mit dem Zentrallaboratorium für Schichtpreßstoffe und Klimaschutz gewährleistet, daß der VEB LEW „Hans Beimler" Hennigsdorf vor allem in der Entwicklung neuer Elektroisolierstoffe weiterhin erfolgreich vorankommt.
Damit den erhöhten Anforderungen der Kunden Rechnung getragen werden kann, entsteht zur Zeit in Bernau ein Zweigwerk.
Die Perspektive der Erzeugnisgruppe Elektroisolierstoffe sieht die Weiterentwicklung vorhandener und die Entwicklung neuer Werkstoffe vor, wie Basismaterial für flexible Schaltungen zum Einebnen der Leiterzüge und eine breite Werkstoffpalette zur Herstellung von Mehrebenenschaltungen.

Erzeugnisgruppe Elektroindustrieöfen

Einen wesentlichen Anteil am schnellen Aufschwung unseres Betriebs hat die Erzeugnisgruppe Elektroindustrieöfen.
Das Sortiment bestand bis 1960 aus den in Serie hergestellten Industrieöfen wie Kammeröfen zum Härten und Vergüten für die metallverarbeitende und Wagentunnelöfen für die keramische Industrie.
In den letzten acht Jahren änderte sich der Charakter dieser Erzeugnisgruppe grundlegend. Bei den 60 bis 70 Prozent Neuent-

7 Maschine zum Lackieren von Papierbahnen für Schichtpreßstoffe

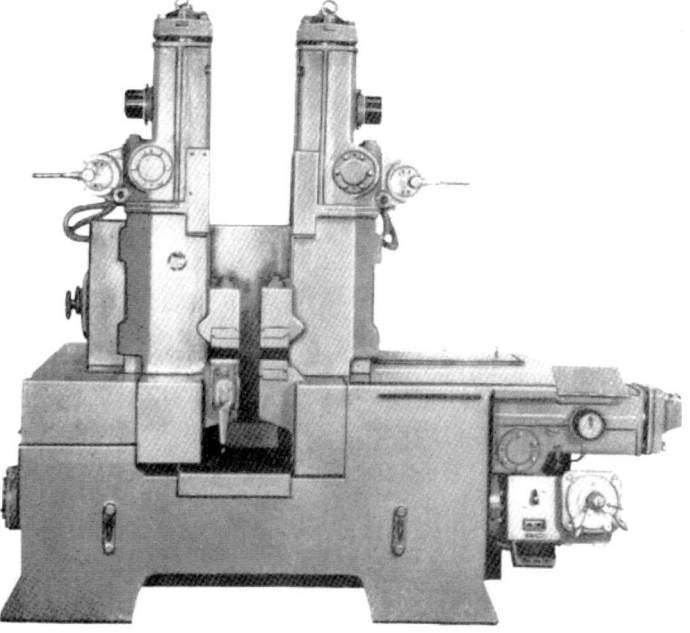

8 Automatisch arbeitende Abbrennstumpfschweißmaschine vom Typ UMA 25

9 Elektronenstrahlmehrkammerofen vom Typ EMO 1200 (Leistung 1200 kW)

10 Zentrum des kulturellen Lebens: LEW-Klubhaus

wicklungen ergaben sich neue Gebrauchswerteigenschaften sowie ein hoher Mechanisierungs- und Automatisierungsgrad.

Die systematische Zusammenarbeit mit einer Reihe von in- und ausländischen Forschungsinstituten, besonders mit dem Forschungsinstitut Manfred von Ardenne Dresden und dem Institut für Elektrowärme an der TH Ilmenau, wirkte sich fruchtbringend auf diese Erzeugnisgruppe aus.

Ein herausragendes Ereignis ist die Serienproduktion von 200-kW-Elektronenstrahlmehrkammeröfen, von denen allein in den Jahren 1963 bis 1965 unter anderem 17 in die Sowjetunion und die Volksrepublik China exportiert wurden. Bedeutungsvoll war die Entwicklung eines Elektronenstrahlmehrkammerofens mit einer Strahlerleistung von 1200 kW. Die in dieser Art größte Anlage der Welt bildet das Kernstück des Vakuumstahlwerks Freital bei Dresden.

In den rund 20 Ländern, in die von 1958 bis 1966 über 2500 Elektroindustrieöfen geliefert wurden, zeichnen sich diese Erzeugnisse des VEB LEW „Hans Beimler" Hennigsdorf durch hohe Arbeitssicherheit und qualitatives Arbeitsverhalten aus.

Im Perspektivzeitraum werden an die Fachbereiche

— widerstandsbeheizte Öfen und Anlagen,
— Industrieöfen und Erwärmungsanlagen und
— Elektronenstrahlschmelzen und Bedampfen

erhöhte Anforderungen infolge des stetig wachsenden Bedarfs an hochproduktiven Anlagen gestellt. Das höhere Niveau in der Warmbehandlung metallurgischer Erzeugnisse, in der Oberflächenveredlung kaltgewalzter Stahlbänder und in der Bedampfung von Spiegel- und Fassadenglas rechtfertigt es, die Forschungs- und Entwicklungskapazität maximal einzusetzen. Dabei werden solche Maßnahmen beschleunigt verwirktlicht wie

— Bereinigung des Erzeugnissortiments durch nationale und internationale Spezialisierung,
— Einführung von Baukastensystemen für Schalttafelfelder bei Öfen,
— Standardisierung der Schaltschranksysteme für Öfen und

— Verwendung standardisierter Bausteinsysteme für Induktions-, Tiegel- und Rinnenöfen sowie Niederfrequenz-Blockerwärmungsanlagen.

Erzeugnisgruppe elektrische Widerstandsschweißmaschinen

Dieser Erzeugnisgruppe wird deshalb besondere Aufmerksamkeit gewidmet, weil das Widerstandsschweißen das leistungsfähigste und wirtschaftlichste Verfahren zur Herstellung unlösbarer Verbindungen von Metallen ist und demzufolge einen bedeutenden Einfluß auf die Mechanisierung und Automatisierung von Schweißprozessen hat.

Von 1951 bis 1961 wurden die auf modernem technischem Niveau (wie hohen Kräften und Strömen) beruhenden Typen PA und PNA in großen Stückzahlen gefertigt.

1961 gelang in der Entwicklung von Widerstandsschweißmaschinen ein weiterer Durchbruch, als die Baureihen der Punktschweiß- und später auch Buckelschweiß- und Nahtschweißmaschinen eingeführt werden konnten. Bei diesen Maschinen setzte man nicht nur die Leichtbauweise und die höchsten technischen Parameter, sondern auch eine wirtschaftliche Gestaltung des Sekundärkreises durch.

Bei den Abbrennstumpfschweißmaschinen wurde der Typ UMA den modernen Erkenntnissen angepaßt.

Es wurde aber nicht nur das Programm von Standardmaschinen für das Punkt-, Buckel-, Naht- und Abbrennstumpfschweißen erweitert, sondern es entstanden auch mehr und mehr komplette Anlagen, zum Beispiel Felgenschweißmaschinen für automatische Felgenstraßen, Bandschweißanlagen für eine endlose Verarbeitung von Blechbändern, Mattenschweißanlagen für die Bewehrungsvorfertigung und Knüppelschweißmaschinen.

Erwähnenswert ist der zum Schweißen von Pkw-Felgen geschaffene Vierpunktautomat, der fünfmal leistungsfähiger ist als die Einzelfertigung. Mit einem Rohrleiterschweißautomaten kann die Produktivität sogar um das Fünfzehnfache gesteigert werden.

Die stationär arbeitende Abbrennstumpfschweißmaschine SAM 25 für das Verschweißen walzarmer Knüppel beim Prozeß des endlosen Walzens ist einmalig.

In der Perspektive kommt es auf die verstärkte Entwicklung und Fertigung kompletter Anlagen und verkettungsfähiger Anlagenteile an. Dabei werden in Zusammenarbeit mit der Sowjetunion eine weitestgehende Spezialisierung und Typenbeschränkung sowie eine Konzentration auf Schwerpunkte vorgenommen.

Soziale und kulturelle Betreuung

Die Sorge des Betriebs um seine Mitarbeiter spiegelt sich in den umfangreichen sozialen und kulturellen Aufwendungen wider.

Die modern ausgestattete Betriebspoliklinik, drei große Betriebskindergärten für über 430 kleine Hennigsdorfer, eine Wochen- und eine Tageskrippe für die Kleinstkinder sowie ein Kinderhort, in dem über 120 ABC-Schützen bis zum Arbeitsschluß der Eltern betreut werden, sind Beispiele dafür.

Hunderte von Neubauwohnungen werden Jahr für Jahr an unsere Betriebsangehörigen vergeben. Ein Wohnheim gewährt den Ledigen eine behagliche Unterkunft.

Die in Lenz am Plauer See errichteten Bungalows sowie ein Betriebsferienheim am Rahmer See bereiten vielen Familien unserer Betriebsangehörigen einen erholsamen Urlaub. Des weiteren bieten die Kinderferienlager in Lenz erlebnisreiche Tage.

Zur vorbeugenden Behandlung und Wiederherstellung der Gesundheit werden jährlich für etwa 400 Mitarbeiter Kuren angeordnet.

Zentrum des kulturellen Lebens unseres Betriebs ist das LEW-Klubhaus. Hunderte von Belegschaftsmitgliedern gestalten hier sinnvoll in vielen Zirkeln ihre Freizeit. Theateraufführungen, Filmvorstellungen, Vorträge, Spiel und Tanz, Ausstellungen und Feierstunden wechseln einander ab.

Eine umfangreiche Betriebsbibliothek zählt viele ständige Leser.

Die Betriebsakademie veranstaltet mannigfaltige Lehrgänge im Rahmen einer zielgerichteten Ausbildung unserer Kader.

In der Betriebssportgemeinschaft Motor treiben über 1500 Betriebsangehörige aktiv Sport.

Vom Schöpfertum unseres Betriebskollektivs

Seit 1951 erhielten die Angehörigen des VEB LEW „Hans Beimler" Hennigsdorf über 3500 staatliche Auszeichnungen. Acht Mitarbeiter konnten mit dem Nationalpreis der Deutschen Demokratischen Republik und drei mit dem Goldenen Verdienstkreuz der Volksrepublik Polen geehrt werden. Darüber hinaus wurden die Leistungen des Betriebs bei der Elektrifizierung des Transportwesens in bulgarischen Braunkohlentagebauen mit der Verleihung des bulgarischen Volksordens der Arbeit in Gold anerkannt.

Alle diese Auszeichnungen erfüllen uns mit Stolz, zeigen sie doch, daß wir in der Entwicklung unseres Betriebs entscheidend vorangekommen sind.

Auf der Basis einer verständnisvollen Arbeit mit den Menschen und des exakt ausgearbeiteten Wettbewerbs im engen wechselseitigen Zusammenwirken mit den gesellschaftlichen Organisationen und dem gesamten Betriebskollektiv sichern wir, daß die modernen Anlagen und Grundmittel effektiv ausgelastet werden und daß in der Mechanisierung und Automatisierung ein höheres Tempo eingeschlagen wird.

Bei der Meisterung der wissenschaftlich-technischen Revolution auf allen Gebieten unseres gesellschaftlichen Lebens sind uns die Schrittmacher richtungsweisend, die in über 230 Kollektiven um den Ehrentitel „Kollektiv der sozialistischen Arbeit" ringen.

Auch die Neuererbewegung erzielte bedeutsame Erfolge. Allein im Jahr 1968 lösten die 2274 Neuerer unseres Betriebs Maßnahmen im Wert von rund 6,2 Millionen Mark aus. Beispielsweise erbrachte die Sozialistische Arbeitsgemeinschaft „Metallkaschierte Schichtpreßstoffe" unter Leitung des Kollegen Skripek einen jährlichen Nutzen von über 200000 Mark und die Sozialistische Arbeitsgemeinschaft „Diesellokomotivmontage und Führerhausmontage El 10" unter Leitung des Kollegen Suckow rund 170000 Mark.

Zum 20. Jahrestag unserer Republik hatte sich die gesamte Belegschaft verpflichtet, den Kampf um den Ehrentitel „Kollektiv der sozialistischen Arbeit" aufzunehmen. Für die hervorragenden Leistungen zu Ehren des 20. Jahrestags der DDR wurde das Betriebskollektiv mit dem Ehrenbanner des Zentralkomitees der SED und des Ministerrats ausgezeichnet.

Obering. WILLI MÜSSIG (KDT)

Ein Werk stellt sich vor:

VEB Waggonbau Görlitz

Mitglied des Warenzeichenverbandes Vereinigter Schienenfahrzeugbau e. V.

Der VEB Waggonbau Görlitz ist ein Großbetrieb des Vereinigten Schienenfahrzeugbaues der Deutschen Demokratischen Republik.
Sein Produktionsprofil umfaßt
— Doppelstockwagen und mehrteilige Doppelstockzüge,
— vierachsige RIC-Schlafwagen,
— vierachsige RIC-Speisewagen,
— vierachsige Spezial- und Salonwagen,
— Triebwagen und Triebzüge sowie
— Drehgestelle der Görlitzer Bauart.

Entstehungsgeschichte

1849 gab die Stadt Görlitz bei *Christoph Lüders*, der in den dreißiger Jahren des vorigen Jahrhunderts in Görlitz die Lüderssche Wagenbauanstalt gegründet hatte, den Bau von Holztransportwagen in Auftrag. Da es sich hierbei um den ersten Auftrag für Schienenfahrzeuge handelte, kann 1849 als eigentliches Entstehungsjahr der späteren Waggonfabrik angesehen werden.
Die zunehmenden Bestellungen von Eisenbahnwagen bedingten eine Vergrößerung der ursprünglichen Betriebsanlagen. Eine Reihe kapitalkräftiger Interessenten witterten in der raschen Ausdehnung des Eisenbahnwesens in Deutschland ein profitables Geschäft und zögerten nicht, *Christoph Lüders* den notwendigen Kredit für den Ausbau seines Unternehmens zu gewähren.
In den folgenden Jahren gewann die Wagenbauanstalt immer mehr an Bedeutung; sie vergrößerte ihr Anlagevermögen und Arbeitskräftepotential. Dieser Umstand führte am 26. Juni 1869 zur Gründung einer Aktiengesellschaft.
Der Firmenname lautete von nun an „Aktiengesellschaft für Fabrikation von Eisenbahnmaterial zu Görlitz".
In den Jahren 1870 bis 1900 bahnte die Gesellschaft umfangreiche Geschäftsbeziehungen mit dem Ausland an und lieferte Güter- und Personenwagen, Gepäck- und Postwagen sowie Spezialwagen.
Die Preußische Staatseisenbahn gehörte bald mit zu den ständigen Kunden und bezog außer den üblichen Schienenfahrzeugen auch hochwertige Salonwagen.

Die Verschärfung der Kriegsgefahr infolge der Machtkämpfe der imperialistischen Staaten England, Deutschland u. a. um die Neuaufteilung der Welt brachte für das Unternehmen eine noch günstigere Auftragslage mit erheblichem Profit. Die damit verbundene Verschlechterung der Lebenslage der Werktätigen, insbesondere der Arbeiterklasse, fand von seiten der Betriebsleitung keine Beachtung.
Die menschenunwürdigen Arbeitsbedingungen sowie manipulierte Löhne in der Görlitzer Waggonfabrik führten daher im Jahre 1912 zum ersten Streik der Belegschaft. Die Arbeiter forderten eine kürzere Arbeitszeit und höhere Stundenlöhne. Der Geschlossenheit der von den Gewerkschaftsorganisationen unterstützten Streikenden ist es zu verdanken, daß die berechtigten Forderungen weitgehend erfüllt wurden.
Im Jahr 1919 nannte man die Firma in „Waggonfabrik Görlitz Aktiengesellschaft" um, die sich später zur Kapitalerhöhung mit verschiedenen anderen Betrieben zusammenschloß.
Dieses fusionierte Unternehmen trug nunmehr die Bezeichnung „Waggon- und Maschinenbau Aktiengesellschaft Görlitz".
In den dreißiger Jahren baute die Firma Güter- und Personenwagen in großen Stückzahlen, und zwar Güterwagen für die verschiedensten Verwendungszwecke, Reisezug-, Schlaf- und Speisewagen, zweiteilige Doppelstockzüge sowie Triebwagen und Triebzüge. Zugleich begann die Entwicklung des zweiteiligen Dieseltriebzuges „Fliegender Hamburger" mit einer Motorleistung von 2×410 PS für eine Geschwindigkeit von 150 km/h. Außerdem legte man den Grundstein für die in ganz Europa bekannt gewordenen Drehgestelle Görlitzer Bauart.
Stand in der Weimarer Republik das Mitspracherecht der Werktätigen ohnehin nur auf dem Papier, so wurde es während der Zeit der faschistischen Herrschaft in Deutschland gänzlich abgeschafft. An seine Stelle trat das „Gefolgschaftsprinzip"; Gehorsam und „Pflichterfüllung" gegenüber dem „Betriebsführer" waren oberstes Gesetz.

Mit Beginn des zweiten Weltkrieges stellte sich das Unternehmen ausschließlich auf die Produktion von Kriegsmaterial um.

Das Ende der Aktiengesellschaft kam mit der Befreiung des deutschen Volkes vom Faschismus im Mai 1945.

Gestützt auf die uneigennützige Hilfe der Sowjetunion, hatten die Aktivisten der ersten Stunde maßgeblichen Anteil daran, daß der Görlitzer Waggonbaubetrieb mit seinem Facharbeiterstamm trotz Fehlens vieler durch die Inhaber des ehemaligen Rüstungsbetriebes verlagerter Maschinen und Ausrüstungen sehr bald wieder die Produktion aufnehmen konnte.

Am 1. März 1947 ging aus einer Sowjetischen Aktiengesellschaft der volkseigene Betrieb „LOWA Görlitz" hervor, der 1952 seinen derzeitigen Namen „VEB Waggonbau Görlitz" erhielt.

Die ersten Aufgaben des jungen volkseigenen Betriebes

Die ersten Aufgaben des wiederaufgebauten Betriebes wurden von den wachsenden Forderungen des Tages bestimmt. Die gesamte Volkswirtschaft brauchte Transportraum aller Art für die Güter- und Personenbeförderung. An Neubauten war daher zunächst nicht zu denken, weshalb vorerst kriegsbeschädigte Schienenfahrzeuge repariert werden mußten.

Dank der weitblickenden Politik unseres Arbeiter-und-Bauern-Staates unter Führung der Partei der Arbeiterklasse und dank der großen Unterstützung durch die UdSSR, die einerseits Fachleute und technische Unterlagen zur Verfügung stellte und andererseits Aufträge zur Fertigung von Güter- und Reisezugwagen erteilte, ging die betriebliche Entwicklung rasch voran.

Neue moderne Maschinen erleichterten die Arbeit. Mit sichtbarem Aufschwung unseres gesellschaftlichen Lebens stiegen natürlich auch die Ansprüche, und endlich durfte und konnte daran gedacht werden, neue Reisezugwagen und Triebwagen zu entwickeln und in Serie zu produzieren. So schufen unsere Facharbeiter und das ingenieurtechnische Personal in enger Zusammenarbeit mit sowjetischen Experten und der Deutschen Reichsbahn moderne Schienenfahrzeuge in ständig steigender Zahl.

Schon 1948 lieferte der VEB Waggonbau Görlitz den ersten eigenen Neubau aus, einen Weitstrecken-Speisewagen für die Sowjetischen Eisenbahnen. Diesem Fahrzeugtyp folgten ein Jahr später — ebenfalls an die UdSSR — die ersten 50 Weitstrecken-Liegewagen, die der VEB Waggonbau Ammendorf entwickelt hatte (vgl. Eisenbahn-Jahrbuch 1971, Seite 76 ff.). Beide Fahrzeugtypen gehörten fast zwei Jahrzehnte lang zum Produktionsprogramm des VEB Waggonbau Görlitz.

Die Erzeugnisse des VEB Waggonbau Görlitz

Doppelstockfahrzeuge

Zur Bewältigung des wachsenden Massenverkehrs im Berufs- und Vorortverkehr begann 1951 in der LOWA Görlitz die Entwicklung und Lieferung von mehrteiligen Doppelstockzügen, zu denen später auch Doppelstock-Einzelwagen hinzukamen. Bisher wurden mehr als 2000 dieser Erzeugnisse an die Eisenbahnverwaltungen der DDR, der Sowjetunion, der Volksrepublik Polen, der ČSSR, der Sozialistischen Republik Rumänien und der Volksrepublik Bulgarien geliefert.

Die Vorzüge der Doppelstockbauweise gegenüber herkömmlichen einstöckigen Reisezugwagen liegen in

– einem um 30 bis 50 Prozent größeren Fassungsvermögen der Fahrzeuge bei gleichzeitiger Verringerung der Zuglängen,
– einer auf 250 bis 320 kg verringerten Sitzplatzmasse,
– einer geringeren Zug- bzw. Anhängemasse,
– geringeren Unterhaltungs- und Wartungskosten (bezogen auf die Sitzplatzanzahl),
– einer geringeren Inanspruchnahme von Abstellgleisen,
– der Ausnutzung der zulässigen Achslasten.

Die wichtigsten technischen Daten der bisherigen Doppelstockzüge und -wagen sind in der Tabelle aufgeführt.

Doppelstockzüge und Doppelstockwagen des VEB Waggonbau Görlitz

	Vierteiliger Doppelstockzug	Fünfteiliger Doppelstock-Gliederzug	Vierachsiger Doppelstock-Büfettwagen	Vierachsiger Doppelstock-Breitspurwagen	Vierachsiger Doppelstock-Standard-Sitzwagen
Spurweite (mm)	1 435	1 435	1 435	1 524	1 435
Länge über Puffer bzw. Kupplung (mm)	73 400	99 800	20 800	25 890	26 800
Drehzapfenabstand (mm)	16 100[1]	17350[1]	15 000	19 000	19 500
Drehzapfenabstand (mm)	16 350[2]	16 100[2]	—	—	—
Äußere Breite (mm)	2 860	2 820	2 870	3 042	2 780
Höhe über SO (mm)	4 600	4 640	4 650	4 690	4 630
Masse (t)	130	153	41	51	44
Zulässige Höchstgeschwindigkeit (km/h)	115	115	120	120	140
Anzahl der Sitzplätze	340	540	16	136	130

[1]) Endwagen; [2]) Mittelwagen

Wie alle Erzeugnisse des VEB Waggonbau Görlitz, so werden auch die Doppelstockzüge ständig weiterentwickelt und vervollkommnet. Eine Gebrauchswertsteigerung brachte hier zum Beispiel der Einbau einer Fernsteuerungsanlage für den Wendezugbetrieb. Schwierige und zeitraubende Rangierfahrten in den Zielbahnhöfen gehören damit der Vergangenheit an.

Die reichen Erfahrungen der Görlitzer Waggonbauer sowie die konsequente Auswertung und Anwendung neuester Erkenntnisse im Bau von Doppelstockfahrzeugen führen zu immer besseren konstruktiven Lösungen, die den Anwendungsbereich dieser Fahrzeuge erheblich erweitern und den Eisenbahnverkehr spürbar verbessern.

Diesen Bemühungen trug die Entwicklung eines vierachsigen Doppelstock-Standard-Sitzwagens Rechnung, der in seinem Grundtyp die Basis für alle Modifikationen von Wagen doppelstöckiger Bauart bildet. Er ist 26 800 mm lang und verfügt über 130 Sitzplätze, die im Ober-, Zwischen- und Unterstock angeordnet sind. Die gewählte Sitzkonstruktion läßt

1

2

3

die Anordnung der Sitze in Reihe und zu Abteilen zusammengestellt zu.

Dieser Wagentyp hat zwei tiefliegende Einstiege im Unterstock, so daß der Fahrgastwechsel ohne Trittstufen trotz unterschiedlicher Bahnsteighöhen mühelos und unfallfrei vonstatten gehen kann. Der Fahrgastraum des Zwischen- und des Oberstocks wird über bequeme Seiten- und Mitteltreppen erreicht.

Der Doppelstock-Standard-Sitzwagen besitzt zweiachsige Drehgestelle der Bauart Görlitz VI mit eingebauter Bremsausrüstung, die aus einer selbsttätigen indirektwirkenden Druckluftbremse mit automatischer Lastabbremsung besteht. Der Einbau eines jeden gewünschten Bremssystems mit Klotz- oder Scheibenbremse ist möglich.

Die Energieversorgung obliegt während der Fahrt zwei 4,5-kW-Drehstrom-Generatoren mit nachgeschaltetem Gleichrichtersatz für eine Bordspannung von 24 V. Die Generatoren werden durch Achsbuchsgetriebe in Blockbauweise angetrieben.

Im Stillstand wird das Bordnetz aus zwei NC-Batterien mit einer Leistung von je 375 Ah gespeist.

Für die Fremdstromeinspeisung (220 V Wechselstrom) ist am Wagen eine Steckdose vorhanden.

Eine Warmluftheizung, deren Wärmetauscher mit Dampf und Elektroenergie beaufschlagt werden kann, schafft in der kalten Jahreszeit eine behagliche Temperatur in den Fahrgasträumen. Im Sommer wird diese Anlage für die Lufterneuerung genutzt.

Eine moderne Leuchtstofflampen-Beleuchtung sorgt für gutes Licht in allen Räumen. Die Notbeleuchtung besteht aus Glühlampen.

Die Innenwände besitzen eine Sprelacart-Verkleidung in modernen Dekors und angenehmer Farbgebung. Große Fenster bieten gute Sicht. Weiche und bequeme Sitze, Gepäckablagen, Kleiderhaken und andere gewohnte Einrichtungsgegenstände vervollständigen die Ausrüstung und tragen im schall- und wärmeisolierten Wagen zu einer angenehmen Fahrt bei.

Eine Reihe von Baugruppen und Bautei-

4

5

1 Holztransportwagen der Lüdersschen Wagenbauanstalt
2 Görlitzer Produktion Anfang der dreißiger Jahre
3 Personenwagen aus der Zeit um die Jahrhundertwende
4 Weitstrecken-Speisewagen für Breitspur, erste Neuentwicklung des VEB Waggonbau Görlitz
5 Zweiteiliger Dieseltriebzug für den Schnellverkehr („Fliegender Hamburger")

len wurde inzwischen auf Plastausführung umgestellt.

Die Doppelstockfahrzeuge des VEB Waggonbau Görlitz erfüllen in jeder Hinsicht die hohen Ansprüche der Reisenden und halten fahrzeugtechnischen und betriebswirtschaftlichen Vergleichen mit herkömmlichen Reisezugwagen jederzeit stand.

Schlaf- und Speisewagen und sonstige Reisezugwagen

Zur Hauptproduktion des VEB Waggonbau Görlitz gehören auch hochwertige Reisezugwagen. Hierunter fallen insbesondere die RIC-Schlafwagen und die RIC-Speisewagen.

Die *Schlafwagen*, die in verschiedenen Varianten geliefert werden, vereinen in sich die neuesten Erkenntnisse der Technik und repräsentieren einen den höchsten Ansprüchen gerecht werdenden Reisekomfort.

Jahrzehntelange Erfahrungen im Bau dieser Spezialreisezugwagen sowie eine neuzeitliche Technologie bilden die Grundlage aller Konstruktionen.

Umfangreiche Lieferungen von Schlafwagen gingen an die Eisenbahnverwaltungen der ČSSR, der Sozialistischen Republik Rumänien, der Volksrepublik Bulgarien, der Volksrepublik China, der Volksrepublik Polen, der Sowjetunion und der DDR, ferner an die Eisenbahnen Indonesiens und Iraks.

Auf internationalen Messen und Ausstellungen fanden die Schlafwagen ein lebhaftes Echo. So zeugt u. a. die Auszeichnung dieses Görlitzer Erzeugnisses mit dem Messediplom der Leipziger Frühjahrsmesse 1963 von der Qualität und den hohen Gebrauchswerteigenschaften dieses Fahrzeugtyps.

In seinen Abmessungen und konstruktiven Merkmalen entspricht der Schlafwagen den Bedingungen der UIC und der OSShD und ist somit für den Einsatz auf normalspurigen Strecken und auf den sowjetischen Breitspurstrecken bis zu Höchstgeschwindigkeiten von 160 km/h geeignet.

Der wahlweise Einbau einer Schraubenkupplung oder der automatischen Mittelpufferkupplung ist möglich.

Besonderer Wert wurde auf die sorgfältige Isolierung des gesamten Wagenkastens gegen Schall- und Temperatureinflüsse gelegt.

Die Raumaufteilung der Wagenkästen ist

entsprechend den Kundenwünschen unterschiedlich und untergliedert sich in neun bis elf Fahrgasträume, ein bzw. zwei Dienstabteile, einen Seitengang, zwei Toiletten, zwei Einstiegräume und einen Ofenraum. Die Toiletten mit Waschgelegenheit befinden sich an den Enden des Seitenganges.

Die Einrichtung des Dienstabteils ermöglicht die Zubereitung und Verabreichung von Imbissen und Getränken.

Bei der Standardausführung des Schlafwagens besitzt jedes Fahrgastabteil drei Schlaflager und drei Tagessitze; diese Räumlichkeiten können wahlweise als Einbett-, Zweibett- oder Dreibettabteil hergerichtet werden. Nicht benötigte Schlaflager werden liegebereit in die Abteilwand geklappt. Drei verstellbare bequeme Polster-Einzelsitze sind herausklappbar im unteren Bettkasten untergebracht.

Einige Schlafwagen, so der RIC-Schlafwagen mit Klimaanlage für die UdSSR, sind mit nur zwei Betten je Abteil ausgerüstet, wobei zwischen zwei benachbarten 1.-Klasse-Abteilen ein gemeinsamer Waschraum eingebaut wird. Dieser kann von beiden Abteilen aus betreten werden; er ist mit Waschbecken und Zapfstellen für Kalt- und Warmwasser sowie einer Handbrause ausgestattet.

Zur Ausrüstung eines jeden Schlafwagenabteils zählt ein Waschbecken mit klappbarer Abdeckplatte. Über dem Waschbecken befindet sich ein Schränkchen für Toilettengegenstände; es hat einen beleuchteten Spiegel.

An der Abteilwand gegenüber den Schlaflagern läßt sich ein Tisch anbringen. Die Querwand zwischen zwei benachbarten Abteilen kann als Falt-Schiebewand in eine Tasche zwischen den Wandschränken eingeschoben werden und macht so diese Abteile zu einem Doppelabteil. Die Tische dieses Raumes können zusammengestellt werden.

Über eine optisch-akustische Schaffnerrufanlage, deren Tableau im Dienstabteil eingebaut ist, vermag sich der Reisende mit dem Schaffner zu verständigen. Im Dienstabteil sind der Einbau und der Anschluß eines Tonbandgeräts möglich. Ein Mikrofon dient für Durchsagen.

Die Elektroenergie wird von zwei 4,5-kW-Generatoren mit Achsantrieb erzeugt. Bei den Fahrzeugen mit Klimaanlage übernimmt ein 28-kW-Generator — gekuppelt mit einem Drehstrommotor 220/380 V, 50 Hz — die Energieversorgung. Auch bei diesen Fahrzeugen ist die Möglichkeit der Fremdstromeinspeisung gegeben.

Die Schlafwagen sind mit einem eigenen Warmwasser-Heizsystem ausgerüstet, welches mit Dampf, elektrischer Energie oder mit festen bzw. flüssigen Brennstoffen betrieben werden kann. Ein Warmwasserbereiter sichert zu jeder Jahreszeit die Warmwasserversorgung der verschiedenen Zapfstellen.

Eine dreistufige, automatisch geregelte Druckbelüftungsanlage mit einer Leistung von 4000 m³/h sorgt für die Lufterneuerung. Ist der Einsatz der Schlafwagen in extrem unterschiedlichen Klimazonen vorgesehen, werden sie mit einer leistungsfähigen Klimaanlage ausgerüstet. Diese besteht aus einem Kühl-, einem Heizungs- und einem Lüftungssystem mit automatischer Regelung. Sie gewährleistet bei einer Außentemperatur von +40 °C eine Innentemperatur von +26 °C und bei einer Außentemperatur von −40 °C eine Innentemperatur von +20 °C.

Für die Beleuchtung der Wagen kommen Leuchtstofflampen zum Einsatz. Zur weiteren elektrischen Ausrüstung zählen u. a. die Besetzt-Anzeigen für die Toiletten im Seitengang und Blinkleuchten über jeder Abteiltür sowie die Beleuchtung des stirnseitigen Übergangs, Trittstufenbeleuchtung für die Einstiege und Leuchten unter dem Wagen.

Der Fahrkomfort bei Reisezugwagen, insbesondere aber bei Schlafwagen, wird hauptsächlich durch die Qualität der Laufwerke bestimmt. Aus diesem Grunde kommen die seit Jahren bewährten Drehgestelle der Bauart Görlitz zur Anwendung, welche die für Reisezugwagen vorgeschriebenen Grenzen der Laufgüte in allen Geschwindigkeitsbereichen weit unterbieten. Selbstverständlich können die Wagen auch mit anderen Drehgestellen ausgerüstet werden. Das Auswechseln der Drehgestelle auf den Umspurbahnhöfen beim Übergang der Fahrzeuge auf andere Spurweiten macht dank der sinnvollen Konstruktion keine Schwierigkeiten und geht ohne Beeinträchtigung der Fahrgäste vonstatten.

An Speisewagen gibt es zwei Fahrzeuge als Grundtyp, und zwar den Weitstrecken-Speisewagen für 1524 mm und den RIC-Speisewagen für 1435 mm Spurweite. Beide Fahrzeuge sind komfortabel gestaltet und erhalten mitunter die Bezeichnung „Restaurant auf Rädern".

Die Raumaufteilung bietet eine wirtschaftliche Raumausnutzung und eine größtmögliche Bequemlichkeit für den Fahrgast.

Im Speiseraum, der auf Wunsch unterteilt ist, können 48 bzw. 42 Reisende auf gepolsterten Stühlen oder Sesseln in der Anordnung 2 + 2 oder 2 + 1 Sitzplatz finden.

Die Wirtschaftsräume bestehen aus einer Küche, einer Anrichte, einem Büfett sowie aus Personal- und Lagerräumen. Die Küche enthält reichliches Geschränk, Kühltruhen, gastronomische Einrichtungen und einen Küchenherd, der mit festen oder flüssigen Brennstoffen beheizt wird.

Zwei Generatoren liefern über Batterien, Umformer und entsprechende Schalt- und Regelgeräte die Elektroenergie. Bei den Speisewagen mit Klimaanlage wird diese Energie für alle Verbraucher über einen vom Achsmittengetriebe angetriebenen Generator (28 kW, 110 V) und einen vom Achsschenkel angetriebenen Generator (4,9 kW) erzeugt.

Eine Warmwasserumlaufheizung und ein Heizkessel, der mit festen oder flüssigen Brennstoffen oder mit Dampf erwärmt wird, beheizen den Wagen. Der Speiseraum und die Wirtschaftsräume besitzen Leuchtstofflampen-Beleuchtung.

Als Laufwerke kommen auch hier Drehgestelle der Bauart Görlitz zum Einsatz.

Die Speisewagen sind bisher an die Bahnen der Sowjetunion, der ČSSR und der Volksrepublik Polen sowie an die Deutsche Reichsbahn geliefert worden. Entsprechend dieser unterschiedlichen Einsatzgebiete werden die Wagen mit einer automatischen Mittelpufferkupplung bzw. einer Zug- und Stoßvorrichtung nach den UIC-Vorschriften versehen.

Triebwagen und Triebzüge

Bereits im Jahre 1954 wurden die Entwicklung und die Lieferung von Triebwagen und mehrteiligen Triebzügen mit elektrischem oder dieselmechanischem Antrieb wieder aufgenommen.

An dieser Stelle soll jedoch nur auf einige in größerer Stückzahl produzierte Triebwagen und Triebzüge eingegangen werden.

Für den Export wurden *dreiteilige Vororttriebzüge* für 3000 V Gleichstrom entwickelt.

Bei dieser Konstruktion befanden sich erstmals die elektrischen Geräte für den Antrieb, die Steuerung und die Stromversorgung hauptsächlich im Triebwagenuntergestell, und zwar in Zugmitte unter dem Wagenfußboden.

Die vier Tatzlagermotoren mit einer Leistung von je 183 kW ermöglichen eine Höchstgeschwindigkeit der Triebzüge von 110 km/h.

Sämtliche Züge haben eine elektrische Vielfachsteuerung. Jeder Zug mit einer Gesamtlänge von 62 000 mm bietet 228 Fahrgästen Sitzplätze.

6

6 Vierteiliger Doppelstockzug

7 Einstieg des Doppelstock-Gliederzugs, über dem Drehgestell gelagert

8 Innenansicht eines Doppelstock-Gliederzugs

7

8

Eine weitere Entwicklung bezog sich auf *vierteilige Schnelltriebzüge*, die aus je zwei Trieb- und Mittelwagen bestanden und ebenfalls für eine Fahrdrahtspannung von 3000 V Gleichstrom ausgelegt werden sollten.

Diese modern eingerichteten Schnelltriebzüge für eine Höchstgeschwindigkeit von 135 km/h bieten 188 Fahrgästen allen erdenklichen Reisekomfort.

Die verschiedenartigen Einrichtungen und Wirtschaftsräume machen den Zug zu einem kleinen „Hotel auf Schienen". Die sorgfältig gewählte Ausstattung mit einer elektrischen Beleuchtung durch Leuchtstofflampen, die in den Fahrgasträumen ein umlaufendes Band bilden, wird ergänzt durch eine regulierbare Luftheizung, die im Sommer die Räume belüftet, durch eine elektrische Heizung für die Nebenräume und eine Lautsprecher- und Kellnerrufanlage.

Zur regelmäßigen Kontrolle der Oberlei-

12

9 Innenansicht des vierteiligen Schnelltriebzugs
10 RIC-Schlafwagen
11 Schlafwagenabteil

12 Vierteiliger Schnelltriebzug für Diese (hier noch mit alter Kennzeichnun
13 Innenausstattung des RIC-Schlafwa
14 RIC-Speisewagen für 1435 mm Spu

13

14

15 Drehgestelltyp VI der Görlitzer Bauart

16 Betriebspoliklinik des VEB Waggonbau Görlitz

17 Ein Werkrestaurant im VEB Waggonbau Görlitz

tungen elektrifizierter Strecken und zur Behebung von Fahrleitungsschäden wurden zwei- und vierachsige *Oberleitungsrevisions-Triebwagen* geschaffen. Diese Fahrzeuge mit eigener, von der Fahrleitung unabhängiger Antriebsanlage verfügen über alle erforderlichen Einrichtungen zu Beobachtungen und Messungen an Oberleitungen.

Die bei beiden Fahrzeugen einheitliche Antriebsanlage besteht aus einem bzw. zwei Dieselmotoren von je 120 PS für eine Geschwindigkeit von 70 bis 90 km/h.

Die Führerstände enthalten die zur Steuerung und Überwachung notwendigen Einrichtungen und Kontrollinstrumente. Der größte Teil des Wageninnern ist dem Werkstattraum vorbehalten.

An einem Wagenende befindet sich ein Beobachtungsdom zur Beobachtung der Strecke und der Meßeinrichtung am Pantographen.

Die feste sowie die ausschieb- und schwenkbare Arbeitsbühnen sind so auf dem Wagendach angebracht und isoliert, daß ein Arbeiten unter Spannung bis zu 3000 V möglich ist. Die Fahrgeschwindigkeit bei Revisionsarbeiten beträgt 5 bis 6 km/h.

Den vorläufigen Abschluß der Entwicklung von Triebwagen bildet der *vierteilige Dieselschnelltriebzug SVT* für die Deutsche Reichsbahn. Die windschnittige Kopfform, die zurückgesetzte Führerkabine und das umlaufende Voutenband verleihen diesem Zug ein markantes Aussehen.

Die dem neuesten Stand der Technik entsprechende Konstruktion sowie der über den gewohnten Rahmen hinausgehende Komfort der Innenausstattung sichern den Fahrgästen ein angenehmes Reisen.

Der Triebzug besteht aus zwei Trieb- und zwei Mittelwagen. Eine Vielfachsteuerung erlaubt die Verbandsfahrt zweier gleichartiger gekuppelter Triebzüge.

Für den Antrieb stehen zwei Maschinenanlagen von je 1000 PS mit 3-Wandler-Strömungsgetriebe in je einem Triebdrehgestell zur Verfügung. Die Höchstgeschwindigkeit beträgt 160 km/h.

Der Zug besitzt eine Druckluftbremse vom System KE, ferner Bremsdruck- und Gleitschutzregler sowie zusätzlich eine Magnetschienenbremse. Die zum Einsatz gelangenden Drehgestelle der Bauart Görlitz sind freigängig für den Fährverkehr. Die Radsätze werden mit federnden Blattlenkern geführt.

Eine Sicherheitsfahrschaltung dient der Überwachung der Dienstbereitschaft des Triebwagenführers.

Zur Energieversorgung des Triebzuges ist eine jeweils vom Strömungsgetriebe primärseitig angetriebene Lichtanlaßmaschine in Verbindung mit einer Bleibatterie vorhanden.

Alle Fahrgasträume sind mit einer modernen Leuchtstofflampen-Beleuchtung versehen.

Der Triebzug ist aufgeteilt in Maschinen- und Getrieberaum, Führerstände, Gepäckabteil, Dienstabteil, Toiletten, Waschräume, Abteile 1. Klasse und 2. Klasse, Speiseraum, Küche und Anrichte. Er bietet (ohne die Sitze im Speiseraum mitgerechnet) 184 Fahrgästen Platz. Die Sitze sind weich gepolstert und zum Teil drehbar und mit verstellbaren Rückenlehnen ausgestattet.

Die gesamte Inneneinrichtung entspricht in Farb- und Formgebung den modernen Ansprüchen; Plaststoffe wurden weitestgehend verwendet. Teppiche und Läufer in den Fahrgasträumen erhöhen die Annehmlichkeit.

Eine elektroakustische Anlage ermöglicht die Übertragung eines Unterhaltungsprogramms sowie von Durchsagen in die Fahrgastabteile. Eine separate Ruf- und Sprechanlage dient der Verständigung zwischen dem Zugpersonal.

Die automatisch geregelte Druckbelüftungsanlage sorgt ständig für eine ausreichende Frischluftzufuhr, und zwar mit

16

17

maximal 40fachem Luftwechsel in der Stunde.
Die Fahrgasträume werden durch eine kombinierte Warmwasser- und Warmluftheizung unter Verwendung des Kühlwassers der Antriebsmotoren oder der in den Ölheizkesseln erzeugten Wärmemengen beheizt. Eine automatische Regelung der Warmwasserheizung, der Druckbelüftung und der wechselseitigen Übergänge von Kühlwasser- zu Ölheizung ist vorgesehen.
Die Ausrüstung der Fußböden, Wände und Dächer mit Antidröhnmitteln und Isolationsmaterial schützt in hohem Maße gegen Körperschall, Fahrgeräusche und Temperatureinflüsse.
Der dieselgetriebene Schnelltriebzug erhielt auf der Leipziger Frühjahrsmesse 1968 die Goldmedaille.

Drehgestelle

Die Görlitzer Waggonbauer blicken auf mehr als hundertjährige Erfahrungen im Bau von Schienenfahrzeugen aller Art zurück und verdanken den guten Ruf, den ihre Produkte in aller Welt genießen, nicht zuletzt den richtungweisenden Konstruktionen ihrer Drehgestelle. Bekanntlich hängen die Laufeigenschaften von Schienenfahrzeugen in starkem Maße von der Qualität und Beschaffenheit des Laufwerkes ab. Die Drehgestelle unterliegen größter Beanspruchung und damit erheblichem Verschleiß. Deshalb stellen die Bahnverwaltungen sehr hohe Anforderungen an die Konstruktion dieser Baugruppen.
Schon in den zwanziger Jahren entstand in Görlitz ein Drehgestell, das die Deutsche Reichsbahn-Gesellschaft zum Standard-Drehgestell erklärte. Eine Reihe ausländischer Bahnverwaltungen führte es auch bei ihrem Wagenpark ein. In den folgenden Jahren erschienen Drehgestelle mit weiteren Verbesserungen, wie die Bauart II und III in leichter und schwerer Ausführung.
Der VEB Waggonbau Görlitz schuf neue, dem heutigen Stand der Technik entsprechende Laufwerke; es handelt sich um die Drehgestelltypen V und VI der Görlitzer Bauart, die inzwischen in Tausende von Fahrzeugen eingebaut worden sind. Sie beweisen bei den verschiedensten Eisenbahnen immer wieder ihre guten Laufeigenschaften.
Neben der Standardausführung für Reisezug-, Speise- und Schlafwagen, Triebwagen usw. existieren zahlreiche Sonderbauarten, wie das Drehgestell für die RIC-Schlafwagen für die UdSSR, für Doppelstockwagen und Doppelstockzüge, für Reisezugwagen mit 1000 mm Spur für Griechenland sowie für Reisezugwagen mit 1067 mm Spur für Indonesien.
Im nachfolgenden wird das Drehgestell der Bauart Görlitz VI beschrieben. Es ist für verschiedene Spurweiten mit einem Achsstand von 2500 mm lieferbar. Bei geringer Eigenmasse zeichnet es sich durch hervorragende Laufeigenschaften in vertikaler und horizontaler Schwingrichtung während der gesamten Einsatzzeit bei höchsten Fahrgeschwindigkeiten aus.
Diese besondere Laufgüte wird durch das sinnvolle Zusammenwirken der spiel- und verschleißfreien Achslagerführung mit der Wiegenpendelaufhängung und seitlichen Abstützung des Drehgestells erreicht.
Zur Verbesserung der Laufeigenschaften sind außer den Achs- und Wiegenschraubenfedern Reibungs- und Hydraulik-Stoßdämpfer vorhanden. Die Achsführung übernehmen wartungsfreie Achslenker aus glasfaserverstärktem Polyester. Die Wiegenaufhängung ist mit nachstellbaren Wiegenpendeln versehen. Die Wiegenbewegung wird durch horizontale hydraulische Stoßdämpfer und Wiegenlenker begrenzt.
Der Einbau der verschiedensten Bremssysteme, wie Klotz-, Scheiben- und Magnetschienenbremse, ist möglich.
Mit diesem Drehgestell wurden bisher

Geschwindigkeiten bis zu 186 km/h erzielt.
Seitliche Gleitstücke aus selbstschmierendem Plaststoff tragen den Wagenkasten. Ein elastisch gelagerter Drehzapfen überträgt die horizontalen Kräfte.
Das Drehgestell garantiert eine hohe Laufleistung. Die einzelnen Bauteile sind weitestgehend wartungs- und verschleißarm und weisen einen hohen Standardisierungsgrad aus.

Aktivisten-, Neuerer- und Wettbewerbsbewegung

Als die Werktätigen den Betrieb in eigene Hände nahmen, galt es, die Losung der Partei der Arbeiterklasse „Erst mehr produzieren, dann besser leben" in die Tat umzusetzen. Die Entwicklung der Aktivisten-, Neuerer- und Wettbewerbsbebewegung ist ein Maßstab für die immer bewußter werdende Einstellung zur Arbeit.
Der auf realer Basis beruhende Wettbewerb und das enge Zusammenwirken der gesellschaftlichen Organisationen mit dem gesamten Betriebskollektiv sichern die effektive Nutzung der modernen Anlagen und Grundmittel und gewährleisten somit ein höheres Wachstumstempo bei der Mechanisierung der Produktion.
Bei der Durchsetzung des wissenschaftlich-technischen Fortschritts sind die Schrittmacher ein Vorbild, die in über 200 Kollektiven um den Ehrentitel „Kollektiv der sozialistischen Arbeit" ringen.
Auch die Neuererbewegung erzielte bedeutsame Erfolge. Allein im Jahr 1970 lösten 1275 Neuerer unseres Betriebes wichtige Vorhaben.

Soziale und kulturelle Betreuung sowie Aus- und Weiterbildung

Die Sorge des volkseigenen Betriebes um seine Mitarbeiterinnen und Mitarbeiter spiegelt sich in umfangreichen sozialen und kulturellen Aufwendungen wider.
Die modern ausgestattete Betriebspoliklinik nahm 1953 ihre Tätigkeit auf.
Betriebskindergärten, eine Wochen- und eine Tageskrippe für Kleinstkinder sorgen sich um die Sprößlinge unserer Betriebsangehörigen.
Nicht nur in den FDGB-Ferienheimen verleben unsere Werktätigen ihren Urlaub, sondern auch im betriebseigenen Heim in Schönberg sowie in Bungalows an der Ostsee und an Binnengewässern.
Gute Einkaufsmöglichkeiten bieten sich in den betrieblichen Verkaufsstellen des staatlichen Handels, die an den verschiedensten Stellen der drei Betriebsteile unterhalten werden.
In den letzten Jahren wurden im Werk I und im Werk II moderne Restaurants geschaffen, denen Speiseräume angeschlossen sind.
Zentrum des kulturellen Lebens unseres Betriebes ist das Kulturhaus „Karl Marx", das drei Säle, ein Restaurant und etliche Nebenräume enthält. Hier wirken in ihrer Freizeit Hunderte von Belegschaftsmitgliedern in vielen Zirkeln mit. Theateraufführungen von Laiengruppen, Filmvorstellungen, Vorträge, Spiel und Tanz, Ausstellungen und Feierstunden wechseln miteinander ab. Eine umfangreiche Betriebsbibliothek zählt viele ständige Leser.
Die Betriebsakademie veranstaltet mannigfaltige Lehrgänge im Rahmen einer zielgerichteten Ausbildung der betrieblichen Kader auf verschiedenen Wissensgebieten.
Weitere Bildungs- und Ausbildungsstätten sind der Lehrbetrieb und die Betriebsberufsschule. In den zurückliegenden Jahren wurden jährlich 150 Lehrlinge für die unterschiedlichen Berufe ausgebildet. Mit der Einführung des polytechnischen Unterrichts für die Klassen 7 bis 10 erhalten jährlich rund 1000 Schüler im Werk und in der Betriebsberufsschule neue Erkenntnisse vermittelt.
In der Betriebssportgemeinschaft „Motor" gibt es 15 Sektionen, in denen weit über 1000 Betriebsangehörige auf werkseigenen Sportanlagen aktiv Sport treiben.

Zusammenfassung

Der VEB Waggonbau Görlitz spielt im Industriezweig Schienenfahrzeugbau der DDR eine wichtige Rolle. Er wird kraft der reichen Erfahrungen, der großen Kenntnisse und der vielfältigen Fertigkeiten der Görlitzer Waggonbauer im Perspektivplanzeitraum seine Aufgaben erfüllen. Darum wurde das Leitungssystem im Betrieb auch so gestaltet, daß der wissenschaftlich-technische Fortschritt immer wirkungsvoller durchgesetzt werden kann.
Der VEB Waggonbau Görlitz wendet als sozialistischer Großbetrieb die modernste Technologie an. Er stützt sich bei der Entwicklung neuer Reisezugwagen auf die enge Zusammenarbeit mit den Bahnverwaltungen der im Rat für Gegenseitige Wirtschaftshilfe vereinten Länder.
Unser Betrieb wird durch die sozialistische Rationalisierung rekonstruiert, so daß die Gewähr besteht, auch künftig Fahrzeuge mit hoher Qualität und Funktion herzustellen, die im internationalen Einsatz Zeugnis vom Entwicklungsstand der Technik ablegen.

Autorenkollektiv unter Leitung von Ing. ROLF RICHTER (KDT)

Ein Werk stellt sich vor: VEB Waggonbau Bautzen

Im Süden der Stadt Bautzen liegt am rechten Ufer der Spree der größte Betrieb des Kreises, der VEB Waggonbau Bautzen. Er kann auf eine lange und wechselhafte Geschichte zurückblicken.

Von der Eisengießerei zum Waggonbaubetrieb

Im Jahr 1846 entstand in Bautzen eine Eisengießerei und Maschinenbauwerkstatt. Die Firma war ein Beispiel für den Übergang von der Manufaktur zum frühkapitalistischen Industriebetrieb; sie bildete im sächsischen Teil der Oberlausitz das erste Unternehmen dieser Art. Das Werk wurde gleichzeitig zur Geburtsstätte der Arbeiterbewegung um Bautzen. Nach dem ältesten überlieferten Dokument des Betriebes kämpften bereits in der Revolution von 1848 die Arbeiter der Bautzener Eisengießerei um politische und soziale Rechte.
Ständige finanzielle Schwierigkeiten begleiteten das Unternehmen seit seiner Gründung bis zur Jahrhundertwende, und mehrmals wechselte der Besitzer.
Anfangs wurden hauptsächlich Feuerwehrgeräte, Gießereiartikel, Maschinenteile, Dampfspritzen und Transmissionen hergestellt. 1878 begann sodann die Fertigung schienengebundener Fahrzeuge; zuerst waren es Pferdebahnwagen, und ab 1896 folgten elektrische Straßenbahnwagen. Weltbekannt wurde das Unternehmen durch seine selbstfahrenden Dampffeuerlöschfahrzeuge.
Wegen der schnellen Entwicklung des Eisenbahnwesens nahm der Betrieb im Jahr 1901 den Bau normal- und schmalspuriger Personenwagen mit hölzernem Wagenkasten auf. 1907 wurde der erste vierachsige Personenwagen mit Stahlkastengerippe der einstigen Sächsischen Staatsbahn übergeben.
Der steigende Bedarf an Schienenfahrzeugen führte zur Vergrößerung des Werkes in den Jahren 1909 bis 1912.
1911 wurde ein Anschlußgleis zum Bautzener Bahnhof gelegt. Bis dahin mußte man die fertigen Waggons auf der Straße mühevoll zum Bahnhof transportieren, wobei die Steigung zum Vorspann von oftmals bis zu 52 Pferden zwang.

Die damalige Belegschaft zählte etwa 1400 Arbeiter.
Im ersten Weltkrieg stellte das Unternehmen sein Programm ganz auf Kriegsproduktion um, so daß die Aktionäre Maximalprofite erzielten.
Die Inflation Anfang und die Weltwirtschaftskrise Ende der zwanziger Jahre brachten für die Arbeiter harte Bedingungen, was sich in Kurzarbeit, Arbeitslosigkeit und Lohnminderungen auswirkte; der Klassenkampf verschärfte sich.
1928 fusionierte die inzwischen in Waggon- und Maschinenfabrik Bautzen umbenannte Firma mit den Linke-Hoffmann-Werken und wurde damit ein Bestandteil des Flick-Konzerns.
Die Konzernherren bezogen in den dreißiger Jahren das Unternehmen systematisch in die Kriegsvorbereitung ein. Aber auch in der Nacht des Faschismus beteiligten sich die Arbeiter der Waggonfabrik an Aktionen gegen das Naziregime.
Der Faschismus hinterließ im Werk viele Zerstörungen.

Die ersten Schritte als Betrieb des Volkes

Nach der Befreiung Bautzens durch die ruhmreiche Rote Armee im Frühjahr 1945 begannen wenige Tage danach 18 Aktivisten der ersten Stunde mit den Aufräumungsarbeiten. Reparaturen an kriegsbeschädigten Güterwagen und vor allem an Fahrzeugen der Berliner S-Bahn waren die ersten Aufträge.
Im August 1946 wurde das Werk in einen SAG-Betrieb umgewandelt. Nun konnten in enger Zusammenarbeit mit der sowjetischen Leitung des Betriebes die Arbeiter und Ingenieure die Produktion wieder in Gang setzen.
Am 1. März 1947 übergaben die sowjetischen Freunde das Werk in unsere Hände. So begann vor beinahe 28 Jahren ein neues Kapitel in der Betriebschronik, die eigentliche Geschichte des Werkes. Schon im Jahr 1948 war die Belegschaftszahl auf über 1800 Kollegen angestiegen.
Die Bautzener Waggonbauer produzierten im Zeitraum von 1945 bis 1949 rund 850 Schienenfahrzeuge aller Art und reparierten 4170 Güterwagen, 231 Fahrzeuge der

Berliner S-Bahn sowie 300 Personen- und Bahnpostwagen.

Zu den ersten Kunden gehören seit 1948 außer der Deutschen Reichsbahn vor allem die Sowjetischen Eisenbahnen.

Seit 1953 trägt das Werk seinen heutigen Namen: VEB Waggonbau Bautzen.

Wichtige Erzeugnisse von 1950 bis 1963

Bis zur Neuprofilierung des gesamten Schienenfahrzeugbaues unserer Republik hatte das Bautzener Werk ein vielschichtiges Produktionsprogramm.

Einseitenkastenkipper für Grubenbahnen

Für die Tagebaubetriebe unserer Braunkohlenindustrie wurden über 2000 Einseitenkastenkipper zum Transport des Abrau-

1

2

1 Straßenbahnanhänger, um 1900

2 Reisezugwagen B4üp (C4üp), 1954

3 Normalspuriger Einseitenkastenkipper für 40 m³ Inhalt

4 Doppelstockomnibus, 1956

3

4

5

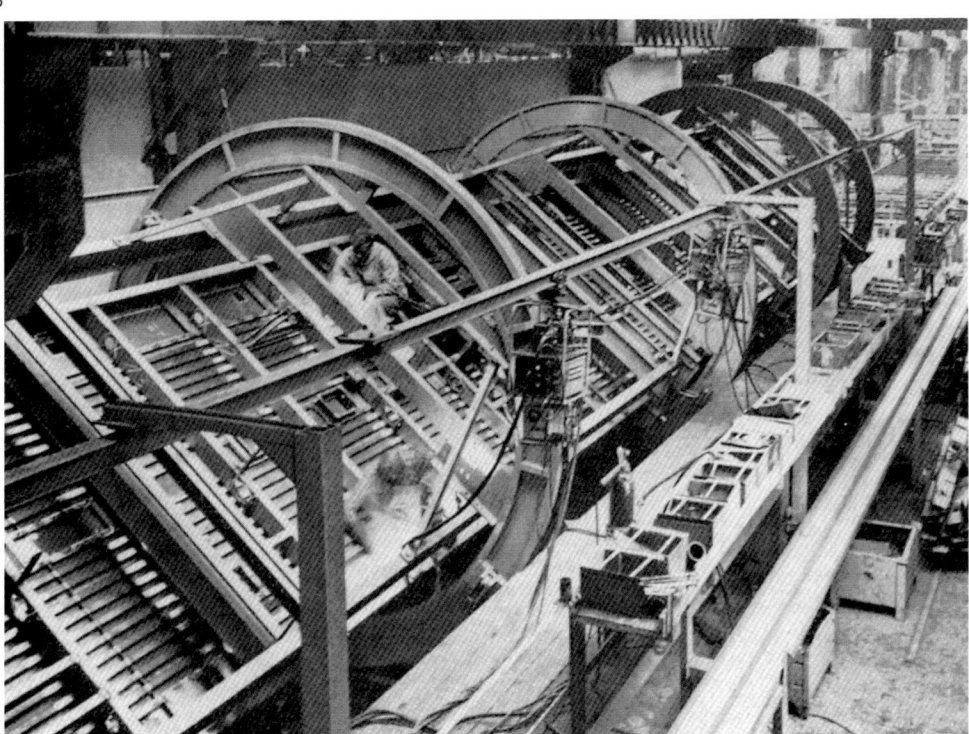

6

mes gefertigt. Das Fassungsvermögen eines schmalspurigen Fahrzeugs beträgt 25 m³ und das eines normalspurigen 40 m³.

Das selbsttätige Kippen und Aufrichten des Wagenkastens stellten beim Konstruieren besondere Anforderungen, da beispielsweise ein 40-m³-Fahrzeug etwa 80 t Erdmassen auf einmal kippt, während das Wagenuntergestell auf den Schienen feststehen muß. Die Konstrukteure mußten also den rauhen Betrieb in den Tagebauen, deren relativ schlechte Gleisanlagen und die Forderung nach absoluter Standsicherheit beim Entladen berücksichtigen.

Doppelstockomnibus

Für den Nahverkehr in unserer Hauptstadt und in anderen Großstädten der DDR entwickelte das Werk einen Doppelstockomnibus, der einen 120-PS-Dieselmotor erhielt. Das Fahrzeug, das sich gut bewährte und noch heute verkehrt, hat 52 Sitzplätze und 18 Stehplätze; seine Höchstgeschwindigkeit beträgt 60 km/h.

Leichttriebwagen

Der zweiachsige Leichttriebwagen mit Beiwagen war eigentlich für den Verkehr auf den Nebenstrecken bestimmt; er kann aber wegen seines hohen Beschleunigungsvermögens und seiner Fahrgeschwindigkeit auch auf Hauptstrecken eingesetzt werden.

Die Maschinenanlage, der Antrieb und alle Nebenaggregate befinden sich im Fahrgestell. Der Triebwagen ist mit einem Sechs-Zylinder-Vorkammer-Dieselmotor (200 PS bei 1500 min^{-1}) ausgerüstet.

Der Innenraum des Triebwagens mit den beiden Führerständen bildet einen Großraum für 54 Sitzplätze; der Beiwagen hat 57 Sitzplätze. Eine Warmluftheizung, die im Sommer belüften kann, ist vorhanden.

Die Fahrzeuge sind mit einer Druckluftscheibenbremse ausgestattet. Zusätzlich wirkt eine Magnetschienenbremse, die in der Notbremsstellung des Führerbremsventils anspricht.

Der Beiwagen ist nach den gleichen konstruktiven Gesichtspunkten ausgeführt. Er besitzt aber anstelle des zweiachsigen Fahrgestells zwei einachsige Laufwerke.

5 Teilansicht der neuen Montagehalle

6 Universal-Untergestellausschweißvorrichtung

7 Vierachsiger Diesel-Leichttriebwagen mit 2 mal 220 PS

8 Aufsetzen des Wagenkastens auf die Drehgestelle

Ein Teil der Beiwagen erhielt auch Steuereinrichtungen, wodurch mehrere Triebwageneinheiten vom Beiwagen aus ferngedient werden können.

Verbunden werden die Fahrzeuge mit einer leichten Mittelpufferkupplung.

Eine Weiterentwicklung ist der vierachsige Triebwagen mit zwei Unterflur-Maschinenanlagen von je 220 PS. Bemerkenswert an diesem Fahrzeug ist die Luftfederung mit Höhenniveauregulierung der Wiegenfederung und die horizontale Achsfederung. Die Höchstgeschwindigkeit beträgt 125 km in der Stunde.

Reisezugwagen, Typ B 4 üp (C 4 üp)

Im Jahr 1954 lieferte der Bautzener Betrieb eine größere Serie Großraumwagen mit breitem Mitteleinstieg an die Deutsche Reichsbahn.

Die Fahrzeuge bewähren sich besonders im Berufs- und Bezirksverkehr; nach einem Umbau stehen heute viele von ihnen im Dienst der Leipziger S-Bahn.

9

Das Wageninnere gliedert sich in zwei Endeinstiege, zwei Fahrgasträume, einen breiten Mitteleinstieg und zwei Toiletten. Die Einstiege ermöglichen einen schnellen Fahrgastwechsel.
Die Fahrzeuge hatten anfangs eine Niederdruck-Dampfheizung und bekamen später eine zusätzliche elektrische Heizung.
Die Fenster hatte man bei diesem Reisezugwagen erstmalig in einen festen Unterteil und in einen beweglichen Oberteil untergliedert.

Das heutige Produktionsprofil

Anfang der sechziger Jahre wurde eine Spezialisierung der Waggonbauindustrie der DDR eingeführt. In Bautzen werden nun in erster Linie Reisezugwagen produziert.

Reisezugwagen, Typ Y

Im Jahr 1961 begann der VEB Waggonbau Bautzen mit der Entwicklung eines Einheitsreisezugwagens, der sowohl dem UIC-Merkblatt 567 entspricht, als auch den Grundtyp für alle künftigen Reisezugwagen aus Bautzen bilden sollte. Das Fahrzeug konnte bereits auf der Leipziger Frühjahrsmesse 1962 vorgestellt werden.
In der Folgezeit entstanden aus diesem Grundtyp folgende Gattungen: Reisezugwagen 1. Klasse, Reisezugwagen 2. Klasse, Reisezugwagen 1./2. Klasse, Liegewagen 2. Klasse, Speisewagen, Schlafwagen, Großraumwagen, Salonwagen, Gepäckwagen mit Postabteil, Gepäckwagen, Reisezugwagen 2. Klasse mit Gepäckabteil.
Alle genannten Fahrzeuge haben folgende Hauptabmessungen bzw. Parameter:
  Länge über Puffer   24 500 mm
  Breite über Blech   2883 mm
  Höhe des leeren Wagenkastens von Schienenoberkante über Blech 4230 mm
  Drehzapfenabstand   17 200 mm
  Drehgestellachsstand   2500 mm
  Höchstgeschwindigkeit, lauftechnisch   160 km/h
  Höchstgeschwindigkeit, bremstechnisch   140 km/h
  Eigenmasse je nach Gattung   38 bis 45 t

Der Wagenkasten ist eine Stahlformleichtbaukonstruktion überwiegend aus St 38 und St 52 in geschweißter Bauweise. Er ist innen schall- und wärmeisoliert.
Der Einstieg hat Drehfalttüren nach UIC, die mit einem Schutz vor Fingerquetschungen beim Schließen versehen sind. An der Stirnwand befindet sich eine zweiteilige Schiebetür mit Schließeinrichtung. Die Übergänge sind eine Gummiwulstausführung. Alle Reisezugwagen haben die bewährten Übersetzfenster.
Die Fahrzeuge enthalten achshalterlose schraubengefederte Drehgestelle der Bauart Görlitz V. Sie besitzen eine auf alle Räder wirkende KE-GPR-Bremse mit vier Gleitschutzreglern und einem Achslagerbremsdruckregler; auf Kundenwunsch kann auch ein anderes international anerkanntes Bremssystem eingebaut werden. Die Handbremse ist vom Einstiegraum aus bedienbar und wirkt auf ein Drehgestell.
Die Abteile sind modern und zweckmäßig eingerichtet. Die Sitze sind mit Schaumgummi gepolstert und nach neuesten medizinischen Erkenntnissen geformt. Die Wandverkleidungen bestehen aus dekorativen Plastwerkstoffen.

9 Fensterdichtprobe im Rahmen der Qualitätskontrolle

10 Ausbaustände in der neuen Montagehalle des VEB Waggonbau Bautzen

Alle 1.-Klasse-Abteile haben Einzelsitze, die sich nach vorn herausziehen lassen. Die Nackenstützen lassen sich verstellen. In der 2. Klasse sind die Sitzbänke klappbar.

Die Waschräume und Toiletten verfügen außer den üblichen Einrichtungen über Steckdosen für den Rasierapparat.

Die Gangwände sind großflächig mit Glas ausgestattet.

Die Liegewagenausführung bietet in 9 Abteilen je 8 Sitzplätze in Tagesstellung oder je 6 Plätze in Nachtstellung. Ein zusätzlicher Waschraum ist eingebaut. Für die Gepäckablage befindet sich über dem Gang ein Kofferraum, der vom Abteil aus zugänglich ist. Auch über dem Fenster ist eine Gepäckablage.

Alle Abteilwagen haben eine Druckbelüftung, die in den Abteilen individuell regelbar ist. In der kalten Jahreszeit wird die Frischluft vorgewärmt. Die Abteilwagen haben eine Niederdruck-Umlaufdampfheizung sowie eine elektrische Heizung für alle möglichen Traktionsspannungen.

Im Bedarfsfall können die Wagen mit elektroakustischen Anlagen versehen werden.

11

11 Probefahrt durch die Lausitz

12 Speiseraum in einem RIC-Speisewagen

13 2.-Klasse-Abteil im Standard-Reisezugwagen Typ Y/B 70

14 1.-Klasse-Abteil im Standard-Reisezugwagen Typ Y/B 70

15 Abteil im RIC-Schlafwagen, Tagesstellung

16 Abteil im RIC-Schlafwagen, Nachtstellung

17 Blick durch die Gepäckräume in den Briefpostraum vom Gepäckwagen mit Postabteil (Seite 118)

18 Teil der Außenansicht mit Briefraum vom Gepäckwagen mit Postabteil (Seite 118)

13

14

15

16

17

Schlafwagen, Typ Y nach RIC/UIC

Auch der Schlafwagen ordnet sich in die Hauptabmessungen des Abteilwagens ein. Ein Fahrgastabteil enthält 3 Polstersitze und 3 klappbare Betten. Außerdem gehören ein Waschtisch und ein Spiegelschrank, eine Bettleiter und verschiedene Kofferablagen zur Einrichtung. Beim Herausklappen des unteren Bettes werden die Polstersitze selbsttätig in den Bettkasten versenkt.

Eine Ruf- und Signalanlage gestattet direkte Gespräche mit dem Wagenschaffner.

Das Warm- und das Trinkwasser wird in gesonderten Behältern gespeichert. In den Fahrgastabteilen und Toiletten kann kaltes und warmes Wasser entnommen werden.

Standardwagen, Typ Y/B 70

Diese Neuentwicklung hat die gleichen Hauptabmessungen, weist aber einige Vorteile auf: eine geringere Eigenmasse, einen besseren Reisekomfort und einen niedrigeren Wartungsaufwand. Alle Innenräume sind so gestaltet, daß eine mechanische Feuchtreinigung möglich ist.

Die Wagen haben zweiachsige Drehgestelle der Bauart Görlitz VI mit Achs- und Wiegenschraubenfederung.

Der Wagenkasten stützt sich über reibungsarme seitliche Gleitstücke und in

Die Vorteile der einheitlichen Wagengattungen liegen in

– einer umfassenden Standardisierung und dem möglichen Austausch ganzer Baugruppen,
– der Freizügigkeit im internationalen Verkehr,
– der bevorzugten Verwendung verschleißarmer Bauelemente,
– der leichten Zugänglichkeit zu allen Geräten,
– der Geräuscharmut in allen Räumen des Fahrzeugs,
– dem optimalen Komfort für den Reisenden,
– den guten Laufeigenschaften und der großen fahrtechnischen Sicherheit.

Speisewagen, Typ Y nach RIC/UIC

Unter Beibehaltung der Grundkonzeption der Abteilwagen wurde die Innenausstattung modernen gastronomischen Erkenntnissen angepaßt. Den in geschmackvollem Holzdekor gehaltenen Speiseraum unterteilt eine Trennwand mit Glasscheiben in einen großen Raum mit 40 Plätzen und einen kleinen Raum mit 8 Plätzen. Die Sitze sind mit Kunstleder bezogen und klappbar. Ein Teppich und Gardinen vervollständigen die Ausstattung.

Zur Beleuchtung des Speiseraums und des Seitengangs dienen Leuchtstoffröhren. Die Flüssigkeitsheizung kann sowohl mit Dampf, Elektroenergie oder Öl betrieben werden.

18

verschleißfreien Drehzapfen ab. Der spätere Einbau einer Magnetschienenbremse ist vorgesehen, wodurch bis zu 160 km/h bremstechnisch beherrscht werden.
Für eine gute Belüftung im Fahrzeug sorgen eine automatisch gesteuerte Luftheizungsanlage und statische Sauglüfter vom Typ „Kuckuck".
Alle Wände und Verkleidungen im Wagen werden mit abwaschbarem, kratzfestem Schichtpreßstoff versehen.

Sonderausführungen

Der VEB Waggonbau Bautzen hat eine Reihe von Sonderfahrzeugen nach Kundenwünschen entwickelt. So werden unter anderem Varianten von Gepäckwagen für die ČSD gebaut, deren Grundabmessungen dem Typ Y nach RIC/UIC entsprechen. Die Reisezugwagen, die in größeren Serien nach Indonesien, Syrien, Irak und Ägypten exportiert worden sind, erhielten besondere Klimaanlagen.

Sonstige Erzeugnisse

Neben den Haupterzeugnissen produzierte der Betrieb auch in den vergangenen Jahren Güterwagen, Kühlwagen und Kesselwagen in großen Stückzahlen.
Auch in der Konsumgüterproduktion leistete das Werk in der Vergangenheit Beachtliches. So stellt es neuerdings neben Flurmöbeln und Schraubzwingen auch Teile für Plattenspieler und Polstermöbel her.
Ein spezielles Fertigungsgebiet, auf dem der Betrieb über langjährige Erfahrungen verfügt, ist der Bau von Kupplungen für Schienenfahrzeuge. Aus diesem Grunde wurde der VEB Waggonbau Bautzen auch zum Sitz des Gemeinsamen Konstruktionsbüros, in dem Experten aus der UdSSR und der DDR an der Entwicklung der bei den Eisenbahnen der RGW-Mitgliedsländer vorgesehenen automatischen Mittelpufferkupplung INTERMAT arbeiten.
Der Betrieb besitzt weiterhin eine Gießerei, in der vor allem Grauguß und Aluminiumformguß hergestellt wird.

Rekonstruktion des Betriebes

Die Spezialisierung der gesamten Schienenfahrzeugindustrie der DDR brachte für den VEB Waggonbau Bautzen eine vollständige Rekonstruktion und eine erhebliche Erweiterung der Kapazität mit sich. Die Baumaßnahmen begannen 1964 und waren im wesentlichen 1970 abgeschlossen. Das wichtigste Vorhaben war der Bau einer neuen Montagehalle; darüber hinaus wurden Teilwerkstätten rekonstruiert und erweitert sowie die erforderlichen Versorgungsanlagen geschaffen.
Die Produktion der Reisezugwagen verläuft nunmehr taktmäßig nach festgelegten Arbeitsständen. Im wesentlichen ist eine Untergliederung in Wagenkastenrohbau (mit dessen Hauptbaugruppen Untergestell, Seitenwand, Stirnwand und Dach) und Innenausbau vorgenommen worden.
Die Hauptbaugruppen des Rohbaues werden in Universal-Drehvorrichtungen und der Kastenaufbau in festen Montageständen hergestellt, wobei hochproduktive teilautomatisierte Schweißverfahren angewendet werden.
Der Mechanisierungsgrad in der Schweißtechnik liegt bei 91 Prozent. Es dominiert die CO_2-Schutzgasschweißung.
Das Richten und Punkten der Wagenkästen geschieht nach dem Prinzip des Magnetspannplatten-Verfahrens. Dadurch sinkt nicht nur der Arbeitsaufwand, sondern auch der Lärmpegel. Die in den Montagehallen eingebauten Grundanstrichkabinen sind nach dem neuesten Stand der Lüftungstechnik entwickelt worden.
Der Innenausbau vollzieht sich nach weitgehender Vorfertigung einzelner Teilsektionen, wodurch der Montageaufwand wesentlich herabgesetzt werden konnte.
Das Umsetzen der Wagen im Band geschieht wechselseitig durch eine moderne Schiebebühne einerseits und durch einen Kran im Hallenquerschiff andererseits. Die notwendigen Prüfungen und Messungen werden jeweils an den Ständen vorgenommen, auf denen es der technologische Prozeß erfordert.
Auch die Außenlackierungsanlage entspricht den heutigen Forderungen.
1973 wurde eine Plastwerkstatt in Betrieb genommen, in der Wasserkästen, Drehfalttüren und Fußbodenwannen gefertigt werden.
Durch die umfassende Rekonstruktion hat sich der VEB Waggonbau Bautzen zu einem schönen, modernen Werk entwickelt, in dem unter guten Arbeitsbedingungen Reisezugwagen hoher Qualität nach dem neuesten technischen Stand produziert werden.

Arbeits- und Lebensbedingungen

Aus der im Jahr 1950 eingerichteten Ambulanz, in der ein Arzt und vier bis fünf Schwestern tätig waren, erwuchs ein modernes Betriebsambulatorium, in dem heute drei Fachärzte und elf Krankenschwestern arbeiten. Laboreinrichtungen, eine Massageabteilung, eine Zahnstation und eine Röntgenabteilung erlauben prophylaktische Untersuchungen. Allein im Jahr 1972 fanden über 19 000 Konsultationen und weit über 1500 Hausbesuche statt. Die Massageabteilung verzeichnete im gleichen Zeitraum fast 11 000 Behandlungen und das Labor rund 6300 Leistungen; dazu kommen noch über 1 100 Röntgenaufnahmen.
Weitere soziale Einrichtungen sind der Kindergarten und die Kinderkrippe.
Von Jahr zu Jahr verleben immer mehr Waggonbauer mit ihren Familien ihren Urlaub teils in FDGB-Ferienheimen, teils im betriebseigenen Heim „Friedenshöhe" in Cunewalde, teils in betriebseigenen Campinganhängern und Bungalows in den schönsten Gegenden unserer Heimat.
Für die Kinder der Beschäftigten des VEB Waggonbau Bautzen stehen das Zentrale Pionierzeltlager „Rosa Luxemburg" in Seifhennersdorf oder das Ferienheim „Friedenshöhe" in Cunewalde in den Ferien zur Verfügung.
Zwei HO-Verkaufsstellen bieten im Betrieb gute Einkaufsmöglichkeiten, insbesondere für die werktätigen Frauen.
Eine Vielzahl von Aufenthaltsräumen in den Werkstätten, ein Kultursaal mit der Gewerkschaftsbücherei sowie Kultur- und Sporteinrichtungen gestatten eine sinnvolle Freizeitgestaltung.
Die Betriebsküche verabreicht außer dem Stammessen auch mehrere Speisen und Diätkost.
Film- und Fotozirkel sowie die Betriebssektion Philatelie finden bei den Waggonbauern regen Zuspruch.

19

20

Alljährlich werden Betriebsfestspiele und Sportfeste auf dem betriebseigenen Sportplatz veranstaltet.
Ein Patenschaftsvertrag mit dem Deutsch-Sorbischen Volkstheater Bautzen sieht Theatertage speziell für die Waggonbauer vor.
Über 500 Arbeiterveteranen läßt der Betrieb eine gute Betreuung zuteil werden.
Im Kultur- und Sozialfonds stehen jährlich erhebliche Mittel für die weitere Verbesserung der Arbeits- und Lebensbedingungen unserer Betriebsangehörigen bereit.

Allseitige Mitwirkung der Werktätigen

Der Begründer der Aktivistenbewegung im größten Betrieb des Kreises Bautzen war Max Kilian. Außer den lange dem Werk angehörenden Arbeitern nahmen dann aber zunehmend Jugendliche und Vertreter der Intelligenz an dieser Bewegung teil.
Diese Initiativen einzelner Werktätiger und großer Kollektive spiegelt den Ideenreichtum der Waggonbauer und deren Eigentümerbewußtsein wider.
In 73 Aktivistenschulen und zahlreichen Kowaljow-Aktivs erwarben sich die Werktätigen das notwendige Wissen, um die

21

Reproduktion effektiver mitzugestalten. Konsultationsstützpunkte und ein Technisches Kabinett propagierten Neuerermethoden, besonders die aus der UdSSR.
Die Jugendbrigade „Florian Geyer" nahm als erstes Kollektiv im Betrieb den Kampf um den Titel „Brigade der sozialistischen Arbeit" auf. Die sozialistische Gemeinschaftsarbeit nahm von Jahr zu Jahr zu. Heute arbeiten weit über 2100 Betriebsangehörige nach persönlich- und kollektivschöpferischen Plänen.
Das Büro für Neuererwesen kann berichten, daß von 1948 bis 1972 über 19 Millionen Mark an volkswirtschaftlichem Nutzen erzielt worden sind. Allein im Jahr 1972 konnten 1,6 Millionen Mark im Neuererwesen erwirtschaftet werden.
Der gute Ruf, den die Erzeugnisse des Betriebes bei den Kunden und in der Fachwelt genießen, ist das Ergebnis einer langjährigen zielstrebigen Qualitätspolitik. Bereits Anfang der fünfziger Jahre kämpften alle Produktionsabteilungen um den Titel „Abteilung der ausgezeichneten Qua-

19 Vollklimatisierter Großraumwagen für die Irakische Staatsbahn

20 Inneneinrichtung vom Salonwagen für die ČSD

21 Teil der Außenansicht vom Salonwagen für die ČSD

22 Ein Reisezugwagen für die Ägyptische Staatsbahn, an Bord eines Frachtschiffes

lität". Wie erfolgreich das Betriebskollektiv das Qualitätssicherungssystem verwirklicht, zeigen das Gütezeichen „Q", die zweimalige Auszeichnung mit Messegold und viele Referenzen der Kunden.
Drei Kollektive des Betriebes tragen den Orden „Banner der Arbeit". 1971 erhielt die Betriebsgruppe der Gesellschaft für Deutsch-Sowjetische Freundschaft die „Ehrennadel in Gold" für ihre hervorragende politische Tätigkeit bei der Festigung der Freundschaft mit der Union der Sozialistischen Sowjetrepubliken.
Der Erziehung der Jugend und der Ausbildung des Facharbeiternachwuchses widmet der Betrieb seine besondere Aufmerksamkeit. Er verfügt über eine eigene Betriebsberufsschule, in der über 450 Lehrlinge in verschiedenen Spezialfachrichtungen ausgebildet werden. Darüber hinaus erhalten 850 Schüler der Polytechnischen Oberschulen der Stadt Bautzen im Betrieb ihren polytechnischen Unterricht.
Die 1953 gegründete Betriebsakademie vermittelte in den rund 20 Jahren ihres Bestehens über 6000 Werktätigen in den verschiedensten Fachgebieten ein fundiertes Wissen. Es fanden 64 Schweißerlehrgänge, 29 Meisterlehrgänge, 10 Fachschullehrgänge und zahlreiche Facharbeiterkurse statt.
In enger Zusammenarbeit mit der Hochschule für Verkehrswesen „Friedrich List" Dresden, der Ingenieurschule Bautzen, der Fachschule für Ökonomie Plauen, dem Rat des Kreises Bautzen und nicht zuletzt mit den Betriebsakademien der Schwesternbetriebe der VVB Schienenfahrzeugbau werden ständig neue Fachkräfte nach dem neuesten technisch-wissenschaftlichen Stand ausgebildet.
Neben den fachlichen Ausbildungsmöglichkeiten gibt es auch zahlreiche Formen zur Vermittlung gesellschaftspolitischen Wissens, wie Parteilehrjahr und „Schulen der sozialistischen Arbeit". Die Bildungsstätte der Betriebsparteiorganisation und die Informationsstelle sind im Bildungsprozeß innerhalb des Betriebes bedeutsame Einrichtungen.

Gesicherte Perspektive

Der VEB Waggonbau Bautzen nimmt im Industriezweig Schienenfahrzeuge eine wichtige Stelle ein. Er ist Produzent von Reisezugwagen nach RIC. Langfristige Verträge garantieren eine kontinuierliche Weiterentwicklung der Erzeugnisse und deren Absatz im In- und Ausland. Damit wird der Betrieb auch in den kommenden Jahren das Profil des modernen Reisezugwagens mitbestimmen.
Die stetige Weiterentwicklung moderner Fertigungsverfahren sichert auch künftig eine ökonomische Fertigung und eine hohe Qualität.
Im Rahmen der sozialistischen ökonomischen Integration der Mitgliedsländer des Rates für Gegenseitige Wirtschaftshilfe wird der Betrieb neue Wege beschreiten.
Neben den bereits wirksamen arbeitsteiligen Prozessen bei der Fertigung von Reisezugwagen werden künftig auch gemeinsame Schritte bei der Entwicklung neuer Fahrzeuge unternommen.

Dipl.-Ing. Werner Dück

Das Institut für Schienenfahrzeuge in Berlin-Bohnsdorf

Mitglied des Warenzeichenverbandes Vereinigter Schienenfahrzeugbau e.V.

Etwa 15 Minuten vom S-Bahnhof Berlin-Grünau entfernt, befindet sich das Institut für Schienenfahrzeuge (IfS), das heute die Aufgaben des wissenschaftlich-technischen Zentrums der VVB Schienenfahrzeuge erfüllt. Unter Leitung des Direktors, Prof. Dr.-Ing. Wießner, arbeitet dort ein erfahrenes Kollektiv von über 400 Facharbeitern, Technikern und Ingenieuren an den wissenschaftlichen Grundlagen der Schienenfahrzeuge von morgen und übermorgen.

In den letzten Jahren dominierten dabei eindeutig Arbeiten für den Waggonbau, während der Ursprung des Instituts für Schienenfahrzeuge im Lokomotivbau liegt.

Ausgangspunkt: Vereinheitlichung im Lokomotivbau

Im Einvernehmen zwischen der Deutschen Reichsbahn-Gesellschaft und der einheimischen Lokomotivindustrie wurde 1922 ein Vereinheitlichungsbüro der Lokomotivfabriken gebildet. Es bestand aus einer Konstruktions- und Entwicklungsabteilung, einem Zeichen- und Schreibbüro sowie einem Normenbüro. Es entwickelte die verschiedenen Bauarten von Einheitslokomotiven und -tendern.

Nach der Befreiung vom Hitlerfaschismus fertigte das Vereinheitlichungsbüro zunächst im Auftrag der Deutschen Reichsbahn neue Grundlagen für die Unterhaltung der Lokomotiven an, bis es ab 1946 als Konstruktionsbüro für Lokomotivbau der Technischen Kommission beim Ministerium für Transportmaschinenbau der UdSSR fungierte. Dieses Konstruktionsbüro, das Mitte 1946 von Mittweida nach Wildau bei Berlin verlegt wurde, hat dann u. a.
- Entwürfe für verschiedene Dampflokomotiven und Gasturbinenlokomotiven angefertigt,
- Vorschläge zur Modernisierung von Loktypen und -bauteilen erarbeitet,
- die Möglichkeiten zur Umspurung vorhandener und neuer Lokomotiven geschaffen sowie
- die Angleichung der sowjetischen und deutschen Normen begonnen.

Nächste Etappe: Zentrales Konstruktionsbüro der VVB LOWA

Als das Büro am 1. April 1949 an die VVB LOWA übergeben wurde, waren somit dank der Hilfe durch die UdSSR die Voraussetzungen gegeben, die Neuentwicklung von Schienenfahrzeugen, insbesondere von Lokomotiven, aufzunehmen.

Dieses Zentrale Konstruktionsbüro (ZKB) in Wildau, das anfangs sehr eng mit dem einstigen VEB Lokomotivbau „Karl Marx" Babelsberg zusammenarbeitete und 1952 diesem Betrieb zugeordnet wurde, hat zunächst u. a. an der Verbesserung des Wirkungsgrades und an der Leistungssteigerung der Dampflokomotiven (Zwangsumlaufkessel, Bauart La Mont und Kohlenstaubfeuerung) gearbeitet. Dann folgten die Entwicklung und Konstruktion beispielsweise eines Funkmastanhängers, einer Motordraisine, einer dampfbetriebenen Straßen-Zugmaschine für Schwerlasttransporte, einer Schotterbettreinigungsmaschine und einer Reihe von Dampfspeicher-Lokomotiven mit Kesseln von 6, 10, 15 und 20 m^3 Inhalt und bis zu 200 N/cm^2 Dampfdrücken für Spurweiten von 900, 1000 und 1435 mm.

1950 begann im Auftrag der Deutschen Reichsbahn und in Zusammenarbeit mit ihr die Neuentwicklung von Dampflokomotiven. Es entstanden die Baureihen 65^{10}, 83^{10}, 23^{10} und 50^{40}, die bis 1960 in größeren Stückzahlen in Babelsberg gebaut worden sind.

In diese Periode fällt auch die Aufnahme der Entwicklung von Diesellokomotiven. 1949 begann man mit einer Typenreihe von schmalspurigen Diesellokomotiven bis 66 kW, die dann auch für 1435-mm-spurige Bahnen bzw. in schlagwettergeschützter Ausführung für Grubenbahnen produziert worden sind.

Diese Arbeiten setzten sich in einem Typenprogramm für Diesellokomotiven mit 175, 265/295 und 405/440 kW und hydrodynamischer Kraftübertragung fort.

1952, das eigentliche Geburtsjahr des IfS

Das Ministerialblatt der DDR verkündete am 2. April 1952, daß mit Wirkung vom

Vortag ein Forschungsinstitut für Lokomotiv- und Wagenbau gegründet und dem VEB Lokomotivbau „Karl Marx" angegliedert sowie dem Ministerium für Maschinenbau unmittelbar unterstellt worden ist. Doch zu dem Zeitpunkt gab es kaum Vorstellungen über Aufgaben, Unterbringung und Rechtsstatus dieses Instituts. Erst nachdem der Minister für Maschinenbau im Dezember des gleichen Jahres den Chefkonstrukteur des ZKB, Dipl.-Ing. Töpelmann, zum kommissarischen Leiter des Forschungsinstituts berufen hatte und das ZKB mit Wirkung vom 1. Januar 1953 dieser Einrichtung zugeordnet worden war, setzte der Aufbau der neuen Forschungsstätte zügig ein. Das Institut wurde zu einer Anstalt des öffentlichen Rechts erklärt und schied aus dem Babelsberger Werk aus.

Im Oktober 1953 konnte das Forschungsinstitut schließlich in Berlin-Adlershof das ursprünglich für das Institut für Kältetechnik bestimmte Bürogebäude mit den dazugehörigen Werkhallen beziehen.

Der etwas langwierige Gründungsprozeß endete am 10. April 1954, als die „Anordnung über die rechtliche Stellung des Instituts für Schienenfahrzeuge" und dessen Statut im Zentralblatt der DDR veröffentlicht wurden. Die Bezeichnung „Institut für Schienenfahrzeuge" sollte das gesamte Aufgabengebiet umreißen.

In den folgenden Jahren lösten Forschungsthemen und Studienentwürfe die Konstruktionsarbeiten weitgehend ab.

Die Entwicklung von Dampflokomotiven trat immer mehr zurück zugunsten der von Dieseltriebfahrzeugen und Wagen. Der Bedarf der Deutschen Reichsbahn an moderneren Traktionsmitteln veranlaßte sodann, die wissenschaftlichen Grundlagen und Projekte für eine Typenreihe von Großdiesellokomotiven (Leistungsbereich von 440 bis 1750 kW und hydrodynamische Kraftübertragung) zu schaffen. Das Fehlen von Entwicklungskapazität in der Zulieferindustrie führte dazu, daß das IfS für diese Lokomotiven auch Kühler und Ölwärmetauscher, die Mehrfachsteuerung sowie die Achs- und Nachschaltgetriebe entwickeln mußte. Jene Diesellokomotiven, bekannt geworden als V 60 (BR 106), V 100 (BR 110) und

1 Anlieferung eines Prüfobjekts in Berlin-Adlershof
2 Der Motor-Getriebe-Prüfstand

V 180 (BR 118), sind dann in Babelsberg und Hennigsdorf in größeren Serien für die Deutsche Reichsbahn und andere Bahnverwaltungen gebaut worden.

Die Forschungstätigkeit erstreckte sich ferner auf die Fahrzeugführung im Gleis, den Leichtbau von Reisezug- und Güterwagen, die Einführung von Plastwerkstoffen und Bauelementen aus Gummi, die Entwicklung von Leichtradsätzen sowie die Ausarbeitung von Berechnungsgrundlagen für Dieseltriebfahrzeuge und den Waggonbau.

Kennzeichnend für die fünfziger Jahre war aber auch, daß außer der Grundlagenarbeit für die Dieseltraktion noch zahlreiche betriebliche Tagesprobleme auftraten, für deren Lösung Mitarbeiter des Instituts zeitweilig in die Betriebe abgeordnet werden mußten.

Ebenso war die Anzahl der jährlich zu bearbeitenden Forschungs- und Entwicklungsthemen sowie Studien relativ groß, weil es teilweise noch an der notwendigen Konzentration auf Schwerpunkte fehlte.

Entwicklung zum wissenschaftlich-technischen Zentrum

Etwa 1959/60 begann sich das Institut in das wissenschaftlich-technische Zentrum der VVB Schienenfahrzeuge zu verwandeln. Das Ziel war, die Wirksamkeit des IfS auf alle Betriebe des Industriezweiges auszudehnen, die anleitende und koordinierende Tätigkeit zu verbessern sowie das Forschungs- und Versuchspotential stärker auf die Lösung perspektivischer Grundfragen des Schienenfahrzeugbaues zu lenken.

Zugleich organisierte das IfS die Zusammenarbeit mit technischen Hochschulen, insbesondere der Hochschule für Verkehrswesen „Friedrich List" und der Technischen Universität Dresden, mit zentralen Forschungseinrichtungen, den Zentralen Versuchs- und Entwicklungsstellen der Deutschen Reichsbahn sowie mit wissenschaftlich-technischen Zentren der Zulieferindustrie.

Der Aufgabenbereich der Abteilungen für das Patent- und Neuererwesen (L-BfN),

3 Bürogebäude des IfS in Berlin-Bohnsdorf
4 Inbetriebnahme des Rollprüfstands im Ciegelski-Werk Poznan durch den Generaldirektor des Schienenfahrzeugbaues in der VR Polen, Edward Sdziak
5 Der Rollprüfstand für komplette Schienenfahrzeuge

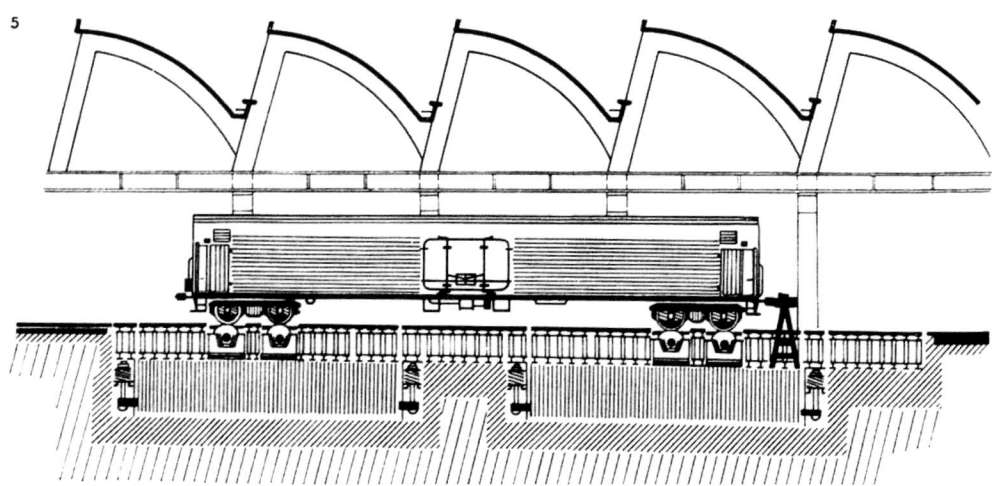

für Standardisierung (ZfS) sowie für Information und Dokumentation (LID) als Leitstellen des Industriezweiges für die betreffenden Sachgebiete wurde beträchtlich erweitert. Auf der Basis von Grundsatzordnungen förderten diese drei Einrichtungen den Ausbau der entsprechenden Stellen in den Betrieben und leiteten sie an; sie veranstalteten regelmäßig Arbeitstagungen und Weiterbildungslehrgänge für diese Kader.

Die L-BfN begann die Planung und Abrechnung von Orientierungskennziffern des Neuererwesens sowie die Organisierung der Bewegung „Messe der Meister von morgen". Die ZfS hielt 1960 die erste Standardisierungskonferenz des Industriezweiges ab und sorgte dafür, daß die Erarbeitung staatlicher Standards zum Bestandteil der Forschungs- und Entwicklungstätigkeit wurde. Die LID erweiterte die Dokumentation der internationalen Fachliteratur; sie gibt seit damals periodisch die IfS-Literaturschau, die Schnellinformationen Schienenfahrzeuge, die Informationen für leitende Kader und andere Publikationen heraus.

Weitere Kennzeichen der sechziger Jahre waren

- die wissenschaftlich-technische Arbeit für die Erzeugnisgruppen Triebfahrzeuge, Reisezugwagen, Kühl- und sonstige Güterwagen sowie Fahrzeugausrüstungen,
- das zeitweilige Wirken von zentralen Projektierungsbüros für Reisezugwagen in Görlitz bzw. für Kühlwagen in Dessau als Außenstellen des IfS,
- die Konzentration des Forschungs- und Entwicklungspotentials auf Schwerpunkte und die Vorlauforschung mit Verteidigung der Ergebnisse aus Forschung und Entwicklung vor den Betrieben des Industriezweiges,
- die Bildung einer leistungsfähigen Abteilung Technologie zur Unterstützung der technologischen Entwicklung und Rationalisierung in den Betrieben.

Internationale Zusammenarbeit

Schon in den fünfziger Jahren fanden die ersten Konsultationen und Erfahrungsaustausche zwischen Fachleuten des IfS und des Schienenfahrzeugbaues der anderen RGW-Länder statt. Daraus erwuchs eine systematische Zusammenarbeit auf der Grundlage bilateraler Arbeitspläne mit dem Institut für Waggonbau in Moskau (VNIIV), dem Institut für Schienenfahrzeuge in Prag (VUKV) und dem Zentralen Forschungs- und Entwicklungszentrum für Schienenfahrzeuge in Poznan (OBRPS). Darüber hinaus übernahm das IfS, die direkte wissenschaftlich-technische Zusammenarbeit zwischen den Betrieben des Schienenfahrzeugbaues der DDR und denen der anderen sozialistischen Länder in die Wege zu leiten und aufeinander abzustimmen.

Während anfangs der Austausch von Erfahrungen und Forschungsergebnissen im Vordergrund stand, werden jetzt in immer stärkerem Maße gemeinsame Entwicklungen auf der Basis langfristiger Pläne betrieben, um die Entwicklungskapazitäten noch effektiver zu nutzen und die Entwicklungszeiten zu verkürzen. Besonders mit dem sowjetischen Partner wurden u. a. folgende bedeutsame Aufgaben und Themen, die teilweise bereits abgeschlossen sind, behandelt:

- Ausarbeitung von Methoden für die Prüfung der elektrischen und thermischen Ausrüstung von Weitstrecken-Personenwagen,
- Schaffung einer Methodik für die dynamische Untersuchung von Wagen, in die praktische Streckenerprobungen in der Sowjetunion und in der DDR eingeschlossen sind,
- Entwicklung von Systemlösungen für die Elektroenergieversorgung bei Reisezugwagen,
- Vervollkommnung der Konstruktion von Reisezugwagen und Einsatz neuer Werkstoffe.

Schwerpunkte der Zusammenarbeit mit dem tschechoslowakischen Partner waren vor allem die Entwicklung von Reisezugwagen-Drehgestellen und die anderer Fahrzeugausrüstungen. Und mit dem polnischen Partner wurden überwiegend Aufgaben zur Schaffung von Prüfregeln und Versuchseinrichtungen für Schienenfahrzeuge bearbeitet.

In der multilateralen Zusammenarbeit ist das IfS ebenfalls an mehreren Standardisierungsaufgaben und Forschungsthemen beteiligt.

Ausbau des Versuchs- und Erprobungswesens

Bereits das ZKB in Wildau hatte versucht, eine Versuchswerkstatt für Messungen einzurichten und Prüf- und Meßeinrichtungen zu beschaffen. Das gelang erst dem IfS nach der Übersiedlung nach Berlin-Adlershof. Den Grundstock bildete das bis dahin dem DAMW gehörende Versuchs- und Prüfamt für Kraftfahrzeugtechnik, das über einen 1000-kN-Pulsator und verschiedene Werkstatt- und Meßausrüstungen verfügte.

Die ersten selbst gebauten Einrichtungen waren eine Wagen-Druckbank, ein Drehgestellprüfstand, ein Dieselmotoren- und Getriebeprüfstand, ein thermodynamischer Prüfstand für Kühlanlagen und Wärmetauscher der Diesellokomotiven sowie ein Labor für Festigkeitsuntersuchungen.

Ein großer Nachteil des Geländes in Berlin-Adlershof war das Fehlen eines Gleisanschlusses, weshalb die zu prüfenden Fahrzeuge recht aufwendig mit Schwerlast-Straßenfahrzeugen an- und abtransportiert werden mußten. Dieser Nachteil entfiel, als das IfS 1969 seinen Neubaukomplex mit einem umfangreichen Prüffeld in Berlin-Bohnsdorf beziehen konnte.

Im gleichen Jahr erhielt die Versuchsabteilung den Status einer Zentralen Versuchs- und Erprobungsstelle des Industriezweiges; ihr wurden eine spezielle Gruppe, die für die Entwicklung und Auslastung aller Versuchskapazitäten und für die Koordinierung der Versuche mit anderen Erprobungsstellen zuständig ist, und die neue Abteilung Gütesicherung zugeordnet.

In den folgenden Jahren ist das Versuchswesen beträchtlich modernisiert und erweitert worden. So entstanden ein Akustik-, ein Elektronik- und ein Plastelabor sowie ein schweißtechnisches Labor.

Aus bausteinartig zusammengesetzten Einzelgeräten wurden „dynamische Meßketten" gebildet, die über Schleifenoszillo-

6

7

graphen, Lichtschreiber oder Magnetbandspeicher mindestens acht dynamische Vorgänge gleichzeitig zu registrieren gestatten. Für langsam veränderliche Meßgrößen, wie Temperatur, Luftfeuchtigkeit, Fahrgeschwindigkeit, Kraftverlauf usw., wurde eine „quasistatische Meßkette" geschaffen, die mit EDV-gerechter Lochstreifenausgabe der Meßwerte arbeitet.

Die wichtigsten heute vorhandenen Prüfeinrichtungen und die gegenwärtigen Möglichkeiten von Untersuchungen sollen kurz erläutert werden.

Der *Rollprüfstand für komplette Schienenfahrzeuge* eignet sich für die dynamische Prüfung von Reisezugwagen, Kühlwagen und sonstigen Güterwagen sowie von Triebfahrzeugen mit Spurweiten von 1000 bis 1676 mm und unterschiedlichen Achs- und Drehzapfenabständen bei Geschwindigkeiten bis 250 km/h. Die dem Fahrbetrieb entsprechenden Beanspruchungen werden vertikal durch Flachstellen im Rollradsatz (bis 40 g bei 200 Hz) oder durch exzentrische Radsätze des Prüflings und horizontal quer und längs durch programmgesteuerte elektropneumatische Druckzylinder und durch Abbremsung über die Fahrzeug-Druckluftbremse oder die Antriebsmotoren des Rollprüfstands simuliert.

Der Prüfstand, der gegenüber Streckenerprobungen eine Reihe technischer und ökonomischer Vorteile bietet, gestattet Typen- und Funktionsprüfungen, Festigkeits-, Verschleiß- und Lebensdauer-Untersuchungen an kompletten Schienenfahrzeugen, ihren Ausrüstungen und ihren Bauteilen.

Die polnische und die sowjetische Waggonbauindustrie haben die Dokumentation dieses Rollprüfstands in Form einer Lizenz erworben. So hat das IfS für das Cegielski-Werk in Poznan Ausrüstungen für einen gleichartigen Prüfstand geliefert und dort dessen Aufbau geleitet; dieser Prüfstand ist am 1. Mai 1972 in Betrieb genommen worden.

Der *Kleine Rollprüfstand* ist in einer Isolierkammer angeordnet und dient der Funktions- und Dauererprobung von Radsätzen, Achslagern und deren Anbauaggregaten (wie Gleitschutz- und Achslagerbremsdruckreglern), Stromversorgungsanlagen mit Achsmitten- oder Achsbuchsgetrieben usw. Die Erprobung findet bei Temperaturen von +30 bis +50 °C mit stufenlos regelbarer Rollgeschwindigkeit von maximal 200 km/h und einer maximalen Achslast von 200 kN statt.

Der *Bemsprüfstand* ist für die Erprobung von Bremsscheiben und Scheibenbremsgestängen bestimmt. Er gestattet bei Dauer- und Haltebremsungen die Messung von Temperaturen an Scheiben, Naben und Verbindungselementen sowie die Ermittlung von Verschleiß- und Reibwerten an Bremsbelägen bei unterschiedlichen Bedingungen. Die Erprobung klotzgebremster Räder ist ebenfalls möglich.

Statische und dynamische Prüfungen von Bauteilen, wie Drehgestellrahmen, Achsen, Bremsgestängen und anderen Bauteilen mit Abmessungen bis zu 2500 mm Breite, 4000 mm Länge und 2500 mm Höhe, werden in Druckrahmen und Vorrichtungen, die auf Schwingfundamenten montiert sind, vorgenommen. Eine Hydraulikanlage erlaubt statische Belastungen bis 1500 kN und dynamische bis ±500 kN. Für kleinere Bauteile stehen Zug-Druck-Maschinen mit Pulsatoren von 100, 200 und 1000 kN zur Verfügung. Eine spezielle Vorrichtung dient der statischen (bis 400 kN) und dynamischen (bis 200 kN) Belastung von Rädern unter verschiedenen Kraftangriffswinkeln.

Zur Nachahmung der Belastungen von Güterwagenfußböden ist eine Rollmaschine vorhanden. Ihre Kennzeichen sind unterschiedliche Raddurchmesser, wahlweise Gummi- oder Stahlräder, Radlasten bis 25 kN, Spurweiten 650 bis 890 mm, Rollgeschwindigkeit von 5 km/h und vollautomatische Steuerung.

Auf der *Zug- und Druckbank* wird die

8

9

6 Dynamische Prüfung der Zusatzfeder für zweiachsige Güterwagen des VEB Waggonbau Niesky
7 Belastung eines 950 mm großen Vollrades vom VEB Radsatzfabrik Ilsenburg
8 Untersuchung einer neuen Seitenwand
9 Prüfung eines Sandwich-Wagenfußbodens für einen Kühlwagen vom VEB Waggonbau Dessau

10 11

Festigkeit von Rohbau-Wagenkästen auf Zug und Druck untersucht. Es können Vertikalkräfte an beliebigen Stellen und Horizontalkräfte in verschiedenen Höhen der Stirnwände eingeleitet und bis zu 1000 Dehnungsmeßstellen angeschlossen werden.

Alle neuen oder weiterentwickelten Wagen werden auf diesem Prüfstand den nach UIC-Merkblatt 567–I geforderten Belastungen unterzogen.

Die Kräfte auf diesem Prüfstand erreichen folgende Werte:
- Druckkraft auf Mittel- oder Außenpuffer bis zu 4000 kN,
- Zugkraft horizontal bis zu 2500 kN,
- Zugkraft diagonal bis zu 600 kN.

Die Dehnungswerte werden auf Lochstreifen ausgedruckt, die für die Eingabe zur Ermittlung der Spannungsverläufe auf einer elektronischen Datenverarbeitungsanlage dienen.

Zur *Messung des Lärmpegels* an oder in Schienenfahrzeugen besteht eine universell einsetzbare Meßeinrichtung. Sie hat sich sowohl im Fahrbetrieb als auch bei stehenden Fahrzeugen gut bewährt. Die Schallsignale werden auf Magnetband gespeichert und können nach verschiedenen Methoden, z. B. Suchton-, Frequenz- oder Pegelhäufigkeitsanalyse für Lärmbekämpfungsmaßnahmen, ausgewertet werden. Das Akustische Labor verfügt über eine Einrichtung, mit der an Modellen von Wänden, Fußböden, Fenstern usw. die Schalldämm-Maße ermittelt werden können. Dadurch ist man bereits im Entwurfsstadium in der Lage, den Innenlärmpegel neuer oder weiterzuentwickelnder Fahrzeuge zu beeinflussen.

Zu einem *Meß- und Erprobungsfahrzeug* ist ein vom VEB Waggonbau Bautzen gefertigter RIC-Reisezugwagen ausgebaut worden. Mit ihm können Ausrüstungen und Einbauaggregate auf Bahntauglichkeit geprüft und Untersuchungen (z. B. auf Spannung, Beschleunigung, Drehmoment, Temperatur, Verschleiß, Lärm) an Fahrzeugen im fahrplanmäßigen Zugverkehr oder bei Sonderfahrten angestellt werden.

Mit einem anderen Erprobungsfahrzeug fanden im Winter und im Sommer Meßfahrten auf Strecken der Sowjetischen Eisenbahnen mit Geschwindigkeiten bis zu 170 km/h statt. Dabei wurden bei Temperaturen von −50 bis +40 °C die dynamischen Beanspruchungen des Laufwerks, der Stromversorgungsanlagen und anderer Bauteile ermittelt.

Thermodynamische Untersuchungen können sowohl stationär als auch im Fahrbetrieb vorgenommen werden. So gab es zahlreiche Messungen an Wasser-, Öl- und Luftkühlern für Antriebsanlagen, an Warmwasserheizkesseln und an Warmwasserheizsystemen für Reisezugwagen-Baureihen.

Ergebnisse der Forschung und Entwicklung in den letzten Jahren

Die wichtigste Aufgabe der Forschung und Entwicklung bestand darin, den wissenschaftlich-technischen Vorlauf für den Industriezweig Schienenfahrzeuge zu schaffen. Dabei waren u. a. folgende Forschungskomplexe zu lösen:
- Einführung neuer Bauteile, Baugruppen und Bauweisen im Waggonbau zur Erhöhung des Gebrauchswerts der Erzeugnisse und zur Verbesserung der Materialökonomie, insbesondere durch Verwendung von Plasten anstelle von Stahl,
- Erarbeitung der Grundlagen für neue Laufwerke nach der jüngsten Theorie des spurgeführten Fahrzeuglaufs,
- Konzipierung moderner Systeme der Energieversorgung und der Energiewandlung bei Reisezugwagen.

Außer der Vorlaufforschung wird auch Vertragsforschung für die Final- und Zulieferbetriebe des Industriezweigs betrieben. Um die Breite der Aktivitäten zu verdeutlichen, sollen einige Forschungs- und Entwicklungsarbeiten genannt werden:

Vor einigen Jahren wurde eine umfangreiche Studie zur Entwicklung moderner Nahverkehrsfahrzeuge angefertigt. Ausgehend von den Verkehrsproblemen in den Ballungszentren und vom internationalen wissenschaftlich-technischen Stand, ermittelte man die Anforderungen an künftige S-Bahn- und U-Bahnwagen sowie Schnellverkehrsfahrzeuge. Dazu untersuchte man die wagenbauliche Gestaltung bei Leichtbau und optimalem Fahrgastfluß, die Gestaltung des Laufwerks, die Auslegung des Antriebs und der Bremsen u. a. m. Die Erkenntnisse aus der Studie fanden ihren Niederschlag in den Nahverkehrsfahrzeugen, die gegenwärtig vom VEB Kombinat LEW „Hans Beimler" in Hennigsdorf für die Deutsche Reichsbahn entwickelt und gebaut werden.

Die im Reiseverkehr allgemein angestrebte Erhöhung der Fahrgeschwindigkeiten erfordert auch den Einsatz neuer Bremssysteme. Demzufolge wurde eine Achsscheibenbremse entwickelt, die in zahlreichen Erprobungen ihre Funktionstüchtigkeit bewiesen hat. Sie besteht aus einer Achsbremsscheibe, bei der Bremsscheibe und Nabe mit Gummibuchsen verbunden sind, und aus einem staubdicht abgeschlossenen Kompaktbremsgestänge. Diese Scheibenbremse eignet sich für Geschwindigkeiten bis 160 km/h bei einer Achslast von 130 kN, wobei die Anpreßkraft des Bremsbelages durch Auswechseln eines einfachen Bauteils zwischen 9,50 und 24 kN stufenlos variiert werden kann.

Im Zusammenhang mit der Elektroenergieversorgung bei Reisezugwagen für verschiedene Einsatzbereiche wurden u. a. Varianten für Energiewandler auf Halbleiterbasis bei Mehrspannungsbetrieb entwickelt und erprobt. Sie berücksichtigen die nach UIC-Merkblatt 552 für den internationalen Verkehr zugelassenen vier Spannungs- und Stromarten und sind verwendbar für ein 24-V-Gleichstrom- bzw. ein Drehstrom- und 24-V-Gleichstrombordnetz.

10 Bei einer Meßfahrt in der Sowjetunion
11 Drehschwingungsuntersuchung am Achsbuchsgetriebe bei einem RIC-Reisezugwagen vom VEB Waggonbau Bautzen
12 Wagenkasten eines Personenwagens vom VEB Waggonbau Ammendorf in der Zug-Druck-Bank
13 Thermodynamische Untersuchungen an einem Heizkessel für Weitstrecken-Personenwagen der SŽD

12

13

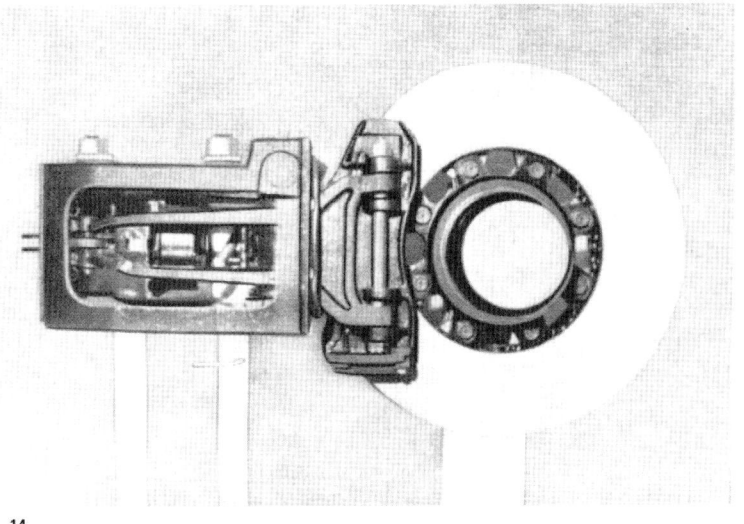

14 Scheibenbremse mit Kompaktbremsgestänge

15 Auszeichnung des Instituts für Schienenfahrzeuge mit dem Vaterländischen Verdienstorden in Gold durch den Stellvertreter des Vorsitzenden des Ministerrats der DDR, Dr. Gerhard Weiß

16 Erläuterung des im IfS entwickelten Federapparats für die automatische Mittelpufferkupplung „Intermat"

Bereits 1971 wurde ein dreiphasiger statischer Wechselstromrichter mit einer Nennleistung von 25 kVA geschaffen, der sich in Weitstrecken-Personenwagen mit Klimaanlage für die SŽD und auch bei der Erprobung in einem Forschungsschiff unter extremen Klimabedingungen bestens bewährt hat.

Technische Forderungen der SŽD veranlaßten den VEB Waggonbau Ammendorf Ende 1968, eine neue Warmwasserheizungsanlage für die Weitstrecken-Personenwagen vom Typ AyL entwickeln zu lassen. Diese halbautomatische Warmwasserheizung für feste Brennstoffe zeichnete sich gegenüber der früheren Heizung vor allem durch folgende Merkmale aus:

– Wegfall der Vorlaufrohre in der Dachvoute,
– Einsparung der Kalorifergruppe und der damit verbundenen Regelautomatik,
– automatische Umstellung von Schwerkraft- auf Pumpenbetrieb,
– frostsichere Verlegung des Rücklaufrohrs.

Da die Erprobungen während des Fahrbetriebs in der UdSSR sehr positive Ergebnisse lieferten, wurde die Heizung weiterentwickelt. Sie erhielt einen neuen Kessel, der mit Kohle und mit Elektroenergie beheizt werden kann, und arbeitet mit natürlichem Umlauf und mit wahlweiser Ergänzung durch eine Umlaufpumpe.

Die Hochspannungsheizelemente für diese kombinierte Flüssigkeitsheizung sind ebenfalls ein Produkt des IfS. Speziell ausgelegt für den robusten Einsatz im Schienenverkehr weisen die Heizelemente eine hohe Betriebssicherheit und lange Lebensdauer auf und sind weitgehend unempfindlich gegen Spannungsüberhöhungen. Die Heizelemente können mit Gleich- und Wechselstrom betrieben

und bis zu sechs Elementen in Reihe und in beliebig vielen Gruppen parallel geschaltet werden (maximale Dauerleistung 4400 W, maximale Spannung 670 V).
Weitere Forschungsthemen sind
- Ermittlung von Lastannahmen und Berechnungsverfahren für Tragkonstruktionen von Schienenfahrzeugen in Form von Fachbereichsstandards und Mitarbeit an den einheitlichen Normen der OSShD für die Berechnung und Projektierung von Eisenbahnwagen,
- Entwicklung von Federapparaten für die Mittelpufferkupplung „Intermat",
- Erarbeitung von Methoden für die Prüfung der elektrischen und thermischen Ausrüstung von Weitstrecken-Personenwagen und zur dynamischen Untersuchung von Wagen gemeinsam mit dem Institut für Waggonbau in Moskau,
- Rationalisierung der konstruktiven und technologischen Vorbereitung im Waggonbau und schließlich Einführung der Mikrofilmtechnik.

Organisations- und Rechenzentrum als neue Aufgabe

Einen neuen Aufgabenbereich erhielt das IfS im April 1971 mit der Bildung eines Organisations- und Rechenzentrums (ORZ), das als Leitstelle für den Industriezweig fungiert. Das ORZ besitzt eine elektronische Datenverarbeitungsanlage vom Typ R 300, die seit 1972 im Dreischichtbetrieb umfangreiche Projekte für das IfS, die VVB Schienenfahrzeuge und die in Berlin ansässigen Betriebe des Industriezweigs bearbeitet.
Für technische Berechnungen stehen vielseitige Programme zur Verfügung. So können bei Festigkeitsuntersuchungen an einer Vielzahl von Meßstellen die Spannungen ermittelt und auch quasistatische Messungen elektronisch ausgewertet und tabelliert werden.
Zur Unterstützung der Leitungen der VVB Schienenfahrzeuge und der Betriebe werden mathematische Verfahren der Ökonomie angewendet, die insbesondere die Planung mittels Optimierungs- und Verflechtungsberechnungen verbessern helfen.

Darüber hinaus dient die elektronische Datenverarbeitung für die technologische Vorbereitung der Produktion. Dazu gehört im Komplex AUTEVO die rechnergestützte Anfertigung von Arbeitsplanstammkarten. Für die Berliner Betriebe des Industriezweigs finden auch Stücklistenauflösungen zur Teilebedarfsermittlung statt.
In der Rechnungsführung und Statistik konnte die elektronische Rechentechnik vielfältige Aufgaben rationeller lösen oder gar erst lösbar machen. Beispielsweise werden für die Berliner Betriebe des Industriezweigs Lohn- und Kostenrechnungen ausgeführt. Mit einem Datenspeicher werden für die VVB ökonomische Ist-Informationen in mehr als 50 verschiedenen Tabellen ausgewertet
Es laufen auch bereits Vorbereitungen für den Einsatz von Rechenautomaten der dritten Generation, die aus der im RGW geschaffenen „Rechnerfamilie" ESER stammen. Das IfS wird in den nächsten Jahren einen Großrechner vom Typ ES 1040 erhalten, um den künftigen Anforderungen an die elektronische Datenverarbeitung nachkommen zu können.

Soziale Betreuung, Weiterbildung und Wettbewerb

So wie das IfS und seine Aufgaben von Jahr zu Jahr gewachsen sind, so wurden auch die Arbeits- und Lebensbedingungen seiner Mitarbeiterinnen und Mitarbeiter ständig verbessert.
In den neuen Gebäuden in Berlin-Bohnsdorf stehen moderne Büroräume und in den weiträumigen Versuchshallen und Labors zweckmäßige Arbeitsplätze zur Verfügung. Das 1970 fertiggestellte Gebäude für die elektronische Datenverarbeitung enthält einen komfortablen Speisesaal und eine Küche, die für eine vielseitige Mittags- und Pausenverpflegung sorgt.
Als weitere soziale Einrichtungen sind zu nennen: eine Betriebssanitätsstelle, in der eine Ärztin und eine Schwester arbeiten; eine Sauna; ein Mehrzwecksportraum; ein kleines Sportfeld und eine Kantine. An der Ostseeküste steht ein Vertragsheim für den Urlaub bereit.

Der Ausbau des IfS wird auch dadurch deutlich, daß sich die Anzahl der Mitarbeiter seit 1952 etwa vervierfacht hat, wobei der Anteil der Hochschul- und Fachschulabsolventen von 30 auf 45 Prozent gestiegen ist. Man muß jedoch berücksichtigen, daß 1970 die Hauptabteilung Investprojektierung aus dem IfS ausschied und zum VEB Ingenieurbüro Schienenfahrzeuge umgewandelt wurde.
Große Aufmerksamkeit wird der Weiterbildung und Qualifizierung gewidmet. Gegenwärtig gibt es fünf Aspiranturen, nehmen etwa 10 Prozent der Mitarbeiterinnen und Mitarbeiter an einem Hochschul- oder Fachschulstudium teil und werden mehr als 10 Prozent aller Beschäftigten des IfS zu jährlichen Weiterbildungslehrgängen delegiert.
Die KDT-Betriebssektion veranstaltet monatlich Fachvorträge im Hause, und es werden in 16 überbetrieblichen Gremien, die überwiegend von Mitarbeitern des IfS geleitet werden, neue Erfahrungen und Erkenntnisse auf den verschiedenen Wissensgebieten den Betrieben des Industriezweigs vermittelt.
Unter Führung der SED-Betriebsparteiorganisation erringt das IfS große Erfolge im sozialistischen Wettbewerb. Auf der Grundlage der aufgeschlüsselten Planauflage gehen die Arbeits- bzw. Abteilungskollektive jährlich Wettbewerbsverpflichtungen ein, in denen außer den fachlichen Aufgaben auch ökonomische Kennziffern, Vorgaben für das Patent- und Neuererwesen sowie gesellschaftliche Vorhaben ihren Niederschlag finden.
Eine wichtige Rolle im Wettbewerb spielt der Kampf um den Ehrentitel „Kollektiv der sozialistischen Arbeit".
Besondere Erfolge im sozialistischen Wettbewerb um bedeutsame Forschungsergebnisse und um deren Überführung in die Produktion konnten im Jahr 1973 errungen werden. Dafür ist das Institut für Schienenfahrzeuge im Februar 1974 mit dem Vaterländischen Verdienstorden in Gold ausgezeichnet worden. Diese hohe Auszeichnung war der Anlaß zur Verpflichtung, auch weiterhin alle Kräfte zur Sicherung des wissenschaftlich-technischen Vorlaufs für den Schienenfahrzeugbau der DDR einzusetzen.

Neuer Triebfahrzeug-Nummernschlüssel bei der Deutschen Reichsbahn

erläutert von Dipl.-Ing.-Ök. GOTTFRIED KÖHLER

Im Sommer 1970 wird für alle Triebfahrzeuge der Deutschen Reichsbahn eine neue Kennzeichnung wirksam.

In den vorausgehenden Monaten werden u.a. die Nummernschilder ausgewechselt, die Merkbücher und Hauptbauteile neu gekennzeichnet, neue Formulare für Aufschreibung und Berichte herausgegeben sowie die Eisenbahner mit der neuen Systematisierung und Verschlüsselung intensiv vertraut gemacht.

Die neue Triebfahrzeugnummerung wird Bestandteil einer modernen Rechentechnik und ist im Zusammenhang mit neuen Führungs- und Leitungsmethoden notwendig. Sie schafft die Voraussetzung für ein einheitliches System operativer, abrechnungstechnischer und statistischer Informationen und für die Anwendung der elektronischen Datenverarbeitung in der Leistungserfassung und Disposition der Deutschen Reichsbahn. Das neue System berücksichtigt sowohl Elemente der bisherigen Kennzeichnung als auch Empfehlungen der internationalen Eisenbahnverbände OSShD und UIC.

Der Schlüssel ist so aufgebaut, daß aus der Ziffernfolge und den einzelnen Zahlen entnommen werden können

— Traktionsart,
— Baureihe,
— Ordnungsnummer und
— konstruktive bzw. betriebstypische Besonderheiten des Fahrzeugs,

ohne einen Code-Schlüssel in Anspruch zu nehmen. Er vereint alle Triebfahrzeuge in einer sechsstelligen, numerisch aufgebauten Kennzeichnung.

Dabei wurde bei Dampflokomotiven die Nummerung mit einigen Ausnahmen beibehalten und durch die Kontrollziffer ergänzt. Die Umnummerung betraf daher in erster Linie die modernen Traktionsmittel, die Elektro- und Dieseltriebfahrzeuge, deren Kennzeichnung bisher alphanumerisch, also in der Buchstaben-Ziffern-Verbindung, beschaffen und von vornherein nicht für eine Datenfernübertragung zu Rechenzentren geeignet war.

Der neue Triebfahrzeug-Nummernschlüssel besteht aus zwei Teilen, und zwar aus

— dem ersten sechsstelligen Teil als der eigentlichen Triebfahrzeugnummer und
— dem durch einen Bindestrich verbundenen zweiten Teil, der einstelligen Selbstkontrollziffer, mit der die richtige Übermittlung zur elektronischen Datenverarbeitungsanlage kontrolliert wird und die auch den Forderungen von UIC-Richtlinien entspricht.

Das Nummernsystem für die Triebfahrzeuge der Deutschen Reichsbahn ist wie folgt aufgebaut:

Elektro- und Dieseltriebfahrzeuge

1. Ziffer	= Traktionsart (1 = Dieseltraktion; 2 = Elektrotraktion)
1. bis 3. Ziffer	= Baureihe
4. bis 6. Ziffer	= Ordnungsnummer
7. Ziffer	= Selbstkontrollziffer

Dampflokomotiven

1. Ziffer	= Traktionsart (Zahlen 0 und 3 bis 9)
1. und 2. Ziffer	= Baureihe
3. Ziffer	= Feuerungsart (0 für Ölhaupt-, 1 bis 8 für Rost- und 9 für Kohlenstaubfeuerung)
4. bis 6. Ziffer	= Ordnungsnummer
7. Ziffer	= Selbstkontrollziffer

Besonderheiten in den einzelnen Baureihen, zum Beispiel unterschiedliche Motorleistungen, Achsanordnungen oder Kraftübertragungssysteme, sind weiterhin aus der Nummer erkennbar, ebenso bei den Triebwagenzügen die Unterteilung nach Motor-, Steuer- oder Beiwagen.

In dem Zusammenhang sei vermerkt, daß sich wegen der Festlegung der Zahlen 1 und 2 der ersten Ziffer für die modernen Traktionsmittel bei einigen Dampflokomotiven neue Baureihenbezeichnungen notwendig machten. So wurde die Dampflok-Baureihe

— 18 zur 02,
— 19 zur 04,
— 22 zur 39,
— 23 zur 35 und
— 24 zur 37.

Die Triebwagen sind alle neu gekennzeichnet worden. Die Elektrolokomotive mit der bisherigen Bezeichnung E 94 erhielt die neue Baureihenbezeichnung 254.

Die Selbstkontrollziffer zu jeder Triebfahrzeugnummer mußte einzeln ermittelt werden und ist nach Modul 10 gebildet worden. Folgendes Beispiel zeigt den Rechenvorgang bei der 120247 (ehem. V 200247):

```
1  2  0  2  4  7    ← Triebfahrzeug-
                       nummer
1  2  1  2  1  2    ← Faktor, mit dem
                       multipliziert wird
1  4  0  4  4  14   ← Ergebnis der
                       Multiplikation
1 + 4 + 4 + 4 + 1 + 4 ← Bilden der Quer-
                       summe
            18      ← Quersumme
            20      ← Nächste volle
                       Dekade
       20 − 18 = 2  ← Selbstkontroll-
                       ziffer
```

Damit lautet die Anschrift dieses Triebfahrzeugs: 120247 − 2.

Ergänzend hierzu sei erwähnt, daß die Schienenfahrzeuge auf Grund internationaler Empfehlungen eine zwölfstellige Nummer (siehe auch bei Reisezug- und Güterwagen) führen sollen, aus der u. a. auch die Eigentumsverwaltung erkennbar ist. Die Deutsche Reichsbahn wird im Fall, daß sich diese internationale Kennzeichnung allgemein durchsetzt, über der eigentlichen Triebfahrzeugnummer eine Zusatzbeschilderung anbringen.

Literatur: Kuwatsch/Halle, Der neue Triebfahrzeugnummernschlüssel der DR, in: Schienenfahrzeuge 8/69.

Nummernschlüssel für die Triebfahrzeuge der Deutschen Reichsbahn

Alte Bezeichnung	Neue Bezeichnung
Lokomotiven	
Diesellokomotiven	
Kö Leistungsklasse I	100 0 . .
Kö Leistungsklasse II mech. Getriebe	100 1 . . bis 7 . .
Kö Leistungsklasse II hydr. Getriebe	100 8 . . bis 9 . .
V 15^{10}	101 0 . .
V 15$^{20-21,\ 22-23}$	101 1 . . bis 3 . .
V 23^0	102 0 . .
V 23^1	102 1 . .
V 36	103 . . .
V 60^{10}	106 . . .
V 75	107 . . .
V 100	110 . . .
V 180^0	118 0 . .
V 180^1	118 1 . .

Alte Bezeichnung	Neue Bezeichnung
V 180$^{2-4}$	1182 bis . . 4 . .
V 200	120 . . .
V 300	130 . . .
V 400	140 . . .
Elektrolokomotiven	
E 04	204 . . .
E 11	211 . . .
E 12	212 . . .
E 18	218 . . .
E 42	242 . . .
E 44	244 . . .
E 51	250 . . .
E 94	254 . . .
E 95	255 . . .
E 251	251 . . .
Dampflokomotiven − Normalspur	
01	012 . . .
01^5	011 . . .
01^5 Öl	010 . . .
03	032 . . .
03^{10}	031 . . .
03^{10} Öl	030 . . .
18 Öl	020 . . .
19 Öl	040 . . .
22	391 . . .
23^0	352 . . .
23^{10}	351 . . .
24	371 . . .
38$^{2-3}$	385 . . .
38$^{10-40}$	381 . . . bis 4 . . .
41	411 . . .
42	421 . . .
43	431 . . .
44	441 . . . bis 2 . . .
44 Öl	440 . . .
44 Kst	449 . . .
50	501 . . . bis 31 . .
50^{35}	5035 . . . bis 37 . .
50^{40}	504 . . .
50^{50} Öl	500 . . .
52	521 . . . bis 7 . . .
52^{80}	528 . . .
52 Kst	529 . . .
55$^{16-22}$	552 . . .
55$^{25-56,\ 72}$	5525 . . . bis 72 . .
56$^{2-9}$	561 . . .
56$^{20-30}$	562 . . .
57$^{10-40}$	571 . . . bis 4 . . .
58$^{2-21}$	581 . . . bis 2 . . .
58^{30}	583 . . .
62	621 . . .
64	641 . . .
65^{10}	651 . . .
75	751 . . . bis 6 . . .
78$^{0-5}$	781 . . .
83^{10}	831 . . .
85	861 . . .
89	896 . . .
91	911 . . . bis 6 . . .
92	921 . . . bis 6 . . .
93$^{0-4}$	938 . . .
93$^{5-67}$	931 . . . bis 6 . . .
94$^{5-18}$	941 . . .
94$^{20-21}$	942 . . .
95	951 . . .
95 Öl	950 . . .
Dampflokomotiven − Schmalspur	
600 mm	99 3 . . .
750 mm	99 1 . . . und 4 . . .
900 mm	99 2 . . .
1000 mm	99 5 . . . bis 7 . . .

Alte Bezeichnung	Neue Bezeichnung
Triebwagen	
Dieseltriebwagen	

Zur Unterscheidung der Triebwagen nach Motor-, Mittel-, Steuer- und Beiwagen wird die erste Ziffer der Ordnungsnummer wie folgt festgelegt:

Motorwagen	. . . 0 . . bis 2 . .
Mittelwagen c	. . . 3 . .
Mittelwagen d	. . . 4 . .
Einheitsmittelwagen	. . . 5 . .
Steuerwagen	. . . 6 . . bis 7 . .
Beiwagen	. . . 8 . . bis 9 . .

Alte Bezeichnung	Neue Bezeichnung
VT 18.16 (A Görlitz)	175 0 . .
	175 3 . .
	175 4 . .
	175 5 . .
VT 4.12	173 0 . .
VT 2.09 ohne Vielfachsteuerung	171 0 . .
VB 2.07	171 8 . .
VT 2.09 mit Vielfachsteuerung	172 0 . . bis 2 . .
VS 2.08	172 6 . . bis 7 . .
VT 12.14 (BA Ganz)	181 0 . . und 5 . .
VT 137 (BA Köln)	182 0 . . und 5 . .
VT 137 (BA Hamburg)	183 0 . . und 2 . .
VT 137 (BA Leipzig)	183 2 . .
VT 137 (BA Ruhr)	184 0 . .
VT 137 (Einheitsbauart 410 PS)	185 0 . . und 2 . .
VT 135	186 0 . . und 2 . .
VT 133 Schmalspur	187 0 . .
VT 137 Schmalspur	187 1 . .
Sonstige VT (ORT/Meßwg)	188 0 . . bis 2 . .

Salontriebwagen haben Ordnungsnummern ab 251.
Bei Triebwagen mit zwei Motorwagen sind bei a-Wagen die letzte Ziffer der Ordnungsnummer eine ungerade und bei b-Wagen eine gerade Zahl.

Sonstige Steuer- und Beiwagen

Alte Bezeichnung	Neue Bezeichnung
VB 140	190 8 . .
VB 141	191 8 . .
VS 145	195 6 . .
VB 147	197 8 . .
VB Schmalspur	199 8 . .

Elektrotriebwagen

Die Triebwagen werden in zwei Gruppen entsprechend dem Stromsystem unterteilt, und zwar
— Gleichstromtriebwagen   BR 270 bis 279
— Wechselstromtriebwagen   BR 280 bis 289.
Die Unterscheidung zwischen ET und EB geschieht in der Ordnungsnummer, nämlich ET = ungerade, EB = gerade Zahl. Die restlichen Steuerwagen bei der Berliner S-Bahn werden wie EB eingeordnet.

Gleichstromtriebwagen

Alte Bezeichnung	Neue Bezeichnung
165 . . .	275 0 . . bis 8 . .
165 8 . .	275 9 . .
166 . . .	276 . . .
167 . . .	277 . . .
168 . . . ⎫ Sonderfahrzeuge der	
169 . . . ⎬ Berliner S-Bahn	278 . . .
170 . . . ⎭	
Zur BR 278	
Gerätezüge	278 0 . .
SSG-Züge	278 1 . .
170	278 2 . .
Buckow ET 188/EB 180	279 0 . .
Lichtenhain ET 188	279 2 . .

Für die neuen Triebwagen der Berliner S-Bahn sind die Baureihenbezeichnungen 270 bis 274 vorgesehen.

Wechselstromtriebwagen

Alte Bezeichnung	Neue Bezeichnung
ET 25	285 0 . . und 2 . .

Für die neuen Triebwagen der S-Bahnen in den Bezirkshauptstädten sind die Baureihenbezeichnungen 280 bis 284 vorgesehen; sie werden erst unmittelbar vor der Beschaffung endgültig festgelegt.

Günter Löwe

Das Forschungs- und Entwicklungswerk der Deutschen Reichsbahn (FEW-DR)

Allgemeiner Überblick

Das Forschungs- und Entwicklungswerk der Deutschen Reichsbahn in Blankenburg (Harz) wurde 1958 auf Weisung des Ministers für Verkehrswesen aus einem ehemaligen Reichsbahnausbesserungswerk gebildet und mit Rationalisierungsaufgaben betraut.

Die übernommenen Gebäude und Maschinen mußten nach und nach erneuert und ersetzt werden, stammten sie doch zum größten Teil noch aus Grundmittelbeständen der ehemaligen Halberstadt-Blankenburger Eisenbahngesellschaft. Die Instandhaltung für den bis zur Bildung des Werkes hier beheimateten Lok- und Wagenpark wurde von anderen Reichsbahnausbesserungswerken übernommen.

Im Werk waren damals etwa 700 Arbeitskräfte beschäftigt, darunter 3 Ingenieure. Große Anstrengungen waren nötig, das Werkstättenpersonal auf die künftigen Aufgaben umzuschulen und genügend ingenieurtechnisches Personal zuzuführen, damit die eigentliche Entwicklungsprofilierung begonnen werden konnte. Aus gegenwärtiger Sicht betrachtet, war dies eine Pionierleistung, die mit großem Eifer angepackt und mit Erfolg vollendet wurde.

Bei solcher Ausgangsbasis war verständlicherweise die Umprofilierung des Werkes mit Schwierigkeiten verbunden, so daß sich die Arbeit in der Entwicklung und Produktion zunächst auf kleine Rationalisierungsmittel und andere eisenbahntypische Erzeugnisse, insbesondere für die Mechanisierung der Oberbauarbeiten im Streckengleis, beschränkte. Die ersten entwickelten und produzierten Rationalisierungsmittel waren u. a. Schienenbohrmaschinen, Schienenkopfschleifmaschinen und Kleinstopfmaschinen.

Aber auch ein Betonschwellenverlegegerät sowie Schienenbe- und -entladegeräte wurden in den Anfangsjahren des Forschungs- und Entwicklungswerkes (FEW) entwickelt und gebaut. Es handelte sich bei einigen Erzeugnissen um bereits begonnene Arbeiten, die in der Industrie vom damaligen Technischen Zentralamt der DR bearbeitet wurden und abzuschließen waren.

Das erste vom FEW entwickelte Großgerät war die gleislose Schotterbettreinigungsmaschine SBR 202. Diese Maschine besaß eine hohe Zuverlässigkeit und stellte bei fehlendem Gleis ein vielbenutztes Rationalisierungsmittel dar, welches noch heute im Einsatz ist.

1959 kann als das Jahr des eigentlichen Beginns der Forschung und Entwicklung angesehen werden. Jetzt galt es, nicht nur vorhandene Lücken durch irgendwelche Rationalisierungsmittel für die Mechanisierung zu schließen, sondern auch zielgerichtete Eigenentwicklungen zu betrei-

1 Gleislose Schotterbettreinigungsmaschine (SBR 202)

ben; Forschung, Konstruktion, Musterbau und Erprobung bildeten nun den Gegenstand der Arbeit. Immer bessere Lösungen waren zu finden, gepaart mit hohen technischen und ökonomischen Parametern zur Automatisierung der Betriebsführung der Deutschen Reichsbahn und zur Mechanisierung der Oberbauarbeiten im Streckennetz. Selbstverständlich ist auch für andere Hauptdienstzweige und den Bereich Fahrzeugausbesserung gearbeitet worden.

Mit dem kontinuierlichen Wachstum der Deutschen Demokratischen Republik und ihres einheitlichen sozialistischen Verkehrswesens nahmen auch die dem Werk gestellten Aufgaben zu. 1967 präzisierte der Minister für Verkehrswesen diese in einer Leitungsordnung für das FEW wie folgt:

— Entwicklung, Produktion und teilweise Montage spezieller, in der Regel nicht beschaffbarer oder nicht handelsüblicher Geräte, Anlagen und Ausrüstungen für die Automatisierung der Eisenbahnbetriebsführung und für die Mechanisierung und Automatisierung der Oberbauarbeiten;
— Hauptauftragnehmerschaft für rangiertechnische Ausrüstungen von Rangierbahnhöfen;
— Erfassung, Koordinierung und Produktion von Arbeitsmitteln durch die dem FEW-DR angegliederte Zentralstelle für Arbeitsmittel im Rahmen der Produktionskapazitäten anderer Eisenbahndienststellen.

Über diese Aufgabenstellung hinaus werden im FEW-DR weitere Aufgabenkomplexe bearbeitet. Das sind:

— Entwicklung, Produktion und Montage von Anlagen für die Außenreinigung von Triebfahrzeugen, Reisezugwagen und S-Bahnzügen;
— Entwicklung und Produktion von Rationalisierungsmitteln für die Streckenelektrifizierung, insbesondere für die Mastgründung, Fahrleitungsmontage und -instandhaltung;
— Entwicklung und Produktion schwerer schienengebundener Schneeräumtechnik;
— Produktion von Bordrechnern für elektrische Triebfahrzeuge;
— Fertigung von bestückten Leiterplatten

2 Konstruktionsgebäude

3 Erprobungshalle

für die Mikroelektronik, Mikrorechentechnik und Robotertechnik.
Dieses umfangreiche Programm setzte voraus, die Anzahl der Arbeitskräfte zu erhöhen und die Grundmittel zu erweitern. So erhielt das Werk in den Jahren nach 1958 über 300 Arbeitskräfte, vom Facharbeiter bis zum Hochschulabsolventen. Heute besitzen über 250 Mitarbeiter eine abgeschlossene Hoch- oder Fachschulausbildung. Sie arbeiten in allen Bereichen des Werkes. Die Arbeitskräftestruktur stellte sich 1982 wie folgt dar:
— Hoch- und Fachschulkader   21%
— Meister   5%
— Facharbeiter   64%
— Arbeiter ohne
  abgeschlossene Berufsausbildung 10%
Die Frauen hatten einen Anteil von 33% und die Jugendlichen von 12%.
Durch die Umbildung des Werkes mußten neue, dem Entwicklungsprofil angepaßte bauliche Anlagen geschaffen werden. So entstanden in den Jahren 1967 bis 1973 ein Konstruktionsgebäude, eine Erprobungshalle mit den notwendigen Grundmitteln einschließlich Getriebeprüfstand, eine Stahlkiesanlage sowie eine Plasteversuchs-und-verarbeitungswerkstatt. Darüber hinaus wurden im Zeitraum 1960/62 die Produktionsstätten, wie Zuschnittwerkstatt mit Metallurgiefreilager, und die Werkschmiede errichtet. Auch für das ingenieurtechnische Personal der Fertigungsvorbereitung wurden gute Arbeitsbedingungen geschaffen. Werkstätten des ehemaligen Reichsbahnausbesserungswerkes, wie der Holzabriß, die Lok- und Wagenbaurichthalle sowie Nebenwerkstätten, wurden umprofiliert und auf die neuen Bedingungen umgerüstet. In diesen Werkstätten befinden sich heute der Musterbau, die Gleisbremsenproduktion und die Produktion der Oberbaumaschinen, die Hydraulik- und Getriebemontage sowie die mechanische Werkstatt.
Das FEW-DR wurde 1977 in den Bereich Eisenbahnbau der Deutschen Reichsbahn überführt und der Reichsbahnbaudirektion (Rbbd) unterstellt. Es wird von einem Direktor geleitet und ist in Fachbereiche (Forschung und Entwicklung, Technik, Produktion, Ökonomie, Hauptbuchhaltung, Beschaffung und Absatz) gegliedert, die jeweils von Fachdirektoren geleitet werden. Die Fachbereiche ihrerseits sind analog anderen volkseigenen Betrieben in Abteilungen, Gruppen und Meistereien gegliedert.
Das FEW-DR arbeitet nach den Grundsätzen der wirtschaftlichen Rechnungsführung. Das bedeutet, es hat an das wirtschaftsleitende Organ, die Reichsbahnbaudirektion, seine Gewinne abzuführen sowie die Mittel für die Prämien- und Investitionsfonds selbst zu erwirtschaften.
Die staatliche Leitung des Werkes und die Betriebsgewerkschaftsleitung widmeten sich unter Führung der Betriebsparteiorganisation der SED von Beginn an der Verbesserung der Arbeits- und Lebensbedingungen.
Bereits 1956 wurden der Betriebskindergarten, der heute eine Kapazität für 72 Kinder hat, und eine Kinderkrippe, die zur Zeit 32 Kleinkinder ab 2. Lebensjahr betreut, eingerichtet. Außer den baulichen Anlagen wurden entsprechende Freiflächen gestaltet.
Enge Verbindung besteht zwischen dem FEW-DR und der größten Betriebssportgemeinschaft des Kreises Wernigerode, der BSG Lokomotive Blankenburg. Von deren 1 500 Mitgliedern kommen 295 Mitglieder allein aus dem FEW-DR. Als Trägerbetrieb dieser BSG stellt das FEW ausgezeichnet gepflegte Sportstätten wie Jahnsportplatz, Tennisplätze, Kegelbahn und das Sportlerheim für Wassersportler in Wendefurth bei Blankenburg (Harz) zur Verfügung.
Zu den Sozialeinrichtungen des FEW zählen auch 5 Bungalows in Klausdorf am Mellensee. Im Jahr 1974 wurde der Speisesaal rekonstruiert und mit einem Selbstbedienungstrakt seiner Bestimmung übergeben. Die Küche hat eine Kapazität von 1 200 Essenportionen für Eigenbedarf, Fremdbetriebe und Schulspeisung. Der Versorgungsgrad der eigenen Belegschaft liegt bei 82%.
Nachdem Stellung und Aufgaben des FEW-DR erläutert worden sind, sollen nunmehr die wissenschaftlich-technischen Leistungen dargelegt werden.

Gleisbremsen für Rangierbahnhöfe

Die Transportleistungen der Deutschen Reichsbahn haben sich in den letzten 30 Jahren etwa verdreifacht. Dazu trug auch die Mechanisierung von Ablaufanlagen bei. Das Ziel umfaßt
— kleine und mittlere Rangierbahnhöfe zu mechanisieren und zu teilautomatisieren,
— netztragende Rangierbahnhöfe umfassend zu automatisieren.
Dafür hatte das FEW-DR die Gleisbremsen mit der Steuerungstechnik zu schaffen. Diese wurden umfangreichen technischen und betriebstechnologischen Belastungen und Erprobungen unterzogen, bevor sie in die Serienproduktion überführt und auf den Rangierbahnhöfen der DR eingebaut wurden.
Bis Dezember 1982 sind folgende Gleisbremsarten entwickelt, produziert und montiert worden:
— Balkengleisbremsen Bauart FEV
— Richtungsgleisbremsen Bauart FEW
— Dreikraftbremsen Bauart FEW
— Gummigleisbremsen Bauart FEW
Die Gleisbremsen einschließlich der Steuerungseinrichtungen wurden auf mehr als 60 Rangierbahnhöfen installiert. Diese 1. Generation genügt den zur Zeit an die Bremstechnik gestellten Anforderungen.

Balkengleisbremse FEV

Es handelt sich um eine elektro-hydraulisch arbeitende, zweischienige Zweikraftbremse mit 8 vorwählbaren Bremsdruckstufen. Diese sind mit einer geschwindigkeits- und lastabhängigen Meß- und Steuereinrichtung gekoppelt. Die Bremse eignet sich als Rampen- und Talbremse in Flach- und Gefällebahnhöfen für die Abstandsbremsung (Rampenbremse) sowie für die Abstands- und Laufzielvorbremsung. Die maximale Einlaufgeschwindigkeit liegt bei ≤ 8 m/s. Die Bremse wird in 3 Ausführungen geliefert, nämlich mit Baulängen von 8,378 m, 11,778 m und 15,178 m.

Die Bremswiderstandshöhe liegt
bei Verwendung als 1. Bremse für
   2achsige Wagen   bei 0,91 bis 1,67 m,
   4achsige Wagen   bei 0,85 bis 1,03 m,
   6achsige Wagen   bei 0,73 bis 1,61 m,
bei Verwendung als 2. Bremse für
   2achsige Wagen   bei 1,18 bis 1,93 m
   4achsige Wagen   bei 1,10 bis 2,36 m,
   6achsige Wagen   bei 0,94 bis 1,86 m.
Die Reaktionszeit beim Lösen beträgt 0,1 bis 0,4 s.

Richtungsgleisbremse FEW

Sie ist ebenfalls, wie die Balkengleisbremse, eine elektro-hydraulisch arbeitende Zweikraftbremse, sie wirkt aber auf eine Schiene. Die Bremse wird elektronisch angesteuert.
Die Hydraulikanlage ist zentralisiert. An den Hydrauliksteuerschrank können maximal 6 Richtungsgleisbremsen angeschlossen werden; er wird darum in deren Nähe aufgestellt. Der Aufbau der elektronischen Steuerung entspricht im wesentlichen der Balkengleisbremse.
Die Richtungsgleisbremsen FEW dienen zur Vollmechanisierung der Rangierbahnhöfe mit der Zielstellung, die angenäherte Laufzielbremsung in Ablaufanlagen zu erreichen.
Technische Parameter:
   Baulänge   11,190 m
   Bremswiderstandshöhe   0,73 m
   Reaktionszeit – Lösen   0,3 s
   max. Einlaufgeschwindigkeit 5 m/s

Dreikraftbremse FEW

Rangieranlagen, die nicht die notwendigen Einbaulängen für die Balken- und Richtungsgleisbremsen haben oder in denen die Gleisabstände in der Verteilzone für den Einbau von Balkengleisbrmesen zu gering sind, erhalten FEW-Dreikraftbremsen.
Die Dreikraftbremse ist eine einschienige Balkenbremse mit elektro-pneumatischem Antrieb. Zum kompletten Bremssystem gehören noch eine zentrale Druckluftanlage und ein elektronisch arbeitendes Steuerungssystem. Für letzteres kommen zwei Geschwindigkeitsmeßprinzipien in Betracht:

4

5

4 Balkengleisbremse FEV

5 Richtungsgleisbremse FEW

6 Dreikraftbremse FEW

7 Gummigleisbremse FEW

6

7

— Meßsystem RMK. Es basiert auf einer punktförmigen Geschwindigkeitsmessung mit einer Radmittenkontakt-Meßstrecke;
— Meßsystem Radar. Es ermittelt permanent die Geschwindigkeit nach dem Prinzip des Doppler-Effekts.

Die Dreikraftbremse FEW ist grundsätzlich mit einer halbautomatischen Steuerung ausgestattet, das heißt, daß der Bremsenbediener lediglich die Abbremsung durch Vorwahl einer Geschwindigkeitsstufe bei 3 Möglichkeiten festzulegen braucht. Die Bremsen werden in Staffeln zusammengefaßt und bilden eine ansteuerbare Einheit.

Bei größeren Ablaufanlagen wird künftig die Mikroelektronik die Gleisbremsen steuern. Dabei stellt die rechnergesteuerte Laufzielbremsung einen besonderen Schwerpunkt dar.

Technische Parameter:

Baulänge	2,200 m
Bremswiderstandshöhe	0,120 m
Reaktionszeit — Lösen	0,2 s
zulässige Einlaufgeschwindigkeit	6 m/s

Gummigleisbremse FEW

Auf Rangierbahnhöfen mit Neigungen ≧ 1,2 ‰ in den Richtungsgleisen werden gut laufende Wagen nach Abbremsung unzulässig beschleunigt, so daß ein Hemmschuhlegen erforderlich wird. Das zu verhindern ist Aufgabe der Gummigleisbremse.

Sie ist eine zweischienige, von der Achsfahrmasse abhängige, antriebs- und steuerungslose Bremse.

Technische Parameter:

Baulänge	3,26 m
Bremswiderstandshöhe	0,105 m
nutzbare Bremslänge	2,500 m

Im Bremsbereich sind anstelle stählerner Fahrschienen 500 mm lange Gummielemente aneinandergereiht, die durch ihre Fähigkeit, bei Abrollen des Wagenrades zu walken, dem Fahrzeug kinetische Energie entziehen und umwandeln. Die Bremskraft ist nicht aufhebbar.

Die Gummigleisbremse ist durch folgende technisch-ökonomische Vorzüge für den o. g. Einsatzfall gekennzeichnet:
– geringe Abmessung wegen unkomplizierter Konstruktion,
– fundamentloser Einbau,
– keine Notwendigkeit für äußere Zuführung von Bremsenergie,
– Unempfindlichkeit gegenüber schmalen und verschmutzten Radreifen, daher keine Reibwertabhängigkeit, welche die Streuung der Bremswiderstandshöhe eingrenzt,
– geräuscharme Bremsung,
– umweltfreundlich.

Dieses auf den Rangierbahnhöfen der Deutschen Reichsbahn bewährte Rationalisierungsmittel wird in diesem Jahrzehnt verstärkt in Richtungsgleise von Ablaufanlagen eingebaut.

Entwicklung und Fertigung von Gleisbaumaschinen

Die auf dem X. Parteitag der SED beschlossene Wirtschaftsstrategie hat auch für den Bereich Eisenbahnbau der Deutschen Reichsbahn außerordentliche Bedeutung. Durch optimale Instandhaltung, Erneuerung und zum Teil Erweiterung des Streckennetzes muß die Deutsche Reichsbahn die Voraussetzungen für ihre Leistungssteigerung schaffen. Zu diesem Zweck hat das FEW die nachstehend aufgeführten Gleisbaumaschinen entwickelt und produziert.

Das Mehrzweckfahrzeugprogramm

Das Programm bildet das Herzstück der Gleisbaumaschinenfertigung im FEW, wobei weitere Kapazitäten anderer Bereiche der Deutschen Reichsbahn mithelfen. Es enthält eine Fahrzeugserie in verschiedenen Sonderbauformen, als

8

MZG – Grundfahrzeug,
MZF – Fachverdichter mit Kehrvorrichtung,
MZB – Bettungspflug,
MZS – Schraubmaschine.

Das Grundfahrzeug ist ein Nebenfahrzeug, u. a. geeignet als Gleiskraftwagen, für den Transport von Schienen und Schwellen, Schotter und Erdmassen. Es kann mit Kran oder Greifer be- und entladen werden, aber das geladene Schüttgut kann auch abgekippt werden.

Der Fachverdichter mit Kehrvorrichtung ist bestimmt zum Verfüllen nach Herstellen

9

8 Bettungspflug
9 Schraubmaschine
10 Grabenräumeinheit
11 Langschienentransporteinheit (LS 101)

10

der Gleislage sowie zum Verdichten des Schotters im Schwellenfach.
Der Bettungspflug stellt eine Maschine mittlerer Leistung dar. Er besitzt einen Eigenfahrantrieb sowohl für die Strecken- als auch für die Arbeitsfahrt bei vollhydraulischer Bedienung der Arbeitselemente und beiderseitiger Pfluganordnung.
Die Schraubmaschine ist verwendbar für das Ein- und Ausschrauben von Haken- und Schwellenschrauben. Sie arbeitet vollautomatisch. Dafür stehen 5 Programme zur Verfügung. Wegen der Zuverlässigkeit und der Produktivität der Maschine besteht ein großer Bedarf sowohl bei der Deutschen Reichsbahn als auch bei anderen Eisenbahnverwaltungen.

Die Grabenräumeinheit (GRE)

Die Grabenräumeinheit ist eine Gemeinschaftsarbeit zwischen der Deutschen Reichsbahn und der Tschechoslowakischen Staatsbahn (ČSD).
Die GRE besteht aus einer Diesellokomotive der BR 110, einem Arbeitsfahrzeug mit den Arbeitsmechanismen und einem Schutzwagen. Schüttgüter, die beim Räumen oder Anlegen von Bahngräben anfallen, werden mit einem Schaufelrad über Förderbänder gleichzeitig verladen. Die Maschine kann Kabelgräben oder Gräben zur Tiefenentwässerung herstellen sowie Böschungen in An- und Einschnitten abtragen. Die Arbeitsgeschwindigkeit beträgt 150 bis 600 m/h je nach Bodenbeschaffenheit und Arbeitsausführung. Durch eine GRE können bis zu 22 Arbeitskräfte eingespart werden.
Eisenbahnbetriebe der ČSSR übernehmen die Serienproduktion für die ČSD und die DR, wobei die DDR die Diesellokomotive, den Unterwagen sowie die Hydraulikteile beistellt (vgl. auch Eisenbahn-Jahrbuch 1982, S. 91).

Die Langschienen-
transporteinheit (LSE 101)

Die LSE 101 ist ein gefragtes Rationalisierungsmittel für den Transport, das Ablegen und das Aufnehmen von 150 m langen Eisenbahnschienen. Es beseitigt beim Bau des lückenlosen Gleises die körperlich schwere Arbeit. Eine LSE 101 erspart durchschnittlich 15 Arbeitskräfte.
Mit entsprechenden Zusatzgeräten (Schienenwechselroller, Schraubeinrichtung, Seilführungsroller) können beim Ablegen der neuen Schienen gleichzeitig die alten ausgewechselt werden. Dabei fallen folgende Teilprozesse an:
— Transport
   von 30 Schienen je 150 m Länge,
— Ablegen
   von 4 500 m Schienen in 2,5 Stunden,
— Wechseln von 4 500 m Schienen,
— Aufnehmen
   von 4 500 m Schienen in 2,8 Stunden.

11

Entwicklung und Produktion von Rationalisierungsmitteln für die Streckenelektrifizierung, insbesondere für die Mastgründung, Fahrleitungsmontage und Instandhaltung

Das gegenwärtig wichtigste Vorhaben bei der Deutschen Reichsbahn ist die Fortführung der Streckenelektrifizierung. Die Erhöhung des Elektrifizierungstempos erfordert Rationalisierungsmittel, die u. a. auch vom FEW-DR entwickelt und gebaut werden. Hier sind zu nennen:

Der Betonmischzug (BMZ 20)

Er eignet sich für die Herstellung und Austragung von Ortbeton für Mastfundamente. Gegenüber anderen Betonmischzügen zeichnet er sich durch größere Kapazität, ein automatisiertes Dosieren der Komponenten und gute Arbeitsbedingungen aus. Der im FEW-DR entwickelte und gemeinsam mit dem Werk für Gleisbaumechanik gebaute Prototyp hat sich bei der Betriebserprobung so bewährt, daß noch während der Bearbeitung des Forschungs- und Entwicklungsthemas ein zweiter Betonmischzug mit verbesserten technischen Parametern ausgeliefert wurde.

Der Betonmischzug besteht aus 1 Mischerwagen, 1 Aggregatwagen, 3 Zuschlagstoffwagen, 1 Zementwagen, 1 Wasserwagen.

Er kann 120 m³/Füllung Ortbeton herstellen und ist demzufolge besonders für die Herstellung großer Mastfundamente, aber auch für Betonarbeiten in längeren Sperrpausen geeignet.

Der Fahrleitungsmontagewagen (FMW 502) mit Trommelwagen

Dieses Rationalisierungsmittel ist in den Jahren 1965 bis 1968 im FEW entwickelt worden und wurde 1979 konstruktiv überarbeitet. Im Bereich Fahrzeugausbesserung wird der FMW 502 in größeren Stückzahlen gebaut und in der Elektrifizierung eingesetzt, insbesondere bei der Montage der Fahrleitungen und der Tragwerke.

12 Betonmischzug (BMZ 20)

13 Fahrleitungsmontagewagen (FMW 502) mit Trommelwagen

14 Kombiniertes Werkstattgebäude

Das Grundfahrzeug besteht aus einem 4achsigen gedeckten Güterwagen mit je einer Haupt-, Hilfs- und Querbühne. Das Innere des Wagens wurde zu Aufenthalts-, Werkstatt- und Aggregateräumen umgebaut.

Technische Parameter:
Stromerzeugungsanlage 16 kVA
Hauptbühne, Abmessung 16 m × 1,7 m
Hauptbühne, Tragkraft 12 500 kN
Hilfsbühne, Abmessung 2,3 m × 0,6 m
Hilfsbühne, Tragkraft 2 500 kN
Querbühne, Abmessung 2,8 m × 1,3 m
Querbühne, Tragkraft 4 500 kN

Der Trommelwagen transportiert wahlweise 6 Fahrdraht- oder 6 Tragseiltrommeln.

Sowohl der Fahrdraht als auch das Tragseil werden durch das Fahrzeug vorgespannt verlegt.

Technische Parameter:
Fahrgeschwindigkeit beim Ziehen
  2 bis 10 km/h (Tragseil)
  2 bis 5 km/h (Fahrdraht)
max. Vorspannkraft
  10 000 kN (Tragseil)
  3 500 kN (Fahrdraht)
Tragfähigkeit des Hebezeuges
  3,2 t

14

Entwicklung, Produktion und Montage von Anlagen für die Außenreinigung von Triebfahrzeugen, Reisezugwagen und S-Bahnzügen

Waschanlagen für die Außenreinigung sind bereits seit 1965 im Entwicklungs- und Produktionsprogramm, welches auch künftig so zu vervollständigen ist, daß der Bauaufwand für die Errichtung dieser Anlagen weitestgehend gesenkt wird. Nachfolgende Übersicht zeigt die Entwicklungs- und Produktionsetappen:

1961/65   Waschanlage für Omnibusse,
1969/71   Waschanlage (S 69) für Personenkraftwagen,
ab 1968   Waschanlage für Elektro- und Diesellokomotiven,
ab 1960   Waschanlagen für S-Bahnwagen,
ab 1969   Einheitswaschanlagen.

Die Notwendigkeit, die Reisekultur und damit die Pflege von Triebfahrzeugen und Reisezugwagen zu verbessern, läßt den Bedarf an Reinigungsanlagen schnell steigen. Daher ist der Bauaufwand durch generelle Vereinheitlichung der Anlagen weiter zu senken.

Ausblick

Seit Bestehen des Forschungs- und Entwicklungswerkes in Blankenburg (Harz), also seit 1958, wurden über 300 FE-Themen bearbeitet, von denen 55 % auf den Hauptdienstzweig Bahnanlagen und Bereich Eisenbahnbau, 30 % auf den Hauptdienstzweig Betrieb und Verkehr und 15 % auf die übrigen Hauptdienstzweige der Deutschen Reichsbahn entfielen.

Die in die Praxis überführten Geräte, Maschinen und Anlagen erbrachten einen theoretisch ermittelten Nutzen von etwa 1 Mrd. Mark. Angesichts der stürmischen Entwicklung von ausgewählten Rationalisierungsmitteln für die Deutsche Reichsbahn stand und steht die sozialistische Intensivierung des betrieblichen Reproduktionsprozesses im Vordergrund, weil sie mit die Voraussetzungen für den Leistungsanstieg in den 80er Jahren schafft. Darüber hinaus wird sich das FEW-DR durch planmäßige Industrieinvestitionen erweitern. Das betrifft

— den Bau eines Heizwerkes als Gemeinschaftsinvestition Blankenburger Betriebe und Institutionen,
— den Bau eines kombinierten Werkstattgebäudes u. a. für die Fertigung von Leiterplatten und von elektrisch-elektronischen Baugruppen sowie für die Aufnahme des Vorrichtungsbaus für die Forschung und Entwicklung und für die Serienproduktion,
— die eigentliche Kapazitätserweiterung für die Deckung des erhöhten Bedarfs an Oberbaumaschinen (Montagehalle, Farbgebungsanlage, Sozialgebäude und Arbeiterwohnheim).

Mit diesen Voraussetzungen der intensiv und extensiv erweiterten Reproduktion wird das FEW-DR auch künftig in der Lage sein, seine Aufgaben zu erfüllen.

Fotos: Werkaufnahmen (14)

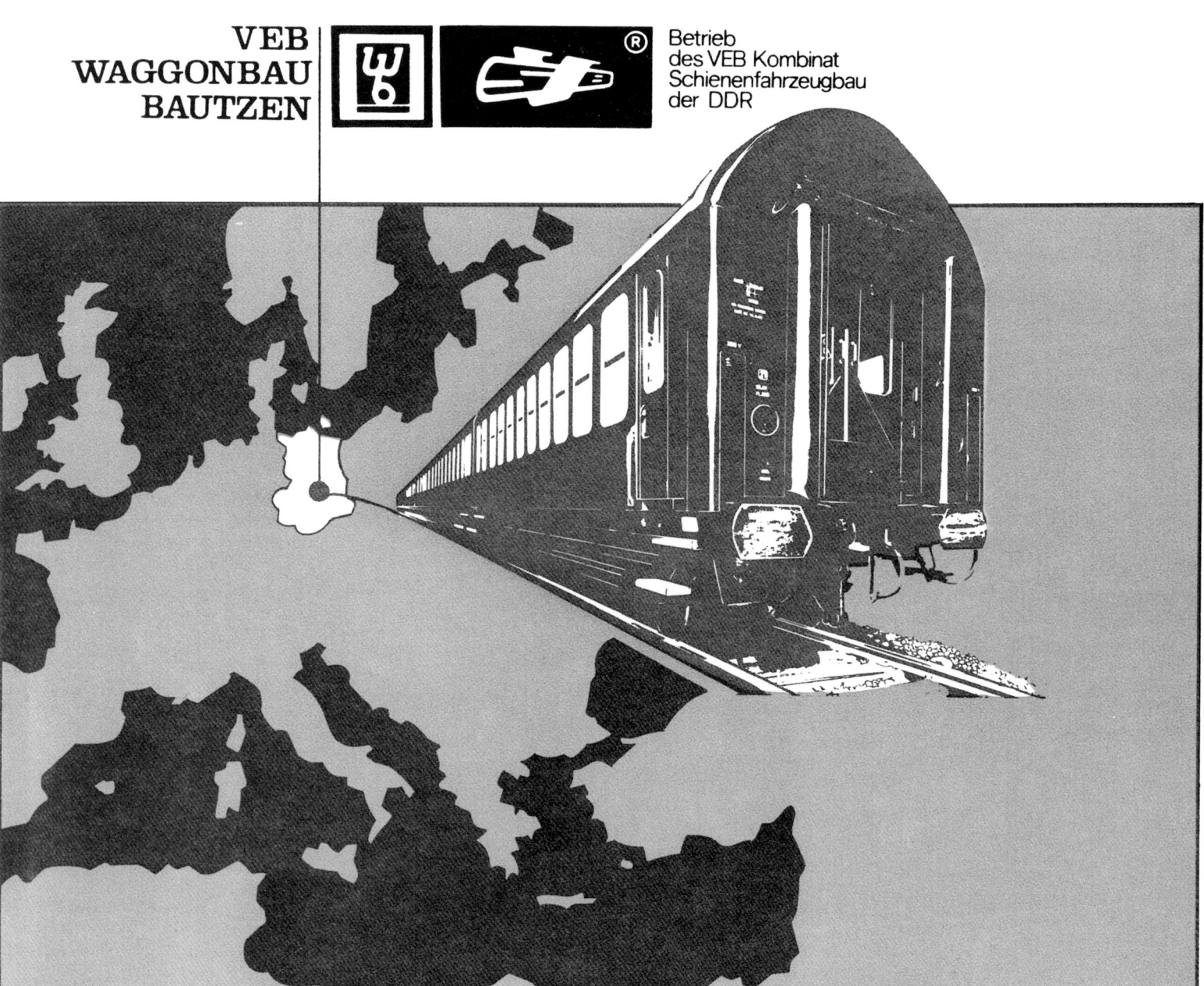

Dampflokomotiven

DEUTSCHE REICHSBAHN

Schnellzuglokomotive der Baureihe 01[5]

Außer den Dampflokomotiven der Baureihen 39[0-2], 41, 58[10-21] und anderen will die Deutsche Reichsbahn auch die berühmte Schnellzuglokomotive der Baureihe 01 rekonstruieren. Nach der Rekonstruktion erhalten die Lokomotiven Betriebsnummern ab 01 501, also die Baureihenbezeichnung 01[5]. Obwohl zuerst nur an eine Ausstattung mit einem neuen Kessel gedacht war, haben die eingehenden Untersuchungen der vorhandenen Lokomotiven doch größere Umbauten zur Folge gehabt. So sind die Zylinder erneuert, die Drehgestelle neu gebaut und die Rahmen vorgeschuht worden. Um den häufig auftretenden Speichenbrüchen entgegenzuwirken, wurden auch erstmalig in Deutschland sogenannte Boxpock-Radsätze eingebaut. Der ungewohnte Eindruck dieser kompakt anmutenden Räder ist durch eine silberfarbene Blechschürze am Umlaufblech etwas verdeckt worden. Der Kessel der 01[5] ist außerordentlich verdampfungswillig und trägt viel zu der großen Beliebtheit der rekonstruierten Lokomotive bei.

TECHNISCHE DATEN

Jahr der Rekonstruktion 1962
Achsfolge . . . . 2'C1'
Spurweite . . . . 1435 mm
Höchstgeschwindigkeit . . . . 130 km/h

Kessel
Anzahl der Heizrohre 125
Anzahl der Rauchrohre 43
Wasserrauminhalt . . . . 11 m³
Dampfrauminhalt . . . . 5,3 m³
Rostfläche . . . . 4,875 m²
Verdampfungsheizfläche . . . . 229,17 m²
Überhitzerheizfläche . . . . 97,9 m²
Kesselüberdruck . . . . 16 kp/cm²

Zylinder
Anzahl 2
Durchmesser . . . . 600 mm
Kolbenhub . . . . 660 mm

Tender
Baureihe . . . . 2'2'T 34
Wasser . . . . 34 m³
Kohlen . . . . 10 t

Abmessungen
Länge über Puffer . . . . 24 350 mm
Achsstand . . . . 12 400 mm
Treibraddurchmesser . . . . 2000 mm
Laufraddurchmesser vorn . . . . 1000 mm
Laufraddurchmesser hinten . . . . . . 1250 mm
Befahrbarer Bogenhalbmesser . . . . 140 m

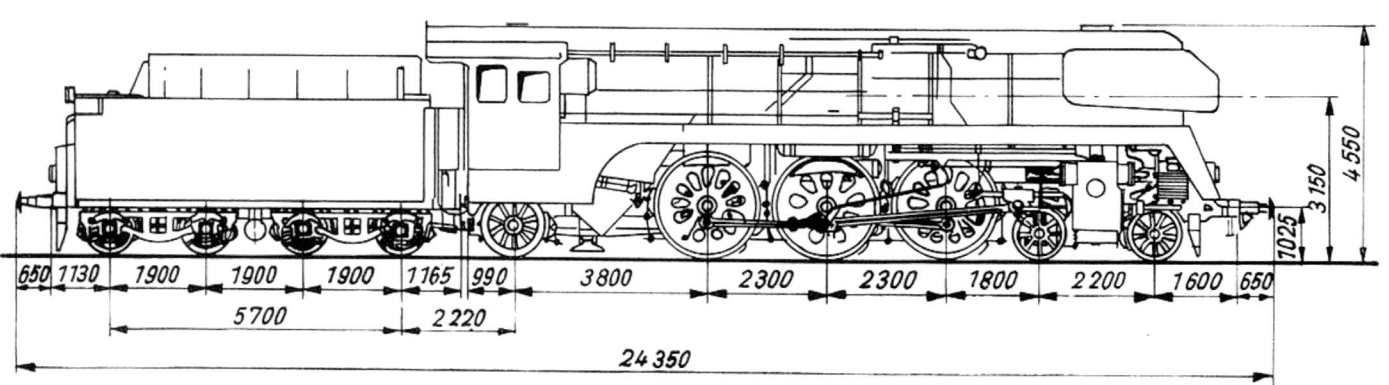

EISENBAHN-JAHRBUCH 64

DEUTSCHE REICHSBAHN

Schnellzuglokomotive 18 201

Nach den OSShD-Vereinbarungen werden künftig alle Weitstreckenschnellzugwagen für eine Höchstgeschwindigkeit von 160 km/h gebaut. Für die Erprobung dieser Fahrzeuge waren bei der Deutschen Reichsbahn bislang keine entsprechend schnellen Triebfahrzeuge vorhanden; lediglich die bei der DR verbliebene Schnellzugtenderlok 61 002 mit der Achsfolge 2'C3' konnte 175 km/h fahren. Für Versuchsfahrten war sie aber zu leistungsschwach. Um das gute Laufwerk zu nutzen, ist die Lok von der Versuchs- und Entwicklungsstelle der Maschinenwirtschaft in Halle in eine leistungsstarke Schnellfahrlokomotive mit Schlepptender und der Achsfolge 2'C1' umkonstruiert und im Jahre 1961 nach diesen Plänen umgebaut worden. Sie erhielt die Betriebsnummer 18 201 und wurde der VES-M Halle zugeteilt. Dort führt sie neben regulären Zugfahrten Schnellfahrten mit Versuchszügen und Bremsversuche aus.

Technische Daten

Erstes Baujahr: 1961
Achsfolge: 2'C1'h3
Spurweite: 1 435 mm
Höchstgeschwindigkeit: 160 km/h
Kessel:
Anzahl der Heizrohre: 112
Anzahl der Rauchrohre: 36
Wasserrauminhalt: 10,6 m³
Dampfrauminhalt: 4,05 m³
Rostfläche: 4,24 m²
Verdampfungsheizfläche: 206,3 m²
Überhitzerheizfläche: 83,8 m²
Kesselüberdruck: 16 kp/cm²
Zylinder:
Anzahl: 3
Durchmesser: 520 mm
Hub: 660 mm
Tender:
Baureihe: 2'2'T 34
Wasserinhalt: 34 m³
Kohleinhalt: 10 t
Abmessungen:
Länge über Puffer: 25 145 mm
Treibraddurchmesser: 2 300 mm
Laufraddurchmesser vorn: 1 100 mm
Laufraddurchmesser hinten: 1 250 mm
Achsstand: 13 385 mm
Befahrbarer Bogenhalbmesser: 140 m
Dienstmasse: 112,2 t
Reibungslast: 62,3 Mp

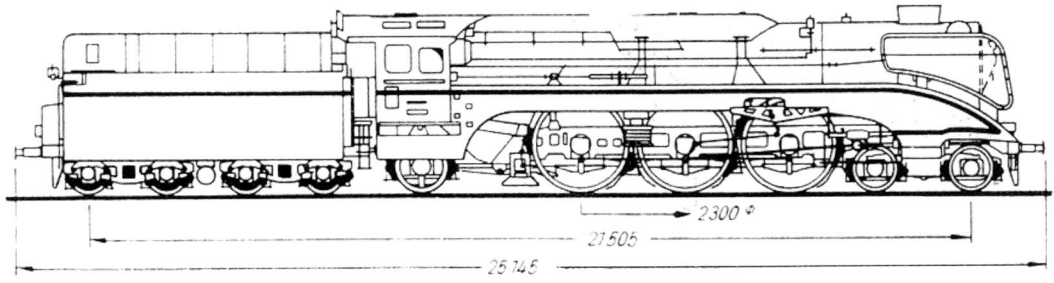

DEUTSCHE REICHSBAHN

Personenzuglokomotive der Baureihe 23¹⁰

Als vorletzte Dampflokomotive der Deutschen Reichsbahn nach 1945 wurde die Baureihe 23¹⁰ entwickelt. Die ersten beiden Baumuster kamen im Jahre 1956; die letzte Serienlokomotive wurde im Jahre 1959 ausgeliefert.

Die 1'C 1'h2-Lokomotive ist besonders als Ersatz für die preußische P 8 (DR-Baureihe 38¹⁰⁻⁴⁰) gedacht, sie kann aber auch außer im Personenzugdienst als Schnellzuglok für mittelschwere Eil- und Schnellzüge eingesetzt werden. Wie bei allen Nachkriegsbauten wurden auch bei dieser Lok alle modernen Baugrundsätze des neueren Lokomotivbaues angewandt. Darüber hinaus ist durch genügend große Ausbildung des Rostes und des Aschkastens sowie durch Einsatz eines entsprechenden Kessels gesichert, daß die heimischen Braunkohlenbriketts mit einem sehr guten Wirkungsgrad verbrannt werden. Der Kessel besitzt eine Verbrennungskammer von 650 mm Länge.

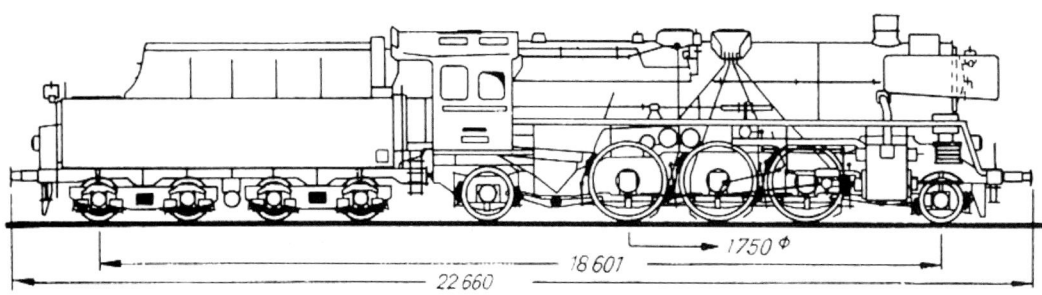

Technische Daten

Erstes Baujahr: 1956
Achsfolge: 1'C1'h2
Spurweite: 1 435 mm
Effektive Leistung: 1 250 PS
Höchstgeschwindigkeit: 110 km/h

Kessel:
Anzahl der Heizrohre: 150
Anzahl der Rauchrohre: 38
Wasserrauminhalt: 7,8 m³
Dampfrauminhalt: 3,45 m³
Rostfläche: 3,71 m²
Verdampfungsheizfläche: 159,6 m²
Überhitzerheizfläche: 65,7 m²
Kesselüberdruck: 16 kp/cm²

Zylinder:
Anzahl: 2
Durchmesser: 550 mm
Hub: 660 mm

Tender:
Baureihe: 2'2'T 28
Wasserinhalt: 28 m³
Kohleinhalt: 10 t

Abmessungen:
Länge über Puffer: 22 660 mm
Treibraddurchmesser: 1 750 mm
Laufraddurchmesser vorn: 1 000 mm
Laufraddurchmesser hinten: 1 250 mm
Achsstand: 10 100 mm
Befahrbarer Bogenhalbmesser: 140 m

Dienstmasse: 87,2 t
Reibungslast: 54,7 Mp
Achslast: 18,3 Mp

Die 2'Ch2-Personenzuglokomotive mit der früheren preußischen Bezeichnung P 8 wurde erstmalig 1906 von Schwartzkopff gebaut. So wie jedoch die 38er heute aussieht, entstand sie zum erstenmal im Jahr 1914. Die 38er unterschied sich von der P 8 dadurch, daß der Überhitzer vergrößert, ein Vorwärmer angebracht sowie das Brems- und Steuergestänge verändert worden waren. Der zweite Dom für den Schlammabscheider mit dem Schlammsammler unter dem Kessel kam erstmals 1921 dazu. Mit ihr setzte sich damals auch endgültig der Rauchröhrenüberhitzer durch.

Die P 8 wird als die beste aller Personenzuglokomotiven der ehemaligen Preußischen Staatsbahn bezeichnet, obwohl auch sie zuerst einige Unzulänglichkeiten aufwies (vernachlässigter Massenausgleich, Schwierigkeiten mit den Kolbenschiebern). Nachdem aber diese Unzulänglichkeiten beseitigt waren, befriedigte die Lokomotive vollauf.

Sie ist unter den Dampflokomotiven noch heute in vielen Beziehungen, besonders in der Wirtschaftlichkeit unübertroffen. Deshalb versieht sie bei verschiedenen europäischen Bahnverwaltungen heute noch einen Teil des Personenzugdienstes. Die Preußische Staatsbahn ließ seinerzeit 3370 Lokomotiven dieser Gattung bauen.

Die Lokomotive entspricht mit 1750 mm Treibraddurchmesser besonders den Anforderungen des Flachlandverkehrs, bewährt sich aber auch im hügeligen Gelände zur Beförderung leichter Züge.

Ihren Abmessungen gemäß ist sie vor allem für Personenzüge bestimmt; denn ihre Leistung beträgt 1180 PS_i, und zwar bei voller Ausnutzung der Achslast.

DEUTSCHE REICHSBAHN und andere

60 Jahre Dampflokomotive der Baureihe 38$^{10-40}$

TECHNISCHE DATEN

Erstes Baujahr	1906
Achsfolge	2'C
Spurweite	1435 mm
Höchstgeschwindigkeit	100 km/h
Leistung	
Indizierte Leistung	1180 PS
Indizierte Zugkraft	11 430 kp
Abmessungen	
Länge über Puffer	18585 mm
Zylinderdurchmesser	575 mm
Kolbenhub	630 mm
Treib- und Kuppelraddurchmesser	1750 mm
Laufraddurchmesser	1000 mm
Kesselüberdruck	12 kp/cm²
Rostfläche	2,58 m²
Verdampfungsheizfläche	146 m²
Überhitzungsheizfläche	58,9 m²
Befahrbarer Bogenhalbmesser	140 m
Lokdienstmasse	78,2 t
Mittlere Achslast	17 Mp

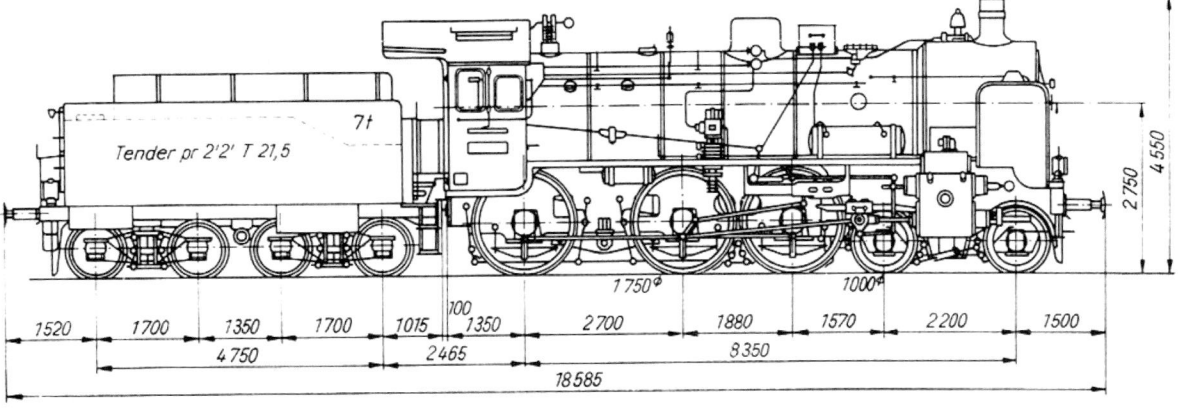

DEUTSCHE REICHSBAHN

Museums-Dampflokomotive der Baureihe 62

Nach der Verfügung des Ministeriums für Verkehrswesen der DDR »Erhaltung von Dampflokomotiven für Museumszwecke« vom 10. Dezember 1966 werden 27 markante Dampflokomotiven der Nachwelt erhalten. Unter diesen 27 Lokomotiven befindet sich auch eine der Baureihe 62 (62 015).

Diese 2'C2'h2-Einheitslokomotive mit der Betriebsgattung Pt 37.20 war besonders für den Pendelverkehr auf kurzen Hauptbahnstrecken gedacht. In der Hauptsache sollte sie Personenzüge, aber auch leichte Schnellzüge befördern. Ihre Achsanordnung 2'C2' gewährleistet eine gute Fahreigenschaft in beiden Fahrtrichtungen bis zur Höchstgeschwindigkeit von 100 km/h. Wegen ihrer guten Leistung wurde sie bald der ihr zugedachten Aufgabe entfremdet und auf Hügellandstrecken eingesetzt, kehrte dann aber später wieder auf Flachlandstrecken zurück.

Der Lokomotivrahmen ist ein Barrenrahmen von 100 mm Dicke; die Rahmenplatten sind allseitig auf Toleranz bearbeitet, damit die angebauten Teile ohne Nacharbeit weitgehend austauschbar sind. Die Lokomotive ist in sechs Punkten abgestützt: Das vordere Drehgestell bildet die beiden vorderen, die durch Ausgleichhebel verbundenen gekuppelten Radsätze die beiden mittleren, das hintere Drehgestell die beiden hinteren Stützpunkte.

Die Vorräte an Kohle und Wasser sind in einem Wasserkasten mit darüberliegendem Kohlenbehälter hinter dem Führerhaus über dem hinteren Drehgestell untergebracht. Durch diese Anordnung wirkt sich die wechselnde Belastung beim Verbrauch der Vorräte nur wenig auf die Reibungslast der Lokomotive aus.

TECHNISCHE DATEN

Erstes Baujahr	1928
Achsfolge	2'C2'
Spurweite	1435 mm
Höchstgeschwindigkeit	100 km/h
Leistung	
Indizierte Leistung	1680 PS
Indizierte Zugkraft	15,21 Mp
Abmessungen	
Länge über Puffer	17140 mm
Zylinderdurchmesser	600 mm
Kolbenhub	660 mm
Treib- und Kuppelraddurchmesser	1750 mm
Laufraddurchmesser vorn	850 mm
Laufraddurchmesser hinten	850 mm
Kesselüberdruck	14 kp/cm²
Rostfläche	13,55 m²
Verdampfungsheizfläche	95,95 m²
Überhitzerheizfläche	72,50 m²
Befahrbarer Bogenhalbmesser	180 m
Lokdienstmasse	123,6 t
Lokreibungslast	60,8 Mp
Mittlere Achslast	20 Mp

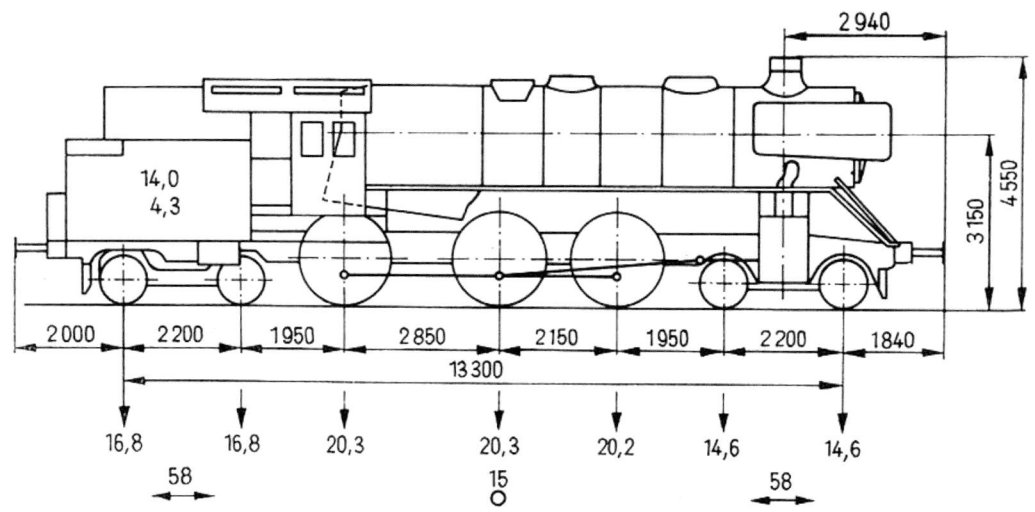

EISENBAHN-JAHRBUCH 68

Jochen Kretschmann

Die „Bergkönigin"

Wir Dampflokführer haben eine Eigenschaft: Wir schwören auf das „Pferd", das wir gerade haben oder mit dem wir die besten Erfahrungen hatten. So erging es mir jedenfalls. Auf einer P 8 „groß geworden", hielt ich diese Lokomotive für die beste Maschine. Alles konnte man mit ihr fahren... Zwar liebäugelte ich auch mit der langohrigen 03, aber eine P 8 war mir lieber.

Als ich noch kurze Hosen trug, sah ich zum erstenmal eine T 20. Ich war beeindruckt. Spontan taufte ich sie damals „Bergkönigin".

Seit jener Zeit hat mich der Gedanke an die „Bergkönigin" nicht losgelassen. Wenn auch viele Jahrzehnte darüber vergangen sind, die T 20 blieb in meiner Erinnerung. Aber dann stehe ich auf einmal vor ihr. Gedrungen, aber nicht plump wartet sie mit ihren weit ausladenden Zylinderblöcken, den 720er Kolben und der mächtigen Rauchkammer. Flimmernd steigen heiße Gase aus dem Stummelschornstein in den Winterhimmel. Ich spüre wieder den vertrauten Geruch von verbranntem Öl und heißem Metall und höre das Schmatzen der Luftpumpe.

Der lange Lebenslauf der 95er geht mir durch den Kopf. Die Maschinen entstanden Anfang der zwanziger Jahre bei den Firmen Borsig und Hanomag. Wie vorgesehen, kamen sie in den Thüringer Wald und dienten als „Drücker" für die Schnellzüge...

Für morgen ist geplant, einen Schneepflug über den Kamm zu fahren. Ja, gewiß kenne ich so etwas vom Hörensagen, aber erlebt habe ich es noch nicht.

Bis in die späten Abendstunden hinein hatte es geschneit – und in der darauffolgenden Nacht war es −19 °C geworden.

1

1 Meine „Bergkönigin", die T 20. Noch immer ist sie nach über 55 Dienstjahren zuverlässig.

2 So sieht nach 72 km Fahrt bei −19 °C durch meterhohen Schnee das Triebwerk einer Lokomotive der Gattung T 20 aus.

Die trockne, klare Winterluft zwickt heute früh in den Ohren.
Dieter Paschold, fast 1,90 m groß, ist der Einsatzstellenleiter von Sonneberg. Gemeinsam mit Werkmeister Arthur Eichhorn fährt er heute den Schneepflug. − Auch in dieser Gegend gibt es also Personalprobleme... doch auch hier wird man irgendwie damit fertig. „Kann doch von den Kumpels keine Sonderschichten verlangen, wenn ich selbst hinter dem Ofen sitze...", begründet Dieter Paschold sein Tun am Wochenende, das er wieder auf den Schienen verbringen wird. Auch der ruhige, bescheidene Arthur Eichhorn, ehemaliger Brigadelokführer, dem man nachsagt, daß er der Lokomotive ins Herz horchen kann, ist der gleichen Meinung: „Was sein muß − muß sein! Die Leute müssen zur Arbeit und von der Arbeit nach Hause, egal, ob Schnee fällt oder nicht."
Keiner spricht darüber, daß ihr Kollektiv seit vier Jahren unfallfrei arbeitet, daß man selbst bei 2 m hohem Schnee das Wort „Zuglaufstörung" nicht kennt und daß es nicht wenige Orte an der Strecke gibt, in denen man nach ihren Zügen die Uhren stellt...
Als ich die beiden später danach frage, das Rezept dafür wissen will, erfahre ich: „Es liegt nicht nur an uns. Die Fahrdienstleiter, Rangierer, Wagenmeister, die Bahnmeister, die Signalwerker... alle wollen doch, daß gefahren wird. Na, und da packt man eben mit an − ganz gleich, von welchem Fach man ist..."
Eine halbe Stunde später sind wir unterwegs. Rosarot steigt die Sonne über die Berge; milliardenfach funkeln die Eiskristalle an den Fichten. Die Brenner der auf Ölhauptfeuerung umgestellten Lok der BR 95 röhren. Schwarz wirbelt der Rauch aus dem Schornstein, wird vom Fahrtwind erfaßt und als grauer Schleier über das glitzernde Weiß davongetragen.
In zahllosen Windungen schlängelt sich die Strecke an den Hängen entlang. Noch ist es hier flach − aber gleich hinter Steinach, hinter der Schranke, geht es aufwärts. Messerscharf bläst der Wind ins Gesicht, heftig beizt der fettig schwarze Qualm die Poren.
Kurzer Halt in Steinach. Der Fahrdienstleiter, es ist der Dienstvorsteher des Bahnhofs, mahnt: „Macht hin, Männer, der Eilzug liegt hinter euch!"
Dieter hat die „Hütte" weit aufgemacht. Scharf hallen die Abdampfschläge aus dem Schornstein. Als ich beim Anfahren ungewollt einen Schritt rückwärts mache, lächeln die beiden verschmitzt. Ja, aus dem Stand heraus sofort auf „dreißig" − das ist die T 20.
Felswände scheinen die Trasse einschnüren zu wollen, lassen die „Aussprache" der 0041 hundertfach widerhallen. „Ich hab − ich kann − ich hab − ich kann", schallt es von den Hängen wider. Doch die Steuerskala zeigt 30 %, übrigens bei Reisezügen auf der ganzen Strecke.
Lauscha. Der Bahnmeister und die Besatzung des Schneepfluges haben Sorgen mit der Heizung − und ich mit der Kamera. Ist ihr etwa die Kälte nicht bekommen? Arthur Eichhorn hat das wohl vorausgeahnt. „Nimm meine, es ist die gleiche."
8 Uhr 50! Die Ausfahrt „steht". Das Führerbremsventil wird in Füllstellung gelegt, weil der Pflug Druckluft zum Steuern der Pflugschare braucht. Gebremst wird nur über die Zusatzbremse. Die 95 0041 läßt ihre Dampfpfeife gellen − und die Fahrt beginnt.
Wie ein Schnellboot in die See bohrt sich die Spitze des Pfluges in das schier endlose Weiß, eine „Bugwelle" von 2 m und mehr zu den Seiten werfend. Krachend zerbersten Eisschollen an den Stahlkanten, hüllen den Pflug und die Lok in Pulverschneewolken.
In der Feuerbüchse toben die Flammen, treiben den Zeiger auf dem Kesseldruckmesser nach oben. Von hier bis Ernstthal muß die 95 0041 buchstäblich Schwerarbeit leisten.
Gleich hinter dem Bahnhof Lauscha fahren wir in einen Tunnel. Doch kaum haben wir die gleißende Helle des Tageslichts wieder erreicht, geht es unaufhaltsam weiter bergwärts.
Die Schneelast drückt die Zweige der Fichten zu beiden Seiten des Gleises nieder. Rechtskurve, Linkskurve, so geht es

3 Der Viadukt am „Schwarzen Grund", 42 m hoch, stellt für jeden Fotografen ein reizvolles Motiv dar.

4 „30" zeigt die Tafel an. Bei dem mittleren Neigungsverhältnis von 1:30 ist das Führerbremsventil besonders wichtig für den Lokführer.

5 Die 95 0041-4 löscht ihren „Durst".

6 Ernstthal am Rennsteig, laut Kursbuch 796 m über dem Meeresspiegel. Auch im Winter pflegt man hier seine Uhr nach den Zügen zu stellen.

7 „Achtung, ich räume!" Ein KLIMA-Schneepflug im Thüringer Wald.

8 Der Eilzug Sonneberg–Leipzig fährt in den Bahnhof Lauscha ein.

pausenlos. Die Radreifen kreischen in den Gleisbögen. Warnend pfeift der Pflug.
Dieter sieht hinaus. Fast 3 m hoch liegt vor uns ein vom Wind zusammengetriebener Schneewall. Wo ist eigentlich unser Gleis…?
35 % Füllung und voller Schieberkastendruck. Es ist, als habe die T 20 Startraketen gezündet. Die Tachometernadel will einen Satz nach oben machen, dann faucht, zischt und knirscht es um uns herum, ist der Führerstand in Eisnebel getaucht – doch zuverlässig stampfen die Kolben im Viererschlag.
Nach Sekunden endlich wieder Sicht. Schnee liegt auf unseren Mützenschirmen. Dieter lacht und zeigt nach hinten. „Wir sind durch!"
Einen Graben haben wir hinter uns gelassen. Der Eilzug Sonneberg–Leipzig wird kein Hindernis vorfinden.
Wir räumen bis Lippelsdorf. Wichtig ist auch für den Bahnmeister, daß das Gleis mit Kleinwagen befahren werden kann. Ein Schienenbruch darf nicht lange den Verkehr behindern…

Rückfahrt. Jetzt haben wir etwas mehr Zeit und können auch mal einen „Fotohalt" riskieren.

Dieter sieht mich an. Mit einer Kopfbewegung deutet er in seine Ecke und meint: „Na, wie ist es...?" Es war immer mein Wunsch, einmal die T 20 selbst in der Hand zu haben. Aber auf einer Steilstrecke den Kumpel fragen, ob er jemanden mal fahren läßt, nun, das kann man einfach nicht. „Drei Tage fährst du nun schon mit – da müßtest du streckenkundig sein", meint er beruhigend.

Der Reglergriff ist noch handwarm. Ich fasse danach, drehe die Steuerung nach vorn und gebe vorsichtig Dampf. Peinlich wäre es, wenn die Maschine jetzt trampeln würde und die Kumpels meinten, der Radumdrehung nach wären sie bald zu Hause... „Nun mach doch schon auf", glaube ich die Maschine zischeln zu hören, „ich vertrag schon etwas!"

Vor mir liegt die Strecke, eingebettet in Schnee. Bis Ernstthal fahren wir ja noch bergauf; danach sind 800 m Höhenunterschied zu überwinden – aber abwärts.

9 Verschnaufpause!

10 Lokführer Dieter Paschold und sein „Assistent" Arthur Eichhorn, zwei Männer aus einem kleinen Kollektiv, auf das das Bw Probstzella stolz sein kann.

11 Schneepflug „Nr. 1" wird zum Einsatz vorbereitet.

Mein Herz scheint jetzt irgendwo zu sitzen, nur nicht dort, wo es hingehört; jedoch mit jeder Radumdrehung wird es ruhiger.
Wir haben den Kamm erreicht. Jetzt geht es talwärts.
„Paß auf, der Schneepflug ist einlösig", ermahnt mich Dieter, setzt aber gleich hinzu: „Nun mach auf den Haushalt, wir wollen heute noch heim."
Gleich hinter dem Bahnhof warnt ein Signal: „30". Das Führerbremsventil faucht in meiner Hand. Wer hier nicht aufpaßt... „Schone die Bremsklötze der Lok, laß den Pflug bremsen", ruft mir Dieter zu. Zögernd fasse ich nach dem Auslöseventil, lasse die Luft entweichen. Die Tachonadel will nach oben. Ich muß nachbremsen. Gehorsam bleibt der Zeiger auf „30" stehen.

„Siehst du, so ist es gut. Du machst es schon!" ruft Dieter. Das sind Momente, die man in seinem ganzen Leben nicht vergißt. Wenn ein Kumpel zu einem sagt, daß „es geht", dann weiß man, daß man nicht zwei linke Hände hat.
Das Gefälle wird stärker. Jetzt kann ich die Lok nicht mehr voll auslösen, mit einlösigen Bremsen ist im Gebirge nicht zu spaßen.
Alles darfst du jetzt machen, geht es mir durch den Kopf, nur eines nicht: Du darfst die beiden nicht enttäuschen. Du mußt ihr Vertrauen behalten!
Erneut bremse ich, weit bis unter die geforderte Höchstgeschwindigkeit, dann löse ich aus. Fort ist das Gefühl für den schneidenden Frost, und nichts sehe ich mehr von den Naturschönheiten rings

umher. Jetzt gehöre ich nur noch der T 20 und muß mit ihr ein Stück sein. – Geht es hier aber steil abwärts!
Das Vorsignal! Aufgepaßt! Der Tunnel!
Der senkrechtstehende Signalteller gleitet an mir vorüber. Die Hand, mit der ich zur Dampfpfeife greife, ist schweißnaß. Einen kurzen Blick werfe ich hinüber zu Arthur und Dieter, die sich beide unterhalten, als ginge sie das alles gar nichts an, dann sind wir im Tunnel.
Hier kann keine Schnellbremse die fehlende Streckenkenntnis ersetzen, hier sind die Berge der unerbittliche Richter. – Noch eine Bremsstufe. Ich habe nicht einmal bemerkt, daß Arthur die Lichtmaschine angestellt hat.
Nimmt dieser Tunnel denn überhaupt kein Ende? Heiße Gase legen sich auf die

Lungen. Irgendwo klappert ein Stangenlager – oder kommt es vom Gewerk? Ich weiß es nicht. Ich weiß nur, daß das Vorsignal in Warnstellung stand und der Bahnhof Lauscha ein Sackbahnhof ist. Vor solchen Bahnhöfen hatte ich schon immer Respekt, ob es nun der Leipziger Hauptbahnhof oder in Dresden Hbf der „Keller" war – aber da geht es ja auch nicht so steil abwärts...

Plötzlich blendet die Sonne auf dem Schnee. Unwillkürlich muß ich die Augen zukneifen. „Einfahrt frei, zwei Flügel", ruft mir Arthur zu, und Dieter meint ermunternd: „Nun mach noch ein bißchen auf, sonst bleiben wir in den Weichen stehen."

Am Standort der Aufsicht bringe ich unseren Zug zum Halten. Geschafft! Das Zischen der Steuerventile ist jetzt die schönste Musik für mich. Meine Wattejacke könnte ich sonstwo hinwerfen, auch die Mütze ist mir zuviel – doch ein klein wenig stolz bin ich auch.

Erst jetzt bemerke ich die Gesichter meiner beiden „Mitfahrer". „Hast wohl etwas Angst gehabt?" fragt Arthur und schiebt die Mütze aus der Stirn. Dann lächelt er wieder so fein und unnachahmlich und setzt hinzu: „,... brauchtest du doch gar nicht..."

Beruhigend klopft mir Dieter auf die Schulter, blinzelt mir mit den unwahrscheinlich graublauen Augen zu und ergänzt: „Schließlich waren wir alle bei dir – aber du hast uns überhaupt nicht gebraucht!"

In unserem Beruf gibt es viel zu verlieren, angefangen von persönlichen Dingen bis hin zur Treibstange – und wenig zu gewinnen. Wenn man aber eins gewonnen hat, das Vertrauen seiner Kumpel, dann ist das mehr wert als alles andere. Es ist schon so: Bist du ein Eisenbahner, einer von uns „Schwarzen", dann findest du überall ein Zuhause, überall Freunde.

Weiter geht die Fahrt. Wir räumen die Strecke Lauscha–Sonneberg. Höllisch muß die Schneepflugbesatzung aufpassen, damit sie nicht die Straßen, die der Winterdienst mühevoll geräumt hat, wieder zuwirft.

Wir durchfahren Köppelsdorf. Unmittelbar in der Nähe liegt der VEB Piko, die Heimat der Modelleisenbahner. Ob dort bald mal die T 20 produziert werden wird, die hier jeden Tag vorbeifährt? Keine Modelleisenbahnfirma hat sie je nachgebaut. Aber verdient hat sie es, die Alte!

Alles geht einmal zu Ende, auch unsere Fahrt. Knirschend fassen die Bremsklötze die Radreifen, bringen die Lok zum Stehen. Am nächsten Tage geht es zurück. Viel lieber würde ich auf der Lok mitfahren – aber man soll nichts verlängern.

Im Wagen höre ich das Poltern des Abdampfes, spüre, wie sich die T 20 in die Kupplungen legt, horche auf das gedämpfte Hämmern der Räder auf die Schienenstöße. Zwei Tunnel, sechs Viadukte, davon zwei „nur" 42 m hoch, und 800 m Höhenunterschied, dazu eine Handvoll Eisenbahner – das ist die Heimat der „Bergkönigin".

Die Dampfheizung verbreitet eine wohlige Wärme im Abteil. Belanglose Gesprächsfetzen fliegen an meinem Ohr vorbei. Noch einmal das herrliche Bild der tiefverschneiten Fichten, ja – und dann sind wir in Saalfeld. Die 95 0041 wird vom Zug abgehängt.

Ich tippe mit zwei Fingern an den Mützenschirm. „Wir sehen uns wieder, Alte!" Kurz gellt die Dampfpfeife auf.

Hiermit danke ich besonders den Kumpeln der Lokomotiv-Einsatzstelle Sonneberg, den Kollegen des Bw Probstzella, den Eisenbahnern der Bahnhöfe Sonneberg, Steinach und Lauscha und der Bahnmeisterei Sonneberg für ihre Unterstützung bei einer Audienz bei der „Bergkönigin".

Dipl.-Ing.-Ök. Hartmut Küster

Die letzte Domäne der Baureihe 01

Die Baureihe 01, Symbol für Leistungsstärke und elegante Formgestalt, gehörte zweifellos zu den imposantesten Dampflokomotiven der Deutschen Reichsbahn. Generationen von Eisenbahnern und Dampflokenthusiasten brachten den Schnellzuglokomotiven gerade dieser Baureihe ein lebhaftes Interesse entgegen. Jahrzehntelang zogen diese schwarzen Giganten die attraktivsten Reisezüge. Mit fortschreitendem Traktionswandel verschwanden sie allerdings mehr und mehr aus dem Streckenbild der Deutschen Reichsbahn. Zuletzt fuhren nur noch die im Bahnbetriebswerk Saalfeld beheimateten Loks im regulären Dienst. Die Strecken Saalfeld—Gera—Leipzig und Saalfeld—Jena Saalbahnhof—Camburg wurden damit zu den letzten Domänen der „hochbeinigen Renner". Seit Mitte 1981 lösten Dieselloks der BR 119 schrittweise die 01 ab. Dieser Umstand sollte Anlaß zu einer kurzen Reminiszenz sein, die einige markante Eckpunkte der Entwicklung dieser Baureihe noch einmal vergegenwärtigt sowie die letzten Planleistungen im Raum Saalfeld in Erinnerung bringt.

Die Schnellzuglokomotive der Baureihe 01 war der erste nach dem Einheitsbauprogramm der Deutschen Reichsbahngesellschaft gebaute Loktyp. Zwischen 1925 und 1937 wurden mehrere Baulose von verschiedenen Herstellerfirmen ausgeliefert. Die Loks erfüllten völlig die Erwartungen und versahen den Zugdienst zur Zufriedenheit.

Nach dem zweiten Weltkrieg konnte die Deutsche Reichsbahn 70 Maschinen dieser Baureihe in den Bestand übernehmen. 5 Lokomotiven mußten wegen besonders schwerer Kriegsschäden ausgemustert werden. Der Rest wurde im Raw Meiningen aufgearbeitet und danach in verschiedenen Bahnbetriebswerken stationiert.

Als sich Anfang der sechziger Jahre abzeichnete, daß die Lokomotiven der Baureihe 01 noch längere Zeit für den schweren Schnellzugdienst unentbehrlich sein würden, erschien eine Rekonstruktion als angebracht. In diese umfassende Maßnahme wurden im Raw Meiningen zwischen 1962 und 1965 35 Maschinen einbezogen. Diese Loks erhielten u. a. einen neuen, geschweißten Rekokessel. Das architektonische Erscheinungsbild veränderte sich ebenfalls. Verkleidete Kesselaufbauten, Witte-Windleitbleche mit abgeschrägten Kanten sowie ein neues Führerhaus gaben den völlig überarbeiteten Maschinen ihr unverwechselbares Aussehen. Bei 7 Lokomotiven wurde übrigens die ursprüngliche Rostfeuerung beibehalten. Alle anderen Loks erhielten Ölhauptfeuerung. Die rekonstruierten 01^5 wurden in Berlin, Wittenberge und Erfurt stationiert. Zu dieser Zeit waren die Altbaulokomotiven 01^{0-2} u. a. in den Bahnbetriebswerken Berlin Osb, Wittenberge, Rostock und Magdeburg beheimatet. Sämtliche Lokomotiven fuhren zumeist in den attraktivsten Umläufen und prägten in diesen Jahren das Bild vieler Hauptstrecken in unserer Republik.

Als dann sowjetische Diesellokomotiven der Reihe 132 verstärkt in Dienst gestellt wurden, änderten sich 1972 die Stationierungen. Die Bahnbetriebswerke Erfurt und Wittenberge gaben ihre 01^5 an die Bahnbetriebswerke Pasewalk und Saalfeld ab. Unberührt von diesen Verschiebungen blieb der 01-Bestand des Bahnbetriebswerkes Berlin Osb, dessen rostgefeuerte rekonstruierte 01^5 vorwiegend den schweren Schnellzugverkehr auf der Strecke Berlin—Dresden bewältigten. Das Bahnbetriebswerk der Elbemetropole stellte insbesondere für die schweren internationalen Schnellzüge auf gleicher Strecke Maschinen der Baureihe 01^{0-2}.

Als 1977 auch diese Leistungen von Dieselloks der Reihe 132 übernommen und in Pasewalk und Berlin die von der 01^5 erbrachten Plandienste immer spärlicher wurden, waren die von Saalfeld ausgehenden Strecken das letzte Domizil von Schnellzugdampflokomotiven der Baureihe 01^5.

Wie schon bemerkt, erhielt das Saalfelder Bahnbetriebswerk ab Spätsommer 1972 ölhauptgefeuerte 01^5 zugewiesen. Die bis zu diesem Zeitpunkt stationierten Loks der Baureihen 39, 41 und 65^{10} konnten deshalb schrittweise aus dem Plandienst genommen werden. Da diese Dampfloktypen vorwiegend Eil- bzw. Personenzüge beförderten, gingen die Schnellzugloks der Baureihe 01^5 hauptsächlich in diesen Bereich über.

Personenzüge wurden von der 01^5 nicht nur auf der Saalebahn in Richtung Camburg gefahren, sondern auch nach Arnstadt und nach Leipzig über Gera. Es war schon ein recht eigentümlicher Anblick, wenn eine 24 m lange leistungsstarke 01^5 vor dem meist nur aus einigen dreiachsigen Rekowagen bestehenden P 3020 relativ gemächlich von Saalfeld nach Leipzig fuhr.

Natürlich verblieben zu diesem Zeitpunkt noch einige attraktive Leistungen für die 01. Der D 504 von Saalfeld über Naumburg nach Leipzig gehörte dazu. Die 01^5-Bespannung dieses Zuges wurde im Saaletal

1

2

ungezählte Male auf Fotopapier gebannt. Beliebte Fotoobjekte der Dampflokfreunde waren natürlich auch die Eilzüge zwischen Saalfeld und Leipzig. Mit 110 bis 120 km/h donnerten die Züge auf den für diesen Geschwindigkeitsbereich zugelassenen Abschnitten dem Fahrtziel entgegen. Besonders auf steigungsreichen Abschnitten, u. a. Gera–Weida–Triptis, hörte man oft den Widerhall der kraftvollen Klangsinfonie der 01.

Jahrelang blieb das Leistungsprofil der Saalfelder Schnellzugdampfloks nahezu unverändert. Erst ab März 1980 ergaben sich aus energetischen Überlegungen heraus einige Umstellungen. Obwohl man zu diesem Zeitpunkt in Saalfeld bereits von der bevorstehenden Umstellung auf Dieselbetrieb sprach, wurden noch einmal zur Heizölersparnis rostgefeuerte, rekonstruierte 01^5 (01 1511, 01 1512, 01 1514 und 01 1518) sowie einige Altbaumaschinen (01 2114, 01 2118, 01 2137 und 01 2204)

für Plandienste verwandt. Das Bahnbetriebswerk Saalfeld beheimatete damit sämtliche Varianten der Baureihe 01, die bei der Deutschen Reichsbahn seit 1946 in Betrieb waren. Die rostgefeuerten Lokomotiven beförderten hauptsächlich den D 504 sowie die Eilzüge. Personenzüge fuhren mit allen Varianten der Baureihe 01. Sicherlich bescherte dieser Zeitabschnitt die letzten Sternstunden für die zahlreichen Freunde der 01, da die verschiedenen Typen täglich noch zu beobachten waren. Im März 1981 wurden die rostgefeuerten Lokomotiven wieder aus dem Verkehr gezogen, da die ersten Diesellokomotiven der Baureihe 119 in Betrieb genommen werden konnten. Die letzten Planleistungen oblagen nunmehr den ölhauptgefeuerten 01^5. Mit Beginn des Winterfahrplanabschnittes 1981/82 standen allerdings im Bahnbetriebswerk Saalfeld nur noch 6 Loks der Baureihe 01^5 unter Dampf, hauptsächlich für Personenzüge. Mit fortschreitender Inbetriebnahme der Baureihe 119 wurden Anfang 1982 die letzten beiden Maschinen, die 01 0519 und die 01 0520, abgestellt.

Nachdem die letzten Loks den regulären Dienst „quittiert" haben, finden einige Maschinen noch als Heizloks Verwendung. Vom Bahnbetriebswerk Saalfeld, Einsatzstelle Göschnitz, wurde im Frühjahr 1982 sogar noch die rostgefeuerte und rekonstruierte 01 1514 für einige Zugdienste herangezogen. Im Norden der DDR verkehrte zum gleichen Zeitpunkt die im Bahnbetriebswerk Wismar vorübergehend beheimatete 01 2204. Diese Altbaumaschine war ursprünglich als Traditionslok der DR vorgesehen, ihre Traditionsaufgaben übernahm inzwischen die originalgetreue 01 2137.

Obwohl die Zeit der 01 seit Frühjahr 1982 im großen und ganzen abgelaufen ist, müssen die zahlreichen Freunde dieser bekannten Baureihe künftig nicht völlig auf diese Maschine verzichten. Dank der betriebsfähigen Erhaltung der 01 2137 als Traditionslok der Deutschen Reichsbahn wird es auch künftig möglich sein, daß Sonderzüge für Freunde der Eisenbahn befördert werden könnten.

1 Eine 01^5 befördert den D 504 auf dem reizvollen Abzweig Saaleck (Foto: April 1981)

2 Die 01 2114-5 im Bahnhof Leipzig (Foto: August 1980)

3 Die 01 0505 war eine der letzten Rekoloks, die mit kegliger Rauchkammertür versehen waren (Foto: April 1980)

4 Die rostgefeuerte 01 1518-8 mit dem D 800 in Leipzig-Leutzsch (Foto: Mai 1980)

Fotos: Küster (4)

Dipl.-Journ. Hans-Joachim Kirsche

Die Entwicklung der Kohlenstaublokomotive System Wendler – ein Beitrag zur Verkehrsgeschichte der DDR

In ihrer Ausgabe vom 28. August 1949 schrieb die „Tägliche Rundschau", die damals führende Tageszeitung in der seinerzeitigen sowjetischen Besatzungszone: „Mit der Verleihung des Nationalpreises für Wissenschaft und Technik an das ‚Kollektiv Kohlenstaublokomotive' hat eine Leistung ihre ehrende Auszeichnung und Anerkennung gefunden, die als bahnbrechend auf dem Gebiet des Lokomotivbaus gelten kann ... Konstrukteur Hans Wendler ... sowie seine Mitarbeiter ... haben durch ihre Arbeiten zur Konstruktion der Kohlenstaublokomotive ... eines der schwierigsten Probleme der Reichsbahn und der Wirtschaft in der sowjetischen Besatzungszone gelöst. Die von ihnen erbaute Kohlenstaublokomotive verringert den Kohleverbrauch um mehr als drei Viertel, ermöglicht die Verwendung auch schlechtester Kohle ..."

Den Konstrukteur der beschriebenen Kohlenstaublokomotive, Hans Wendler (Jahrgang 1905), haben wir Mitte des Jahres 1981 besucht. Er beschäftigte sich noch immer – wie könnte es anders sein – mit der Verbrennung von Kohlenstaub, aber diesmal in stationären Anlagen von Reichsbahnausbesserungswerken.

Die Kohlenstaublokomotive nach „System Wendler" ist zu einem bemerkenswerten Abschnitt in der Eisenbahngeschichte der DDR geworden. Denn seinerzeit hat das Kollektiv um Hans Wendler trotz mancher Schwierigkeiten das Problem der Verbrennung von Kohlenstaub auf Lokomotiven gelöst. Das beweist die Anzahl von etwa 130 Lokomotiven, die die Deutsche Reichsbahn auf Kohlenstaubfeuerung umgebaut hat, das war bei keiner anderen Eisenbahnverwaltung der Fall.

Der schließlich in aller Welt allgemein notwendig gewordene Traktionswandel ließ im Jahr 1980 die letzte Kohlenstaublokomotive der DR, und zwar eine 52 des Bw Senftenberg, aus dem Lokfahrdienst ausscheiden.

Hans Wendler stellte bis in die jüngste Vergangenheit statistische Vergleiche der Energiekosten für eine Einheit Zugförderungsarbeit bei verschiedenen Betriebsarten an: Dampflokbetrieb mit Ölhauptfeuerung, mit Steinkohlenfeuerung, mit Brikettfeuerung und mit Staubfeuerung; Diesellokbetrieb; Elektrolokbetrieb. Seine Werte sprechen wohl für die Kohlenstaubfeuerung. Dennoch ist an eine Renaissance der Kohlenstaublokomotive nicht zu denken.

Seitdem die Dampflokomotive mit der 1829 von George Stephenson gebauten „Rocket" ihren Weg um die Welt angetreten hatte und für fast 100 Jahre lang den Lokomotivbau bestimmte, werden auf dem Rost der Lokomotive feste, stückige Brennstoffe verbrannt, und zwar Kohle, Koks, Torf oder Holz, je nach deren Vorkommen in den betreffenden geographischen Gebieten.

Das Streben nach wirtschaftlicher Dampftraktion führte um die Jahrhundertwende zu folgenden Alternativen: erstens zur besseren Ausnutzung des auf der Lok erzeugten Dampfes, zum Beispiel durch die Verbund- und durch die Heißdampflokomotive, zweitens zur Verringerung der Brennstoffkosten durch Verwendung minderwertigerer Kohle, zum Beispiel durch die Kohlenstaublokomotive.

So hatte die Manhattan Elevated Railroad in den USA im Jahr 1904 eine Lokomotive mit Kohlenstaubfeuerung ausgerüstet, sie erzielte jedoch damit keinen Erfolg, weil der Kohlenstaub nicht fein genug gemahlen war. Erst etwa 10 Jahre später begannen in einigen Ländern wieder Versuche mit Kohlenstaublokomotiven: 1912 in Schweden mit einer Lok für Torfstaubfeuerung, 1914 in den USA bei der New York Central Railroad, 1917 in Brasilien bei der Zentralbahn u. a. Als Mitte der zwanziger Jahre auf dem amerikanischen Kontinent immer weniger Kohlenstaubloks verwendet wurden, nahmen 1923 in Deutschland die „Studiengesellschaft für Kohlenstaubfeuerung auf Lokomotiven" (in der Kurzform „STUG" genannt) und 1924 die „Allgemeine Electricitäts-Gesellschaft" (AEG) die Entwicklung von Kohlenstaublokomotiven auf. 1928 waren die Lokomotiven 56 2906 und 56 2907 auf AEG-Feuerung und die Loks 58 1353 und 58 1677 auf STUG-Feuerung umgebaut und an die Deutsche Reichsbahn-Gesellschaft übergeben worden. 1930 folgten noch die Maschinen 56 2130, 56 2801, 58 1416 und 58 1894 mit AEG-Feuerung sowie die 58 1722 und 58 1794 mit STUG-Feuerung. Alle Lokomotiven waren zunächst im Bw Halle (Saale) beheimatet und kamen nach Fertigstellung einer Mahlanlage für Braunkohle zum Bw Senftenberg. Der Kesselwirkungsgrad der im schweren Güterzugdienst erfolgreichen Lokomotiven lag durchschnittlich um 10 % höher als bei vergleichbaren Lokomotiven mit Rostfeuerung.

Während es sich bei den Lokomotiven der BR 56 und BR 58 um umgebaute Rostlokomotiven handelte, stellte die im Jahr 1937 beschaffte Kohlenstaublokomotive in Stromlinienausführung mit der Nummer 05 003 einen Neubau dar. Die Leistung

1

2

3

dieser Lok befriedigte allerdings nicht, vor allem wegen der mangelhaften Zuführung der Verbrennungsluft. Während des Krieges wurde diese Lokomotive in eine rostgefeuerte Maschine ohne Stromlinienverkleidung umgebaut. Die insgesamt zehn mit AEG- bzw. STUG-Feuerung ausgerüsteten Maschinen waren nach 1945 auf Gleisen der Deutschen Reichsbahn abgestellt.

Ende der vierziger Jahre versuchte die westdeutsche Montanindustrie, die Ruhr-Steinkohle, auf der im wesentlichen der Lokfahrdienst unserer Eisenbahn damals beruhte, als politisches Druckmittel zu verwenden. Als die Lieferungen schließlich ganz eingestellt wurden, mußten sich die Lokheizer der DR auf Braunkohlenfeuerung umstellen, wozu ausschließlich die nicht sehr energiereiche und zum Teil stark salz- und schwefelhaltige Braunkohle zur Verfügung stand. Dafür aber waren die Lokomotiven nicht eingerichtet. Da ein Braunkohlenfeuer anders zu beschicken ist, mußten die Heizer neue Feuerungsmethoden ersinnen. Aus den vielfältigen Versuchen zur bestmöglichen Ausnutzung der Braunkohle entstand die später unter dem Namen „Totes Feuerbett" bekannt gewordene Methode; auf den Rost wurden gleichmäßig Steinbrocken (meist Basaltschotter mit 50 bis 80 mm Korngröße) gelegt, damit die brennenden Brikettstückchen nicht in den Aschkasten durchrutschten. Außer dem „Toten Feuerbett" verwendete man weitere Methoden, um die Braunkohle als Primärenergieträger im

1 Schnellzuglokomotive 05 003 mit Stromlinienverkleidung (vorn liegender Führerstand) und Kohlenstaubfeuerung

2 Kohlenstaublokomotive 07 1001 im Bw Berlin Ostbf

3 Kohlenstaublokomotive 17 1042 mit hinter dem Tender laufenden Kohlenstaubbehälterwagen

4 Die Kohlenstaublokomotive 17 1074

5 Die Kohlenstaublokomotive 25 1001

6 Kohlenstaublokomotive 17 1119 mit Kondenstender

Lokomotivbetrieb besser auszunutzen. Der Heizer mußte nämlich angesichts des Heizwertes von 19 MJ/kg der Braunkohlenbriketts gegenüber dem Heizwert von 29 MJ/kg der Steinkohle bei gleicher Belastung der Lokomotive fast die doppelte Kohlenmenge verfeuern.

In seinem Buch „Die Entwicklung des Verkehrswesens der DDR" schrieb der langjährige Minister für Verkehrswesen, Dr. h. c. Erwin Kramer, dazu: „Die bedeutungsvollste Lösung war der Ende der vierziger Jahre begonnene Umbau einiger Rostlokomotiven auf die Kohlenstaubfeuerung nach dem System Wendler. Schon die mit den ersten derart umgerüsteten Lokomotiven erzielten Ergebnisse ermutigten zu der Entscheidung, nach einigen technischen Verbesserungen, insbesondere bei der pneumatischen Staubzuführung, bis 1957 etwa 130 Schnellzug- und schwere Güterzuglokomotiven vornehmlich der Baureihen 17, 44, 52 und 58 auf Kohlenstaubfeuerung umzustellen."

Da der früher übliche sehr feine und zugleich trockene Kohlenstaub für Lokomotiven bei Beginn der Versuche Wendlers nicht zur Verfügung stand, konnten die empfindlichen Maschinen mit AEG- und STUG-Feuerung nicht verwendet werden. Obwohl Kohlenstaub schon wieder in stationären Kesselanlagen verfeuert wurde, war das im Lokomotivbetrieb nicht ohne weiteres möglich, weil die Feuerraumbelastung einer Lokomotive erheblich größer ist als bei einem stationären Kessel. Deshalb mußte die Kohlenstaubfeuerung bei Lokomotiven der Deutschen Reichsbahn den Eigenschaften des vorhandenen groben und feuchten Kohlenstaubs angepaßt werden.

Die früheren Kohlenstaublokomotiven enthielten komplizierte, für den rauhen Eisenbahnbetrieb völlig ungeeignete Einrichtungen, wie Kohlenstaubaustragsschnecken, Dampfmaschinen oder Dampfmotoren zum Antrieb der Schnecken, Kupplungen, Turbo-Ventilatoren, Getriebe, Aufwirbeleinrichtungen. Sie waren in der Unterhaltung kostspielig und für den Großserienbau von Lokomotiven unbrauchbar.

Die Entwicklung der Kohlenstaublokomotive nach dem System Wendler begann mit der 58 1353, die für die STUG-Feuerung

6

ausgerüstet war. Wendler schloß den Verbrennungsraum luftdicht ab und führte die gesamte Verbrennungsluft durch den Brenner ein, wo sie vor Eintritt in den Feuerraum mit Kohlenstaub verwirbelt wurde. Ein Düsensystem saugte Luft an und führte sie zusätzlich in den Feuerraum.

Da die noch verbliebene Förderschnecke bei der feuchten und groben Kohle oft festfuhr und es außerdem für sie ebenso wie für den Turbo-Ventilator und den Dampfmotor keine Ersatzteile gab, wurden diese Einrichtungen ausgebaut, so daß kein bewegtes Teil auf dem Kohlenstaubtender mehr vorhanden war. Vom einst üblichen Drucksystem aller Staubfeuerungen ging Wendler auf das Saugverfahren über, d. h., die Lok saugte sich die der jeweiligen Belastung entsprechende Menge Verbrennungsluft durch ihren Auspuff selbst an. Die Kohlenstaubmenge wurde durch Druckluft über Drehschieber zugeteilt. Im hermetisch von der Außenluft abgeschlossenen Verbrennungsraum befanden sich zwei Wirbelbrenner. Die davorgesetzten Schamottemuffen hatten die Kohle zu entgasen, die Luft vorzuwärmen und das sich drehende Staub-Luft-Gemisch in die Feuerkiste zu richten. Die Temperatur im Feuerraum lag sehr hoch. Da durch Sekundärluft keine Abkühlung eintreten konnte, verbrannten die Kohlenstaubteilchen sofort nach der Entgasung; die explosionsartige Verbrennung bewirkte einen stark verkürzten Flammenweg. Die hohen Flammentemperaturen und die folglich sehr große Abstrahlung ließen die flüssigen Ascheteilchen bereits erstarren, noch ehe sie die Rohrwand erreicht hatten.

Die Einsparungen an Kohle betrugen bei der Kohlenstaublok 25%, bei den Loks mit „Totem Feuerbett" 12% gegenüber den herkömmlichen Rostlokomotiven. Die Kohlenstaublok eignete sich besonders für schwere Züge auf langen Strecken, weil sie dort ihre Wirtschaftlichkeit eindeutig zeigte.

Andere Dampflokomotiven, die auf die Kohlenstaubfeuerung nach dem System Wendler umgebaut wurden, waren in der

7 Hans Wendler

8 Die Kohlenstaublokomotive 36 457

9 Die Schnellzuglokomotive 17 1104 auf der Leipziger Frühjahrsmesse 1954

10 Eine Kohlenstaublok der Baureihe 44, Betriebsnummer 44 528

11 Sogar der Dampftriebwagen DT 59 wurde mit Kohlenstaubfeuerung erprobt

10

11

12

zeitlichen Reihenfolge die Schnellzuglokomotive 17 1119 (preußische Gattung S 10^1), deren Tender als Kondensator ausgebildet wurde, sowie weitere Lokomotiven der BR 58 und auch der BR 17$^{10-12}$.

Eine Sonderkonstruktion, die im Jahr 1954 auf der Leipziger Messe zu sehen war, fand das große Interesse auch der ausländischen Fachleute. Es handelt sich um die Kohlenstaub-Langlauf-Lokomotive 17 1104 mit Großwasserraumtender und Großraumstaubwagen. Die Lokomotive hatte einen neuen Kessel und einen neuen Innenzylinder bekommen, so daß sie als neuwertig anzusehen war. Der in Leichtbauweise gefertigte Großraumstaubwagen hatte mit Kohlenstaubfüllung eine Masse von 105 t. Er bestand im Prinzip aus zwei kurzgekuppelten Wagen mit je zwei Drehgestellen. Der Inhalt des Wagens sollte bei Braunkohlenstaub eine Laufweite von 4 000 km ermöglichen, der Wasservorrat reichte für einen Aktionsradius von 500 km. Mit dieser Langlauf-Kohlenstaublokomotive waren am 16. und 17. September 1953 über einen Lauf von 1 300 km zwischen Saßnitz und Gutenfürst (Vogtl.) Versuchsfahrten unternommen worden, wobei kein Bahnbetriebswerk angelaufen werden mußte, um die Rauchkammer zu reinigen oder die Lok zu entschlacken. Die 1 300 km lange Strecke war mit einem D-Zug von 400 t Masse in 25 h und 42 min bei 77 min Betriebsaufenthalt zurückgelegt worden.

Bis Ende 1954 hatte die Deutsche Reichsbahn insgesamt 98 Lokomotiven auf Kohlenstaubfeuerung nach dem System Wendler umgebaut, und zwar

BR 03	1 Lokomotive,
BR 07	1 Lokomotive,
BR 08	1 Lokomotive,
BR 17	13 Lokomotiven,
BR 44	11 Lokomotiven,
BR 52	12 Lokomotiven,
BR 58	59 Lokomotiven.

Daraus ist zu ersehen, daß einige Lokomotiven Einzelgänger waren, wie die 03 1087, die von 1952 bis 1957 als Kohlenstaublok unter dem Namen „Erwin Kramer" lief, die 07 1001 (ex SNCF 231-E-18, also eine Lok französischen Ursprungs), die das Raw Stendal 1952 auf Kohlenstaubfeuerung umgebaut hatte und beim Bw Dresden Altstadt bis zu ihrer Ausmusterung im Jahr 1958 beheimatet war, sowie die 08 1001 (ex SNCF 241-A-21, auch eine Lok französischen Ursprungs), die das Raw Zwickau 1951 auf Kohlenstaubfeuerung umgebaut hatte und ebenfalls im Bw Dresden Altstadt bis 1958 beheimatet war.

An Neubaulokomotiven aus dem damaligen VEB Lokomotivbau „Karl Marx" Ba-

12 Kohlenstaublokomotive 58 2131 im Vorfeld des Bahnhofs Halle (Saale) Hbf

13 Kohlenstaublokomotive 52 3457 im Sommer 1969 an der Drehscheibe im Bw Wittenberge. Über dem hinteren Drehgestell abgelegt, befindet sich der Kupplungsschlauch zum „Reservetender" (Kohlenstaubbehälterwagen Zkod); der Kupplungsschlauchanschluß liegt unter dem rechten hinteren Puffer

14 Prinzip der Kohlenstaubfeuerung nach dem System Wendler

belsberg kamen drei Kohlenstaublokomotiven nach dem System Wendler, und zwar eine 1'D-h2-Personenzuglokomotive der BR 25 mit der Betriebsnummer 25 1001, die im Jahr 1955 geliefert wurde, dann 1958 die ähnliche 25 1002, die in der Ursprungsausführung eine Stokeranlage erhalten hatte. Diese neuartige mechanische Rostbeschickung wies häufig Störungen auf, so daß die Maschine auf Kohlenstaubfeuerung umgebaut wurde. Schließlich gehörte dazu noch die 65 1004 des VEB Lokomotivbau „Karl Marx" Babelsberg; sie stellte die einzige deutsche Tenderlokomotive mit Kohlenstaubfeuerung dar, die man später (1962) auf Rostfeuerung umrüstete.

Typische Heimat-Bahnbetriebswerke der Kohlenstaublokomotiven nach dem System Wendler waren Dresden-Friedrichstadt, Halle (Saale) G, Weißenfels, Merseburg, Senftenberg, Zeitz, Cottbus, Erfurt G, Arnstadt und Dresden Altstadt.

Außer den Einsparungen an Kohle zeichneten sich die Kohlenstaublokomotiven nach dem System Wendler durch weitere Vorteile aus: keinen Funkenflug, keine Verschmutzung der Gleise durch Asche. Außerdem gewährleistete die nahezu restlose Verbrennung des Kohlenstaubs einen sauberen Betrieb; das Qualmen gab es nicht mehr. Das Anheizen einer Kohlenstaublokomotive dauerte nur 20 Minuten, das einer Rostlokomotive indes 4 Stunden. Das Säubern der Roste entfiel vollständig, das der Rauchkammer brauchte nur selten vorgenommen zu werden. Der Heizer war von der körperlich schweren Arbeit ganz befreit und konnte zur Mitbeobachtung der Strecke herangezogen werden.

13

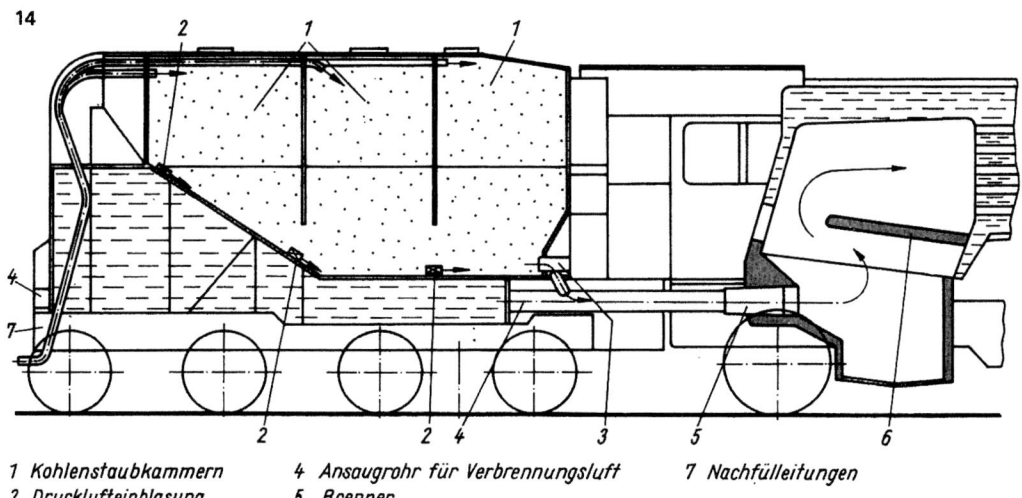

14

1 Kohlenstaubkammern
2 Druckluffeinblasung
3 Entnahmestutzen
4 Ansaugrohr für Verbrennungsluft
5 Brenner
6 Feuerschirm
7 Nachfülleitungen

Andererseits muß aber auch erwähnt werden, daß die zur Sicherung der Kohlenstaubversorgung notwendigen bahneigenen und industriellen Mahlanlagen sehr material- und kostenaufwendig waren. Auch verlangte die stabile Bevorratung in den Bahnbetriebswerken besondere Lagerbehälter und Spezialtransportwagen. Erschwerend kam noch hinzu, daß der Betrieb der Mahlanlagen die Umwelt stark beeinträchtigte. Insgesamt hat die nicht bedarfsgerechte Erzeugung von Braunkohlenstaub und die instabile Bereitstellung des Brennstoffs durch die Braunkohlenindustrie den Ausschlag dafür gegeben, daß Ende der fünfziger Jahre keine Lokomotiven mehr auf Kohlenstaubfeuerung umgebaut wurden. Übrigens fiel der Umbau der letzten Neubau-Lokomotive, der 25 001 in die 25 1002, bereits mit dem Neubau der ersten Diesellokomotive im damaligen VEB Lokomotivbau „Karl Marx" Babelsberg zeitlich zusammen, womit sich der Traktionswechsel auch im Lokomotivbau abzeichnete.

Heute kann mit Fug und Recht festgestellt werden, daß die Kohlenstaubfeuerung in Lokomotiven nach dem System Wendler die Leistungsfähigkeit der Dampflokomotiven insbesondere im Schwerlastbetrieb bedeutend erhöhte, eine wirtschaftlichere Ausnutzung der Primärenergie einleitete und zu einer merklichen Verbesserung der Arbeitsbedingungen der Lokheizer beigetragen hat. Sie ist und bleibt ein Stück Verkehrsgeschichte der DDR.

Verzeichnis aller bei der DR in Betrieb gewesenen Kohlenstaublokomotiven System Wendler

03 1087	44 509	52 2813	58 1567
	528	3222	1575
07 1001	598	3250	1586
	612	3285	1596
08 1001	614	3457	1626
	674	3594	1652
17 1023	810	3794	1677
1032	860	4900	1708
1042	982	5278	1712
1052	991	5762	1722
1071	1232	7195	1769
1074	1238		1794
1077	1272	58 231	1809
1094	1309	404	1815
1103	1400	428	1847
1104	1481	430	1856
1114		432	1885
1119	52 415	444	1894
1158	416	454	1952
1198	533	455	1990
	653	456	1993
25 1001	762	457	2006
1002	1425	541	2019
	1426	1048	2040
36 457	1580	1068	2049
	1699	1112	2098
44 116	1739	1115	2104
268	2543	1215	2109
392	2576	1321	2131
449	2650	1353	
503	2681	1416	65 1004
506	2718	1431	

Fotos: Herold (1);
Mücke (1);
Sammlung Preuß (1);
Seidel (1);
Werkaufnahmen (5);
ZBDR (4)

Diesellokomotiven

Autorenkollektiv der VVB Schienenfahrzeuge

Diesellokomotiven aus der Deutschen Demokratischen Republik

Weit über 125 Jahre hat die Dampflokomotive zuverlässig ihren Dienst versehen. Sie erreichte in dieser Zeit bis zur Mitte unseres Jahrhunderts eine technische Reife, die uneingeschränkte Hochachtung verdient. Dennoch ist die Dampflokomotive vom Prinzip her ein sehr unrentabel arbeitender Energieumwandler (vgl. Eisenbahn-Jahrbuch 1966, Seite 9), die sich in ihrer jetzigen Konzeption auch nicht mehr weiterentwickeln läßt.

Aus diesem Grund muß sie wirtschaftlicheren Traktionsmitteln Platz machen. Die Entwicklung der Dampflokomotive als einer der populärsten technischen Marksteine der letzten 100 Jahre ist somit abgeschlossen.

Die Nachteile der Dampflokomotive veranlaßten schon frühzeitig, grundsätzlich neue Antriebsarten ausfindig zu machen und zu erforschen. Diese wurden in der Elektro- und in der Dieseltraktion gefunden, die sich vor allem nach dem zweiten Weltkrieg immer stärker durchzusetzen begannen.

Die Ablösung der Dampflokomotive geschieht heute in den meisten Ländern Europas dergestalt, daß dichtbelegte Strecken elektrifiziert und als Ergänzung dazu alle anderen Strecken und der Rangierdienst auf Dieselbetrieb umgestellt werden. Dieser Weg wird auch in der Deutschen Demokratischen Republik beschritten.

Der volkseigene Schienenfahrzeugbau unserer Republik bekam bereits im März 1956 auf der 3. Parteikonferenz und besonders auf dem V. Parteitag der Sozialistischen Einheitspartei Deutschlands im Juli 1958 den Auftrag, unter anderem leistungsfähige Diesellokomotiven zu konstruieren und zu bauen. Für die Konstruktion und den Bau

1 Die V 15 ist für den Rangierdienst gedacht

2 Die V 60 dient hauptsächlich dem Rangier- und leichten Streckendienst

solcher Großdiesellokomotiven fehlten zu dieser Zeit den Arbeitern, Technikern und Ingenieuren unserer Industrie noch die notwendigen Erfahrungen. In der Öffentlichkeit war es zunächst eine Aufgabe des Schienenfahrzeugbaues. Aber es gibt wohl außer dem Schiffbau kaum einen anderen Industriezweig, der so tief und breit mit anderen Industriezweigen verflochten ist wie die Produktion moderner Diesellokomotiven; das kann nur das Werk und das Ergebnis der Arbeit Tausender von Mitarbeitern vieler Industriebetriebe sein. Deshalb konnte es auch lediglich durch die sozialistische Gemeinschaftsarbeit zwischen Lokomotivbauern, Motoren- und Getriebeherstellern und Werktätigen der Elektroindustrie sowie Ingenieuren und Wissenschaftlern einschlägiger Institute gelingen, in verhältnismäßig kurzer Zeit eine Typenreihe von Diesellokomotiven verschiedener Leistungen zu entwickeln und zu bauen. Diese Lokomotiven haben sich unterdessen bei der Deutschen Reichsbahn bewährt. Wir können somit heute feststellen, daß die Schienenfahrzeugindustrie der Deutschen Demokratischen Republik den internationalen Stand im Dieseltriebfahrzeugbau erreicht hat.

Der Weg bis hierher war mühevoll, interessant und lehrreich zugleich; es lohnt sich, ihn rückwärtsschauend noch einmal zu verfolgen:

Zwei Werke bauen Diesellokomotiven

Babelsberg ist international bekannt nicht nur durch die DEFA, die hier ihren Sitz und ihre Ateliers hat, sondern auch durch das Lokomotivwerk, das nun fast 70 Jahre lang Triebfahrzeuge für die Eisenbahn baut. Hier stand die Wiege der Dampflok-Baureihen 41, 50, 52, 64, 84, 86 und 87 sowie der ersten 360-PS-Lokomotive mit dieselhydraulischer Kraftübertragung.

Da der zweite Weltkrieg auch in Babelsberg nur zerstörte Produktionsstätten hinterlassen hatte, begannen im August 1945 die Aktivisten der ersten Stunde damit, die Produktion zu organisieren. Zunächst mußten zur Wiederingangsetzung des Eisenbahnverkehrs Dampflokomotiven repariert werden. Für den stetig steigenden Transportbedarf der Deutschen Reichsbahn reichte aber der ausgebesserte Lokomotivpark bald nicht mehr aus, so daß ein Neubau von Dampflokomotiven erforderlich wurde. Die wirtschaftliche Situation auf unserem Territorium, noch verschärft durch die Spaltung Deutschlands, regte die Ingenieure zu vielen Versuchen, zu neuen Gedanken und Ideen an, um die Ökonomie der Dampflokomotive zu verbessern, was auch gelang. 1947 verließen schon die ersten Neubauten mit einer Leistung von 500 bis 700 PS das Werk. Ihnen folgten die Lokomotiven der Baureihen 83^{10}, 65^{10}, 23^{10}, 50^{40} sowie feuerlose Lokomotiven und Kleindieseltriebfahrzeuge. 1952 rollte die 1000. Neubau-Lokomotive aus der Fertigungshalle. Und 10 Jahre später, als die letzte der fast 2000 Dampflokomotiven, die hier nach 1945 gebaut worden waren, den VEB Lokomotivbau »Karl Marx« Babelsberg verließ, wurde die Produktion auf Diesellokomotiven umgestellt.

Diese Umstellung war insofern schwierig, als — wie erwähnt — nicht nur wenig Erfahrungen im Bau von Großdiesellokomotiven vorlagen, sondern auch produktionstechnische Voraussetzungen für ausreichend erprobte Einbauaggregate, wie Motoren, Getriebe und sonstige Ausrüstungen, in der gesamten Republik fehlten. Es mußten also erst Betriebe geschaffen werden, die derartige Aggregate — ihr Anteil an einem Dieseltriebfahrzeug beträgt immerhin bis zu 60 Prozent — herzustellen vermochten. Außerdem erforderte der Beginn der Serienfertigung von Diesellokomotiven nach modernsten Gesichtspunkten umfangreiche Investitionsmittel für Neu- und Erweiterungsbauten im VEB Lokomotivbau »Karl Marx« Babelsberg.

3 Die V 100 eignet sich wie die V 60 für den Rangier- und den leichten Streckendienst mit höheren Anforderungen

4 V 180 001 war der Prototyp der heute wesentlich verbesserten Großdiesellokomotiven aus Babelsberg

5 Diese V 180 B'B' stammt aus der Serienproduktion

1 Heizkessel
2 Kühlwasserausgleichbehälter
3 Kühlanlage
4 Abgasanlage
5 Luftansauganlage mit Filter
6 Dieselmotor 12 KVD 21 A
7 Apparateschrank II
8 Strömungsgetriebe
9 Bedienungstisch
10 Getriebeölwärmetauscher
11 Lüftergenerator
12 Achsgetriebe
13 Batterie
14 Kraftstoffbehälter
15 Hauptluftbehälter
16 Apparateschrank IV
17 Kraftstoffpumpe für Heizkessel
18 Kesselspeisewasserpumpe
19 Apparateschrank III
20 Wasserbehälter
21 Schmierölvorpumpe
22 Lichtanlaßmaschine
23 Apparateschrank I
24 Kolbenverdichter

6 Maßskizze der V 200 B'B' (bei der Deutschen Reichsbahn wird die Werksbezeichnung V 200 in V 180¹ abgeändert)

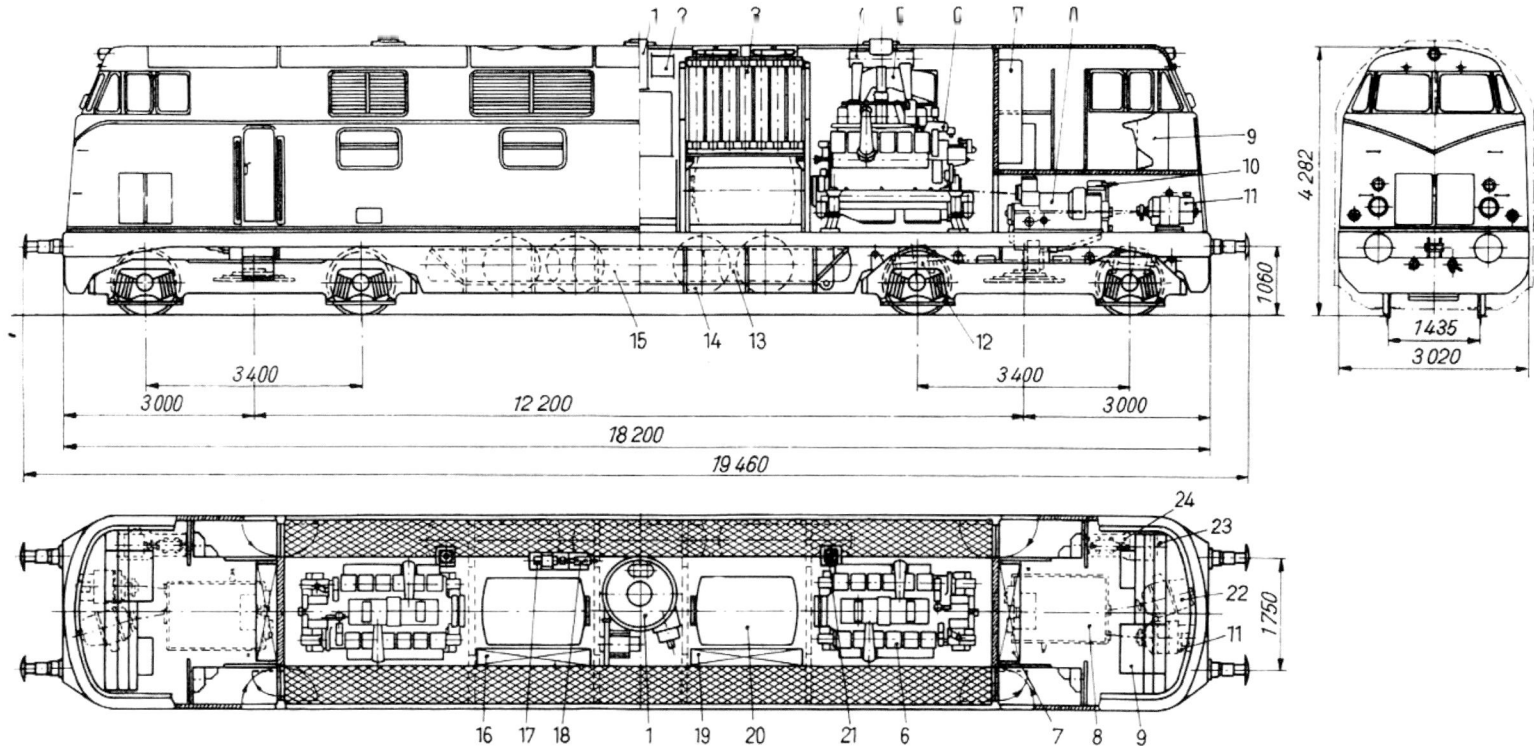

Ferner mußten die Arbeiter und Ingenieure, die im Dampflokomotivbau zweifellos große Erfahrungen besaßen und reiche Traditionen aufweisen konnten, es lernen, vollkommen neue Probleme in der Entwicklung zu lösen und anders geartete Methoden in der Fertigung einzuführen und zu beherrschen. Die technische Revolution erfaßte ein ganzes Werkkollektiv und damit jeden einzelnen Lokomotivbauer. Unter Führung der Betriebsparteiorganisation der Sozialistischen Einheitspartei Deutschlands und durch den aktiven Einfluß der Betriebsgewerkschaftsleitung konnte die Umstellung schnell beendet werden. Junge Ingenieure, die zum Teil erst in unserem Staat herangebildet worden waren, packten die Aufgaben besonders mutig an und erfüllten sie hervorragend. In kaum einem anderen Land, das vor einer ähnlichen Situation stand, wurden so schnell so vorbildliche Leistungen vollbracht.

In der Folgezeit wurde auch der VEB Lokomotivbau und Elektrotechnische Werke »Hans Beimler« Hennigsdorf in diese Entwicklung einbezogen, so daß es heute in der Deutschen Demokratischen Republik zwei führende Werke gibt, die sich mit dem Bau von Diesellokomotiven befassen.

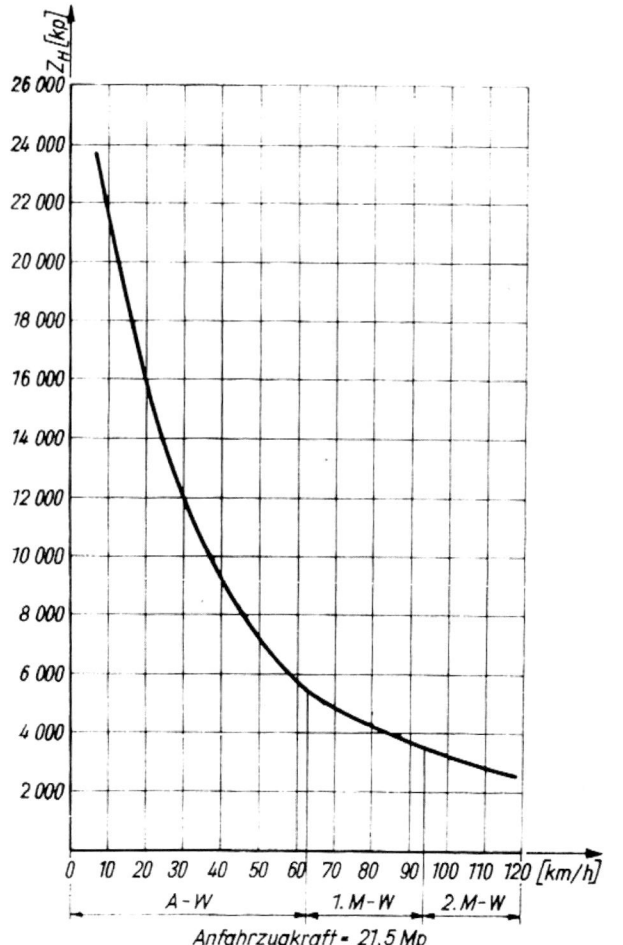

7 Hakenzugkraftdiagramm der V 200 B'B'

Anfahrzugkraft = 21,5 Mp

	V 10	V 10	V 22	V 30	V 180 / V 200	V 200 / V 240
Achsfolge	C	B	B	C	B'B'	C'C'
Dienstmasse [t]	16	18	24	30	78	90
Achslast [Mp]	5,4	9	12	10	19,5	15
Geschwindigkeit [km/h]	24	30	35	30	120	120
Kleinste Dauerfahrgeschwindigkeit [km/h]	2	2,5	5,3	4,5	21	21
Anfahrzugkraft [Mp]	4,900	3,950	7,920	9,800	21,5	21,5
Kleinster befahrbarer Halbmesser [m]	20	40	40	50	100	100
Abmessungen						
Länge über Puffer [mm]	5340	6940	6940	8000	19460	19460
Größte Breite [mm]	1840	2996	3000	3000	3020	3020
Größte Höhe [mm]	2730	3500	3585	3500	4280	4280
Drehzapfenabstand [mm]	—	—	—	—	12200	10910
Drehgestellachsstand [mm]	—	—	—	—	3400	3600
Gesamtachsstand [mm]	1800	2500	2500	3100	15600	14510
Raddurchmesser [mm]	700	1000	1000	900	1000	1000
Dieselmotor						
Hersteller	Schönebeck	Schönebeck	Roßlau	Roßlau	Jhth.**	Jhth.**
Typ	6VD14,5/12 SRL 6VD14,5/12 SRW	6VD14,5/12 SRL	6VD18/15—1 SRW	6VD18/15 A—1	12 KVD 21A—II	12 KVD 21A—II
Dauerleistung [PS]	102	102	220	330	2×900 bis 2×1200	
Nenndrehzahl [min⁻¹]	1500	1500	1500	1500	1500	1500
Strömungsgetriebe						
Hersteller	Penig***	Penig***	Dresden	Dresden	Dresden	Dresden
Typ	mechan.	mechan.	GSU20/4,2	GSU20/4,2	GSR30/5,7	GSR30/5,7
Bauart	4-Gang	4-Gang	W-W	W-W	W-W-W	W-W-W
Achsgetriebe						
Hersteller	—	—	—	—	Gotha	Gotha
Typ	—	—	—	—	20 Mp	16 Mp
Batterie						
Typ	6EL12	6EL12	6EL12	6EL12	4Gt6V	4Gt6V
Spannung [V]	12	12	24	24	110	110
Kapazität [Ah]	180	180	180	270	260	260
Bremskompressor						
Typ	2HS3-63/75	2HS3-63/75	2HS3-71/100	2HS3-71/100	2HS3-71/100	2HS3-71/100
Nenndrehzahl [min⁻¹]	1000	1000	1000	1000	1000	1000
Fördermenge [m³/h]	25	25	50	50	63	63
Max. Druck [kp/cm²]	10	10	10	8	10	10
Heizkessel						
Durchmesser [mm]	—	—	—	—	1170	1170
Wasserinhalt [m³]	—	—	—	—	0,42	0,42
Dampfleistung [kg/h]	—	—	—	—	800	800
Betriebsdruck [kp/cm²]	—	—	—	—	5	5
Betriebsstoffe						
Strömungsgetriebeöl mit Wärmetauscher [l]	—	—	132	132	440	440
Nachschaltgetriebeöl [l]	40***	40***	40	40		
Achsgetriebeöl [l]	—	—	—	—	90	90
Motorschmieröl, mit Wärmetauscher [l]	15	15	60	60	300	300
Kühlwasser [l]	150	—	240	340	1390	1390
Vorräte						
Dieselkraftstoff [l]	160	350	400	500	3700	3700
Wasser [l]	—	—	—	—	3000	3000
Sand [kg]	60	185	300	300	450	450

* Einschließlich Antenne für Rangierfunk
** Berlin-Johannisthal
*** Mechanisches 4-Gang-Blindwellengetriebe mit Wendeschaltung

Typenprogramm für die Deutsche Reichsbahn

Die Schienenfahrzeugindustrie arbeitete gemeinsam mit der Deutschen Reichsbahn zunächst die Forderungen aus, die an die Diesellokomotive zu stellen sind. Bei den Auseinandersetzungen über das Typenprogramm wurden alle Möglichkeiten genutzt, die die sozialistischen Produktionsverhältnisse bieten.

Eingehende Untersuchungen und die vorausschauende Beurteilung der internationalen Entwicklungstendenzen führten zu einer Typenreihe, die sowohl der Deutschen Reichsbahn einen beachtlichen Nutzen bringt, als auch durch Abstimmung mit den Mitgliedsländern des Rats für Gegenseitige Wirtschaftshilfe garantiert, daß die eigene Entwicklungs- und Produktionskapazität und der befreundeten sozialistischen Länder soweit wie möglich ausgelastet werden.

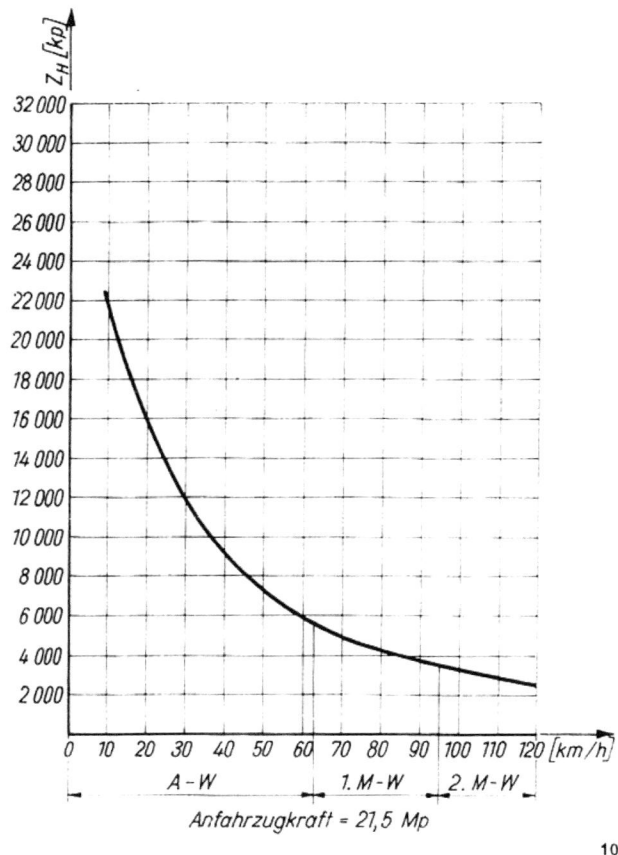

8 Mit zwei dreiachsigen Drehgestellen ist diese Serie der V 180 ausgestattet (Werksbezeichnug V 200 C'C')

9 Maßskizze der V 200 C'C'

10 Hakenzugkraftdiagramm der V 200 C'C'

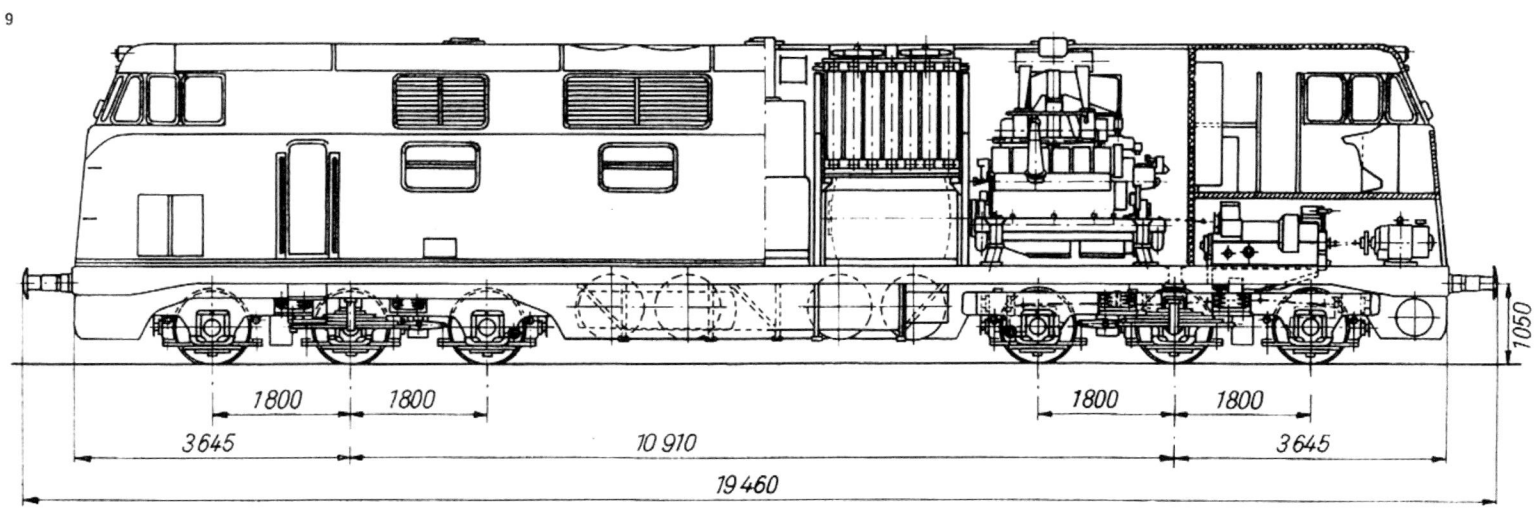

305
EISENBAHN-JAHRBUCH 67

Insbesondere wurde erreicht, daß die Hauptaggregate der einzelnen Lokomotivtypen untereinander austauschbar sind. Die Vereinheitlichung der maschinellen Ausrüstungen hat große Vorteile für die Betriebs- und Unterhaltungswirtschaft der Bahnverwaltungen. Sie gestattet aber vor allem auch eine großzügig angelegte Fertigungstechnik nach modernen Methoden.

Voraussetzung dafür war wiederum, daß innerhalb der einzelnen Typen ein hoher Standardisierungsgrad erreicht wurde, der jetzt fast 80 Prozent beträgt. Daß man die Hauptbaugruppen für verschiedene Lokomotivtypen vereinheitlichte, erlaubte schließlich den Produzenten dieser Bauteile, wirtschaftlich günstige Stückzahlen zu fertigen. Und die Bahnverwaltungen ziehen daraus den Nutzen, daß ihre Reparaturtechnologie einfacher und die Lagerhaltung ökonomischer werden.

Als die Konstruktion der Diesellokomotiven vorbereitet wurde, war zu überlegen, welche Kraftübertragung gewählt werden sollte. Bekanntlich kann die Leistung des Dieselmotors nicht direkt auf die Antriebsräder übertragen werden, wie das bei der Dampflokomotive zwischen Zylinder und Treibrädern der Fall ist. Die Diesellokomotive benötigt ein Zwischenglied, das zuläßt, bei relativ konstanter Drehzahl des Motors die Drehzahl und das Drehmoment der Antriebsräder entsprechend der benötigten Zugkraft und Geschwindigkeit zu variieren.

Zur Übertragung kleinerer Leistungen genügt ein mechanisches Getriebe, wie es von jedem Kraftwagen her bekannt ist. Mechanische Getriebe haben auch die Kleinlokomotiven bis etwa 100 PS, die im VEB Lokomotivbau »Karl Marx« Babelsberg gebaut werden.

Für das Übertragen größerer Leistungen eignet sich die elektrische oder die hydraulische Kraftübertragungsart. Die Schienenfahrzeugindustrie der DDR entschied sich in der Hauptsache für die hydraulische Kraftübertragung bei Lokomotiven. Selbstverständlich ist sie auch in der Lage, dieselelektrische Lokomotiven zu liefern, sofern der Kunde das wünscht.

Sich zu entscheiden für die hydraulische Kraftübertragung war die eine Seite, sie zu verwirklichen die andere. Die auf dem Föttingerprinzip beruhenden Getriebe, die durch verschiedene Kombinationen von Wandler und Kupplung gestatten, die Zugkraftkurve an die idealen Bedingungen weitgehend anzugleichen, wurden bis dahin von keinem Betrieb in unserem Land hergestellt. Daher gingen die Arbeiter, Ingenieure und Wissenschaftler des VEB Turbinenfabrik Dresden gemeinsam mit Angehörigen der Schienenfahrzeugindustrie, der Deutschen Reichsbahn und der Hochschulinstitute daran, derartige komplizierte Aggregate zu entwickeln. In einer recht kurzen Zeit entstand eine Typenreihe hochleistungsfähiger Strömungsgetriebe, die ähnlichen Erzeugnissen des Weltmarktes in keiner Weise nachstehen.

Ebenso verdienen die Werktätigen der Dieselmotorenindustrie hervorgehoben zu werden. Sie schufen in sehr kurzer Frist eine Dieselmotorenreihe, die auf den gleichen Typungsgrundlagen aufbaut wie die Strömungsgetriebe.

Kennzeichnend für alle Entwicklungsarbeiten am Diesellokomotivprogramm in der DDR waren die hohe Eigenverantwortlichkeit und die zielstrebige Initiative, mit der die Kooperationspartner der Schie-

11 Modern gestaltet ist die Stirnpartie dieser V 200 B'B'

12 Die Stirnpartie dieser V-200-Serie wurde noch weiter verbessert

13 Eine V 240 mit dreiachsigen Drehgestellen (Weiterentwicklung der V 200 C'C' mit 2400 PS)

nenfahrzeugindustrie ihre Aufgabe meisterten. Auch das kleinste Teil einer Diesellokomotive muß in höchster Präzision und in bester Qualität ausgeführt sein, damit die im Eisenbahnwesen geforderte Betriebssicherheit stets gewährleistet ist. Ein Komplexwettbewerb zwischen den Babelsberger Diesellokomotivbauern und den Beschäftigten in den Zulieferbetrieben leistete wertvolle Hilfe, um dieses Ziel zu erreichen.

Die breite sozialistische Gemeinschaftsarbeit schuf somit die Voraussetzung, daß die Schienenfahrzeugindustrie der Deutschen Demokratischen Republik heute Diesellokomotiven für fast alle Zwecke und alle Bedingungen des Eisenbahnbetriebsdienstes anbieten kann. Das Typenprogramm der in Babelsberg und Hennigsdorf gefertigten Diesellokomotiven umfaßt die in der Tabelle auf Seite 83 zusammengestellten Fahrzeuge.

Neue Werkstoffe, speziell Plaste (zum Beispiel für Isolierzwecke, für Abdeckungen aller Art, für Vorratsbehälter), werden heute verwendet. Hierdurch gelang es, die Fertigungskosten zu senken, vor allem bei kompliziert geformten Bauteilen, die statt aus herkömmlichen Materialien wie Stahlblech usw. aus jenen neuen Werkstoffen entstehen. Die Deutsche Reichsbahn sammelte mit den Diesellokomotiven aus heimischer Produktion wertvolle Erfahrungen, die sie der Schienenfahrzeugindustrie wieder vermittelte. Auf diese Weise trugen die Neuerer sowohl der Eisenbahn als auch des Lokomotivbaues wesentlich dazu bei, daß die modernen Traktionsmittel ständig vervollkommnet wurden. Von großem Wert dabei ist auch der Wettbewerb zwischen dem Industriezweig Schienenfahrzeugbau und der Hauptverwaltung der Maschinenwirtschaft der Deutschen Reichsbahn, der zum Ziel hat, die Schwierigkeiten, die bei jeder Neuentwicklung im Einsatz auftreten, so schnell wie möglich in gemeinsamer Anstrengung zu überwinden. Dieser Wettbewerb trug bisher reiche Früchte.

14 *Serienfertigung im VEB Lokomotivbau »Karl Marx« Babelsberg*

Mit Stolz kann der Schienenfahrzeugbau vermerken, daß ihm bei der Verminderung der Dieselmotor-Geräusche »hörbare« Erfolge gelangen. Den Geräuschpegel in den Führerständen zu senken ist kompliziert; daran wird in der gesamten Welt gearbeitet. Durch Gemeinschaftsarbeit zwischen der Kammer der Technik, dem Medizinischen Dienst des Verkehrswesens, der Deutschen Reichsbahn und dem Institut für Schienenfahrzeuge wurde schließlich die Geräuschbelästigung wesentlich vermindert. Die Großdiesellokomotiven aus Babelsberg haben jetzt einen Geräuschpegel, der unter den festgesetzten Grenzen liegt.

So lieferten also die Diesellokomotivbauer aus Babelsberg und Hennigsdorf sowie die Werktätigen in den mehr als 300 Zulieferbetrieben aus der gesamten Republik eine stattliche Anzahl von Dieseltriebfahrzeugen der Deutschen Reichsbahn, wodurch frühzeitiger als geplant die Dampflokomotiven ausgemustert werden können.

Die Diesellokomotive ist inzwischen ein vertrauter Bestandteil im Eisenbahnwesen unseres Landes geworden.

Mit den neuen Traktionsmitteln dringt zugleich eine neue Romantik in das Eisenbahnwesen ein, die besonders die jungen Menschen in ihren Bann ziehen wird. Der künftige Lokomotivführer wird der Kontrolleur auf einer automatisch arbeitenden, von Elektronenrechnern gesteuerten Lokomotive sein.

Die Schienenfahrzeugindustrie der DDR liefert Triebfahrzeuge nicht nur an die Deutsche Reichsbahn, sondern auch an andere Bahnverwaltungen in verschiedenen Kontinenten. Dort verkehren die Lokomotiven trotz besonderer klimatischer und organisatorischer Bedingungen im Eisenbahnbetrieb zur vollsten Zufriedenheit der Kunden.

Unsere Lokomotivbauer bemühen sich, ihre Großdiesellokomotiven unter vielen möglichen Betriebs- und Klimabedingungen zu testen. Beispielsweise fanden im Oktober/November 1965 mit zwei 2000-PS-Diesellokomotiven auf den Strecken der Bulgarischen Staatsbahnen und 1966 auf denen der Jugoslawischen Eisenbahnen Probefahrten statt. Die Fahrzeuge erfüllten die gestellten Aufgaben in vollem Umfang.

Ausblick

Die Schienenfahrzeugindustrie verfolgt sehr aufmerksam die internationalen Tendenzen im Bau von Diesellokomotiven. Vor allem betreibt sie die Entwicklung wichtiger Bauelemente, die dazu dienen, die Leistungsfähigkeit und die Qualität der Fahrzeuge zu steigern.

Ferner wird danach getrachtet, die Ökonomie der Diesellokomotive zu verbessern, den Kraftstoffverbrauch zu senken, die Standzeit aller Hauptbestandteile zu verlängern, damit die Einsatzbereitschaft erhöht und die Lebensdauer der modernen Traktionsmittel ausgedehnt werden.

Insgesamt betrachtet stehen weiterhin große Aufgaben vor den Entwicklungskollektiven und Fertigungsbetrieben, die in der DDR für das Diesellokomotivprogramm arbeiten. Doch heute sind wesentlich bessere Voraussetzungen vorhanden als in den Anfangsjahren. Das erfüllt uns mit Optimismus und mit Stolz; denn die Schienenfahrzeugbauer der Deutschen Demokratischen Republik trugen mit dazu bei, die wirtschaftliche Kraft unseres Arbeiter-und-Bauern-Staates zu vermehren und damit sein internationales Ansehen zu erhöhen.

Diesellokomotiven der Baureihe V 200 auf den Strecken der Deutschen Reichsbahn

Dipl.-Ing. KURT SCHULZ

1 Stirnansicht einer sowjetischen dieselelektrischen Lokomotive der Baureihe V 200

Seit Ende 1966 ist auch die sowjetische Diesellokomotive V 200 im Typenprogramm der Deutschen Reichsbahn enthalten. Sie ist für den schweren Güterzugdienst gedacht.
Nach der Serie 1967 wurde mit einigen Änderungen, die sich auf Grund reichsbahntypischer Bedingungen im Betriebsdienst ergaben, die Serie 1968 mit etwa der gleichen Stückzahl eingeführt. Diesen beiden Serien folgt im Jahr 1969 nochmals eine Lieferung, die auf der Leipziger Herbstmesse 1968 zwischen der Sowjetunion und der DDR vereinbart wurde.
Bei Übernahme der ersten Lokomotiven stand vor der Deutschen Reichsbahn die Aufgabe, sich mit der neuen Baureihe schnell vertraut zu machen. Der nunmehr zweijährige Betriebseinsatz erlaubt die Beantwortung der Frage, ob sie sich bei uns bewährt hat.

Die technischen Bedingungen der V 200 und wie sie erfüllt wurden

Jede Bahnverwaltung stellt an ein neues Triebfahrzeug vor dessen Inbetriebnahme bestimmte technische Forderungen, um einen wirtschaftlichen Betriebseinsatz zu gewährleisten. Der Lokhersteller überarbeitet die technischen Forderungen, wobei seine Möglichkeiten und die seiner Zulieferer Berücksichtigung finden. Die so entstandenen technischen Bedingungen werden mit dem Abnehmer in direkten Verhandlungen abgestimmt und vertraglich gebunden.
Die Sowjetunion lieferte bereits vor 1966 2000-PS-Lokomotiven unter der Bezeichnung M 62 an die Ungarische Volksrepublik.

Dieselmotor und Hauptgenerator sind auf einem gemeinsamen Tragrahmen befestigt. Gummielemente verhindern eine starre Verbindung mit dem Hauptrahmen und verringern die Übertragung des Körperschalls sowie der unausgeglichenen Massenkräfte des Motors auf den Wagenkasten.
Die Achsen in den Drehgestellen werden über Tatzlagermotoren einzeln angetrieben.
Das Kühlsystem des Dieselmotors garantiert bis zu +35 °C Außentemperatur die volle Betriebsfähigkeit der Maschinenanlage. Die Temperaturen des Motorschmieröls und des Getriebeöls dürfen die vorgeschriebenen Grenzwerte nicht überschreiten.
Die Maschinenanlage wird elektrisch bedient, kontrolliert und überwacht. Die Lokomotive läßt sich von jedem Führerstand aus steuern; eine elektrische Mehrfachsteuerung erlaubt die Bedienung zweier Lokomotiven von einem Führerstand aus.

Leistungsprogramm

Die V 200 sollte als reine Güterzuglokomotive die Dampflokomotive der Baureihe 44 ersetzen.
Ob ein Triebfahrzeug wirtschaftlich ist, vergleicht man mit Triebfahrzeugen der gleichen oder einer anderen Traktionsart. Zu diesem Zweck unternahm die Versuchs- und Entwicklungsstelle für die Maschinenwirtschaft (VES-M) der Deutschen Reichsbahn in Halle mehrere Versuchsfahrten mit dem Meßwagen. Das Ergebnis ist in Abbildung 9 wiedergegeben.
Die Dampflokomotive der Baureihe 44 ist bei Vollast nur im Geschwindigkeitsbereich von 23 bis 60 km/h der Diesellokomotive V 200 überlegen.

2 Güterzug mit einer V 200 bei Radis

Unter Beachtung der Forderungen der Deutschen Reichsbahn wurde die Baureihe M 62 entsprechend geändert und als Baureihe V 200 bei der Deutschen Reichsbahn eingeführt.

Hauptabmessungen und technische Parameter

Die V 200 ist eine für Normalspur gebaute Güterzuglokomotive mit elektrischer Kraftübertragung. Sie ist als Drehgestellokomotive mit der Achsanordnung Co'Co' ausgeführt.
Zwei Endführerstände bieten einerseits eine gute Streckenübersicht für beide Fahrtrichtungen, machen andererseits eine Drehscheibe überflüssig.
Das äußere Profil ist durch die Fahrzeugbegrenzung I für Lokomotiven und Triebwagen nach der Eisenbahn-Bau- und Betriebsordnung, Anlage E, bestimmt.
Das Fahrzeug hat mit vollen Vorräten eine Dienstmasse von $116{,}5 \pm 3\%$ t und eine Achslast von $19{,}4 \pm 3\%$ Mp. Die Konstruktions-Höchstgeschwindigkeit bei nicht abgenutzten Radreifen ist auf 100 km/h festgelegt. Die kleinste Dauerfahrgeschwindigkeit beträgt 20 km/h.
Das Laufwerk gestattet das Befahren der Ablaufberge mit kleinstem Anfahrbogen von 400 m und kleinstem Ablaufbogen von 300 m Radius. Außerdem können mit 30 km/h ein Bogenradius von 125 m, mit 15 km/h von 90 m und mit 5 km/h von 75 m zwangsfrei durchfahren werden.
Der Zwölf-Zylinder-Dieselmotor 14 D 40 des Motorenwerks Kolomna hat 2000 PS Nennleistung bei 750 min^{-1}, +20 °C und 760 Torr.

Im Anfahrbereich hingegen, also von 0 bis 23 km/h, ist die V 200 vorteilhafter. Das wirkt sich besonders günstig beim Anfahren auf Steigungen und in der Anfahrbeschleunigung aus.
Bei der Beurteilung der Zugkräfte muß allerdings bei dem Dampftriebfahrzeug der Baureihe 44 im Z-V-Diagramm berücksichtigt werden, daß die Zugkräfte im Haftreibungsgebiet noch größer sind. Das Diagramm wurde mit dem bei der Deutschen Reichsbahn gültigen Haftwert von 198 kp/Mp nach der DV 939 aufgestellt. Dafür wird jedoch der Anfahrwiderstand nicht berücksichtigt.
Die Begrenzung der maximalen Anfahrgrenzlast bei der V 200 ergibt sich durch den Stundenstrom und liegt bei 2250 Mp. Dabei

3 V 200 als Vorspann vor einem Schnellzug hinter Eisenach

4 Bei −20 °C unterwegs

5 Einige V 200 warten auf ihren Einsatz

können die möglichen Anfahrgrenzlasten, die sich aus der Ermittlung der Fahrzeiten je nach Anhängelasten aus dem i-v-Diagramm ergeben, wesentlich höher sein.

Aus diesem Vergleich ist zu schlußfolgern, daß die V 200 dort ökonomisch eingesetzt wird, wo Züge oft anfahren müssen. Das läßt sich auch theoretisch nach dem dynamischen Grundgesetz (Kraft gleich Masse mal Beschleunigung) einwandfrei beweisen.

Ob die Diesellokomotive V 200 aber auf den vorgesehenen Strecken die Dampflokomotive der Baureihe 44 vollwertig ersetzen kann, ist aus der Gegenüberstellung der Zugkräfte jedoch noch nicht abzuleiten. Mitentscheidend für eine endgültige Aussage ist der Vergleich im i-v-Diagramm, also das Verhalten beim Befahren von Steigungen und das Vermögen der Zugbeschleunigung.

Für die Überprüfung dieser beiden Eigenschaften wurden dem i-v-Diagramm die meist gefahrenen Lasten im Güterverkehr, nämlich 1000 Mp, 1200 Mp und 1400 Mp, zugrunde gelegt (Abb. 10). Daraus ist ersichtlich, daß die Diesellokomotive bei großen spezifischen Streckenkräften und gleicher Last der Dampflokomotive im Bereich von 0 bis 22 km/h deutlich überlegen ist, wogegen im Bereich von 22 bis 71 km/h fast Gleichheit mit leichten Vorteilen für die Dampflokomotive besteht.

Die Zughakenleistung der V 200 bei Motornennleistung beträgt im Fahrbereich von 30 bis 60 km/h durchschnittlich 1500 PS. Sie schwankt zwischen 1535 PS bei 28 km/h und 1470 PS bei 60 km/h und nimmt dann oberhalb von 70 km/h stark ab. Der günstigste Betriebspunkt liegt bei 55 km/h.

Die Baureihe 44 hat im Leistungsabfall einen gleichmäßigen Kurvenverlauf. Im Geschwindigkeitsbereich von 25 bis 55 km/h sind beide Triebfahrzeuge der Leistung nach annähernd gleich. Zwischen 55 und 80 km/h ist die Diesellokomotive wieder leicht überlegen.

Sehr aufschlußreich ist auch das Verhalten beider Lokomotiven beim Anfahren. Während die V 200 auf einer Steigung von 10 ‰ mit einem Anfahrwiderstand von 20 kp/Mp (im geraden Gleis) einen 1230 Mp schweren Zug anfahren kann, bewältigt die BR 44 bei gleichen Bedingungen nur einen 780 Mp schweren Zug. Die Dampflokomotive kann zwar 1230 Mp Last auf dieser Steigung bei 25 km/h befördern, darf jedoch nicht anhalten. Diese Möglichkeit der Diesellokomotive ist auf deren große Zugkräfte am Zughaken und auf die größere Reibungslast zurückzuführen; sie hat also erhebliche Vorteile für den Betriebsdienst.

Der Vergleich zwischen beiden Triebfahrzeugen beruht jedoch bei der Dampflokomotive nur auf deren Kesselgrenzleistungen. Eine kurzzeitige Leistungssteigerung, wie die Kesselreserve (Nachverdampfung) der Dampflokomotive sie gestattet, ist bei einer Diesellokomotive nicht möglich, da der Dieselmotor über die angegebene Nennleistung hinaus nicht belastbar ist.

Die Abbildung 9 zeigt auch einen Vergleich der V 200 mit der V 180. Beide Diesellokomotiven haben — abgesehen von der V 180° — eine Gesamtmotorleistung von 2000 PS. Trotzdem ist ein direkter Vergleich beider Lokomotiven schwierig, da die V 180 sowohl im Reisezug- als auch im Güterzugdienst eingesetzt werden kann, während die V 200 als reine Güterzuglokomotive entwickelt wurde. Daraus resultiert unter anderem der Unterschied in der vorgegebenen Höchstgeschwindigkeit, die, um im gesamten Geschwindigkeitsbereich mit einem guten Wirkungsgrad zu fahren, die notwendige Zugkraftcharakteristik — insbesondere auch die Anfahrzugkraft — beeinflußt.

Im Rahmen des Forschungs- und Entwicklungsthemas »Erprobung der Diesellokomotive V 200« hat die VES-M etliche Stand- und Fahrversuche vorgenommen, die wichtige Aussagen über dieses Triebfahrzeug ergaben.

Beispielsweise bestätigte sich, daß die Batteriekapazität ausreichend dimensioniert ist, so daß auch der Kaltstart des Motors keine Schwierigkeiten bereitet.

Die vom Hersteller angegebene maximale Generatorleistung von 1232 kW bei 20 °C wurde erreicht. Die dazu erforderliche Nennleistung des Dieselmotors (einschließlich der Hilfsbetriebe) wird innerhalb des Fahrgeschwindigkeitsbereichs von 15 bis 85 km/h voll beansprucht.

Die Reibungsgrenze liegt bei 8 km/h; die Stundenzugkraft beträgt 24,5 Mp.

Der Gesamtwirkungsgrad mit maximal 28,5

6 Im Heimat-Bahnbetriebswerk

7 Das Führerstandpult einer V 200 ist übersichtlich

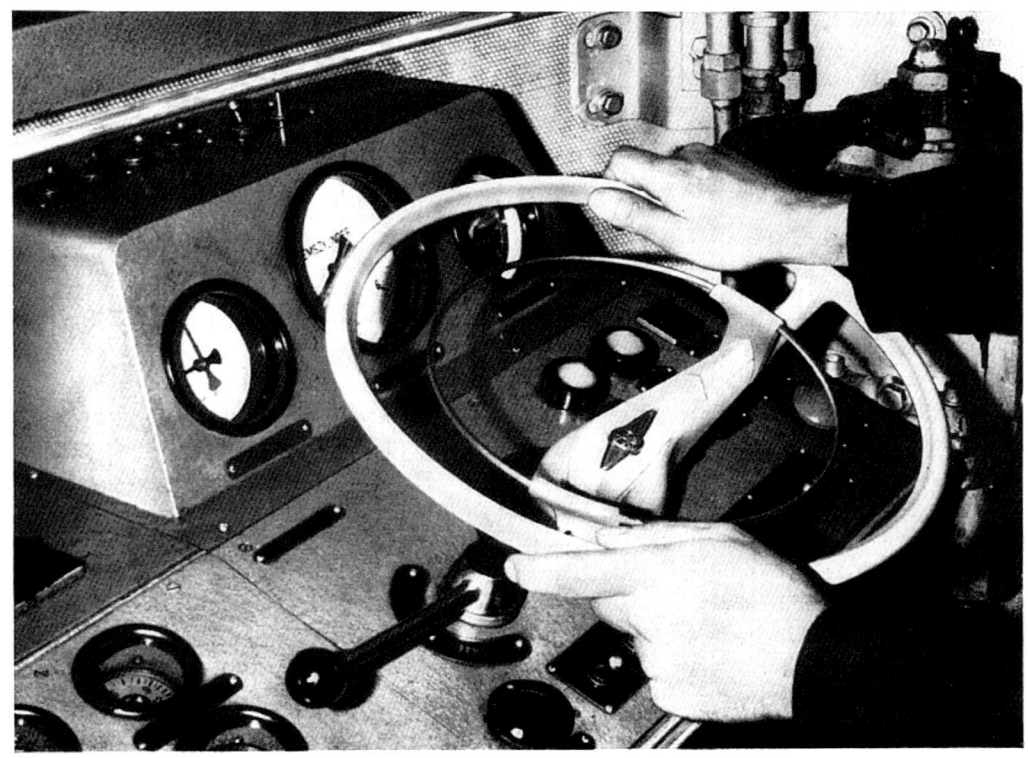

Prozent ist für eine dieselelektrische Lokomotive dieser Leistungsklasse als befriedigend anzusehen. Er ließe sich durch Erhöhung des Dieselmotorwirkungsgrads und Senkung des recht hohen spezifischen Fahrwiderstands um 1 bis 2 Prozent steigern.

Nach den vereinbarten technischen Bedingungen muß die Bremswirkung so bemessen sein, daß in den Bremsstellungen P und G der verfügbare Bremsweg von 700 m (Vorsignalabstand) aus Geschwindigkeiten von 100 bzw. 75 km/h mit Sicherhetí eingehalten wird. Die VES-M veranstaltete daher mit der V 200 Bremsversuchsfahrten in beiden Bremsstellungen, teils mit dem Triebfahrzeug allein, teils mit ungebremster Anhängelast, wobei die Bremsklotzsohlen keine Manganstahleinlage hatten. Als Bremsgewichte der V 200 wurden ermittelt

— in Bremsstellung P = 137 t,
— in Bremsstellung G = 78 t.

Bei einer Dienstmasse von 115,1 t ($^2/_3$ Vorräte) betragen die errechneten Brems-

8 Ein Güterzug in Dessau-Wallwitzhafen

gewichtshundertstel 119 Prozent für Bremsstellung P und 68 Prozent für Bremsstellung G. Damit können folgende Gefällestrecken noch befahren werden:

Bremsweg (m)	Bremsstellung	Höchstgeschwindigkeit (km/h)	Bremsgewichtshundertstel (%)	Gefälle (°/oo)
1000	P	100	119	bis 25
1000	G	75	68	bis 20
700	P	100	119	bis 12
700	G	75	68	bis 8

Somit ist die Bedingung, den verfügbaren Bremsweg bei Schnellbremsung aus den zulässigen Höchstgeschwindigkeiten bis zu 5°/oo Gefälle einzuhalten, in beiden Bremsstellungen erfüllt.

Die Laufgüte der Diesellokomotive V 200 innerhalb des meist gefahrenen Geschwindigkeitsbereichs ist als gut zu bezeichnen.

Betriebliche Parameter

Nicht nur die Erfüllung des Leistungsprogramms und der Hauptabmessungen, sondern auch der betrieblichen Forderungen geben Auskunft über den technischen Stand der Diesellokomotive.

Streckensicht

Die Sicherheit des Betriebsablaufs auf den Bahnhöfen und Strecken erfordert unter anderem, vom Führerstand aus alle optischen Signale auf der Strecke ungehindert beobachten zu können und durch Spiegelungen weder getäuscht noch geblendet zu werden sowie das Triebfahrzeugpersonal vor Witterungseinflüssen zu schützen.

Die Stirnfenster der V 200 sind so aufgeteilt, daß man sowohl von der rechten als auch von der linken Führerstandseite einen vollen Rundblick hat. Die zwei großen Scheiben vorn und die kleinen seitlich erlauben eine gute Signalbeobachtung und Streckensicht. Durch diese Scheibenanordnung vermag der Lokomotivführer niedrige Signale (Weichensignale) sogar aus etwa 12 m Entfernung einwandfrei zu erkennen, ohne daß er seinen Standort beim Bedienen des Fahrzeugs zu verändern braucht.

Zwei druckluftbetriebene Scheibenwischer an den beiden großen Mittelscheiben sorgen dafür, daß der Triebfahrzeugführer und sein Beimann auch bei Regen, Schneefall usw. gute Sicht haben. Das von den Scheibenwischern bestrichene Feld ist allerdings nicht so groß, daß eine dritte Person auf dem Führerstand (beispielsweise ein Kontrolleur oder Lotse), die sich in der Mitte des Führerstands befindet, bei schlechtem Wetter ausreichende Sicht hat. Daher entwickelte das Lokomotivwerk in Lugansk eine neue Scheibenwischeranlage, die innerhalb der Serie 1968 eingeführt wurde.

Geräuschdämmung

Es werden gefordert
— im Führerstand die Einhaltung der Kurve N 80 des Oktavbandpegels, gemessen in Führerstandmitte 1,20 m über dem Fußboden bei einer Geschwindigkeit von 80 km/h und bei $^2/_3$ Nennlast,
— außerhalb des Fahrzeugs 80 dB (A), gemessen in 3,50 m Abstand von der Fahrzeuglängsachse 1,60 m über Schienenoberkante bei $^2/_3$ Nennlast.

Die Messungen in der VES-M ergaben, daß die Kurve N 80 (zulässiger Schallpegel 80 dB bei der Oktavmittenfrequenz von 1000 Hz; vgl. TGL 10687) im Führerstand 1 eingehalten wird, während sie im Führerstand 2 im Frequenzbereich von 31,5 bis etwa 125 Hz geringfügig überschritten und im höheren Frequenzbereich unterschritten wird. Der Lärm, der in dem niedrigen Frequenzbereich die N 80-Kurve etwas überschreitet, wird jedoch subjektiv nicht als lästig empfunden. Die Lokbesatzungen haben wiederholt bestätigt, daß sie mit den Arbeitsbedingungen im Führerstand einer V 200 sehr zufrieden sind und durch Geräusche keineswegs belästigt werden.

Außerhalb der Lokomotive ist der Geräuschpegel jedoch zu hoch, so daß entsprechende Maßnahmen eingeleitet werden mußten. Sowohl von der VES-M Halle als auch vom sowjetischen Lokhersteller wurden Baumuster von Abgasschalldämpfern entwickelt. Nach gründlicher Erprobung ging der Schalldämpfer in die Serienproduktion, der die wirksamste Geräuschdämmung erreichte und außerdem wegen seiner Anordnung die Erhaltungs- und Unterhaltungsarbeiten am Dieselmotor nicht behinderte.

Durch die eingebauten Schalldämpfer werden die Außengeräusche ausreichend gemindert, so daß auch außerhalb der V 200 keine Lärmbelästigungen mehr auftreten. Für die bereits ausgelieferten Lokomotiven der Serie 1967 und 1968 ist vorgesehen, bis Ende 1969 in alle V 200 einen Abgasschalldämpfer einzubauen.

Bedienung der Lokomotive

Alle für den normalen Fahrbetrieb erforderlichen Steuereinrichtungen müssen so angeordnet sein, daß das Triebfahrzeugpersonal sie unmittelbar erreichen kann.
Da der Lokführer die wichtigsten Einrichtungen im Führerstand bedienen kann, ohne seinen Sitz verlassen zu müssen, erfüllt somit die V 200 die Bedingung. Die Sicherheitsfahrschaltung (Sifa) kann er durch Hand- oder Fußbetätigung bedienen.
Die Geräte der Hoch- und Niederspannungskreise sowie die Klemmleisten, Starkstromschütze, automatische Ausschalter und anderes mehr befinden sich übersichtlich angeordnet in der Hochspannungskammer, die ein Kontaktschalter schützt.

Betriebskosten und Betriebstüchtigkeit

Ein Konstrukteur muß bei der Konstruktion neuer Triebfahrzeuge den wirtschaftlichen Einsatz der Lokomotiven berücksichtigen, um die Transportkosten gering zu halten. Neue Triebfahrzeuge sind nur dann rentabel, wenn der teilweise höhere Beschaffungspreis durch niedrige Betriebskosten in möglichst kurzer Betriebszeit ausgeglichen wird.
Der für die Transportaufgaben notwendige Triebfahrzeugbestand ist in hohem Maße abhängig von

— der richtigen Abstimmung zwischen Einsatzstrecke und Betriebsstoffvorrat,
— der richtigen Auswahl der Werkstoffe, um den Verschleiß so niedrig wie möglich zu halten,
— der leichten Zugänglichkeit und schnellen Austauschmöglichkeit der einzelnen Aggregate.

All das bestimmt den Zeitaufwand für die Erhaltung und Unterhaltung und somit die Einsatzzeit der Triebfahrzeuge mit.
Der Kraftstoffvorrat der V 200 ist mit 3900 l ausreichend, so daß der Aktionsradius je nach Zuglast etwa 1300 km beträgt.

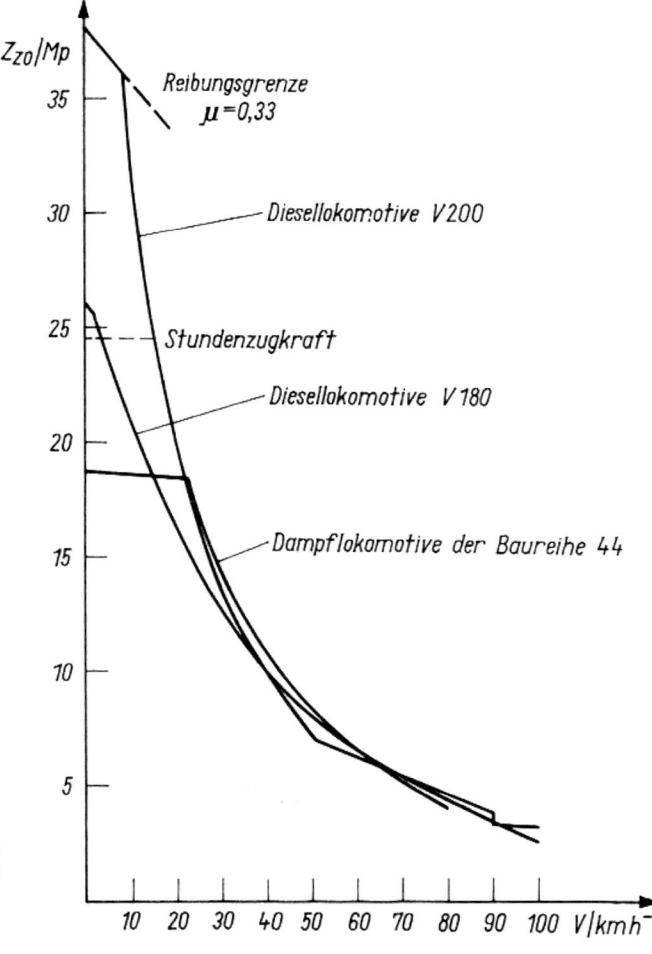

9 Z-V-Diagramm zum Vergleich der Diesellokomotive V 200 mit der Diesellokomotive V 180 und der Dampflokomotive BR 44

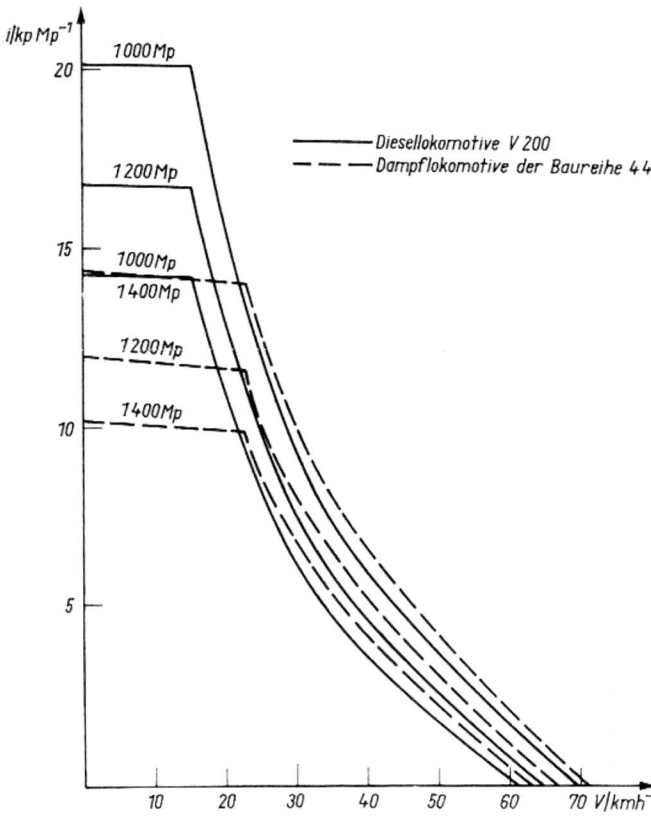

10 i-v-Diagramm (Vergleich)

Über die Verschleißfestigkeit der V 200 kann noch nichts gesagt werden, da die Betriebszeit von zwei Jahren dafür zu kurz ist. Es erscheint jedoch nach der ersten planmäßigen Zwischenausbesserung (V 1), daß die Fristdurchsichten und die vom Lokhersteller geforderte Motordurchsicht nach 100000 km Laufleistung zu aufwendig sind und vor allem nach einer zu kurzen Einsatzzeit stattfinden. Im Interesse einer gleichmäßigen Verteilung der Planausbesserungen erweiterte das Lokomotivwerk die Laufleistung auf 125000 km, die aber die Deutsche Reichsbahn aus dem erwähnten Grund noch teilweise überschreiten muß. Es kommt nun darauf an, die Erfahrungen mit der V 200 dahingehend auszuwerten, die Motordurchsicht möglichst erst nach 250000 km Laufleistung vorzunehmen.

Die wichtigsten Bauteile sind leicht zugänglich; dafür sorgen die beiden Durchgänge auf den Lokomotivseiten. Die Großbauteile lassen sich durch die Öffnungen im Dach gut montieren oder ausbauen.

Entsprechen die betrieblichen Ergebnisse den Erwartungen?

Einsatzrelation

Während des Winterfahrplan-Abschnitts 1966/67 nahm die Deutsche Reichsbahn die ersten Diesellokomotiven der Baureihe V 200 in Betrieb. Diese Lokomotiven wurden zunächst im Bahnbetriebswerk Leipzig-Wahren stationiert, damit das Lok- und Werkstattpersonal auch anderer Reichsbahndirektionen die neue Baureihe dort kennenlernen konnte.

Ausschließlich im schweren Güterzugdienst vollbrachten die V 200 im Jahr 1967 eine durchschnittliche Laufleistung täglich von etwa 350 km/Triebfahrzeug des arbeitenden Parks.

Betriebsergebnisse

Die im Güterzugdienst beförderten Zuglasten betragen 1000 bis 1800 Mp.
Im Bahnbetriebswerk Güsten beheimatete Diesellokomotiven der Baureihe V 200 befahren zum Beispiel
Steigungen von 6°/oo mit einer Buchfahrplanlast von 1800 Mp,
Steigungen von 9°/oo mit einer Buchfahrplanlast von 1600 Mp,
Steigungen von 12°/oo mit einer Buchfahrplanlast von 1300 Mp,
Steigungen von 13°/oo mit einer Buchfahrplanlast von 1200 Mp.
Die Fahrgeschwindigkeiten liegen bis 12°/oo Steigung bei 40 bis 65 km/h und auf 13°/oo Steigung bei 30 km/h.

Vorteilhaft wirkte sich die große Reichweite der V 200 aus, so daß tägliche Laufleistungen von 500 km und mehr im Güterzugdienst erzielt werden können.
Der Verbrauch an Dieselkraftstoff von etwa 4,9 t je Mill. Brtkm ist als gut zu bezeichnen.
Leistungsmäßig hat sich die Diesellokomotive V 200 bewährt, da sie die planmäßigen Leistungen der Dampflokomotive der Baureihe 44 nicht nur erfüllen, sondern noch überbieten konnte.
Im Betriebseinsatz tauchten jedoch an einigen Bauteilen Mängel und Typenschäden auf, die zum Teil auf konstruktive Unzulänglichkeiten, zum Teil aber auch auf eine ungenügende Unterhaltungsarbeit zurückzuführen waren. Der Geschwindigkeitsmesser fiel beispielsweise mitunter aus oder zeigte ungenau an; die Sicherheitsfahrschaltung hatte Störungen und mußte konstruktiv geändert werden. Der Lokomotivhersteller und die VES-M haben dazu Vorschläge erarbeitet.
Da die Konstruktion der Tatzlagerschmierung dauernd kontrolliert und gepflegt werden muß, kann nicht bei jedem Tatzlagerschaden ermittelt werden, ob der in der Konstruktion oder in einer ungenügenden Unterhaltung seine Ursache hat. Auch hier mußte konstruktiv geändert werden, so daß nun dieser Mangel ebenfalls behoben ist. Weitere Ausfälle der V 200 zum Beispiel durch Bandagenrisse und Motorrisse sind bisher nur vereinzelt vorgekommen und daher durchaus noch vertretbar.
Die gelegentlichen Schäden, der kurzzeitige Ersatzteilmangel und die zu langen Standzeiten während der ersten planmäßigen Durchsichten und Ausbesserungen führten dazu, daß der sehr gute Ausbesserungsstand im Jahr 1967 von durchschnittlich 11,79 Prozent im Betriebsjahr 1968 stark anstieg.

Änderungen der Serie 1968

Um die Einheitlichkeit der gesamten Baureihe V 200 zu wahren, wurden in den technischen Bedingungen für die Serie 1968 nur solche Änderungen vereinbart, die von der Deutschen Reichsbahn auch an der Serie 1967 nachträglich geändert werden.

Dazu gehört der Einbau einer Klingelanlage, damit sich das Lokpersonal auf den beiden Führerständen einer Maschine oder auf beliebig viel miteinander gekuppelten Lokomotiven während der Fahrt untereinander verständigen kann.

Die Sicherheitsfahrschaltung wird nunmehr mit einem Schalter ein- und ausgeschaltet und ist ohne vorherige Betätigung der Lufthähne von beiden Führerständen aus bedienbar.

Um die Kontrolle des Kraftstoffvorrats zu vereinfachen, wurde eine auf Liter geeichte Meßskale angebracht, an der man die Menge von außen ablesen kann. Der bisherige Peilstab entfällt.

Zur Ölvorwärmung sind zwei Stutzen zum Anschluß für das heiße und das kalte Öl angeordnet. Die Pumpe des Ölvorwärmers sorgt für den Umlauf des Öls.

Weitere Neuerungen sind der Abgasschalldämpfer und die Scheibenwischeranlage, worauf schon hingewiesen wurde, sowie die Außenreinigungsmöglichkeit und ein neues Radreifenmaterial.

Zusammenfassung

Die sowjetische Diesellokomotive V 200 mit elektrischer Kraftübertragung hat leistungsmäßig die Erwartungen der Deutschen Reichsbahn erfüllt.

Durch ihren Einsatz im schweren Güterzugdienst konnten die Fahrzeiten der Züge verringert und somit die Durchlaßfähigkeit der Strecken erhöht werden.

Für den weiteren Einsatz ist es notwendig, die bisherigen Erfahrungen gut auszuwerten und den Ausbesserungsstand zu senken, damit die Vorzüge der Baureihe V 200 im Betriebsdienst voll genutzt werden können.

Literatur

H. Nitzschke, »Untersuchungen über Einsatz der V 200 im Raum der Rbd Dresden«, Dipl.-Arbeit 1968;
VES-M Halle, »Brems-, leistungs- und geräuschtechnische Untersuchung einer dieselelektrischen Lok-BR V 200 (SU-Import)«, Versuchsbericht;
VES-M Halle, »Erprobung der Diesellok V 200«, Versuchsbericht;
VES-M Halle, »Standerprobung der V 200 009«, Versuchsbericht.

DEUTSCHE REICHSBAHN

Dieselelektrische Lokomotive der Baureihe V 200

Im Luganskar Diesellokwerk (UdSSR) begann man 1964, dieselelektrische Lokomotiven speziell für die Normalspurweite von 1435 mm zu bauen.

Diese Lokomotiven sind für den Export in die sozialistischen Länder gedacht. Zuerst hat die Ungarische Staatsbahn eine Serie dieser 2000-PS-Lokomotiven angeschafft, ihr folgten die Tschechoslowakische Staatsbahn und Ende 1966 die Deutsche Reichsbahn.

Bei der Deutschen Reichsbahn erhielten die Lokomotiven die Baureihenbezeichnung V 200. Der Einsatz der V 200 ist vor allem für den schweren Güterzugdienst auf den Hauptmagistralen und in verschiedenen Knoten vorgesehen. In umfangreichen Untersuchungen wurden die Einsatzgebiete der V 200 mit dem Einsatz der anderen Triebfahrzeugbaureihen abgestimmt (vgl. Seite 84 ff.).

Die V 200 ist eine Drehgestellokomotive mit der Achsfolge Co'Co'. Die Achsen werden durch Tatzlagerfahrmotoren über Stirnzahnräder angetrieben.

Die Steuerung ist so beschaffen, daß von jedem Führerstand aus zwei Einheiten gesteuert werden können.

Der Lokrahmen ist eine tragende Schweißkonstruktion. Die Grundlage bilden zwei Doppel-T-Träger, die oben und unten durch aufgeschweißte Bleche verstärkt sind. Die Träger sind durch Querträger miteinander verbunden, während am hinteren und vorderen Ende zwei angenietete und zum Teil angeschweißte Querkästen die Versteifung bewirken.

Die V 200 kann wahlweise eine Mittelpufferkupplung oder die übliche Zug- und Stoßvorrichtung erhalten.

Der Fahrzeugkasten wird aus einzelnen Teilen zusammengesetzt, die beim Aufbau untereinander verbunden werden.

Die Teile haben zwei völlig gleiche Führerstände.

Die Maschinenanlage besteht aus einem aufgeladenen Zweitakt-Dieselmotor des Typs 14 D 40 und einem Gleichstromgenerator. Alle Haupt- und Hilfsaggregate sind im Wagenkasten untergebracht.

TECHNISCHE DATEN

Erstes Baujahr	1965
Achsfolge	Co'Co'
Spurweite	1435 mm
Höchstgeschwindigkeit	100 km/h

Krafterzeugung

Anzahl der Motoren	1
Motortyp	14 D 40
Vollastdrehzahl	750 $^{-1}$
Leistung	2000 PS

Abmessungen

Länge über Puffer	17550 mm
Drehgestellabstand	8600 mm
Achsstand in den Drehgestellen	4200 mm
Getriebebauart	dieselelektrisch

Generator

Dauerleistung	1254 kW
Stundenleistung	1490 kW
Dienstmasse	116 t
Achslast	19,4 Mp

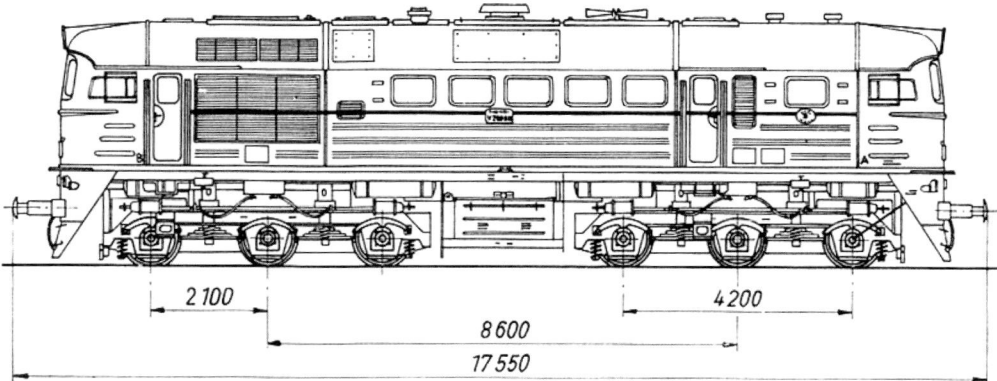

DEUTSCHE REICHSBAHN

Dieselhydraulische Lokomotive der Baureihe V 60

In enger Zusammenarbeit mit der Deutschen Reichsbahn hat der VEB Lokomotivbau »Karl Marx« Babelsberg eine dieselhydraulische Lokomotive mit der Achsfolge D und einer Motorenleistung von 600 PS für den Rangierdienst entwickelt. Diese Lokomotiven waren zuerst auf den elektrifizierten Bahnhöfen anzutreffen, weil die schädlichen Rauchgase der Dampflokomotiven die Fahrleitungen besonders angreifen. Heute ist aber schon eine große Anzahl der V 60 in Betrieb, so daß man sie nun fast überall sehen kann. Die V 60 kann auch für den Zubringerdienst eingesetzt werden.

Der Rahmen der Lokomotive ist ein geschweißter Innenrahmen, der die vier Achsen und die in der Mitte liegende Blindwelle aufnimmt. Alle Rahmenversteifungen sind als Kästen zur Aufnahme von Ballast ausgeführt, um im Bedarfsfall die Achslast von 14,5 Mp auf 17 Mp zu erhöhen.

Zur Erreichung einer guten Bogenläufigkeit wurden je zwei Achsen durch Beugniothebel verbunden, so daß alle Achsen um 25 mm seitenverschiebbar sind. Diese Seitenverschiebbarkeit erforderte eine entsprechende Ausbildung der Kurbelzapfen. Die Kuppelstangen sind mit Gleitlagern (sogenannten Walzenlagern) ausgerüstet; damit können die Achsen ohne Behinderung ausschlagen.

Die Blindwellen- und Achslager sind Wälzlager mit entsprechender Dimensionierung, damit sie die Beanspruchungen des Rangierdienstes aufnehmen können. Das geräumige Führerhaus hat vorn und hinten je zwei große Fenster; in den Seitenwänden sind Schiebefenster eingebracht. Auf dem vorn angeordneten Bedienungsstand befinden sich in übersichtlicher Anordnung alle Geräte und Instrumente. Die Sicherungen und verschiedene elektrische Geräte sind im Bedienungspult und an der Führerhausrückwand angeordnet.

TECHNISCHE DATEN

Erstes Baujahr	1959
Achsfolge	D
Spurweite	1435 mm
Höchstgeschwindigkeit (Streckengang)	60 km/h
Höchstgeschwindigkeit (Rangiergang)	30 km/h
Krafterzeugung	
Motortyp	12 KVD 21
Vollastdrehzahl	1500 min^{-1}
Zylinderanzahl	12
Leistung	
Dauerleistung	600 PS
Zugkraft (Streckengang)	12,2 Mp
Zugkraft (Rangiergang)	18,5 Mp
Abmessungen	
Länge über Puffer	10940 mm
Gesamter Achsstand	5600 mm
Treibraddurchmesser	1100 mm
Dienstmasse	58 t
Reibungslast	58 Mp
Achslast	14,5 Mp

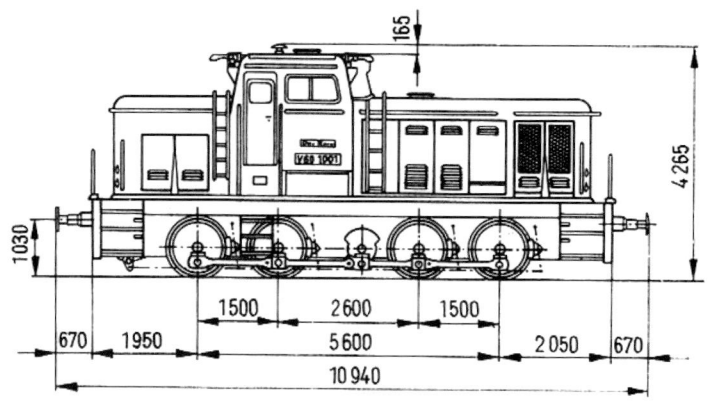

TECHNISCHE DATEN

Erstes Baujahr	1964
Achsfolge	B'B'
Spurweite	1435 mm
Nennleistung	2×900 PS
Kraftübertragung	dieselhydraulisch
Höchstgeschwindigkeit	100 km/h

Krafterzeugung

Motortyp	12 KVD 21 A
Nennleistung	900 PS
Drehzahl	1500 U/min

Abmessungen

Länge über Puffer	13 580 mm
Drehgestellabstand	7000 mm
Achsstand in den Drehgestellen	2300 mm
Größter Achsstand	9300 mm
Treibraddurchmesser	1000 mm
Befahrbarer Bogenhalbmesser	100 m
Dienstmasse etwa	64 t
Achslast etwa	16 Mp

DEUTSCHE REICHSBAHN

Diesellokomotive der Baureihe V 100

Auf der Frühjahrsmesse 1964 in Leipzig stellte der VEB Lokomotivbau »Karl Marx« Babelsberg erstmalig eine diesel-hydraulische Lokomotive der Baureihe V 100 für die Deutsche Reichsbahn aus. Dieses Triebfahrzeug gehört zum Typenprogramm der DR und ist für den Nahgüterzug- und Zubringerdienst und für den schweren Rangierdienst gedacht. Auf Nebenbahnen wird sie darüber hinaus universell zum Einsatz kommen.

In der V 100 sind bereits bewährte Bauteile und Aggregate anderer Neubaudiesellokomotiven installiert worden, so ein großer Teil der elektrischen Ausrüstung, der Dieselmotor, die Heizkesselanlage, die Kühlanlage, die Lichtanlaßmaschine, der Lüftergenerator und der Luftverdichter. Als Motor wurde der bekannte 12-Zylinder-Viertakt-Dieselmotor vom Typ 12 KVD 21 A des VEB Dieselmotorenwerk Berlin-Johannisthal verwendet. Das Strömungsgetriebe ist ein neuentwickeltes Dreiwandler-Getriebe mit eingebautem Wende- und Stufengetriebe aus dem VEB Turbinenfabrik Dresden.

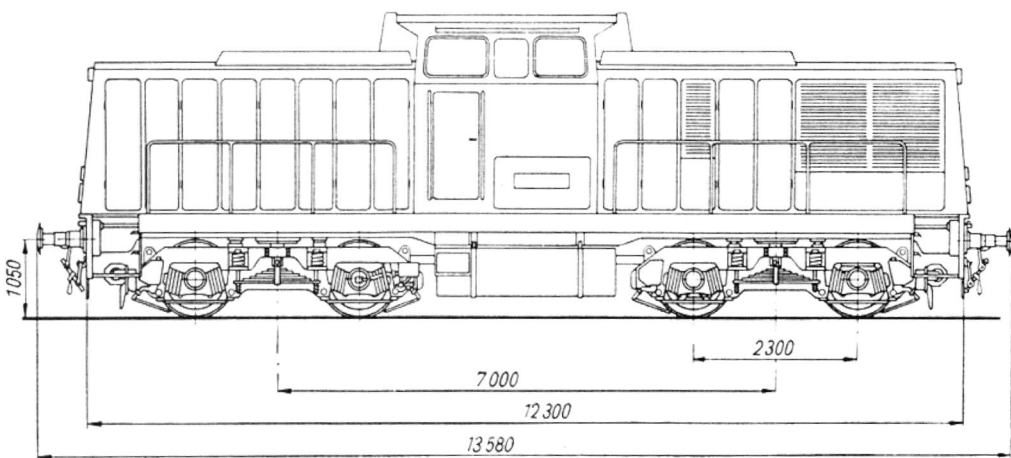

DEUTSCHE REICHSBAHN

Diesellokomotive der Baureihe V 180

Im Jahre 1960 erhielt die Deutsche Reichsbahn die ersten beiden Baumuster der dieselhydraulischen Streckenlokomotive der Baureihe V 180 vom VEB Lokomotivbau „Karl Marx" in Babelsberg. Die V 180 folgte den beiden Baureihen V 60 und V 15/18. Die Loks dieser beiden Baureihen werden vorwiegend im Rangierdienst eingesetzt, wo die Verdieselung ja bekanntlich den größten Nutzen bringt. Es wurde nun auch notwendig, eine Diesel-Streckenlokomotive im Rahmen der Traktionsänderung bei der Deutschen Reichsbahn zu entwickeln. Die Leistung der V 180 entspricht etwa der der Dampflokomotiven der bewährten Baureihen 50 und 23^{10}. Sie soll vorwiegend Personenzüge und leichte Schnellzüge befördern, aber auch gelegentlich für Güterzüge einsetzbar sein.

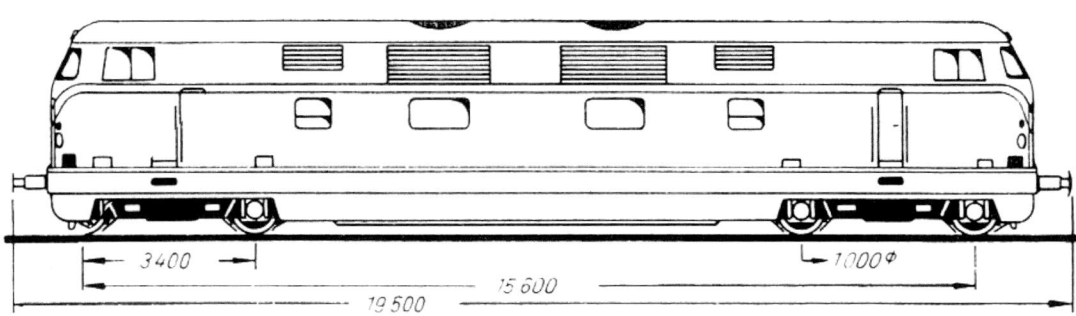

Technische Daten

Erstes Baujahr: 1960
Achsfolge: B'B'
Spurweite: 1 435 mm
Leistung: 1 800 PS installiert
Kraftübertragung: dieselhydraulisch
Höchstgeschwindigkeit: 120 km/h

Krafterzeugung:
Motortyp: Diesel 12 KVD 21 A
Motorleistung: 2×950 PS
Drehzahl: 1 500 min^{-1}

Abmessungen:
Länge über Puffer: 19 500 mm
Achsstand: 15 600 mm

Drehgestellabstand: 12 200 mm
Treibraddurchmesser: 1 000 mm
Befahrbarer Bogenhalbmesser: 100 m

Dienstmasse: 80 t
Achslast: 20 Mp

DEUTSCHE REICHSBAHN

Dieselhydraulische Lokomotive V 180[1]

Auf der Leipziger Jubiläumsmesse 1965 stellte der VEB Lokomotivbau »Karl Marx« Babelsberg erstmalig eine Diesellokomotive aus, bei der die gesamte Stirnpartie aus glasfaserverstärktem Polyester besteht. Die Lokomotive erhielt vom Herstellerwerk die Typennummer V 2001001, weil inzwischen die Nennleistung der Dieselmotoren heraufgesetzt werden konnte.

Die Aufbauten sind in mittragender Schalenbauweise konstruiert und mit dem Rahmen verschweißt. Der gesamte Wagenkasten untergliedert sich in den in der Mitte angeordneten Maschinenraum und den an den Enden liegenden Führerständen. Im Maschinenraum befindet sich die gesamte Maschinenanlage einschließlich des für die Zugheizung notwendigen Heizkessels. Die Drehgestelle, auf denen der Hauptrahmen abgestützt ist, haben keine Drehzapfen, sondern sind mit Lenksystemen aus Federstahlbändern verbunden, die die Zug- und Bremskräfte übertragen und die gegenseitige Bewegung von Rahmen und Drehgestellen gestatten.

TECHNISCHE DATEN

Erstes Baujahr	1965
Achsfolge	B'B'
Spurweite	1435 mm
Höchstgeschwindigkeit	120 km/h
Krafterzeugung	
Anzahl der Motoren	2
Motortyp	12-Zylinder-Dieselmotor
Leistung	2000 PS
Abmessungen	
Länge über Puffer	19460 mm
Drehgestellmittelabstand	12200 mm
Achsstand in den Drehgestellen	3400 mm
Treibraddurchmesser	1000 mm
Befahrbarer Bogenhalbmesser	100 m
Dienstmasse	78 t
Achslast	19,5 Mp

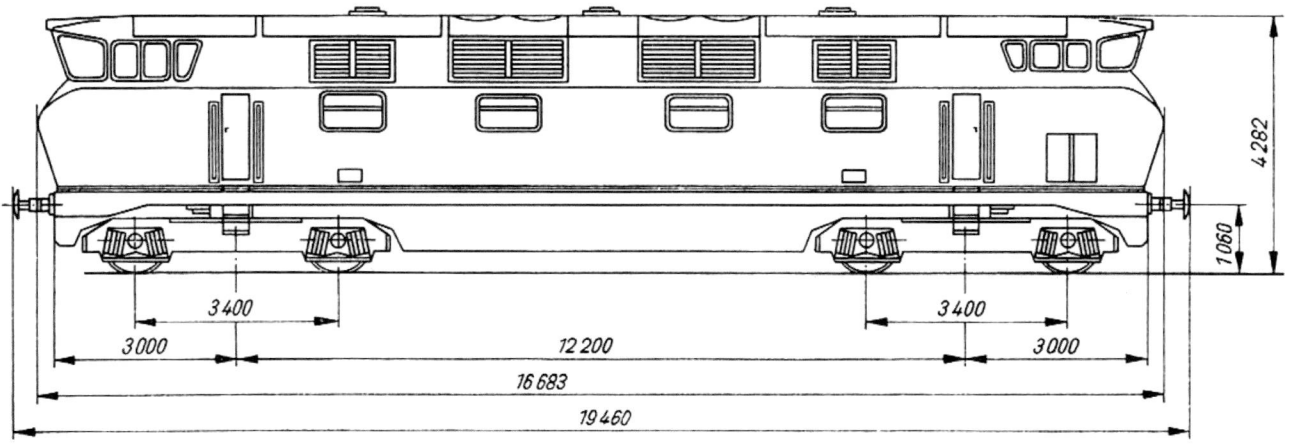

TECHNISCHE DATEN

Erstes Baujahr	1965
Achsfolge	C'C'
Spurweite	1435 mm
Höchstgeschwindigkeit	140 km/h
Krafterzeugung	
Anzahl der Motoren	2
Motortyp	12-Zylinder-Dieselmotor
Leistung	2400 PS
Abmessungen	
Länge über Puffer	19 460 mm
Drehgestellabstand	10 910 mm
Achsstand in den Drehgestellen	3600 mm
Treibraddurchmesser	1000 mm
Befahrbarer Bogenhalbmesser	100 m
Dienstmasse	90 t
Achslast	15 Mp

DEUTSCHE REICHSBAHN

Dieselhydraulische Lokomotive V 240 001

Ebenfalls auf der Leipziger Jubiläumsmesse 1965 konnten die Besucher eine neue 2400-PS-Diesellokomotive aus dem VEB Lokomotivbau »Karl Marx« Babelsberg bewundern. Wegen der hohen Leistung erhielt die Lokomotive vom Hersteller die Baureihenbezeichnung V 240 001.

Das Triebfahrzeug hat zwei dreiachsige Drehgestelle, auf die sich der Hauptrahmen federnd abstützt. Die Führung geschieht mittels Drehzapfen und Federstahlbandlenkung. Für die Achsfederung werden hier Tragfedern verwendet. Als Antrieb der Lokomotive dienen zwei Viertakt-Dieselmotoren vom VEB Motorenwerk Johannisthal. Die Kraftübertragung geschieht über Strömungsgetriebe, von denen aus die Radsätze mittels Gelenkwellen und Achsgetriebe angetrieben werden. Die Antriebsanlagen sind symmetrisch angeordnet. Beiderseits neben dem in der Mitte gelegenen Raum für den Heizkessel befinden sich die Kühlanlagen.

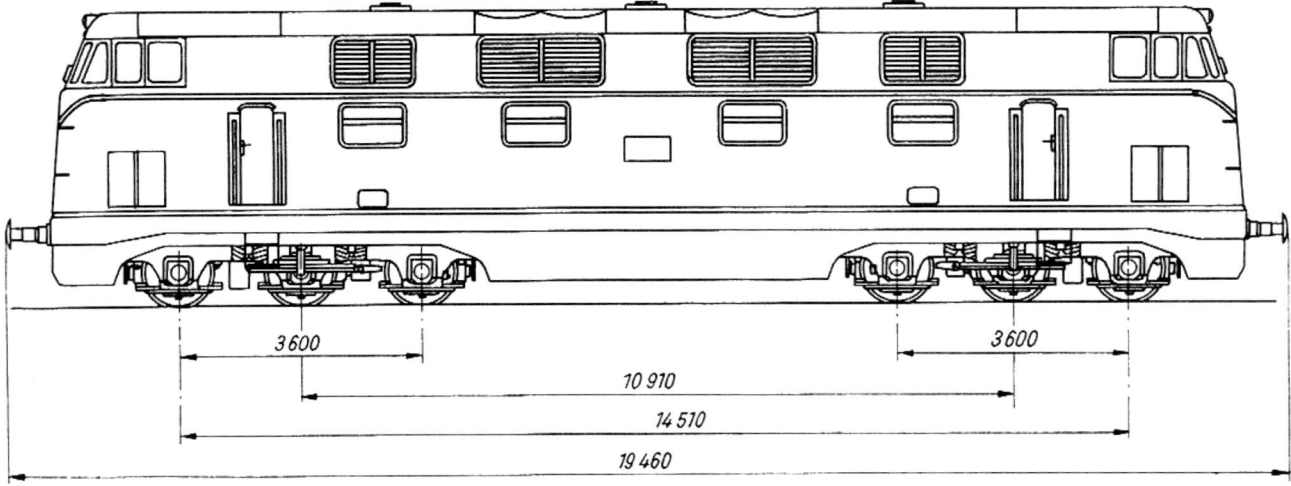

Dipl.-Ing. WERNER WIRTH

Die Diesellokomotive V 300 (neue Bezeichnung 130) – technisch beschrieben

Eine wichtige Maßnahme bei der komplexen sozialistischen Rationalisierung im Eisenbahnwesen der Deutschen Demokratischen Republik ist der grundlegende Strukturwandel der Zugförderung. Die Deutsche Reichsbahn wird bis 1975 die Dampflokomotiven ausmustern und durch moderne Triebfahrzeuge, insbesondere Diesellokomotiven, ersetzen.

Wesentlichste Voraussetzung für die Lösung dieser schwierigen, volkswirtschaftlich aber unumgänglichen Aufgabe ist die enge wissenschaftlich-technische Zusammenarbeit zwischen der UdSSR und der DDR. Das langfristige Handelsabkommen zwischen beiden Ländern sichert u. a. die Lieferung einer großen Anzahl von Strecken-Diesellokomotiven für den gesamten Perspektivplanzeitraum. Darum kann der Umstellungsprozeß im Zugförderungsdienst der Deutschen Reichsbahn beschleunigt werden, so daß sich die Vorzüge der neuen Traktion früher als einmal geplant auswirken.

Bereits in Dienst gestellt wurden Diesellokomotiven der Leistungsklasse von 2000 PS (vgl. Eisenbahn-Jahrbuch 1969, S. 84). Die Lieferung von Diesellokomotiven der 3000-PS-Leistungsklasse begann im Jahr 1969, als unsere Republik den 20. Jahrestag ihrer Gründung feierte. Diesellokomotiven der Leistungsklasse von 4000 PS werden im Laufe des Perspektivplanzeitraums 1971 bis 1975 beschafft werden.

Die Unterstützung der Sowjetunion auch bei der Traktionsumstellung der Deutschen Reichsbahn bringt nicht nur unserem Staat weitere erhebliche wirtschaftliche Vorteile, sondern gestattet unserem Eisenbahnwesen einen klar konzipierten Aufbau des Triebfahrzeugparks sowie die rasche Verbesserung der Arbeits- und Lebensbedingungen vieler Eisenbahner.

Aus all diesen Gründen erscheint es angebracht, den Hersteller unserer aus der Sowjetunion importierten Diesellokomotiven an dieser Stelle vorzustellen.

Das Diesellokomotivwerk Woroschilowgrad (früher Lugansk)

Alle sowjetischen Großdiesellokomotiven der Deutschen Reichsbahn kommen aus Woroschilowgrad, einer Stadt mit etwa 300000 Einwohnern im Industriezentrum der Ukrainischen Sozialistischen Sowjetrepublik, im Donezbecken rund 900 km südlich von Moskau.

In Lugansk wurde 1896 ein Lokomotivwerk gegründet, dessen 3000 bis 4000 Beschäftigte bereits 1897 die erste Dampflokomotive fertiggestellt hatten. 1906 verließ schon die 1000. Dampflokomotive das Werk.

Das Lokomotivwerk im einstigen Lugansk hat eine große revolutionäre Tradition. Hier arbeitete seit 1903 der spätere sowjetische Staatsmann *Klementi J. Woroschilow*; er organisierte in diesem Werk die Arbeiterbewegung zum Kampf gegen den Zarismus, weshalb die Stadt auf Wunsch ihrer Bürger im Januar 1970 dem am 3. Dezember 1969 verstorbenen Heerführer und Parteifunktionär zu Ehren in Woroschilowgrad umbenannt wurde. Als nach der Oktoberrevolution die Konterrevolutionäre und ausländischen Interventen die junge Sowjetmacht vernichten wollten, wußten sich die Lugansker Lokomotivbauer erfolgreich zu behaupten. Mehr als die Hälfte aller Einwohner von Lugansk kämpften aktiv gegen die volksfeindlichen Kräfte.

1925 wurde dem Lokomotivwerk Lugansk als staatliche Anerkennung der Leistungen der „Orden des roten Banners" verliehen.

Insgesamt gingen aus dem Werkskollektiv acht „Helden der Arbeit" und zwei „Helden der Sowjetunion" hervor.

1947 erhielt das Werk zum fünfzigjährigen Bestehen in Anerkennung der reichen Traditionen und der hervorragenden Leistungen den Leninorden sowie das Ehrenbanner des Ministerrats der UdSSR, des Zentralkomitees der KPdSU und des Zentralvorstands der sowjetischen Gewerkschaften.

Das Luganster Lokomotivwerk erlitt im Großen Vaterländischen Krieg schwere Schäden; mehrere Hallen wurden zerstört. Heute hat sich das Werk gewaltig ausgeweitet; von den etwa 30000 Betriebsangehörigen sind rund 15 Prozent Wissenschaftler und Ingenieure.

Seit 1956 produziert das Lokomotivwerk ausschließlich Diesellokomotiven. In der Serienfertigung befinden sich augenblicklich folgende Typen:

— Güterzuglokomotive TE 3 (Leistung 2× 2000 PS; Höchstgeschwindigkeit 100 km/h; Achslast 21,5 Mp);
— Güterzuglokomotive 2 TE 10 L (Leistung

2×3000 PS; Höchstgeschwindigkeit 100 km/h; Achslast 21,6 Mp);
- Güterzug- und Personenzuglokomotive M 62 (Leistung 2000 PS; Höchstgeschwindigkeit 100 km/h; Achslast 19,4 Mp); hat bei der Deutschen Reichsbahn die Baureihenbezeichnung V 200 (neu 120);
- Güterzug- und Schnellzuglokomotive TE 109 (Leistung 3000 PS; Höchstgeschwindigkeit als Güterzuglokomotive 100 km/h, als Schnellzuglokomotive 140 km/h; Achslast 20,0 Mp); eine Weiterentwicklung für die Belange der Deutschen Reichsbahn ist die Baureihe V 300 (neu 130).

In der Entwicklung befindet sich eine Schnellzuglokomotive mit dieselelektrischem Antrieb und einer Leistung von 4000 PS; sie wird für eine Höchstgeschwindigkeit von 160 km/h ausgelegt. Die Lok V 400 (neu 140) wird außerdem in einer zweiten Variante mit einer Höchstgeschwindigkeit von 120 km/h geliefert und ist dann sowohl im Reisezug- als auch im Güterzugdienst universell einsetzbar.

Das Werk liefert ihre dieselelektrischen Lokomotiven nicht nur in die Deutsche Demokratische Republik, sondern auch insbesondere in die Ungarische Volksrepublik, die ČSSR, die Volksrepublik Polen und die Koreanische Volksdemokratische Republik.

Die V 200 (bzw. M 62) wurde im Eisenbahn-Jahrbuch 1969 erläutert; hier wird nun die neue Großdiesellokomotive V 300 beschrieben.

1

Die V 300 (neu 130)

Die dieselelektrische Lokomotive V 300 ist — wie bereits erwähnt — eine Weiterentwicklung der TE 109 speziell für die Deutsche Reichsbahn. Es handelt sich um eine Lokomotive der 3000-PS-Leistungsklasse, die je nach Übersetzung als Schnellzuglokomotive mit 140 km/h oder als reine Güterzuglokomotive mit 100 km/h fahren kann.

Die wesentlichsten technischen Daten und wichtigsten Konstruktionsmerkmale lauten:

Leistung des Dieselmotors	3000 PS
Achsanordnung	Co'Co'
Dienstmasse (bei vollen Betriebsvorräten)	120 t
Achslast	20 Mp
Höchstgeschwindigkeit	140 km/h
Kraftübertragung	elektrisch mit Drehstromgenerator und Silizium-Gleichrichter sowie Gleichstrom-Reihenschluß-Fahrmotoren
Länge über Puffer	20 820 mm
Breite (am Rahmen)	2950 mm
Höhe (am Auspuff)	4560 mm
Dachhöhe	4330 mm
Drehzapfenabstand	11 780 mm
Achsabstand der äußeren Achsen im Drehgestell	3700 mm
Äußere Abmessungen der Lokomotive BO, Anlage F	
Kleinster befahrbarer Gleisbogen	90 m
Laufkreisdurchmesser (max.)	1050 mm
Laufkreisdurchmesser (min.)	970 mm
Anfahrzugkraft	30 Mp
Berechnete Dauerzugkraft am Radumfang bei 1050 mm Laufkreisdurchmesser	20,0 Mp
Dauergeschwindigkeit	28,0 km/h
Betriebsvorräte:	
Dieselkraftstoff	4000 l
Sand	600 kg
Kühlwasser	1250 kg
Schmier- und Kühlöl	1000 kg

Der Lokkasten, eine allseitig geschweißte selbsttragende Konstruktion, besteht aus den Baugruppen Rahmen, vorderer und hinterer Führerstand, rechte und linke Seitenwand, Querwand und fünf Dachsektionen. Die Konstruktion ist so bemessen, daß folgende Kräfte aufgenommen werden können:
- Pufferkraft, Zug und Druck in Richtung der Kuppelachse, von 250 Mp;
- Diagonalkräfte über die gegenüberliegenden Puffer von 75 Mp;
- Hubkraft zum Heben der Lokomotive an einem Ende mit Drehgestell;
- Hubkraft zum Heben der Lokomotive an beiden Enden ohne Drehgestelle.

Die drei mittleren Dachsektionen über dem Dieselgenerator (Dieselmotor und Zuggenerator) lassen sich abnehmen, so daß dieser leicht aus- und eingebaut werden kann.

An den Rahmenenden sind Zugkästen und Konsolen für die Zug- und Stoßvorrichtung, Kanäle für die Zufuhr der Kühlluft zu den Fahrmotoren sowie Konsolen zum Anheben des Lokkastens angebracht; die Anhebeflächen liegen nicht unter 650 mm über Schienenoberkante. Die Hohlräume der Langträger dienen als Kabelkanäle für die elektrischen Leitungen.

Die Führerstände sind am Rahmen, an den Seitenwänden und am Dach angeschweißt, so daß sie mit zum tragenden System des Lokkastens gehören. Die Konstruktion der

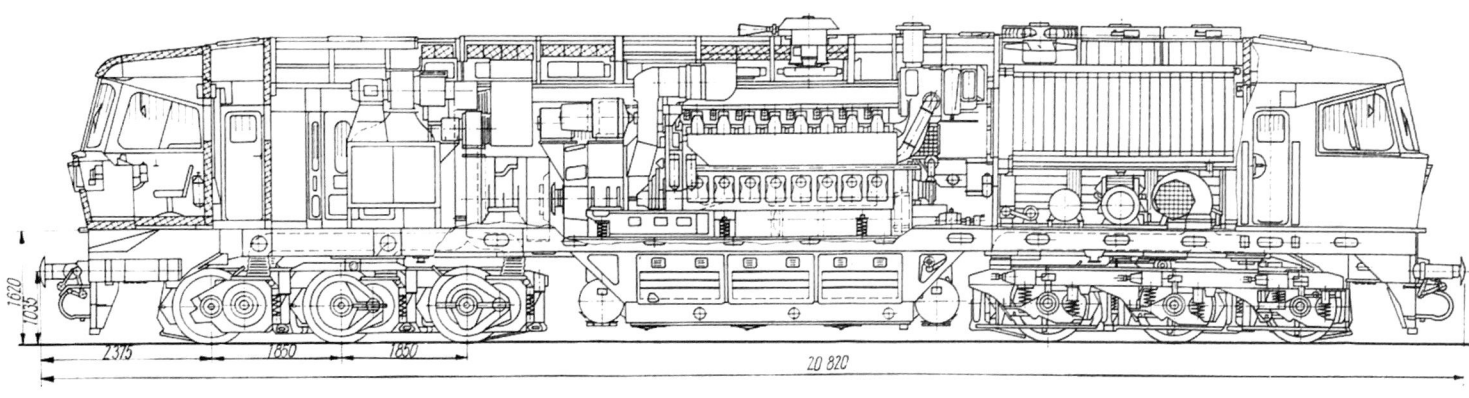

1 Eine TE 109; eine Weiterentwicklung für die Deutsche Reichsbahn ist die V 300 (neu 130)

2 Maßskizze der V 300

Führerstände hat eine hohe Festigkeit, damit das Lokpersonal bei eventuellen Zusammenstößen weitestgehend geschützt ist. Die lärm- und wärmeisolierten Vorräume zu den Führerständen sorgen für günstige Arbeitsbedingungen.

Der Schallpegel übersteigt im Führerstand bei Fahrt mit Vollast und mit Höchstgeschwindigkeit nicht die N-80-Kurve nach ISO. Der Außengeräuschpegel liegt in 25 m Abstand von der Fahrzeuglängsachse unter der N-75-Kurve nach ISO.

Außer einer auf Winter- und Sommerbetrieb umstellbaren Heizungs-/Lüftungsanlage sind ein Kühl- und Lebensmittel-, ein Kleider- und ein Werkzeugschrank sowie eine transportable Kochplatte vorhanden.

Die Seitenwände haben jeweils eine abnehmbare Klappe mit Jalousien, die teils zur Lüftung, teils für eine bessere Zugänglichkeit bei Instandhaltungsarbeiten dient.

Im Maschinenraum befindet sich eine besondere Kühlerkammer, in der die Kühlanlage und Feuerlöschanlage, der Luftverdichter und die Lüfter für die Kühlung der hinteren Fahrmotoren sowie die Kraftstoff-, Wasser- und Ölvorwärmeinrichtung untergebracht sind.

Die dreiachsigen Drehgestelle bestehen aus Drehgestellrahmen, Federaufhängung, Stütz- und Rückstelleinrichtung, Radsätzen mit Fahrmotoren, Drehgestellbremse und Spurkranzschmierung. Sie haben eine einstufige Federung in Einzelaufhängung und geführten Achsbuchsen. Die Fahrmotoren sind einseitig gelagert.

Das kombinierte Stützsystem ist eine Vier-Punktabstützung. Die Rollen in speziellen Profilbahnen ermöglichen die Querbewegungen des Lokkastens bzw. der Drehgestelle. Die Drehbewegungen der Drehgestelle werden über Gleitflächen aus Stahl und Plast ausgeglichen. Zwei gleiche Federsätze und ein parallelgeschalteter Reibungs-Schwingungsdämpfer stellen die Federaufhängung jeder Achsbuchse dar.

Das Fahrzeug hat eine selbsttätige schnellwirkende Druckluftbremse der Bauart Knorr sowie eine Zusatzbremse für die Abbremsung der Lokomotive allein. Eine Lokomotive, die mit einer Geschwindigkeit von 140 km/h auf trockenen Schienen bei 5‰ Gefälle fährt, braucht einen Bremsweg von höchstens 900 m.

Damit der Spurkranzverschleiß vermindert wird, baut man bei der weiteren Serienproduktion eine elektrische Widerstandsbremse ein. Die Handbremse arbeitet mechanisch und wirkt auf zwei Achsen.

Als Antrieb wird ein Viertakt-Dieselmotor mit Abgasturboaufladung und Ladeluftkühlung verwendet; er hat folgende Charakteristik:

Typ	5 D 49
V-Form unter einem Winkel von 42°; 16 Zylinder, Zwangsschmierung, Wasser-Zwangskühlung im geschlossenen Kreislauf	
Nennleistung	3000 PS
Nenndrehzahl der Kurbelwelle	1000 min^{-1}
Leerlaufdrehzahl	350 min^{-1}
Zylinderdurchmesser	260 mm
Kolbenhub	260 mm
spezifischer Kraftstoffverbrauch	151 g/PS$_e$h + 5%
spezifischer Ölverbrauch bei Nennlast	3 g/PS$_e$h

Der Dieselmotor ist über eine Scheibenkupplung mit dem Hauptgenerator verbunden und auf einem gemeinsamen Motortragrahmen montiert. Mit dem angebauten Lüfter für die Kühlung des Hauptgenerators, der Erregermaschine und der Lichtanlaßmaschine bilden alle Aggregate zusammen die sogenannte Diesel-Generator-Anlage.

Das Füllen und Ablassen des Motorenöls ist von beiden Seiten möglich; das Anschlußgewinde für das Füll- und das Ablaßrohr hat einen Durchmesser von 1¼″. Im Ölsystem sind Anschlußstellen zur Ölvorwärmung vorhanden.

Der Hauptgenerator ist ein Drehstrom-Synchrongenerator mit einer Leistung von 2190 kW, einer Drehzahl von 1000 min^{-1} und einer Frequenz von 100 Hz. Er wird durch einen vom Dieselmotor mechanisch angetriebenen Axiallüfter gekühlt. Die am Generator unmittelbar angebaute Lichtanlaßmaschine und die Erregermaschine werden über Kupplungen vom Verteilergetriebe des Dieselmotors angetrieben.

Die Lichtanlaßmaschine wird bei Batterieantrieb als Gleichstrommotor mit Reihenschlußerregung zum Anlassen des Dieselmotors und bei Dieselmotorantrieb als Hilfsgenerator mit unabhängiger Erregung verwendet; sie hat im Generatorbetrieb eine Nennleistung von 50 kW und bei einer Nenndrehzahl von 3300 min^{-1} eine Spannung von 110 V. Im Anlasserbetrieb beträgt die Leistung ebenfalls 50 kW.

Als Erregermaschine des Hauptgenerators wird ein Einphasen-Synchrongenerator mit Eigenbelüftung und unabhängiger Erregung benutzt. Die Nennleistung beträgt 26 kW bei einer Nenndrehzahl von 2470/3300 min^{-1} und einer Frequenz von 165/200 Hz. Die Erregerwicklung des Hauptgenerators wird von der Erregermaschine über einen Gleichrichter gespeist.

Die Silizium-Gleichrichteranlage hat eine maximale Spannung von 750 V und einen Nennstrom von 5700 A, wobei auf die Dauer von zwei Minuten 8700 A zulässig sind. Die Speisefrequenz liegt zwischen 33 und 100 Hz.

Die Gleichstrom-Fahrmotoren mit Reihenschlußerregung und Zwangsbelüftung haben eine Nennleistung von je 294 kW. Im Dauerbetrieb beträgt die Spannung 370 V und die Stromstärke 900 A. Die Nenndrehzahl beträgt 475 min^{-1}, die Höchstdrehzahl bei halb abgenutzten Radreifen 2220 min^{-1}. Zur Zeit sind die Motoren in Tatzlagerausführung aufgehängt. Ein elastischer Antrieb mit voll abgefederter Fahrmotormasse befindet sich in Entwicklung.

Die Hilfsausrüstung wird vom 110-V-Gleichstromnetz mit Strom gespeist.

Die Lichtanlaßmaschine versorgt im Generatorbetrieb die Steuerstromkreise, die Beleuchtung, die Batterieladung, den Antrieb des Luftverdichters und der Lüfter. Die Batterieladung wird bereits bei Leerlaufdrehzahl des Dieselmotors vorgenommen. Die Batterie läßt sich aber auch durch Fremdeinspeisung über Steckdose nachladen.

Das Motorenöl wird im Wasser-Öl-Wärmetauscher gekühlt; dabei wird das Öl durch eine vom Dieselmotor angetriebene Pumpe durch den Wärmetauscher gepumpt.

Die Luft für die Kühlung des Kühlwassers wird von Lüftern durch die Seitenjalousien angesaugt und durch die Kühlrippen geblasen, die sich in der vom Maschinenraum isolierten Kühlkammer befinden. Eine Automatik sorgt für konstante Temperaturen.

Als weitere wichtige Ausrüstungen sind die Feuerlöscheinrichtung, die Vielfachsteuerung und die Sicherheitsfahrschaltung zu nennen.

In der Entwicklung ist eine elektrische Zugheizeinrichtung für 1000 V 16⅔ Hz, die vom Hauptdieselmotor angetrieben wird; wird die Heizung nicht benutzt, so steht deren Leistung für die Traktion zur Verfügung.

Ausblick auf die V 400

Auf Grund der Erfahrungen mit der dieselelektrischen Lokomotive V 300 entsteht die stärkere dieselelektrische Lokomotive V 400.

Diese Lokomotive aus dem Woroschilowgrader Lokomotivwerk gehört der 4000-PS-Leistungsklasse an; die Höchstgeschwindigkeit beträgt 160 km/h.

Zur Sicherung einer guten Laufgüte bei dieser Geschwindigkeit wird außer einer Primär- und Sekundärfederung ein elastischer Antrieb vorgesehen.

Das Fahrzeug hat eine pneumatische Bremse und eine elektrische Widerstandsbremse.

Ein vom Hauptdieselmotor angetriebener Generator liefert die Energie für die elektrische Zugheizung.

Zur Gewährleistung einer optimalen Instandhaltung werden weitestgehend standardisierte Bauelemente und Aggregate der bisherigen dieselelektrischen Lokomotiven verwendet.

Die immer engere wissenschaftlich-technische Zusammenarbeit zwischen der DDR und der UdSSR und die umfangreiche Lieferung sowjetischer Großdiesellokomotiven ermöglichen es der Deutschen Reichsbahn, die Traktionsumstellung früher als geplant zu beenden.

INDUSTRIEBAHNEN

Schmalspur-diesellokomotive V 10 C

Die Diesellokomotive V 10 C ist für den Einsatz in Industriebetrieben mit Schmalspuranlagen und als leichte Rangierlokomotive für Schmalspurbahnen vorgesehen. Sie kann für Spurweiten von 600 bis 762 mm und 900 bis 1067 mm geliefert werden. Verschiedene Ausführungsmöglichkeiten gestatten, diese Lokomotive den jeweiligen Einsatzbedingungen, auch schwierigen klimatischen Verhältnissen, anzupassen.

Entsprechend den Wünschen des Käufers kann die Lokomotive mit einem luftgekühlten oder einem wassergekühlten 6-Zylinder-Viertakt-Dieselmotor ausgerüstet werden. Beide Dieselmotortypen sind Erzeugnisse des VEB Dieselmotorenwerk Schönebeck.

Der luftgekühlte Dieselmotor des Typs 6 KVD 14,5 SRL hat bei 1500 min^{-1} eine Dauerleistung II nach TGL 8346 von 75 kW (102 PS). Er ist mit einem über Keilriemen direkt angetriebenen Axialgebläse ausgerüstet. Das Drehmoment wird vom Dieselmotor über eine Gelenkwelle auf ein mechanisches 4-Gang-Blindwellengetriebe übertragen. Die einzelnen Gänge werden bei Bedienung des Handrades im Führerhaus durch Einschalten der entsprechenden Lamellenkupplungen eingelegt. Im 4-Gang-Blindwellengetriebe ist die Wendeschaltung enthalten.

TECHNISCHE DATEN

Achsfolge	C
Spurweiten	600 mm bis 762 mm und 900 mm bis 1067 mm
Fahrgeschwindigkeiten	4, 8, 12, 24 km/h
Krafterzeugung	
Anzahl der Motoren	1
Motortyp	6 KVD 14,5 SRL, luft- oder wassergekühlt, je nach Wunsch des Käufers
Motordrehzahl	1500 ^{1}
Leistung	
Dauerleistung	102 PS
Abmessungen	
Länge über Kupplungen	5472 mm
Radstand	1800 mm
Größte Breite	1840 mm
Kraftübertragung	mechanisch
Dienstmasse	16 t
Achslast	5,4 Mp

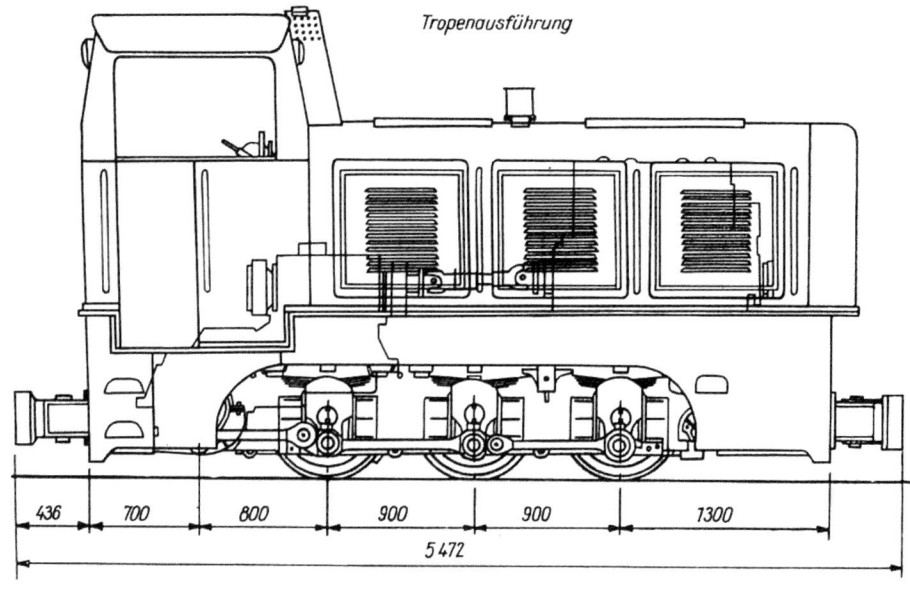

Tropenausführung

DEUTSCHE REICHSBAHN

Dieselhydraulische Lokomotive der Baureihe V 23 (neu 102)

Seit Anfang des Jahres 1968 verkehrt eine neue Diesellokomotive auf den Strecken der Deutschen Reichsbahn. Es handelt sich um eine Lokomotive für den leichten Rangierdienst sowie für den leichten Zugdienst auf Nebenbahnen. Die Diesellokomotive hat eine Leistung von 220 PS, die Achsanordnung B und trägt die Baureihenbezeichnung V 23. Die Bezeichnung wurde bereits im Hinblick auf die Einführung der elektronischen Datenverarbeitung bei der Deutschen Reichsbahn und auf die im Sommer 1970 wirksame Umnummerung der Triebfahrzeuge festgelegt.

Der Lokomotivrahmen ist ein geschweißter Kastenrahmen aus korrosionsgeschützten Stahlblechen. Für die Rahmenwangen wird Stahl St 34-3, für die übrigen Teile des Rahmens Stahl St 38 verwendet. Der Rahmen ist als Innenrahmen ausgeführt. Mehrere Querbleche verleihen dem Rahmen eine ausreichende Festigkeit. In die Rahmenwangen sind entsprechende Ausschnitte für die Achslager und die Blindwelle geschnitten. Die Achslager werden durch Achslagerführungen im Fahrzeugrahmen geführt. Der Rahmen stützt sich über Federspannschrauben und vier Blattfedern auf die Achslagergehäuse ab und überträgt die Zug-, Stoß- und Bremskräfte.

TECHNISCHE DATEN

Achsfolge	B
Spurweite	1 435 mm
Höchstgeschwindigkeit	35 km/h
Kleinste Dauergeschwindigkeit	6 km/h
Krafterzeugung	
Anzahl der Motoren	1
Motortyp	6 VD 18/15-1
Motordrehzahl	1500^{-1}
Leistung	
Motorleistung	220 PS
Anfahrzugkraft	7872 kp
Abmessungen	
Länge über Puffer	6940 mm
Achsabstand	2500 mm
Größte Höhe über SO	3585 mm
Größte Breite	3000 mm
Dienstmasse	24 t
Achslast	12 Mp
Kraftstoffvorrat	400 l

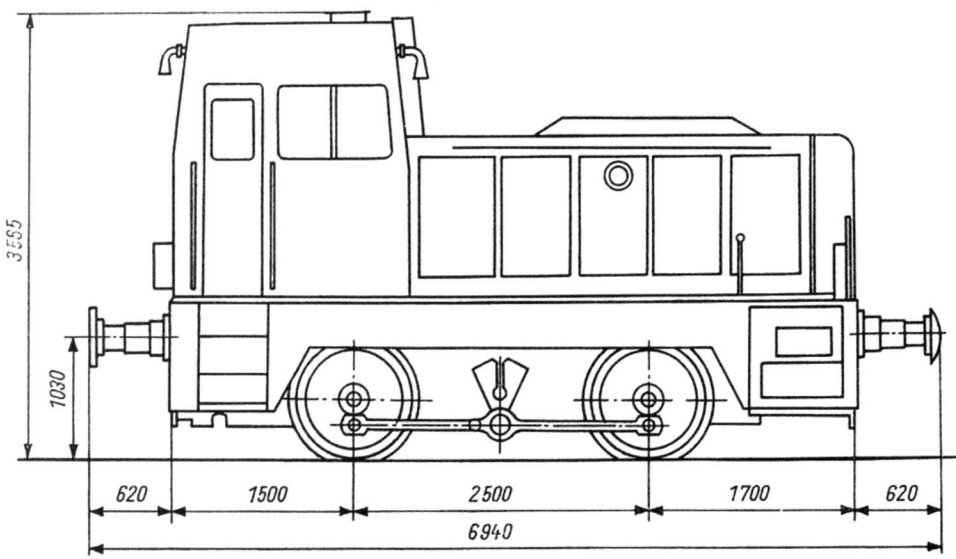

326

EISENBAHN-JAHRBUCH 70

DEUTSCHE REICHSBAHN

Rangier-Diesellokomotive der Baureihe 102.1

Das Neubauprogramm der Deutschen Reichsbahn sah u. a. eine leichte Rangierdiesellokomotive mit einer Motorleistung von 150 bis 180 PS als Ersatz für die früheren Kleinlokomotiven vor. Ab 1959 wurden die Fahrzeuge der Baureihe V 15 (jetzt BR 101) zunächst mit 150-PS-Dieselmotoren und seit 1960 mit einer Nennleistung von 180 PS in großer Stückzahl beschafft. Die Weiterentwicklung führte 1967 zur Baureihe 102.0 (früher V 32°); sie hatte einen 220-PS-Dieselmotor und den gleichen Fahrzeugteil. Seit 1970 gibt es nun die Lokomotiven der Baureihe 102.1 mit verändertem Fahrzeugteil.

Der verwindungssteife Innenrahmen ist aus Blechen zusammengeschweißt. Die derzeitige normale Zug- und Stoßvorrichtung kann später ohne Rahmenänderungen durch eine Mittelpufferkupplung ersetzt werden. Die Aufbauten bestehen aus einem Vorbau als Maschinenraum und einem Führerstand, der abweichend von der Vorläuferbaureihe von einem Querlaufsteg an der Rückwand aus betreten werden kann. Der Führerstand ist geräusch- und wärmeisoliert.

Außer einer direktwirkenden nichtselbsttätigen Druckluftbremse mit Zusatzbremsventil an beiden Seiten des Führerstandes ist die Maschine mit einer direktwirkenden selbsttätigen Einkammerdruckluftbremse als Zugbremse sowie einer Handbremse als Feststellbremse ausgerüstet.

Der Dieselmotor treibt über drehelastische Kupplung und Gelenkwelle das Zwei-Wandler-Strömungsgetriebe an. Die Wandlerstufen werden automatisch in Abhängigkeit von der Fahrgeschwindigkeit und der Motorleistung geschaltet; der Umschaltbereich liegt zwischen 19,7 und 22,1 km/h. Die Schaltung der Fahrtrichtung geschieht in dem am Strömungsgetriebe angeflanschten Wendegetriebe. Blindwelle und Treibstangen treiben die beiden Radsätze an.

Die Lokomotive kann für den Streckendienst eine elektronische Sicherheitsfahrschaltung erhalten. Bei Bedarf läßt sich eine Rangierfunkanlage installieren.

Technische Daten

Achsfolge	B
Spurweite	1435 mm
Länge über Puffer	8000 mm
Achsstand	3560 mm
Treibraddurchmesser	1000 mm
Dienstmasse mit $2/3$ Vorräten	24,0 t
Maximale Achslast	12,0 Mp
Höchstgeschwindigkeit	40 km/h
Kleinste Dauergeschwindigkeit	6 km/h
Anfahrzugkraft	7,08 Mp
Dauerzugkraft bei 6 km/h	5,3 Mp
Leistungsziffer	9,17 PS/t
Dieselmotor	6 VD 18/15 – 1 SRW
– Leistung	220 PS
– Drehzahl	1500 min^{-1}
Kraftübertragung	hydraulisch
– Strömungsgetriebe	GSU 20/4,2
– Bauart	Wandler – Wandler
Erstes Beschaffungsjahr	1970

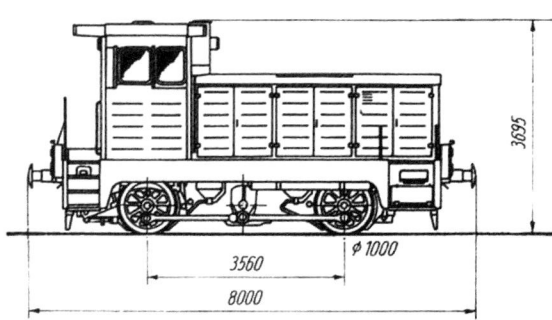

Dipl.-Ing.-Ök. Hartmut Küster

Mit der Baureihe 119 über den Rennsteig

Die Strecke von Probstzella nach Sonneberg gehört naturbedingt zu den schwierigsten, allerdings auch interessantesten Eisenbahntrassen in der DDR. So ist es verständlich, daß Eisenbahnfreunde, aber auch Reisende den dort eingesetzten Triebfahrzeugen und dem Betriebsablauf stets große Aufmerksamkeit widmen.

Seit Mitte 1980 wird der gesamte Zugverkehr auf der landschaftlich reizvollen Mittelgebirgsstrecke zwischen Probstzella und Sonneberg über Ernstthal am Rennsteig von Diesellokomotiven der Baureihe 119 bewältigt. Die in der Sozialistischen Republik Rumänien für die Deutsche Reichsbahn gebaute sechsachsige Lokomotive ist vornehmlich für den Reise- und Güterzugdienst auf Nebenstrecken bestimmt.

Zu den wesentlichsten Kennzeichen der neuen Lok gehören zwei Dieselmotoren mit insgesamt 2000 kW Leistung, 120 km/h Höchstgeschwindigkeit, 170 kN mittlere Achskraft sowie elektrische Zugheizung.

Zuvor versahen Dampflokomotiven der Baureihe 95^0 die gesamte Zugförderung. Da sich der technische Gesamtzustand der BR 95^0 allmählich verschlechterte, war eine Traktionsumstellung hier unumgänglich.

Bereits im September 1978 fanden mit der Lokomotive 119 002 die ersten Fahrversuche auf den Abschnitten Probstzella–Sonneberg und Sonneberg–Eisfeld statt. Dabei konnte nachgewiesen werden, daß die BR 119 die gestellten Forderungen hinsichtlich Zugmasse und Fahrzeiten unter den gegebenen außergewöhnlichen Bedingungen der Strecke zu erfüllen vermag.

Ab 1980 wurden die im Bahnbetriebswerk Probstzella beheimateten Loks der Baureihe 95^0 durch die Baureihe 119 ersetzt. Damit ging auch auf dieser Strecke ein Stück Dampflokgeschichte zu Ende.

Die Reisezüge in Richtung Sonneberg werden von Saalfeld aus mit Lokomotiven aus Probstzella bespannt. Der Zug, mit dem wir heute den Rennsteig überqueren wollen, besteht aus vier Reisezugwagen der Bauart Bghw und einem Triebfahrzeug der Baureihe 119, einer für diese Strecke typischen Garnitur. Es verbleibt noch ein wenig Zeit, die „Neue" etwas genauer zu betrachten. Außen fallen vor allem die an der Seite zwischen den Führerstandtüren angeordneten 6 Bullaugen auf. Die leicht vorspringenden Führerstände erinnern etwas an die versuchsweise aus Glasfaserplast geformten Führerstandpartien der Diesellokomotive 118 059. Der zu einem Gespräch bereite Lokführer äußert sich sehr anerkennend über den neuen Loktyp. Aber auch von der 95^0 spricht er voller Hochachtung.

Die wenigen Minuten bis zur Abfahrt sind vorüber, ein günstiger Sitzplatz ist bald gefunden. Nach der Erteilung des Abfahrauftrags setzt sich der Zug in Bewegung. Relativ ruhig schwillt das kraftvolle Motorengeräusch der 119 an. Wir gewinnen rasch an Geschwindigkeit, wobei die ausgedehnten Gleisanlagen des Bahnhofs Saalfeld immer schneller vorübergleiten. Bald befinden wir uns auf freier Strecke. Kurz vor Breternitz, der ersten Zwischenstation, wird die Saale überquert. Nach

ungefähr 15 min sind wir in Kaulsdorf. Hier verläßt die Strecke das dicht bewaldete Saaletal und folgt der F 85 über Hockeroda zunächst bis Unterloquitz. Nach kurzem Halt in Marktgölitz wird Probstzella erreicht. Das Gleis zweigt von der Hauptstrecke in scharfem Bogen ab. Die Mittelgebirgsstrecke nach Sonneberg nimmt hier ihren Anfang.

Zu Beginn des 20. Jahrhunderts war übrigens die bahntechnische Erschließung der Region zwischen Schmiedefeld, Neuhaus, Lauscha und Sonneberg dringend erforderlich. Der Thüringer Wald mit seiner

1 Eine Diesellokomotive der Baureihe 119 im Bahnhof Saalfeld

2 Nach einer Bergfahrt wird Schmiedefeld erreicht

3 Rangieren einer 119 im Bf Ernstthal am Rennsteig

4 Eilzug im Steinachtal

charakteristischen Kammlinie sowie den hochliegenden Pässen zwang zu einer aufwendigen und komplizierten Trassierung.

Der durchgehende Verkehr zwischen Probstzella über Ernstthal am Rennsteig nach Sonneberg konnte aber erst 1913 aufgenommen werden. Anfangs verkehrten hier Dampflokomotiven der Baureihen 94^{5-16} und 93. Im Jahr 1953 trat dann die BR 95^0 an ihre Stelle.

Inzwischen hat sich der Zug wieder in Bewegung gesetzt. Unmittelbar hinter dem Bahnhof verändert sich deutlich der Streckencharakter. Zahlreiche enge Bögen und starke Steigungen führen zu einer merklichen Verringerung der Geschwindigkeit. Die Motoren der 119 arbeiten angespannt. Das Streckengleis ist zwischen steilen Granitfelsen und dichtem Wald eingebettet. Hin und wieder wird ein unbeschrankter Wegübergang passiert.

Nach Aufenthalten in Gräfenthal und in Gebersdorf sowie nach einer kurzen Tunneldurchfahrt treffen wir auf dem ziemlich einfach gestalteten Haltepunkt Lippelsdorf ein.

Bald geht die Fahrt das Großenbachtal entlang weiter. Nächste Station ist Schmiedefeld.

Auf den soeben zurückgelegten 11 km von Probstzella bis Schmiedefeld mußten Steigungen bis maximal 38‰ überwunden werden. 318 m betrug der Höhenunterschied. Über diesen Abschnitt muß die BR 119 Reisezüge von ungefähr 200 t und Güterzüge von etwa 300 t befördern.

Nach kurzem Halt in Schmiedefeld fährt der Zug weiter. Geschlossene Schranken lassen den Straßenverkehr auf der F 281 pausieren. Während die Bahnlinie der schäumenden Piesau weit oberhalb folgt, senkt sich die Straße allmählich in das Tal hinab.

Auf dem folgenden Unterwegsbahnhof umschlossen. Enge Bögen erlauben häufig den Reisenden einen Blick auf die schmucke Zuglok.

Das Einfahrsignal von Ernstthal am Rennsteig steht auf „Fahrt frei". Mit 769 m über NN sind wir nun auf der Kammlinie des Thüringer Waldes angelangt. Nur der Bahnhof Neuhaus am Rennsteig liegt

5

6

7

Lichte Ost war zur Zeit der Dampflokbespannung ein längerer Halt notwendig. Der Wasservorrat der von Saalfeld heraufgekommenen Lokomotiven der BR 95^0 mußte hier ergänzt werden. Mit der 119 hingegen kann die Fahrt nach nur kurzem Zwischenhalt fortgesetzt werden.

Direkt hinter dem Bahnhof befindet sich der gewaltige, S-förmige Piesautalviadukt. Die Überfahrt im Schrittempo bietet genügend Zeit für einen Blick in das weite Rund. Kurz danach wird die Fahrt schneller. Dicht am Bahndamm stehende Bäume huschen vorüber: In wenigen Minuten ist der zweite Bahnhof der Ortschaft Lichte passiert. Bald darauf biegt die Strecke in den Finsteren Grund ein. Wiederum arbeiten die Motoren der 119 mit hoher Tourenzahl. Immer mehr wird das ständig ansteigende Gleis von herrlichen Wäldern

5 Ein Güterzug auf dem Viadukt bei Lauscha

6 Ein Personenzug kurz vor dem Lauschaer Tunnel

7 Ankunft im Kopfbahnhof Lauscha

8 In Lauscha steht abfahrtbereit der Personenzug nach Sonneberg

Auf einem Nachbargleis steht der Nahgüterzug aus Sonneberg. An der Spitze befindet sich ebenfalls eine Lok der BR 119.
Unsere Fahrt geht unterdessen weiter. Ständiges Bremsen signalisiert, daß von nun an die Strecke geneigt ist. Wir umfahren Lauscha zuerst in großer Höhe. Für kurze Zeit ist im Tal ein Teil der Gleisanlagen des Lauschaer Kopfbahnhofs zu sehen. Zwischen dem traditionellen Ort der Glaskunst und Ernstthal am Rennsteig beträgt die Luftlinienentfernung ungefähr 3 000 m. Die Strecke muß um 158 m tiefer geführt werden. Das entspricht einer idealen Neigung von 1 : 17,5. Um sich im gleichen Verhältnis zu neigen, mit dem die Strecke den Rennsteig erklommen hat, war eine größere Längenausdehnung sowie die Ausbildung des Bahnhofs Lauscha als Spitzkehre notwendig. Nach dem Kehrtmachen im Kopfbahnhof durchläuft die Trasse das Tal zum zweiten Mal, um zusätzlich Höhe zu gewinnen.
Inzwischen befährt unser Zug das tief ein-

8

höher als Ernstthal. Er ist Endpunkt einer von Ernstthal am Rennsteig abzweigenden Stichbahn, die ausschließlich dem Güterverkehr dient. Dichter Baumbestand reflektiert das einsetzende Bremsgeräusch des Zuges. Anmutig fügt sich das kleine Ernstthaler Empfangsgebäude in die stimmungsvolle Umgebung. Der Rennsteig kreuzt an dieser Stelle das Bahngelände.

geschnittene Steinachtal. Dichtbewachsene Waldhänge sind ringsum. Der eindrucksvolle Steinbogenviadukt am Teufelsholz wird bald darauf in langsamer Fahrt überquert. Unzählige Eisenbahnfreunde haben dieses imposante Bauwerk bereits als Fotomotiv gewählt. Wenige Augenblicke später wird der Lauschaer Tunnel passiert. Beim Personal der Dampf-

Bremsprobe statt. Der Zug wird an den Bahnsteig zurückgeschoben. Lokführer und Rangierer verrichten dabei Maßarbeit. Ein kurzer Plausch zwischen dem Dienststellenleiter und dem Lokführer überbrückt die wenigen Minuten bis zur Abfahrt. Hier kennt jeder jeden. Trotzdem ist der Betrieb korrekt. Fahrplanmäßig geht die Fahrt weiter.

Nur für kurze Zeit schwillt der Klang der Fahrmotoren unserer Zuglokomotive an. Unmittelbar nach Verlassen des Bahnhofs verläuft die Strecke wiederum in stetiger Neigung. Der Zug muß regelmäßig abgebremst werden. Auf der gegenüberliegenden Talseite ist das weit oberhalb in Richtung Probstzella ansteigende Gleis bis zum Portal des Lauschaer Tunnels zu sehen.

Vor unbeschrankten Wegübergängen ertönt das Typhonsignal unserer 119. Die hin und wieder durch Stützmauern abge-

loks war dieses Bauwerk übrigens nicht sehr beliebt. Der enge 330 m lange Tunnel und der Gleisbogen ließen bei ungünstigem Wind die warmen Dampflokabgase stauen. Wurde mit voller Leistung gefahren, war es auf dem Führerstand übermäßig heiß.

Unterdessen rollen wir nun über die Anlagen des Lauschaer Kopfbahnhofs. Hochaufgerichtete Stützmauern werfen das Bremsgeräusch zurück. Direkt vor dem quer zum Prellbock plazierten Empfangsgebäude kommt der Zug zum Stehen. Ein großer Teil der Reisenden, in der Mehrzahl Urlauber, steigt aus.

Das Umsetzen der Zuglok kann beginnen. Zunächst drückt die Lokomotive die vier Reisezugwagen in das Bahnhofsvorfeld. Hat sich die 119 wieder an die Spitze des Zuges gesetzt, findet die vorschriftsmäßige

9 Ein Personenzug im Tal bei Unterlauscha

10 Kunstbauten der verschiedenen Form prägen den Charakter der Strecke; hier zwischen Lauscha und Steinach

11 Auf engstem Raum wird Steinach durchfahren

12 Loks der BR 119 in der Lokeinsatzstelle Sonneberg

12

sicherte Trasse folgt in bogenreicher Linienführung dem Tal der Steinach. Bald werden die ersten Gebäude des gleichnamigen Ortes sichtbar. Bis zum Bahnhof durchschlängelt das Gleis förmlich die dicht bebaute Ortschaft. Schmucke Häuser, meist von kleinen Gärten umgeben, bieten ein freundliches Willkommen.

Der Aufenthalt in Steinach ist nur kurz. Auf dem Nebengleis stellt eine Kö mehrere Güterwagen unterschiedlicher Gattung für die Bedienung der örtlichen Anschlußbahnen zusammen.

Sanft wird unser Zug wieder beschleunigt. Die 119 führt die Wagenreihe relativ gemächlich über den Schienenstrang. Wiederum gestaltet sich die Ortsdurchfahrt recht abwechslungsreich. Hier und da sieht man, wie die Einwohner zur 119 blicken, die Lok ist eben für manchen noch neu in dieser Gegend.

Hinter Steinach verläuft direkt neben dem Streckengleis die Straße von Neuhaus nach Sonneberg. Einige Male sind beide Verkehrswege durch Geländer voneinander getrennt. Das Tal verengt sich zusehends. Mehrmals wird die Steinach überquert.

Nach einigen Minuten ist der in einem Bogen angelegte Bahnhof Blechhammer erreicht. Ein Teil der Bahnanlagen dient als Holzumschlagplatz. Bald geht es weiter.

Die letzten Zwischenhalte vor dem Zielbahnhof, Hüttengrund sowie Sonneberg Nord und Sonneberg Ost, folgen schnell aufeinander. Links und rechts der Bahnlinie stehen verschiedene Industriebetriebe.

Die weiten Gleisanlagen des Sonneberger Hauptbahnhofs winken schon von weitem. Am Bahnsteig 1 kommt unser Zug endgültig zum Halten. Eine interessante und erlebnisreiche „Begleitfahrt" hat ihr Ende gefunden. Während die letzten Fahrgäste den Bahnhof verlassen, ist unsere 119 auf dem Weg zu den Lokbehandlungsanlagen.

Sonneberg, als Lokeinsatzstelle des Bahnbetriebswerkes Probstzella, ist ebenfalls mit Diesellokomotiven der Baureihe 119 ausgerüstet worden.

Die 119 gehört nun in dieser Region zum gewohnten Bild. Schon in wenigen Monaten konnte der Nachweis eines wesentlich rationelleren Betriebs erbracht werden. Vor allem ein gegenüber der Baureihe 95^0 günstigeres Zugkraft-Leistungs-Verhältnis bewirkte eine Verkürzung der Fahrzeiten. Dazu trug auch das Entfallen der Wasseraufnahme bei. Da die Diesellokomotiven teilweise in Einmannbesetzung gefahren werden, ist eine zusätzliche Einsparung an Arbeitsplätzen zu verzeichnen. Darüber hinaus verbesserten sich auch die Arbeitsbedingungen des Triebfahrzeug- und Wartungspersonals. Es ist jetzt schon abzusehen, daß auf der schwierigen Strecke von Probstzella nach Sonneberg auch größere Transportmengen von den Diesellokomotiven der Baureihe 119 befördert werden.

Fotos: Küster (11)
Steckel (1)

Elektrische Lokomotiven

 **...aus dem Fahrzeugpark der sozialistischen Eisenbahnen**

Technische Daten
Erstes Baujahr: 1961
Achsfolge: Bo'Bo'
Spurweite: 1 435 mm
Stromsystem: Wechselstrom
Fahrleitungsspannung: 15 kV
Frequenz: 16⅔ Hz
Höchstgeschwindigkeit: 110 km/h
Leistung:
Dauerleistung: 2 600 kW bei V = 95 km/h
Stundenleistung: 2 800 kW bei V = 98 km/h
Anfahrzugkraft: 22,4 Mp
Fahrmotoren:
Anzahl der Fahrmotoren: 4
(Einphasen-Reihenschlußmotor EBM 765-12)
Typ der Fahrmotoren: Tatzlagermotoren
Anzahl der Fahrstufen: 29
Getriebeübersetzung: 1 : 2,62
Leistung der Fahrmotoren: 700 kW
Abmessungen:
Länge über Puffer: 16 450 mm
Achsstand: 11 500 mm
Treibraddurchmesser: 1 350 mm
Dienstmasse: 82,5 t
Achslast: 20 Mp

Elektrische Lokomotive der Baureihe E 11

DEUTSCHE REICHSBAHN

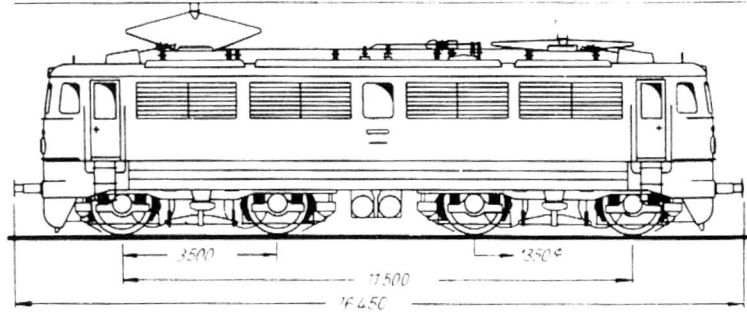

Im Jahre 1957 beauftragte die Deutsche Reichsbahn den VEB LEW „Hans Beimler", eine Bo'Bo'-Ellok für Einphasenwechselstrom von 16⅔ Hz mit 82 t Dienstmasse zu entwickeln. Die Lokomotive soll universell für den Schnell-, Personen- und Güterzugdienst verwendbar sein. Im Jahre 1961 sind die ersten beiden Baumuster mit den Betriebsnummern E 11 001 und E 11 002 zur Erprobung geliefert worden. Die für den Güterzugdienst vorgesehenen Loks dieser Bauart erhalten lediglich eine andere Getriebeübersetzung und bekommen dann die Stammnummer E 42. Bis zum Jahre 1965 wird die Deutsche Reichsbahn 100 Lokomotiven aus dem Herstellerwerk erhalten.

INTERNATIONALES FAHRZEUGARCHIV

Ing. KLAUS GERLACH, Berlin

DEUTSCHE REICHSBAHN

Elektrische Lokomotive der Baureihe E42

Neben der Schnellzuglokomotive der Baureihe E 11 hat der Volkseigene Betrieb LEW »Hans Beimler« Hennigsdorf im Oktober 1962 mit der Auslieferung der elektrischen Güterzuglokomotive der Baureihe E 42 begonnen. Heute ist schon eine Reihe dieser neuen $16^2/_3$-Hz-Lokomotiven im Dienst. Die E 42 unterscheidet sich von der E 11 lediglich in der Getriebeübersetzung und der Höchstgeschwindigkeit. Äußerlich ist sie nur durch die verschiedenen Anschriften zu unterscheiden. Entsprechend den Höchstgeschwindigkeiten sind dann nur noch die Bremseinrichtungen verschieden. Während die E 11 eine Bremse für schnellfahrende Züge erhielt (Kssbr. m. Z), genügte für die E 42 eine einfache Druckluftbremse (Kbr m. Z). Die Lokomotiven der Baureihe E 42 werden ebenso wie die der Baureihe E 11 in großen Stückzahlen von der Deutschen Reichsbahn beschafft.

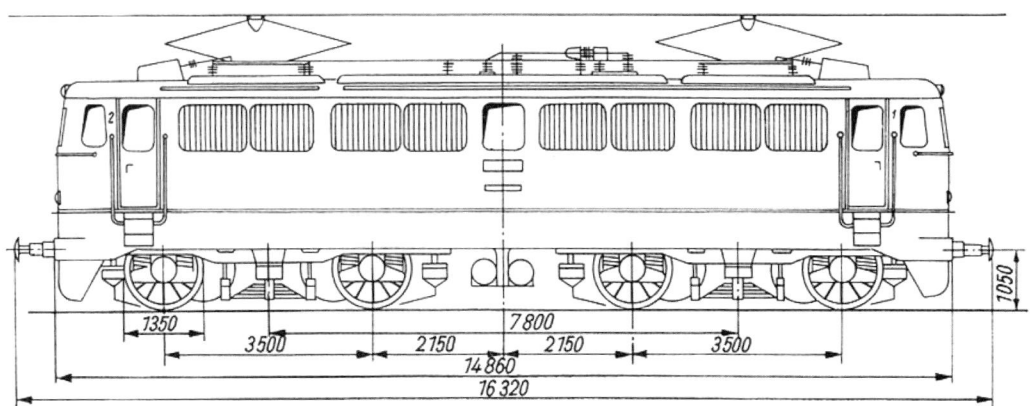

TECHNISCHE DATEN

Erstes Baujahr	1962
Achsfolge	Bo'Bo'
Spurweite	1435 mm
Stromsystem	Einphasen-Wechselstrom
Fahrleitungsspannung	15 kV
Frequenz	$16^2/_3$ Hz
Höchstgeschwindigkeit	100 km/h
Leistung	
Dauerleistung	2740 kW bei 74 km/h
Stundenleistung	2920 kW bei 71 km/h
Anfahrzugkraft	30,8 Mp
Fahrmotoren	
Anzahl der Fahrmotoren	4
Typ der Fahrmotoren	Tatzlagermotoren
Anzahl der Fahrstufen	28
Getriebeübersetzung	1 : 3,67
Leistung der Fahrmotoren	730 kW
Abmessungen	
Länge über Puffer	16320 mm
Achsstand	11300 mm
Treibraddurchmesser	1350 mm
Dienstmasse	82,5 t
Achslast	20,625 Mp

INTERNATIONALES FAHRZEUGARCHIV

zusammengestellt von Ing. KLAUS GERLACH, Berlin

DEUTSCHE DEMOKRATISCHE REPUBLIK

Elektrische Lokomotive der Baureihe E 211

Für das 25-kV-/50-Hz-System entwickelte und baute der VEB Elektrotechnische Werke »Hans Beimler« Hennigsdorf eine neue, leistungsstarke Bo'Bo'-Lokomotive mit einer Motornennleistung von 3360 kW. Diese Lokomotive kann für Schnellzüge und auch für Güterzüge eingesetzt werden. Ihre Höchstgeschwindigkeit beträgt 160 km/h. Die Führerstände und Lokomotivdächer bestehen aus glasfaserverstärktem Polyester und kunstharzimprägnierten Papierwaben.

Auf Empfehlung der OSShD ist die Konstruktion der Lokomotive so ausgelegt, daß die Grundausführung nach dem jeweiligen Einsatzort und -zweck variiert werden kann. So können später Ausführungen mit anderen Kupplungseinrichtungen mit einer größeren Reibungslast oder mit verschiedenen Übersetzungen geliefert werden. Auch sind diese Fahrzeuge in Vielfachtraktion verwendbar. Selbstverständlich lassen sie sich für verschiedene Spurweiten bauen.

Die Drehmomente von den Fahrmotoren zu den Radsätzen werden über elastische Tatzlagerhohlwellenantriebe weitergeleitet. Beide Führerstände sind sehr geräumig und mit Panoramascheiben, Blendschutzscheiben und Scheibenwischern versehen. Ungewöhnlich sind die konvex gestalteten Stirnwände.

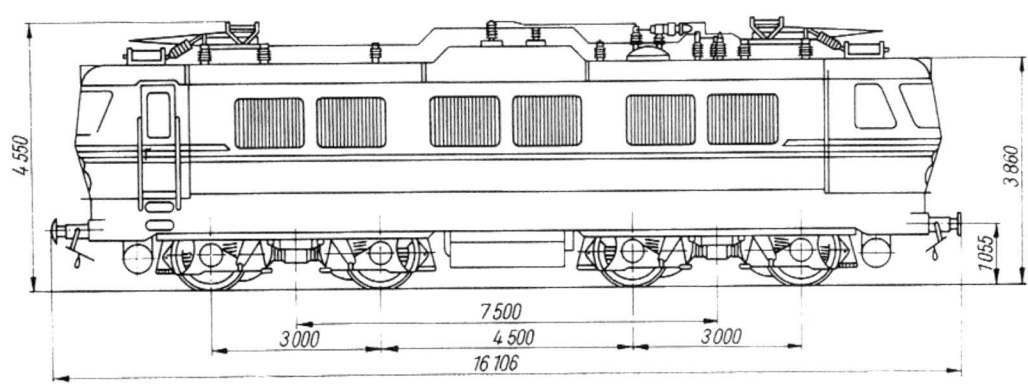

TECHNISCHE DATEN

Erstes Baujahr	1966
Achsfolge	Bo'Bo'
Spurweite (Prototyp)	1435 mm
Stromsystem	Einphasenwechselstrom 25 kV 50 Hz
Höchstgeschwindigkeit	160 km/h

Leistung

Nennleistung	3360 kW
Zugkraft bei Nennleistung	14,9 Mp
Anfahrzugkraft	27,8 Mp
Zugkraft bei Maximalgeschwindigkeit	6,3 Mp

Fahrmotoren

Anzahl der Fahrmotoren	4
Anzahl der Fahrstufen	37

Abmessungen

Länge über Puffer	16106 mm
Drehgestellabstand	7500 mm
Achsstand in den Drehgestellen	3000 mm
Treibraddurchmesser	1250 mm
Dienstmasse	82 t
Achslast	20,05 Mp

DEUTSCHE REICHSBAHN
Elektrische Lokomotive der Baureihe E 251

Im Jahre 1961 baute der volkseigene Betrieb LEW »Hans Beimler« Hennigsdorf zwei Versuchslokomotiven für das Einphasen-Wechselstromsystem 50 Hz und 25 kV. Eine entsprechende Versuchsstrecke im Norden von Berlin, zwischen Hennigsdorf und Wustermark, diente zur Erprobung dieser Lokomotiven.

Inzwischen wird nun auch die Deutsche Reichsbahn wie zahlreiche Eisenbahnverwaltungen dieses Stromsystem anwenden. Hierfür hat jetzt der Serienbau der Co'Co'-Lokomotive der Baureihe E 251 begonnen.

Die auf unserem Bild gezeigte Lok ist noch eine der beiden Vorauslokomotiven, während die Maßskizze schon die Serienausführung zeigt. Auch die technischen Daten beziehen sich noch auf die Versuchslokomotiven.

TECHNISCHE DATEN

Erstes Baujahr der Versuchslokomotiven	1961
Erstes Baujahr der Serienlokomotiven	1964
Achsfolge	Co'Co'
Spurweite	1435 mm
Stromsystem	Einphasen-Wechselstrom, 50 Hz, 25 kV
Höchstgeschwindigkeit	100 km/h
Leistung	
Stundenleistung	3360 kW
Anfahrzugkraft	40 Mp
Abmessungen	
Länge über Puffer	18640 mm
Achsstand in den Drehgestellen	2000/2450 mm
Kleinster Achsstand	4300 mm
Größter Achsstand	13200 mm
Treibraddurchmesser	1350 mm
Dienstmasse	122 t

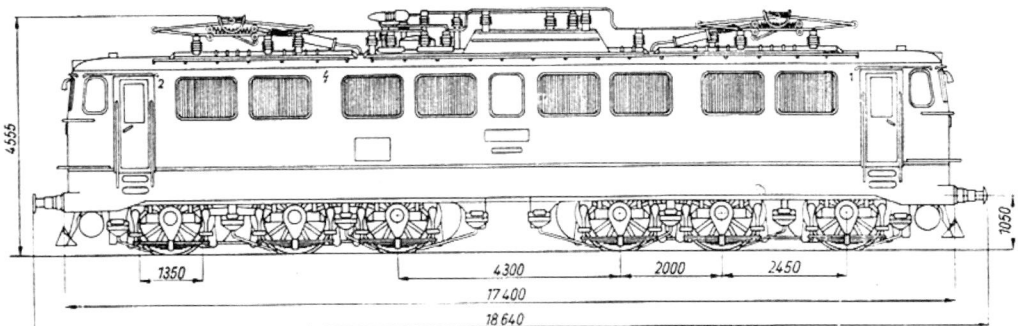

DEUTSCHE REICHSBAHN

Elektrische Lokomotive der Baureihe 250

Bei einer installierten Stundenleistung von 5400 kW stellt dieses Fahrzeug die leistungsstärkste Elektrolokomotive der Deutschen Reichsbahn dar. Sie ist für den schweren Güterzugdienst, aber auch für den Schnellzugdienst im Hügelland bestimmt.

Der geschlossene Lokkasten hat eine moderne Form, wobei auch die Gesichtspunkte einer rationellen Außenreinigung berücksichtigt wurden. Zwischen den schall- und wärmeisolierten Endführerständen befindet sich der Maschinenraum. Die Stirnwände sind bis zur Fahrpulthöhe zum Schutz gegen leichte Auffahrunfälle verstärkt. Die Endführerstände sind von außen und durch den Maschinenraum erreichbar. Transformator, Schaltanlagen und die anderen maschinellen Einrichtungen des Maschinenraums können nach Abnahme von drei großen Dachsektionen leicht ausgewechselt werden. Die Außenhaut der Dachhauben besteht aus Plast.

Der Fahrzeugrahmen stützt sich über Schraubenfedern auf den weitgehend verschleißfreien und wartungsarmen Drehgestellen ab. Schraubenfedern übernehmen die Einzelachsabfederung im Drehgestell.

Die Einphasen-Reihenschluß-Fahrmotoren sind fremdbelüftet und treiben über weiterentwickelte LEW-Kegelringfederantriebe die Treibradsätze an.

Technische Daten

Achsfolge Co′Co′
Spurweite 1435 mm
Länge über Zug- und Stoßvorrichtung 19 600 mm
Gesamtachsstand 14 500 mm
Drehzapfenabstand 11 200 mm
Drehgestellachsstände 2500 + 2000 mm

Treibraddurchmesser 1250 mm
Dienstmasse 120 t
Mittlere Achslast 20 Mp
Leistungsziffer 45 kW/t
Höchstgeschwindigkeit 125 km/h
Anfahrzugkraft bei max. Motordrehmoment 47,4 Mp
Zugkraft bei Stundenleistung und 100 k/h 19,6 Mp
Stromsystem Einphasen-Wechselstrom $16^2/_3$ Hz, 15 kV
Elektrische Bremsleistung 2500 kW
Lieferwerk Kombinat VEB LEW „Hans Beimler" Hennigsdorf/DDR
Erstes Beschaffungsjahr 1974

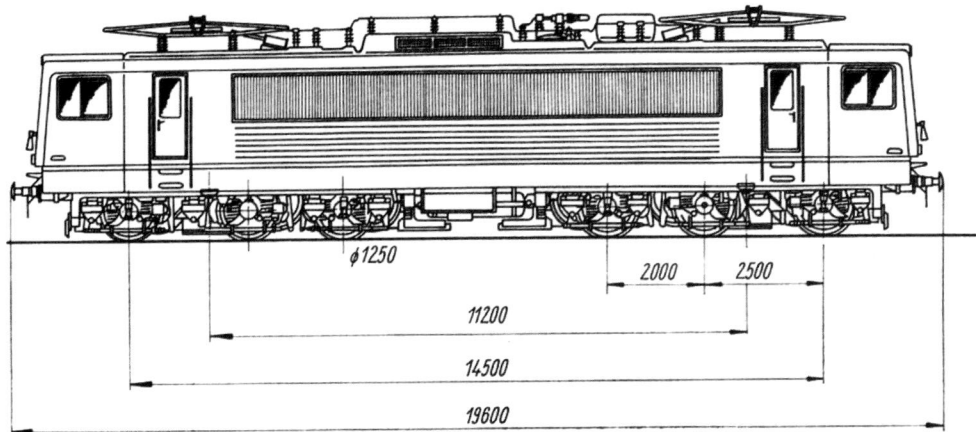

Dipl.-Ing.-Ök. Gottfried Köhler

BR 212/243 – ein Beispiel für eine moderne Elektrolokomotive

Elektrifizierung effektiv und mit hohem Tempo

Die Streckenelektrifizierung bei der Deutschen Reichsbahn ist das wichtigste Vorhaben zur Rationalisierung und zur Energieeinsparung im Verkehrswesen mit weitreichender Bedeutung für die gesamte Volkswirtschaft. Sie gilt als Kernstück aller Maßnahmen zur rationellen Energieanwendung, insbesondere zur Substitution flüssiger Energieträger. Gleichzeitig trägt die Elektrifizierung hochbelasteter Eisenbahnstrecken entscheidend dazu bei, die gesellschaftlich notwendigen Transporte mit geringstem volkswirtschaftlichem Aufwand zu realisieren. Für alle am Transport Beteiligten besteht bekanntlich die Aufgabe, den spezifischen Transportaufwand im gegenwärtigen Fünfjahrplanzeitraum, also bis Ende 1985, um mindestens 20 % zu verringern. Dabei hat die Deutsche Reichsbahn durch die Verlagerung erheblicher Gütermengen von der Straße auf die Schiene ein noch höheres Leistungsvolumen zu bewältigen.

Bereits im Eisenbahn-Jahrbuch 1983 wurde auf den Seiten 9 bis 23 eine umfassende Begründung für das Elektrifizierungsprogramm der Deutschen Reichsbahn gegeben. Viele Faktoren begründen die Maßnahmen, viele betriebstechnologische Vorteile und auch energieökonomische. Beispielsweise liegt bei den Leistungsparametern das elektrische Triebfahrzeug gegenüber den anderen Traktionsmitteln wesentlich günstiger. Von 3 bis 4 % abgesehen, die durch mechanische Verluste entstehen, ist die gesamte installierte Leistung als Antriebsenergie verfügbar. Das sind, um ein Beispiel von der DR zu nennen, bei der Elektrolokomotive der Baureihe 250 fast 5 400 kW. Dieser Wert kann unter bestimmten Bedingungen sogar wesentlich überschritten werden. Hinzu kommen u. a. günstige Beschleunigungswerte, was sich auf die Streckendurchlaßfähigkeit auswirkt, der geringe Wartungsaufwand, der Wegfall von Ausfallzeiten, weil keine Betriebsstoffe aufzunehmen sind. Mit elektrischen Lokomotiven lassen sich erheblich höhere Laufleistungen erzielen; sie sind für Langläufe bestens geeignet. Gerade der zuletzt genannte Vorteil erhöht sich mit größer werdendem elektrifiziertem Streckennetz, weil dann die Züge ohne Lokwechsel u. a. von Bad Schandau bis Rostock durchfahren werden. Die Durchlaßfähigkeit der Strecken steigt mit der Elektrifizierung um 8 bis 12 % bei gleichzeitig geringerem spezifischem Energieverbrauch. Auf der Strecke Berlin–Rostock wird sich dieser Wert beispielsweise um 39,5 % verringern, die Transportleistungen aber können um ein Drittel ansteigen, ohne daß mehr Arbeitskräfte erforderlich sind.

Damit ist die Elektrifizierung auch das wichtigste Modernisierungsvorhaben der Deutschen Reichsbahn; ermöglicht sie doch den optimalen Einsatz der Transportkapazitäten bei gleichzeitiger Senkung des spezifischen Energieaufwands je Leistungseinheit.

Die volkswirtschaftlichen Effekte seien nochmals in Kurzform zusammengefaßt:
Die elektrische Zugförderung ermöglicht insbesondere
– einen hohen Wirkungsgrad der Energieausnutzung bei Einsatz einheimischer Brennstoffe,
– eine zeitweilig hohe Überlastbarkeit,
– lange tägliche Einsatzzeiten der Triebfahrzeuge und nahezu störungsfreie Laufleistungen,
– eine wesentlich geringere Umweltbelastung als durch andere Traktionsmittel,
– das Bereithalten weniger Triebfahrzeug-Baureihen wegen deren universeller Einsatzeigenschaften und damit auch günstiger Instandhaltungsbedingungen.

Baufortschritt im Elektrifizierungsprogramm

Der in der Direktive des X. Parteitags der SED für die DR genannte Elektrifizierungsumfang von 750 km bis Ende 1985 war ein hoher Anspruch an die Eisenbahner und für die an der Aufgabe Beteiligten. Inzwischen hat sich das Ziel erhöht: 826 km werden es sein. Weitere Streckenabschnitte wurden einbezogen, u. a. von Neudietendorf bis Arnstadt, von Halle bis Delitzsch und von Glauchau bis Gößnitz. Im Programm für das Jahr 1985 stehen 226 neuzuelektrifizierende Streckenkilometer, so daß bis Ende des Fünfjahrplanzeitraums etwas mehr als 15 % des gesamten Streckennetzes der Deutschen Reichsbahn, also 2130 km Eisenbahnstrecke (ohne Berücksichtigung der Berliner S-Bahn), elektrifiziert sind. Mindestens ein Drittel der Transportleistungen wird dann mit der elektrischen Traktion erbracht.

Der enorme Zuwachs und das beschleunigte Tempo resultieren vor allem aus dem inzwischen erreichten Vorlauf durch die Projektierungs-, Bau- und Montagebetriebe. Da das Elektrifizierungsprogramm auch ein Zentrales Jugendobjekt der FDJ ist, annähernd 100 Jugendbrigaden dafür arbeiten und mehr als die Hälfte aller Leistungen von diesen Kollektiven bewältigt wird, besteht auch ein unmittelbarer Zusammenhang zwischen Bautempo und Ergebnis.

Im Arbeitsprozeß werden zudem verstärkt Erkenntnisse und Ergebnisse aus Wissenschaft und Technik praxiswirksam gemacht. Das findet seinen Ausdruck u. a. bei der komplexen Nutzung leistungsfähiger Betonmischzüge, bei Fertigteilgründungen, der Rammtechnologie zur Herstellung von Fundamenten für die Fahrleitungsmaste, bei der Vormontage von Kettenwerk für die Fahrleitungen und bei der Verwendung vereinfachter Fahrleitungen. Eine im Jahre 1981 entwickelte Technologie „Rammpfahlgründungen", basierend auf zusammengeschweißten Stahlspundbohlen mit aufgesetztem Kopfteil, ist beispielsweise zur Technologie der Anwendung von „Betonrammpfählen" bei Rammgründungen weiterentwickelt worden.

Nach wie vor bringt die Technologie, mit Lastenhubschraubern vormontierte Masten auf die Fundamente aufzusetzen und auch Bahnenergieversorgungsleitungen zu ziehen, einen enormen Zeitgewinn. Gegenüber sonst gebräuchlichen Montagetechnologien konnte die Arbeitsproduktivität beim Stellen der Fahrleitungsmasten auf das Zehnfache, beim Einfliegen der Querfelder auf das Elffache und beim Ziehen von Verstärkungsleitungen auf das Fünffache gesteigert werden. Über diese hochinteressanten Arbeitsvorgänge wurde schon viel publiziert; doch sei nochmals erwähnt, daß mit den fliegenden Monteuren neben der Produktivitätssteigerung auch der Grundsatz „Fahren und Bauen" im vollen Umfang eingehalten werden kann.

Die bisherigen Darlegungen bezogen sich weitgehend auf die Vorgänge an den Eisenbahnstrecken. Ebenso erfolgreich waren die Betriebe mit ihren Kollektiven, die für die Bahnstromversorgung und für den Bau sowie die Ausstattung von Umformerwerken die Verantwortung trugen.

Wenn nachfolgend über die neuentwickelte leistungsstarke Elektrolokomotive der Baureihe 212/243, deren technischer Entwicklungsstand auch noch dem Jahre 2000 gerecht wird, berichtet werden soll, dann zeigt sich darin anschaulich die umfassende Intensivierung des volkswirtlichen Reproduktionsprozesses. Doch als Fazit der Gegenwart: Bis 1985 sind alle Voraussetzungen geschaffen, Eisenbahnzüge aus dem Süden der DDR durchgehend elektrisch bis nach Rostock bei voller Ausnutzung des Berliner Außenringes fahren zu können.

Ergebnisse der Zusammenarbeit der Lokbauindustrie und der DR

Die DDR ist in der Lage, den notwendigen Bedarf an elektrischen Lokomotiven in dem Kombinat VEB Lokomotivbau-Elektrotechnische Werke „Hans Beimler" Hennigsdorf (KLEW) zu decken. Schon im Jahre 1960 wurde dort das erste Exemplar einer vierachsigen Schnellzuglokomotive mit der Baureihenbezeichnung 211 gefertigt. Einige hundert Stück dieser Baureihe und der Baureihe 242 (für den Güterzugdienst) sind an die Deutsche Reichsbahn geliefert worden.

16 Jahre später folgte eine Neuentwicklung, in der die Erkenntnisse von Wissenschaft und Technik, u. a. mit der umfassenden Installation von Leistungselektronik, Anwendung fanden. Diese sechsachsige Elektrolokomotive mit der Baureihenbezeichnung 250 repräsentiert mit ihrer Leistung von 5400 kW internationales Spitzenniveau, vereint sie doch Leistungsfähigkeit mit technischem Fortschritt. Das zeigt sich in der komplex angewendeten Leistungselektronik zur stufenlosen Stellung von Fahrgeschwindigkeit, Zugkraft und elektrischer Bremskraft, der Informationselektronik in allen Steuer-, Regel- und Schutzkreisen, der Nachlaufsteuerung mit automatischer Zugkraftregelung. Als leistungsstärkstes Triebfahrzeug der Deutschen Reichsbahn können mit einem 3000-t-Zug in der Ebene noch 100 km/h erreicht werden; mit einem 720-t-Schnellzug bewältigt es eine Steigung von 15‰ immerhin noch mit 105 km/h. Ein außerordentlich günstiges Verhältnis zwischen Eigenmasse und Leistung (22 kg/kW), aber auch zwischen Energieverbrauch und Leistung konnte erreicht werden. Mehr als 200 Stück dieser Hochleistungslokomotive lieferten die Hennigsdorfer inzwischen an die Deutsche Reichsbahn aus.

Tabelle: Technische Daten elektrischer Triebfahrzeuge der DR

Baureihe		211	242	250	212	243
Fahrleitungsspannung	(kV)	15	15	15	15	15
Frequenz	(Hz)	16⅔	16⅔	16⅔	16⅔	16⅔
Achsanordnung	–	Bo'Bo'	Bo'Bo'	Co'Co'	Bo'Bo'	Bo'Bo'
Spurweite	(mm)	1 435	1 435	1 435	1 435	1 435
Dienstmasse	(t)	82,5	82,5	123	82,5	82,5
Stundenleistung	(kW)	2 920	2 920	5 400	3 720	3 720
Zugkraft						
bei Stundenleistung	(kN)	126	174	186	113	128
Geschwindigkeit						
bei Stundenleistung	(km/h)	98	72	102	115	102
Anfahrzugkraft						
bei $\mu = 0,33$	(kN)	206	248	380	248	248
Länge über Puffer	(mm)	16 260	16 260	19 600	16 640	16 640
Treibraddurchmesser	(mm)	1 350	1 350	1 250	1 250	1 250
Anzahl der Fahrmotoren	–	4	4	6	4	4
Höchstgeschwindigkeit	(km/h)	120	100	120	140	120

Die Baureihe 212/243

Auf der Leipziger Frühjahrsmesse 1982 hat das KLEW Hennigsdorf eine neuentwickelte elektrische Lokomotive ausgestellt. Den Auftrag für die Entwicklung und den Bau dieses Fahrzeugs mit einer Leistung von 3720 kW gab die Deutsche Reichsbahn, da sie für ihr Elektrifizierungsprogramm eine größere Stückzahl neuer Lokomotiven in dieser Leistungsklasse benötigte. Zu den Forderungen der Deutschen Reichsbahn gehörte, bewährte Konstruktionsprinzipien und funktionsbestimmende Baugruppen der technisch ausgereiften und betriebsbewährten Elektrolokomotive der Baureihe 250 zu berücksichtigen.

In nur 15 Monaten wurde die vierachsige

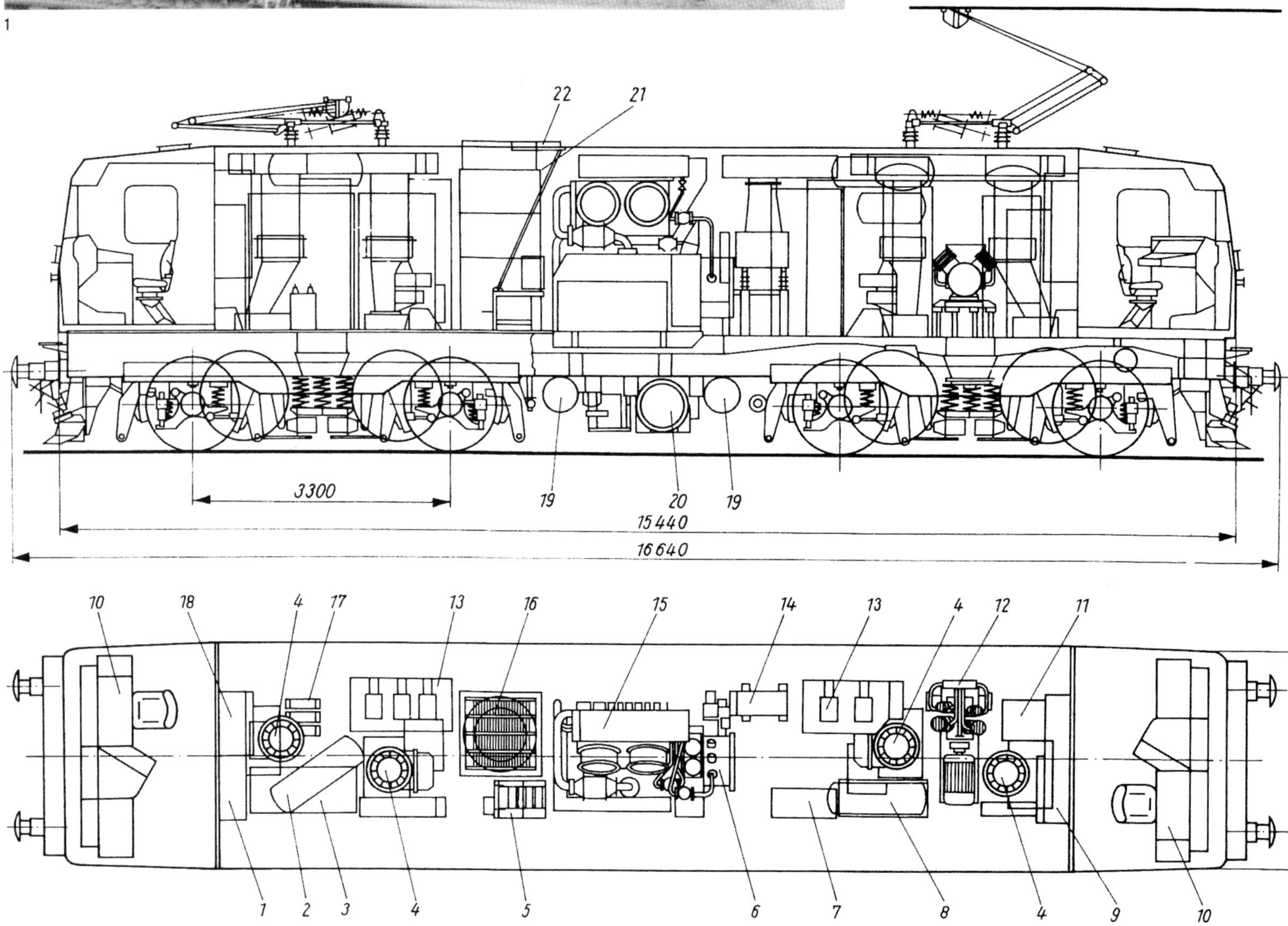

1 Die neue Lokomotive vor der Versuchshalle des Instituts für Eisenbahnwesen in Halle

2 Übersichtszeichnung mit Bauteilanordnung:
1 Kleiderfach-Handwaschbecken; 2 Bremsvorratsluftbehälter 150 l; 3 Druckluftgerätegerüst; 4 Fahrmotorlüfter; 5 Steuerstromversorgungsgerät; 6 Stufenwähler des Thyristorschaltwerks; 7 Schaltgerätegerüst für Hilfsbetriebe und Streckenfunk; 8 Druckluftgerätegerüst mit Hilfskompressor; 9 Steuerelektronikschrank; 10 Fahrerpult; 11 Werkzeugschrank; 12 Kompressoraggregat; 13 Schaltgerätegerüst (Fahr- und Bremskreise); Thyristorsteller; 15 Haupttrafoaggregat; 16 Bremswiderstand mit Lüfter; 17 Kondensatoren für Umformer; 18 Bordmikrorechner; 19 Hauptluftbehälter 400 l; 20 Umformer; 21 Aufstiegsleiter; 22 Dachluke

3 Erstmalig stellte das KLEW „Hans Beimler" Hennigsdorf die Lokomotive auf der Leipziger Frühjahrsmesse 1983 vor.

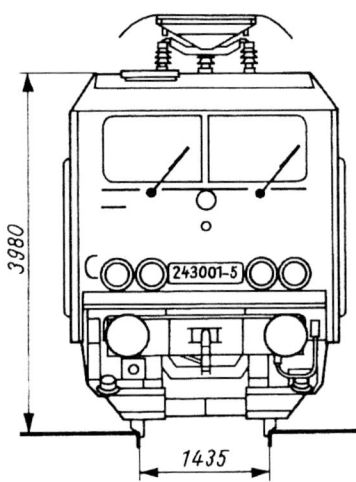

Elektrolokomotive entwickelt und gebaut und anfänglich mit der doppelten Baureihenbezeichnung 212/243 benannt. Nach erfolgreicher Erprobung begann Mitte des Jahres 1984 die Serienfertigung der Güterzugvariante. Während die Baureihe 212 als Schnellzuglokomotive mit einer Höchstgeschwindigkeit von 140 km/h, einer Getriebeübersetzung von 1:2,41 und mit einer Zugkraft von 113 kN bei Stundenleistung konzipiert ist, weist die Baureihe 243, für den mittelschweren Güterzugdienst vorgesehen, folgende Daten auf: Höchstgeschwindigkeit 120 km/h, Getriebeübersetzung 1:2,72 und Zugkraft 128 kN bei Stundenleistung. Die unterschiedlichen Geschwindigkeiten und Zugkräfte werden durch eine veränderte Getriebeübersetzung erreicht; ansonsten sind die Maschinen einheitlich ausgeführt.

Von der guten Betriebsbewährung der Baureihe 250 ausgehend, ist die Baureihe 212/243, obwohl überwiegend gleiche technische Lösungen zur Anwendung kamen, eine eigenständige Neukonstruktion. So wurde, um eine günstige Energieausnutzung mit hohem Leistungsfaktor zu erreichen, erneut der Einzelachsantrieb mit $16\frac{2}{3}$-Hz-Einphasenreihenschlußmotoren und Hochspannungssteuerung mittels Thyristor und Stufenwähler bevorzugt; dazu kamen der LEW-Kegelringfeder-Antrieb und Hohlwelle. Auch die Übertragungssteuerungen sind wieder als komplexe Elektronik installiert mit einer neuen Generation von Schaltkreisen; die Hilfsbetriebe wurden erneut als Drehstromsystem konzipiert.

Neu- bzw. weiterentwickelt wurden vor allem einzelne Baugruppen, die den Automatisierungsgrad der Steuer- und Regelvorgänge weiter erhöhen; des weiteren brachte eine veränderte, lufttechnisch günstigere Führung der Fahrmotorenbelüftung eine weitere Leistungssteigerung auf 930 kW; der Führerstand wurde nach arbeitsmedizinischen und formgestalterischen Grundsätzen neu gestaltet.

Die Konstruktion der BR 212/243 ermöglicht durch verstärkte Anwendung des Stahlleichtbaus, durch konsequenten Form- und Stoffleichtbau einen günstigen spezifischen Materialeinsatz. So konnte die Tragkonstruktionmasse des Seitenwandgerippes dank der Minikehlnahtschweißung reduziert werden.

Neu ist die Anwendung hochintegrierter Schaltkreise in LSL-Technik bei der Übertragungssteuerung. Auch wurde erstmalig die Einrichtung für die Diagnosetechnik installiert.

Erwähnt sei noch die Einführung der Geschwindigkeitssteuerung, bei der der Triebfahrzeugführer die gewünschte Geschwindigkeit vorgeben kann. Eingebaut wurden die punktförmige Zugbeeinflussungsanlage und die Zugfunkanlage. Der Platz für einen Bordrechner zur energieoptimalen Fahrweise wurde vorgesehen.

Aus der nachfolgenden Detailbeschreibung der Elektrolokomotive der Baureihe 212/243 wird erkennbar, daß außer dem technisch hohen Ausrüstungsstand auch die Arbeitsbedingungen für das Triebfahrzeug- und das Instandhaltungspersonal wesentlich verbessert wurden.

Führerstand als offenes System

Alle auf den Triebfahrzeugführer wirkenden Faktoren wurden zur Vorbereitung auf die neue Führerstandsgestaltung gründlich untersucht, um die physischen und psychologischen Belastungen kennenzulernen und eine entsprechend störungsfreie Arbeitsplatzgestaltung zu er-

4

Die Bedienelemente sind nach dem Prinzip einer möglichst gleichmäßigen Auslastung beider Hände angeordnet worden. Für die Bedienelemente der Bremse und der im Fahrbetrieb wichtigsten Schalter und Taster wird die rechte Hand, zum Bedienen des Fahrschalters, der Zugfunkanlage und anderer Elemente wie Zugkraftwähler oder Geschwindigkeitswähler die linke Hand verwendet. Über dem Stirnfenster befinden sich zwei Meldeleuchtentableaus. Das Aufleuchten wichtiger Meldungen wird durch einen Sammelmelder (Leuchttaste) auf der zentralen Informationsfläche des Führerpultes angezeigt. Diese Leuchttaste erlischt erst nach Quittieren durch Tastendruck.

Anstelle des üblichen Fahrschalterhandrades ist ein Fahrschalter mit einer Bewegungsrichtung in der Fahrzeuglängsachse vorhanden. Dieser Fahrschalter vereint den Fahrtrichtungswähler, den Geschwindigkeitswähler mit Auslauftaste als Hauptsteuerorgan, den Zug- und Bremskraftwähler und einen Auf-Ab-Hilfsschalter.

5

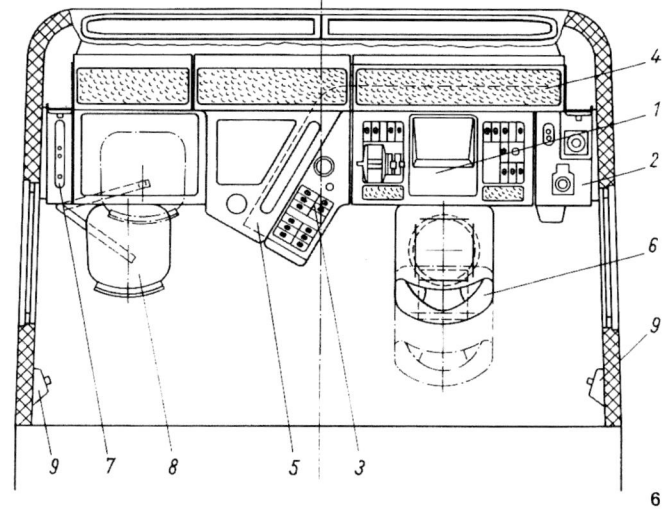
6

reichen. Gleichzeitig mußten die Bedien- und Anzeigeelemente entsprechend ihrer Bedeutung und der Betätigungshäufigkeit günstig angeordnet werden. Die für den Fahrbetrieb wichtigsten Instrumente sind im zentralen Bereich des Sichtfeldes zusammengefaßt worden. Es ging also um die grundsätzliche Ausführung des Führerstands mit bestmöglicher Ausstattung und Anordnung der Baugruppen insbesondere beim Führerpult, aber auch um die Konzeption eines „offenen Systems", um den Stand an verschiedene Fahrzeugvarianten anpassen zu können.

Der Führerraum ist klar und sachlich gegliedert und eingerichtet, und es wird eine schnelle Ortbarkeit der Bedienelemente ermöglicht, da das Führerpult nach Fahrschalter-, Brems-, Bedien- und Informationsbereichen gut eingeteilt wurde.

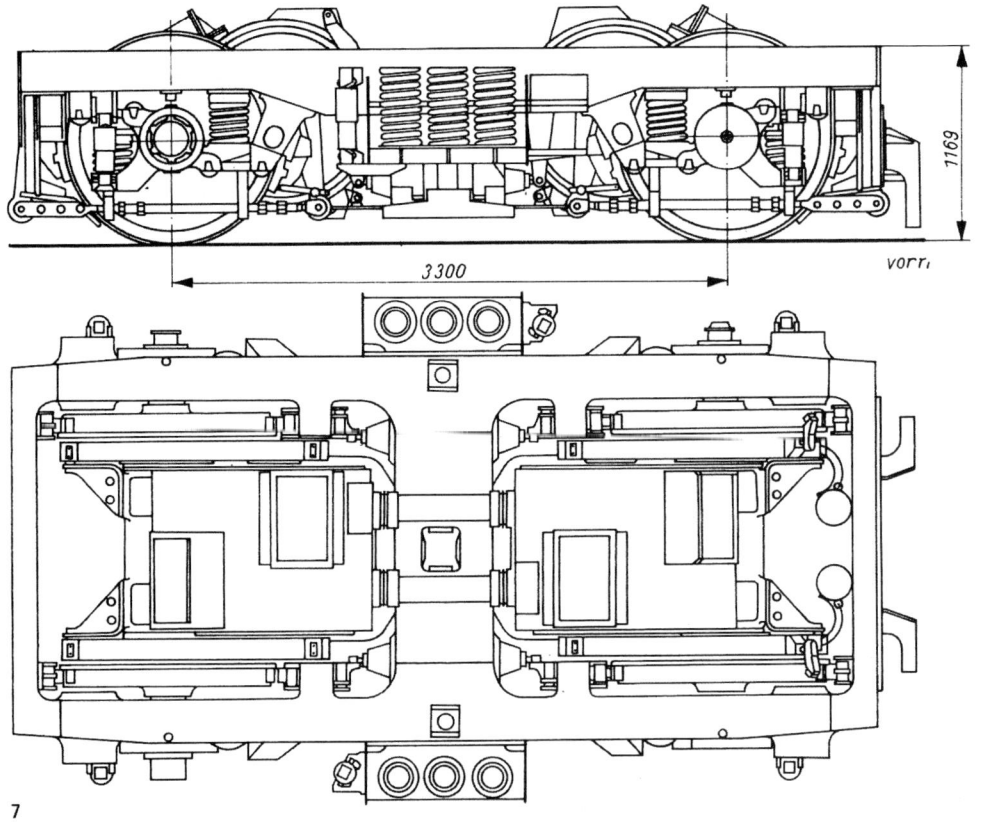

4 Triebfahrzeugführer am Führerpult

5 Gesamtansicht der rechten Führerpultseite

6 Übersichtszeichnung vom Führerstand:
1 Fahrschaltertableau; *2* Bremstableau; *3* Bedientableau I; *4* Informationstableau I; *5* Bedientableau II; *6* Fahrerstuhl; *7* Bedientableau III; *8* Beimannstuhl; *9* Bedientableau IV

7 Übersichtszeichnung vom Drehgestell

Fahrzeugaufbau und Laufwerk

Der in Ganzstahlbauweise hergestellte Fahrzeugkasten lagert auf den beiden Drehgestellen. Die Drehzapfenträger, die Haupttrafolagerung im Mittelbereich und die Zugkästen an den Endbereichen bilden die Hauptbaugruppen des Oberrahmens. Insgesamt ist der Fahrzeugkasten aus dem Oberrahmen, den Seitenwänden mit verkleidetem Sickenblech (aus Festigkeitsgründen), den beiden Führerhäusern und dem Dach zusammengefügt. Zum Auswechseln großer Baugruppen aus dem Maschinenraum mit dem Kran wurde das Maschinenraumdach in mehrere montierbare Segmente aufgeteilt.

Eine neue Formgestaltung des Fahrzeugkastens war aus verschiedenen Gründen notwendig. An dem Ergebnis hatten u. a. solche Institutionen wie das Amt für Formgestaltung und auch die Hochschule für Formgestaltung erheblichen Anteil. Notwendig wurde eine andere Kühlluftführung, woraus die Idee für seitliche Dachschrägen entstand. Sie bilden ein durchgehendes Band, in dem Düsenlüftungsgitter für die Luftführungsschächte angeordnet sind. Über diese seitlich angebrachten Gitter erhalten sowohl die Fahrmotoren über Axiallüfter als auch das Thyristorschaltwerk und der Haupttransformator Frischluft. Dadurch bleibt der Maschinenraum von belastenden Luftverschmutzungen frei. Zwischen den Lüftungsgittern befinden sich Oberlichtfenster als Lichtquelle für den Maschinenraum.

Der Zugang zu den Maschinenraumaggregaten ist von einem durchgehenden Seitengang aus möglich, aber auch von einem Hilfsseitengang oder über Stichquergänge.

Schalldichte Türen begrenzen die Führerstände. Die Einstiegtüren in die Lokomotive führen erst zu den Seitengängen, d. h., beim Besteigen der Lokomotive geht man durch den Seitengang zu dem jeweiligen Führerstand.

Wie aus den Bildern erkennbar, entsprechen die Außenkanten des Fahrzeugkastens formgestalterisch modernen Auffassungen und auch zweckmäßigen Überlegungen. Die Stirnwandfläche des Führerstands verläuft bis zur Frontscheibe senkrecht, der Fensterbereich ist um 8° geneigt bis hin zum leicht nach unten verlaufenden Führerhausdach. Nachweisbar ist diese Kastenform auch eine energieoptimale Lösung.

Der Wagenkasten stützt sich über außenliegende Flexicoilfedern auf den Drehgestellen ab. Sie bewirken nach der Kurvenfahrt die Drehgestellrückstellung. Große Vertikalbewegungen oder extremes Wanken des Fahrzeugkastens werden durch seitliche elastische Anschläge auf dem Drehgestellrahmen begrenzt.

Auch die Drehgestellrahmen sind in Stahlleichtbau gefertigt. Sie bestehen aus kastenförmigen Trägern mit einer besonderen Tiefanlenkung des Drehzapfens, wodurch eine geringe Achsentlastung und damit eine gute Ausnutzung der Lokomotivmasse beim Anfahren schwerer Züge erzielt wird. Der Zapfen ist in Quer- und Längsrichtung elastisch im Drehgestell gelagert und wegen der Silentblöcke auch weitgehend verschleißfrei, wie insgesamt die lenkergeführten Achslager und die Schraubenfedern für die Achsführung als verschleißarmes Laufwerk gelten.

Jeder Fahrmotor ist vollkommen abgefedert, wodurch sich auch eine elastische Drehmomentübertragung ergibt. Erreicht wird dieses mit dem schon bewährten LEW-Kegelringfederantrieb. Hierbei hat jeder Motor ein beidseitig angeordnetes Getriebe in Verbindung mit Gummi-Kegelringfedern. Diese übernehmen die Abstützung der einen Hälfte von der Fahrmotormasse auf der Antriebsachse, während die andere Hälfte am Drehgestell-

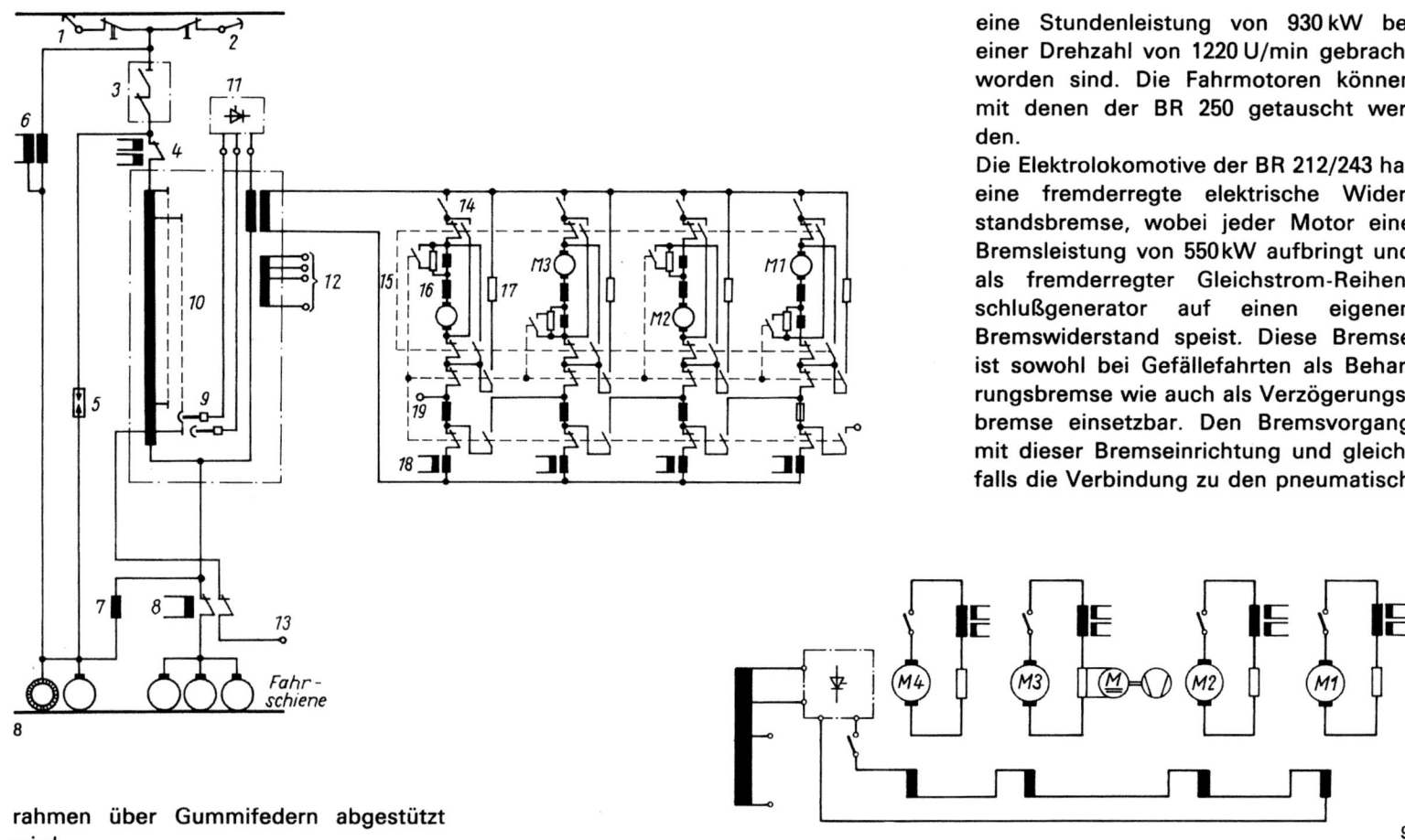

eine Stundenleistung von 930 kW bei einer Drehzahl von 1220 U/min gebracht worden sind. Die Fahrmotoren können mit denen der BR 250 getauscht werden.

Die Elektrolokomotive der BR 212/243 hat eine fremderregte elektrische Widerstandsbremse, wobei jeder Motor eine Bremsleistung von 550 kW aufbringt und als fremderregter Gleichstrom-Reihenschlußgenerator auf einen eigenen Bremswiderstand speist. Diese Bremse ist sowohl bei Gefällefahrten als Beharrungsbremse wie auch als Verzögerungsbremse einsetzbar. Den Bremsvorgang mit dieser Bremseinrichtung und gleichfalls die Verbindung zu den pneumatisch wirkenden Bremsen im Zugverband löst man über das Führerbremsventil aus. Bei Fehlen der Bremskraft schaltet eine pneumatische Ergänzungsbremse im Triebfahrzeug zu. Ergänzend sei vermerkt, daß die elektrische Widerstandsbremse in die Geschwindigkeitsregelung der Lokomotive einbezogen ist.

rahmen über Gummifedern abgestützt wird.

Elektrische Ausrüstung

Die Leistungssteuerung ist eine Hochspannungssteuerung mit einem 31stufigen Stufenwähler in Verbindung mit einem Thyristorsteller. Verwendung fanden weiterentwickelte Leistungsthyristoren mit hoher Sparspannung. Für die Impuls- und Signalübertragungssysteme dienen Optokoppler, die den Gesamtumfang der Steuerung und auch die Beeinflussung von Störspannungen verringern lassen.

Der Zugkraftbereich des Triebfahrzeugs wird stufenlos ausgenutzt. Dazu ist die gewünschte Geschwindigkeit am Fahrschalter einzustellen und der Sollwert der unterlagerten Zugkraftregelung vorzuwählen. Automatisch wird so der Zugkraftsollwert an der Reibungsgrenze und damit geschwindigkeitsabhängig zum Haftwert eingestellt. Um ein gutes fahrdynamisches Verhalten vor allem im Anfahrbereich zu erzielen, wurde die Kurzschlußspannung des Haupttransformators auf das Minimum bei den betreffenden Stufen herabgesetzt.

Der Haupttransformator besteht, wie zur Hochspannungssteuerung erforderlich, aus einem Stufen- und Leistungstransformator. Seine Traktionsleistung beträgt 3820 kVA; für die Hilfsbetriebe- und Bremserregerwicklung steht eine Leistung von 95 kVA bereit. Hersteller dieser Baugruppe, die mit ihrer Masse von nur 11,4 t einen guten spezifischen Leistungsfaktor hat, ist der VEB Transformatorenwerk Berlin-Oberschöneweide.

Die weiterentwickelten Fahrmotoren wurden vom VEB Elektromaschinenbau Sachsenwerk Dresden konzipiert, gebaut und geliefert. Es handelt sich, wie schon bei der BR 250, um Reihenschlußmotoren, die durch die schon erwähnte bessere lufttechnische Gestaltung und einen verbesserten Kommutierungsapparat auf

Für den Hilfsbetriebeantrieb wurde das bewährte Drehstromsystem angewendet. Eine Ausnahme bildet der Lüftermotor für den Bremswiderstand, der aus Energieeinsparungsgründen als Gleichstrommotor ausgeführt wurde. Er ist direkt an den Bremswiderstand angeschlossen, d. h., während des Bremsvorgangs liegt er an der Spannung des Bremswiderstands und bringt mit veränderlicher Drehzahl des Lüfters die entsprechend notwendige Kühlung.

Zwei Stromabnehmer in Halbscherenbauart sind auf dem Dach montiert. Jeder kann den vollen Betriebsstrom übertra-

gen; im Regelfall wird demzufolge mit nur einem Stromabnehmer gefahren.
Zum Einschalten oder zum Ausschalten der elektrischen Ausrüstung sowie zum Abschalten bei Überlastungen oder bei Kurzschlüssen steht ein elektropneumatischer Druckluft-Leistungsschalter zur Verfügung.

Steuerungsanlage

Mit der weiterentwickelten Stromversorgung durch Schaltnetzteile wurde die Informationselektronik, für die bei der neuen BR 212/243 überwiegend integrierte Schaltkreise in LSL-Technik verwendet werden, zu einem hohen Reifegrad geführt. Die Fahr- und Bremssteuerung, die Stromabnehmer-, Hauptschalter-, Trennschütz-, Wender- und Hilfsbetriebesteuerungen sind – einschließlich der Spurkranzschmiersteuerung, der Meß- und Schutzkreise sowie der Sicherheitsfahrschaltung – in einem Komplex zusammengefaßt.

Neu ist die Fahrsteuerung als Geschwindigkeitssteuerung, bei der die Zugkraft als unterlagerte Regelgröße wirkt und diese Hauptsteuerung dem Soll- und Istwert der Geschwindigkeit folgt. Die elektrische Bremssteuerung ist, wie schon erwähnt, in die Geschwindigkeitsregelung einbezogen; sie reagiert bei Überschreiten einer vorgegebenen Geschwindigkeit automatisch. Das Fahren mit konstanter Geschwindigkeit ist damit möglich. Bei besonderen oder außergewöhnlichen Betriebssituationen kann der Triebfahrzeugführer in die Geschwindigkeitsregelung eingreifen und sie aufheben. Er schaltet dann auf Hilfssteuerung um (Auf- und Ab-Steuerung). Hierbei ist die Zugkraftregelung einbezogen, d. h., auch dann folgt in Abhängigkeit von der Fahrgeschwindigkeit der Zugkraft-Sollwert automatisch dem Verlauf der Haftgrenze. Die größte Zugkraft am Zughaken kann damit weiterhin genutzt werden.

Erprobung und Serienreife

Die Elektrolokomotive der BR 212/243 ist in einer ungewöhnlich kurzen Zeit von knapp vier Jahren seit Aufnahme der Konstruktion zur Auslieferung des Serienfahrzeugs gebracht worden. Gleich nach der Ausstellung auf der Leipziger Frühjahrsmesse 1982 begannen die Betriebserprobungen, wurde meßtechnisch untersucht, das Leistungs- und Laufgüteverhalten ermittelt, planmäßig probezerlegt. Die fachliche und zeitliche Folge war in einem Erprobungsablaufplan genau fixiert; Vertragspartner waren das Institut für Eisenbahnwesen der DDR und das KLEW Hennigsdorf.

Erkenntnisse für das Serienfahrzeug, aber auch Bestätigung über die Zuverlässigkeit des Fahrzeugs waren das Ergebnis. In der Betriebserprobung ist eine Laufleistung von 200 000 km erreicht worden. In den ersten Monaten des Jahres 1983 wurden täglich mehr als 1 000 km zurückgelegt.

In dem als Einsatzstelle festgelegten Bahnbetriebswerk Halle P wurde ein Lokumlauf von 24 Stunden täglich ausgearbeitet, so daß die Baumusterlokomotive wirklich unter allen betrieblichen Bedingungen ihre Vorzüge unter Beweis zu stellen hatte.

Wenn dieses Eisenbahn-Jahrbuch in den Händen der Leser ist, werden die Lokomotiven der Baureihe 243 schon auf allen elektrifizierten Strecken der DR, insbesondere im Norden der DDR, zu finden sein. Ein wichtiges Stück des Elektrifizierungsprogramms ist damit erfüllt worden.

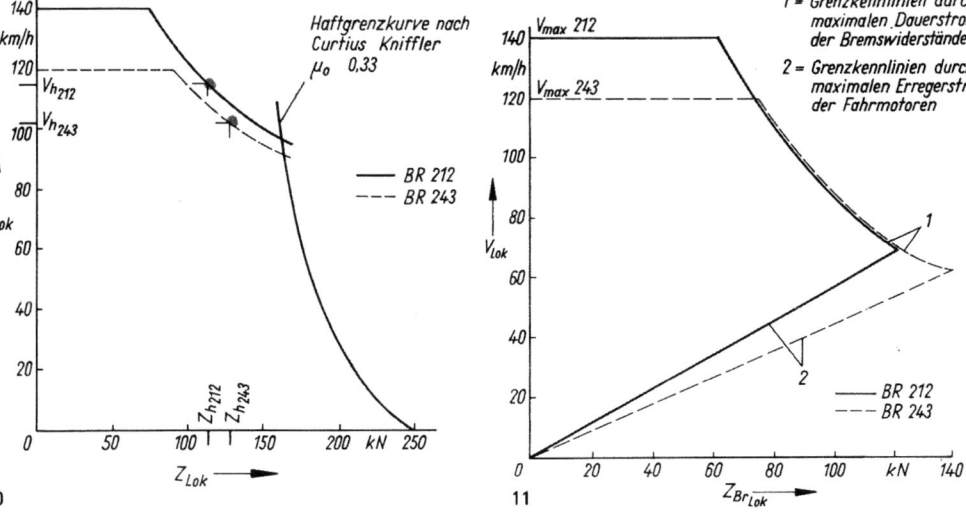

8 Schaltschema Leistungskreise (Hochspannungs- und Fahrkreise):
1 Stromabnehmer; *2* Dachtrennschalter; *3* Hauptschalter; *4* Oberstromwandler; *5* Überspannungsableiter; *6* Oberspannungswandler; *7* Erdungsdrossel; *8* Erdstromwandler; *9* Stufenwähler; *10* Haupttransformator; *11* Thyristorsteller; *12* Hilfsbetriebe; *13* Zugsammelschiene; *14* Fahrmotortrennschütz; *15* Richtungswender; *16* Wendefeldshunt; *17* Bremswiderstand; *18* Motorstromwandler; *19* Fahr-Brems-Wender

9 Schaltschema Bremskreise

10 Zugkraftdiagramm

11 Bremskraftdiagramm

Fotos: Köhler (4)

Flaggengruß von der „SASSNITZ"

Triebwagen

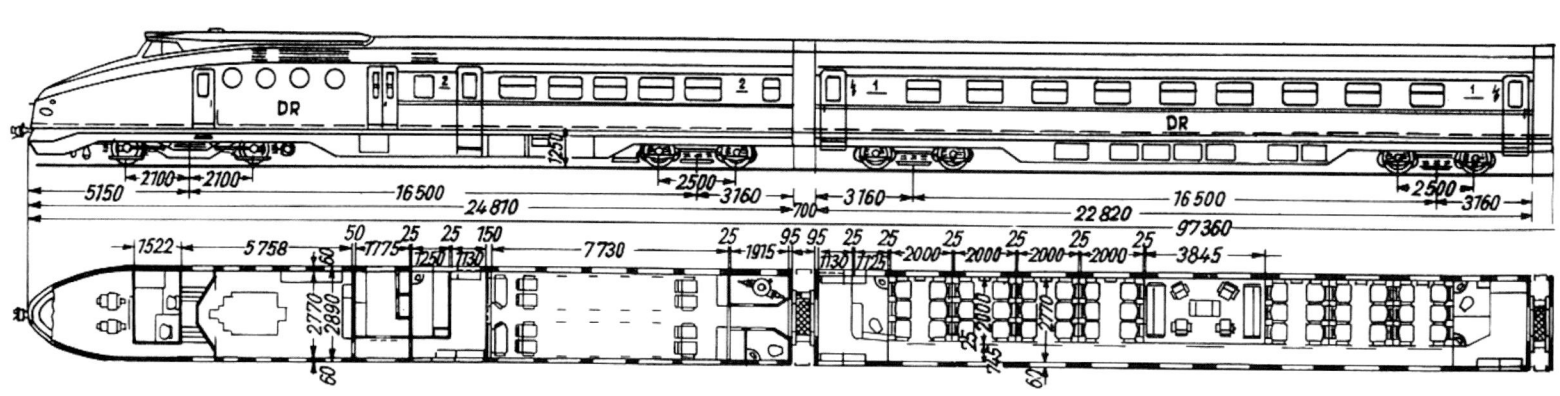

DEUTSCHE REICHSBAHN Schnelltriebwagen VT 18.16

Der vierteilige dieselhydraulische Schnelltriebwagen VT 18.16.01 war Blickpunkt auf der Leipziger Frühjahrsmesse 1963. Er ist der erste von unserer volkseigenen Industrie entwickelte Schnelltriebwagen, seine Erbauer sind die Werktätigen des VEB Waggonbau Görlitz. Die beiden 12-Zylinder-Dieselmotoren mit Abgasturboauflader verleihen dem Triebzug Höchstgeschwindigkeiten bis zu 160 km/h. Die Ausstattung der Fahrgasträume ist großzügig und modern.

In den beiden Triebwagen sind Großräume der 2. Klasse mit 14 Doppelpolstersitzen, die um 180° gedreht werden können, vorhanden. Die Rückenlehnen können in verschiedene Schräglagen verstellt werden Die 1.-Klasse-Abteile der Mittelwagen haben je sechs Sitzplätze, die mit Federboden und Schaumgummiauflage gepolstert sind. Das jeweilige Großabteil in der Mitte der Mittelwagen kann als Konferenzraum oder Schreibraum verwendet werden.

TECHNISCHE DATEN

Erstes Baujahr	1963
Achsfolge	B'2'+2'2' + 2'2'+2'B'
Spurweite	1435 mm
Leistung	1800 PS installiert
Kraftübertragung	dieselhydraulisch
Höchstgeschwindigkeit	160 km/h
Krafterzeugung	
Motortyp	12 KVD 21 A
Motorleistung	2×900 PS
Drehzahl	1500 U/min
Abmessungen	
Länge über End-Kopfstücke	97360 mm
Drehgestellabstand	16500 mm
Achsstand der Triebdrehgestelle	4200 mm
Achsstand der Laufdrehgestelle	2500 mm
Anzahl der Sitzplätze in den Abteilen	132
Anzahl der Sitzplätze im Speiseraum	23
Befahrbarer Bogenhalbmesser	120 m
Masse des unbesetzten, betriebsfertigen Zuges mit halben Vorräten	etwa 200 t

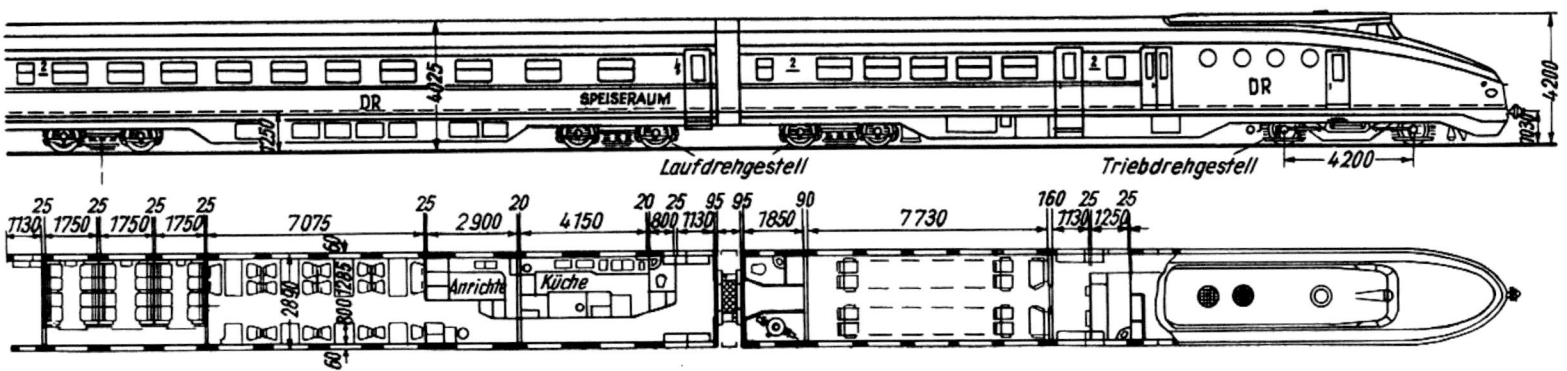

TECHNISCHE DATEN

Erstes Baujahr	1959
Achsfolge	B
Spurweite	1435 mm
Höchstgeschwindigkeit	90 km/h
Leistung	
Dauerleistung	180 PS
Motor	
Unterflur-Dieselmotor	6 KVD 18 S/HRW
Abmessungen	
Länge über Puffer	13 550 mm
Achsstand	6000 mm
Anzahl der Sitzplätze	57

DEUTSCHE REICHSBAHN

Zweiachsiger Leichttriebwagen

Moderne Leichttriebwagen mit Steuerwagen gehören heute zu den wirtschaftlichsten Schienenfahrzeugen im Eisenbahnwesen. Im Wettbewerb um die Wirtschaftlichkeit liegen diese Zugpaare ganz vorn.

Der zweiachsige Dieseltriebwagen mit Vielfachsteuerung ist vom VEB Waggonbau Bautzen entwickelt worden und ist speziell für den Einsatz auf Nebenstrecken bestimmt. Er kann aber auch, wegen seiner Höchstgeschwindigkeit von 90 km/h, mit bestem Erfolg auf Hauptstrecken verkehren. Der Wagenkasten ist eine selbsttragende Schweißkonstruktion. Das Gerippe aus Walz- oder gekanteten Blechprofilen sowie die Deckbleche sind 1,5 mm dick. Die Antriebsanlage wurde einschließlich ihrer Hilfsantriebe und der Nebenaggregate in einem besonderen Fahrgestell untergebracht. Diese Antriebsanlage stützt sich auf der Treibachse und der Laufachse ab und trägt den zusätzlich gefederten Wagenkasten.

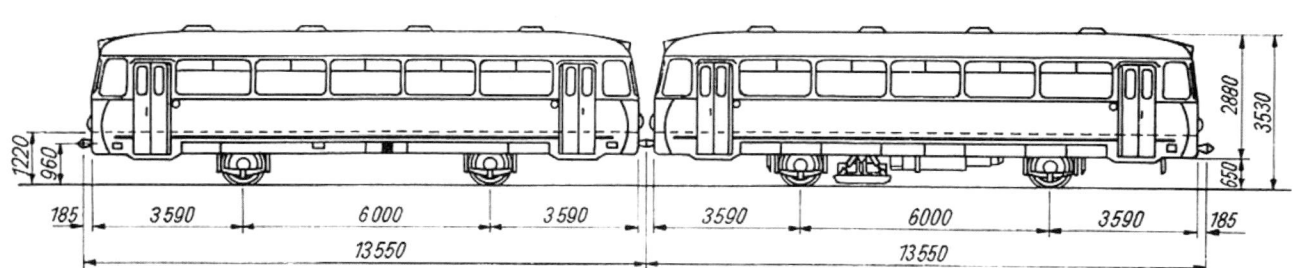

DEUTSCHE REICHSBAHN

Vierachsiger Leichttriebwagen

Für den Städteschnellverkehr und den Eilzugdienst auf Haupt- und Nebenbahnen wurde vom VEB Waggonbau Bautzen ein vierachsiger Dieselleichttriebwagen gebaut und erstmalig auf der Leipziger Frühjahrsmesse 1964 ausgestellt. Bei dem Fahrzeug handelt es sich um eine Weiterentwicklung des schon in großer Stückzahl vorhandenen zweiachsigen Leichttriebwagens.

Der neue vierachsige Triebwagen kann mit Bei- und Steuerwagen oder auch mit mehreren Triebwagen gekuppelt werden und erreicht eine Höchstgeschwindigkeit von 120 km/h. Als Motoren wurden die schon seit Jahren bewährten 6-Zylinder-Unterflur-Dieselmotoren eingebaut. Jeder der beiden Motoren hat eine Leistung von 200 PS; sie arbeiten unabhängig voneinander, so daß bei Betriebsstörungen einer Anlage der Triebwagen dennoch einsatzfähig bleibt. Das Drehmoment wird über eine Flüssigkeitskupplung auf das Sechsgang-Elektro-Schaltgetriebe und von dort über ein Achswendegetriebe auf die Treibachse weitergeleitet.

TECHNISCHE DATEN

Erstes Baujahr	1964
Achsfolge	(1A)' (A1)'
Spurweite	1435 mm
Leistung	2 × 200 PS
Kraftübertragung	dieselmechanisch mit Flüssigkeitskupplung
Höchstgeschwindigkeit	120 km/h
Krafterzeugung	
Motortyp	6-Zylinder-Unterflur-Dieselmotor
Motorleistung	200 PS
Drehzahl	1500 U/min
Abmessungen	
Länge über Kupplung	24 500 mm
Drehgestellabstand	17 200 mm
Achsstand in den Drehgestellen	2500 mm
Befahrbarer Bogenhalbmesser	120 m
Dienstmasse	40 t
Anzahl der Sitzplätze	84
Aktionsradius	etwa 800 km

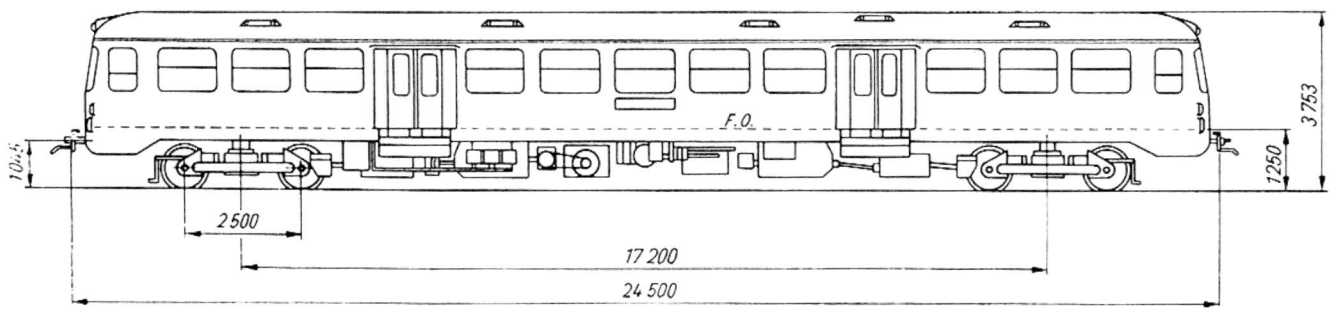

DEUTSCHE REICHSBAHN

Ausgemusterter Wismarer Schienenbus Bauart »Hannover«

Heute, da viele Eisenbahnfreunde der aussterbenden Dampflokomotive noch das Hohelied singen, sollte man ab und zu auch den Vorläufern der neuen Traktionsmittel gedenken. Sie kann man ebenfalls als „Old-timer" bezeichnen. Ein solcher „Old-timer" ist der Wismarer Schienenbus Bauart „Hannover". Amtlicherseits trug er einmal die Bezeichnung „2achsiger Leichtbau-Schienen-Omnibus", später wurde er als „Leichttriebwagen" bezeichnet.

Der Entwurf zu diesem Schienenbus entstand 1930/31 auf Anregung des Landeskleinbahnamtes Hannover, dem viele niedersächsische Privatbahnen unterstanden. Die dort eingesetzten Dampflokomotiven waren veraltet, der Betrieb wegen des starken Verkehrsrückganges unwirtschaftlich und die Bahnen verarmt. Trotzdem mußten Reisemöglichkeiten geboten werden. Der Triebwagen mit Dieselmotor war noch in der Entwicklung und nicht betriebssicher genug, außerdem in der Anschaffung und Unterhaltung zu teuer. Verschiedene Bahnen hatten vorher schon versucht, normale Straßenomnibusse mit Spurkranzrädern zu versehen. Das mag verschiedene Waggonbaufirmen veranlaßt haben, diese Fahrzeugart auf den Eisenbahnbetrieb abzustimmen und besondere Konstruktionen zu entwickeln. Durchgesetzt hat sich aber lediglich die von der einstigen Waggonfabrik Wismar angebotene Bauart, von der der erste Wagen am 6. Mai 1932 an die Kleinbahn Lüneburg—Soltau übergeben wurde.

In der DDR verblieben von den insgesamt 57 Schienenomnibussen nur einige Wagen.

Im Laufe der Jahre schieden die Schienenomnibusse nach und nach aus, nachdem einige von ihnen noch Dieselmotoren erhalten hatten. Es sind heute alle Wismarer Schienenomnibusse in der DDR ausgemustert.

TECHNISCHE DATEN

Erstes Baujahr	1932
Achsfolge	BB
Spurweite	1000 mm
Krafterzeugung	
Anzahl der Motoren	2
Motortyp	Dieselmotor
Leistung	etwa 100 PS
Abmessungen	
Länge über Puffer	10100 mm
Achsstand	4000 mm
Größte Höhe	2865 mm
Getriebebauart	mechanisch

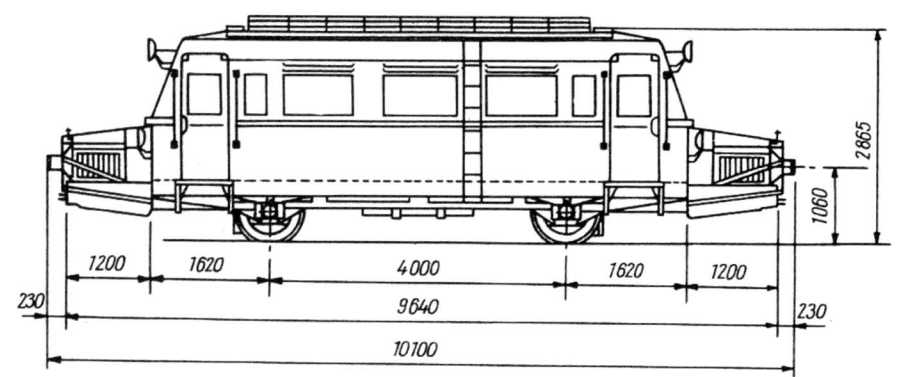

DEUTSCHE REICHSBAHN

Leichttriebwagen der Baureihen VT 2.09.² und VS 2.08.² (neu 172)

Als Ergebnis einer Gemeinschaftsentwicklung des VEB Waggonbau Görlitz und des VEB Waggonbau Bautzen werden in Görlitz für die Deutsche Reichsbahn neue Leichttriebwagen hergestellt. Auf Grund der konstruktiven Merkmale, des Fahrkomforts und der vielseitigen Einsatzmöglichkeiten sind diese zweiachsigen Fahrzeuge für eine wirtschaftliche Personenbeförderung auf Neben- und auf kürzeren Hauptbahnen besonders gut geeignet. Gerade im Nah- und Vorortverkehr besteht ein hoher Bedarf an vielseitig einsetzbaren, den Betriebserfordernissen und den Bedürfnissen der Verkehrskunden Rechnung tragenden Dieseltriebwagen.

Wurden die in den vorausgegangenen Jahren vom VEB Waggonbau Bautzen hergestellten Fahrzeuge mit den Baureihenbezeichnungen VT 2.09.⁰⁻¹, VB 2.07.⁰ und VS 2.08.¹ versehen, so tragen die hier vorgestellten der Baujahre 1968/69 bis zum Sommer 1970 die Bezeichnung VT 2.09.² und VS 2.08.².

Es sei auf die besonders vorteilhaften, wirtschaftlichen Zugbildungsmöglichkeiten hingewiesen, die sich durch unterschiedliche Ausrüstungen hinsichtlich Maschinen- und Steuerungsanlagen ergeben.

Eine Fernsteueranlage erlaubt Verbandsfahrten.

TECHNISCHE DATEN

Erstes Baujahr	1968
Spurweite	1 435 mm
Höchstgeschwindigkeit	90 km/h
Krafterzeugung	
Anzahl der Motoren	1
Motortyp	6 VD 18/15-1 HRW
Nenndrehzahl	1500^{-1}
Leistung	
Nennleistung des Motors	180 PS
Abmessungen	
Länge über Kupplung	13 550 mm
Achsstand	6 000 mm
Länge des Wagenkastens	13 180 mm
Breite des Wagenkastens	3 080 mm
Größte Höhe über SO	3 530 mm
Fußbodenhöhe über SO	1 225 mm
Eigenmasse (Triebwagen)	22,1 t
Verkehrsmasse (Triebwagen)	29,6 t
Anzahl der Sitzplätze (Triebwagen)	54
Anzahl der Stehplätze (Triebwagen)	46
Aktionsradius einer zweiteiligen Einheit	300 km
Bremse	Einkammer-Scheibenbremse
Heizung	Warmluftheizung

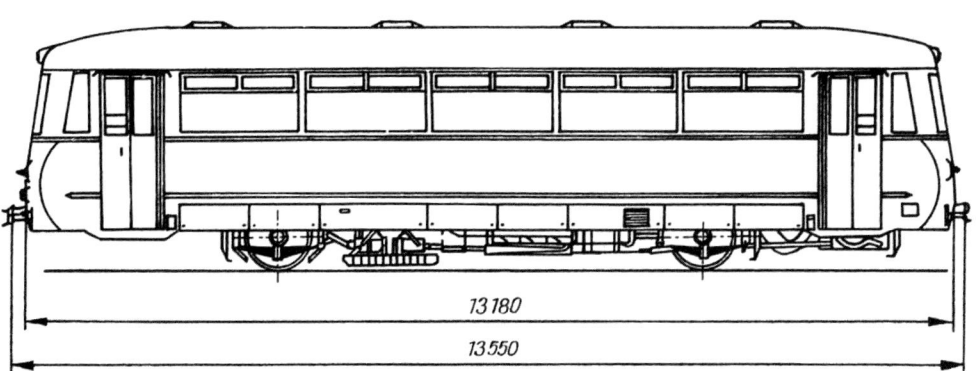

DEUTSCHE REICHSBAHN

Elektrischer Triebzug der Baureihe 280

Die Schienenfahrzeugindustrie der DDR stellt der Deutschen Reichsbahn mit der Baureihe 280 elektrische Triebzüge zur Verfügung, die für den Nahverkehr in einigen Bezirksstädten der DDR vorgesehen sind.

Die kleinste Betriebseinheit besteht aus vier Wagen, von denen die beiden äußeren je einen Führerstand und eine automatische Mittelpufferkupplung enthalten. Im Regeldienst werden zwei solcher Betriebseinheiten zu einem achtteiligen Triebzug gekuppelt. Die installierte Mehrfachsteuerung gestattet jedoch in Ausnahmefällen auch das Fahren eines zwölfteiligen Zuges in einem Verband.

Der Wagenkasten ist nach dem Leichtbauprinzip aus Abkantprofilen und Stahlblechen zusammengeschweißt. Gemäß dem vorgesehenen Einsatz im Vorort- und Stadtverkehr wurde sowohl ein hohes Sitzplatzangebot angestrebt als auch großer Wert auf breite Doppeleinstiegtüren und reichlich bemessene Einstieg- und Auffangräume gelegt, um den Fahrgastfluß zu beschleunigen.

Die zweiachsigen Drehgestelle sind in Leichtbaukonstruktion ausgeführt. Die Fahrmotoren sind in Tatzrollenlagern aufgehängt und tragen am freien Wellenende die Scheibenbremsen der elektropneumatisch gesteuerten mechanischen Bremsausrüstung.

Technische Daten

Achsfolge Bo'Bo'+Bo'Bo'+Bo'Bo'+Bo'Bo'
Spurweite 1435 mm
Länge des vierteiligen Triebzugs über Mittelpufferkupplung-Eingriffebene 97 000 mm
Länge des Führerstandswagens 24 300 mm
Länge des Beiwagens 24 200 mm
Drehzapfenabstand 17 000 mm
Drehgestellachsstand 2500 mm
Laufkreisdurchmesser 850 mm
Leermasse 192 t
Dienstmasse mit 5 Pers./m² Stehplatzfläche 249 t
Stehplätze bei 5 Pers./m² Fläche 474
Sitzplätze 332
Höchstgeschwindigkeit 120 km/h
Stromsystem Einphasen-Wechselstrom $16^{2}/_{3}$ Hz, 15 kV
Dauerleistung 3040 kW
Anfahrzugkraft 36,9 Mp
Zugkraft bei Dauerleistung 14,4 Mp
Geschwindigkeit bei Dauerleistung 77,5 km/l
Größte Anfahrbeschleunigung 1,3 m/s²
Größte elektrische Bremskraft 27 Mp
Lieferwerk Kombinat VEB LEW "Hans Beimle" Hennigsdorf/DDR
Erstes Beschaffungsjahr 1974

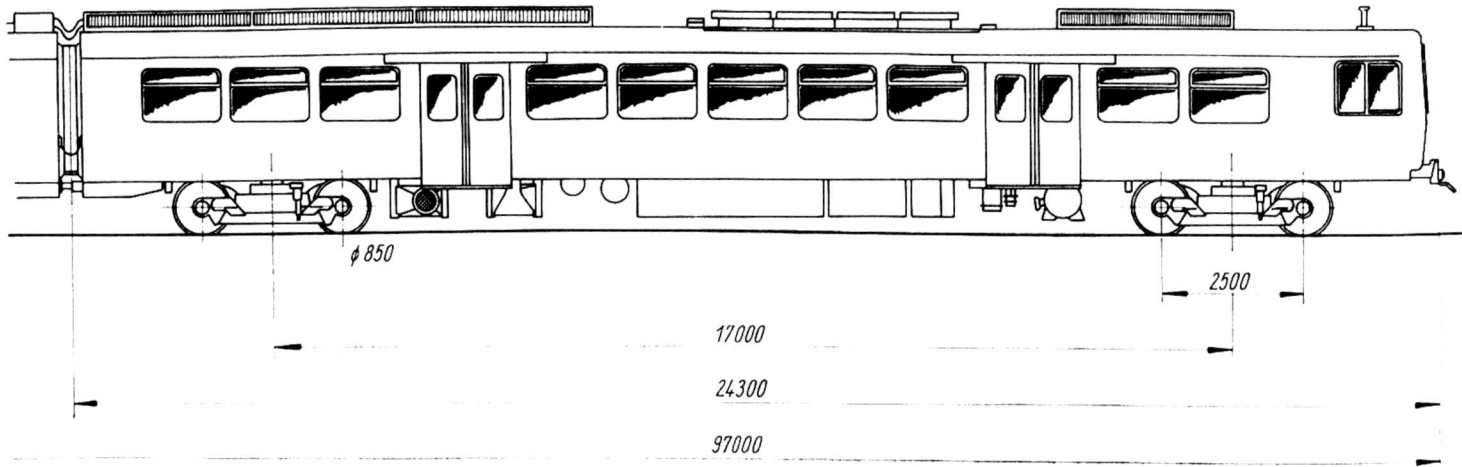

DEUTSCHE REICHSBAHN

Oberleitungs-Revisionstriebwagen ORT 137 711 bis 716 (neu 188)

Im Jahre 1968 hat die Deutsche Reichsbahn sechs neue Oberleitungs-Revisionstriebwagen (ORT) in Erweiterung ihres zweiachsigen Fahrzeugbestands beim VEB Waggonbau Görlitz gekauft.

Diese Fahrzeuge werden vor allem zur Revision der Fahrleitungen auf den elektrifizierten Strecken eingesetzt, um mechanische Zerstörungen oder Abweichungen von der Normal-Fahrdrahtlage zu erkennen. Gleichzeitig können Reparatur- und Instandsetzungsarbeiten schnell und sicher von einer schwenkbaren oder einer festen Arbeitsbühne aus ausgeführt werden.

Das Untergestell, das Kastengerippe und auch die Beblechung wurden als eine dem modernen Fahrzeugbau Rechnung tragende Stahl-Leichtkonstruktion gefertigt.

TECHNISCHE DATEN

Erstes Baujahr	1968
Spurweite	1 435 mm
Höchstgeschwindigkeit	85 km/h
Geschwindigkeit mit 50 t Anhängemasse	62 km/h
Revisionsgeschwindigkeit	6 bis 8 km/h
Leistung Leistung des Fahrmotors	180 PS
Art der Kraftübertragung	mechanisch
Aktionsradius	250 km

Abmessungen

Länge über Puffer	19300 mm
Drehzapfenabstand	12500 mm
Achsstand in den Drehgestellen	2700 mm
Wagenkastenlänge	18260 mm
Wagenkastenbreite	2904 mm
Fußbodenhöhe über SO	1250 mm
Dachhöhe über SO	3754 mm
Domhöhe über SO	4400 mm
Maximale Höhe der beweglichen Arbeitsbühne über SO	5720 mm
Bauart der Bremse	Kbr. m. Z.
Energieversorgung und Beleuchtung	24 V—
Masse des betriebsfertigen Fahrzeugs	42,5 t

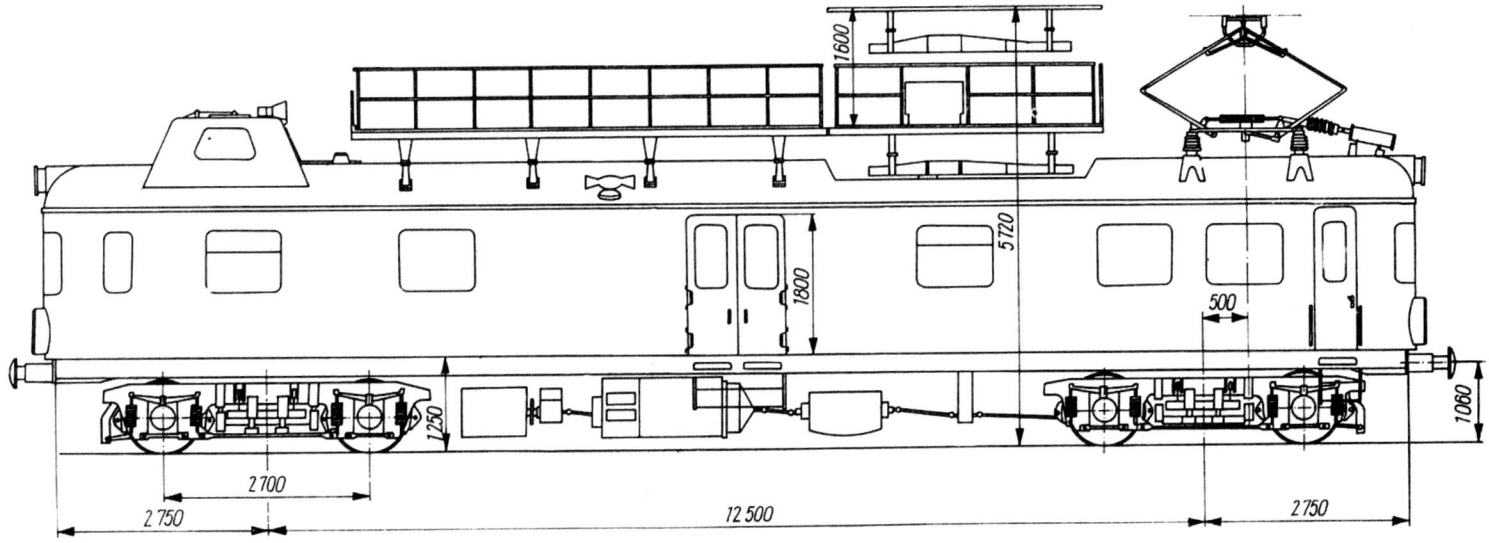

EISENBAHN-JAHRBUCH 75

Dipl.-Ing. Wolfgang Glatte

Internationales Fahrzeugarchiv

DEUTSCHE REICHSBAHN

Gleichstrom-Triebwagenzug, Baureihe 270, für die Berliner S-Bahn

Für die Berliner S-Bahn entwickelte das Kombinat LEW „Hans Beimler" Hennigsdorf im Auftrag der Deutschen Reichsbahn gemeinsam mit ihr einen elektrischen Triebwagenzug mit der Baureihenbezeichnung 270.

Die Konzeption, einen Viertelzug (bestehend aus einem Triebwagen mit Führerstand und einem führerstandslosen Beiwagen) als Grundeinheit zu betriebsfähigen Vier-, Sechs- oder Achtwagenzügen zu kuppeln, übernahm man vom bisherigen Fahrzeugpark der Berliner S-Bahn. Fahrspannung, Stromabnahme, Umgrenzungsprofil usw. waren durch die vorhandenen Versorgungseinrichtungen und ortsfesten Bahnanlagen vorgegeben. Ferner war eine Kuppelbarkeit mit den vorhandenen Triebzügen zu gewährleisten.

Fahrzeugrahmen und Wagenkasten, aber auch Teile der Innenausstattung, sind nach Leichtbauprinzipien aus Leichtmetall zusammengeschweißt. Damit wurde bei hoher Festigkeit eine niedrige Eigenmasse erreicht.

Die Fahrschaltung ist eine Neuentwicklung mit modernster Leistungselektronik. Es werden Gleichstromsteller verwendet, die mit pulsweiser Fahrspannungsschaltung auf die Fahrmotoren arbeiten.

Zusammen mit der im S-Bahnbetrieb neueingeführten Nutzbremsung, bei der eine Rückspeisung in das aufnahmefähige Netz möglich ist, sorgt diese Steuerung für einen optimalen Energieverbrauch. Es kann gegenüber den vorhandenen Triebzügen eine Einsparung bis 30 % erwartet werden.

Fahren und Bremsen wird mit einem gemeinsamen Fahr-/Bremshebel gesteuert, der in Fahrtrichtung geschaltet wird. Mit ihm werden die gewählten Geschwindigkeiten oder Bremskräfte eingestellt, während die Logik-Schaltkreise und der integrierte Operationsverstärker die weitere optimale Regelung elektronisch ausführen. Die Höchstgeschwindigkeit wurde gegenüber den vorhandenen Triebzügen von 70 auf 90 km/h gesteigert, die größte Beschleunigung von 0,5 auf 0,7 m/s².

Die Inneneinrichtung mit moderner Schaumstoffpolsterung und Kunstlederbezügen in ästhetisch abgestimmten Farbtönen entspricht in der Platzaufteilung den zuletzt rekonstruierten Triebzügen. Die Möglichkeiten zur Anwendung der maschinellen Innenreinigung wurden vorgesehen.

Technische Daten eines Viertelzuges

Spurweite	1 435 mm
Achsfolge	Bo'Bo' + 2'2'
Länge über Mittelpufferkupplungseingriffebene	36 200 mm
Breite über Blech	3 000 mm
Breite über Schutzbord	3 140 mm
Fußbodenhöhe über SO	1 120 mm
Eigenmasse	57 t
Nutzmasse (bei 6 Personen/m²)	28 t
Sitzplätze	104
Stehplätze (bei 6 Personen/m²)	296
Gesamtplätze	398
Wagenlänge je Sitzplatz	348 mm
Wagenlänge je Gesamtplatz	91 mm
Masse je Sitzplatz	548 kg
Masse je Gesamtplatz	143 kg
Höchstgeschwindigkeit	90 km/h
kleinster befahrbarer Gleisbogenhalbmesser	140 m
Stromschienenspannung Gleichspannung	750 V
Leistung der Fahrmotoren	4 × 150 kW
größte Beschleunigung	0,7 m/s²
größte Verzögerung bei Schnellbremsung	1,2 m/s²
Lieferwerk	VEB LEW „Hans Beimler", Hennigsdorf b. Berlin (DDR)
erstes Beschaffungsjahr	1979

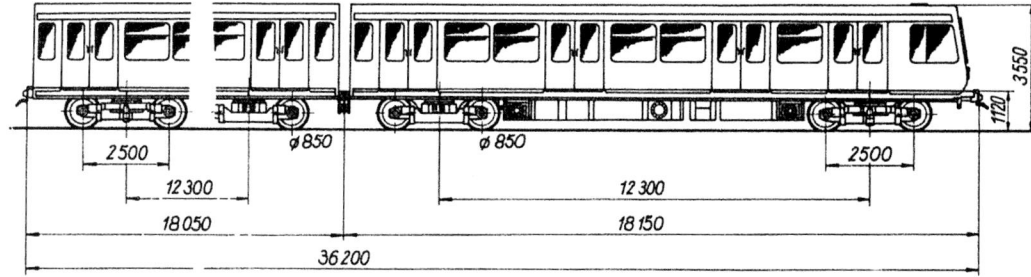

Reisezug- und Güterwagen

Ing. GOTTFRIED KÖHLER, Berlin

Reisezugwagen der Deutschen Reichsbahn – Rekonstruktion, Modernisierung und Erneuerung

»Was waren das für Zeiten, als auf den Bahnhöfen noch Brillen und Gesichtsmasken zum Verkauf feilgehalten wurden. Sie sollten den Reisenden einigen Schutz vor der durchrußten Luft gewähren, die während der Fahrt ungehindert gegen sie anströmte«, so schilderte Artur Fürst in seinem 1918 veröffentlichten Buch »Die Welt auf Schienen« den Weg vom »Knochenschüttler« zum Schnellzugwagen mit dem »freundlich wiegenden Lauf«. Er schreibt dann weiter: »Die immer größer werdende Schnelligkeit der Züge erst zwang dazu, die gewaltigen, fest verschlossenen Kapseln zu schaffen, in denen die Menschen heute auf den Bahnstrecken befördert werden.«

In der Tat hatte sich im Reisezugwagenbau damals schon eine große Wandlung vollzogen, die heutzutage allerdings noch erheblich weiter vorangeschritten ist, als Fürst sie vor nahezu 40 Jahren überhaupt ahnen konnte.

Wurden zu Beginn der Eisenbahngeschichte zunächst mit Spurkranzrädern versehene Postkutschen als Schienenfahrzeuge verwendet und später mehrere Postkutschkästen auf einem Untergestell aus Holz zu einem sogenannten Coupéwagen vereinigt, so bildete sich schließlich wegen des wachsenden Verkehrsaufkommens und begünstigt durch den allgemeinen technischen Fortschritt im vorigen Jahrhundert der eisenbahntypische Personenwagen heraus mit seinen ihm eigenen Bestandteilen:

Untergestell, an dem ein aus Radsätzen, Tragfedern, Achslagern und Achshaltern bestehendes Laufwerk sitzt,

Zug- und Stoßvorrichtungen, zu denen Puffer, Zughaken und Kupplung gehören,

Bremseinrichtung sowie

Aufbauten, die sich aus dem Wagenkasten, den Fenstern, Türen und Übergängen sowie den Ausrüstungen (u. a. Beleuchtung, Heizung, Belüftungsanlage und sanitären Einrichtungen) zusammensetzen.

Aus der handwerklichen Kutschenfertigung wurde eine industrielle Fahrzeugproduktion. Jedoch ging jede Bahnverwaltung in Deutschland infolge der nationalen Zersplitterung im Personenwagenbau eigene Wege. In Norddeutschland zum Beispiel bevorzugte man den zweiachsigen Abteilwagen nach englischem, in Württemberg dagegen den Durchgangspersonenwagen mit Drehschemel nach amerikanischem Vorbild. Erst mit der Verstaatlichung der meisten Hauptbahnen um die Jahrhundertwende wurde den unterschiedlichen Entwicklungen Einhalt geboten. Der Personenwagenbau stellte sich von zwei- und dreiachsigen Fahrzeugen auf vierachsige Drehgestellwagen um, da höhere Geschwindigkeiten und ein den längeren Reiseweiten entsprechender Fahrkomfort gefordert wurden.

Als dann im Jahr 1920 die deutschen Ländereisenbahnen in der Deutschen Reichsbahn aufgingen, begann die Zeit des Reisezugwagens der Einheitsbauart in Ganzmetallbauweise. Die zweiachsigen (mit Einstiegbühnen) und auch die vierachsigen Durchgangswagen waren die ersten Ergebnisse dieser Vereinheitlichungsbestrebungen. Der im gleichen Jahr gebildete Wagennormungsausschuß setzte ferner einige Zeit später die Austauschbarkeit von Wagenteilen durch.

Aber auch die anderen europäischen Eisenbahnverwaltungen hatten unterschiedliche Wege im Reisezugwagenbau eingeschlagen. Da sich das jedoch noch auf den grenzüberschreitenden Verkehr hemmend auswirkt, bemühen sich heute die internationalen Eisenbahnverbände OSShD und UIC um einheitliche Wagentypen; zur Zeit werden zunächst die größten Abweichungen beseitigt.

Den Komfort eines den heutigen Ansprüchen genügenden Reisezugwagens für den Fernverkehr kann man etwa so skizzieren:

— gute Laufeigenschaften, auch bei hohen Geschwindigkeiten;
— bequeme Form des Sitzgestühls;
— ausreichende Fläche für einen Sitzplatz im Interesse einer größtmöglichen Bewegungsfreiheit;
— breite Fenster;
— künstliche Beleuchtung mit einer optimalen Ausleuchtung am Sitzplatz;
— angemessene Belüftung, Heizung oder Klimatisierung;
— in angenehmen Farbtönen gehaltene Innenausstattung;
— genügende Anzahl großzügig eingerichteter sanitärer Anlagen (Waschgelegenheit und Toilette);
— den Fahrgastwechsel begünstigende Einstiegsmöglichkeiten.

Diesen Grundforderungen kommt die Deutsche Reichsbahn mit dem Reisezugwagen Typ B nach, der im Eisenbahn-Jahrbuch 1963 (Seite 104) vorgestellt wurde. Diesen vom VEB Waggonbau Bautzen geschaffenen Wagen setzen unter anderem die Deutsche Reichsbahn und die ČSD im Fernreiseverkehr ein.

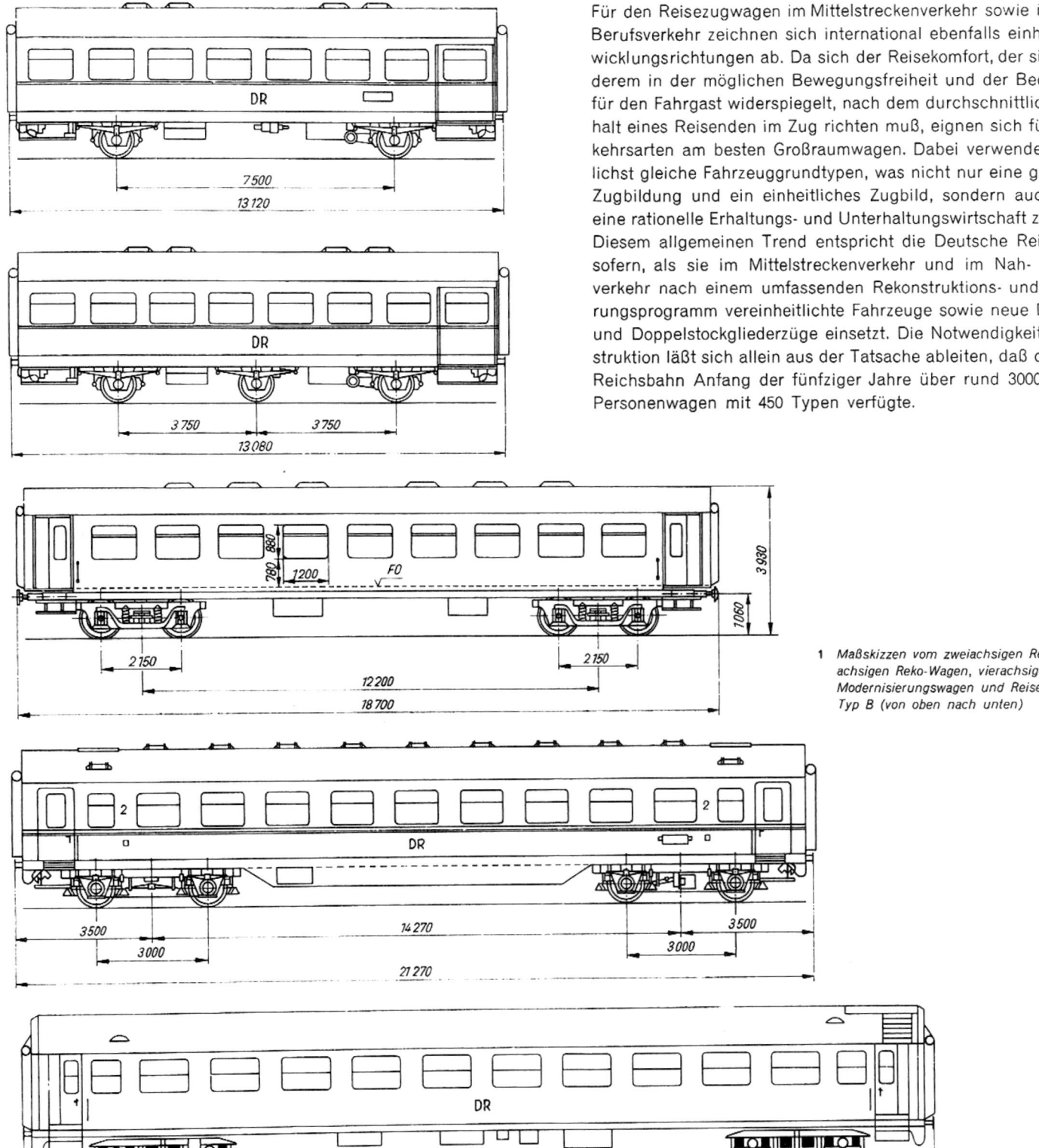

Für den Reisezugwagen im Mittelstreckenverkehr sowie im Nah- und Berufsverkehr zeichnen sich international ebenfalls einheitliche Entwicklungsrichtungen ab. Da sich der Reisekomfort, der sich unter anderem in der möglichen Bewegungsfreiheit und der Bequemlichkeit für den Fahrgast widerspiegelt, nach dem durchschnittlichen Aufenthalt eines Reisenden im Zug richten muß, eignen sich für diese Verkehrsarten am besten Großraumwagen. Dabei verwendet man möglichst gleiche Fahrzeuggrundtypen, was nicht nur eine gattungsreine Zugbildung und ein einheitliches Zugbild, sondern auch vor allem eine rationelle Erhaltungs- und Unterhaltungswirtschaft zur Folge hat. Diesem allgemeinen Trend entspricht die Deutsche Reichsbahn insofern, als sie im Mittelstreckenverkehr und im Nah- und Berufsverkehr nach einem umfassenden Rekonstruktions- und Modernisierungsprogramm vereinheitlichte Fahrzeuge sowie neue Doppelstock- und Doppelstockgliederzüge einsetzt. Die Notwendigkeit der Rekonstruktion läßt sich allein aus der Tatsache ableiten, daß die Deutsche Reichsbahn Anfang der fünfziger Jahre über rund 3000 vierachsige Personenwagen mit 450 Typen verfügte.

1 Maßskizzen vom zweiachsigen Reko-Wagen, dreiachsigen Reko-Wagen, vierachsigen Reko-Wagen, Modernisierungswagen und Reisezugwagen Typ B (von oben nach unten)

1957 begann die Rekonstruktion der zwei- und dreiachsigen Reisezugwagen, die für den Berufsverkehr bestimmt sind. Sieben Jahre später (1964) hatten die Reichsbahnausbesserungswerke Halberstadt und Berlin-Schöneweide etwa 3200 Reko-Wagen fertiggestellt und dem Betrieb übergeben. Danach lief die Rekonstruktion von über 150 Bahnpostwagen und etwa 300 Packwagen. Nachdem auch dieser Umbau beendet ist, kann bei Personenzügen ein einheitliches Zugbild gewahrt werden.

1961 fing das Reichsbahnausbesserungswerk Delitzsch an, die vierachsigen Seitengangwagen zu modernisieren; das Programm ist noch nicht abgeschlossen. Diese Fahrzeuge sind für den Binnenfernverkehr vorgesehen und werden — da auch die neuen Typ-B-Wagen und die Doppelstockgliederzüge den Bedarf hierfür nicht decken — durch rekonstruierte vierachsige Eilzugwagen ergänzt; die Eilzugwagen stellt seit 1965 das Reichsbahnausbesserungswerk Halberstadt her.

Die umfassende Typenbereinigung des Reisezugwagenparks der Deutschen Reichsbahn hat zur Folge, daß in einigen Jahren annähernd zwei Drittel des gesamten Parks an Schnell- und Eilzugwagen aus den Hauptgattungen Typ-B-Wagen, Modernisierungswagen und vierachsiger Reko-Wagen bestehen. Bis zum gleichen Zeitpunkt werden sich die zwei- und dreiachsigen Personenzugwagen vornehmlich aus vier Typen zusammensetzen, und zwar aus rekonstruierten Fahrzeugen und aus Wagen der Einheitsbauart Bi für Nebenbahnen; in etwa 15 Jahren dürften dann alle Wagen dieser Fahrzeugart rekonstruiert sein.

Die Rekonstruktion der zwei- und dreiachsigen Reisezugwagen

Aus elf Haupttypen, in denen jeweils noch verschiedene Bauarten enthalten waren, bestanden in den fünfziger Jahren die zwei- und dreiachsigen Reisezugwagen der Deutschen Reichsbahn. Sie waren nach Zeichnungen der ehemaligen Ländereisenbahnen von Sachsen, Württemberg, Preußen, Bayern, Baden und Mecklenburg gebaut worden; die unzähligen Sonderausführungen der Klein- und Privatbahnen sind dabei noch gar nicht berücksichtigt.

Da es sich meist um Abteilwagen mit nach außen aufschlagenden Türen handelte, war entsprechend der Forderung der Eisenbahn-Bau- und Betriebsordnung der Wagenkasten verhältnismäßig schmal. Auch schmale Fenster, hölzernes Kastengerippe, Gasbeleuchtung und anderes mehr gehörten zu den charakteristischen Merkmalen dieser bis 1930 gebauten Fahrzeuge, wovon allerdings über zwei Drittel schon vor dem ersten Weltkrieg existierten. Die Generalreparatur eines solchen Fahrzeugs kostete in den letzten Jahren bis zu 30000 Mark, wobei bis zu 1600 Stunden rein handwerklicher Arbeit notwendig und bis zu 2,5 m³ Hartholz neu eingebaut wurden. Derartige in regelmäßigen Abständen wiederkehrende Aufwendungen, vor allem aber die umfangreiche Ersatzteilhaltung und die Aussichtslosigkeit, die Instandsetzung jemals mechanisieren zu können, gaben den Ausschlag, diese Reisezugwagen zu rekonstruieren. Zudem ergaben ökonomische Vergleiche und Berechnungen, daß sich der Rekonstruktionsaufwand schon in einem Zeitraum von fünf Jahren, also bis zur nächsten Hauptuntersuchung, amortisiert hat. Einsparungen kommen hauptsächlich aus den vorteilhafteren Pflege- und Instandhaltungsmöglichkeiten. Reko-Wagen können nämlich ohne Schwierigkeiten in mechanischen Außenreinigungsanlagen gesäubert werden, und der Tausch- und Ersatzteilvorrat braucht wegen des hohen Standardisierungsgrads nur äußerst gering zu sein; dadurch sind weniger Umlaufmittel für die Lagerhaltung notwendig.

Noch ein Vorteil sei erwähnt: Fast alle Reisezugwagen der älteren Bauart hatten keinen Übergang. Ja, selbst um von Abteil zu Abteil eines Wagens zu gelangen, mußte der Zugschaffner oft während der Fahrt außen das seitliche Laufbrett benutzen. Die Reko-Wagen dagegen sind einheitlich als Durchgangswagen eingerichtet worden und gestatten den Durchgang von Wagen zu Wagen. Das ist nicht nur vorteilhaft für die Kontrolltätigkeit des Zugpersonals, sondern auch für die gleichmäßige Besetzung der einzelnen Wagen und den Ausgleich des Fahrgaststroms im Gesamtzugverband.

Aufbau der zwei- und dreiachsigen Reko-Wagen

Das Untergestell

Die Untergestelle der Reisezugwagentypen P 11, P 12a, P 12b, P 13, P 14a, P 14b, P 15, P 16, P 23, P 25, P 28 und P 29 sind wegen ihres noch verhältnismäßig guten Zustandes für die Reko-Wagen wiederverwendet worden. Dadurch mußten einerseits die voneinander abweichenden Achsstände in Kauf genommen, andererseits die Rahmen durch Anschäften auf eine einheitliche Länge und auf einen einheitlichen Achsstand von 7,5 m bei zwei- und dreiachsigen Wagen gebracht werden. Achsgabeln, Federböcke sowie Bremseinrichtungen wurden nach Möglichkeit am Untergestell belassen. Bei einlösigen Bremsen sind neue Hik-Bremsen angebaut worden, und jeder Reko-Wagen wurde mit zweiteiligen Bremsklötzen und Bremsgestängesteller ausgestattet. Die Handbremse, die im Vorraum an der Querwand neben der Tür untergebracht ist, wird durch ein Handrad bedient.

Die Radsätze, die Tragfedern und die Gleitachslager sind erhalten geblieben. Die Zugstangen wurden gleichfalls einheitlich verlängert. Zu erwähnen wären noch die seitlich an den Langträgern angeschweißten Kastenstützen.

Der Wagenkasten

Der Wagenkasten der Reko-Wagen ist neu. Er ist eine Stahlleichtbaukonstruktion aus zusammenhängenden Seiten- und Stirnwänden und dem Dach. Diese Elemente sind miteinander verschweißt und werden zum Mittragen herangezogen. Es wurden hierfür Abkantprofile von 2, 2,5 und 4 mm Dicke verwendet. 2 mm dick sind die Seitenwandbleche und 1,5 mm die Dachhaut und der Unterboden.

Die Aufteilung des Wagens ergibt sich zum Teil schon daraus, daß diese Reko-Wagen Durchgangswagen sind. Der Mitteldurchgang im Fahrgastraum ist 680 mm breit; beidseitig davon befinden sich je zwei mit grünem Kunststoff bezogene schaumgummigepolsterte Plätze. Diese sind so angeordnet, daß sich jeweils zwei Reisende gegenübersitzen. Jeden Sitzplatz kann man als Eckplatz bezeichnen; denn an den beiden Seiten eines jeden zweisitzigen Gestühls sind gepolsterte Armlehnen angebracht.

An den Enden des Fahrgastraums schließen sich — durch Schiebetüren von ihm getrennt — große Einstieg- oder Vorräume an. Schiebetüren sind auch die Einstiegtüren, deren lichte Weite von 1310 mm das gleichzeitige Ein- oder Aussteigen von zwei Fahrgästen gestattet. Die Türen sind diagonal angeordnet, das heißt, an jeder Wagenlängsseite befindet sich nur eine Einstiegtür. Dadurch konnte die Toilette im Vorraum untergebracht werden.

Der durch eine Falttür verschließbare Übergang zum anderen Wagen ist auffallend groß; er hat eine lichte Weite von 1200 mm. Dadurch kann der Fahrgastfluß schnell vonstatten gehen.

Neu ist die Ausführung der Fenster. Während die untere, etwa zwei Drittel große Fensterfläche fest ist, läßt sich das obere Drittel nach innen zurückklappen oder durch eine Haltevorrichtung schräg stellen.

Der Wagenübergang ist sehr kurz und beträgt nur insgesamt 300 mm. Er wird durch Gummiwülste abgedeckt, die die Durchgangstür U-förmig umschließen. Die Gummiwülste bestehen aus 8 mm dickem, zu Rohren geformtem Plattengummi. Die Übergangseinrichtung entspricht der internationalen Entwicklungsrichtung.

Beleuchtung und Heizung

Jeder Reko-Wagen wurde mit einer Lichtmaschine ausgerüstet, die am Untergestell befestigt ist und mit Riemen von der Endachse aus angetrieben wird. Des weiteren erhielten fast alle Fahrzeuge ein Regelgerät und eine Batterie.

Die elektrische Lichtanlage — ein Erzeugnis des VEB Fahrzeugausrüstung Berlin — ist für eine Spannung von 24 V ausgelegt. Die 35 Glühlampen (24 V, 25 W) über den Sitzreihen im Wageninnern haben in Sitzplatzhöhe eine Beleuchtungsstärke von 60 lx. Auch die Zugschlußleuchten, die in der Stirnwand fest eingebaut sind, wurden an die Lichtanlage angeschlossen.

Geheizt werden können die Reko-Wagen sowohl durch eine Niederdruckumlauf-Dampfheizung (Nuhz) als auch zum großen Teil durch eine elektrische Heizung mit einer Spannung von 1000 V und der Frequenz von $16^2/_3$ Hz.

Unterhalb der Fenster, also an der Längsseite des Wagens, und im Vorraum in der Zwischenwand befinden sich die Heizschlangen für die Dampfheizung. Die elektrischen Heizkörper hängen unter den Sitzbänken, wodurch sich der Fahrgastraum gut reinigen läßt.

Eine Umbauvariante sei hier noch vermerkt: Reisende mit Traglasten finden in den Großraumabteilen der üblichen zwei- und dreiachsigen Reko-Wagen wenig Abstellmöglichkeiten. Daher wurden eine Anzahl von Traglastwagen eingerichtet, in denen jeweils auf vier Doppelsitze verzichtet worden ist.

Die Rekonstruktion der vierachsigen Reisezugwagen

Wie schon erwähnt, setzt das Reichsbahnausbesserungswerk Halberstadt seit 1965 das Reko-Programm mit dem Umbau der vierachsigen Reisezugwagen mit hölzernen Wagenkästen fort. Die Abteilwagen sächsischer und preußischer Bauart mit den Stammnummern 420, 421, 430 und 431 werden zu einem Standardwagen rekonstruiert, der dann die neue Stammnummer 260 erhält. Diese Fahrzeuge werden für Geschwindigkeiten von 120 km/h eingerichtet.

2 Dreiachsiger Reko-Wagen

3 Vierachsiger Reko-Wagen

Aufbau des vierachsigen Reko-Wagens

Laufwerk und Untergestell

Die Drehgestelle amerikanischer Bauart (mit Schwanenhals), mit denen diese Fahrzeuge zum Teil schon versehen waren, werden für den Reko-Wagen teilweise wieder verwendet. Allerdings werden unter anderem die hölzernen Wiegenträger durch stählerne ersetzt, einheitliche Drehpfannen eingebaut und generell die Gleitlager- durch Rollenlagerradsätze ausgetauscht. Auch erhalten die Fahrzeuge die KE-Bremse mit dem Steuerventil KE 10 und Plastbremssohlen; dadurch eignen sie sich brems- und lauftechnisch für die Beistellung in Züge, die mit 120 km/h Geschwindigkeit fahren. GP-Wechsel, Gestängesteller und Ausschaltvorrichtung sind ebenfalls vorhanden.

Die Untergestelle werden auf eine einheitliche Länge gebracht. Sie haben außenliegende Langträger sowie Haupt- und Nebenquerträger.

Die Längs- und Diagonalsteifigkeit wird durch die im Gestell verschweißten, 1,25 mm dicken gesickten Fußbodenbleche erreicht. Der Drehzapfenabstand beträgt einheitlich 12,2 m.

Der Wagenkasten

Die vierachsigen Reko-Wagen erhalten gleichfalls einen neuen Wagenkasten. Die Seitenwände sind mit den Langträgern unmittelbar verschweißt. Zusammen mit den Stirnwänden und dem Dach ergibt sich daraus ein selbsttragender Kasten.
Es werden abgekantete Z-Profile von 3 mm und Bleche von 2 mm Dicke verwendet. Das Dachblech ist 1,5 mm dick.
Der Wagenkasten ist über Stirnwandblech gemessen 18400 mm lang und über Seitenwandblech gemessen 2900 mm breit.
Drehfalttüren dienen als Endeinstiegtüren. Sie haben eine Öffnungsweite von über 750 mm; ein Kinderwagen kann ohne weiteres hindurch.
An den Stirnseiten befinden sich zweiteilige Schiebetüren, ferner Übergangsbrücken und Gummiwulstübergänge.
Der vierachsige Reko-Wagen ist ebenfalls ein Durchgangswagen mit Mittelgang. Der Raum ist in acht Abteile mit der Sitzanordnung 2+2 aufgeteilt. Jeder Sitzplatz hat eine freie Sitzbreite von 490 mm. Insgesamt stehen 64 Sitzplätze zur Verfügung. Der Großraum ist durch eine Trennwand mit Pendeltür in ein Raucher- und ein Nichtraucherabteil untergliedert. Diese zwei Räume haben farblich unterschiedliche Sitzpolster.
Die Fenster sind den standardisierten Größen angeglichen. Sie sind 1200 mm breit und ebenso beschaffen wie bei den zwei- und dreiachsigen Reko-Wagen. Auch hier ist der obere Teil klappbar.
Die Einstiegräume sind vom Fahrgastraum durch verglaste Schiebetüren abgetrennt. Der Vorraum ist so geräumig, daß sperriges Gut und Kinderwagen abgestellt werden können.

Heizung und Beleuchtung

Die Fahrzeuge werden mit einer Dampfheizung und mit einem elektrischen Heizungssystem ausgerüstet. Die elektrisch geregelte automatische Niederdruckumlauf-Dampfheizung hat einen Regler; die Heizrohre sind unter den Seitenwandfenstern installiert. Die elektrischen Heizkörper befinden sich nach schon bewährter Ausführung quer unter den Sitzen; sie werden automatisch geregelt und mit 1000-V-Einphasenwechselstrom ($16^2/_3$ Hz oder 50 Hz) gespeist.
Die Leuchtstofflampen sind im Mittelgang angebracht. Der für sie notwendige Wechselstrom von 24 V wird entweder durch eine riemengetriebene Lichtmaschine und einen Umformer oder durch eine Nickel-Kadmium-Batterie, die 275 Ah aufbringt, erzeugt. Wenn der Wagen steht, kann man aus dem Ortsnetz von 380/220 V sowohl die Lichtanlagen speisen als auch die Batterie nachladen.

Die Modernisierung der vierachsigen Reisezugwagen

Die stählernen Schnellzugwagen, die in den Jahren 1926 bis 1944 gebaut worden sind und als Typen D 1, D 3, D 8a und b sowie D 10a, b, c und d bekannt wurden, werden im Reichsbahnausbesserungswerk Delitzsch einheitlich modernisiert.

4 *Mittelgang des vierachsigen Reko-Wagens*

5 *Sitzplatzanordnung des vierachsigen Reko-Wagens*

6 *Vorraum des vierachsigen Reko-Wagens*

in nur schmalen Alu-Profilen gefaßt, wodurch beim Betreten des Seitengangs der Eindruck erweckt wird, als ob die Abteilseitenwand durchgehend aus Glas besteht.

Die Wagen der ersten und die der zweiten Klasse haben ein modernes, hell- und dunkelblaues, klappbares Sitzgestühl nach dem schwedischen Konstrukteur Akkerblom. Die Leuchten sind in die Decke eingelassen. Die Rasterabdeckung in der Mitte des Abteils erlaubt es, Leuchte, Blaulichtlampe, Lautsprecher und Entlüftung zu vereinigen; auf diese Weise erhält man eine glatte Decke.

Als Eingangstür dient eine Drehtür mit versetztem Drehpunkt. Die Übergangstüren sind zweiteilig und verschiebbar; sie geben eine lichte Durchgangsbreite von 1060 mm frei. Für die Abdeckung der Übergänge werden Gummiwülste verwendet.

Beleuchtung und Heizung

Der Modernisierungswagen ist je nach Wagenklasse mit 22 oder 35 Leuchten ausgestattet; jedes Abteil hat drei Leuchtstofflampen, der Seitengang vier Leuchtstofflampen, der Vorraum und die Toilette je eine Leuchtstofflampe. Die Beleuchtungsstärke beträgt über 200 lx. Für die Stromversorgung dient eine mit Kardanantrieb versehene Lichtmaschine mit einer Leistung von 3,1 kW bei 110 V oder auch eine Batterie mit einer Kapazität von 100 Ah bei 110 V.

Geheizt wird der Wagen durch eine Niederdruckumlauf-Dampfheizung, die eine selbsttätige Temperaturregelung hat. Eine elektrische Heizung läßt sich anschließen. Heizschlangen und Heizkörper sind so installiert, daß das Fahrzeug gut gereinigt werden kann.

7 Modernisierungswagen

Aufbau des Modernisierungswagens

Laufwerk und Untergestell

Die meisten Fahrzeuge waren schon mit Drehgestellen der Bauart »Görlitz« ausgerüstet, deren Laufeigenschaften und Instandhaltungsmöglichkeiten in vollem Maße auch heute noch den betrieblichen Anforderungen gerecht werden. Sie müssen lediglich auf UIC-Rollenlagerradsätze umgestellt werden. Ferner werden die Untergestelle auf eine einheitliche Länge gebracht, um die neugefertigten gleichgroßen Wagenkästen aufsetzen zu können.

Der Wagenkasten

Der Wagenkasten wird mit dem Sickenfußboden, den vorgefertigten Seiten- und Stirnwänden und dem Dach zu einem geschlossenen Ganzen verschweißt.

Das Wageninnere teilt sich je nach Wagenklasse in sieben oder neun Abteile auf. Der 768 mm breite Seitengang wird auf der einen Seite durch die Außenwand mit standardisierten, 1200 mm breiten Fenstern und auf der anderen Seite durch die Abteilwand begrenzt. Die Abteil-Seitenwandteile, die Abteilschiebetüren sowie die Pendeltüren an den Enden des Seitengangs sind gleiche Bauelemente und können mit geringem Aufwand auch getauscht werden. Die Glasscheiben sind

8 Seitengang des Modernisierungswagens

Schlußbetrachtung

Auch im Wagenbau macht sich die technische Revolution unserer Zeit bemerkbar. Es war ein langer Weg von der hölzernen Postkutsche über die Gemischtbauweise, wo also stählerne Untergestelle und Holzaufbauten zusammengefügt wurden, und von der genieteten Stahlbauweise bis zur heutigen vollständig geschweißten Stahlbauweise. Der eingangs erwähnte neue Fahrzeugtyp B, den die Deutsche Reichsbahn in großer Stückzahl besitzt und der ein Beispiel für den hohen Stand des Reisezugwagenbaus der Deutschen Demokratischen Republik ist, zählt zu solch vollständig geschweißten selbsttragenden Stahlleichtbaukonstruktionen. Mit allem Reisekomfort, wie Druckbelüftung und dergleichen, hat dieser Wagen eine Masse von nur 37,5 t. Die Materialeinsatzmenge je Sitzplatz beträgt etwa 0,59 t. Bewährte achshalterlose Drehgestelle werden auf Luftfederung umgestellt, so daß sie auch bei Geschwindigkeiten von 200 km/h und darüber einwandfreie Laufeigenschaften gewährleisten.

Wie werden die Reisezugwagen der Zukunft aussehen? Das Drehgestell wird vervollkommnet und für hohe Geschwindigkeiten einsetzbar gemacht; die Wagenkästen werden leichter. Die Sandwich-Bauweise — bekannt aus dem Flugzeugbau und volkstümlich als Doppelwandbauweise mit Stützkörpern bezeichnet — wird Einzug halten. Der Wagenkasten wird aus zwei dünnen Blechen zu einer formsteifen schub- und druckfesten Röhre zusammengefügt sein, deren Hohlräume mit leichten Schaumstoffen oder Wabenkernen ausgefüllt sind. Diese Wagenkastenröhre ist dann Tragkonstruktion mit isolierender und schalldämmender Wirkung. Eine derartige Entwicklung würde die Eigenmasse bis zu 40 Prozent verringern.

Der Aufwand für die Reisezugwagenausführungen wird auch fernerhin — wie bereits angedeutet — nach den Verkehrsarten zu differenzieren sein. Den höchsten Aufwand verlangt stets die Einsatzart Fernverkehr. Nicht mehr die Beförderung von Personen schlechthin bestimmt die Konstruktion von Reisezugwagen, sondern stärker denn je sind physiologische Forderungen (wie Hygiene, Raumbedarf, Bequemlichkeit) und technische Forderungen (wie Wartungsfreiheit, Höchstgeschwindigkeit und Laufgüte) zu berücksichtigen.

Die Deutsche Reichsbahn hat ihrerseits in den letzten Jahren Maßnahmen ergriffen, um durch die technische Rekonstruktion aus dem vorhandenen Wagenpark betriebssichere, komfortable und wirtschaftliche Fahrzeuge zu schaffen. Die leistungsstarke Industrie unserer Republik wird andererseits den technisch-wissenschaftlichen Fortschritt durch die Entwicklung und Bereitstellung modernster Reisezugwagen vorantreiben.

Das Reisen in den »Festverschlossenen Kapseln« ist damit nicht nur ein Fahren, wie Fürst es seinerzeit beschrieb, sondern ein angenehmes und erholsames Überwinden größerer Entfernungen.

Technische Daten der Reisezugwagen

		zwei- u. dreiachsiger Reko-Wagen Stamm-Nr. 352, 353, 355	vierachsiger Reko-Wagen Stamm-Nr. 260	vierachsiger Modernisierungswagen Stamm-Nr. 243	vierachsiger Einheitsreisezugwagen Typ B Stamm-Nr. 257
Länge über Puffer	(mm)	13080	18700	21270	24500
Drehzapfenabstand	(mm)	—	12200	14270	17200
Drehgestellachsstand	(mm)	—	2150	3000	2500
Anzahl der Sitzplätze (2. Klasse)		48	64 sowie 2 Klappsitze	72	80
Eigenmasse	(t)	18,5	30	39	37,5
Eigenmasse je Sitzplatz	(kg)	386	469	541	470
Eigenmasse je Meter Fahrzeuglänge	(kg/m)	1415	1605	1835	1530
Höchstgeschwindigkeit	(km/h)	90	120	120	160

9

10

9 1.-Klasse-Abteil des Modernisierungswagens

10 Reisezugwagen Typ B

11 An den Schweißvorrichtungen im Reichsbahnausbesserungswerk Halberstadt bei der Rekonstruktion von Reisezugwagen

12 Erstes Erprobungsmuster des Modernisierungswagens

DEUTSCHE REICHSBAHN

Vierteiliger Doppelstockzug mit Fernsteuerungsanlage für Wendezugbetrieb

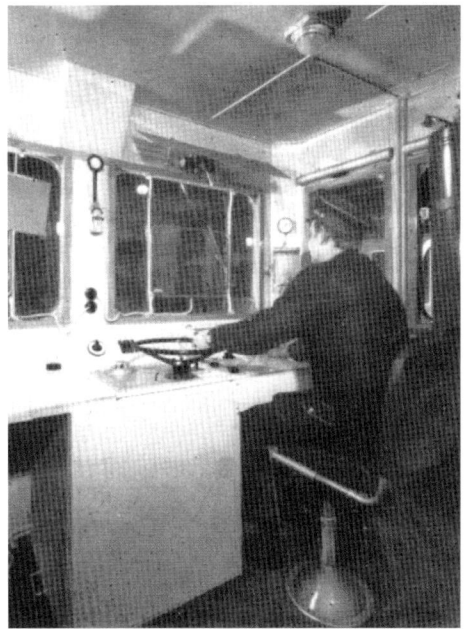

Die seit Anfang 1952 bei der Deutschen Reichsbahn und unterdessen auch bei der polnischen, tschechoslowakischen, bulgarischen und rumänischen Bahnverwaltung in Betrieb befindlichen Doppelstockzüge wurden nach und nach im Detail verbessert. Der fahrzeugtechnische Teil blieb unverändert, als 1969/70 eine Variante erschien, die an einem Ende des vierteiligen Doppelstockzuges einen Führerstand mit Fernsteuerung für Wendezugbetrieb, am anderen Fahrzeugende die Kupplungen der Fernsteuerung zum Triebfahrzeug enthält.

Das Fahrpult im Führerstand ist mit allen Geräten zum Fernbedienen und -überwachen des Triebfahrzeugs ausgerüstet. Statt der üblichen drei schmalen Stirnfenster hat die Variante zwei große Frontscheiben mit Scheibenwischern und Entfrostungseinrichtungen, wodurch eine gute Sicht auf Strecke und Signale gegeben ist. Auch die Seitenfensterteilung ist am Führerstandende anders: Anstelle eines breiten Seitenfensters im Kopfabteil hat der Führerstand zwei schmale Fenster, von denen das vordere fest, das hintere ein Schiebefenster ist.

Die Wendezugsteuerung entspricht der Einheitsausrüstung der Deutschen Reichsbahn. Vom Führerstand aus werden die Steuerleitungen über alle Wagen bis zu den Kupplungseinrichtungen am anderen Zugende geführt. Die Fernsteuerung besteht aus einer Grund- und einer Zusatzausrüstung.

Damit ist der Betrieb mit folgenden Triebfahrzeugen möglich:
— als direkte Steuerung mit den Diesellokomotiven der Baureihen 110 und 118,
— als direkte Steuerung mit den Elektrolokomotiven der Baureihen 211 und 242,
— als Behelfssteuerung mit jedem Triebfahrzeug, das eine 24-V-Rufanlage hat.

Der vierteilige Doppelstockzug mit Fernsteuerungsanlage für Wendezugbetrieb kann allein mit einer Lokomotive oder mit einem zweiten gleichgerüsteten Doppelstockzug zusammen verkehren, wobei im letzten Fall die Lokomotive in der Zugmitte läuft.

Am Zugende mit Führerstand sind Drei-Licht-Spitzensignal und Regel-Schlußsignal installiert.

Lieferwerk ist VEB Waggonbau Görlitz.

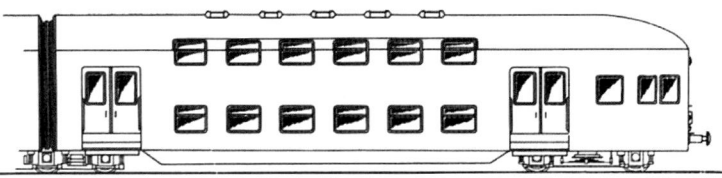

Dr.-Ing. Manfred Höppner und Dipl.-Ing. Herbert Schirm

Zur Vereinheitlichung des Güterwagenparks der Deutschen Reichsbahn

Der Hauptdienstzweig Wagenwirtschaft der Deutschen Reichsbahn hat den wissenschaftlichen Vorlauf bei der sozialistischen Rationalisierung auch im Güterwagenpark zu gewährleisten. Diese Aufgabe ergibt sich aus der Forderung, den steigenden Bedarf an Transportraum sowohl im Binnenverkehr als auch besonders im grenzüberschreitenden Verkehr kontinuierlich zu befriedigen. Deshalb muß der Hauptdienstzweig Wagenwirtschaft einen den Transportbedürfnissen gerecht werdenden und wartungsarmen Güterwagenpark zur Verfügung halten.

Die Lösung der Transportaufgaben kann erreicht werden, wenn die Interessen der Transportkunden und des Verkehrszweigs sowie die Besonderheiten des Umschlags in Übereinstimmung gebracht werden. Einige Anforderungen beeinflussen dabei entscheidend die Gestaltung der Güterwagen und die zugehörigen Umschlageinrichtungen. Das sind:

— Steigerung der Arbeitsproduktivität beim Umschlag und Einsparung von Arbeitskräften,
— Beseitigung körperlich schwerer Arbeit,
— Vermeidung von Qualitätsminderungen und Substanzverlusten bei den umzuschlagenden Gütern.

Durch die Beschaffung von neuen Güterwagen der Normal- und Sonderbauart konnte gleichzeitig das Durchschnittsalter des Güterwagenparks wirksam gesenkt werden.

Die Wartungsarmut drückt sich in der Optimierung der Instandhaltungsarbeiten bei der planmäßigen und außerplanmäßigen Ausbesserung aus. Die bisherigen Verschleißuntersuchungen wurden bei der Beschaffung neuer Güterwagen ausgewertet und führten zu konstruktiv-technischen Änderungen, die das Verschleißverhalten verschiedener Wagenteile angleichen und damit den Instandhaltungsaufwand verringern helfen.

Die Güterwagen der Deutschen Reichsbahn sind einheitlich nach internationalen Gattungszeichen, die in der Tabelle 1 erläutert werden, gekennzeichnet. Alle nachfolgend beschriebenen Güterwagen entsprechen den Vereinheitlichungsempfehlungen nach den OSShD- und UIC-Merkblättern.

Einheitliche Baugruppen bei allen Wagengattungen

Laufwerke

Die zweiachsigen Güterwagen haben ein überkritisches Laufwerk mit Doppelschaken-Aufhängung und Rollenlager-Radsätzen.

Die Drehgestellgüterwagen erhielten bisher die zweiachsigen Drehgestelle der Einheitsbauart der DR. Im Jahr 1971 begann die Deutsche Reichsbahn mit der Einführung des Drehgestells vom Typ Y 25 Cs, das in der Drehpfanne über eine selbstschmierende Kunststoffeinlage oder eine Ölschmiereinrichtung verfügt.

Zugeinrichtung

Für den Einbau der automatischen Kupplung haben die zweiachsigen Güterwagen teilweise und die Drehgestellgüterwagen gänzlich eine geteilte Zugeinrichtung. Die Eigendämpfung wird bei der Bauart DR durch zwei hintereinanderliegende Evolutfedern und bei der Bauart UIC durch eine Feder aus Stahl-Gummi-Elementen erzielt.

Bremsausrüstung

Die Güterwagen besitzen eine abschaltbare Druckluftbremse der Bremsbauart KE G-P, Bremsgestängesteller der Bauart DRV, einen Bremszylinder in Abhängigkeit von der erforderlichen Bremsleistung und eine mechanische oder selbsttätige Lastabbremsung.

Untergestell

Das Untergestell der Güterwagen besteht aus allgemeinen Baustählen und wird aus Walz-, Abkant- und Blechprofilen zusammengeschweißt. Der Einbauraum für die automatische Kupplung gleicht der Variante 2 (Federbeinabstützung) des gemeinsamen Merkblatts OSShD 530/UIC 530-1.

Anbauteile

Die Anbauteile, u. a. Tritte, Griffe, Signalstützen, Seilhaken, entsprechen in ihrer Anordnung und ihren Abmessungen den verbindlichen internationalen Vorschriften und den zusätzlichen Forderungen der Deutschen Reichsbahn.

Von den Flachwagen ab Baujahr 1975 erhalten 25 % eine Übersteigmöglichkeit. Diese Einrichtung besteht aus einem Trittbrett am rechten Kopfstück und einem 500 mm breiten rutschfesten Belag auf dem Wagenboden.

Tabelle 1: Gattungszeichen für Güterwagen

Gattungsbuchstabe	Erläuterung der Gattungsbuchstaben
.E	offene Güterwagen der Regelbauart, stirn- und seitenkippbar, – 2achsig: Ladelänge $\geq$ 7,7 m, Tragfähigkeit $\geq$ 20 t – Drehgestellw.: Ladelänge $\geq$ 12 m, Tragfähigkeit $\geq$ 40 t
.F	offene Güterwagen der Sonderbauart – 2achsig: Tragfähigkeit $\geq$ 20 t – Drehgestellw.: Tragfähigkeit $\geq$ 40 t
.G	gedeckte Güterwagen der Regelbauart $\geq$ 8 Lüftungsklappen, – 2achsig: Ladelänge $\geq$ 9 m, Tragfähigkeit $\geq$ 20 t – Drehgestellw.: Ladelänge von 15 bis 18 m, Tragfähigkeit $\geq$ 40 t
.H	gedeckte Güterwagen der Sonderbauart – 2achsig: Tragfähigkeit $\geq$ 20 t – Drehgestellw.: Tragfähigkeit $\geq$ 40 t
.I	Kühlwagen mit mittlerer Isolierung, Bodenroste und Eiskästen $\geq$ 3,5 m^2 – 2achsig: Ladefläche $\geq$ 19 m^2, Tragfähigkeit $\geq$ 15 t – Drehgestellw.: Tragfähigkeit $\geq$ 30 t
.K	Flachwagen in Regelbauart mit Einzelachsen, mit abklappbaren Borden und kurzen Rungen Ladelänge $\geq$ 12 m, Tragfähigkeit $\geq$ 20 t
.L	Flachwagen der Sonderbauart mit Einzelachsen Tragfähigkeit $\geq$ 20 t
.R	Flachwagen in Regelbauart mit Drehgestellen, abklappbaren Stirnwänden und Rungen, Ladelänge $\geq$ 18 m, Tragfähigkeit $\geq$ 40 t
.S	Flachwagen in Sonderbauart mit Drehgestellen, Tragfähigkeit $\geq$ 40 t
.T	Güterwagen mit öffnungsfähigem Dach – 2achsig: Tragfähigkeit $\geq$ 20 t – Drehgestellw.: Tragfähigkeit $\geq$ 40 t

Kennbuchstabe	in Verbindung mit dem Gattungsbuchstaben	Bedeutung der Kennbuchstaben[1]
a	E, F, G, H, I, T	mit Drehgestellen
a	S	mit 3achsigen Drehgestellen
b	G, H	2achsig: Laderaum $>$ 70 m^2
b	T	2achsig: Laderaum $>$ 60 m^2
b	I	2achsig: Ladefläche $>$ 22 m^2
bb	I	2achsig: Ladefläche $>$ 27 m^2
c	H	mit Stirnwänden
c	I	mit Fleischhaken
d[2]	E, F, T	Schwerkraft-Selbstentladung (ohne Flachboden)
d	H	mit Bodenklappen
d	I	für Seefische
e	R	mit Bordwänden
f	allgemein	für Fährverkehr mit Großbritannien geeignet
g	E, F, T	für Getreide
g[3]	I	Kühlmaschinenwagen
g[4]	R, S	für den Transport von Großcontainern bis 60′ Ladelänge
gg	R, S	für den Transport von Großcontainern bis 80′ Ladelänge
h	I	mit starker Isolierung
i	R, S	mit Stahlboden und festen Stirnwänden
i	H, T	mit öffnungsfähigen Seitenwänden
j	K, L, R, S	mit Stoßverzehreinrichtungen
k	E, F, G, H, K, L, T	2achsig: Tragfähigkeit $<$ 20 t
k	I	2achsig: Tragfähigkeit $<$ 15 t
k	E, F, G, H, R, S, T	mit Drehgestellen: Tragfähigkeit $<$ 40 t
k	I	mit Drehgestellen: Tragfähigkeit $<$ 30 t
l	E	nicht seitenkippbar
l	G	$>$ 8 Lüftungsklappen
l[3]	I	ohne Eiskästen
l	K, R	ohne Rungen
l[5]	L, S	ohne Rungen
m	I	2achsig: Ladefläche $<$ 12 m^2
m	K	Ladelänge: 9,00 bis 12,00 m
m	R	Ladelänge: 15,00 bis 18,00 m
mm	K	Ladelänge: $<$ 9,00 m
mm	R	Ladelänge: $<$ 15,00 m
o	E	nicht seitenkippbar
o[3]	I	Eiskästen $<$ 3,5 m^3
p	I	ohne Bodenroste
p	K, L, S	ohne Borde
p	R	ohne Stirnwände
q	allgemein	elektrische Heizleitung für alle Stromarten
r	allgemein	Dampfheizleitung
s	allgemein	für 100 km/h geeignet
ss	allgemein	für 120 km/h geeignet

mit nationaler Bedeutung

Kennbuchstabe	in Verbindung	Bedeutung
t	G, H	mit Sondereinrichtungen
u	E, G, K, R	nicht für Fahrzeugtransporte geeignet
v	G, H	mit Dachluken
v	T	nicht für Kranbe- und -entladung
y	I	mit Innenauskleidung
z	K, L, R, S	mit abklappbarem Bühnengeländer

[1] Die Kennbuchstaben sind hinter dem Gattungsbuchstaben in alphabetischer Reihenfolge und ergeben zusammen das internationale Gattungszeichen
[2] bezieht sich nicht auf nichtkippbare Güterwagen ohne Flachboden
[3] Kennbuchstaben g, l und o werden nicht gepaart
[4] bis 18,5 m Ladelänge
[5] kann wahlweise zu den Kennbuchstaben g und gg angebracht werden.

Tabelle 2: Die wichtigsten technischen Daten von gedeckten Güterwagen, von Güterwagen mit öffnungsfähigem Dach und von Kühlwagen

Benennung		2achsiger gedeckter Güterwagen	2achsiger gedeckter Güterwagen	4achsiger gedeckter Güterwagen	2achsiger Güterwagen mit öffnungsfähigem Dach	2achsiger Schwerkraft-Selbstentladewagen	4achsiger Schwerkraft-Selbstentladewagen	2achsiger Thermoswagen	4achsiger Kühlwagen
Gattungszeichen		Gbs	Gbqrss	Gags-v	Tbs	Tds	Tads	Ibblpqrs	Iabhpqrs
Ladegut		nässeempfindliche Stück- und Schüttgüter			nässeempfindliche Stückgüter	nässeempfindliche Schüttgüter		Bananen, sonstige Südfrüchte	wärme- und kälteempfindliche Ladegüter
Nr. der Abbildung		1		2	3	4		5	
Länge über Puffer	mm	14 020	14 420	16 520[2]) 17 020[3])	14 020	9640	19 040	14 020	22 240
Länge über Kopfstück	mm	12 780	13 180	15 280[2]) 15 780[3])	12 780	8400	17 800	12 780	21 000
Achsstand/ Drehzapfenabstand	mm	8000	8000	10 500	8000	6000	14 000	8000	16 500
Wagenbodenhöhe über SO	mm	1240	1240	1240	1240	—	—	1350	1320
Ladebreite	mm	2600	2600	2670	2600	—	—	2400	2550
Ladefläche	m²	33,2	33,2	40,0	33,2	—	—	30,2	—
Laderaum	m³	80,0	80,0	95,0	80,0	38,0	66,0	ca. 70,0	92,0
Laderaumtüren – lichte Höhe	mm	2150	2150	2150[1])	2150	—	—	2150/2030[4])	1900[1])
– lichte Breite	mm	2500	2500	2500	2500	—	—	2500/2200[4])	2700
Eigenmasse	t	14,0[2])	15,0[3])	22,0[2]) 23,0[3])	16,5[2])	14,0	26,0	18,2	32,5
Lademasse	t	25,0[2])	24,0[3])	56,0[2]) 55,5[3])	22,5[2])	25,5[2]) 25,0[3])	52,0	20,5	41,0
Kleinster befahrbarer Gleisbogenhalbmesser	m	75	75	75	75	65	75	75	75
Höchstgeschwindigkeit	km/h	100	120	100	100	100	100	100	100
Achsstand der Drehgestelle	mm	—	—	1800	—	—	—	—	1800
Laufkreisdurchmesser	mm	1000	1000	920	1000	1000	920	1000	920
Bauart der Zugeinrichtung		durchgeh.	durchgeh.	geteilt	geteilt	geteilt	geteilt	geteilt	geteilt
Bauart der Puffer – Hub	mm	75	75	75	75	75	105	75	105
– Endkraft	kN	350	350	350	350	350	590	350	590
Bauart der Bremseinrichtung – Steuerventil		KE 1c Sl	KE 1c Sl	KE 2c AL Sl	KE 1c Sl	KE 1c Sl	KE 1c Sl	KE 1c Sl	KE 1c Sl
– Handbremsanteil	%	—	100	25	—	25	25	—	100[5])

Erläuterungen:
[1]) 2 Türen je Wagenseite;   [2]) ohne Handbremse;   [3]) mit Handbremse;   [4]) lichte Abmessungen Innentür   [5]) mit Feststellbremse (bodenbedienbar)

Besonderheiten bei den Wagenaufbauten

*Gedeckte Güterwagen,
Güterwagen mit öffnungsfähigem Dach
und Kühlwagen*

Die gedeckten Güterwagen (Gattung G), die Güterwagen mit öffnungsfähigem Dach (Gattung T) und die Kühlwagen (Gattung I) sind in der Tabelle 2 aufgeführt.

Die Seiten- und Stirnwände sowie das Dach bestehen bei allen Wagengattungen aus Stahl.

Bei den gedeckten Güterwagen der Gattungen Gbs, Gbqrss und Gags-v sowie bei den Güterwagen mit öffnungsfähigem Dach der Gattung Tbs sind die Seiten- und Stirnwände innen mit Holzbrettern oder Sperrholz ausgekleidet. Eine Lieferserie der zweiachsigen gedeckten Güterwagen der Gattung Gbs erhielt als Verkleidung der Seiten- und Stirnwände kunstharzverleimte Sperrholzplatten. Die genannten Wagengattungen können zur Be- und Entladung mit Gabelstaplern befahren werden (max. Radlast 22 kN). Die Fahrzeuge haben auf jeder Wagenseite vier Lade- und Lüftungsklappen, die in wechselnder Reihenfolge mit festen Jalousien und klappbaren Gittern versehen sind.

Die zweiachsigen gedeckten Güterwagen der Gattungen Gbs, Gbqrss und Tbs enthalten 18 Binderinge, wovon 10 Ringe an der Seitenwand im Abstand von 1100 mm und 8 Ringe im Abstand von 350 mm am Wagenboden angeordnet sind. Bei den vierachsigen gedeckten Güterwagen der Gattung Gags-v gibt es nur 16 Binderinge, die im Abstand von 350 mm über dem Wagenboden eingebaut sind. Diese Gü-

1 Zweiachsiger Güterwagen der Gattung Gbs

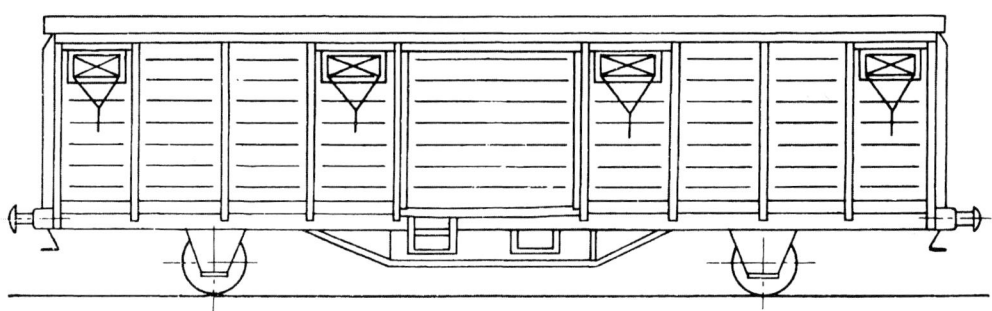

terwagen haben drei Dachladeluken (600 mm Durchmesser).

Die Güterwagen der Gattungen Tbs, Tds und Tads zeichnen sich durch ein öffnungsfähiges Dach aus, das als Hubschwenkdach ausgeführt ist.

Bei Wagen der Gattung Tbs wird beim Öffnen des Daches die gesamte Bodenfläche für die Be- und Entladung freigegeben. Bei den Wagen der Gattungen Tds und Tads ist die Schwerkraft-Selbstentladung charakteristisch, wozu vier Trichter zur Verfügung stehen. Zur selbsttätigen Entladung haben die Trichterwände eine Neigung von 48°. Für die Kontrolle des Laderaums befindet sich an jedem Wagenende eine Leiter mit Griffen. Am Wa-

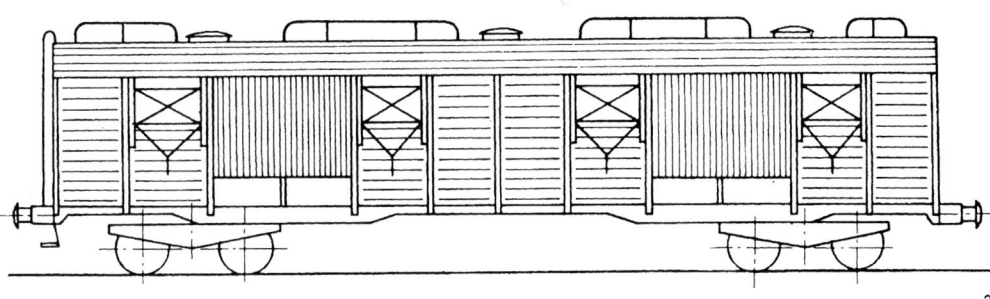

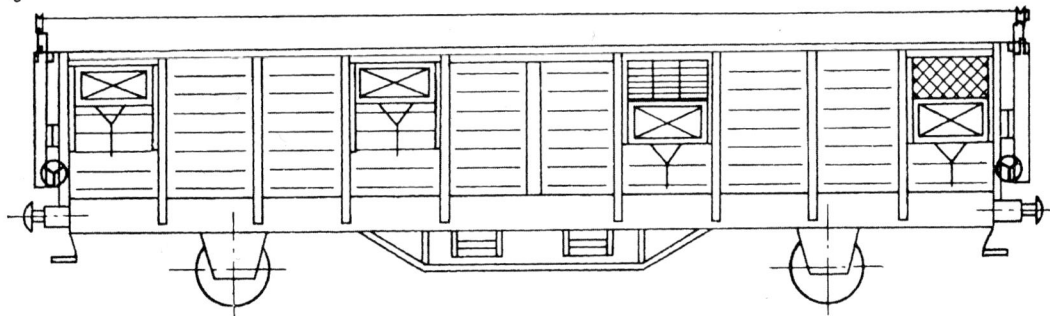

2 Vierachsiger Güterwagen der Gattung Gags-v

3 Zweiachsiger Güterwagen mit Schwenkdach der Gattung Tbs

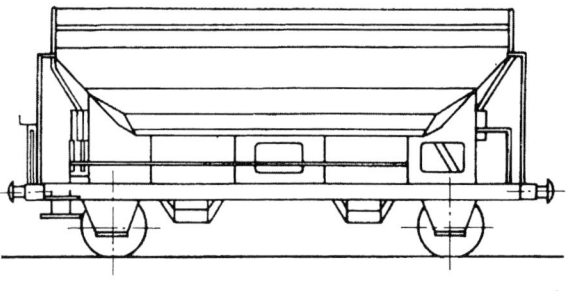

4 Zweiachsiger Schwerkraft-Selbstentladewagen der Gattung Tds

5 Zweiachsiger Thermoswagen der Gattung Ibblpqrs

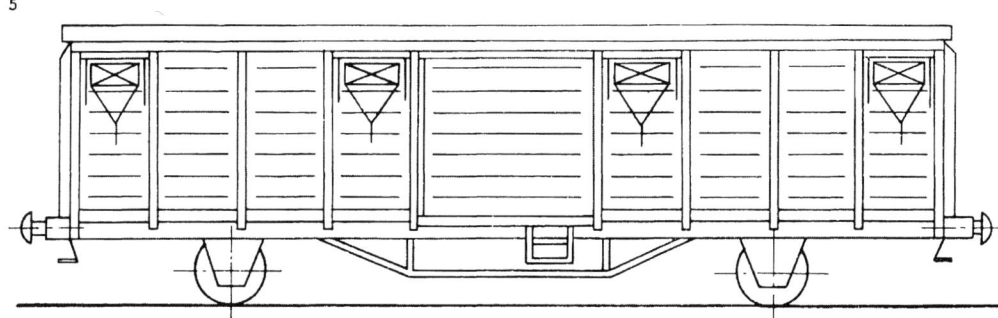

genkasten ist über jedem Wölbschieber eine Befestigungsschiene zum Einhängen von Rütteleinrichtungen angebracht. Zum Entleeren bedient man von einer Bedienungsbühne aus, die sich an der Wagenlängsseite befindet, 4 oder 8 Wölbschieber, wobei jeder Wölbschieber einzeln bedienbar ist.

Die zweiachsigen Thermoswagen der Gattung Ibblpqrs haben den gleichen Wagenkasten wie die zweiachsigen gedeckten Güterwagen der Gattung Gbs. Zur Isolierung dient Polystyrol-Hartschaum; als Innenauskleidung ist verzinktes Stahlblech eingebaut. Im Wagenboden, der ebenfalls mit verzinktem Stahlblech verkleidet ist, befinden sich zwei Wasserabläufe. Hinter der Seitenwandschiebetür schließt eine zweiflügelige isolierte Drehtür den Innenraum ab.

Bei den Kühlwagen der Gattung Iabhpqrs wurden Wagenkasten und Wagenboden erstmalig bei derartigen Fahrzeugen der DR in Stützstoffbauweise ausgeführt. Zwischen der äußeren und der inneren Deckschicht wird als Isolationsmaterial Polyurethan-Hartschaum eingeschäumt, wogegen das Dach innen mit Polystyrol-Hartschaum isoliert ist. Die Außenbekleidung der Seitenwände, der Stirnwände und der Laderaumtüren besteht aus Stahlblech, die Innenverkleidung aus legiertem Aluminiumblech. Der Wagenboden enthält als obere Deckschicht eine Sperrholzplatte mit abriebfester Polyurethan-Beschichtungsmasse und als untere Deckschicht glasfaserverstärktes Polyesterharz. Dazwischen befindet sich die eingeschäumte Isolierschicht mit einem Stützkern. Die Eisbunker innen an den beiden Stirnseiten können 3 t Wassereis aufnehmen. Eine Trennwand mit einer Reinigungsklappe hält die Eisbunker vom Laderaum fern. Das Schmelzwasser im Eisbunker wird über zwei Entwässerungseinrichtungen abgeleitet. Beschickt werden die Eisbunker über außenliegende isolierte Klappen, wozu eine Bedienungsbühne an der Stirnwand vorgesehen ist. Für die Luftumwälzung im Wageninneren sorgen vier elektrisch betriebene Ventilatoren. Ein vom Drehgestell angetriebener Generator und eine NC-Batterie mit den dazugehörigen Regeleinrichtungen liefern den Strom. Der Schaltkasten einschließlich der Anschlüsse für die Fremdeinspeisung befindet sich an einer Stirnwand.

Offene Güterwagen

Die offenen Güterwagen sind in der Tabelle 3 zusammengefaßt.
Alle Fahrzeuge haben Wagenkästen aus Blech, die mit den Untergestellen verschweißt sind.
Beim vierachsigen offenen Güterwagen der Gattung Eads zeigen die Seiten- und Stirnwände einen trapezförmigen Querschnitt. Das Blech ist im unteren Teil 4 mm, im oberen Teil 3 mm dick.
Die offenen Güterwagen der Gattungen Es-u und Eals besitzen einen kombinierten Holz-Stahl-Wagenboden, der mit Gabelstaplern befahren werden kann (max. Radlast 22 kN).
Schwerkraft-Selbstentladewagen der Gattung Eds-u entsprechen in ihrem prinzipiellen Aufbau den Schwerkraft-Selbstentladewagen mit öffnungsfähigem Dach der Gattung Tds. Die Entleerungseinrichtung ist gleich.
Die vierachsigen Schwerkraft-Selbstentladewagen sind Güterwagen der Sonderbauart und speziell für den Transport von Schotter ausgelegt. Darum ist außer der

Tabelle 3: Die wichtigsten technischen Daten der offenen Güterwagen

Benennung		2achsiger offener Güterwagen	2achsiger Schwerkraft-Selbstentladewagen	4achsiger offener Güterwagen	4achsiger Schwerkraft-Selbstentladewagen	4achsiger Schwerkraft-Selbstentladewagen
Gattungszeichen		Es-u	Eds-u	Eals-u	Fad	Fads
Ladegut		nässeunempfindliche Schütt- und Stückgüter	nässeunempfindliche Schüttgüter	nässeunempfindliche Schütt- und Stückgüter	Schotter	Rohbraunkohle
Nr. der Abbildung			6	7		8
Länge über Puffer	mm	10 000[1]) 10 500[2])	9640	14 040[1]) 14 540[2])	13 300[2])	13 500[2])
Länge über Kopfstück	mm	8760	8400	12 800[1]) 13 300[2])	12 060	12 160
Achsstand/ Drehzapfenabstand	mm	5400	6000	8500	7500	7200
Wagenbodenhöhe über SO	mm	1235	—	1273	—	—
Ladebreite	mm	2760	—	2700	—	—
Ladefläche	m²	24,0	—	36,0	—	—
Laderaum	m³	36,0	40,0	72,0	31,0	70,5
Anzahl der Türen je Seitenwand		1	—	3	—	—
Breite der Türen	mm	1800	—	1800	—	—
Eigenmasse	t	11,0[1]) 11,5[2])	12,0	20,4[1]) 21,0[2])	23,5	27,0
Lademasse	t	28,0[1]) 27,5[2])	27,0	57,5[1]) 57,0[2])	54,0	53,0
Kleinster befahrbarer Gleisbogenhalbmesser	m	75	75	75	75	75
Höchstgeschwindigkeit	km/h	100	100	100	80	100
Achsstand der Drehgestelle	mm	—	—	2000	2000	1800
Laufkreisdurchmesser	mm	1000	1000	1000	1000	920
Bauart der Zugeinrichtung		durchgeh.	durchgeh.	geteilt	geteilt	geteilt
Bauart der Puffer						
— Hub	mm	75	75	75	75	75
— Endkraft	kN	350	350	350	350	350
Bauart der Bremseinrichtung						
— Steuerventil		KE 1c Sl	KE 1c Sl	KE 1c Sl	KE 1c Sl	KE 1c Sl
— Handbremsanteil	%	25	25	25	100	100

Erläuterungen:
[1]) ohne Handbremse;   [2]) mit Handbremse

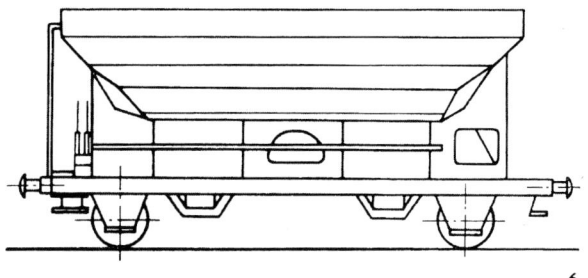

6 Zweiachsiger offener Güterwagen der Gattung Eds-u

7 Vierachsiger offener Güterwagen der Gattung Eals-u

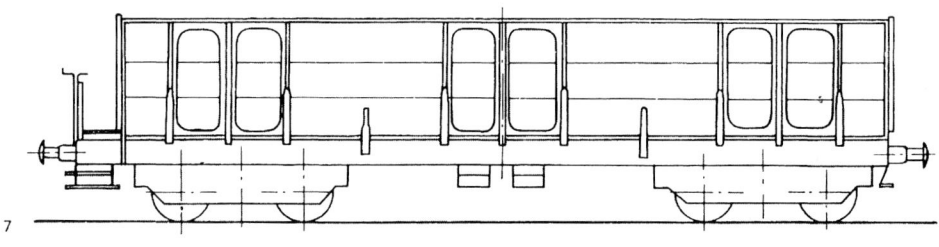

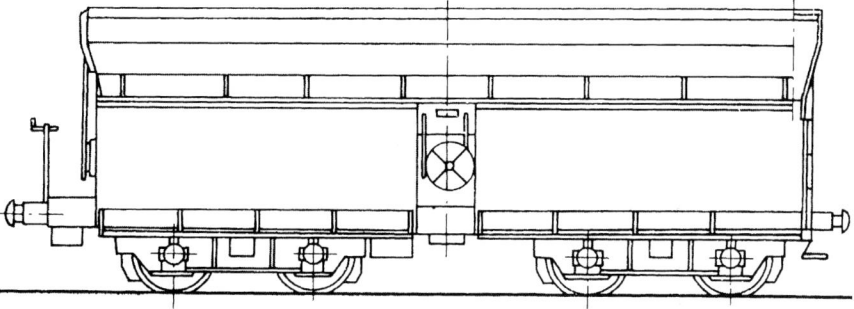

8 Vierachsiger Schwerkraft-Selbstentladewagen der Gattung Fads

Entleerungseinrichtung mit Wölbschiebern zur Dosierung des Entladestroms ein Schotterverteiler vorhanden. Der Wagenkasten ist aus Walzprofilen und Blechen zusammengeschweißt. Der Sattelboden hat einen Spitzenwinkel von 70°. An den Seitenwänden befinden sich jeweils zwei große Entladeklappen, wodurch das Ladegut schlagartig entladen werden kann. Das Untergestell weicht von der üblichen Bauweise ab, weil der Sattelboden in die Tragkonstruktion einbezogen ist. Festgefrorenes Ladegut wird durch eine mit Dampf betriebene Sattelbodenheizung (Bauart Zwickau) entladefähig gemacht. Die Dampfabsperrhähne sind am Kopfstück angeordnet. Das Schließen und Öffnen der Entladeklappen geschieht über einen druckluftbetriebenen Kurbelverschluß, der bei Störung manuell bedient werden kann.

Flachwagen

Die Flachwagen der Gattungen K, R und S sind in Tabelle 4 zusammengestellt.
Die zweiachsigen Flachwagen der Gattung Ks haben an jeder Wagenlängsseite 6 Seitenborde und 6 Drehrungen sowie an der Stirnseite Borde von 450 mm Höhe. Die Borde werden durch Gleitrungen in senkrechter Lage gehalten. Bei abgeklappten äußeren Seitenborden wird die eingeschränkte Wagenbegrenzungslinie überschritten.
Die vierachsigen Flachwagen der Gattung Res verfügen über die gleiche Aus-

Tabelle 4: Die wichtigsten technischen Daten der Flachwagen

Benennung		2achsiger Flachwagen	4achsiger Flachwagen	4achsiger Flachwagen ohne Seitenborde	6achsiger Flachwagen
Gattungszeichen		Ks, Ks-z	Res	Rgs	Sas
Ladegut		Sperrige Ladegüter, nässeempfindliche Stückgüter, Walzwerkserzeugnisse, Fahrzeuge, Container			
		nässeempfindliche Schüttgüter	Großcontainer		nässeempfindliche Schüttgüter
Nr. der Abbildung		9	10	11	
Länge über Puffer	mm	13 860[1]) 14 230[2])	19 900	19 900	15 740
Länge über Kopfstück	mm	12 620	18 660	18 600	14 500
Achsstand/ Drehzapfenabstand	mm	8000	14 860	14 860	9500
Wagenbodenhöhe über SO	mm	1250	1260	1260	1305
Ladebreite	mm	2770	2640	2740	2670
Ladefläche	m²	35,0	48,0	51,0	38,4
Höhe der Bordwände	mm	450	520	520	520
Anzahl der Drehrungen je Seitenwand		6	8	8	—
Eigenmasse	t	12,5	24,5	24,0	31,0
Lademasse	t	27,5	55,5	56,0	89,0
Kleinster befahrbarer Gleisbogenhalbmesser	m	75	35	35	75
Höchstgeschwindigkeit	km/h	100	100	100	100
Achsstand der Drehgestelle	mm	—	1800	1800	3000
Laufkreisdurchmesser	mm	1000	920	920	1000
Bauart der Zugeinrichtung		geteilt	geteilt	geteilt	geteilt
Bauart der Puffer					
– Hub	mm	75	110	110	75
– Endkraft	kN	350	590	590	350
Bauart der Bremseinrichtung					
– Steuerventil		KE 1c Sl	KE 1c Sl	KE 1c Sl	KE 1c Sl
– Handbremsanteil	%	20	25[3])	100[3])	100[3])

Erläuterungen:
[1]) ohne Handbremse; [2]) mit Handbremse; [3]) mit Feststellbremse (bodenbedienbar)

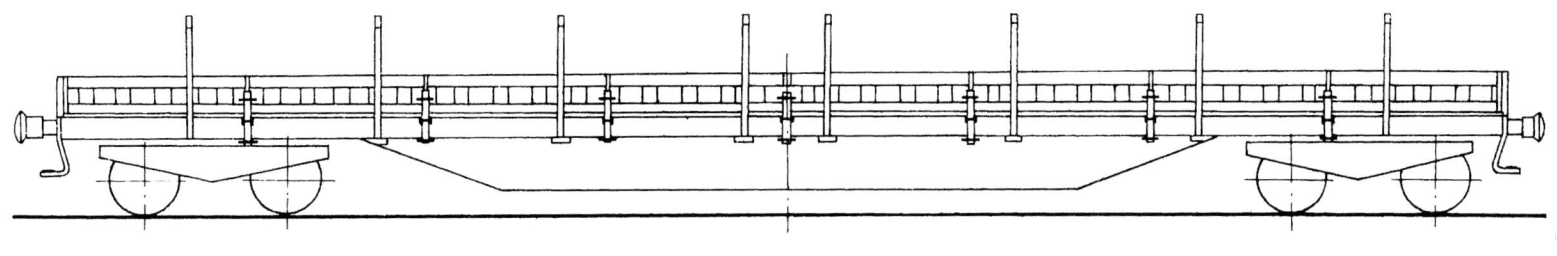

10

9 Zweiachsiger Flachwagen der Gattung Ks-z

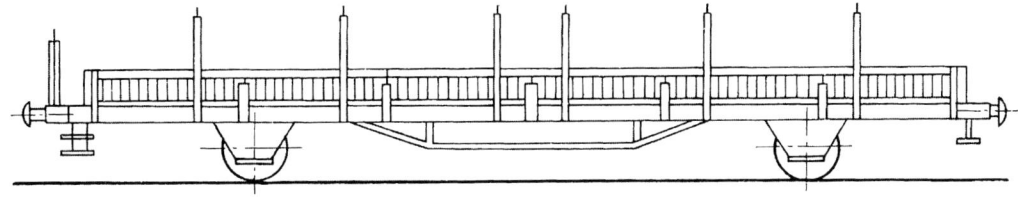

9

rüstung mit Borden und Rungen wie die zweiachsigen Flachwagen der Gattung Ks. Die Anzahl der Seitenborde und der Drehrungen beträgt indes 8 Stück, die Höhe der Borde 520 mm.

Die vierachsigen Flachwagen der Gattung Rgs besitzen nur Stirnborde und 8 Drehrungen je Wagenlängsseite, jedoch zusätzlich klappbare Ladeschwellen und Befestigungseinrichtungen für Großcontainer der Bauart Niesky.

Die sechsachsigen Flachwagen der Gattung Sas sind mit Seiten- und Stirnborden von 520 mm, wie vierachsige Flachwagen der Gattung Res, ausgerüstet, jedoch ohne Drehrungen. Die Wagenböden, Seiten- und Stirnborde können mit Fahrzeugen, deren Radlast 50 kN nicht überschreiten darf, befahren werden. Die Borde sind so ausgelegt, daß im abgeklappten Zustand ein unbehindertes Befahren der Flachwagen möglich ist.

Im Wagenboden der zweiachsigen Flachwagen sind 8 Binderinge und bei den Drehgestell-Flachwagen 16 Binderinge eingelassen.

11

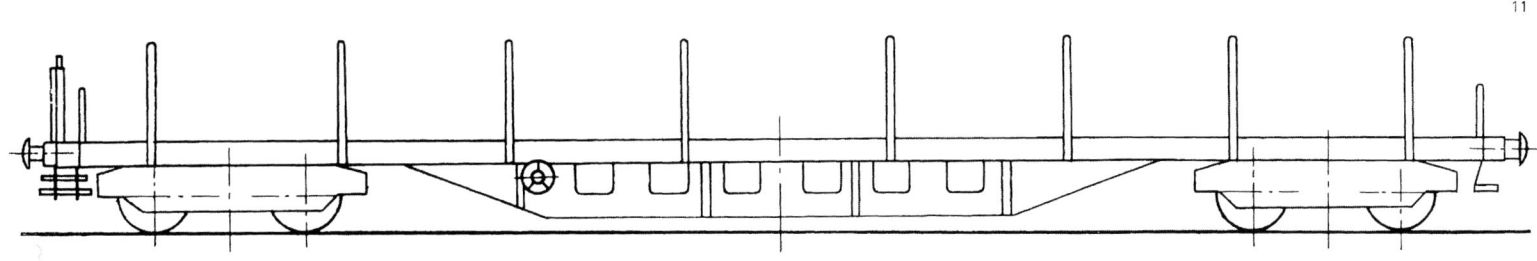

0 Vierachsiger Flachwagen der Gattung Res

1 Vierachsiger Flachwagen der Gattung Rgs

Dipl.-Ing.-Ök. Gottfried Köhler

Standardhilfszug der Deutschen Reichsbahn

Zahlreiche Bahnbetriebswerke der Deutschen Reichsbahn sind in den beiden vergangenen Jahren mit neuen Hilfszügen ausgestattet worden. Es sind dreiteilige Zugeinheiten, sogenannte Standardhilfszüge, bestehend aus einem 2achsigen Energieversorgungswagen, einem 2achsigen Gerätewagen und einem 4achsigen Aufenthaltswagen. Sie haben einen grünen Farbanstrich. Auf Grund der Wendezugeinrichtungen kann das Triebfahrzeug auch am Zugende gekuppelt werden.

Die Erneuerung des Hilfszugparks der Deutschen Reichsbahn wurde notwendig, weil die Hilfszüge in der Wagenzusammensetzung, den Ausstattungen und auch den Einsatzmöglichkeiten (teilweise waren Fahrgeschwindigkeiten von nur 65 km/h zugelassen) sehr unterschiedlich waren. Um aber Unregelmäßigkeiten, Störungen oder Unfälle im Eisenbahnbetrieb schnellstmöglich beseitigen zu können, entschied die Deutsche Reichsbahn, bis 1980 den Hilfszugpark vollkommen zu erneuern.

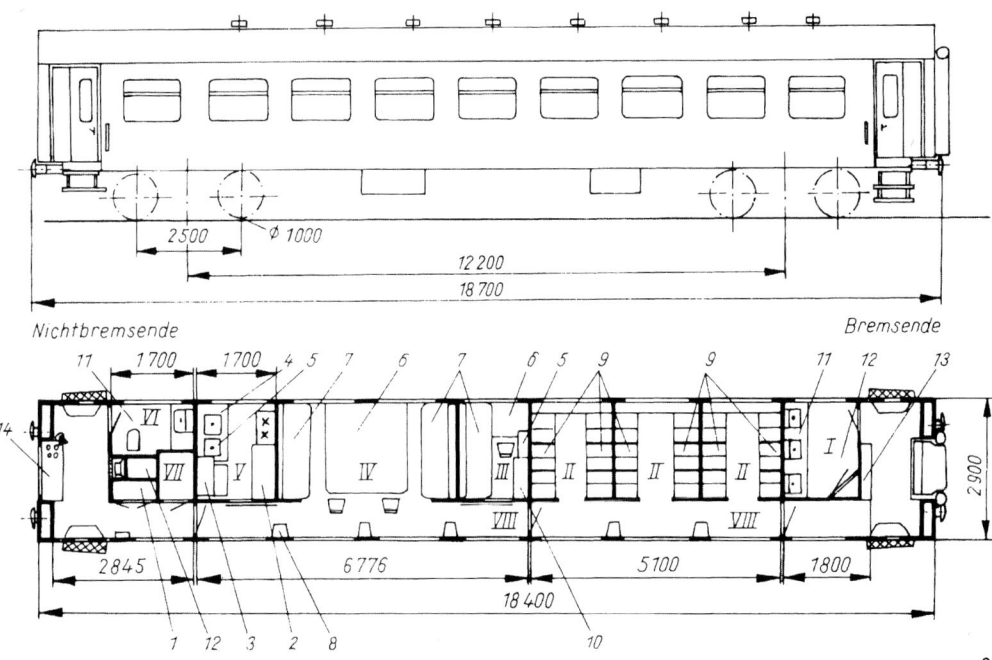

2

1

Diese Aufgabe, die neben den Anforderungen nach hoher Einsatz- und Leistungsbereitschaft auch für das Hilfszugpersonal günstigere Arbeitsbedingungen sichert, übernahm in der ersten Entwicklungsphase die ehemalige Versuchs- und Entwicklungsstelle der Wagenwirtschaft in Delitzsch. Das Reichsbahnausbesserungswerk Potsdam war für den Bau und die Ausstattung zuständig. Auch die Erprobung des Test- und Musterzuges bis zur Serienreife lag bei einer Arbeitsgruppe des Raw Potsdam, die mit Angehörigen des Bahnbetriebswerks Leipzig Hbf West, wo der erste Zug fast zwei Jahre stationiert war, eng zusammenarbeitete. So waren u. a. günstigste Lösungen für die räumliche Ausstattung und die Anordnung der Werk-

1 Außenansicht vom Aufenthaltswagen, Gattungszeichen 6950

2 Maßskizze und Raumaufteilung vom Aufenthaltswagen.
Es bedeuten: *I* Waschraum; *II* Umkleide- und Trockenraum; *III* Raum für Hilfszugbegleiter; *IV* Aufenthaltsraum; *V* Küche; *VI* Abort; *VII* Abstellraum; *VIII* Seitengang; *1* Schaltschrank; *2* Geschirrschrank; *3* Kühlschrank; *4* Spülbecken; *5* Hängeschrank; *6* Tisch; *7* Liegen; *8* Klappsitz; *9* Umkleideschrank; *10* Aktenschrank; *11* Waschbecken; *12* Einbauschrank; *13* Handbremse; *14* Wendezugeinrichtung

3 Maßskizze und Raumaufteilung vom Gerätewagen.
Es bedeuten: *I* Geräteraum; *II* Schaltschrank; *III* Abstellraum; *1* Handbremse; *2* Regal; *3* Steuerpult; *4* MFD-Heber; *5* Schlauchtrommel; *6* Regal; *7* Regal; *8* Rollblock; *9* Winde; *10* Regal; *11* Schrank; *12* Ablage; *13* Hängeschrank; *14* Schrank; *15* Heizung; *16* Übergangseinrichtung; *17* Brückenkran

4 Maßskizze und Raumaufteilung vom Energieversorgungswagen.
Es bedeuten: *I* Geräteraum; *II* Maschinenraum; *III* Schaltschrank; *1* Holzlagerregal; *2* Holzlagerregal; *3* Gasflaschen; *4* Traverse; *5* Drehkran; *6* Notstromaggregat; *7* Kabeltrommel; *8* Schaufeln und Hacken; *9* Werkbank; *10* Handbremse; *11* Dieselaggregat; *12* Wendezugeinrichtung; *13* Heizung; *14* Übergangseinrichtung

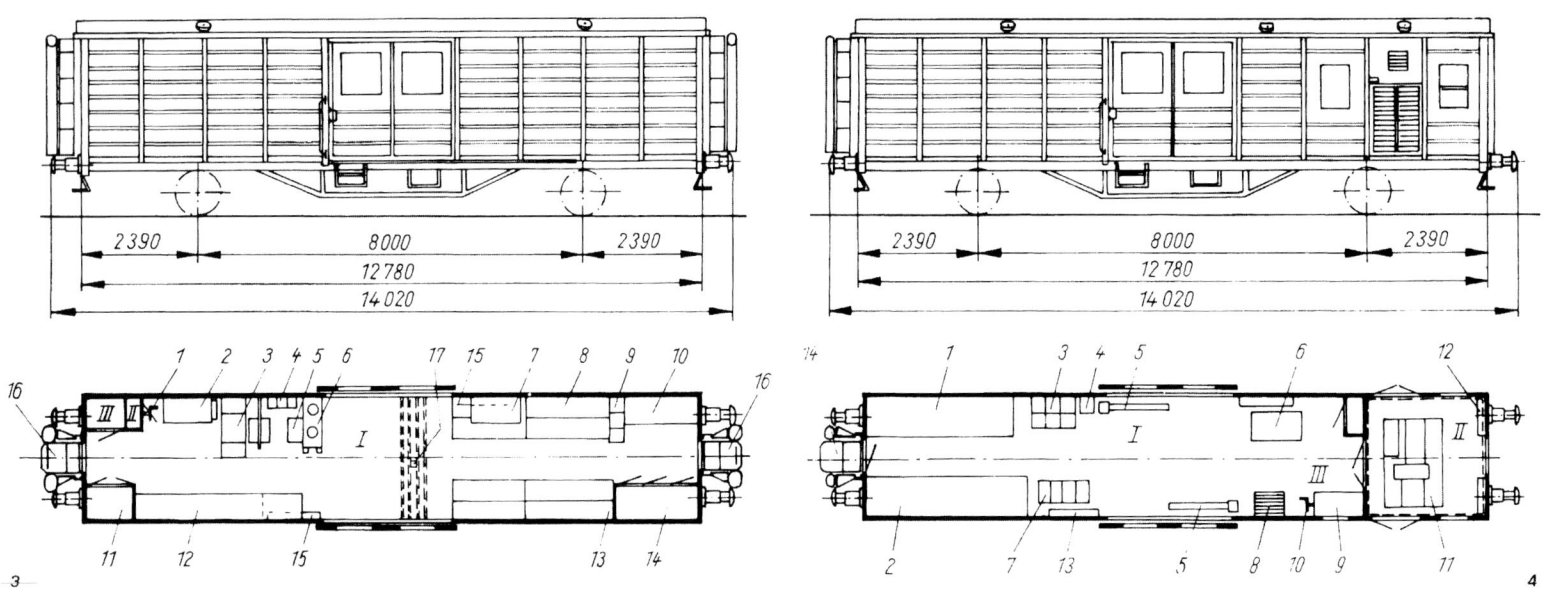

zeuge, Vorrichtungen, der Aufgleisgeräte und -brücken zu untersuchen und festzulegen. Auch waren Ausleuchtungsprobleme mit festinstallierten Scheinwerfern und den Beleuchtungskörpern zu klären.
Das Ergebnis entspricht in vollem Maße den Erwartungen; es entstand ein Standardhilfszug, der den gegenwärtigen und künftigen Anforderungen an schnelle und umfassende Hilfeleistungen am Unfall- oder Störungsort Rechnung trägt.
Es folgt nun eine Beschreibung des Standardhilfszuges mit den drei Fahrzeugen und ihren Ausrüstungen.

Aufenthaltswagen

Der „Bghw-Wagen", der im Rohbau aus dem Reisezugwagen-Fertigungsprogramm des Reichsbahnausbesserungswerks Halberstadt stammt, ist entsprechend dem Einsatzzweck u. a. mit Liegen, Kühlschrank, Heißwasserspeicher und Gaskocher ausgestattet. Von dem Seitengang gehen der Aufenthaltsraum, die Umkleide- und Trockenräume, der Raum für den Hilfszugleiter, die Küche und der Abstellraum für die Winterkleidung ab. Ein Waschraum und eine Toilette befinden sich neben dem Einstiegraum.
An einem Wagenende, und zwar am Nichthandbremsende, befindet sich Platz für den Triebfahrzeugbediener bei Wendezugbetrieb. Eingebaut wurde eine indirekte Steuerung, mit der es möglich ist, den Hilfszug zur oder an der Unfallstelle vereinfacht umzusetzen oder zu rangieren. Die Befehle werden vom und zum Triebfahrzeug durch eine Klingelanlage übermittelt. Auch dafür ist eine 34polige Steuerleitung im Hilfszug installiert. Am Arbeitsplatz des Bedieners befinden sich ein Führerbremsventil St 125, ein Typhon, die Klingelanlage und eine Lichtsignalanlage.
Der Aufenthaltswagen hat für die eigene Stromversorgung und die der anderen beiden Fahrzeuge eine 4,5-kW-Drehstrom-Generatoranlage am Drehgestell, der ein Gleichrichtersatz nachgeschaltet ist. Des weiteren sind zwei Bleibatterien mit einer Gesamtkapazität von 780 Ah vorhanden, mit der die 24-V-Anlage des Hilfszuges etwa 10 Stunden lang versorgt werden kann. Die Batterien können auch durch Fremdeinspeisung aufgeladen werden. Ansonsten sind bei Fremdeinspeisung vom 220/380-V-Ortsnetz alle Verbraucher, sowohl die im 24-V-Bereich als auch die

5 Außenansicht vom Gerätewagen, Gattungszeichen 6900

6 Außenansicht vom Energieversorgungswagen, Gattungszeichen 6901

Energieversorgungswagen

Dieses Fahrzeug aus der Leipziger Güterwagen-Neubauproduktion ist in einen großen Geräte- und einen kleinen Maschinenraum gegliedert. Erwähnt seien die beiden Säulendrehkräne (Hubkraft 2,5 kN), die neben den Schiebetüren, diagonal zueinander, stehen und aus dem Wagen herausgeschwenkt werden können.

Im Maschinenraum, der nur etwa ein Viertel des Wageninneren einnimmt, ist ein luftgekühlter Dieselmotor und Generator (Leistung 20 kVA) untergebracht. Dieses Aggregat kann bei Bedarf durch eine Seitenwandtür ausgetauscht werden. Zur Überwachung und Brandmeldung befindet sich ein Temperaturmeldungsgeber an der wärmsten Stelle über dem Motor. Frischluft zum Motor wird über Axialwandlüfter und Jalousien in den Seitenwandtüren zugeführt. Beide Räume sind durch Schallschutzwände voneinander getrennt.

Am Maschinenraum-Wagenende ist die Stirnwand durch eine Glasscheibe mit Scheibenwischer und -heizung unterbrochen. Von hier kann rangiert werden; die entsprechende Signaleinrichtung und der Rangierbremshahn sind vorhanden. Das andere Wagenende hat an der Stirnseite eine Übergangstür mit Gummiwulstabdeckung. Es bleibt zu ergänzen, daß auch an dem Untergestell des Wagens Halterungen für Vorrichtungen, Seilhaken und Gerätekasten angebracht sind.

220/380-V-Geräte, wie Heizkörper oder Heißwasserspeicher, anzuschließen. Geheizt wird entweder aus der Dampfheizanlage, aus dem 220-V- oder dem 1000-V-Netz. Entsprechende Leitungssysteme bzw. Geräte sind ausreichend vorhanden.

Gerätewagen

Der Gerätewagen ist, ebenso wie der Energieversorgungswagen, im Rohkastenaufbau aus der Gbs-Güterwagen-Serienfertigung des Reichsbahnausbesserungswerkes „Einheit" Leipzig entnommen. Diese 2achsigen Einheitsgüterwagen sind in Ganzstahlbauweise hergestellt.

Die beiden einteiligen Seitenwand-Schiebetüren des Gerätewagens erhielten Fensteröffnungen. Die Stirnwände sind mit Durchgangstüren und Übergangseinrichtungen ausgestattet worden, da dieser Wagen grundsätzlich in der Mitte des Zugverbands verkehrt.

Das Wageninnere ist nur an einem Wagenende durch einen kleinen Abstellraum abgetrennt; ansonsten sind in dem etwa 12,5 m langen Innenraum insbesondere Aufgleisgeräte wie Winden, Rollböcke und Heber untergebracht sowie ein Brückenkran mit elektrischer Laufkatze mit einer Hubkraft von 5 kN, der sich im Schiebetürbereich befindet und sich etwa 875 mm nach außen vom Wagen verschieben und damit einsetzen läßt.

Fotos: Autor (3)

Daten und Ereignisse der Deutschen Reichsbahn

Zusammengestellt von Dipl.-Hist. KARL-HEINZ GUMMICH

7. Oktober 1964 – 15 Jahre Deutsche Demokratische Republik

in Daten und Ereignissen der Deutschen Reichsbahn

15 Jahre sind für die Entwicklung eines Staates eine relativ kurze Zeit. Und doch hat schon in dieser Zeitspanne der erste Arbeiter-und-Bauern-Staat auf deutschem Boden seine geschichtliche Aufgabe für die Zukunft Deutschlands eindrucksvoll bewiesen. Hier, in der Deutschen Demokratischen Republik, sind Imperialismus und Militarismus ein für allemal überwunden, hier werden die demokratischen, humanistischen, friedlichen und sozialistischen Traditionen des deutschen Volkes verkörpert. Am Beispiel des Eisenbahngeschehens in unserer Republik wird das Neue, das Ringen jedes einzelnen Werktätigen um den umfassenden Aufbau des Sozialismus vor Augen geführt. Hinter jedem nüchtern klingenden Satz in der folgenden Zeittafel, die nur die wichtigsten Ereignisse bei der Deutschen Reichsbahn seit 1949 enthält, stehen unter Führung der Partei der Arbeiterklasse errungene Erfolge.

1949

7. Oktober	Gründung der Deutschen Demokratischen Republik — Professor Dr.-Ing. Hans Reingruber († 14. 1. 1964) wird Verkehrsminister des ersten deutschen Arbeiter-und-Bauern-Staates
13. Oktober	2177 Eisenbahner werden als Aktivisten ausgezeichnet
31. Oktober	Die Lokomotive »Gigant« 52 115 vom Bw Merseburg erreicht in einem ununterbrochenen Einsatz vom 1. bis 31. Oktober eine durchschnittliche tägliche Laufleistung von 371 km. Das Lokpersonal schafft bei einem Kohleverbrauch von 415,6 t eine Leistung von 8 252 000 tkm, wobei es 180 t Kohle einspart
1. November	Die wiederaufgebaute Muldebrücke bei Bitterfeld wird zwei Monate vorfristig dem Verkehr übergeben
18./19. November	Richtungweisende Zentralvorstandssitzung der IG Eisenbahn. Thema: Entwicklung einer breiten Aktivistenbewegung
30. November	Raw Stendal übergibt die 3000. Lokomotive, die es seit Wiederaufnahme der Produktion vor 53 Monaten ausgebessert hat
31. Dezember	Deutsche Reichsbahn hat Jahresplan 1949 übererfüllt. 184 000 Eisenbahner nahmen am Wettbewerb teil, 10 700 wurden Aktivisten

1950

20./22. Januar	1. deutsche Verkehrskonferenz. 700 Teilnehmer beraten in Eisenach über die Erfüllung des Transportplans im Rahmen des Zweijahrplans
26. Februar	Abschluß des Tarifvertrags für die Beschäftigten der Deutschen Reichsbahn, der am 1. April in Kraft tritt. Damit werden zum ersten Mal alle arbeits- und lohnpolitischen Bedingungen für Arbeiter und Angestellte in einem Tarifvertrag vereinbart
31. März	Delegationen der Deutschen Reichsbahn und des sowjetischen Verkehrsministeriums verhandeln in Moskau über die Regelung des Personen- und Güterverkehrs zwischen beiden Ländern
1. Mai	Beginn des neuen Wettbewerbs um den Titel »Brigade der ausgezeichneten Qualität«
5. Juni	Neue Initiative der Aktivisten: 7 Lokbrigaden vom Bw Leipzig-Wahren erreichen eine tägliche Loklaufleistung von 500 km. Eine Woche später haben sie bereits 290 t Kohle eingespart
6. Juni	Gründung der Sportvereinigung »Lokomotive«
14. Juni	Die ersten 14 Lokbrigaden erhalten den Titel »Brigade der ausgezeichneten Qualität«
30. Juni	Deutsche Reichsbahn erfüllt den Zweijahrplan vorfristig
20./24. Juli	III. Parteitag der SED in Berlin — Manifest an das deutsche Volk: »Fünfjahrplan 1951 bis 1955, Beginn einer neuen Epoche in der deutschen Geschichte«. Die Aufgaben der Deutschen Reichsbahn lauten: Die tägliche Beladung ist von 19 750 auf 31 000 Wagen zu steigern, 2300 km Gleis sind zu reparieren und 750 km Gleis neu zu verlegen
30. August/ 3. September	Walter Ulbricht schlägt auf dem 3. FDGB-Kongreß Maßnahmen zur Verbesserung der Lage der Eisenbahner als Anerkennung für ihre gute Arbeit und Maßnahmen zur Steigerung der Arbeitsproduktivität vor
9. Oktober	Die Eisenbahnerverordnung tritt in Kraft, mit der erstmals in Deutschland die Eisenbahner vom Staat geehrt werden
1. November	Baubeginn am südlichen Teil des Berliner Außenrings, der zwar schon vor dem ersten Weltkrieg geplant war, dessen Bau aber erst im Arbeiter-und-Bauern-Staat verwirklicht wird
9. November	Eine Frau aus dem Rbd-Bezirk Schwerin wird die erste Bahnhofsvorsteherin der DDR
9./10. Dezember	Außerordentliche Zentraldelegiertenkonferenz der IG Eisenbahn zur Vorbereitung des 1. Fünfjahrplans. Eine neue Satzung wird beschlossen
11. Dezember	Zum ersten Mal wird eine Frau als Triebwagenführerin bei der Berliner S-Bahn eingesetzt
21. Dezember	Aufnahme der ersten internationalen Schnelltriebwagenverbindung: Berlin—Prag—Berlin

1951

1. Januar	Beginn des Komplexwettbewerbs zwischen Deutscher Reichsbahn und VEB Maxhütte Unterwellenborn zur Senkung der Wagenaufenthaltszeiten
12. Januar	Aufnahme des Eisenbahngrenzverkehrs zwischen DDR und ČSR auf der Strecke Liberec—Zittau—Großschönau—Varnsdorf—Seifhennersdorf
2./4. Februar	2. Verkehrskonferenz der DDR berät in Halle die Aufgaben im 1. Fünfjahrplan. Die Deutsche Reichsbahn hat die Kohleverbrauchsnormen und die Wagenumlaufzeiten zu senken sowie die Komplexwettbewerbe weiterzuführen

1 Im Herbst 1950 wird mit dem größten Bauvorhaben der Deutschen Reichsbahn begonnen: dem Berliner Außenring. Rund acht Monate später findet die Einweihung des ersten Abschnitts Grünau—Ludwigsfelde statt

2 Staatspräsident Wilhelm Pieck empfängt im Juni 1951 aus Anlaß des ersten Tags des deutschen Eisenbahners, die mit dem Staatstitel »Verdienter Eisenbahner« Ausgezeichneten

9. Februar	Raw Zwickau (das später den Namen »7. Oktober« erhält) übergibt den 40000. reparierten Güterwagen
13. April	Erste Rangierbrigade der Deutschen Reichsbahn wird auf Bf Riesa gebildet
14. April	Eröffnung einer neuen Eisenbahnstrecke zwischen Rathenow und Löwenberg
20. April	40 Lokbrigaden beteiligen sich am Wettbewerb um 500000 km störungsfreie Loklaufleistungen
1. Mai	Grundsteinlegung für Gebäude der Fakultät für Verkehrswissenschaften an der Technischen Hochschule Dresden
31. Mai	25933 Güterwagen werden an diesem Tag beladen — die bisher größte Leistung seit Kriegsende
10. Juni	Zum ersten Mal Tag des deutschen Eisenbahners. Erstmals werden entsprechend der Eisenbahnerverordnung 30 Männer und Frauen als Verdiente Eisenbahner ausgezeichnet
10. Juli	Der 24 km lange zweigleisige Abschnitt des Berliner Außenrings zwischen Grünau und Ludwigsfelde wird 6 Monate vorfristig eingeweiht
13. August	Die wiederaufgebaute Westhalle des Hbf Leipzig wird dem Verkehr übergeben
1. Oktober	Eröffnung der Ingenieurschule für Eisenbahnwesen in Dresden
11. Oktober	Ministerratsbeschluß über Prämienzahlung an Eisenbahner bei 50jähriger Betriebszugehörigkeit
7. November	Ernst Kamieth wird im Bww Potsdamer Gbf (Westberlin) vom Westberliner Polizeibüttel Zunker ermordet
12. Dezember	Das »Grünauer Kreuz«, ein wichtiger Teil des Berliner Außenrings, wird dem Verkehr übergeben

1952

9. Januar	Erster Doppelstockzug der Deutschen Reichsbahn wird der Presse vorgestellt
13. Februar	Eisenbahnerkonferenz in Leipzig, Walter Ulbricht unter den Gästen. Themen: Prinzip der persönlichen Verantwortung, wirtschaftliche Rechnungsführung bei der Deutschen Reichsbahn und Erziehung der Kader
30. April	Beginn des ersten internationalen Freundschaftswettbewerbs zwischen Bf Bad Schandau und Bf Děčín
8. Juni	Tag des deutschen Eisenbahners. 41 Beschäftigte der Deutschen Reichsbahn erhalten den Ehrentitel
10. Juni	Westdeutsche Behörden sperren provokatorisch die Strecke Vacha — Unterbreizbach
28. Juni	Verordnung über die Erhöhung der Gehälter der Meister und Ingenieure bei der Deutschen Reichsbahn
1. Juli	Auf Beschluß des ZK der SED wird bei der Deutschen Reichsbahn die Politische Verwaltung mit ihren Politischen Abteilungen in den Reichsbahndirektionen und Reichsbahnämtern geschaffen
9./12. Juli	II. Parteikonferenz der SED beschließt den Aufbau der Grundlagen des Sozialismus in der Deutschen Demokratischen Republik
30. Juli	Erster sozialistischer Wettbewerb zwischen den Reichsbahnausbesserungswerken
30./31. August	1. Jungeisenbahnerkonferenz der Deutschen Reichsbahn beschließt die Aufgaben der jungen Eisenbahner bei der Schaffung der Grundlagen des Sozialismus
1. September	Baubeginn der Strecke Vacha—Unterbreizbach
8. September	Eröffnung der Hochschule für Verkehrswesen Dresden
15. November	Einweihung der Strecke Vacha—Unterbreizbach

1953

1. Januar	Bahnärztlicher Dienst wird selbständige Dienststelle der Deutschen Reichsbahn
15. Januar	Eröffnung der Zentralschule der Politischen Verwaltung der Deutschen Reichsbahn in Hainichen; sie erhält am 10. August 1953 den Namen »Erich Steinfurth«
Februar	Beschluß des ZK der SED zur Verbesserung der operativen Leitung des Eisenbahntransports
17./19. April	2. Konferenz der Deutschen Reichsbahn (in Halle). Hauptthemen: Reorganisation des operativen Dienstes durch Einführung des Dispatchersystems, Anwendung sowjetischer Neuerermethoden
30. April	Bildung des Ministeriums für Eisenbahnwesen
13. Mai	Beschluß des Ministeriums für Eisenbahnwesen und des Zentralvorstands der IG Eisenbahn, im Rba Halle den Vierbrigadeplan zu erproben
14. Juni	Rba Berlin 6 führt den Dispatcherdienst probeweise ein
14. Juni	Tag des deutschen Eisenbahners. 23 Beschäftigte der Deutschen Reichsbahn erhalten den Ehrentitel
1. Oktober	Der Abschnitt des Berliner Außenrings Karow—Birkenwerder wird dem Verkehr übergeben
30. Oktober	Eröffnung der neuen Strecke Templin—Prenzlau

1954

1. Januar	Einführung einer Zusatzrentenversorgung für Berufsgruppen des BuV- und Lokfahrdienstes der Deutschen Reichsbahn
15./17. Januar	3. Konferenz der Deutschen Reichsbahn (in Leipzig). Hauptthemen: Senkung der Wagenumlaufzeit auf 3 Tage, Dispatchersystem, neues Transportplanungsverfahren

Verkehrsminister Professor Reingruber überreicht am 8. September 1952 Magnifizenz Professor Dr.-Ing. Jentsch die Gründungsurkunde der Hochschule für Verkehrswesen Dresden

7. OKTOBER 1964 • 15 JAHRE DDR

5./10. November	Europäische Güterzugfahrplankonferenz in Berlin
12./13. November	1. Verkehrswissenschaftliche Tage an der Hochschule für Verkehrswesen Dresden. Thema: Wissenschaftlicher Gedankenaustausch über Verkehrsprobleme
26. November	Bildung des Ministeriums für Verkehrswesen. Dipl.-Ing. Erwin Kramer wird Minister für Verkehrswesen
16. Dezember	Gründung des Sportklubs »Lokomotive« Leipzig

1955

1. Januar	Neufestlegung der Rbd-Grenzen; aus 37 Einheitsämtern entstehen 27 Reichsbahnämter
1. Januar	Eröffnung des Industrie-Instituts an der Hochschule für Verkehrswesen Dresden

30. März/ 6. April	IV. Parteitag der SED in Berlin — Dokument zur Lösung der Lebensfragen der Nation
8. April	Grundsteinlegung für Seminargebäude der Hochschule für Verkehrswesen Dresden
21. Mai	Dispatcherkreis Erfurt 2 nimmt erste Streckendispatcheranlage zur Erprobung in Betrieb. Der Dispatcherdienst wird am 10. Juli 1954 bei der gesamten Deutschen Reichsbahn eingeführt
13. Juni	Tag des deutschen Eisenbahners. 28 Beschäftigte der Deutschen Reichsbahn erhalten den Ehrentitel
12. Oktober	Dipl.-Ing. Erwin Kramer, Stellvertreter des Ministers für Eisenbahnwesen, wird mit dem Vaterländischen Verdienstorden in Silber ausgezeichnet

3 *Im August 1951 wird die wiederaufgebaute Westhalle des Leipziger Hauptbahnhofs dem Verkehr übergeben*

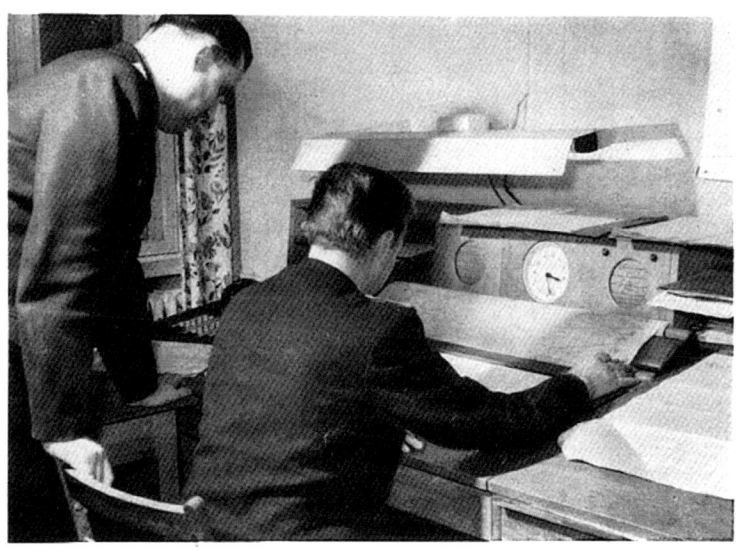

5 *Im Jahr 1953 wird das nach sowjetischem Vorbild geschaffene Dispatchersystem im Rba Berlin 6 und im Mai 1954 im Dispatcherkreis Erfurt 2 erprobt; am 10. Juli 1954 wird der Dispatcherdienst bei der gesamten Deutschen Reichsbahn eingeführt*

4./6. Februar	Ökonomische Konferenz des Verkehrswesens in Leipzig. 900 Teilnehmer beraten über die Einsparung von 20 Millionen DM, Qualifizierung der Kader und Verbesserung der operativen Leitungstätigkeit
21. Februar	Erster durchgehender FD-Zug aus Moskau trifft auf Berlin-Ostbahnhof ein
13. März	Saßnitz-Expreß auf Jungfernfahrt nach München
26./27. März	2. Jungeisenbahnerkonferenz (in Halle). 1354 Verpflichtungen der Jugendlichen werden überreicht, die einen Nutzen von 130000 DM erbringen. Hauptthemen: Festigung der Disziplin und Kampf gegen Unfälle
1. April	Einheitlicher Arbeitszeitbeginn bei der Deutschen Reichsbahn
12. Juni	Tag des deutschen Eisenbahners. 42 Beschäftigte der Deutschen Reichsbahn erhalten den Ehrentitel
1. Juli	Ingenieurschule für Eisenbahnwesen Dresden verabschiedet die ersten 217 Absolventen
1. August	Baubeginn der Strecke Knappenrode—Schwarze Pumpe
1. September	Auf der Strecke Halle—Köthen wird der elektrische Zugbetrieb aufgenommen

12. September	Adenauers Schergen treiben in Dortmund den DDR-Eisenbahner Heino Wenzel in den Tod
11. Dezember	Moderne Relais-Stellwerke werden auf dem Berliner Außenring ihrer Bestimmung übergeben
29. Dezember	Eröffnung der elektrifizierten Strecke Köthen—Schönebeck

1956

7. Januar	Anordnung des Ministerrats über die Altersversorgung der Eisenbahner
20. Januar	Erster zentraler Erfahrungsaustausch der Dispatcher in Leipzig
2. Februar	Walter Ulbricht verleiht 3 Jugendbrigaden der Deutschen Reichsbahn den Ehrentitel »Hervorragende Jugendbrigade der DDR«
24./30. März	III. Parteikonferenz der SED in Berlin — Direktive über den 2. Fünfjahrplan
10. Juni	Tag des deutschen Eisenbahners. 37 Beschäftigte der Deutschen Reichsbahn erhalten den Ehrentitel
14./16. Juni	2. Verkehrswissenschaftliche Tage an der Hochschule für Verkehrswesen Dresden. Thema: Forschung und Entwicklung der Verkehrswissenschaft im 1. Fünfjahrplan
21. Juni	Bf Lübbenau beginnt als einer der ersten mit dem Vierbrigadesystem
31. Juli	Eröffnung der Generalvertretung der Deutschen Reichsbahn in Stockholm
1. September	Beginn des Komplexwettbewerbs zwischen Deutscher Reichsbahn und VVB Braunkohle im Raum Leipzig
28. September	Der Abschnitt des Berliner Außenrings Saarmund—Golm wird dem Verkehr übergeben
18. Oktober	Verordnung des Ministerrats über die Pflichten und Rechte der Eisenbahner der DDR
10. Dezember	Minister Dipl.-Ing. Kramer besichtigt ersten Doppelstockgliederzug in Görlitz
16. Dezember	Aufnahme des Zugverkehrs zwischen Berlin und Kopenhagen
20. Dezember	Eröffnung des durchgehenden elektrischen Betriebs auf der Strecke Halle—Magdeburg

1957

1. Januar	IG Eisenbahn übernimmt die Sozialversicherung der Eisenbahner
3. Januar	13 Brigaden der Deutschen Reichsbahn erhalten den Titel »Brigade der besten Qualität«
6. Januar	Vindobona-Expreß auf Probefahrt nach Wien
17. Januar	Raw »7. Oktober« Zwickau führt probeweise 45-Stunden-Woche ein
19./20. Februar	Konferenz der operativen Dienstzweige zu Problemen der Betriebssicherheit, des Arbeitsschutzes und der Leitungstätigkeit
1. März	Alle Raw beginnen mit der 45-Stunden-Woche
1. April	Einführung der 45-Stunden-Woche im Betriebs- und Verkehrsdienst, in der Lok- und Wagenunterhaltung, im Sicherungswesen und in der Bahnunterhaltung
1. April	Vierbrigadesystem wird im gesamten operativen Dienst der Deutschen Reichsbahn eingeführt
27. Mai/8. Juni	Gründung der OSShD auf der II. Ordentlichen Konferenz der Verkehrsminister aller sozialistischen Staaten in Peking
2. Juni	Einführung der 45-Stunden-Woche für das Lok- und Zugbegleitpersonal
9. Juni	Tag des deutschen Eisenbahners. 30 Beschäftigte der Deutschen Reichsbahn erhalten den Ehrentitel
20. Juni	Neubau-Lokomotive 23^{10} wird der Öffentlichkeit vorgestellt
17./23. September	12. Kongreß der USIC (Union Sportive Internationale des Cheminots = Internationale Sportvereinigung der Eisenbahner) nimmt die Sportvereinigung »Lokomotive« als gleichberechtigtes Mitglied auf
31. Oktober	Verabschiedung der Uniformordnung der Deutschen Reichsbahn
29. November	Einführung des sektionierten Fahrplans auf der Fahrplankonferenz der Deutschen Reichsbahn in Eisenach
15. Dezember	Als erster Bahnhof der Deutschen Reichsbahn hebt Hbf Leipzig die Bahnsteigsperren auf

1958

22. Januar	Aufnahme des planmäßigen Verkehrs zwischen Berlin und Leipzig mit Doppelstockgliederzügen
14. Februar	Raw »7. Oktober« Zwickau wird mit dem Orden »Banner der Arbeit« ausgezeichnet
21. Februar	Berliner Jungeisenbahnerkonferenz ruft zum Wettbewerb anläßlich des V. Parteitags der SED und zum Bau einer Jugendlokomotive auf
27./28. Februar	Konferenz der Deutschen Reichsbahn in Görlitz. Das Kampfprogramm der Eisenbahner zur Vorbereitung des V. Parteitages der SED wird beschlossen
17. März	Aufnahme des elektrischen Betriebs auf der Strecke Roßlau—Dessau—Bitterfeld
25. März	Bf Karl-Marx-Stadt/Hilbersdorf führt die neue Bahnhofsarbeitsordnung ein
31. Mai	Eröffnung des durchgehenden elektrischen Betriebs auf der Strecke Roßlau—Leipzig

6 *Am 21. Februar 1955 trifft auf dem Berliner Ostbahnhof der erste durchgehende FD-Zug aus Moskau ein*

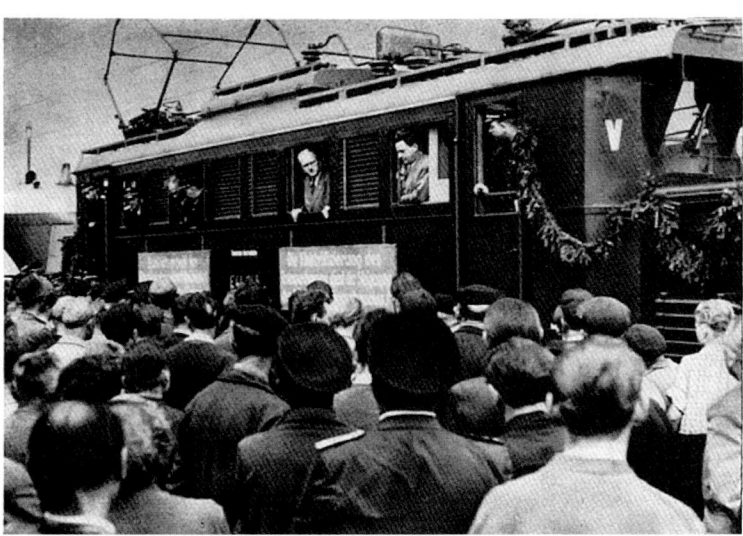

7 *Als erste Strecke der Deutschen Reichsbahn wird die Eisenbahnlinie von Halle nach Köthen elektrifiziert. Seit Inbetriebnahme dieses rund 36 km langen Abschnitts am 1. September 1955 sind inzwischen über 450 km Strecke elektrifiziert worden*

8 Infolge des wachsenden Verkehrsstromes zwischen Schweden und der Deutschen Demokratischen Republik eröffnet die Deutsche Reichsbahn am 31. Juli 1956 in Stockholm eine Generalvertretung, die im Februar 1960 in eine Verkehrsvertretung der Deutschen Demokratischen Republik umgewandelt wird. Kurze Zeit darauf werden Verkehrsvertretungen unserer Republik in Kopenhagen und in Wien eröffnet

9 Die Jungeisenbahner finanzieren als Beitrag zur Schaffung der Grundlagen des Sozialismus in unserem Arbeiter-und-Bauern-Staat im Jahr 1958 den »Expreß Junger Sozialisten«, einen modernen Doppelstockgliederzug

7. OKTOBER 1964 • 15 JAHRE DDR

8. Juni	Tag des deutschen Eisenbahners. 26 Beschäftigte der Deutschen Reichsbahn erhalten den Ehrentitel
21. Juni	Die Deutsche Reichsbahn übernimmt vom VEB »Karl-Marx« Babelsberg die Lokomotive 23¹⁰ der Jungeisenbahner. Die jungen Eisenbahner beschließen, den Bau einer zweiten Jugendlokomotive zu finanzieren
10./16. Juli	V. Parteitag der SED in Berlin — Losung: »Der Sozialismus siegt« Darlegung der Perspektive bis 1965
18. Juli	Jungeisenbahner beschließen, den »Expreß Junger Sozialisten« zu bauen
5. Oktober	Ein Eisenbahnerkollektiv mit Minister Dipl.-Ing. Kramer an der Spitze wird für die Entwicklung des Doppelstockgliederzugs mit dem Nationalpreis ausgezeichnet
7. November	Eröffnung der elektrifizierten Strecke Halle—Leipzig
9. Dezember	Brigade Lorenz vom Bf Zwickau arbeitet 20 Monate unfallfrei, wobei sie 184534 Wagen behandelt hat

16. Dezember	»Fahrt frei« veröffentlicht grundsätzliches Referat des Leiters der Politischen Verwaltung, Genossen Robert Menzel, über Fragen der Disziplin, Ordnung, Sicherheit und Qualität der Arbeit im Eisenbahnwesen

1959

1. Januar	Bildung des Medizinischen Dienstes des Verkehrswesens; der Bahnärztliche Dienst wird darin eingegliedert
1. Januar	Hauptdispatcherleitung wird selbständige Dienststelle der Deutschen Reichsbahn
27./28. Februar	Zentrale Jungeisenbahnerkonferenz in Frankfurt (Oder). Aufruf an die jungen Eisenbahner, im Kampf um Disziplin und Ordnung an der Spitze zu stehen
15. März	Baubeginn der Strecke Langhagen—Lalendorf
25./26. März	Rationalisatoren und Neuerer der Deutschen Reichsbahn beraten in Erfurt und beschließen, 3,5 Millionen DM einzusparen
3. Mai	10 Jahre »Fahrt frei«. Walter Ulbricht übermittelt der Redaktion eine Grußadresse
27./28. Mai	Die Rekonstruktionspläne der Rbd-Bezirke werden auf technischökonomischen Konferenzen beschlossen
31. Mai	Aufnahme der Schnelltriebwagenverbindungen Berlin—Brest (»Berolina«) und Berlin—Prag (»Karlex«)
8./11. Juni	3. Verkehrswissenschaftliche Tage an der Hochschule für Verkehrswesen Dresden. Thema: Wandlungen in der Struktur des Güterverkehrs
14. Juni	Tag des deutschen Eisenbahners. 30 Beschäftigte der Deutschen Reichsbahn erhalten den Ehrentitel. Aufruf zur Beladung des »Schwerlastzugs der guten Taten« aus Anlaß des 10jährigen Bestehens der DDR
9./25. Juni	Verkehrsfachleute des Rates für Gegenseitige Wirtschaftshilfe tagen in Berlin
30. Juni	5 Jugendbrigaden erhalten den Titel »Hervorragende Jugendbrigade der Deutschen Reichsbahn«
6. Juli	50 Jahre Fährverbindung Saßnitz—Trelleborg. Das erste Fährschiff der DDR, MFS »Saßnitz«, wird in Dienst gestellt
12. September	Die Spurwechselradsätze der Konstruktion Kramer/Necke werden in Brest erprobt
1. Oktober	Einführung der Prämienzeitlohn-Vereinbarungen bei der Deutschen Reichsbahn
6. Oktober	8 Brigaden der Deutschen Reichsbahn erhalten den Titel »Brigade der sozialistischen Arbeit«
6./7. Oktober	Westberliner Schläger vergreifen sich auf dem Gebiet der Deutschen Reichsbahn in Westberlin an der Staatsflagge der DDR und werden von Eisenbahnern abgewiesen
21. Dezember	Aufnahme des elektrischen Betriebs auf den Strecken Halle—Weißenfels und Merseburg—Mücheln

10 Am 7. Dezember 1960 empfängt der Erste Sekretär des ZK der SED und Vorsitzende des Staatsrats der DDR, Walter Ulbricht, zum 125. Geburtstag der deutschen Eisenbahnen eine Eisenbahnerdelegation und läßt sich über ihre Arbeit berichten

11 Im Oktober 1961 erhalten drei Frauen zum ersten Mal den Facharbeiterbrief als Triebfahrzeugführer von elektrischen Lokomotiven. Fast 30 Prozent der Beschäftigten der Deutschen Reichsbahn sind Frauen, die ihren männlichen Kollegen völlig gleichberechtigt sind

1960

1. Januar	Reorganisation der Forschungs- und Entwicklungsarbeit des Verkehrswesens der DDR
1. Januar	Gründung des transpress VEB Verlag für Verkehrswesen Berlin
3. Januar	Gründung des ersten Kraftfahrzeugausbesserungswerks der Deutschen Reichsbahn in Greifswald
18. Februar	Eröffnung der Verkehrsvertretung der Deutschen Demokratischen Republik in Stockholm
7. März	Bw Magdeburg-Buckau unternimmt Versuche mit industriellem Fernsehen
9. März	Diesellokomotive V 180 besteht erste Probefahrt
17. März	Ministerrat beschließt Lohnerhöhung für Eisenbahner
4. April	Unterzeichnung des Programms zur Entwicklung komplexer Technologien zwischen der Deutschen Reichsbahn und Chemiebetrieben unter der Losung »Keiner siegt ohne den anderen« in Bitterfeld
7. April	Eröffnung der Verkehrsvertretung der Deutschen Demokratischen Republik in Kopenhagen
8. April	Sozialistische Arbeitsgemeinschaft in Karl-Marx-Stadt/Hilbersdorf untersucht die Strecke Dresden—Karl-Marx-Stadt
30. April	Einweihung des Überseehafens Rostock
30. April	Brigade Kersten von Bm Berlin-Schönholz (Westberlin) erhält Titel »Brigade der sozialistischen Arbeit«
5./6. Mai	1. Zentrale Frauenkonferenz der Deutschen Reichsbahn (in Leipzig). Thema: Förderung der Eisenbahnerinnen
8./10. Juni	Verkehrskonferenz in Leipzig. Thema: Aufgaben für ein einheitliches sozialistisches Verkehrswesen auf der Grundlage des wissenschaftlich-technischen Fortschritts
12. Juni	Tag des deutschen Eisenbahners. 31 Beschäftigte der Deutschen Reichsbahn erhalten den Ehrentitel
19. Juli	Einweihung des Bww Berlin-Lichtenberg
5. August	Eröffnung der Verkehrsvertretung der Deutschen Demokratischen Republik in Wien
2. Oktober	Aufnahme des Städteschnellverkehrs in der DDR
2. Oktober	Raw Dessau übergibt zum ersten Mal Triebfahrzeuge mit Garantiepässen an den Betriebsmaschinendienst
7. Dezember	Festakt zum 125jährigen Jubiläum der deutschen Eisenbahnen. Der Vorsitzende des Staatsrats, Walter Ulbricht, empfängt eine Eisenbahndelegation

1961

4. Januar	VEB LEW »Hans Beimler« Hennigsdorf übergibt der Deutschen Reichsbahn die ersten in der DDR gebauten elektrischen Lokomotiven zur Erprobung
2./3. März	4. Jungeisenbahnerkonferenz (in Magdeburg). Bis dahin 2,8 Millionen DM auf das Konto Junger Sozialisten überwiesen; »Touristenexpreß« wird gebaut; Jugendplan der Deutschen Reichsbahn angenommen
1. April	Einführung des Lochkartenverfahrens für Abfertigung und Abrechnung des Wagenladungsverkehrs
13./14. April	2. Zentrale Frauenkonferenz der Deutschen Reichsbahn. Thema: Appell an alle Eisenbahner zu Sauberkeit, Disziplin und Ordnung
15. April	10 Jahre Entwurfs- und Vermessungsbüro der Deutschen Reichsbahn (EVDR)
21. April	Neue Rügendammbrücke wird eingeschwommen
1. Mai	Raw »Wilhelm Pieck« Karl-Marx-Stadt, FEV Blankenburg und die erste komplex-territoriale sozialistische Arbeitsgemeinschaft der Deutschen Reichsbahn und der chemischen Industrie erhalten den Orden »Banner der Arbeit«
28. Mai	Eröffnung der neuen Strecke Neustrelitz—Waren—Lalendorf Beginn des TEEM-Verkehrs
3. Juni	Erster Ölzug mit 1000 t von Kuibyschew nach Leuna passiert die Umspuranlage in Brest
6./9. Juni	4. Verkehrswissenschaftliche Tage an der Hochschule für Verkehrswesen Dresden. Thema: Entwicklung und Durchsetzung des wissenschaftlich-technischen Fortschritts im Transport- und Nachrichtenwesen
11. Juni	Tag des deutschen Eisenbahners. 32 Beschäftigte der Deutschen Reichsbahn erhalten den Ehrentitel
13. August	Sicherung der Staatsgrenze in und um Berlin. Hervorragender Einsatz der Werktätigen des Verkehrswesens bei der Erfüllung der von Partei und Regierung gestellten Aufgaben
1. September	Transportverordnung tritt in Kraft
1. Oktober	1. Zentrale Spartakiade der Kampfgruppen der Deutschen Reichsbahn
26. Oktober	Zum ersten Mal erhalten 3 Frauen den Facharbeiterbrief als Triebfahrzeugführer für elektrische Lokomotiven
8./14. November	LIM-Konferenz in Leipzig
19. November	Eröffnung der neuen S-Bahnstrecke Oranienburg—Pankow
29. November	Automatische Mittelpufferkupplung der OSShD, System Bautzen, erregt Aufsehen in Paris bei den Teilnehmern der UIC-Generalversammlung
5./9. Dezember	CIT-Konferenz in Erfurt überprüft internationale Tarif- und Abfertigungsfragen
8. Dezember	Internationale Pressekonferenz beim Präsidenten der Rbd Berlin wegen wiederholter Provokationen gegen die S-Bahn in Westberlin

1962

15. Januar	Aufnahme des elektrischen Betriebs auf der Strecke Leipzig—Altenburg
1. März	Einweihung des Verbindungstunnels zwischen den Bahnsteigen des S-Bahnhofs und U-Bahnhofs Schönhauser Allee in Berlin
5./6. April	4. Neuererkonferenz der IG Eisenbahn (in Erfurt). Thema: Neuerervorschläge auf der Grundlage des Plans Neue Technik
13. April	Eröffnung der neuen Strecke Förtha—Gerstungen
24. Mai	Walter Ulbricht zeichnet zahlreiche Eisenbahner für ihre Tätigkeit bei der Sicherung der Staatsgrenze nach Westberlin aus
11. Juni	Tag des deutschen Eisenbahners. 29 Beschäftigte der Deutschen Reichsbahn erhalten den Ehrentitel
25. Juni	Eröffnung der 23 km langen zweigleisigen Versuchsstrecke bei Wustermark für elektrische 50-Hz-Traktion

7. OKTOBER 1964 · 15 JAHRE DDR

22. August	Minister für Verkehrswesen Dipl.-Ing. Kramer erhält zum 60. Geburtstag den Vaterländischen Verdienstorden in Gold
3. September	Hochschule für Verkehrswesen Dresden erhält zum 10jährigen Bestehen den Namen »Friedrich List«
11. September	Dispatcherkonferenz in Erfurt. Thema: Für sozialistische Beziehungen im Dispatcherdienst
30. Oktober	Aufruf der Bm Hoyerswerda zu Ehren des VI. Parteitages der SED, mit neuen Methoden den wissenschaftlich-technischen Fortschritt zu erreichen
31. Oktober	Beschluß des Sekretariats des ZK der SED zur Berichterstattung des Präsidenten und des Politleiters der Rbd Cottbus über die Durchsetzung des wissenschaftlich-technischen Fortschritts (Cottbuser Beschluß)
12. November	Prämiensystem für den Dispatcherdienst wird wirksam
6. Dezember	Ministerium für Verkehrswesen der DDR und Ministerium für Öffentliche Arbeit des Königreichs Dänemark treffen Vereinbarungen über den Fährverkehr zwischen Warnemünde und Gedser

1963

15./21. Januar	VI. Parteitag der SED in Berlin — Neues Parteiprogramm: Umfassender Aufbau des Sozialismus in der DDR
13. Februar	Beginn der konzentrierten Kohleabfuhr
21. März	Neuererforum der Hv Bahnanlagen in Magdeburg
29. März	»Tourex« auf Jungfernfahrt in die ČSSR
1. April	Einheitlicher internationaler Personentarif (EMPT) für die sozialistischen Länder tritt in Kraft
19. April	Wissenschaftlich-technische Konferenz der Rbd Erfurt zur sozialistischen Rationalisierung im Eisenbahnwesen
28. April	Erster mit Spurwechselradsätzen ausgerüsteter sowjetischer Zug trifft in Eisenhüttenstadt ein
25. Mai	Eröffnung des elektrischen Betriebs auf den Strecken Altenburg—Zwickau, Zwickau—Leipzig-Wahren und Leipzig-Leutsch—Plagwitz—Gaschwitz
26. Mai	MFS »Warnemünde«, das zweite Fährschiff der Deutschen Reichsbahn, wird in Dienst gestellt
26. Mai	Aufnahme des Knotenverkehrs für Stückgut und Wagenladungen auf der Strecke Königs Wusterhausen—Frankfurt (Oder)
26. Mai	Diesellokomotiven V 180 beginnen Regeldienst auf dem Berliner Außenring
31. Mai	Eröffnung des Rechenzentrums des Verkehrswesens in Berlin
8. Juni	100-Jahr-Feier im Raw »Ernst Thälmann« Halle
9. Juni	Tag des deutschen Eisenbahners. 31 Beschäftigte der Deutschen Reichsbahn erhalten den Ehrentitel
14. Juni	Beschluß des Ministerrats zur Lösung der Transportaufgaben 1963/1964
21. Juni	Ernst-Moritz-Arndt-Ensemble vom Eisenbahnerklubhaus »Erich Steinfurth« Berlin erhält den Preis für künstlerisches Volksschaffen (erster Klasse)
7. August	Internationales Kolloquium des Ministeriums für Verkehrswesen zu Problemen der einheitlichen europäischen Mittelpufferkupplung
15. September	1. Zentraldelegiertenkonferenz der IG Transport- und Nachrichtenwesen, die aus der IG Eisenbahn, der IG Post/Energie und der IG Transport gebildet wurde
21. September	125 Jahre Raw Potsdam
23./28. September	10. Kongreß des Internationalen Verbandes der Bahnärztlichen Dienste zur Frage der Verhütung von Unfällen und Berufskrankheiten
29. September	Auf dem 35 km langen Streckenabschnitt Halle—Bitterfeld—Muldenstein wird der elektrische Zugbetrieb aufgenommen
1. Oktober	Fährroute Warnemünde—Gedser ist 60 Jahre alt
8. Oktober	An der Rbd-Schule in Halle besteht der 1000. Elektrolokführer der Deutschen Reichsbahn die Prüfung

12 Mit der Sicherung der Staatsgrenze zu Westberlin am 13. August 1961 wird der S-Bahnhof Schönhauser Allee ein Verkehrsknotenpunkt für den Berufsverkehr aus den nördlichen und westlichen Randgebieten Berlins. Das neue moderne Gesicht dieses Bahnhofs symbolisiert am deutlichsten die durch die Sicherungsmaßnahmen notwendigen Verkehrsbauten

13 Im Mai 1963 nehmen die ersten neuen Diesellokomotiven der Deutschen Reichsbahn der Baureihe V 180 ihren Dienst auf dem Berliner Außenring auf

17. Oktober	Mit einer Höchstbeladung von 41 576 Doppelachsen begrüßen die Eisenbahner die Kosmonauten Valentina Tereschkowa und Juri Gagarin in unserer Republik
18. Oktober	Unterzeichnung einer Vereinbarung über die Prinzipien des Komplexwettbewerbs Kohle—Deutsche Reichsbahn—Staatliches Kohlekontor
24. Oktober	Die Zeitschrift »Deutsche Eisenbahntechnik« feiert ihr 10jähriges Bestehen
14. November	Minister Nationalpreisträger Dipl.-Ing. Kramer wird erneut als Minister für Verkehrswesen in den Ministerrat der Deutschen Demokratischen Republik berufen
14./15. November	Umschlagkonferenz in Rostock zur Rationalisierung des Wagenladungs- und Stückgutverkehrs
26. November	VEB Carl Zeiss Jena übergibt Rechenautomaten vom Typ ZRA 1 an die Deutsche Reichsbahn
20. Dezember	Aufnahme des elektrischen Zugbetriebes auf der 15 km langen Strecke Werdau—Reichenbach

(Redaktionsschluß 31. 12. 1963)

7. Oktober 1969 | 20 Jahre Deutsche Demokratische Republik

DATEN UND EREIGNISSE DER DEUTSCHEN REICHSBAHN

Zusammengestellt
von Dipl.-Hist./Dipl.-Archivar
THOMAS METTE

In den fünf Jahren seit dem 15. Jahrestag der Deutschen Demokratischen Republik, zu dem im Eisenbahn-Jahrbuch 1964 (S. 55) eine ähnliche Dokumentation veröffentlicht wurde, ist unser Volk weiter zielstrebig vorangekommen und ging nun zur Gestaltung des entwickelten gesellschaftlichen Systems des Sozialismus über. Voller Stolz ringen auch die Eisenbahnerinnen und Eisenbahner unter Führung der Partei der Arbeiterklasse darum, ein den Bedürfnissen der Volkswirtschaft und ihrer Struktur entsprechendes modernes und leistungsfähiges Eisenbahnwesen im einheitlichen sozialistischen Verkehrssystem zu schaffen. Die Erfolge bei der Deutschen Reichsbahn, deren wichtigste Daten die nachfolgende Zeittafel wiedergibt, bilden den Beitrag unserer Eisenbahnerinnen und Eisenbahner zur weiteren Stärkung des internationalen Ansehens unserer Republik, zur ständigen allseitigen Verbesserung der Arbeits- und Lebensbedingungen und zur Festigung der sozialistischen Menschengemeinschaft.

1964

Januar
   Elektronische Fernsteuerung auf der Strecke Merseburg—Schkopau in Betrieb genommen
5. Elektrischer Zugbetrieb auf der Strecke Leipzig—Großkorbetha aufgenommen
8. Gemeinsame Ständige Kommission zur Förderung des Eisenbahn-Reise- und Eisenbahn-Güterverkehrs zwischen DDR und Königreich Dänemark gebildet
10. Tagung in Halle über Zusammenarbeit Deutsche Reichsbahn — chemische Industrie
14. Sonderlehrgang zur Vorbereitung von Frauen auf leitende Funktionen in Berlin eröffnet

Februar
1. Betriebsaufnahme des neuen Güterbahnhofs Berlin-Adlershof
3./7. 5. Plenum des ZK der SED beschäftigt sich mit Fragen der ökonomischen Politik und fordert u. a. Verbesserung des Berufsverkehrs
14. Generalvertrag zwischen Ministerium für Verkehrswesen und Mitropa abgeschlossen

Februar/März
   Lieferung von Gleisbaugroßgeräten und -maschinen aus der Sowjetunion für die Oberbaumechanisierung

März
1. 50 Jahre Raw Meiningen — Übergabe der ersten auf Ölhauptfeuerung umgebauten Schnellzuglokomotive
5. Vertretung der Polnischen Staatsbahn und des Staatlichen Polnischen Kraftverkehrs in der DDR eröffnet
22. Komplexwettbewerb VVB Braunkohle — VVB Mineralöle — Deutsche Reichsbahn vereinbart

April
1. Mit Beginn der Industriepreisreform treten neue Gütertarife für feste Brennstoffe, metallurgische Rohstoffe und Halbfabrikate, Kali und Zuckerrüben in Kraft

2 Halle des seit Oktober 1964 vollständig rekonstruierten S-Bahnhofs Berlin-Alexanderplatz

16./17. V. Jungeisenbahnerkonferenz in Rostock beschließt Jugendprogramm der Deutschen Reichsbahn
29. Rbd Greifswald und Erdölverarbeitungswerk Schwedt vereinbaren Bildung einer sozialistischen Arbeitsgemeinschaft

Mai

Ministerratsbeschluß über Weiterentwicklung des Wagenladungsknotenverkehrs in der DDR
1. Bf Roßlau erhält Orden »Banner der Arbeit«
31. Eröffnung der direkten Strecke Rostock Überseehafen — Kavelstorf; Inbetriebnahme der Streckenautomatik Neustrelitz—Waren—Lalendorf; Schnelltriebwagenverbindung Berlin—Kopenhagen (»Neptun«)

Juni

14. Tag des deutschen Eisenbahners. 30 Angehörige der Deutschen Reichsbahn erhalten Ehrentitel »Verdienter Eisenbahner der DDR«

Juni/Juli

30./3. 5. Verkehrswissenschaftliche Tage der Hochschule für Verkehrswesen »Friedrich List« Dresden. Thema: Durchsetzung des neuen ökonomischen Systems der Planung und Leitung; Probleme der internationalen Zusammenarbeit im Transport- und Nachrichtenwesen

Juli

1. Gemeinsamer Güterwagenpark (OPW) der RGW-Mitgliedsländer gebildet

August

1. Sowjetisches Gleisbaukombinat erstmals in der DDR eingesetzt, und zwar auf der Strecke Neukieritzsch—Regis-Breitingen

September

1. FDJ-Industriezweigleitung Deutsche Reichsbahn gebildet
5./6. II. Zentrale Spartakiade der Kampfgruppen der Deutschen Reichsbahn in Naumburg

9. Protokoll über Eisenbahn-Güterverkehr zwischen Westdeutschland und Westberlin von Bevollmächtigten beider deutscher Staaten unterzeichnet
25. Zweigleisige Strecke Nassenheide—Fürstenberg in Betrieb genommen
27. Jugendobjekt Schnellverkehr Magdeburg —Berlin übergeben
30. Letzter dreiachsiger Reko-Reisezugwagen verläßt Raw Halberstadt

Oktober

1. Deutsche Reichsbahn wird Mitglied des Europäischen Paletten-Pools (EPP); Beginn der Umbeschriftung der Güterwagen auf gemeinsamen Beschluß von OSShD/UIC
3. Delegation des Verkehrswesens berichtet vor Staatsrat über Ergebnisse im sozialistischen Massenwettbewerb zum 15. Jahrestag der DDR
5. Bw Senftenberg und Kesselschmiede des Raw Halle erhalten Orden »Banner der Arbeit«
6. Neugestalteter Bf Berlin-Alexanderplatz übergeben
23. Abkommen zwischen MfV/Deutsche Reichsbahn und Schwedischen Staatsbahnen über gemeinsamen Fährverkehr zwischen Saßnitz und Trelleborg

November

9./24. VII. Messe der Meister von morgen in Leipzig mit 52 Neuerervorschlägen junger Eisenbahner; 7 davon erhalten Diplome
16. Großumbau von Weicheneinheiten im Rangierbahnhof Dresden-Friedrichstadt zur Automatisierung des Ablaufbetriebs
26. Verkehrspolitische Abteilung bei der DDR-Botschaft in Prag errichtet
29. Gekrümmte Hohlkastenträgerbrücke über das Berliner Adlergestell montiert; erstmals in der DDR Einrolltechnologie für Brücken angewendet

Dezember

1. Elektrifizierte Neubaustrecke (Trassenverlegung) Frankleben — Mücheln mit 271 m langem und 14,5 m hohem Viadukt in Mücheln eröffnet
8. Erste Sitzung des neugegründeten Fahrplanausschusses der Deutschen Reichsbahn in Leipzig

3 Die gekrümmte Hohlkastenträgerbrücke über dem Berliner Adlergestell

10. Freundschaftsvertrag zwischen Hochschule für Verkehrswesen »Friedrich List« Dresden und Hochschule für Eisenbahnwesen Moskau unterzeichnet
15. Neues Streckengleis (Trassenverlegung) zwischen Heringen und Berga-Kelbra in Betrieb genommen
21. Letzte ausgebesserte Schnellzug-Dampflokomotive verläßt Raw »Wilhelm Pieck« Karl-Marx-Stadt; Übergang zur Diesellokausbesserung (V 15, V 60, V 180)

1965

Januar

1. Weitere Tarifänderungen für Güter im Rahmen der Industriepreisreform. Signal- und Fernmeldewerk der Deutschen Reichsbahn gegründet. Zentrale Frachtberechnung und -abrechnung (ZBFA) für feste Brennstoffe eingeführt
2. Mit Gründung der Reichsbahnbaudirektion die Gleisbaubetriebe Berlin, Magdeburg, Naumburg und Dresden gebildet
8. Zentrale Arbeitsgruppe Transportwesen berät in Halle über Perspektivplan
24. Erster Stellvertreter des Ministers für Verkehrswesen der DDR, Staatssekretär Helmut Scholz († 20. März 1967), auf 23. Generalversammlung der UIC in Paris erneut zum Vizepräsidenten berufen

März

10. Zentrale Frauenkonferenz des Verkehrswesens in Berlin. Großversuch zur Einmannbesetzung der Führerstände bei der Berliner S-Bahn. Planmäßige Rekonstruktion vierachsiger Reisezugwagen im Raw Halberstadt aufgenommen
16. Ministerium für Verkehrswesen der DDR und Bundesministerium für Verkehr und Elektrizitätswirtschaft der Republik Österreich, Generaldirektion der Österreichischen Bundesbahnen, vereinbaren Führung von DR/Mitropa-Schlafwagen auf ÖBB-Strecken
26. Abkommen zwischen den Regierungen der DDR und der ČSSR über Zusammenarbeit im Transportwesen

April

Fachgruppe Verkehr beim Forschungsrat der DDR gebildet
1. Industriebankfiliale Reichsbahnbau Berlin der Industrie- und Handelsbank der DDR eingerichtet
24. Neues Empfangsgebäude Jena Saalbahnhof eröffnet

Mai

8. Am 20. Jahrestag der Befreiung vom Hitlerfaschismus erhalten Minister für Verkehrswesen der DDR, Dipl.-Ing. Erwin Kramer, den Orden »Banner der Arbeit«, sein Stellvertreter und Leiter der Politischen Verwaltung der Deutschen Reichsbahn, Robert Menzel, den Vaterländischen Verdienstorden in Silber und das Raw Dessau den Orden »Banner der Arbeit«
11. Minister Kramer trifft mit einer Delegation des Ministeriums für Verkehrswesen der DDR in Kairo ein
18./19. FDJ-Industriezweigorganisation Deutsche Reichsbahn tagt in Erfurt

18./28. Technische Ausschüsse der UIC tagen in Leipzig
21. Erstes Bahnumformerwerk in Karl-Marx-Stadt an das Landesnetz angeschlossen
28. Zweigleisiger Betrieb auf dem Abschnitt Fürstenberg — Neustrelitz — Lalendorf — Plaaz eröffnet
29. Elektrischer Betrieb Zwickau (Sachs.)—Karl-Marx-Stadt-Hilbersdorf aufgenommen
30. Weitere internationale Verbindungen Berlin—Wien (»Sanssouci«) und Berlin—Budapest (»Metropol«) eingerichtet. Schnellverkehr Berlin—Rostock als Jugendobjekt übergeben
31. Letzte rekonstruierte Dampflokomotive in Dienst gestellt

Juni
13. 15 Jahre Tag des deutschen Eisenbahners. 31 Eisenbahnerinnen und Eisenbahner erhalten Ehrentitel

Juli
1. Deutscher Eisenbahn-Gütertarif im Verkehr von und nach Westdeutschland auf den Strecken der Deutschen Reichsbahn in Kraft getreten

August
25. Zielzugprogramm für Speisekartoffeln zwischen den Ministerien für Handel und Versorgung sowie Verkehrswesen und Staatlichem Komitee für Erfassung und Aufkauf vereinbart
31. Lehrbauzug für Gleisbaumaschinisten in Brandenburg übergeben

September
1. Zentralstelle für Berufsbildung im Verkehrswesen errichtet
8. Erste Pädagogische Konferenz des Verkehrswesens in Berlin
13./14. I. Eisenbahnermeisterschaften der DDR im Schießsport und militärischen Mehrkampf in Prosnitz/Rügen
15./20. Sektion Eisenbahnwesen der Ständigen Kommission Transport im RGW tagt in Erfurt
18./20. XX. USIC-Kongreß in Leipzig
24. Elektrischer Betrieb Karl-Marx-Stadt-Hilbersdorf—Freiberg eröffnet
26. Zweigleisiger Betrieb über die Elbbrücke Wittenberg nach Auswechslung von zwei Behelfsüberbauten wieder aufgenommen
28. Zentrales Jugendobjekt im Raw Dresden (Neubau von Ommsu-Wagen) übergeben. Hochschule für Verkehrswesen in Žilina/ČSSR verleiht Minister für Verkehrswesen der DDR, Dipl.-Ing. Erwin Kramer, die Ehrendoktorwürde

Oktober
7. Oberlokführer Bauer und Lokheizer Siegmund vom Bw Leipzig-West werden in »Spiel-mit«-Sendung geehrt
16./23. Eisenbahner unterstützen Manöver »Oktobersturm« der verbündeten Armeen aus der DDR, ČSSR, VR Polen und UdSSR im Bezirk Erfurt
25./30. XXIV. Tagung der Ständigen Kommission Transport im RGW in Leipzig
30. Aufruf zum Wettbewerb der Eisenbahner anläßlich des 20. Jahrestags der Gründung der SED

November
10./21. VIII. Messe der Meister von morgen in Leipzig; 4 Diplome und 6 Urkunden an junge Eisenbahner
24./25. 3. Fachtagung Umschlagtechnik der Kammer der Technik in Leipzig. Thema: Probleme, Wege und Ziele des Behälterverkehrs

Dezember
10. Rübelandbahn Blankenburg/Harz — Königshütte nimmt planmäßigen elektrischen Betrieb auf
15./18. 11. Plenum des ZK der SED; Walter Ulbricht nimmt zu Fragen des Eisenbahnwesens Stellung
17. Teilabschnitt Scharstorf—Kavelstorf mit drei vollautomatischen Gleisbildstellwerken dem Betrieb übergeben
31. Abschluß der Knotenbildung im Stückgutverkehr

4 Am 24. April 1967 wird die Schnellbahnverbindung Halle-Neustadt—Buna/Leuna eröffnet

1966

Januar
- 2. Baubeginn der Eisenbahn-Schnellverbindung Halle-Neustadt—Buna—Leuna
- 3. Anweisung zur Einführung der 5-Tage-Arbeitswoche in jeder 2. Woche und zur Verkürzung der Arbeitszeit im Verkehrswesen
- 7./8. Wissenschaftlich-technische Konferenz in Karl-Marx-Stadt über Erhaltungswirtschaft bei Diesellokomotiven
- 14. Durchführungsprotokoll über Eisenbahn-Güterverkehr zwischen Westdeutschland und Westberlin vom Bevollmächtigten des Ministers für Verkehrswesen der DDR und vom Bevollmächtigten der Hauptverwaltung der Deutschen Bundesbahn unterzeichnet
- 20. 1. FC Lokomotive Leipzig gegründet
- 25. Hervorragende Arbeitstaten der Eisenbahner im Ehrenbuch der SED erstmals gewürdigt
- 26. Wissenschaftliche Konferenz über optimalen Fahrplan im Rbd-Bezirk Halle

März
- 25. 15. Sitzung der Pushing Group der UIC in Leipzig über Entwicklung der einheitlichen automatischen Mittelpufferkupplung

April
- 12. Fahrplanänderung bei 8000 Reise- und Güterzügen im Zusammenhang mit der Einführung der 5-Tage-Arbeitswoche in jeder 2. Woche
- 16. Übergabe der Ehrenbücher an Ministerium für Verkehrswesen, Politische Verwaltung der Deutschen Reichsbahn, und an Zentralvorstand der IG Transport- und Nachrichtenwesen mit den Verpflichtungen der Werktätigen des Verkehrswesens zum 20. Jahrestag der Gründung der SED
- 18. Delegation der IG Transport- und Nachrichtenwesen bei Rechenschaftslegung über Wettbewerb zum 20. Jahrestag der SED vor dem Politbüro des ZK der SED. Sozialistisches Kollektiv des Gleisbaubetriebes Berlin erhält Namen »Valentina Tereschkowa-Nikolajewa«
- 19. Rbd Halle, Raw Dessau und Ingenieurbaubetrieb Dresden erhalten als Sieger im Wettbewerb Ehrenbanner der SED

5 Eine sowjetische Eisenbahnerdelegation überbringt zum 50. Jahrestag der Großen Sozialistischen Oktoberrevolution den Eisenbahnern der DDR ein Freundschaftsbanner

- 19./23. Experten europäischer Eisenbahnverwaltungen beraten in Leipzig über Reiseverkehr
- 25./26. Seminar mit Führungskadern des Verkehrswesens in Gotha

Mai
- 24./30. XI. Tagung der Ministerkonferenz der OSShD in Berlin
- 26./27. II. Deutsche Eisenbahnermeisterschaften im Schießsport und militärischen Mehrkampf in Prosnitz/Rügen

Juni
- 6./18. Eisenbahner-Studiendelegation der DDR informiert sich in der UdSSR über neueste Organisation des Dispatcherdienstes
- 11. Raw Dessau erhält Namen »Otto Grotewohl«
- 12. Tag des deutschen Eisenbahners. 30 Eisenbahnerinnen und Eisenbahner erhalten Ehrentitel
- 16. 10000. Fahrt des FMS »Saßnitz« auf der Fährroute Saßnitz—Trelleborg
- 19. Zirkel schreibender Arbeiter vom Raw Potsdam empfängt Kunstpreis des FDGB
- 23./24. Konferenz des ZK der SED und des Ministerrats über komplexe sozialistische Rationalisierung und Standardisierung
- 25. Brigade II vom Bf Berlin-Ostkreuz mit Staatstitel »Hervorragendes Jugendkollektiv der DDR« geehrt

Juni/Juli
- 27./1. 6. Verkehrswissenschaftliche Tage der Hochschule für Verkehrswesen »Friedrich List« Dresden. Thema: Wege zur weiteren Rationalisierung im Transport- und Nachrichtenwesen

Juli
- Kontaktkomitee für Fragen des Verkehrs zwischen DDR und Republik Österreich gebildet
- 4. Rechenschaftslegung über Arbeit mit der Jugend vor Erweitertem Kollegium des Ministeriums für Verkehrswesen
- 8. Neuerbautes Diesel-Bw an Hafenbahn Rostock übergeben
- 23. Vertragsabschluß in Berlin über Import der sowjetischen Diesellokomotive M 62 (V 200)
- 27. Über neue Eisenbahnbrücke in Riesa eingleisiger Betrieb aufgenommen

August

13. Am 5. Jahrestag der Sicherung unserer Staatsgrenze nehmen Kampfgruppenangehörige der Deutschen Reichsbahn am Empfang beim Staatsrat teil

September

2. Bisher größtes Gleisbildstellwerk der DDR in Dresden-Friedrichstadt in Betrieb genommen
7. Lehrgänge am Institut für sozialistische Wirtschaftsführung im Verkehrswesen in Finsterwalde eröffnet
23. Elektrischer Betrieb auf Abschnitt Freiberg—Dresden aufgenommen; damit durchgehende elektrische Zugförderung Reichenbach—Dresden
27. Rationalisierungskonferenz der HV Maschinenwirtschaft der Deutschen Reichsbahn in Leipzig

Oktober

1. Umzeichnung der Reisezugwagen der OSShD- und UIC-Mitgliedsbahnverwaltungen beginnt
7. Erste direkte Übertragung des Deutschen Fernsehfunks aus einem fahrenden Zug
12. Rationalisierungskonferenz der HV Sicherungs- und Fernmeldewesen der Deutschen Reichsbahn in Leipzig
14. Einsatz des ersten mechanisierten Gleisbauzugs auf der Strecke Halle—Sangerhausen

November

8./9. Rationalisierungskonferenz der HV Bahnanlagen der Deutschen Reichsbahn in Magdeburg
8./20. IX. Messe der Meister von morgen in Leipzig; 4 Diplome und 9 Urkunden an junge Eisenbahner
10. Vorsitzender des Staatsrats der DDR und Erster Sekretär des ZK der SED, Walter Ulbricht, schreibt an Leiter der Politischen Verwaltung der Deutschen Reichsbahn zwecks baldigen Beginns der Prognose und zwecks Durchsetzung der strukturbestimmenden perspektivischen Aufgaben des Verkehrswesens
15. Gewerkschaftsaktiv des Dienstortes Halle ruft zum Wettbewerb zu Ehren des VII. Parteitags der SED auf und orientiert auf komplexes Zusammenwirken der Eisenbahner aller Dienstzweige
16. Erste fahrplanmäßige Zugfahrt der sowjetischen Diesellokomotive V 200 001 (Bw Leipzig-Wahren) nach Zeitz
21. 250 000. Güterwagen seit 1945 aus dem Raw »7. Oktober« Zwickau dem Betrieb übergeben
23. KdT-Fachtagung in Leipzig über das System ADAG
24./25. 4. Fachtagung Umschlagtechnik der KdT zur Mechanisierung des Güterumschlags im Ladungsverkehr

November/Dezember

20./2. Untergruppe Eisenbahn der Ständigen Arbeitsgruppe Verkehr im Wirtschaftsausschuß DDR—ČSSR tagt in Leipzig

Dezember

15./17. 14. Plenum des ZK der SED berät im Zusammenhang mit dem Perspektivplanentwurf über Probleme des Verkehrswesens
20. Nach Abschluß der Zentralen Oberbauerneuerung 1966 werden die über 1000 freiwilligen Helfer für ihre vorbildliche Arbeit geehrt

1967

Januar

1. Mitropa besteht 50 Jahre; die Fachzeitschriften »Eisenbahnpraxis«, »Schienenfahrzeuge« und »Signal und Schiene« bestehen 10 Jahre. Mit der 3., abschließenden Etappe der Industriepreisreform treten auch bei der Deutschen Reichsbahn die umfassendsten Veränderungen in Gütertarifen und Beförderungsgebühren (Stückgut-, Großbehälter- und Expreßgutverkehr) in Kraft. Gleisbaubetriebe werden Generalauftragnehmer für Zentrale Oberbauerneuerung. Aus den Bw Dresden-Friedrichstadt, Bw Dresden-Altstadt und Bw Dresden-Pieschen die Großdienststelle Bw Dresden gebildet
14. Erster Einsatz des schwedischen FMS »Skone« auf Fährroute Trelleborg — Saßnitz

Februar

28. Wahl des ersten Produktionskomitees der Deutschen Reichsbahn im Raw »Wilhelm Pieck« Karl-Marx-Stadt. Zentrale Rechenschaftslegung über Förderung der Frauen und Mädchen im Verkehrswesen

März

15. Franz Scheffel, langjähriger führender Funktionär der deutschen Eisenbahnergewerkschaftsbewegung, im Alter von 93 Jahren verstorben
24./30. FDJ-Delegiertenkonferenz der Deutschen Reichsbahn in Pirna

April

11. Freundschaftsmeeting im Berliner Friedrichstadt-Palast mit sowjetischer Eisenbahnerdelegation, die Freundschaftsbanner überbringt. Sieger im Wettbewerb zum VII. Parteitag der SED sind Rbd Halle, Raw Wittenberge und Weichenwerk Brandenburg. Gbf Halle erhält Ehrenbanner des ZK der SED
12. Gleisbaumontagezug als zentrales Jugendobjekt in Wustermark übergeben
17./22. VII. Parteitag der SED beschließt Gestaltung des entwickelten gesellschaftlichen Systems des Sozialismus in der DDR als grundlegende Aufgabe
24. Schnellverkehr Halle-Neustadt—Halle Hbf und Berufsverkehr nach Buna/Leuna eröffnet

Mai

3. Gewerkschaftsaktiv des Dienstortes Frankfurt/Oder ruft anläßlich des 50. Jahrestages der Großen Sozialistischen Oktoberrevolution zum Wettbewerb um Freundschaftsbanner auf
11. Zentrale Kommission des Ministeriums für Verkehrswesen und des Zentralvorstands der IG Transport- und Nachrichtenwesen zur Einführung der 5-Tage-Arbeitswoche gebildet
16. Anweisung zur Einführung der durchgängigen 5-Tage-Arbeitswoche und zur Verkürzung der wöchentlichen Arbeitszeit im Verkehrswesen
17./29. Delegation aus dem Bereich Eisenbahnbau reist in die Sowjetunion
26. Elektrifizierter Streckenabschnitt Weißenfels—Bad Sulza mit Abzweigung nach Camburg/Saale eröffnet
28. Neue Zugnummern für internationale Reisezüge auf Beschluß der Europäischen Fahrplankonferenz. Vorortverkehr

6 Minister Dr. Erwin Kramer übergibt den Siegern im Wettbewerb zum 20. Jahrestag der SED das Ehrenbanner

Schönebeck—Magdeburg Hbf—Wolmirstedt-Zielitz eröffnet

Juni
2. Parteiaktivtagung in Berlin-Schönefeld über Einführung der elektronischen Datenverarbeitung und des Systems ADAG
9. Tag des deutschen Eisenbahners. 31 Eisenbahnerinnen und Eisenbahner, darunter der Minister für Verkehrswesen der UdSSR, B. P. Beschtschew, und sein 1. Stellvertreter, N. A. Gundobin, mit Ehrentitel »Verdienter Eisenbahner der DDR« ausgezeichnet
14. Neuer, mit den Eisenbahnern beratener Vierbrigadeplan bestätigt

Juli
1. Untere Einkommen im Verkehrswesen erhöht
7. Zentrale Ausstellung für künstlerische Fotografie und bildnerisches Volksschaffen bei der Deutschen Reichsbahn in Halberstadt eröffnet
14. Nationalpreisträger Dr. Erwin Kramer wird von der Volkskammer erneut zum Minister für Verkehrswesen berufen. Empfehlung des ZK der SED an das Ministerium für Verkehrswesen zur Ausarbeitung der Prognose des Container-Transportsystems
15. Elektrischer Betrieb auf dem Abschnitt Bad Sulza—Apolda aufgenommen

August
8. Sechsmillionster Fahrgast auf FMS »Saßnitz«
21. Minister Kramer als »Ehreneisenbahner der UdSSR« ausgezeichnet

August/September
26./20. 260 polnische Bauarbeiter, Meister und Ingenieure leisten bei Oberbauerneuerung der Strecke Frankfurt/Oder—Eisenhüttenstadt wertvolle sozialistische Hilfe

August
28. Fahrplanwechsel zum Beginn der durchgängigen 5-Tage-Arbeitswoche; im gesamten Verkehrswesen deshalb 18000 Fahrplanänderungen mit 1140 Neuleistungen

September
14. Minister Dr. Kramer erhält Ehrenspange zum Vaterländischen Verdienstorden in Gold
16./17. und 23./24. III. Deutsche Eisenbahnermeisterschaften im Schießsport und militärischen Mehrkampf in Halberstadt und Berlin
19./22. 6. Ausschuß der UIC tagt in Leipzig
20. Abschnitt Laage—Scharstorf als letzter Teil der Magistrale Rostock—Berlin in Betrieb genommen; damit Verkürzung des Transportwegs um 40 km
22. Elektrischer Betrieb auf der Strecke Apolda — Erfurt — Neudietendorf aufgenommen

Oktober
11./13. Unterkommission Brücken der 7. UIC-Kommission tagt unter Vorsitz der Deutschen Reichsbahn in Dresden
14. Raw Berlin erhält zum 100jährigen Bestehen den Namen »Franz Stenzer« (ein von Faschisten im KZ Dachau ermordeter Eisenbahner, Mitglied des ZK der KPD)
17./25. 38. Konferenz des Ausschusses und 11. Vollversammlung des RIV in Erfurt
27. Dienstort Frankfurt/Oder und Raw Wittenberge erhalten Ehrenplakette des ZK der SED für ausgezeichnete Wettbewerbserfolge zu Ehren des 50. Jubiläums des Roten Oktobers
31. 21 Dienststellen und Betriebe der Deutschen Reichsbahn erhalten Ehrenurkunde des ZK der SED

November
1. Großversuch des Systems ADAG beginnt in Zwickau
3./10. Eisenbahnerdelegation der DDR reist mit MS »Völkerfreundschaft« zu den Jubiläumsfeierlichkeiten nach Leningrad
6. Gedenktafel über das Stoppen des Polonia-Zuges durch Erfurter Eisenbahner am 3. September 1920 auf Erfurt Hbf enthüllt
10. Rbd Greifswald erhält als Sieger im Wettbewerb zum 50. Jahrestag des Roten Oktobers das Freundschaftsbanner. Stellvertreter des Ministers für Verkehrswesen, Robert Menzel, wird »Ehreneisenbahner der UdSSR«
15./26. X. Messe der Meister von morgen in Leipzig; von 79 Exponaten aus dem Verkehrswesen erhalten 8 Diplome und 15 Ehrenurkunden
17. Raw »Einheit« Leipzig übergibt letzte ausgebesserte Dampflokomotive und ersten Neubau-Güterwagen (Glmms)
22. Jugendlokbrigade der E 44 178 vom Bw Leipzig-West als »Hervorragende Jugendbrigade der DDR« ausgezeichnet

Dezember
14. Letzte Tagung der FDJ-Industriezweigleitung Deutsche Reichsbahn

1968

Januar
- 4. Erster 20-Fuß-Container der Deutschen Reichsbahn vorgeführt; erbaut in Rekordzeit im Raw »7. Oktober« Zwickau
- 25. WIB FEV (jetzt: DR) Blankenburg besteht 10 Jahre

Februar
- 3. Erste Bahnfernschreib-Selbstanschlußanlage bei der Deutschen Reichsbahn, Knoten-Bafesa Berlin, in Betrieb genommen
- 7. Seminar mit Führungskadern des Verkehrswesens in Gotha
- 12./22. Delegation der Bulgarischen Kommunistischen Partei unter Leitung des Kandidaten des ZK der BKP und Leiters der Abteilung Verkehr und Transport beim ZK der BKP, Anton Penew, besucht DDR
- 20. Gewerkschaftsaktiv des Dienstortes Zwickau beschließt sozialistischen Wettbewerb zum 20. Jahrestag der Gründung der DDR

März
- 3. Messe-Schnellverbindung Leipzig Hbf—Hp Technische Messe eröffnet
- 6. Zentrale Rechenschaftslegung über Frauenförderung im Eisenbahnwesen
- 15. 1. Zentrale Verkehrssicherheitskonferenz der DDR in Berlin
- 19./20. Wissenschaftliche Konferenz des Ministeriums für Verkehrswesen in Berlin-Schönefeld. Thema: Anwendung der elektronischen Rechentechnik und Datenverarbeitung im Verkehrswesen

April
- 4./5. 2. Zentraldelegiertenkonferenz der IG Transport- und Nachrichtenwesen in Halle
- 6. Sozialistische Verfassung der DDR durch Volksentscheid angenommen
- 7. Abordnung der Eisenbahnjugend auf Schrittmacherkongreß in Zeitz ruft zur VI. Jungeisenbahnerkonferenz auf
- 18. Erzeugnisgruppenverband Gleisanlagenbau in Berlin gegründet

Mai
- 1. Raw »Einheit« Leipzig erhält Orden »Banner der Arbeit«
- 2. In Bm Langensalza der erste weibliche Bm-Vorsteher bei der Deutschen Reichsbahn eingesetzt
- 4. Vorstellungsfahrt des schwedischen FMS »Drottningen« auf der Fährroute Trelleborg—Saßnitz
- 20. Eisenbahner des Rbd-Bezirks Dresden übergeben in Karl-Marx-Stadt einen Stahlbauzug sowie 100000 M als Spende an Vertreter der Demokratischen Republik Vietnam
- 21. Triebwagenverbindung Berlin—Malmö (»Berlinaren«) eröffnet
- 23. Neue Spreebrücke Berlin-Spindlersfeld dem Betrieb übergeben
- 26. Neues Streckennummernsystem für öffentliche Fahrpläne der Deutschen Reichsbahn eingeführt

Juni
- 6./7. IV. Deutsche Eisenbahnermeisterschaften im Schießsport und militärischen Mehrkampf in Gotha
- 7. Mal- und Zeichenzirkel vom Raw Schöneweide empfängt »Preis für künstlerisches Volksschaffen II. Klasse«
- 9. Tag des deutschen Eisenbahners. 30 Eisenbahnerinnen und Eisenbahner erhalten Ehrentitel
- 21. Protokoll über weitere wissenschaftlich-technische Zusammenarbeit zwischen UdSSR und DDR im Verkehrswesen in Moskau unterzeichnet
- 22. Jugendobjekt »Technische Unterhaltung von Diesellokomotiven« des Bw Schwerin sowie Jugendmeisterei »20. Jahrestag der FDJ« des Raw »Wilhelm Pieck« Karl-Marx-Stadt erhalten Titel »Hervorragendes Jugendkollektiv der DDR«
- 24./28. 7. Verkehrswissenschaftliche Tage der Hochschule für Verkehrswesen »Friedrich List« Dresden. Thema: Probleme der Prognostik im Transport- und Nachrichtenwesen
- 29./30. Zum 75. Geburtstag von Walter Ulbricht wird die erste Containerzugverbindung der Deutschen Reichsbahn, Dresden—Berlin—Rostock, eröffnet
- 30. Delegation des Verkehrswesens überbringt Walter Ulbricht Geburtstagsgeschenke

Juni/Juli
- 30./4. Der Direktor der Transportabteilung des Sekretariats der UN-Wirtschaftskommission für Europa (ECE), F. Masson, besucht DDR

August
- 27./28. Fachtagung Fahrzeugbau und Verkehr der Kammer der Technik in Leipzig. Thema: Anwendung der elektronischen Datenverarbeitung und der Kybernetik bei der Deutschen Reichsbahn

September
- 3. Im Bw Leipzig-West wird die 100. von der Sowjetunion an die DDR gelieferte Diesellokomotive V 200 übergeben
- 29. Schnellverkehr zwischen Gera und Berlin über Jena aufgenommen

Oktober
- 9./10. Konferenz der Schrittmacher der DR in Leipzig-Markkleeberg
- 17./18. VI. Jungeisenbahnerkonferenz in Dresden beschließt neues Jugendprogramm
- 22./25. 9. Plenum des ZK der SED berät grundlegende Aufgaben für die weitere Gestaltung des gesellschaftlichen Systems des Sozialismus

November
- 8. 5 Eisenbahnersportler werden als erfolgreiche Teilnehmer an der ersten selbständigen Olympiamannschaft der DDR mit dem Vaterländischen Verdienstorden in Bronze ausgezeichnet
- 18./1. Dez. XI. Messe der Meister von morgen in Leipzig; von 87 Exponaten aus dem Verkehrswesen erhalten 7 Diplome und 17 Urkunden
- 23. Konstituierung des Komitees des Verkehrswesens zur Vorbereitung des 20. Jahrestages der DDR

Dezember
- 2. Eröffnung der Containerbahnhöfe Karl-Marx-Stadt-Kappel und Leipzig-Stötteritz
- 7. Für hervorragende Verdienste in Zusammenhang mit den Hilfsmaßnahmen für die ČSSR werden in Berlin 115 Eisenbahnerinnen und Eisenbahner ausgezeichnet
- 9. Stellvertreter des Ministers für Verkehrswesen der DDR, Dr. Volkmar Winkler, auf 27. Generalversammlung der UIC in Paris zum Vizepräsidenten der UIC berufen
- 13. Letzte ausgebesserte Güterzug-Dampflokomotive verläßt das Raw »7. Oktober« Zwickau

7. Oktober 1974 – 25 Jahre Deutsche Demokratische Republik

in Daten und Ereignissen bei der Deutschen Reichsbahn

zusammengestellt
von Dr. phil. THOMAS METTE

In den fünf Jahren seit dem 20. Jahrestag der Deutschen Demokratischen Republik, zu dem im Eisenbahn-Jahrbuch 1969 (S. 121) eine ähnliche Dokumentation veröffentlicht worden ist, entfalteten – vor allem aktiviert durch die Beschlüsse des VIII. Parteitags der SED – die Arbeiterklasse und die anderen Werktätigen eine breite Initiative. Die Leistungsfähigkeit der Deutschen Reichsbahn erhöhte sich sowohl im Berufs- und Reiseverkehr als auch im Gütertransport bedeutend. Den Eisenbahnerinnen und Eisenbahnern wurde stärker bewußt, welchen Anteil sie an der Erfüllung der Hauptaufgabe des Fünfjahrplans 1971/75 haben. Der sozialistische Wettbewerb spornte sie dazu an, hohe Ergebnisse in der Planerfüllung zu erreichen. Wesentlich haben sie auch dazu beigetragen, die Aufgaben im Export nach der UdSSR und aus dem Komplexprogramm der sozialistischen ökonomischen Integration zu verwirklichen.

1969

Januar

1. Raw Potsdam übernimmt Ausbesserung aller zwei- und dreiachsigen Reisezugwagen der Deutschen Reichsbahn
23. Neues Sozialgebäude im Bw Erfurt eingeweiht

Februar

7. Präsident der Rbd Halle, Karl Hetz, übergibt die in Vorbereitung befindliche Leipziger S-Bahn als Jugendobjekt
12. Die Reichsbahnausbesserungswerke schließen sich zu den Erzeugnisgruppenverbänden „Triebfahrzeuge", „Reisezugwagen" und „Güterwagen" zusammen

März

1. Minister für Verkehrswesen gibt Weisung „Zur weiteren Erhöhung der Betriebssicherheit und Verbesserung der sozialistischen Disziplin und Ordnung bei der Deutschen Reichsbahn"
8. Frauenbrigade der Außenstelle Mühlhausen des Bww Erfurt mit Clara-Zetkin-Medaille ausgezeichnet
27. Das erste für die Deutsche Reichsbahn gebaute Spurplanstellwerk (Bauform GS II Sp 64 b) im Bf Radebeul-West übergeben

April

1. Ingenieurbüro Eisenbahnbau gebildet
10./11. Zentralkomitee der SED und Ministerrat der DDR veranstalten in Leipzig Konferenz des Verkehrswesens

Mai

1. Orden „Banner der Arbeit" an Zentrale Prüf- und Entwicklungsstelle des Verkehrswesens (ZPEV) Kirchmöser verliehen
30. Erster, aus Solidaritätsspenden von Angehörigen der Reichsbahnbaudirektion finanzierter Gleisbaureparaturzug für Vietnam im Werk für Gleisbaumechanik Kirchmöser übergeben

Juni

6. 30 Angehörige der Deutschen Reichsbahn erhalten zum Tag des Eisenbahners den Ehrentitel „Verdienter Eisenbahner der DDR"

Juli

1. Deutsche Reichsbahn wird Mitglied in der Internationalen Gesellschaft der Eisenbahnen für Kühltransporte „Interfrigo" Brüssel.
Differenzierte Schwerpunktzulagen für Beschäftigungsgruppen des operativen Dienstes der Deutschen Reichsbahn eingeführt
7. Kühltranscontainer-Zugverkehr in Rostock-Marienehe eröffnet
12. Das 36,4 km lange, als Rundkurs wechselseitig zu befahrende Netz der Leipziger S-Bahn dem Betrieb übergeben

August

18. Vierte Verordnung über die Planung und Zusammenarbeit beim Gütertransport – Transportverordnung (TVO) erlassen

September

1. Ingenieurschule für Eisenbahnwesen Dresden zur Ingenieurschule für Verkehrstechnik und Ingenieurschule für Eisenbahn-Betriebs-und-Verkehrstechnik Gotha zur Ingenieurschule für Transportbetriebstechnik umgewandelt

26. Streckenfernsteuerung Rostock-Überseehafen – Waren (Müritz) in Betrieb genommen
27. Stadtschnellbahnstrecken Halle Hbf – Halle-Trotha und Halle-Neustadt Zscherbener Straße – Halle-Nietleben eröffnet
27./28. III. Zentrale Spartakiade der Kampfgruppen der Deutschen Reichsbahn in Güstrow
28. Elektrischer Zugbetrieb auf den Strecken Leipzig – Wurzen und Riesa – Dresden aufgenommen. Expreßtriebwagenverkehr zwischen Berlin und Leipzig eröffnet
29. Teilautomatisierte Betonschwellenproduktion im Betonwerk Rethwisch aufgenommen

Oktober

Der erste Containerportalkran auf dem Containerbahnhof Berlin-Frankfurter Allee in Tätigkeit
1. Raw Meiningen erhält Ehrennamen „Helmut Scholz"
3. Teilautomatisierte Taktstraße für die Containerfertigung im Raw „7. Oktober" Zwickau in Betrieb genommen
3./17. Auf der XII. Zentralen Messe der Meister von morgen sind 23 Exponate junger Eisenbahner ausgestellt
6. Fernbahnautomatik Genshagener Heide – Wustermark in Betrieb genommen. Stellvertreter des Ministers für Verkehrswesen und Leiter der Politischen Verwaltung der Deutschen Reichsbahn, Robert Menzel, mit dem Vaterländischen Verdienstorden in Gold; Christa Gärtner, Hauptfachgruppenleiter in der VES für Oberbau, Brücken und Hochbau der DR, mit dem Karl-Marx-Orden ausgezeichnet. Gleisbaubetrieb Bitterfeld, Betonwerk Rethwisch und 3 Kollektive erhalten Orden „Banner der Arbeit", das Volkskunstensemble „Theodor Körner" der IG Transport- und Nachrichtenwesen Schwerin und das Akrobatenkollektiv des Sportsensembles der BSG Lokomotive Elsterwerda den Titel „Hervorragendes Volkskunstkollektiv"
13./23. Studiendelegation des Zentralvorstands der IG Transport- und Nachrichtenwesen besucht die Sowjetunion

28. Gewerkschaftsaktiv des Dienstorts Halle-Merseburg beschließt Weiterführung des sozialistischen Wettbewerbs zu Ehren des 100. Geburtstags W. I. Lenins und des 25. Jahrestages der Befreiung des deutschen Volkes vom Hitlerfaschismus

November

13./14. Komplexe Arbeitsgruppe Transport der Paritätischen Regierungskommission für ökonomische und wissenschaftlich-technische Zusammenarbeit zwischen der DDR und der UdSSR tagt erstmals, und zwar in Berlin

1970

Januar

27. Containerzugverkehr auf der Linie Berlin – Poznań – Warszawa probeweise aufgenommen
30. Forschungskooperationsverband VVB Schienenfahrzeuge gegründet

Februar

7. Pasewalker Eisenbahner rufen zur Weiterentwicklung der Initiative „Unsere Eisenbahn schneller, sicher und sauber – alle machen mit!" auf

1 Minister für Verkehrswesen Otto Arndt (2. v. rechts) übergibt das Solidaritätsgeschenk der Baueisenbahner der DDR, einen schienengebundenen Gleisreparaturzug, an den Verkehrsminister der DRV, Phang Trong Tue (2. von links)

März

25. Aus bisher selbständigen acht Reichsbahn-Sparkassen einheitliche Reichsbahn-Sparkasse gebildet

April

11. Lenin-Gedenktafel am Gebäude des Stralsunder Hauptbahnhofs, den W. I. Lenin im April 1917 auf seiner Reise im plombierten Waggon passierte, feierlich enthüllt
22. Erster Containerzug Berlin – Moskau beginnt Versuchsfahrt zu Ehren des 100. Geburtstages Lenins

Mai

Erste transistorierte Fernbeobachtungsanlage bei der Deutschen Reichsbahn in Forst/Lausitz in Betrieb genommen
7./8. V. Eisenbahnermeisterschaften der DDR im Schießsport und militärischen Mehrkampf in Prosnitz/Rügen
8. Minister Dr. Erwin Kramer anläßlich des 25. Jahrestags der Befreiung des deutschen Volkes vom Hitlerfaschismus mit dem Karl-Marx-Orden und dem Orden des Großen Vaterländischen Krieges 2. Grades ausgezeichnet
29. Elektrischer Zugbetrieb auf der Strecke Leipzig – Riesa – Dresden eröffnet; Elektrifizierung des „sächsischen Dreiecks" damit abgeschlossen

Juni

1. Neue Kennzeichnung der Triebfahrzeuge der Deutschen Reichsbahn in Kraft
11. Moderne Werkstatthalle für die Instandhaltung von Diesel- und Elektrotriebfahrzeugen im Bw Erfurt übergeben
11./13. Bei den 12. Arbeiterfestspielen das Blasorchester des Raw „7. Oktober" Zwickau und das Arbeitertheater des Raw „8. Mai" Eberswalde – letzteres

erhält zugleich den Titel „Hervorragendes Volkskunstensemble" — mit einer Goldmedaille ausgezeichnet

14. 20 Jahre Tag des Eisenbahners: 30 Eisenbahnerinnen und Eisenbahner erhalten den Ehrentitel
15. Neue Fahrdienstvorschriften (DV 408) in Kraft
22./2. Juli. Delegation des Ministeriums für Verkehrswesen der DDR studiert in der Sowjetunion die Unterhaltung und Ausbesserung von Fahrzeugen
29./3. Juli. 8. Verkehrswissenschaftliche Tage der Hochschule für Verkehrswesen „Friedrich List" Dresden; Thema: Das Transport- und Nachrichtenwesen in der sozialistischen Gesellschaft

Juli

12. Ein 4,6 km langer Teilabschnitt der Stadtschnellbahn Rostock von Bramow nach Lütten-Klein-Süd in Betrieb genommen
20. Erste, aus der Sowjetunion importierte Diesellokomotive der Baureihe 130 im Raw „Otto Grotewohl" Dessau an die Deutsche Reichsbahn übergeben
30. Orden „Banner der Arbeit" an Otto Arndt, seinerzeit Stellvertreter des Ministers für Verkehrswesen, verliehen

August

1. Neue Arbeitsschutzanordnung 351/2 — Deutsche Reichsbahn — in Kraft
26. Zweiter Gleisbaureparaturzug für Vietnam übergeben

September

1. Ausbildungsberuf „Facharbeiter für Eisenbahnbautechnik" eingeführt. Winterordnung der DR in Kraft
24. Eine 216 m lange zweigleisige Fachwerk-Eisenbahnbrücke über die Elbe bei Roßlau — das größte Brückenbauvorhaben der Deutschen Reichsbahn nach 1945 — dem Verkehr übergeben
27. „Direktive zur systematischen Bildung und Erziehung der Eisenbahner im Prozeß der Arbeit — Dienstunterricht" herausgegeben

Oktober

2./2. Nov. Eine Freundschaftsdelegation der Jugend des Verkehrswesens der DDR besucht die Demokratische Republik Vietnam

6. Containerzentrum Neubrandenburg eröffnet
11. Neue Vereinbarung zwischen dem Nationalen Gewerkschaftsverband der Eisenbahner Frankreichs im CGT und der IG Transport- und Nachrichtenwesen im FDGB unterzeichnet
12./18. Eisenbahner unterstützen mit großer Einsatzbereitschaft das Manöver „Waffenbrüderschaft" der Teilnehmerstaaten des Warschauer Vertrages auf dem Territorium der DDR
30. Abkommen über die gegenseitige Lieferung von Eisenbahnfahrzeugen zwischen der DDR und der UdSSR in den Jahren 1971/75 in Moskau unterzeichnet

November

Gleisumbau in Vollsperrung bzw. in Sperrpausen auf der Versuchsbaustelle Saarmund-Michendorf beendet

9./20. Auf der XIII. Zentralen Messe der Meister von morgen zeigen 39 Schrittmacherkollektive junger Eisenbahner ihre Leistungen
30. Entlastungsstrecke Lindthal — Altdöbern/Süd für den Güterverkehr eröffnet

Dezember

1./5. 39. Tagung der Ständigen Kommission Transport des Rates für Gegenseitige Wirtschaftshilfe in Berlin
11. Elektrifizierter Streckenabschnitt Halle Hbf — Nietleben — Dölau in Betrieb genommen
14. Volkskammer der DDR entbindet Minister Dr. Erwin Kramer auf persönliche Bitte von seinem Amt und wählt Otto Arndt in dessen neuer Funktion als Minister für Verkehrswesen der DDR zum Mitglied des Ministerrats
15. Elektrifizierter Streckenabschnitt Coswig — Meißen/Triebischtal in Betrieb genommen
20. Regierungsabkommen zwischen DDR und ČSSR über die Zusammenarbeit im Verkehrswesen sowie bei Grenz- und Zollkontrolle unterzeichnet
30. Anordnung Nr. 2 zur Änderung des Internationalen Übereinkommens über den Eisenbahnfrachtverkehr (CIM) erlassen
31. Erster sowjetischer Schneeräumzug von der Deutschen Reichsbahn übernommen

1971

Januar

1. Zentrales Forschungsinstitut für Verkehrswesen der DDR gebildet. Entwurfs- und Vermessungsbetrieb der Deutschen Reichsbahn in den Bereich Eisenbahnbau eingegliedert. Reichsbahndirektion Ausbesserungswerke gebildet

Februar

11./12. Seminar mit leitenden Kadern des einheitlichen sozialistischen Verkehrswesens in Gotha zum Volkswirtschaftsplan 1971

März

1. Leistungsabhängige Tariflohnzulagen für 157 000 Eisenbahner eingeführt
31. Streckenfernsteuerung Waren (Müritz) — Neustrelitz in Betrieb genommen

April

6. Zweite Bildungskonferenz des Verkehrswesens in Berlin
20. Zentralgleisbildstellwerk Falkenhagener Kreuz und automatischer Streckenblock Wustermark — Schönwalde übergeben
30. Neue Werkstatthalle im Bw Dresden und moderne Triebfahrzeugunterhaltungsanlagen im Bw Weißenfels in Betrieb genommen

Mai

1. Orden „Banner der Arbeit" an Kollektiv Triebfahrzeugunterhaltung des Bw Nossen und an Kollektiv „Willi Bredel" des Werkes für Gleisbaumechanik Kirchmöser verliehen
19./28. Delegation des Zentralkomitees der SED studiert in Moskau und Leningrad Erfahrungen der Parteiarbeit im Verkehrswesen

Juni

10. 30 Eisenbahnerinnen und Eisenbahner erhalten zum Tag des Eisenbahners den Ehrentitel
11. Dienstort Merseburg-Großkorbetha und Weichenwerk Brandenburg erhalten Ehrenbanner und 20 Dienststellen und Kollektive Ehrenurkunden des ZK

2 Schneeräumzug aus sowjetischer Produktion im Einsatz auf dem Rangierbahnhof Karl-Marx-Stadt/Hilbersdorf

3 Fahrzeugausstellung der Deutschen Reichsbahn zum XVIII. MOROP-Kongreß: Lokomotive der einstigen sächsischen Lokalbahn, Baujahr 1886

der SED als Anerkennung ihrer Leistungen im Wettbewerb anläßlich des VIII. Parteitags der SED

15./19. VIII. Parteitag der SED beschließt Gestaltung der entwickelten sozialistischen Gesellschaft im Bruderbund mit der UdSSR und den anderen Ländern der sozialistischen Staatengemeinschaft und die Hauptaufgabe zur weiteren Erhöhung des materiellen und kulturellen Lebensniveaus des Volkes

19. MFS „Rügen" läuft auf der Neptunwerft Rostock vom Stapel

Juli

1. Hauptstab der operativen Betriebsleitung der Deutschen Reichsbahn gebildet

13. Ermäßigte Fahrkarten für Rentnerinnen und Rentner zu beliebigen Fahrten innerhalb der DDR an den Wochentagen Dienstag, Mittwoch, Donnerstag eingeführt

27./29. Annahme des Komplexprogrammes zur sozialistischen ökonomischen Integration auf der XXV. Tagung des RGW in Bukarest; Abschnitt 12 behandelt das Transportwesen

27./30. Erste Tagung der Ständigen Arbeitsgruppe Verkehr des Ausschusses für wirtschaftliche und wissenschaftlich-technische Zusammenarbeit zwischen der DDR und der Ungarischen Volksrepublik

August

7. V. USIC-Meisterschaft im Schwimmen in Dresden

12./26. Delegation der Gewerkschaft der Staatseisenbahnen Japans besucht DDR

16./20. XVIII. MOROP-Kongreß mit 360 Teilnehmern aus 16 europäischen Ländern in Dresden. Fahrzeugausstellung der Deutschen Reichsbahn auf Bf Radebeul-Ost

September

1. Sektion „Militärisches Transport- und Nachrichtenwesen" an der Hochschule für Verkehrswesen „Friedrich List" Dresden gegründet

14. MFS „Stubbenkammer" der Deutschen Reichsbahn in Saßnitz in Dienst gestellt

15. Mitglied des ZK der SED, Stellvertreter des Ministers für Verkehrswesen und Leiter der Politischen Verwaltung der Deutschen Reichsbahn, Robert Menzel, mit Ehrenspange zum Vaterländischen Verdienstorden in Gold geehrt

26. Erste Ausbaustufe des Biesdorfer Kreuzes am Berliner Außenring in Betrieb genommen. Wendezugbetrieb Halberstadt – Wernigerode – Ilsenburg und Schönebeck – Magdeburg Hbf – Wolmirstedt aufgenommen

29./12. Oktober. 330 Eisenbahnerinnen und Eisenbahner reisen im Freundschaftszug nach Minsk, Leningrad und Moskau

Oktober

1. Neues Signalbuch (SB) in Kraft; ebenso neue Güterbeförderungsvorschriften für den Wagenladungsverkehr. Tarifliche Neuregelungen im Arbeiterberufs- und Schülerverkehr

5./17. Ausstellung über das Containertransportsystem der DDR im Zentralen Klubhaus der Eisenbahner der UdSSR in Moskau

November

5. Arbeitsberatung des Ministeriums für Verkehrswesen und des Verkehrszweigaktivs Deutsche Reichsbahn der Kammer der Technik zur sozialistischen Rationalisierung

13. Jubiläumsfahrt anläßlich des 100jährigen Bestehens der Strecke Gera – Saalfeld – Eichicht
18./28. Auf der XIV. Zentralen Messe der Meister von morgen 54 Exponate aus dem Verkehrswesen; 14 Anerkennungen für hervorragende Leistungen
25. Regierungsabkommen zwischen DDR und VR Polen über Zusammenarbeit im Eisenbahn-, Kraft- und Luftverkehr, über gemeinsame Kontrolle des grenzüberschreitenden Verkehrs sowie über Grenzübergangsstellen unterzeichnet

Dezember
3. Abkommen über die Einführung des einheitlichen Containertransportsystems zwischen der VR Bulgarien, der Ungarischen VR, der DDR, Mongolischen VR, VR Polen, UdSSR und ČSSR abgeschlossen
6./10. Minister für Verkehrswesen der DDR, Otto Arndt, verhandelt in Schweden über die Intensivierung des Eisenbahnfährverkehrs zwischen beiden Staaten

1972

Januar
Zusätzliche Zugverbindungen zwischen der DDR einerseits, der VR Polen und der ČSSR andererseits eingerichtet. Vertrauensleute-Vollversammlung der Betriebs- und Verkehrsdienststelle Berlin-Ostbahnhof beschließt sozialistischen Wettbewerb für 1972
1. Die DDR-Transcontainerorganisation (DDR-CONT) für den grenzüberschreitenden Transcontainerverkehr gebildet
11./16. Ein Containerumschlagplatz der Deutschen Reichsbahn in Zwickau (Sachsen) Hbf eröffnet

Februar
4. Ein Brückengerät an die Demokratische Republik Vietnam übergeben

März
Vertrag mit der UdSSR über den Kauf von Diesellokomotiven der Baureihe 130 auf der Leipziger Messe abgeschlossen

April
6./7. Führungsseminar des Ministeriums für Verkehrswesen in Gotha

Mai
1. Orden „Banner der Arbeit" an Kollektiv Stahlschwellenfertigung des Weichenwerkes Brandenburg und Dienstplangemeinschaft II des Bw Falkenberg (Elster) verliehen
3. Transportkommission „X. Weltfestspiele 1973" der Rbd Berlin nimmt Tätigkeit auf
10. Balkengleisbremse Typ FEW auf Bf Wustermark Rbf in Betrieb genommen
12./14. VI. Eisenbahnermeisterschaften der DDR im Sportschießen und Militärischen Mehrkampf in Suhl-Friedberg
13./14. 3. Zentraldelegiertenkonferenz der IG Transport- und Nachrichtenwesen in Magdeburg. Minister für Verkehrswesen, Otto Arndt, übergibt gemeinsam ausgearbeitetes Programm zur Entwicklung der Arbeits- und Lebensbedingungen der Eisenbahner
26. Vertrag zwischen DDR und BRD über Fragen des Verkehrs unterzeichnet
28. Direkte Eisenbahnverbindung Wilnjus – Warszawa – Berlin – Prag eröffnet

Juni
10. 30 Eisenbahnerinnen und Eisenbahner erhalten zum Tag des Eisenbahners den Ehrentitel
23. Regierungsabkommen zwischen DDR und ČSSR über Zusammenarbeit im Eisenbahnwesen und in der Binnenschiffahrt unterzeichnet
26./30. 9. Verkehrswissenschaftliche Tage der Hochschule für Verkehrswesen „Friedrich List" Dresden; Thema: Die Gütertransportkette in der sozialistischen Volkswirtschaft

Juli
1. Übermittlung von Daten der Zentralen elektronischen Frachtbe- und Frachtabrechnung (ZEFBA) mittels Bafesa-Fernübertragung an Rechenanlage begonnen
31. Datenträgerwechsel Lochkarte/Lochstreifen bei der ZEFBA abgeschlossen

August
4. Rechenstation Erfurt des Rechenzentrums der Deutschen Reichsbahn nimmt Tätigkeit auf
31. Neues Sozialgebäude im Bezirk Oderbrücke des Rbf Frankfurt/Oder übergeben

September
15. Das neue Flaggschiff der Deutschen Reichsbahn, MFS „Rügen", in Dienst gestellt
25. Übereinkommen über den Eisenbahnverkehr zwischen den Grenzbahnhöfen der DDR und der BRD in Frankfurt/Main auf der Basis des Verkehrsvertrages unterzeichnet
25./29. Verantwortliche Vertreter der interessierten sozialistischen Länder beraten in Berlin über die Mittelpufferkupplung. Dokumentation über die bisherige gemeinsame Entwicklung übergeben

Oktober
FDJ-Grundorganisationen vom Bf Magdeburg-Buckau und Kombinat VEB Schwermaschinenbau „Karl Liebknecht" rufen auf, eine „Magistrale der Freundschaft" von den großen Versand- und Rangierbahnhöfen über Wuhlheide – Frankfurt/Oder nach Brest zu schaffen
1. Planmäßiger Ausbau der Stadtschnellbahn Halle abgeschlossen. Wendezugbetrieb Schwerin-Lankow – Schwerin-Süd aufgenommen
5. Raw Cottbus erhält Ehrennamen „Hermann Matern"
6. Raw „Otto Grotewohl" Dessau als erste Dienststelle der Deutschen Reichsbahn mit dem Titel „Betrieb der sozialistischen Arbeit" ausgezeichnet. Rekonstruierter Bf Zielitz dem Verkehr übergeben
7. Orden „Banner der Arbeit" an Kollektiv „Ernst Thälmann" vom Bw Reichenbach/Vogtl. verliehen
28. 9 Eisenbahnsportler – Teilnehmer der Olympischen Spiele 1972 – erhalten hohe staatliche Auszeichnungen

November
6./17. Auf der XV. Zentralen Messe der Meister von morgen 25 Exponate und 16 Dokumentationen aus dem Verkehrswesen

13. In Berlin konstituiert sich die Kommission entsprechend Artikel 32 des Vertrages zwischen DDR und BRD zu Fragen des Verkehrs
17. Freundschaftszug junger sowjetischer Eisenbahner trifft in Berlin ein. Ein Freundschaftszug junger Eisenbahner der DDR fährt in die UdSSR
20./25. Konsultationsgruppe des ZK der KPTsch informiert sich über Parteiarbeit bei der Verwirklichung der Beschlüsse des VIII. Parteitags der SED im Verkehrswesen

Dezember
20. Minister für Verkehrswesen erläßt Anweisung über die Ausbildung von Facharbeitern

1973

Januar
1. Neue Bau- und Betriebsordnung für Anschlußbahnen (BOA) in Kraft. Hauptabteilung Wissenschaft und Technik im Ministerium für Verkehrswesen mit der Abteilung II – Entwicklung der Deutschen Reichsbahn – gebildet

Februar
26./3. März. Vorsitzende der Zentralvorstände von den Eisenbahnergewerkschaften der RGW-Mitgliedsländer beraten in Berlin

März
Bahnumformerwerk Weimar für die 16²/₃-Hz-Bahnstromversorgung nimmt Dauerbetrieb auf
13. Kombinat VEB LEW „Hans Beimler" Hennigsdorf übergibt auf der Leipziger Frühjahrsmesse die 500. dieselhydraulische Lokomotive der Baureihe 110 an die Deutsche Reichsbahn
19./22. In Prosnitz/Rügen beraten FDJ-Funktionäre der Deutschen Reichsbahn die Vorbereitung der X. Weltfestspiele
28. Die ab 1. Januar 1974 in Kraft tretende „Verordnung über die Rechte und Pflichten der Eisenbahner (Eisenbahner-Verordnung)" ausgefertigt
31. Erster zentraler Festival-Subbotnik mit fast 60 000 Eisenbahnern

4 Portalkran auf dem 1972 eröffneten Containerbahnhof Zwickau

5 Das Flagg-Fährschiff der Deutschen Reichsbahn, MFS „Rügen"

April

Neue Großfähre der Schwedischen Staatsbahnen „Götaland" nimmt Liniendienst zwischen Trelleborg und Saßnitz auf

21. Regelmäßiger Containerzugverkehr zwischen Bf Berlin-Frankfurter Allee und Moskau Towarnaja eröffnet

26. Letzte Eisenbahndrehbrücke der Deutschen Reichsbahn – Peenebrücke Demmin – außer Betrieb genommen und neue Fachwerkbrücke übergeben

27./28. Seminar mit leitenden Kadern des Verkehrswesens in Gotha über die Führungs- und Leitungstätigkeit zur Erfüllung und Übererfüllung des Plans 1973 und zur Vorbereitung des Plans 1974

Mai

1. Orden „Banner der Arbeit" an Gleisbaubrigade der Oberbauleitung Schlabendorf des Gleisbaubetriebes Magdeburg verliehen

6./16. Delegation des Zentralvorstandes der IG Transport- und Nachrichtenwesen besucht Belgien auf Einladung des Nationalbüros der dortigen Eisenbahnergewerkschaft

17. Der 3039 m lange Brandleitetunnel nach umfangreicher Rekonstruktion wieder voll dem Betrieb übergeben

18. Rationalisierungskonferenz des Bereichs Eisenbahntransport in Berlin

19. Zweiter Festival-Subbotnik. DDR-Fährschiffe „Saßnitz", „Stubbenkammer" und „Rügen" sowie schwedische Trajekte „Skone" und „Götaland" befördern in beiden Richtungen insgesamt 752 Eisenbahnwagen und stellen damit neuen Tagesrekord auf

Juni

3. Neues Zugnummernsystem bei der Deutschen Reichsbahn gemäß Beschluß der Europäischen Fahrplan- und Wagenbeistellungs- und der Europäischen Güterzugfahrplankonferenz eingeführt. Lokomotiv- und Zugbegleitpersonal der DDR fährt erstmals D 310 bis Bf Szczecin Glówny

7. Containerzugverkehr Berlin Frankfurter Allee – Poznań – Garbary – Warszawa Glówna Towarowa eröffnet

10. 20 Jahre „Ernst-Moritz-Arndt-Ensemble" der Bezirksgewerkschaftsleitung des Rbd-Bezirks Berlin

15. Ausstellung über das Containertransportsystem der DDR in der Technischen Universität Budapest eröffnet

16. 29 Eisenbahnerinnen und Eisenbahner erhalten zum Tag des Eisenbahners den Ehrentitel

25. Letzte generalüberholte Dampflokomotive verläßt das Raw „Hermann Matern" Cottbus; von nun an hier ausschließlich Ausbesserung von Dieseltriebfahrzeugen

Juli

19. Modernisierte vergrößerte Empfangshalle des Bf Berlin-Schöneweide übergeben

23. FDJ-Grundorganisation „Anton Saefkow" des Raw „Wilhelm Pieck" Karl-Marx-Stadt und FDJ-Grundorganisation „Deutsch-Sowjetische Freundschaft" des Bf Magdeburg-Buckau mit Ernst-Thälmann-Ehrenbanner des ZK der SED ausgezeichnet

28./5. August Die Eisenbahnerinnen und Eisenbahner der DDR vollbringen hervorragende Leistungen zur Sicherung des Verkehrs anläßlich der in der DDR-Hauptstadt stattfindenden X. Weltfestspiele der Jugend und Studenten; allein im Fernverkehr werden 915 Festival-Sonderzüge gefahren

August

16. Auf einem Meeting in der Ernst-Thälmann-Gedenkstätte Ziegenhals wird der Eisenbahnerjugend das Ehrenbanner des FDJ-Zentralrats verliehen

September

6. Die 1. Hundertschaft der GST-Grundorganisation „Friedrich Engels" an der Betriebsschule Neustrelitz/Kratzeburg erhält das Ehrenbanner des Ministers für Verkehrswesen der DDR

22. Raw Stendal wird 100 Jahre alt

28. Die Kampfgruppeneinheit des Raw „Hermann Matern" Cottbus mit dem Vaterländischen Verdienstorden in Silber und die Einheit des Bw Jüterbog mit dem Vaterländischen Verdienstorden in Bronze ausgezeichnet

Oktober

Erster Triebwagenzug der Baureihe 280 vom VEB LEW „Hans Beimler" Hennigsdorf an die Deutsche Reichsbahn übergeben

3./12. Eine Delegation der Transportarbeitergewerkschaft der Syrischen Arabischen Republik besucht die DDR

4. Ehrentitel „Betrieb der sozialistischen Arbeit" an Betonwerk Rethwisch verliehen; Dienstplangemeinschaft 81 des Bw Berlin-Pankow, Meisterei Spezialbrücken des DR-Stahlbaubetriebs Dessau sowie Projektierungskollektiv Traktionswandel der Außenstelle Dresden des EVDR mit dem Orden „Banner der Arbeit" ausgezeichnet

5. Neubaukomplex Unterhaltungsteil (mit Betriebsschule und Sozialgebäude) des Bw Neustrelitz seiner Bestimmung übergeben

November

4./18. Auf der XVI. Zentralen Messe der Meister von morgen ist das Verkehrswesen mit 72 Exponaten und Dokumentationen vertreten, an denen 660 junge Arbeiter, 204 Lehrlinge und 118 Schüler gearbeitet hatten

5./9. Diplomatische Konferenz in Bern unter erstmaliger offizieller Teilnahme der DDR über die internationalen Übereinkommen CIM und CIV

Dezember

21. Neues Empfangsgebäude von Plauen (Vogtl.) ob Bf dem Verkehr übergeben (vgl. auch Titelbild)

7. Oktober 1979 – 30 Jahre DDR in Daten und Ereignissen bei der Deutschen Reichsbahn

Zusammengestellt von Dr. phil. Thomas Mette

In den fünf Jahren seit dem 25. Jahrestag der Deutschen Demokratischen Republik, zu dem im Eisenbahn-Jahrbuch 1974 (Seite 78 ff.) eine ähnliche Dokumentation veröffentlicht worden ist, stand die weitere Gestaltung der entwickelten sozialistischen Gesellschaft gemäß den Beschlüssen des IX. Parteitages der Sozialistischen Einheitspartei Deutschlands im Vordergrund aller Aktivitäten in unserem Arbeiter- und-Bauern-Staat.

1974

Januar
1. Die neue „Verordnung über die Rechte und Pflichten der Eisenbahner der DDR" (Eisenbahner-Verordnung) tritt in Kraft.
7. Das Gewerkschaftsaktiv des Dienstorts Dresden-Friedrichstadt beschließt sozialistischen Wettbewerb zu Ehren des 25. Jahrestages der Deutschen Demokratischen Republik.
9. 20 neue Speisewagen mit Speiseabteil und Büfettraum werden in Dienst gestellt.
16. Eine ESER-Rechenanlage des Typs R 20 wird in der Rechenstation Cottbus des Rechenzentrums der Deutschen Reichsbahn in Betrieb genommen.

Februar
1. Der Karl-Marx-Orden wird an Bw Halle Güterbahnhof, Bf Wustermark Rangierbahnhof, Bw Dresden, Raw „Wilhelm Pieck" Karl-Marx-Stadt und DR-Ingenieurbaubetrieb Dresden sowie an 5 Eisenbahnerinnen und Eisenbahner verliehen.

März
1. Die etappenweise Einführung der „Zentralen Elektronischen Frachtberechnung und Frachtabrechnung (ZEFBA)" ist abgeschlossen.

April
6. 87 680 Eisenbahnerinnen und Eisenbahner beteiligen sich am zentralen Subbotnik.
16./17. Eine Rationalisierungs- und Neuererkonferenz des Ministeriums für Verkehrswesen der DDR findet in Dresden statt.

Mai
26. Die 25,8 km lange S-Bahnlinie Leipzig Hbf – Wurzen wird eröffnet.
29. Fahrzeuge und Rationalisierungsmittel aus der Produktion der Reichsbahnausbesserungswerke werden in Berlin-Schöneweide ausgestellt.

Juni
9. 30 Angehörige der Deutschen Reichsbahn erhalten zum Tag des Eisenbahners den Ehrentitel „Verdienter Eisenbahner der DDR"
25./29. In Karl-Marx-Stadt findet die 47. Tagung der Ständigen Kommission für Transport des RGW statt; das Abkommen über gemeinsame Nutzung der Container im internationalen Verkehr wird unterzeichnet.
28. Der 20 000. offene Neubau-Güterwagen verläßt die Montagehalle des Raw Dresden.

Juli
1./5. Die 10. Verkehrswissenschaftlichen Tage der Hochschule für Verkehrswesen „Friedrich List" Dresden stehen unter dem Thema: Der Beitrag von Wissenschaft und Technik im Transport- und Nachrichtenwesen zur Erfüllung der vom VIII. Parteitag der SED beschlossenen Hauptaufgabe.
24. Der Containerzug-Verkehr Leipzig-Stötteritz – Wrocław – Sosnowiec und Sosnowiec – Wrocław – Cottbus wird aufgenommen.

August
10. Die Traditionsbahn auf der Schmalspurstrecke Radebeul Ost – Radeburg wird eröffnet.
31./1. Sept. In Magdeburg findet die VIII. USIC-Meisterschaft im Schwimmen statt.

September
1. Das Klassifizierungssystem zur Ermittlung der Anforderungen an das Stellwerkspersonal und zur Bewertung seiner Tätigkeiten wird eingeführt.
10. Die neue elektrische Zugschlußleuchte 0609.3 wird erstmalig verwendet.
12./21. Auf gemeinsamen Festveranstaltungen in Spremberg, Löcknitz und Frankfurt(Oder), Zbaszynek, Szczecin und Wegliniec werden Eisenbahner der PKP und der DR von den Ministerien für Verkehrswesen der DDR und VRP für hervorragende Leistungen geehrt.
18. In Moskau wird die Ausstellung „25 Jahre Verkehrswesen der DDR – 25 Jahre Weg der Freundschaft" eröffnet. Für die „Automatische Zuglenkung (AZL)" mit Prozeßrechnern beginnt auf dem Streckenabschnitt Rostock – Waren (Müritz) der Probebetrieb.

19./26. In Prosnitz auf Rügen finden die VII. Eisenbahnermeisterschaften der DDR im Sportschießen und im militärischen Mehrkampf statt.

25. Das erste Gleisbildstellwerk der Bauform GS III Sp 68 wird bei der DR in Betrieb genommen (Bf Jüterbog).

28. Am Kampfmeeting in der „Gedenkstätte der Befreiung" auf den Seelower Höhen nehmen die 330 jungen Eisenbahnerinnen und Eisenbahner teil, die mit dem Freundschaftszug in die UdSSR fahren. Der durchgehende S-Bahnverkehr Rostock Hbf – Warnemünde wird eröffnet.

29. Der elektrische S-Bahnverkehr auf der 38,6 km langen Strecke Schönebeck-Salzelmen – Magdeburg – Zielitz beginnt.

30. Die erste neue Streckendispatcher-Fernsprechanlage (Bauart 74) wird in Berlin in Betrieb genommen.

Oktober

4. Das Ehrenbanner für hervorragende Leistungen im sozialistischen Wettbewerb zum 25. Jahrestag der DDR wird an Dienstort Seddin und Raw „8. Mai" Eberswalde übergeben. Das Raw

1 Kurz nach Inbetriebnahme des auf elektrischen Betrieb umgestellten Streckenabschnitts Dresden–Schöna

„7. Oktober" Zwickau wird als „Betrieb der sozialistischen Arbeit" ausgezeichnet.

November
18./29. Auf der XVII. Zentralen Messe der Meister von morgen ist die Deutsche Reichsbahn mit 34 Exponaten und Dokumentationen vertreten. 11 Jugendkollektive erhalten Anerkennungen.
27. Roman Chwalek, langjähriger KPD-Funktionär, führender Gewerkschaftsfunktionär und ehemaliger Minister für Eisenbahnwesen der DDR, ist im Alter von 76 Jahren verstorben.

Dezember
6. Die Klinik für internistische Leistungs- und Verkehrsmedizin des Medizinischen Dienstes des Verkehrswesens der DDR wird in Berlin-Buch eröffnet.

1975

Januar
1. Die Vereinheitlichung der Schichtprämien und die Erhöhung der Schichtprämiensätze treten in Kraft.
3. Das Gewerkschaftsaktiv des Dienstorts Seddin beschließt sozialistischen Wettbewerb zum 30. Jahrestag der Befreiung vom Hitlerfaschismus.

April
3. Das 300. Gleisbildstellwerk der Deutschen Reichsbahn wird auf Bf Bad Kleinen in Betrieb genommen.
5./19. 104 500 Eisenbahnerinnen und Eisenbahner leisten für den „Drushba-Expreß" Subbotniks.
15. Der elektrische Zugbetrieb auf der Strecke Magdeburg–Zerbst wird aufgenommen.
17. Die ersten 15 für den DDR-Bauabschnitt der internationalen Erdgasleitung „Freundschaft" bestimmten Güterwagen verlassen Bf Halle Güterbahnhof.
22. 49 Eisenbahnerinnen und Eisenbahner der DDR werden für ihre besonderen Verdienste um die Festigung der Freundschaft mit der Sowjetunion geehrt.

2 Eröffnung des durchgehenden S-Bahn-Verkehrs auf der Strecke Rostock Hbf–Warnemünde.

3 Das Gleisbildstellwerk der Bauform GS III Sp 68 in Jüterbog.

25. Ein neues Empfangsgebäude wird im Bf Schwedt (Oder) in Betrieb genommen.
30. Das Raw Berlin-Schöneweide erhält Ehrennamen „Roman Chwalek".

Mai
1. Das Raw „Helmut Scholz" Meiningen wird mit Orden „Banner der Arbeit", Stufe I, ausgezeichnet.
9. Am Tag des Sieges und der Befreiung können 213 000 Einzel- und Kollektivverpflichtungen als „Drushba-Expreß"-Fracht ausgewiesen werden.

Juni
8. 25 Jahre „Tag des Eisenbahners". 30 Angehörige der DR erhalten den Ehrentitel.
11. Die Sonderausstellung „Die Frau im sozialistischen Eisenbahnwesen der DDR" beginnt im Verkehrsmuseum Dresden.

September
1. Erstmals wird eine Frau Vizepräsident einer Reichsbahndirektion (Rbd Schwerin).
22./26. Im Schloß Reinhardsbrunn von Friedrichroda findet der XXX. USIC-Kongreß statt.

Oktober
1. Die Eisenbahnerinnen und Eisenbahner der DDR beginnen mit dem Wettbewerb „Expreß IX. Parteitag".
2. Die DR und die PKP unterzeichnen eine Vereinbarung zur Unterstützung des Jugendobjekts „Magistrale der Freundschaft".
18. Die neue Großnetz-Endbasa Dresden wird in Betrieb genommen.
25./26. Das Einschieben der vormontierten, rd. 17 000 t schweren Schmidtstedter Brücke in Erfurt ist beendet.

2

November
10./21. Auf der XVIII. Zentralen Messe der Meister von morgen ist das Verkehrswesen mit 58 Exponaten und Dokumentationen vertreten. 15 Jugendkollektive erhalten Anerkennungen.

Dezember
22. Eine 150 m lange Straßen-Spannbetonbrücke, die Bf Bad Schandau überquert, wird dem Verkehr übergeben.

1976

Januar
1. Das Raw Wittenberge besteht 100 Jahre.

Februar
13. Die Mitglieder des Politbüros des ZK

3

der SED Hermann Axen und Paul Verner besuchen die Reichsbahnausbesserungswerke „Hermann Matern" Cottbus und „7. Oktober" Zwickau.

März
11. Die Vertrauensleutevollversammlung des Bf Saalfeld beschließt, die Güterzugbildung und Güterbeförderung in hoher Qualität zu garantieren.
27./10. April 116 000 Eisenbahnerinnen und Eisenbahner nehmen an Subbotniks teil.
29. Die Dienstplangemeinschaft 9 des Bw Cottbus berichtet im Kollegium des Ministeriums für Verkehrswesen über ihre Einsparung von Dieselkraftstoff.

Mai
1. Die VES-W der Deutschen Reichsbahn in Delitzsch wird mit Orden „Banner der Arbeit", Stufe I, ausgezeichnet. Die neue „Verordnung über die Staatliche Bahnaufsicht – Bahnaufsichtsordnung (BAVO) –" tritt in Kraft.
9.–16. Eine Studiendelegation des Ministeriums für Verkehrswesen der DDR orientiert sich in Odessa und Iljitschowsk (UdSSR) über einheitliche optimale Transport- und Umschlagtechnologien auf der Basis von Komplexwettbewerben zwischen Eisenbahn und Seehäfen bzw. Großverladern (Baranowski-Methode).
11.–13. Mit einem Ehrenbanner des ZK der SED werden Dienstort Saalfeld, Werk für Gleisbaumechanik Brandenburg-Kirchmöser und Raw „Einheit" Leipzig ausgezeichnet.
13. Der Wendezugbetrieb beginnt auf der 7,8 km langen Strecke Erfurt Berliner Str.–Erfurt Hbf.
14. Der 500 000. Container wird auf Bf Berlin Frankfurter Allee verladen.
18.–22. Der IX. Parteitag der SED beschließt neues Programm der Sozialistischen Einheitspartei Deutschlands, wonach auf der Grundlage der Einheit von Wirtschafts- und Sozialpolitik weiterhin die entwickelte sozialistische Gesellschaft in der DDR zu gestalten ist und damit Voraussetzungen für den allmählichen Übergang zum Kommunismus zu schaffen sind.
29. Die Elektrifizierung und Teilautomatisierung der Strecke Dresden–Schöna sind planmäßig abgeschlossen.
30. Der Stadtbahn- und Vorortverkehr Karl-Marx-Stadt–Hohenstein-Ernstthal beginnt.

Juni
13. 30 Eisenbahnerinnen und Eisenbahner werden mit Ehrentitel geehrt.
23. Die ersten sowjetischen Relaisstellwerke der Bauform EZMG werden bei der Deutschen Reichsbahn in Betrieb genommen (Bf Bischofferode und Bf Bleicherode Stadt).
25./27. Auf den 16. Arbeiterfestspielen werden der Bergsteigerchor „Kurt Schlosser" der Rbd Dresden, das Zentrale Blasorchester der Rbd Cottbus und das Sportensemble „Lokomotive" Elsterwerda mit der Goldmedaille ausgezeichnet.

Juli
1. Im Zentralen Forschungsinstitut des Verkehrswesens der DDR wird das Arbeitswissenschaftliche Zentrum gebildet.
30. Die Aufgabenstellung für das Eisenbahnwesen nach dem „Gemeinsamen Beschluß des ZK der SED, des Bundesvorstandes des FDGB und des Ministerrates der DDR über die weitere Verbesserung der Arbeits- und Lebensbedingungen im Zeitraum 1976–1980" wird verabschiedet.

September
23./27. In Prosnitz auf Rügen finden die VIII. Eisenbahnermeisterschaften der DDR im Sportschießen und militärischen Mehrkampf statt.

Oktober
6. Der Karl-Marx-Orden wird verliehen an

Robert Menzel, Mitglied des ZK der SED, Stellvertreter des Ministers für Verkehrswesen der DDR und Leiter der Politischen Verwaltung der Deutschen Reichsbahn. Der Ingenieurbaubetrieb Dresden wird als „Betrieb der sozialistischen Arbeit" ausgezeichnet.

25. Der erste Städte-Expreßzug der DR („Rennsteig": Meiningen–Suhl–Erfurt–Halle–Berlin) verkehrt.

November

15./26. Auf der XIX. Zentralen Messe der Meister von morgen ist die Deutsche Reichsbahn mit 36 Exponaten und Dokumentationen vertreten. 14 Jugendkollektive erhalten Auszeichnungen.

25. Erste zentrale Konferenz des Ministeriums für Verkehrswesen und des Zentralvorstands der IG Transport- und Nachrichtenwesen über wissenschaftliche Arbeitsorganisation.

4 Der Containerverkehr ist ein wesentlicher Teil des Gütertransports der Deutschen Reichsbahn.

5 Installation sowjetischer Sicherungstechnik auf der Strecke Gotha–Leinefelde.

6 Inbetriebnahme des sowjetischen Relaisstellwerks der Bauform EZMG im Bf Bischofferode.

4

Dezember

14./16. Auf der 35. Generalversammlung der UIC in Paris übernimmt die Deutsche Reichsbahn für die Jahre 1977/78 die Präsidentschaft.

30. Die Berliner S-Bahnstrecke Marzahn–Friedrichsfelde Ost wird eröffnet.

1977

Januar

6. Die Deutsche Reichsbahn nimmt die erste der in der SRR für sie gebauten Diesellokomotiven der Baureihe 119 in Bukarest in Empfang.

7. Der 3000. vierachsige Neubau-Reisezugwagen verläßt das Raw Halberstadt.

19. Das Programm der Eisenbahnerinnen und Eisenbahner zur Vorbereitung des 60. Jahrestags der Großen Sozialistischen Oktoberrevolution wird bestätigt. In der Massenbewegung für den „Expreß Roter Oktober" übernehmen 191 000 Eisenbahner Einzel- und Kollektivverpflichtungen.

24. Die 1000. Diesellokomotive aus der UdSSR für die Deutsche Reichsbahn wird an das Bw Neustrelitz übergeben.

Februar

8. Die erste Zugnummern-Meldeanlage wird in der Fernsteuerzentrale Rostock in Betrieb genommen.

11. Im Raw „Einheit" Leipzig wird der 10 000. Neubau-Güterwagen fertiggestellt.

März

7. Das FS „Rostock" läuft in Bergen (Norwegen) vom Stapel.

April

2./16. 123 000 Eisenbahnerinnen und Eisenbahner nehmen an Subbotniks teil.

6. Ein weiterer Eisenbahnübergang DDR/ČSSR (Zittau–Liberec) wird eröffnet.

16./17. Die IG Transport- und Nachrichtenwesen veranstaltet in Magdeburg ihre 4. Zentraldelegiertenkonferenz.

Mai

1. Für 115 000 Eisenbahnerinnen und Eisenbahner wird die 42-Stunden- bzw. 40-Stunden-Arbeitswoche eingeführt. Der Orden „Banner der Arbeit", Stufe I, wird an Raw „Ernst Thälmann" Halle, Bw Erfurt und Bf Riesa verliehen.

4./5. Die Ständige Gruppe des Geschäftsführenden Ausschusses der UIC hält in Berlin ihre 12. Tagung ab.

20. Das Umformerwerk Dresden-Niedersedlitz wird dem Betrieb übergeben.

25. Die VES-M der Deutschen Reichsbahn übernimmt den Prototyp der sowjetischen Diesellokomotive BR 142.

Juni

9. 30 Eisenbahnerinnen und Eisenbahner werden mit dem Ehrentitel ausgezeichnet.

13./17. Die 11. Verkehrswissenschaftlichen Tage der Hochschule für Verkehrswesen „Friedrich List" Dresden stehen unter dem Thema: Sozialistische Intensivierung durch Wissenschaft und Technik im Transport- und Nachrichtenwesen.

27. In Leipzig findet eine Konferenz über das zentrale Jugendobjekt „Magistrale der Freundschaft" statt.

7 Der erste fahrplanmäßige Zug im neuen S-Bahnhof Berlin-Marzahn.

8 Übergabe der 1000. Diesellokomotive aus der UdSSR für die Deutsche Reichsbahn im Bw Neustrelitz.

9 Die originalgetreue Nachbildung des Reisezugwagens, mit dem W. I. Lenin im April 1917 durch Deutschland fuhr, auf dem Bahnhofsvorplatz in Saßnitz.

Juli
1. Der ESAG-Verkehr, der Containertransport im internationalen direkten kombinierten Eisenbahn-See-Güterverkehr zwischen der DDR und der UdSSR, wird aufgenommen.
20. Das größte Fährschiff der Deutschen Reichsbahn, FS „Rostock", und das umgebaute Fährbett II in Saßnitz werden in Dienst gestellt.
22./1. Aug. Zum VI. Turn- und Sportfest und zur VI. Kinder- und Jugendspartakiade der DDR verkehren 80 Sonderzüge.

August
11. Der Zentralvorstand der GST und die Deutsche Reichsbahn unterzeichnen eine Vereinbarung über die sozialistische Wehrerziehung in den Betrieben, Dienststellen und Bildungseinrichtungen des Eisenbahnwesens.
17. Im Bw Stralsund wird die erste Diesellokomotive der Baureihe 142 in Dienst gestellt.
22. Der Orden „Stern der Völkerfreundschaft" in Gold wird an Dr. Erwin Kramer, Mitglied des ZK der SED und ehemaliger Minister für Verkehrswesen der DDR, verliehen.

9

September

1. Die Ausbildung im neuen Lehrberuf „Facharbeiter für Eisenbahntransporttechnik" beginnt. Die „Dienstvorschrift für den Großcontainer- und Mittelcontainertransport (CV) – DV 636 –" tritt in Kraft.
6./9. Der Wissenschaftlich-Technische Rat zum internationalen Abkommen über die Anwendung der Rechentechnik hält in Magdeburg seine 9. Tagung ab.
9. Der 1000. Kilometer zweites Gleis seit 1971 ist bei der Deutschen Reichsbahn fertiggestellt.
25. Die Streckenbegradigung bei Waren (Müritz) ist beendet.
26. Der Titel „Betrieb der sozialistischen Arbeit" wird an Bw Halle G verliehen.

Oktober

6. Die Werkhalle für die Produktion vierachsiger Güterwagen wird an Raw „7. Oktober" Zwickau übergeben.
25. Eine originalgetreue Nachbildung des Reisezugwagens, mit dem W. I. Lenin und seine Genossen im April 1917 durch Deutschland reisten, wird auf dem Bahnhofsvorplatz in Saßnitz als Gedenkstätte eingeweiht.
26./27. Der Orden „Banner der Arbeit", Stufe I, wird an Raw „Franz Stenzer" Berlin und Bw Cottbus verliehen.
28. Die Eisenbahnerinnen und Eisenbahner der DDR legen Rechenschaft ab über ihren sozialistischen Wettbewerb zu Ehren des 60. Jahrestags der Großen Sozialistischen Oktoberrevolution. Das Ehrengeschenk sowjetischer Eisenbahner, ein Modell des Kreuzers „Aurora", wird dem Dienstort Saalfeld überreicht.

November

14./25. An der XX. Zentralen Messe der Meister von morgen ist das Verkehrswesen mit 65 Exponaten und Dokumentationen beteiligt. 10 Jugendkollektive der Deutschen Reichsbahn erhalten Auszeichnungen.
21./25. Die Eisenbahnergewerkschaften der VRB, der ČSSR, der DDR, der VRP, der SRR, der UdSSR und der UVR tauschen in Berlin Erfahrungen über den Containerverkehr aus.

Dezember

12. Die Zentralschule der Politischen Verwaltung der Deutschen Reichsbahn „Erich Steinfurth" in Hainichen wird mit dem Vaterländischen Verdienstorden in Bronze ausgezeichnet.
15./16. Anläßlich der Übergabe einer Dokumentation über die automatische Kupplung beraten in Berlin Delegationen der Verkehrsministerien der VRB, ČSSR, DDR, VRP, SRR, UdSSR und UVR sowie vom Sekretariat des RGW und vom Komitee der OSShD.

1978

Januar

7. Das Raw „8. Mai" Eberswalde besteht 100 Jahre.

März

7. Eisenbahner der DDR beginnen im Rahmen der „FDJ-Initiative Berlin" ihre Tätigkeit u. a. beim zweigleisigen Ausbau der S-Bahn-Strecke Springpfuhl–Ahrensfelde

April

11./13. Der UIC-Ausschuß „Informatik" berät in Berlin über die Anwendung der elektronischen Datenverarbeitung und über Datenübertragung im Eisenbahnwesen.

Mai

1. Der Orden „Banner der Arbeit", Stufe I, wird an Anlagenmeisterei Berlin Nordbahnhof, Gleisbaubetrieb Magdeburg, Bf Thale Hbf, Bahnstromwerk Halle, Bahnmeisterei Saalfeld verliehen.
24. Die Reichsbahndirektionen ziehen erste Leistungsvergleiche im sozialistischen Wettbewerb zu Ehren des 30. Jahrestags der DDR in Berlin.
28. Der elektrische Zugbetrieb auf der Strecke Bitterfeld–Lutherstadt Wittenberg wird aufgenommen.
29./3. Juni In Berlin findet das 5. Internationale Seminar der Gewerkschaften der Eisenbahner statt.

Juni

11. 30 Eisenbahnerinnen und Eisenbahner werden mit dem Ehrentitel ausgezeichnet.
16. Das Mitglied des Politbüros des ZK der SED und Vorsitzender des Bundesvor-

10

10 Überreichung eines Geschenks sowjetischer Eisenbahner an die Berufskollegen in der DDR; es handelt sich um ein Modell des berühmten Kreuzers „Aurora".

11 Außenansicht des neuen Empfangsgebäudes vom Bahnhof Cottbus

12 Empfangshalle des Bahnhofs Cottbus

standes des FDGB, Harry Tisch, besucht die Eisenbahner von Pasewalk.
21. Im Verkehrsmuseum Dresden wird der 5 000 000. Besucher seit 1956 begrüßt.

Juli
2. Der Mal- und Zeichenzirkel im Raw Potsdam wird mit dem Kunstpreis des FDGB 1978 ausgezeichnet.
4. Erstes Jugendobjekt „Rangierdienst" bei der Deutschen Reichsbahn wird auf dem Bf Karl-Marx-Stadt-Hilbersdorf übergeben.

August
14. Das Mitglied des Politbüros des ZK der SED und Erster Stellvertreter des Vorsitzenden des Ministerrates der DDR, Alfred Neumann, informiert sich im Raw Magdeburg über die Wettbewerbsinitiativen der Eisenbahner und über die Plandiskussion für das Jahr 1979.
20./27. In Cottbus findet das VI. USIC-Championat im Volleyball der Damen statt.

September
11./15. Auf dem XXXIII. Kongreß der USIC in Eastbourne (Großbritannien) wird die DDR in das Präsidium gewählt.

29./3. Oktober In Prosnitz auf Rügen finden die IX. GST-Meisterschaften der Eisenbahner statt.

Oktober
1. Die letzte, im Eisenbahnknoten Leipzig stationierte Dampflokomotive (Baureihe 03.2) wird abgegeben.
3. Das Raw „Einheit" Leipzig erhält den Ehrentitel „Betrieb der sozialistischen Arbeit".
5. Im Bf Cottbus wird ein neues Empfangsgebäude in Betrieb genommen.
28. 104 000 Eisenbahnerinnen und Eisenbahner leisten einen freiwilligen Arbeitseinsatz.

November
13./24. Auf der XXI. Zentralen Messe der Meister von morgen ist die Deutsche Reichsbahn mit 36 Leistungen bzw. Dokumentationen vertreten. 10 Jugendkollektive erhalten Auszeichnungen.

Dezember
20. Das Umformerwerk Lutherstadt Wittenberg wird dem Betrieb übergeben.

7. Oktober 1984 – 35 Jahre DDR in Daten und Ereignissen der Deutschen Reichsbahn

Zusammengestellt von Dr. phil. Thomas Mette

In den fünf Jahren seit dem 30. Jahrestag der Deutschen Demokratischen Republik, zu dem im Eisenbahn-Jahrbuch 1979 (Seite 16ff.) eine ähnliche Dokumentation veröffentlicht worden ist, kam es darauf an, die kontinuierliche zielstrebige Nutzung der Vorzüge der sozialistischen Produktion auf der Grundlage der vom X. Parteitag der Sozialistischen Einheitspartei Deutschlands bestätigten, wissenschaftlich begründeten Gesellschaftsstrategie für die 80er Jahre vor allem für den Kampf um die Sicherung des Friedens zu erhöhen.

1979

Januar

1. Im Zentralen Forschungsinstitut des Verkehrswesens der DDR werden zur weiteren Profilierung und Konzentration des Forschungspotentials das Institut für komplexe Transportprobleme und das Institut für Eisenbahnwesen errichtet.
12. Die Vertrauensleutevollversammlung des Bf Saalfeld (Saale) beschließt die Weiterführung des sozialistischen Wettbewerbs zu Ehren des 30. Jahrestages der Deutschen Demokratischen Republik.

April

20. In Berlin findet die Festveranstaltung zum 25jährigen Bestehen des Dispatcherdienstes der Deutschen Reichsbahn statt.

Mai

1. Orden „Banner der Arbeit", Stufe I, an Bf Warnemünde, Baumechanik Radebeul und Raw Wittenberge verliehen.
27. Bei der Deutschen Reichsbahn wird neues Richtpunktverfahren für die Güterzugbildung eingeführt.
28. Auf der Strecke Lutherstadt Wittenberg–Jüterbog wird der elektrische Zugbetrieb aufgenommen.

Juni

1./3. Über 180 000 Jugendliche fahren in 300 Sonderzügen zum Nationalen Jugendfestival nach Berlin, Hauptstadt der DDR.
10. 30 Eisenbahnerinnen und Eisenbahner erhalten zum Tag des Eisenbahners den Ehrentitel „Verdienter Eisenbahner der DDR".
28. In Moskau bestätigt die XXXIII. RGW-Tagung das „Langfristige Zielprogramm der Zusammenarbeit bei der Entwicklung der Transportverbindungen der Mitgliedsländer bis 1990".

Juli

5. Zentrale Arbeitsberatung „Die Aufgaben zur weiteren Durchsetzung der Betriebs- und Verkehrssicherheit bei der Deutschen Reichsbahn" in Dresden.
10. Auf dem Bf Erfurt Güterbahnhof wird ein Rangier-Ablaufspeicherstellwerk in Betrieb genommen.

September

15./23. Fahrzeugschau „30 Jahre DDR – 50 Jahre Raw Dessau – 100 Jahre Elektrische Lokomotive" am Bf Dessau Süd.
26./27. An die Reichsbahndirektion Dresden, das Raw „Roman Chwalek" Berlin-Schöneweide, das Raw „Helmut Scholz" Meiningen und den DR-Stahlbau Dessau werden für hervorragende Leistungen im sozialistischen Wettbewerb Ehrenbanner der Partei- und Staatsführung der DDR verliehen.
27. Das Bahnbetriebswerk Frankfurt (Oder) wird mit dem Titel „Betrieb der sozialistischen Arbeit" ausgezeichnet.
28. In Berlin-Marzahn wird der S-Bahnhof Karl-Maron-Straße dem Verkehr übergeben.
30. Elektrischer Zugbetrieb zwischen Radebeul West/Naundorf und Elsterwerda eröffnet.

Oktober

1. Einsatz von Bordrechneranlagen auf Zügen der Berliner S-Bahn garantiert energieoptimale Fahrweise.

November

10. Dr. Erwin Kramer, Mitglied des ZK der SED, von 1954 bis 1970 Minister für Verkehrswesen der DDR, im Alter von 77 Jahren verstorben.
12./23. Auf der XXII. Messe der Meister von morgen ist das Verkehrswesen mit 68 Leistungen vertreten. 9 Eisenbahn-Jugendkollektive erhalten Auszeichnungen.
14. Inbetriebnahme der neuen Eisenbahnbrücke über die Elbe bei Magdeburg-Herrenkrug.
28. Übergabe der 500., im VEB Kombinat Lokomotivbau Elektrotechnische Werke (LEW) „Hans Beimler" Hennigsdorf für die Deutsche Reichsbahn hergestellten $16^{2}/_{3}$-Hz-Elektrolokomotive.

Dezember
12. In Zusammenarbeit mit dem Zentralen Forschungsinstitut des Verkehrswesens der DDR wird im Raw „Roman Chwalek" Berlin-Schöneweide ein wissenschaftlich-technischer Produktionsbereich für mikrorechnergesteuerte Abfertigungstechnik eingerichtet.
19. Gemeinsamer Beschluß der Vertrauensleute des Seehafens und der Hafenbahn Rostock über den sozialistischen Wettbewerb zur Erfüllung und Übererfüllung der im Jahre 1980 gestellten staatlichen Planaufgaben.

1980

Januar
1. Entsprechend einer OSShD/UIC-Vereinbarung wird die einheitliche internationale Kennzeichnung der Güterwagen der Mitgliedsbahnen den Erfordernissen der Tarifberechnung mit elektronischen Datenverarbeitungsanlagen angepaßt.
Durch Zuordnung von Produktionskapazität entsteht aus dem Ingenieurbaubetrieb Berlin der Reichsbahnbaudirektion der Elektrifizierungs- und Ingenieurbaubetrieb.
14./18. In der Hauptstadt der DDR, Berlin, findet die 58. Tagung der Ständigen Kommission für Transport des RGW statt.

Februar
21./22. Leitende Funktionäre aus allen Bereichen des Verkehrswesens der DDR beraten in Gotha über die Verwirklichung der im Volkswirtschaftsplan 1980 gestellten Aufgaben.
22./24. X. GST-Meisterschaften der Eisenbahner im Sportschießen (Luftdruckwaffen) in Jüterbog.

März
1. Im Zentralen Forschungsinstitut des Verkehrswesens wird die Leitstelle für die Optimierung der Transport- und Lieferbeziehungen (LTO) gebildet.
3. Im Raw „7. Oktober" Zwickau ist der 75 000. Container fertiggestellt.

April
21. Während eines Besuches der sowjetischen Kosmonautin Walentina Tereschkowa in der DDR findet in Berlin erneut eine Begegnung zwischen ihr und der ihren Namen tragenden Gleisbaubrigade statt.

Mai
1. Bf Erfurt Güterbahnhof, Bf Ziltendorf und Raw Delitzsch werden mit dem Orden „Banner der Arbeit", Stufe I, ausgezeichnet.

1 Mikrorechnergesteuerter Fahrkartenverkaufs-Dialogautomat

2 Elektronische Platzreservierung im Bf Berlin-Lichtenberg

3 Im Zentralstellwerk des Rangierbahnhofs Seddin

4 Mikroelektronisch gesteuerter Bordrechner der zweiten Generation im Führerstand eines Zuges der Berliner S-Bahn

10./15. In Prosnitz (Rügen) finden die X. GST-Meisterschaften der Eisenbahner im Wehrsport statt.

Juni
7. Zentrale Festveranstaltung zum 30. „Tag des Eisenbahners" im Palast der Republik am Berliner Marx-Engels-Platz. 30 Eisenbahnerinnen und Eisenbahner erhalten den Ehrentitel.
23./27. Die 12. Verkehrswissenschaftlichen Tage der Hochschule für Verkehrswesen „Friedrich List" Dresden stehen unter dem Thema „Der Beitrag der Wissenschaft für die Entwicklung des Transport- und Nachrichtenwesens".
30. Probebetrieb mit Zugfunkanlagen auf der Strecke Dresden–Schöna aufgenommen.

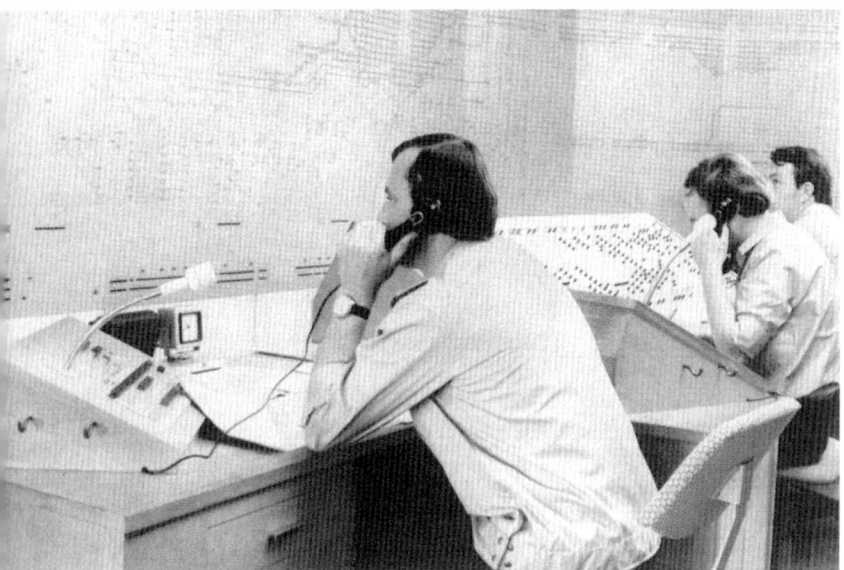

Juli

14. Auf Bf Seddin wird der erste Betonmischzug BMZ 50/1 zur Herstellung der Mastfundamente bei der Streckenelektrifizierung als Jugendobjekt übergeben.
16. Im Raw „Einheit" Leipzig eröffnet Alfred Neumann, Mitglied des Politbüros des ZK der SED und Erster Stellvertreter des Vorsitzenden des Ministerrates der DDR, die Plandiskussion 1981.
19. Otto Arndt, Mitglied des ZK der SED, Minister für Verkehrswesen der DDR und Generaldirektor der Deutschen Reichsbahn, wird der Vaterländische Verdienstorden in Gold verliehen.
19./4. Aug. 18 Eisenbahner der DDR erkämpfen bei den XXII. Olympischen Sommerspielen in Moskau Medaillen.

September

4./12. Eisenbahner erfüllen vorbildlich beim Manöver „Waffenbrüderschaft" auf dem Territorium der DDR die an sie gestellten Transportanforderungen.
9. Die Ingenieurschule für Verkehrstechnik Dresden erhält den Ehrennamen „Erwin Kramer".
10. Erich Seifert — Held der Arbeit —, der im Jahre 1953 im Raw „Wilhelm Pieck" Karl-Marx-Stadt die Methode zur Beseitigung von Verlustzeiten in der Produktion entwickelte, im Alter von 71 Jahren verstorben.

25. Inbetriebnahme des mit Zugnummern-Meldeanlage ausgestatteten Zentralstellwerks auf Bf Seddin. Der Betrieb auf dem Streckenabschnitt Michendorf–Beelitz Heilstätten wird von hier aus ferngesteuert.
26. Protokoll über die Aufnahme direkter wissenschaftlich-technischer Zusammenarbeit zwischen dem Ministerium für Verkehrswesen der DDR und dem Ministerium für Transportbau der UdSSR in Berlin unterzeichnet.

Oktober

3. Bf Seddin als „Betrieb der sozialistischen Arbeit" ausgezeichnet.
22. In Berlin berät eine Rationalisierungskonferenz des Ministeriums für Verkehrswesen Aufgaben zur Beschleunigung des wissenschaftlich-technischen Fortschritts in den 80er Jahren.

November

8. Das Raw „Einheit" Leipzig feiert 75jähriges Bestehen.
10./21. Auf der XXIII. Zentralen Messe der Meister von morgen ist das Verkehrswesen mit 74 Exponaten und Dokumentationen vertreten. 11 Eisenbahn-Jugendkollektive werden ausgezeichnet.

Dezember

15. Eröffnung der von Bf Berlin-Marzahn zum Bf Otto-Winzer-Straße verlängerten S-Bahnstrecke.
18. Vertrauensleute der Hafenbahn Rostock und des Raw „7. Oktober" Zwickau beschließen für 1981 höhere Wettbewerbsaufgaben.
30. Parteiaktivtagung zur Übernahme neuer verantwortungsvoller Aufgaben durch die Eisenbahner in Vorbereitung des X. Parteitages der SED in Berlin.

1981

Januar

26. Aktivberatung des Ministeriums für Verkehrswesen zur beschleunigten Elektrifizierung hochbelasteter Eisenbahnstrecken in der DDR im Zeitraum bis 1985.

März

1. Neue Bedingungen für den Palettenaustausch treten in Kraft.
12. Erfahrungsaustausch mit Angehörigen vorbildlicher Jugendbrigaden bei der Deutschen Reichsbahn über ihren Beitrag zur Verwirklichung der „Parteitagsinitiative der FDJ".
25./27. Ehrenbanner des Zentralkomitees der SED an Hafenbahn Rostock, Werk für Gleisbaumechanik Brandenburg-

Kirchmöser und Raw „7. Oktober" Zwickau für hervorragende Leistungen im sozialistischen Wettbewerb zu Ehren des X. Parteitages der SED verliehen.
31. Automatisches Ablauf-Speicherstellwerk auf Rangierbahnhof Dresden-Friedrichstadt in Betrieb genommen.

April
1. Im Raw Halberstadt beginnt Betrieb einer Fließtaktstraße für die Instandsetzung von Reisezugwagen in Verbindung mit Erprobung der Wechselfließfertigung von Hülsenpuffern auf der Basis mikroelektronisch gesteuerter Handhabungsgeräte.
3. Leitenden Partei- und Staatsfunktionären werden auf dem Bf Alexanderplatz mikrorechnergesteuerte Fahrkarten-Schalterdrucker, Fahrkarten-Dialogautomaten sowie Bordrechner der 2. Generation vorgestellt, die das Zentrale Forschungsinstitut des Verkehrswesens, die Hochschule für Verkehrswesen „Friedrich List" und das Raw „Roman Chwalek" gemeinsam entwickelten und anläßlich des X. Parteitages der SED in die Praxis übergeführt haben.
11./16. X. Parteitag der SED beschließt die ökonomische Strategie für die 80er Jahre. Das bedeutet, durch umfassende Intensivierung der Produktion den raschen Leistungsanstieg und ein stabiles Wirtschaftswachstum zu sichern. Sie schließt eine wesentliche Verringerung des gesellschaftlichen Transportaufwands ein.
16. Vertrauensleutevollversammlung der Hafenbahn Rostock beschließt die Weiterführung des sozialistischen Wettbewerbs zur Verwirklichung der vom X. Parteitag der SED gestellten Ziele und Aufgaben.

Mai
12. Verantwortliche Partei-, Staats- und Gewerkschaftsfunktionäre beraten schöpferische Durchsetzung der neuen und höheren Anforderungen an die Arbeit im Eisenbahnwesen, die den in den Dokumenten des X. Parteitags der SED analysierten gesellschaftlichen Bedingungen entsprechen.

24. Einführung der elektronischen Platzreservierung (EPLA) für ausgewählte Zugverbindungen in der Deutschen Demokratischen Republik auf den Fernbahnhöfen der Hauptstadt, Berlin
30. Elektrischer Zugbetrieb auf der Strecke Elsterwerda—Brenitz-Sonnenwalde aufgenommen.

Juni
14. 30 Angehörige der Deutschen Reichsbahn erhalten den Ehrentitel „Verdienter Eisenbahner der DDR".

Juli
1. Bildung des Ingenieurbüros für Entwicklung, Technologie und Rationalisierung der Fahrzeugausbesserung der Deutschen Reichsbahn.

August
28./30. USIC-Meisterschaften der Leichtathletik — Damen und Herren — mit Teilnehmern aus 19 Ländern in Dresden.

September
27. Auf den Streckenabschnitten Luckenwalde—Ludwigsfelde und Brenitz-Sonnenwalde—Uckro beginnt der elektrische Zugbetrieb.
28./11. Okt. Junge sowjetische Eisenbahner, die mit einem Freundschaftszug in die DDR gekommen sind, besuchen Betriebe und Dienststellen der Deutschen Reichsbahn.

Oktober
12. Robert Menzel, Mitglied des Zentralkomitees der SED, Stellvertreter des Ministers für Verkehrswesen und Leiter der Politischen Verwaltung der DR, wird mit dem Titel „Held der Arbeit" geehrt.
19. Alfred Neumann, Mitglied des Politbüros des ZK der SED und Erster Stellvertreter des Vorsitzenden des Ministerrates, besucht Zentrales Forschungsinstitut des Verkehrswesens der DDR.
24. VII. Zentrale Konferenz junger Eisenbahner in der Jugendhochschule „Wilhelm Pieck" am Bogensee. An FDJ-Grundorganisationen werden 10 Jugendobjekte übergeben.

5

November
9./20. Auf der XXIV. Zentralen Messe der Meister von morgen ist die Deutsche Reichsbahn mit 37 Exponaten und Dokumentationen vertreten. 10 Jugendkollektive werden ausgezeichnet.
27. 30 000. offener Neubau-Güterwagen im Reichsbahnausbesserungswerk Dresden übergeben.
30. Parteiaktivtagung der Deutschen Reichsbahn in Bernau verdeutlicht die Notwendigkeit, die Transportarbeit zielstrebig auf das Erreichen wachsender volkswirtschaftlicher Effektivität auszurichten.

Dezember
15. Wettbewerbsbeschluß der Vertrauensleutevollversammlung des Bf Zwickau Hbf zur weiteren Verwirklichung der vom X. Parteitag der SED für 1982 gestellten Ziele.
16. Vorfristige Aufnahme des elektrischen Zugbetriebs auf dem Streckenabschnitt Uckro—Golßen.
22. Die ersten Wagen, Wagengruppen und Ganzzüge mit Gütern der Solidaritätsaktion für Volkspolen treffen aus allen Teilen der DDR in Frankfurt (Oder) ein.

5 Minister für Verkehrswesen Otto Arndt empfängt am 15. Dezember 1982 den ersten mit einer Elektrolokomotive bespannten Zug in Priort

6 Mastmontage durch Hubschrauber der Interflug

7 Montage der Fahrleitung für die Elektrifizierung bei der Deutschen Reichsbahn

1982

Januar
1. Bildung der Staatlichen Verkehrsinspektion zur weiteren komplexen Durchsetzung einheitlicher Maßnahmen im Gütertransport und -umschlag sowie in der Personenbeförderung.
19. Zentraler Transportausschuß bestätigt „Methodik zur Überprüfung der Betriebswürdigkeit von Zugangsstellen".

Februar
18./19. Seminar mit leitenden Kadern des Verkehrswesens zur Erfüllung des Volkswirtschaftsplanes 1982.

März
1. Auf dem Streckenabschnitt Golßen–Baruth wird der elektrische Zugbetrieb aufgenommen.
16. Vertrag über den Import von Spezialgüterwagen aus Frankreich in Leipzig unterzeichnet.
19. 1 000. Neubau-Reisezugwagen der Bauart „Halberstadt" dem Betrieb bei der Deutschen Reichsbahn übergeben.
27./28. 5. Zentraldelegiertenkonferenz der IG Transport- und Nachrichtenwesen in Leipzig. Rahmenaufgabenstellung zur Entwicklung der Arbeits- und Lebensbedingungen der Eisenbahner im Zeitraum 1981 bis 1985 bestätigt.

April
26. Erster, im Raw „7. Oktober" Zwickau gebauter 8,5-Fuß-Container fertiggestellt.

Mai
1. Bf Borna (b. Leipzig), Bw Aue (Sachs), Bw Hagenow Land und Werk für Gleisbaumechanik Brandenburg-Kirchmöser mit dem Orden „Banner der Arbeit", Stufe I, ausgezeichnet.
20. Das Mitglied des Politbüros des ZK der SED, der Vorsitzende des FDGB-Bundesvorstandes, Harry Tisch, besucht in Verbindung mit seiner Teilnahme an der Funktionärskonferenz der IG Transport- und Nachrichtenwesen Eisenbahnerkollektive des Bf Dresden-Friedrichstadt und des Bw Dresden.
21. Der Titel „Jugendbahnmeisterei der Deutschen Reichsbahn" wird der Bm Doberlug-Kirchhain als erster Bahnmeisterei verliehen.
22. Auf den Streckenabschnitten Baruth–Genshagener Heide und Ludwigsfelde–Seddin wird der elektrische Zugbetrieb eröffnet.
23. Auf der Strecke Dessau–Wörlitz wird der Saisonverkehr wieder aufgenommen.
24./2. Juni In Anerkennung ihrer Leistungen für den „FDJ-Auftrag X. Parteitag" fahren 410 junge Mitarbeiter des Verkehrswesens mit dem „Express der Freundschaft" in die UdSSR.

Juni
3. In Bernau findet ein Erfahrungsaustausch junger Eisenbahner zur Erhöhung der Leistungsfähigkeit der Deutschen Reichsbahn statt.
5./13. Fahrzeugschau auf dem Gelände des Bf Erfurt West anläßlich der Jubiläen „135 Jahre Thüringische Eisenbahn – 100 Jahre Eisenbahndirektion Erfurt".
13. 30 Angehörigen der Deutschen Reichsbahn wird der Ehrentitel „Verdienter Eisenbahner der DDR" verliehen.
18. Unterzeichnung des Regierungsabkommens zwischen der DDR und der UdSSR über die Errichtung der Eisenbahnfährverbindung Mukran–Klaipeda in Moskau.
Im Raw Dresden wird eine mikrorechnergesteuerte Fertigungskette zur Herstellung von Holzfußböden für offene Güterwagen in Betrieb genommen.
22. Feierliche Einweihung des neuen Fährschiffs der Schwedischen Staatsbahnen „Trelleborg" auf der Route Trelleborg–Saßnitz.
22./24. Erfahrungsaustausch der Eisenbahnergewerkschaften der europäischen RGW-Länder in Berlin über Methoden ihrer Einflußnahme auf die

Senkung des Energieverbrauchs bei den Eisenbahnen.

25./27. Bei den 19. Arbeiterfestspielen der DDR im Bezirk Neubrandenburg wird das Blasorchester des „Theodor-Körner-Ensembles" der Eisenbahner von Schwerin mit einer Goldmedaille ausgezeichnet.

August

2. 7 km lange Anschlußbahnstrecke Rostock Hbf—Poppendorf für den S-Bahn-Arbeiterberufsverkehr eröffnet.
18. Während des VII. Pioniertreffens wird ein von Eisenbahnern für die Dresdener Pioniereisenbahn gebauter neuer Zug an die Pioniereisenbahner übergeben.
20. Ehrenname „Erwin Kramer" an Raw Potsdam verliehen.

September

7./10. Die 13. Verkehrswissenschaftlichen Tage der Hochschule für Verkehrswesen „Friedrich List" stehen unter dem Thema „Höhere Effektivität von Transport- und Nachrichtenprozessen durch Verringerung des Energieverbrauchs, Reduzierung des Arbeitszeit- und Materialaufwandes sowie Einsparung von Kosten".
13./19. VII. Internationale Eisenbahnermeisterschaft im Hallenhandball in Cottbus.

Oktober

4. Bf Riesa als „Betrieb der sozialistischen Arbeit" ausgezeichnet, Kollektiv des Teiljugendobjekts „Elektrifizierung der Strecke Flughafen Schönefeld—Lichtenberg/Rummelsburg" erhält Ehrenbanner des Zentralkomitees der SED.
5. Der Hochschule für Verkehrswesen „Friedrich List" Dresden wird der Vaterländische Verdienstorden in Gold verliehen.
20. Fließtaktstraße zur Reparatur 2achsiger Kühl- und Flachwagen im Raw „Franz Stenzer" Berlin in Betrieb genommen.
FDJ- und Pionierchor des Ernst-Moritz-Arndt-Ensembles der Rbd Berlin wird anläßlich der Kulturkonferenz der FDJ mit der „Erich-Weinert-Medaille" ausgezeichnet.
27. Kolloquium der Kammer der Technik zum Thema „Entwicklung und Einsatz von Industrierobotern im Verkehrswesen" in Berlin.

November

8./19. Auf der XXV. Zentralen Messe der Meister von morgen ist die Eisenbahnerjugend mit 36 Leistungen und Dokumentationen vertreten. 14 Jugendkollektive werden ausgezeichnet.
10. Intensivierungskonferenz des Zentralen Forschungsinstituts des Verkehrswesens der DDR in Berlin.
17. Das Mitglied des Politbüros des Zentralkomitees der SED, Alfred Neumann, Erster Stellvertreter des Vorsitzenden des Ministerrates der DDR, besucht Kollektive des ersten Jugendbauzuges „Elektrifizierung" des Elektrifizierungs- und Ingenieurbaubetriebes Berlin und der Baustelle Umformerwerk in Löwenberg.

Dezember

4. Funktionärskonferenz berät in Bernau über die zielstrebige und ideenreiche Verwirklichung der im Jahre 1983 zur Erreichung der energiewirtschaftlichen Ziele des Verkehrswesens im Rahmen der von der Eisenbahn zu erfüllenden Aufgaben.
14. Beschluß der Vertrauensleute und Gewerkschaftsaktivisten des Bf Zwickau Hbf zur Führung des sozialistischen Wettbewerbs im Karl-Marx-Jahr.
15. Elektrischer Zugbetrieb auf den Streckenabschnitten Seddin—Wilhelmshorst/Moosfenn und Saarmund—Priort aufgenommen.
Mitropa-Einrichtungen im neuen Fernbahnhof Berlin-Lichtenberg eröffnet.
30. In der Hauptstadt der DDR, Berlin, wird der letzte Teilabschnitt der neuen S-Bahnstrecke Friedrichsfelde Ost—Ahrensfelde zwischen S-Bf Otto-Winzer-Straße und S-Bf Ahrensfelde dem Verkehr übergeben.

1983

Januar

20. Großcontainerumschlagplatz Waren (Müritz) seiner Bestimmung übergeben.

Februar

24./25. Seminar des Ministeriums für Verkehrswesen in Gotha zur gezielten Umsetzung der ökonomischen Strategie der 80er Jahre durch anspruchsvolle Erfüllung der Aufgaben des Volkswirtschaftsplanes 1983.

März

8. Beratung über die Gestaltung eines leistungsfähigen, attraktiven Eisenbahnwesens in der Hauptstadt der DDR und über eine effektive Baubetriebstechnologie im Berliner Raum.
12. Konferenz in Berlin zu weiteren Maßnahmen der rationellen Gestaltung des Gütertransports in der DDR.
17. Aktivtagung des Zentralrates der FDJ mit Vertretern des Eisenbahnwesens und der industriellen Bau- und Montagebetriebe zur Einschätzung des Jugendobjekts „Elektrifizierung von Eisenbahnstrecken" und zu den neuen, als Verpflichtung im Karl-Marx-Jahr übernommenen hohen Leistungszielen.

April

28. Zentralschule der Politischen Verwaltung der Deutschen Reichsbahn „Erich Steinfurth" mit dem Vaterländischen Verdienstorden in Gold ausgezeichnet.

8 Alfred Neumann, Mitglied des Politbüros des ZK der SED und Erster Stellvertreter des Vorsitzenden des Ministerrates der DDR, besuchte Ende April 1982 die Eisenbahner des Ellbb Berlin

9 Festakt im Palast der Republik anläßlich des 30. Tages des Eisenbahners im Jahr 1980

1. Der Orden „Banner der Arbeit", Stufe I, wird an Bf Wustermark Rbf, Bw Gera, Bw Halberstadt und Raw Dresden verliehen.
29. Jahresfahrplan bei der Deutschen Reichsbahn eingeführt.
Aufnahme des elektrischen Zugbetriebes auf den Streckenabschnitten Priort–Wustermark und Glasower Damm–Berlin-Schönefeld.

Juni
11. 31 Eisenbahnerinnen und Eisenbahner erhalten den Ehrentitel „Verdienter Eisenbahner der DDR".

September
20. Zentrallabor für Mikrorechentechnik und Robotertechnik im Zentralen Forschungsinstitut des Verkehrswesens eröffnet.
24. Elektrischer Zugbetrieb wird auf den Strecken Wustermark–Birkenwerder, Albrechtshof–Nauen und Berlin-Schönefeld–Berlin-Grünau aufgenommen. Auf der Strecke Hennigsdorf–Velten wird der elektrische Betrieb von Stromschiene (Berliner S-Bahn) auf Fahrleitung (Elektrolok) umgestellt.

Oktober
5. Dem Bw Reichenbach (Vogtl.) wird der Ehrentitel „Betrieb der sozialistischen Arbeit" verliehen.
6. Großcontainerumschlagplatz Annaberg-Buchholz Süd in Betrieb genommen.

November
14./25. Auf der XXVI. Zentralen Messe der Meister von morgen ist die Deutsche Reichsbahn mit 39 Leistungen vertreten. 15 Jugendkollektive erhalten Auszeichnungen.
30. Wiederaufgebaute Schmalspurstrecke zwischen Straßberg (Harz) und Stiege fertiggestellt.

Dezember
15. Auf der Strecke Birkenwerder–Löwenberg wird der elektrische Zugbetrieb eröffnet.
21. Beschluß der Vertrauensleute des Bf Berlin-Schöneweide zur Führung des sozialistischen Wettbewerbs im 35. Jahr des Bestehens der DDR – 1984. Erste, im Raw „Helmut Scholz" Meiningen hergestellte Dampfspeicherlok übergeben.
30. In der Hauptstadt der DDR, Berlin, wird die Vereinbarung zur Lösung der S-Bahn-Frage in Berlin (West) unterzeichnet.

Fotos: ZBDR/Hein (1); ZBDR/Stelzer (2); ZBDR/Zimmer (6)

Ostalgie pur!

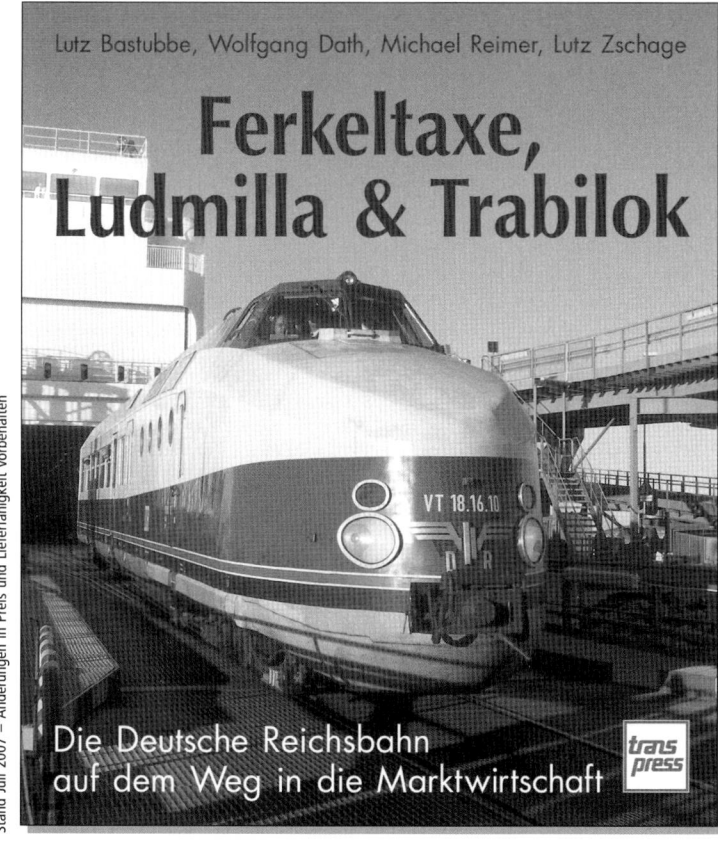
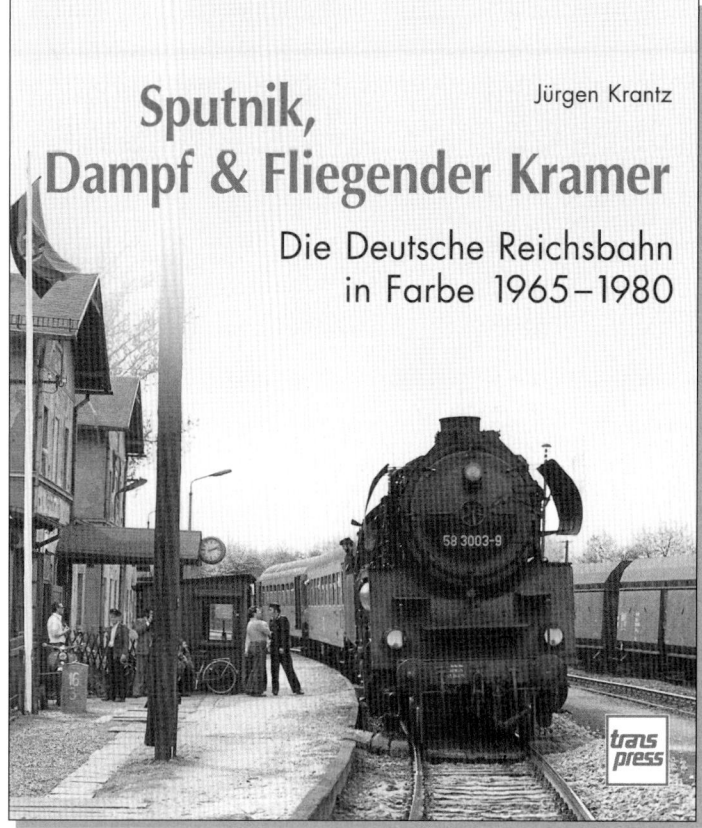

Jürgen Krantz
Sputnik, Dampf & Fliegender Kramer
Bis 1980 bestimmten noch die Dampflokomotiven das Bild der Deutschen Reichsbahn – in diesem Bildband werden Sputnik & Co noch einmal zum Leben erweckt.
144 Seiten, 169 Farbbilder   **Bestell-Nr. 71246 € 24,90**

Lutz Bastubbe/Wolfgang Dath/Michael Reimer/Lutz Zschage
Bubikopf, Taigatrommel & Weiße Lady
Seit Mitte der siebziger Jahre entstanden die farbigen Aufnahmen, die dieses Buch zu einer wichtigen Beschreibung ostdeutscher Eisenbahngeschichte machen.
160 Seiten, 173 Farbbilder   **Bestell-Nr. 71232 € 29,90**

Lutz Bastubbe/Wolfgang Dath/Michael Reimer/Lutz Zschage
Ferkeltaxe, Ludmilla & Trabilok
Spuren der Deutschen Reichsbahn finden sich heute noch im Schienenverkehr der Bundesrepublik. Die Autoren haben sie auf sachkundige Art und Weise aufgespürt.
176 Seiten, 175 Farbbilder   **Bestell-Nr. 71265 € 29,90**

IHR VERLAG FÜR EISENBAHN-BÜCHER

Postfach 10 37 43 · 70032 Stuttgart
Tel. (0711) 2108065 · Fax (0711) 2108070
www.paul-pietsch-verlage.de

WEITERLESEN!

David Ross
Züge und Lokomotiven
Ein umfassenderes und informativeres Werk zum Thema Züge und Lokomotiven ist kaum vorstellbar: In diesem Band, der den Namen »Enzyklopädie« mehr als verdient hat, finden sich über 900 Lokomotivtypen aus aller Welt, ob mit Dampf, Diesel oder Strom angetrieben, mit zahlreichen Abbildungen, den wichtigsten technischen Daten, dem Baujahr und dem Hersteller. Ein Titel, der zum Thema internationale Züge und Lokomotiven keine Frage offen lässt.
544 Seiten, 900 Bilder
Bestell-Nr. 71266 € 49,90

Jan Reiners
Deutsche Schmalspur-Dampfloks im Bild
Schmalspurloks sind nicht so elegant wie ihre normalspurigen Schwestern, aber ihr originelles Äußeres hat ihnen eine große Fangemeinde beschert. Somit liegt es nahe, dieser großen Leserschaft ein Buch an die Hand zu geben, in dem sie alles zu ihrer Leidenschaft Schmalspur-Dampfloks erfährt.
128 Seiten, 111 Bilder, davon 99 in Farbe, 17 Zeichnungen
Bestell-Nr. 71316 € 19,95

Jan Reiners
Deutsche Dampflokomotiven im Bild
Welche Leistung hat welche Baureihe, wann wurde sie zuerst in Dienst gestellt und auf welchen Strecken? Diese und viele andere Fragen beantwortet dieser Titel und vermittelt dazu noch das technische Fachwissen.
144 Seiten, 124 Bilder, davon 50 in Farbe, 24 Zeichnungen
Bestell-Nr. 71292 € 19,95

André Papazian
100 legendäre Züge
Hundert legendäre Züge – vor allem Lokomotiven und Triebwagen – stellt dieser Prachtband vor. Der Reigen reicht vom deutschen Schienenbus bis zum Eurostar und umfasst somit die bekanntesten und gefragtesten Züge europaweit: Dabei tauchen so klangvolle Namen wie »Rheingold«, »Transsibirische Eisenbahn« oder »Glacier Express« auf. Jeder von ihnen wird mit einem oder mehreren Fotos – unter anderem auch aus dem Interieur – sowie mit einem begleitenden Text vorgestellt.
144 Seiten, 240 Bilder,
davon 182 in Farbe, 2 Zeichnungen
Bestell-Nr. 71306 € 24,90

IHR VERLAG
FÜR EISENBAHN-BÜCHER

Postfach 10 37 43 · 70032 Stuttgart
Tel. (0711) 2108065 · Fax (0711) 2108070
www.paul-pietsch-verlage.de